OS ALQUIMISTAS JUDEUS

COLEÇÃO PERSPECTIVAS
DIREÇÃO: J. Guinsburg

EQUIPE DE REALIZAÇÃO
TRADUÇÃO: Maria Clara Cescato e Diana Souza Pereira (cap. 2 a 18);
REVISÃO DA TRADUÇÃO: Maria Clara Cescato
EDIÇÃO DE TEXTO: Luiz Henrique Soares;
REVISÃO: Marcio Honório de Godoy;
CAPA E PROJETO GRÁFICO: Sergio Kon;
PRODUÇÃO: Ricardo W. Neves, Sergio Kon e
Raquel Fernandes Abranches

OS ALQUIMISTAS JUDEUS

UM LIVRO DE HISTÓRIA E FONTES

Raphael Patai

PERSPECTIVA

Título do original em inglês:
The Jewish Alchemists: A History and Source Book

Dados Internacionais de Catalogação na Publicação (CIP)
(Câmara Brasileira do Livro, SP, Brasil)

Patai, Raphael, 1910-1996.
Os alquimistas judeus : um livro de história e fontes / Raphael Patai; [tradução Maria Clara Cescato e Diana Souza Pereira]. – São Paulo: Perspectiva, 2009. – (Perspectivas / direção J. Guinsburg)

Título original: The Jewish Alchemists: a history and source book.
ISBN 978-85-273-0850-2

1. Alquimia – História 2. Judeus alquimistas I. Guinsburg, J. II. Título. III. Série.

09-00376 CDD-540.112089924

Índices para catálogo sistemático:
1. Judeus alquimistas : História 540.112089924

1ª edição
PPD

EDITORA PERSPECTIVA S. A.

Av. Brigadeiro Luís Antônio, 3025
01401-000 São Paulo SP Brasil

Telefax: (11) 3885-8388
www.editoraperspectiva.com.br
editora@editoraperspectiva.com.br

2020

Sumário

Índice de Ilustrações 13

Agradecimentos 21

Abreviações 24

Parte Um:
PRELÚDIO

1. Introdução 27
2. Figuras Bíblicas como Alquimistas 49
3. Alquimia na *Bíblia* e no *Talmud?* 87

Parte Dois:
O PERÍODO HELENÍSTICO

Introdução à Parte Dois 99

4. Os Judeus na Alquimia Helenística 101
5. Maria, a Judia 117
6. Zózimo a Respeito de Maria, a Judia 153

Parte Três:
O MUNDO ÁRABE ANTIGO

Introdução à Parte Três 173

7. A Alquimia de Abufalaḥ 179

8. Uma Versão Hebraica do Livro de Alumes e Sais 209

9. Pseudo-Khālid ibn Yazīd 219

Parte Quatro:
DO SÉCULO XI AO XIII

Introdução à Parte Quatro 237

10. Artéfio 241

11. Os Grandes Filósofos Judeus 247

12. Cabala e Alquimia: Uma Reconsideração 259

Parte Cinco:
O SÉCULO XIV

Introdução à Parte Cinco 287

13. Raimundo de Tárrega: Marrano, Herege, Alquimista 291

14. A *Quinta Essentia* em Hebraico 339

15. Os Mestres Judeus de Flamel 367

16. Dois Alquimistas Judeu-Espanhóis da Corte 391

17. Abraão Eleazar 397
18. Themo Judaei 427

Parte Seis:
O SÉCULO XV

Introdução à Parte Seis 435
19. Simão ben Tzemaḥ Duran 437
20. Salomão Trismosin e seu Mestre Judeu 443
21. A *Cabala Mystica* de Abraão ben Simeon 449
22. Isaac Hollandus e seu Filho João Isaac 475
23. Iokhanan Alemanno e Iossef Albo 483
24. Pseudo-Maimônides 493
25. Três Comentadores do *Kuzari* 513

Parte Sete:
O SÉCULO XVI

Introdução à Parte Sete 521
26. *Esch M'tzaref*: um Tratado Alquímico
e Cabalístico 523
27. Taitazak e Provençali 545
28. Ḥaim Vital, Alquimista 551
29. Uma Miscelânea Alquímica 589

30. Labī, Ḥamawī e Portaleone 605
31. O Manuscrito de Manchester (John Rylands) 613

Parte Oito:
O SÉCULO XVII

Introdução à Parte Oito 633
32. Leone Módena, Delmedigo e Zeraḥ 639
33. Quatro Manuscritos do Século XVII 651
34. Benjamin Mussafia 693
35. Benjamin Jesse 707

Parte Nove:
O SÉCULO XVIII

Introdução à Parte Nove 715
36. Ḥaim Sch'muel Falck 719
37. O *Comte* de Saint-Germain 731
38. Jacó Emden; o Manuscrito de Bar-Ilan 757

Parte Dez:
O SÉCULO XIX

Introdução à Parte Dez ... 769
39. Um Manuscrito Alquímico de Jerba ... 771
40. Mordekhai Abi Serour ... 803

CONCLUSÃO

Um Perfil da Alquimia Judaica ... 809

APÊNDICES

Um Glossário Alquímico de Jerba ... 821
Índice Remissivo ... 839

Índice de Ilustrações

5.1. Desenho do *bain-marie* (banho-maria), incluído no manuscrito de São Marcos. Extraído de Marcellin P. E. Berthelot e Charles E. Ruelle, *Collection des anciens alchimistes grecs* (Paris, 1888) 120

5.2. Outro desenho do *bain-marie*, incluído no manuscrito de São Marcos. Extraído de Marcellin P. E. Berthelot e Charles E. Ruelle, *Collection des anciens alchimistes grecs* (Paris, 1888) 120

5.3. Desenho esquemático do *bain-marie*, incluído no MS 2325, Biblioteca Nacional, Paris. Por autorização da Biblioteca Nacional 120

5.4. Desenho do *kerotakis*, incluído no manuscrito de São Marcos. Extraído de Marcellin P. E. Berthelot e Charles E. Ruelle, *Collection des anciens alchimistes grecs* (Paris, 1888) 121

5.5. Desenho de um *tribikos*, incluído no manuscrito de São Marcos. Extraído de Marcellin P. E. Berthelot e Charles E. Ruelle, *Collection des anciens alchimistes grecs* (Paris, 1888) 121

5.6. Maria, a Judia. Extraído de Michael Maier, *Symbola aureae mensae duodecim nationum* (Frankfurt-am-Main, 1617) 149

12.1. O Mundo das Esferas, Extraído de Heinrich Khunrath, *Amphitheatrum Sapientiae* (Hanau, 1602), 39 267

15.1. Frontispício do *Livro de Figuras Hieroglíficas*, de Abraão, o Judeu. MS Français 14765, Biblioteca Nacional, Paris 381

15.2. Esboço do Espelho de Salomão 383

17.1. Frontispício de Abraão Eleazar, *Uraltes Chymisches Werck* (Erfurt, 1735) 399

17.2. Figura ilustrando a união do ar com a terra. Extraída de Abraão Eleazar, *Uraltes Chymisches Werck* (Erfurt, 1735), parte 1, p. 36 411

17.3. Recipiente alquímico. Extraída de Abraão Eleazar, *Uraltes Chymisches Werck* (Erfurt, 1735), parte 1, p. 30 412

17.4. A Serpente Píton, de Abraão Eleazar. *Uraltes Chymisches Werck* (Erfurt, 1735), parte 1, p. 62 oposta 413

17.5. A unificação entre o espírito, a alma e o corpo; o dragão vermelho de fogo. Extraída de Abraão Eleazar, *Uraltes Chemisches Werck* (Erfurt, 1735), parte 2, p. 8 oposta 422

24.1. "Esses são os artífices que fazem pérolas" 497

26.1. Quadrado Mágico para o ouro 530

26.2. Quadrado Mágico para o ferro 534

26.3. Quadrado Mágico para o estanho 535

26.4. Quadrado Mágico para *mē-zahav*, água de ouro 541

28.1. Esquema do forno para produzir antimônio 574

29.1. Tabela apresentando os sete metais e seus regentes. Extraída do MS 47434, Universidade Hebraica, Jerusalém. Reproduzida por autorização 603

29.2. Tabela apresentando os planetas regentes e os metais a eles associados. Extraída de MS47434, Universidade Hebraica, Jerusalém. Reproduzida por autorização 603

31.1. Desenho dos dois frascos vedados 620

31.2. Seção transversal de um forno. Desenho recriado a partir do MS 1435, Biblioteca da Universidade John Rylands, Manchester, fólio 18b. Por cortesia do diretor e bibliotecário da Universidade 624

33.1. Dois desenhos de destiladores. Extraídos do MS Orient de Berlim. Oct. 514, fólio 51a (98a) 661

33.2. Aparelho alquímico, Manuscrito Gaster, fólio 138a 678

33.3. Fólio 138b do Manuscrito Gaster (MS Or. 10289, Biblioteca Britânica, Londres). Por autorização da Biblioteca Britânica 679

33.4. Fólio 139a do Manuscrito Gaster (MS Or. 10289, Biblioteca Britânica, Londres). Por autorização da Biblioteca Britânica 680

33.5. Fólio 139b do Manuscrito Gaster (MS Or. 10289, Biblioteca Britânica, Londres). Por autorização da Biblioteca Britânica 681

33.6. Fólio 140a do Manuscrito Gaster (MS Or. 10289, Biblioteca Britânica, Londres). Por autorização da Biblioteca Britânica 682

33.7. Fólio 140b do Manuscrito Gaster (MS Or. 10289, Biblioteca Britânica, Londres). Por autorização da Biblioteca Britânica 683

36.1. Ḥaim Sch'muel Falck. A partir de uma pintura de Copley 721

37.1. O *Comte* de Saint-Germain. Por autorização da Biblioteca Nacional, Paris 739

37.2. Ilustração de *La Très sainte trinosophie*, manuscrito da Biblioteca Municipal de Troyes, França, atribuído ao Conde de Saint-Germain. Por autorização da Biblioteca Municipal 753

37.3. Ultima página de *La Très sainte trinosophie*, manuscrito da Biblioteca Municipal de Troyes, França, atribuído ao Conde de Saint-Germain. Por autorização da Biblioteca Municipal 754

Em memória de Harry Starr

Cuja fortuita observação sobre os judeus e a alquimia,
feita há muitos anos atrás, plantou pela primeira vez a ideia deste livro em minha mente

e

A meu irmão,
Saul Patai*, o enciclopedista da química,*
de quem aprendi o quanto mais – e menos –
do que a alquimia é a química

O vocábulo alchemia *(ou alguma forma alternativa como* ars chemica*) aparece no Ocidente, a partir do século* XII, *em referência à busca medieval por uma forma de transmutar metais comuns em ouro, por uma cura universal e pelo "elixir da imortalidade". [...] A busca do alquimista não era científica, mas espiritual.*

MIRCEA ELIADE,
"Alchemy", em *Encyclopedia of Religion*

Alquimia é a arte de libertar partes do Cosmos da existência temporal e alcançar a perfeição que, para os metais, é o ouro e, para o homem, a longevidade, então, a imortalidade e, finalmente, a redenção.

H. J. SHEPPARD,
"Chinese Alchemy", em *Encyclopedia of Religion*

Às vezes a alquimia era parte orgânica de uma vasta tradição [...] que, de alguma forma, envolvia todos os aspectos da existência humana [...]. A transmutação de metais comuns em ouro certamente não é a verdadeira meta da alquimia [...]. A alquimia trata a alma como uma "substância" que tem de ser purificada, dissolvida e cristalizada renovadamente.

TITUS BURCKHARDT,
em *Alchemy*

A alquimia é em geral definida como a arte de transmutar metais comuns em ouro.

ENCYCLOPEDIA AMERICANA

Agradecimentos

No preparo deste volume tive o prazer de contar com a ajuda e as sugestões de muitas bibliotecas e de estimados colegas e amigos. Minha dívida para com eles só pode ser aqui expressa rapidamente.

Às instituições em três continentes, por facilitar o acesso a seus acervos, por me orientar na localização dos itens que busquei examinar e por autorizar a publicação de minhas traduções dos manuscritos em sua posse: à biblioteca da Abadia de Montserrat, Espanha, e seu diretor, Fr. Francesc Xavier Altés; ao Arquivo Geral da Coroa de Aragón, Barcelona, e seu diretor Sr. Rafael Conde; ao Arquivo Secreto do Vaticano, Roma; à Biblioteca da Universidade de Bar-Ilan, Ramat Gan, Israel; à Biblioteca Estatal Bávara, Munique e Hans Striedl, Munique; à Biblioteca do Instituto Ben-Zvi, Jerusalém; à Biblioteca Nacional, Madri; à Biblioteca Universitária, Bolonha; à Biblioteca Nacional, Paris, seu diretor Emmanuel le Roy Ladurie e à diretora de seu Serviço Hebraico, Madeleine Neige; à Bodleian Library, Oxford; à Biblioteca Britânica, Londres; à Biblioteca da Universidade de Cambridge; à Biblioteca da Universidade de Columbia, Nova York; à Coleção Sidney M. Edelstein de História da Química, Universidade Hebraica, Jerusalém, e seu curador, Moshe Ron; à Biblioteca de Engenharia, Nova York; ao Instituto de Manuscritos Hebraicos Microfilmados, Jerusalém, e seu vice-diretor Benjamin Richler; à Biblioteca da Universidade John Rylands, Manchester, seu diretor

M. A. Pegg e seu chefe de Coleções Especiais, Peter McNiven; à Biblioteca do Congresso, Washington, e ao chefe de sua Seção Hebraica, Myron M. Weinstein; à Biblioteca do Seminário de Teologia Judaica da América, Nova York, seu bibliotecário de Coleções Especiais, o rabino Terry Schwarzbard e Marion Stein, supervisora de sua coleção de microfilmes; à Biblioteca Municipal de Marselha; à Coleção de Manuscritos Hebraicos Antigos Shlomo Moussaieff, Herzliya, Israel; à Biblioteca Nacional de Medicina, Bethesda, Md., e seu curador de livros raros, Peter Krivatsy; à Biblioteca da Academia de Medicina de Nova York; à Biblioteca Pública de Nova York, ao chefe de sua Divisão Judaica, Leonard Gold e ao chefe de sua Divisão Oriental, John M. Lundquist; à Biblioteca da Região Saxônica, Dresden; à Biblioteca Estatal do Patrimônio Cultural Prussiano, Berlim, e Dieter George e Hartmut-Ortwin Feistel, chefes de seu Departamento Oriental; à Biblioteca Municipal de Troyes, França, e sua curadora, Mme. A. Plassard; aos arquivos da Sinagoga Unida, Londres, e seu arquivista, Charles Tucker; e à biblioteca da Pontifícia Universidade de Salamanca, Espanha, e seu diretor Carlos Carrete Parrondo.

Também a Todd Thompson, chefe da Seção Oriente Médio da Biblioteca Pública de Nova York; a seus especialistas em árabe, Khassam Khalil, o falecido Latif Khayyat e Gamil Yousef, bem como seu especialista em persa, Massoud Pourfarrokh; a Tzvi Langermann, do Instituto de Manuscritos Hebraicos Microfilmados, Jerusalém; Moshe Sokolow, da Yeshiva University, Nova York; o falecido Georges Vajda, da Sorbonne, Paris, por sua ajuda com os difíceis textos em judeo-árabe. A Micheline Tison-Braun, do Centro de Pós-Graduação da Universidade da Cidade de Nova York; meus amigos Simone Boy e Nicolas Sed, de Paris, por sua ajuda com os difíceis textos em francês antigo e com as referências bibliográficas em francês; a Gerald Strauss, da Universidade de Indiana, por sua ajuda com os difíceis textos em alemão medieval; a Mrs. Joseph Adler, de Nova York, Maria Esformes, da Universidade de Harvard, Moshe Lazar, da Universidade da Califórnia do Sul, e F. Márquez, da Universidade de Harvard, pela tradução dos difíceis textos em espanhol e ladino. A Louis H. Feldman, da Yeshiva University, Edward Grant, da Universidade de Indiana, James Halporn, da Universidade de Indiana, Joseph Salemi, de Nova York, Aida Slabotzky, de Nova York, e Alex Wayman, da Universidade de Colúmbia, pela tradução dos difíceis textos em latim. A Shubhra Basu, da Biblioteca Pública de Nova York, pela interpretação de referências em sânscrito. A Tuvia Preschel, do Seminário de Teologia Judaica, por sua ajuda com a bibliografia rabínica.

Pela generosa ajuda com os numerosos gastos que acompanharam o preparo deste trabalho, a Sidney M. Edelstein, presidente da Corporação Química Dexter de Nova York, à Fundação Memorial para a Cultura Judaica e seu vice-presidente executivo, Dr. Jerry Hochbaum, e à Fundação Lucius N. Littauer e seu presidente William Lee Frost.

Aos editores dos periódicos e livros nos quais foram publicados originalmente alguns dos capítulos aqui incluídos, de forma revisada, a saber: *Ambix, Medical History, Hebrew Union College Annual* e *Orient and Occident*.

Abreviações

al. alemão
ár.árabe
Berthelot, *Grecs* Marcellin P. E. Berthelot e Charles Émile Ruelle, *Collection des anciens alchimistes grecs*, 3 v. (Paris: Georges Steinheil, 1888, reimpressão: Londres: 1963; Osna brück: Otto Zeller, 1967). Também é utilizado apenas o sobrenome Berthelot nas referências das demais obras de sua autoria exclusiva (N. da E.).
EI[2] *Encyclopedia of Islam*, nova ed. (Leiden, 1960-)
EJ (B) *Encyclopaedia Judaica* (Berlim, 1928)
EJ (J) *Encyclopaedia Judaica* (Jerusalém, 1972)
esp. espanhol
gr. grego
heb. hebraico
it. italiano
JE *Jewish Encyclopedia* (Nova York, 1901-)
lat. latim
per. persa
sânsc. sânscrito

NOTA DA EDIÇÃO: Os hebraísmos e os nomes próprios, que na edição americana vinham transcritos foneticamente para o inglês, foram adaptados (com exceção das notas) segundo os critérios de transcrição fonética que a Editora Perspectiva adota com o objetivo de tornar acessível ao leitor brasileiro, o mais fielmente possível, sua pronúncia correta.

Parte Um

PRELÚDIO

I.

Introdução

Os estudiosos que escrevem sobre a alquimia estão longe de concordar sobre o que ela realmente é (ou era). Alguns aceitam a tese popular de que a alquimia não é nada mais que a arte que tenta, ou alega ser capaz, de transmutar metais comuns em ouro. Essa concepção considera a alquimia em geral uma pseudociência e uma tentativa equivocada de lidar com as propriedades da matéria, que produziu alguns poucos resultados práticos antes de ser substituída, no final do século xv, pela química moderna de Antoine Lavoisier. Outros, no extremo oposto dessa gama de opiniões, sustentam que a alquimia é basicamente um empreendimento espiritual, cujo propósito é transmutar a imperfeita alma humana em uma entidade espiritual mais perfeita. Esta última visão tem antecedentes tão remotos quanto Maria, a Judia, a famosa fundadora judia-helenista da alquimia.

Vários alquimistas do Renascimento consideravam os estágios do trabalho alquímico como passos do misterioso processo de regeneração espiritual. Assim, Heinrich Khunrath (1560-1601) interpretava a transmutação como um processo místico que ocorria no interior da alma do adepto. Altamente pessoal é a abordagem psicológico-cosmológica de C. G. Jung (1875-1961), que afirmava que a "alquimia está interessada sobretudo no cerne de unidade que se encontra oculto no caos de Tiamat [Jung usava o nome dessa antiga divindade babilônica para designar o mundo matriarcal primordial] e forma a contrapartida da unidade divina"[1]. No entanto, todo o edifício erigido por Jung em sua *Psicologia e Alquimia* é sumariamente descartado pela *Enciclopédia da Religião*, com a afirmação de que "Atraído pela semelhança entre os sonhos de seus pacientes e os símbolos alquímicos", C. G. Jung concluiu que "a atribuição de vida à matéria era a base da crença alquímica", crença que ele "interpretava [...] a partir de seu ponto de vista psicanalítico como a projeção da experiência interior sobre a matéria e, assim, como a identificação da matéria com o Eu"[2]. Outros exemplos sobre a grande diversidade de identificações e interpretações da alquimia poderiam ser facilmente selecionados na enorme bibliografia existente sobre a alquimia.

Durante o Renascimento, a alquimia se dividiu em escolas rivais, entre as quais existia muito pouca simpatia. Os alquimistas de tendência mística desprezavam os que trabalhavam na transmutação dos metais, chamando-os de "sopradores" e "charlatães fuliginosos". Por outro lado, a alegação alquimística de estar na posse de verdades espirituais reveladas por Deus provocava o ciúme e a raiva de muitos clérigos que, embora indiferentes ao cheiro das retortas, farejavam heresia em tudo que percebiam como pretensões espirituais dos alquimistas e se escandalizavam com certas doutrinas alquímicas, como a que identificava a pedra filosofal com Cristo, uma vez que ambos redimiam a matéria comum. Um dos poucos a assumir uma visão contrária nessa questão foi Lutero, que aplaudia a alquimia como uma confirmação da doutrina cristã.

As definições opostas da alquimia trazem à mente a antiga história indiana acerca de alguns cegos que tentavam identificar um elefante. Eles foram levados por seu guia até o pátio onde os elefantes do marajá eram mantidos e tiveram permissão para tocar em um dos grandes animais. Um dos cegos segurou a tromba do elefante e exclamou:

1 Carl Gustav Jung, *Psychology and Alchemy*, Bollingen Series XX, Princeton: Princeton University Press, 1968, p. 25. Ed. bras. *Psicologia e Alquimia*, Petrópolis: Vozes, 1994.

2 Henry e René Kahane, Alchemy: Hellenistic and Medieval Alchemy, em Mircea Eliade (ed.), *Encyclopedia of Religion*, New York: Collier Macmillan, 1987, v. 1, p. 195.

"O elefante é uma grande cobra gorda!" Outro, tocou na perna dele e disse: "Não, o elefante é como o tronco de uma grande árvore." E o terceiro segurou a cauda do animal e gritou: "Não, não! O Elefante é como o cabo de reboque de um navio" E assim por diante, com cada uma das partes do elefante.

O fato é que a alquimia era tudo que seus praticantes afirmavam que ela era e seus objetivos abrangiam tudo que seus historiadores a ela atribuíram. Isso incluía a transmutação de metais comuns em prata e ouro, a duplicação ou o aumento do peso do ouro, a fabricação de pérolas e pedras preciosas, a produção de todos os tipos de tintas e outras substâncias, a produção de corantes e de todos os tipos de remédios para a cura de todas as doenças de que a humanidade sofria e a criação da quinta-essência, o fabuloso elixir que curava, rejuvenescia e prolongava a vida por séculos. Uma vez que a saúde, a juventude e a vida longa sempre foram aspirações pelo menos tão importantes quanto a riqueza, muitos dos alquimistas eram também médicos, usando seu conhecimento alquímico para manufaturar remédios, buscando o elixir e cuidando dos velhos e doentes da forma como podiam. Tudo isso fazia parte do aspecto prático da alquimia.

O outro aspecto da alquimia era o teórico. Tudo que os alquimistas faziam se baseava em teorias nas quais eles acreditavam e que constituíam a garantia de que sua busca seria, no final, coroada de êxito. A mais importante teoria alquimística era a da unidade de toda a natureza. Em toda parte onde se desenvolveu – na China, Índia, no antigo Oriente Próximo, no mundo árabe, na Europa cristã – a alquimia se erigia sobre a teoria de que todas as formas visíveis da matéria, mineral, vegetal, animal ou humana, eram formas diversificadas de uma substância básica, essencial. Uma rocha, um pedaço de ferro ou ouro, uma árvore, um corpo humano – por mais diferentes que parecessem ser, não passavam de manifestações físicas variantes de uma única e mesma essência contida em todos eles. Por isso o mau funcionamento de um corpo humano (isto é, uma doença) podia ser curado com um remédio derivado, ou melhor, uma essência extraída de alguma substância mineral, vegetal ou animal. Por isso também um metal comum podia ser transmutado em um metal precioso, novamente, por meio da aplicação a ele de uma minúscula quantidade dessa essência preciosa. Essa era a área na qual a alquimia e a medicina operavam, não somente como ciências irmãs, mas como atividades idênticas: a cura de doentes era interpretada como a transmutação de um corpo doente em um corpo saudável e a transmutação do cobre em ouro, como a cura de um metal doente, ao qual a saúde era transferida. Entre os judeus, no decorrer dos séculos, a maioria dos alquimistas também praticava a medicina, não sendo fácil decidir se o papel notável que eles desempenharam como médicos facilitava sua entrada no campo da alquimia ou se eles se tornaram médicos notáveis porque foram levados da alquimia para a medicina.

A teoria da unidade da natureza estava vinculada à teoria de que havia uma analogia entre o crescimento das plantas e animais individuais, de um lado, e o desenvolvimento de formas inanimadas da matéria no seio da terra, de outro. Assim como uma semente germina e, com o tempo, se torna uma árvore inteiramente crescida e assim como o embrião humano cresce no ventre da mãe até se tornar uma criança completamente formada, assim também na terra, acreditava-se, os minérios e metais se desenvolviam de graus inferiores até graus superiores, até finalmente atingir o estágio do ouro. Essa teoria servia de base para a prática alquímica de tentar transmutar metais comuns em metais preciosos por meio da reprodução, no laboratório, dos processos de desenvolvimento dos metais, numa velocidade extremamente acelerada, sempre tendo em vista que a transmutação era um processo de cura.

Uma teoria vinculada a essa era a que postulava uma analogia entre o corpo e a alma do ser humano e os corpos e as almas dos metais. Maria, a Judia, dizia: "assim como o homem é composto de quatro elementos, assim também o cobre; assim como um homem resulta (da associação de) líquidos, sólidos e do espírito, assim também o cobre"[3]. Uma elaboração dessa teoria afirmava que alguns metais eram corpos e outros espíritos e que os corpos e espíritos podiam ser transmutados uns nos outros e retornar novamente a sua forma; fazendo isso, o adepto podia transformar um metal em outro. A crença na capacidade do alquimista de influenciar os espíritos minerais remetia ao espírito humano, que também veio a ser considerado como sujeito à manipulação alquímica, sobretudo ao enobrecimento alquímico. Assim, a alquimia era uma vasta tradição, que incluía todos os aspectos da existência humana e que era concebida no contexto mais amplo de uma ontologia universal. Foi esse aspecto teórico da alquimia que atraiu alguns dos maiores intelectos que o mundo ocidental conheceu, inclusive Newton e Goethe.

As principais teorias alquímicas tinham o suporte de diversas outras teorias subsidiárias. Uma delas era a identificação dos metais com os planetas, de forma que, quando o alquimista trabalhava com o ouro, ele sentia que possuía o poder que emanava do Sol; do mesmo modo, a prata estava vinculada à Lua, o mercúrio, a Mercúrio, o cobre, a Vênus, o ferro, a Marte, o estanho, a Júpiter e o chumbo, a Saturno. Uma das expressões dessa teoria planetária era o costume alquimístico de substituir o nome dos metais pelo dos planetas. Um alquimista falava do "Sol" quando se referia ao ouro, da "Lua", referindo-se à prata, de "Vênus", referindo-se ao cobre e assim por diante.

Outro vínculo da alquimia com a astronomia era o que relacionava cada processo alquímico com um signo específico do zodíaco, com o qual esse processo era considerado como misteriosamente associado. Assim, a calcinação era associada com Áries, o congelamento, com Touro, a fixação, com Gêmeos, a dissolução, com Câncer, a digestão, com Leão, a destilação, com Virgem, a sublimação, com Balança, a separação, com Escorpião, a ceração, com Sagitário, a fermentação, com Capricórnio, a multiplicação, com Aquário e a projeção,

3 Cf. capítulo 5, infra.

com Peixes – de acordo com o esquema desenvolvido por Dom Antoine Joseph Parnety, o alquimista francês do século XVIII.

Uma parte essencial da teoria alquimística era a Arte Real, como era chamada, que remontava à revelação divina, transmitida às grandes figuras bíblicas, a começar por Adão, sendo, por essa razão, dotada de uma certa santidade. Assim, o êxito de um alquimista dependia não somente de sua perícia no laboratório, mas também de sua estatura moral: era somente pela graça de Deus que um experimento tinha êxito e Deus, naturalmente, recompensava com Sua graça somente o alquimista que a merecesse. O conhecimento, ou a sabedoria, era uma manifestação de estatura moral elevada, enquanto a ignorância e a falta de inteligência eram consideradas deficiências morais. Essa é a base das frequentes advertências encontradas nos escritos alquímicos, isto é, a de que os ensinamentos contidos neles deveriam ser mantidos em segredo e não podiam ser divulgados ao ignorante, ao inculto.

A relação entre a alquimia e a magia – um campo ainda não investigado – faz parte desse contexto. O alquimista rigorosamente ortodoxo não se envolvia com a magia. Ele se apoiava em seu conhecimento dos procedimentos, trabalhava diligentemente e rezava para Deus. Mas havia aqueles para os quais a atração da magia era demasiado forte para que pudessem resistir. Eles combinavam a alquimia com a magia, de forma muito parecida com certos cultos religiosos do Caribe e da África, que unem elementos religiosos cristãos e pagãos, apesar da incompatibilidade original dos dois. Como veremos neste livro, alguns alquimistas judeus combinavam o trabalho alquímico com procedimentos mágicos.

Um dos aspectos mais interessantes, mas também muito pouco explorados da alquimia, é a relação entre seus três grandes ramos, desenvolvidos mais ou menos simultaneamente em três grandes culturas da Antiguidade: da China, Índia e antigo Oriente Próximo (em especial, o Egito helenístico). O fascínio de tal estudo está em que, embora separadas geograficamente por enormes distâncias, a alquimia desses três mundos apresenta semelhanças surpreendentes, tanto em suas atividades teóricas quanto em suas atividades práticas. No entanto, uma vez que nosso interesse neste livro se restringe à alquimia judaica, que se desenvolveu no mundo ocidental (isto é, o antigo Oriente Próximo, o mundo árabe e a Europa cristã), não vai ser possível tocar nessas questões.

A atitude predominante em meio aos estudiosos judaicos quanto ao papel desempenhado pelos judeus na história da alquimia faz lembrar a posição dos estudiosos do misticismo judaico cem anos atrás. Nessa época – apenas a uma ou duas gerações da Hascalá, o Iluminismo judaico – os estudiosos judeus depreciavam o místico, distanciavam-se dele e tentavam mostrar que eram verdadeiros *Europäer* esclarecidos, ao condenar abertamente a Cabala, tanto como movimento quanto pela bibliografia por ela produzida. Lembro-me claramente como fiquei chocado quando, como adolescente na década de 1920 em Budapeste, li *Die Geschichte der Juden*, de Heinrich Graetz – que na época era ainda considerado o maior historiador judeu – e me deparei com a sentença na qual ele condenava o *Zohar*, chamando-o de *Logbuch* (livro de mentiras). Meu choque era ainda maior, na medida em que meu pai, uma influência dominante em minha adolescência, era um grande admirador tanto da Cabala quanto do hassidismo e eu simplesmente não conseguia compreender como um historiador judeu podia denegrir essa magnífica manifestação de elevado espiritualismo no judaísmo[4]. Felizmente, o *Zohar* e a Cabala foram em geral totalmente reabilitados na última metade do século XX, graças sobretudo à obra de Gershom Scholem e seus seguidores. Martin Buber e seus discípulos fizeram o mesmo em relação ao hassidismo, que hoje é reconhecido como um vigoroso movimento religioso, que representou um papel crucial na história judaica

4 Os modernos estudos judaicos ainda se escandalizam com essa atitude de Graetz; por exemplo, o verbete dedicado a ele na *Encyclopaedia Judaica*, 1972, critica-o por não ter mostrado "compreensão por forças e movimentos místicos como a Cabala e o hassidismo, que ele desprezava e considerava como tumores malignos no corpo do judaísmo".

a partir do século XVIII. Um resgate como esse ainda está por se fazer em relação à alquimia.

Existem, naturalmente, diferenças básicas entre a Cabala e o hassidismo, de um lado, e a alquimia, de outro. Em primeiro lugar, embora a Cabala e o hassidismo refletissem influências externas, ambos eram especificamente um fenômeno judaico[5]. Por outro lado, embora desempenhassem um importante papel na origem, desenvolvimento, transmissão e difusão da alquimia, os alquimistas judeus formavam apenas um pequeno grupo de adeptos em comparação com o grande número de alquimistas não judeus nos países da diáspora judaica. Em segundo lugar, embora a Cabala e o hassidismo fossem movimentos de massa em meio ao povo judeu – em certas épocas, a maioria dos judeus aderiu a eles – a alquimia sempre esteve confinada a umas poucas pessoas e era uma especialidade profissional, comparável à medicina. Embora o povo, em grande parte, talvez acreditasse na eficácia da alquimia e talvez até mesmo tivesse uma noção das doutrinas básicas incluídas em sua visão de mundo, ele estava, no entanto, muito pouco preparado ou disposto tanto a se envolver em práticas alquímicas quanto a trabalhar com procedimentos médicos.

Ao contrário de seus colegas do século XIX, os estudiosos de hoje não condenam o que sua pesquisa descobre, no entanto, quando encontram algo que não é de seu agrado, tentam ignorá-lo. E é isso precisamente que eles têm feito quando discutem a atuação judaica no âmbito da alquimia. Embora a verdadeira dimensão da atividade judaica na alquimia seja desconhecida e não exista nenhum inventário dos manuscritos alquímicos escritos por judeus, nem mesmo estudos de referências à alquimia encontrados em livros publicados por autores judeus, os autores que escrevem sobre a alquimia judaica têm assumido a cômoda posição de que a participação dos judeus na alquimia teria sido insignificante. Algumas citações podem ilustrar essa tendência geral.

5 Sobre esse tema, cf. meu *The Jewish Mind*, New York: Scribner, 1977, capítulos 6 e 8.

Moritz Steinschneider, o grande mestre da bibliografia e da tradição judaica do livro, definiu a tendência no final do século XIX. Ele escreveu: "Os judeus estavam muito bem informados sobre as balanças para pesagem de ouro existentes, para se deixar enganar pela 'pedra filosofal'". Somente épocas posteriores inventariam [*fingierte*] um texto sobre Saadia e forjariam um outro sobre Maimônides". Numa nota de rodapé, ele acrescentava: "Quanto à alquimia, não conheço um único documento" e declarava categoricamente: "Pelo que sei, apesar de ter-se vinculado a outras disciplinas supersticiosas, a Cabala não ensina nada sobre a alquimia". Steinschneider sumarizava seu ponto de vista, afirmando: "a bibliografia hebraica contém pouquíssimo material sobre essa questão"[6].

Na virada do século, Moses Gaster, o conhecido estudioso do folclore judaico, escreveu um artigo sobre a alquimia para a *Enciclopédia Judaica*, que foi publicado em Nova York no início do século XX. O texto se inicia com as seguintes palavras:

> Indicações do vínculo dos judeus com a ciência da alquimia são raras na bibliografia hebraica. Não encontramos um único adepto famoso que tenha deixado, numa forma hebraica, indicações de seu conhecimento do assunto. No entanto, são raros os exemplos de obras antigas importantes sobre a ciência que não estivessem diretamente relacionadas com os judeus, com suas tradições e sua ciência.

E ele concluía as poucas quatro páginas do artigo (boa parte do qual dedicado à descrição de um manuscrito alquímico hebraico em seu poder), dizendo que, a partir do século XVI, "os próprios judeus aparentemente deixavam de se interessar pela ciência da alquimia, privados como estavam, desse período em diante, de outros intercâmbios com o mundo da ciência". A falta de fundamentação para afirmações

6 Moritz Steinschneider, Typen, em Joseph Kobak, *Jeschurun* 9, 1873, p. 84; citado por Joshua Trachtenberg, *Jewish Magic and Superstition*, New York: Behrman's Jewish Book House, 1939, p. 304, nota 1.

como essas se tornará evidente com o material que vamos apresentar neste livro.

O exemplo seguinte, em ordem cronológica, é o artigo de Julius (Judah David) Eisenstein, publicado em sua enciclopédia hebraica, *Otzar Israel* (Berlim e Londres, 1924). Nele, o autor cita mais ou menos as mesmas fontes de Gaster um quarto de século antes e, em seguida, como se para desculpar o interesse judaico pela alquimia, ele conclui:

> No entanto, não podemos negar que, a partir do século XVII, a alquimia se tornava mãe da química, que agora prevalece no país à frente de todas as ciências, e que há um grande número de judeus que fazem parte da pesquisa na química, da mesma forma que antigamente faziam parte importante do estudo da alquimia.

No final da década de 1920 foram publicadas duas enciclopédias judaicas em alemão. A menor delas, intitulada *Jüdisches Lexikon* (5 v., Berlim, 1927-1930), inclui um curtíssimo e superficial verbete sobre "Alchimie". A maior, intitulada *Encyclopaedia Judaica* (Berlim, 1928-), começou a ser publicada em 1928, mas o advento do nazismo impediu sua conclusão. Seu primeiro volume contém um detalhado e excelente artigo de Bernard Suler sobre a "Alchimie", que utilizou todo ou a maior parte do material disponível na época sobre o assunto. No entanto, ele foi incapaz de se afastar da influência de Steinschneider e, em consequência, encontramos em seu artigo afirmações como: "O número de judeus que praticava a arte da alquimia era, de acordo com nossa presente informação, relativamente pequeno. Mas nosso conhecimento a esse respeito é muito incompleto". Ele prossegue, afirmando que a alquimia "não poderia ter se originado em meio a um povo que estava proibido de 'produzir deuses de prata e ouro'. A alquimia não é uma arte judaica e os judeus se ocupavam com ela somente na mesma medida em que também se ocupavam com outras ciências profanas".

Em 1939 era publicado o importante estudo de Joshua Trachtenberg sobre *Magia e Superstição Judaica*. Embora não abordasse a alquimia, Trachtenberg achou apropriado declarar que "a alquimia [...] tinha, em geral, muito pouca aceitação em meio aos judeus [...]. Não encontrei nenhuma referência a instruções para a prática da alquimia em obras escritas produzidas no norte da Europa, embora em geral se acreditasse que os judeus eram adeptos dela". Não é possível discordar de um estudioso que afirma "não encontrei...", embora, como veremos neste livro, referências à alquimia sejam efetivamente encontradas em textos elaborados por estudiosos judeus do norte da Europa. Mas é típico da atitude contrária à alquimia dos estudiosos modernos em geral Trachtenberg elaborar sua declaração numa forma negativa, quando poderia igualmente ter dito que havia encontrado referências à alquimia em obras escritas por estudiosos judeus, embora não no caso dos do norte da Europa. Podemos acrescentar que, como bem se sabe, os judeus sefarditas (os da região do Mediterrâneo) tinham um interesse muito maior pelas ciências seculares que os judeus asquenazitas do norte da Europa, de modo que era de se esperar deles também uma maior participação e um número maior de textos sobre a alquimia.

A mais detalhada pesquisa sobre a alquimia judaica encontra-se na *Encyclopaedia Judaica* de 1972 (Jerusalém). Escrito por Bernard Suler, o artigo, no entanto, não passa de uma reelaboração feita pelos organizadores da publicação a partir do verbete que Suler escrevera para a *Encyclopaedia Judaica* alemã em 1928. Embora contendo alguns dados novos, sua abordagem permanece inalterada. O artigo afirma:

> A conclusão à qual De Pauw chegou há 150 anos, isto é, de que os judeus foram os criadores da alquimia, está incorreta. A alquimia não é nem uma ciência nem uma arte judaica [...]. Enquanto a bibliografia alquímica chega a milhares de volumes, a bibliografia hebraica não contém uma única obra original nesse campo. Assim, ao que parece, os adeptos judeus não escreveram seus trabalhos em hebraico.

Como veremos, a maior parte dessas afirmações está incorreta.

Podemos observar uma correspondência – que pode ser psicologicamente explicada – entre a avaliação geral da alquimia e a concepção judaica da participação dos judeus nela. Quando a alquimia caiu em descrédito, passando a ser considerada como uma falsa ciência e uma arte fraudulenta – assim ela era vista pelos estudiosos do século XIX –, os historiadores judaicos e outros estudiosos assumiram a posição de que a participação dos judeus na alquimia fora mínima. No entanto, essa destronização da alquimia foi precedida por um longo período, cerca da quinze séculos, nos quais sinceramente se acreditou na alquimia como verdadeira e nos quais ela foi considerada a maior das artes e ciências, sendo assiduamente praticada por alguns dos maiores intelectos, inclusive Newton, no início do século XVIII, e Goethe, no início do século XIX. Durante esse longo período, os estudiosos judeus em geral enfatizaram o papel fundamental dos judeus na alquimia. Essa é uma questão que requer muito mais pesquisas do que fui capaz de realizar, no entanto, algumas poucas indicações podem servir de ilustração.

O mais antigo e importante alquimista do período helenístico foi uma mulher, conhecida como Maria, a Judia (Maria Hebraea). Maria viveu no Egito, no século II ou III a. C., e afirma-se que teria dito que somente "a semente de Abraão" tinha direito à experimentação alquímica. Zózimo, o Panopolitano (século III ou IV), cujos escritos constituem nossa principal fonte de informações sobre Maria, a Judia, e que foi ele próprio uma das maiores figuras da alquimia helenística, era considerado judeu por alguns autores alquimistas árabes da Idade Média.

Vários alquimistas medievais de origem não judaica seriam depois declarados judeus. Um dos mais antigos deles foi Khālid ibn Yazīd (cerca de 668-704 a. C.), um dos filhos do califa Yazīd I, que a lenda posteriormente transformaria em alquimista e cujo nome se vincularia a importantes obras alquímicas[7]. Mais tarde ainda, seu nome seria

7 *EI*², v. 4, p. 929.

corrompido para Calid ibn Yazichi, ou Jazikhi, e ele se tornaria conhecido também como Calid Hebraeus. Em um artigo intitulado "Pseudo-Juden und zweifelhafte Authoren" (Pseudojudeus e Autores Duvidosos), Steinschneider registra vários desses autores alquimistas que eram considerados judeus[8].

Durante grande parte da história da alquimia houve uma persistente tendência a atribuir origem judaica à alquimia como um todo. Os alquimistas de origem não judaica tinham interesse em atribuir à alquimia uma respeitável árvore genealógica e, uma vez que os mundos helenístico, muçulmano e cristão tinham grande respeito pela *Bíblia* e pelas personagens bíblicas, a atribuição da prática da alquimia a personagens, reis e profetas bíblicos era um modo simples e eficiente de garantir para a alquimia uma linhagem altamente prestigiada e impecável em termos de religião. O próximo capítulo irá abordar algumas figuras bíblicas que os alquimistas de períodos posteriores considerariam como adeptos e, na verdade, como fundadores e herdeiros da alquimia e de seus grandes segredos por revelação divina. Essas tendências se tornaram especialmente pronunciadas na Baixa Idade Média, quando começaram a surgir dúvidas sobre a alquimia e os alquimistas se viram compelidos a buscar argumentos para rebater o escárnio dos céticos. Pois, vivendo no contexto de sociedades voltadas para a religião, a alegação de que sua arte tinha origem bíblica oferecia aos alquimistas uma forma de legitimação.

Uma vez as figuras bíblicas estabelecidas na tradição alquímica como mestres originais da Arte Real, o passo seguinte e quase inevitável foi atribuir o domínio da alquimia ao povo ao qual pertenciam essas figuras, cujas *Escrituras* continham a memória desses antigos adeptos e cujas tradições muitos acreditavam preservar o conhecimento secreto nelas mencionado. Assim, não somente Adão, Tubal-Caim, Moisés e Salomão, mas os judeus como um todo, tornaram-se, na visão

8 Em *Monatschrift für Geschichte und Wissenschaft des Judentums* 38 [s.l.: s.n.], 1894, p. 39 e s.

dos gentios, os primeiros herdeiros da dádiva divina da alquimia ou então seus primeiros inventores e, depois, os responsáveis por seu desenvolvimento e transmissão. Essa crença deu origem ao costume, muito difundido em meio aos alquimistas europeus cristãos medievais e posteriores, de buscar um mestre judeu – geralmente nas regiões do sul e do leste, onde, acreditava-se, as antigas tradições teriam sobrevivido de forma mais íntegra que no oeste – a fim de se tornar seus discípulos na busca dos segredos da Arte Real. De fato, a busca dos cristãos pelo conhecimento alquímico, que os levou até os mestres judeus, nos fornece informações valiosas e seguras sobre o trabalho e a reputação dos alquimistas judeus. Uma vez estabelecido esse padrão em meio aos alquimistas cristãos, os judeus que viviam entre eles também passaram a se interessar pela alquimia e seguiram seu exemplo, indo eles também para o sul ou leste, a fim de encontrar um mestre disposto a ensiná-los. Vários capítulos deste livro irão ilustrar essa busca, tanto de cristãos quanto de judeus.

Um outro fator para o alto valor que os alquimistas cristãos atribuíam ao conhecimento alquímico judeu era a reputação de eficácia místico-alquímica dos nomes hebraicos divinos, angélicos e demoníacos das palavras hebraicas e mesmo das letras do alfabeto hebraico. Acreditava-se que o judeu que conhecia o hebraico era, simplesmente por isso, possuidor de uma vantagem com relação ao cristão na aquisição do domínio da Grande Arte. Assim, a língua hebraica tinha para o alquimista uma importância maior que a que o latim tem para o médico até o presente. Gentios com a ambição de se tornar alquimistas, aprenderam o hebraico para se capacitar a entrar no campo da alquimia. Alguns deles se tornaram bastante competentes na língua, a ponto de tentar compor versos em hebraico. Muitos outros conseguiram adquirir um conhecimento superficial, apenas suficiente para capacitá-los a adornar seus escritos em latim, alemão ou francês com algumas palavras ou nomes em hebraico, muitas vezes em letras hebraicas reproduzidas incorretamente ou em transliteração imprecisa para caracteres em latim. Exemplos de ambos os casos serão apresentados em vários capítulos deste livro.

Passando agora para a visão dos gentios em relação ao papel dos judeus na alquimia, temos de nos referir mais uma vez a Zózimo de Panópolis, cujos escritos sobre a alquimia constituem as obras gregas mais antigas sobre a alquimia a chegar até nós. Neles encontramos as mais antigas, detalhadas e confiáveis informações sobre Maria, a Judia, frequentemente citada por Zózimo, com um respeito que beira o pavor, como a primeira entre os autores antigos. Zózimo também menciona repetidamente o domínio do conhecimento alquímico por parte dos judeus em geral. A forma como ele se expressa deixa claro que ele considerava os judeus como depositários da sabedoria alquímica, apesar de sua pouca simpatia por eles e de sua acusação de que eles teriam obtido os segredos da alquimia por meios desonestos. Em uma notável passagem, ele afirma que a arte sagrada dos egípcios (isto é, a alquimia) e o poder do ouro, que dela resultou, foram revelados aos judeus somente por fraude, e que eles os difundiram ao resto do mundo[9]. Em geral, Zózimo afirmava que o conhecimento que os judeus tinham da alquimia era maior e mais confiável que o de qualquer outro povo, inclusive o dos egípcios. O capítulo 4 apresentará o material relevante.

Com base em sua ampla leitura de fontes alquimísticas gregas antigas, Marcellin Berthelot, autor de várias coletâneas importantes de textos alquímicos, afirma que

> o vínculo entre as tradições judaicas e a alquimia é muito antigo. Ele pode ser reconhecido no Papiro de Leiden [um importante tratado alquímico encontrado em Tebas, escrito em demótico e grego e datando de cerca do século III a. C.] e em manuscritos alquímicos gregos. Nessas

9 Berthelot, *Grecs*, v. 3, p. 232-237.

obras, encontramos citados tratados mágicos e obras de química atribuídos a Moisés, que datam do período alexandrino[10].

A ampla crença em que os judeus eram peritos em alquimia também contribuiu com os argumentos utilizados pelos autores antissemitas.

Na verdade, a valorização excessiva pelos gentios do papel dos judeus na origem e desenvolvimento da alquimia sobreviveu ao Iluminismo europeu e persistiu até os séculos XVIII e XIX. O primeiro entre os modernos a se expressar sobre a questão foi Cornélio (Cornelius) de Pauw (1739-1799), o famoso historiador da filosofia. No primeiro volume de seu livro em francês publicado em 1773, *Pesquisas Filosóficas sobre os Egípcios e os Chineses*, ele dedica um capítulo a "Considerações sobre o Estado da Química entre os Egípcios e os Chineses". Como autêntico filho do Iluminismo, De Pauw condena a alquimia, mas discute seu desenvolvimento no Egito antigo (na edição de Berlim, de 1773): "Os judeus do Egito estavam em grande medida arruinados durante o reinado de Cleópatra, que detestava a colônia de monopolistas e usurários que tinham vindo da Palestina durante o reinado dos primeiros membros da dinastia lágida". Nessas condições, continua De Pauw, foram os judeus que "suspeito tenham sido os primeiros a pensar na tola fábula sobre a transmutação dos metais, cujo segredo atribuíram a uma mulher judia, a um mago persa e a todos os sacerdotes antigos do Egito, que nunca haviam pensado nisso". Retornando depois à questão, De Pauw acrescenta que

> esses alegoristas judeus ignoravam que os egípcios que trabalhavam nas vidrarias da grande Dióspolis e de Alexandria possuíam os métodos secretos para forjar pedras preciosas e vasos de murano que, às vezes, custavam infinitamente mais que as pedras preciosas. Essas operações secretas das vidrarias levavam mentes imaginativas a suspeitar que os

10 Berthelot, Alchimie, em *La Grande encyclopédie*, Paris, [s. d.], v. 2, p. 13.

sacerdotes do Egito tinham bom conhecimento das práticas alquímicas. No entanto, não duvido de forma alguma de que essa não era a verdadeira fonte de todas as fábulas que germinavam no espírito dos árabes quando eles se aplicaram às ciências, pois foram eles que colocaram as primeiras fundações da verdadeira química ou, pelo menos, ressuscitaram essa arte que havia quase inteiramente se perdido[11].

Embora o estilo de De Pauw seja tortuoso, o que ele pretende dizer está claro: os judeus foram os primeiros a acreditar na possibilidade de transmutar os metais, algo que ele considera "uma fábula tola", e atribuíram essa arte a uma mulher judia – sem dúvida, uma referência a Maria, a Judia – e a um mago persa, provavelmente Ostanes, a semilendária figura alquimista ancestral.

Umas duas gerações após De Pauw, outro historiador da filosofia, August Schmölders, expressava uma ideia parecida, quando dizia: "Os astrólogos e alquimistas obtiveram toda sua pretensa ciência dos escritos hebraicos traduzidos do árabe"[12].

Mais recentemente, na década de 1970, o estudioso francês G. Monod-Herzen escreveu o seguinte sobre a alquimia helenística:

> A mais antiga das escolas era judaica. Os israelitas que fugiram do domínio romano, após a queda de Jerusalém, foram, em grande número, por uma curiosa volta do destino, buscar refúgio no Egito, [...]. Eles se helenizaram, a ponto de traduzir seu Livro Sagrado para o grego [...]. Essa obra os aproximou dos mistérios de Hermes [...]. Eles desempenharam um importante papel nas primeiras pesquisas químicas e sua reputação permanece enorme, por toda a história da alquimia.

11 Cornelius de Pauw, *Recherches philosophiques sur les Egyptiens et les nois*, v. 1, Berlim, 1773, p. 288 e s.

12 August Schmölders, *Essai sur les écoles philosophiques chez les Arabes, et notamment sur la doctrine d'Algazzali*, Paris: Typographie de Firmin Didot Freves, 1842, p. 105.

Monod-Herzen continua, citando Sofé, o Tebano, para corroborar sua afirmação de que os judeus, uma vez iniciados, transmitiram os métodos alquímicos que somente eles conheciam[13].

Essas abordagens que fazem uma revisão do papel judaico na história da alquimia ainda não penetraram o campo das enciclopédias e histórias gerais da alquimia, cujos artigos sobre a alquimia são considerados como sumários autorizados sobre o assunto. A antiga *Encyclopaedia of Religion and Ethics*, publicada no início do século XX, traz artigos sobre a alquimia greco-romana, maometana e europeia, mas sequer menciona a alquimia judaica. Na nova *Encyclopaedia of Religion*, publicada em 1987 pela Macmillan de Nova York, encontramos verbetes sobre a alquimia chinesa, indiana, helenística e medieval, islâmica e renascentista, mas nada sobre a alquimia judaica. De fato, no artigo introdutório, escrito por Mircea Eliade (redator-chefe da *Encyclopedia of Religion*), nenhuma menção é feita aos judeus e, no artigo "Hellenistic and Medieval Alchemy" [Alquimia Helenística e Medieval], embora seja mencionada diversas vezes, Maria, a Judia, é designada pela denominação que ela posteriormente receberia, "Maria Prophetissa", ou simplesmente como "Maria", e a contribuição judaica para a alquimia helenística é transmutada em lenda piedosa. Também chama a atenção a ausência de qualquer referência ao papel da Cabala e da língua hebraica no artigo sobre a alquimia do Renascimento. Em suma, devido em grande parte à atitude negativa dos estudiosos judeus com relação à alquimia, a contribuição judaica para a Grande Arte tem permanecido oculta da opinião geral. Espero que o presente livro contribua para remediar essa situação.

A esmagadora maioria dos alquimistas judeus escrevia em hebraico. Como essa língua possuía relativamente poucos termos técnicos que pudessem ser usados para escrever abordando questões alquímicas, a maioria dos alquimistas judeus interpolava seus textos em hebraico com

13 Gabriel Monod-Herzen, *L'Alchimie et son code symbolique*, Paris: Editions du Rocher, 1978, p. 62.

palavras estrangeiras. Eles usavam esses termos estrangeiros como palavras emprestadas, sem se incomodar em explicar seu sentido ou então os identificavam com palavras estrangeiras, usando primeiro uma palavra hebraica e em seguida acrescentando "e em árabe...", ou "e em La'az...". La'az é o termo genérico em hebraico para "língua estrangeira" e, nos escritos alquímicos, refere-se ao espanhol ou ao italiano. Algumas vezes não é fácil determinar qual dessas duas línguas o autor tinha em mente.

Os termos estrangeiros são sempre apresentados nos tratados alquímicos hebraicos em transliterações fonéticas hebraicas e, frequentemente, há alguma inconsistência quando são repetidos. Transliterei essas palavras estrangeiras para letras latinas na primeira vez em que aparecem em cada documento, indiquei entre colchetes sua língua original e acrescentei a forma que a palavra tinha nessa língua, seguida de sua tradução. Por exemplo: *rejalgar* [ár., *rahj alghār*, poeira de caverna, realgar]; ou *qanalatudo* [it., *cannellatudo*, na forma de bastão]. Ocorrências subsequentes da palavra no documento foram, em geral, simplesmente traduzidas.

Nessa perspectiva, é preciso observar que as substâncias designadas em textos alquímicos antigos por nomes que ainda estão em uso, não denotam necessariamente os mesmos elementos ou substâncias químicas que os termos atuais. Por exemplo, o termo hebraico *marqaṣita* (do árabe *marqaschita*) designava uma pirita de ferro cristalizada; hoje, o mesmo termo significa bissulfeto de ferro (FeS_2). Os historiadores da alquimia têm de estar em guarda constante, para não se deixar enganar por essas semelhanças ou ambiguidades terminológicas.

Além dos escritos em hebraico, há fontes da alquimia judaica também em outras línguas, inclusive duas das três mais difundidas línguas judaicas, tradicionalmente escritas em caracteres hebraicos: o judeo-árabe e o judeo-espanhol (ladino). Não conheço nenhuma obra alquímica na terceira língua judaica, o ídiche. Isso não significa necessariamente que os judeus asquenazitas que escreviam nessa língua eram imunes ao vírus alquímico. A sobrevivência de um manuscrito é sempre uma questão de sorte e os escritos alquímicos em ídiche podem simplesmente ter-se perdido. Também é possível que, se havia alquimistas entre os judeus asquenazitas, eles não tenham escrito em ídiche, mas em uma das línguas europeias. Em todo caso, até onde sabemos, a primeira obra alquímica produzida por judeus de origem asquenazita pertence ao século XVIII (cf. os capítulos 36 e 37). O único *responsum* hebraico do século XVIII, escrito por um rabi asquenazita que demonstra interesse sério pela alquimia, origina-se da pena do Rabi Jacó Emden, cuja inteira orientação intelectual revela fortes influências sefarditas (cf. capítulo 38). Quanto aos escritos alquímicos em judeo-árabe e ladino, o presente livro contém apenas uns poucos exemplos; no entanto, esse é um campo em grande parte ainda inexplorado, no qual a pesquisa por parte dos estudiosos constituiria tarefa altamente compensadora.

Por fim, é preciso mencionar os escritos alquímicos judaicos em línguas não judaicas e as referências feitas por alquimistas não judeus a obras de alquimistas judeus. Esse tipo de material é encontrado em grego, latim, aramaico, árabe, espanhol, italiano, francês, alemão e será apresentado, em parte, neste livro.

O material deste livro foi organizado em ordem cronológica. Contudo, essa tarefa parece mais fácil do que realmente é, pois em muitos casos existem pelo menos três datas às quais uma obra alquímica pode ser atribuída. Uma delas é o tempo de vida do autor a quem o manuscrito é atribuído. No entanto, essa data muitas vezes estaria errada, uma vez que a autoria, com frequência, é pseudepigráfica. Assim, por exemplo, o tratado alquímico atribuído a Maimônides não foi, evidentemente, escrito por ele (cf. capítulo 24) e atribuí-lo ao século XII seria, portanto, incorreto.

A segunda data possível seria a do verdadeiro autor do manuscrito. O problema nesse caso está em que a maioria dos manuscritos alquímicos hebraicos é anônima e, assim, não é possível determinar suas datas com base nisso. Apenas ocasionalmente há indicações num manuscrito que nos permitem avaliar sua data. Foi com base nisso que atribuí o tratado do alquimista Pseudo-Maimônides ao século XV.

A terceira data possível é a da elaboração do manuscrito que chegou até nós. Com base nisso, o tratado do Pseudo-Maimônides teria de ser atribuído ao século XVII. No entanto, algumas vezes indicações internas ao manuscrito nos mostram que se trata de cópia de um manuscrito mais antigo, caso em que, evidentemente, não seria justificado atribuir a obra à data em que a cópia existente foi elaborada (se fizéssemos isso, teríamos de atribuir o livro de *Isaías* ao século I a.C., com base no manuscrito mais antigo existente, encontrado entre os pergaminhos do Mar Morto).

Em suma, cada manuscrito específico tem de ser avaliado separadamente, examinando-se as indicações relativas a sua data. Foi assim que atribuí o tratado do Pseudo-Maimônides ao século XV (quando seu autor provavelmente viveu) e não ao século XVII, quando provavelmente foram escritos os manuscritos existentes. Por outro lado, embora o manuscrito de Jerba utilize escritos mais antigos, eu o atribuí ao século XIX (cf. capítulo 39 e Apêndice), porque o copista, que parece ter vivido no século XIX, fez um grande número de acréscimos e modificou e reformulou consideravelmente tudo que utilizou. Assim, a atribuição de datas aos manuscritos alquímicos hebraicos é, ao menos algumas vezes, nada mais que uma questão de conjectura bem fundamentada.

Apesar de seu tamanho, este volume e a considerável quantidade de material que ele apresenta não devem ser considerados como mais que um prolegômeno à história das obras judaicas no âmbito da alquimia e do papel desempenhado pelos judeus no desenvolvimento de sua teoria e prática. Por exemplo, não pude considerar todos os textos alquímicos judaicos existentes, em especial os materiais ainda em manuscrito e dispersos pelas muitas bibliotecas de todo o mundo. Embora um grande número de manuscritos alquímicos, escritos em hebraico ou em judeo-árabe e ladino (e em caracteres hebraicos) estejam disponíveis na coleção do Instituto de Manuscritos Hebraicos

Microfilmados de Jerusalém – com o qual minha dívida é maior do que posso expressar –, não existe uma coleção de manuscritos alquímicos escritos por judeus e em caracteres não hebraicos. Esses manuscritos ainda são de difícil acesso, dispersos pelas centenas de bibliotecas em todo o mundo, à espera de ser descobertos e identificados. Em consequência, a impressão a que o material deste livro pode dar origem, de que os judeus teriam escrito a maior parte de suas obras de alquimia em caracteres hebraicos, é provavelmente incorreta e terá de ser corrigida por meio da localização, avaliação e publicação de escritos alquímicos judaicos em outras línguas – uma tarefa verdadeiramente hercúlea.

Outra razão por que considero este livro como meros prolegômenos é o fato que apenas ocasionalmente pude me referir às relações pessoais entre os alquimistas judeus e os não judeus (como a relação entre o grego Zózimo, o árabe Avicena, o francês Flamel e seus respectivos mestres judeus), bem como às influências literárias entre, de um lado, os textos alquímicos judeus e, de outro, as muito mais numerosas obras alquímicas produzidas nos mundos muçulmano e cristão, do fim da antiguidade até os tempos modernos. Estudos mais completos, comparando as teorias e as práticas alquímicas dos judeus com as dos muçulmanos e cristãos e uma investigação dos contatos entre eles serão necessários antes de ser possível escrever uma história da alquimia judaica e de seu papel no desenvolvimento da "Arte Real", desde os tempos helenísticos, que seja efetivamente bem fundamentada. É minha esperança que este livro estimule estudiosos mais jovens a dedicar sua atenção a esse tema e a levar adiante essa tarefa fascinante, que o tempo não mais me permite empreender.

2.

Figuras Bíblicas como Alquimistas

A atribuição de conhecimento alquímico a heróis bíblicos tem início no Egito do período helenístico, onde os alquimistas tinham familiaridade com a versão grega da *Bíblia* e onde o nome de Maria, a Judia, era famoso como sendo o da fundadora da Arte Hermética. O primeiro alquimista do período helenístico que aludiu à origem bíblica da alquimia foi Zózimo, que viveu em Alexandria, no final do século III e início do século IV d. C. Segundo Zózimo, o nome de Adão simbolizava os quatro elementos, que correspondem aos quatro pontos cardeais da Terra. Olimpiodoro, o autor neoplatônico que viveu em Alexandria no século VI d. C., considerava Adão o primeiro herdeiro dos quatro elementos. Para os alquimistas greco-romanos, Adão significava terra vermelha, o mercúrio filosofal, enxofre, alma e fogo natural, enquanto Eva significava terra branca, a terra da vida, mercúrio filosofal, umidade radical e espírito[1].

Mais tarde, Adão se tornaria não apenas um produto da divina alquimia primordial, mas também o primeiro homem a receber de Deus os segredos da Grande Arte, que foram transmitidos dele para Noé, Aarão, Bezalel, Davi, Salomão, Jeremias, Baruc, Ezequiel, Daniel, "assim como a todos os outros profetas"[2]. Assim, por volta do

1 Ver Berthelot, *Greecs*, 3:95, 223. Há mais sobre Zózimo no Capítulos 4 e 6 infra.

2 Cf. Bernard Gorceix, *Alchimie*: *traités alemandes du XVIe siècle*, Paris: Fayard, 1980, 190. Cf. também p. 21, 68-69, 189.

século XVI, a alquimia podia se orgulhar de possuir uma genealogia bíblica completa e os alquimistas podiam reivindicar ser os herdeiros de uma ciência secreta de origem bíblica e divina.

Na Europa medieval e renascentista, tornou-se uma tendência escrever comentários alquímicos aos primeiros versículos do *Gênesis* e deles deduzir a alquimia. Isso foi feito por Gerhard Dorn, Michael Maier e Aegidius Guthmann, entre outros[3]. O grande compêndio de textos alquímicos do século XVII, o *Theatrum chemicum*, contém uma passagem intitulada *Creatio mundi ex narratione Moysis in Genesis*, seguida por uma *Explication duorum primorum capitum Geneseos juxta physicam*, que é um comentário alquímico detalhado dos dois primeiros capítulos do *Gênesis*[4].

A essa altura, se tornara uma importante tradição da alquimia a ideia de que os processos de produção do ouro no *magisterium*, a Grande Obra, eram rigorosamente análogos aos da criação do mundo, tal como descrita em *Gênesis* 1 e 2. A pedra filosofal era, portanto, considerada como um mundo em miniatura, um *minutus mundus*, que correspondia também ao homem, o microcosmo[5]. Em consequência, *Gênesis* 1 era visto por muitos alquimistas europeus como um guia para a obra que iam empreender e o processo de criação, determinado pela vontade do alquimista em sua cucúrbita – seu frasco de destilação –, se comparava à criação do mundo por Deus, da forma como descrita no *Gênesis*[6]. Segundo alguns historiadores

3 Cf. *EJ* (B), v. 2, p. 140, verbete "Alchemie".

4 *Theatrum chemicum*, v. 1, Estrasburgo: Argentorati, 1659, p. 331-61.

5 Arthur Edward Waite, *The Secret Tradition in Alchemy: Its Developments and Records*, London: Keegan Paul, Trench, Teubner and Co., 1926, p. 261-262. Sobre o paralelo entre o mundo e o homem, o microcosmo, cf. R. Patai, *Adam va'Adamá*, Jerusalem: [s.n.], 1942-1943, v. 1, p. 165-176.

6 Maurice P. Crosland, *Historical Studies in the Language of Chemistry*, Cambridge: Harvard University Press, 1962, p. 10.

da alquimia, o primeiro capítulo do *Gênesis* "é a mais notável página da alquimia"[7].

A seguir, um panorama geral da tradição dos alquimistas relativa às figuras bíblicas que eles consideravam como os criadores e primeiros mestres de sua arte.

ADÃO. No século XIII, Vincent de Beauvais afirmou que Adão havia sido o primeiro professor de alquimia, seguido por Noé e vários outros heróis bíblicos[8]. No mesmo século, o *Livro de Sidrach* declarava que Deus, por meio de seu anjo, ensinou a Adão a arte do ferreiro e que Noé levou para sua arca os objetos feitos por Adão. Provavelmente escrito antes de 1250, no círculo de Frederico II, imperador do Sacro Império Romano-Germânico (1194-1250), o *Livro de Sidrach* contém material de fontes árabes e hebraicas e foi equivocadamente atribuído a Sidrach, neto fictício de Jafé[9].

Paracelso (Aureolus Phillipus Theophrastus Bombastus de Hohenheim, 1493-1541) escreveu em seu comentário sobre a chamada *Revelação de Hermes* que existe uma "essência indestrutível" uma *una res*, que é a "perfeita equação dos elementos", o objeto da Arte, (isto é, da alquimia), revelada do Alto para Adão. É o "segredo de todos os segredos", "a última e suprema coisa a ser buscada sob os céus", o elixir da vida, "a pedra do espírito e da verdade", a água da vida, o óleo e mel da cura eterna. "É o espírito de Deus, que no início encheu a terra e pairou sobre as águas". Foi por meio desse espírito

7 Emile Grillot de Givry, *Witchcraft, Magic and Alchemy*, London, 1931, p. 350; M. P. Crosland, op. cit., p. 19.

8 Hermann Kopp, *Beiträge zur Geschichte der Chemie*, Braunschweig: Friedrich Vieweg und Sohn, 1869, p. 319, 398, citando Vincent de Beauvais (?-1264), *Speculum maius*, parte 1, *Speculum naturale*, Veneza, 1591, fólio 82a.

9 Hermann F. Jellinghaus (org.), *Das Buch Sidrach*, Bibliothek des Litterarischen Vereins, Stuttgart, v. 235, Tübingen, 1904, p. 96-98. Sobre suas fontes, cf. Moritz Steinschneider, *Il Buonarotti*, v. 6, Roma, 1872, p. 241.

que os filósofos inventaram as sete artes liberais e com isso obtiveram suas riquezas[10].

Ben Jonson (1572-1637) estava familiarizado com uma tradição desse tipo e escreveu em seu *O Alquimista*,

> Você acredita em antiguidade? anotações?
> Mostrarei a você um livro em que Moisés e sua irmã
> E Salomão escreveram sobre a arte;
> Ah, e um tratado escrito por Adão...
> Sobre a pedra filosofal e em alto alemão[11].

A irmã de Moisés aí mencionada é Maria, que na realidade era uma alquimista judia do período helenístico identificada com Míriam, a irmã de Moisés.

Em 1620, em Frankfurt-am-Main, foi publicado em alemão um livro anônimo intitulado *Gloria mundi*, cujo subtítulo era "Ou a Tábua do Paraíso, isto é, uma descrição da milenar ciência que Adão recebeu do próprio Deus e que Noé, Abraão e Salomão usaram como um dos maiores dons de Deus e todos os sábios de todas as épocas consideraram superior aos tesouros de todo o mundo e que ele legou somente para os tementes a Deus, isto é, *de lapide philosophico, authore anonymo* [sobre a pedra filosofal, de autor anônimo]"[12]. Nesse livro, o autor afirma que "tendo Adão aprendido o mistério [da alquimia] da própria boca de Deus, ele o manteve estritamente secreto e oculto de seus filhos, até que finalmente, próximo ao fim da vida, obteve permissão de Deus para realizar o preparo da pedra conhecida de seu filho Set. Essa pedra, acrescenta o autor, era a mesma que os construtores de Salomão rejeitaram – uma afirmação que manifestamente se refere ao Salmo 118:22: "A pedra

10 A. E. Waite, *Secret Tradition*, p. 182-183.

11 Ben Jonson, *The Alchemist*, Londres, 1612, ato 2, cena 1, verso 80.

12 Hermann Kopp, *Die Alchemie in älterer und neuerer Zeit*, Heidelberg, Carl Winter 1886, v. 2, p. 370.

que os construtores rejeitaram se tornou a principal pedra angular". A ideia de que a pedra filosofal teria sido rejeitada, "desprezada e pisoteada", aparece em um manuscrito alquímico árabe da Idade Média[13].

A longevidade de Adão e de outros heróis antediluvianos da *Bíblia* era atribuída à pedra filosofal. O autor da *Gloria mundi* escreve que se não tivesse obtido o conhecimento desse grande mistério, Adão não teria sido capaz de prolongar sua vida nem mesmo até a idade de trezentos anos, muito menos até novecentos[14].

Poucas décadas depois da publicação da *Gloria mundi*, Elias Ashmole (1617-1692), o famoso arqueólogo inglês, cuja coleção daria origem ao Ashmolean Museum da Universidade de Oxford, repetia a afirmação de que a longevidade dos patriarcas bíblicos se devia ao fato de que eles tiveram a posse da pedra filosofal[15]. E foi deles, afirma Ashmole, que Hermes "obteve seu conhecimento sobre essa pedra", razão pela qual "ele concedeu o uso de todas as outras pedras e, com isso, somente se deleitou. Moisés e Salomão [juntamente com Hermes, eram os únicos três que] primavam nesse conhecimento e que dele fizeram maravilhas". Entre os muitos nomes que, de acordo com Ashmole, teriam sido aplicados à pedra está *yud hei vav hei*, isto é, o Tetragrama hebraico[16].

SET. O terceiro filho de Adão que, segundo se acreditava, teria obtido do pai o segredo da pedra, Set foi identificado por Al-Dimaschqī[17]

13 John Read, *Prelude to Chemistry: An Outline of Alchemy, Its Literature and Relationship*, New York: MacMillan, 1937, p. 112; A. Edward Waite (org.), *The Hermetic Museum Restored and Enlarged*, London, 1893, v. 1, p. 236. Em sua *Secret Tradition*, p. 349, nota 1, Waite ignorou as fontes bíblicas de sua tradição.

14 A. E. Waite (org.), *The Hermetic Museum, Restored and Enlarged*. v. 1, p. 236; J. Read, op. cit., p. 24.

15 Elias Ashmole, *Qui est Mercuriophilus Anglicus?*, Londres, 1652, v. 1, p. 449, conforme a citação de J. Read, op. cit., p. 124.

16 E. Ashmole, *Mercuriophilus*, p. 312, conforme a citação de J. Read, op. cit., p. 128.

17 Schams al-Dīn Abū ʿAbd-Allāh Muḥammad b. Abi Ṭālib al-Anṣārī al-Ṣūfī al-Dimaschqī, conhecido como Ibn Schaykh Ḥittīn, (?- 1327). Cf. *EI*², verbete "Dimaschqī".

com o Agatodemon egípcio, que frequentemente é citado por Zózimo e outros como um dos primeiros mestres da alquimia[18].

O próximo personagem bíblico a figurar de forma proeminente no que se pode chamar de pré-história mítica da alquimia é o antediluviano Tubal-Caim, a quem o *Gênesis* se refere como o "fabricante de todos os instrumentos cortantes de cobre e ferro", (Gn 4,22), em outras palavras, o inventor do ofício de ferreiro[19]. Tubal-Caim figura com destaque em um livro intitulado *Uraltes Chymisches Werck* (Obra Química Milenar), escrito por um alquimista judeu, de resto desconhecido, que teria vivido no século XIV. Esse livro é importante o suficiente para merecer uma abordagem detalhada adiante, no capítulo 17.

A GERAÇÃO DO DILÚVIO. O curto fragmento mitológico de *Gênesis* 6,1-4, que nos conta sobre os filhos de Deus que cobiçaram as filhas do homem e as tomaram como esposas, foi elaborado no *Primeiro Livro de Enoque* (originalmente escrito em hebraico no século I ou II a. C.). Nele lemos que "os anjos, os filhos do paraíso", não somente tomaram para si esposas dentre as filhas do homem, mas também "revelaram a elas feitiços e encantamentos, ensinando-as a cortar raízes e plantas". Um dos anjos, de nome Azazel, ou Azael, transmitiu aos homens o conhecimento dos "metais da terra e a arte de trabalhá-los e braceletes e ornamentos e o uso de pedras preciosas e todas as tinturas coloridas". Outros anjos ensinaram como dissolver encantamentos, como ler os sinais das estrelas, a astrologia, o conhecimento das nuvens e os sinais da terra, do sol e da lua[20].

18 Edmund O. von Lippmann, *Entstehung und Ausbreitung der Alchemie*, Berlin: Springer Verlag, 1919, v. 1, p. 258, citando Al-Dimaschqī e Chwolson.

19 Johann Ludwig Hannemann (1640-1724) escreveu uma tese sobre ele intitulada *Tubalkain stans ad fornacem* (Tubal-Caim em Pé na Fornalha). H. Kopp, *Die Alchemie*, v. 2, p. 314-317.

20 *1 Enoque* 7:1; 8:1, 3. Cf. também Clemens Romanus, *Hom*. viii.11, 14; Clemente de Alexandria, *Stromata*, v.1.10; Tertuliano, *De cultu feminarum* 1.2; cf. 11.10. Cf. também Marcellin P. E. Berthelot, *La Chimie au moyen âge*, Paris, 1893, 2:xxvi, xxx, p. 238.

Embora essa fonte apócrifa não faça referência à alquimia, o que ela efetivamente diz sobre a origem angélica da tecnologia, das artes e das ciências, foi suficiente para que os alquimistas do período helenístico atribuíssem também a origem da alquimia ao ensino desses anjos. Assim, Zózimo (século III ou IV a. C.), o mais antigo e importante autor alquímico do período helenístico, afirma em uma obra que não chegou até nós, o *Livro de Imouth*, que quando alguns anjos se apaixonaram por mulheres terrestres, eles ensinaram a elas as operações da natureza e que o livro em que eles depositaram seus ensinamentos se chamava *Chema* (Khema), nome que viria a ser aplicado à arte alquímica. Essa afirmação de Zózimo foi recapitulada na *Chronographia* de Georgius Syncellus, o versátil escritor grego do século VIII d. C.[21]. O tratado de Zózimo, ao qual Syncellus se refere, chegou até nós numa versão em aramaico[22].

Os mesmos círculos alquimistas egípcios do período helenístico em que se originou essa tradição também estabeleceram uma conexão entre a palavra *chymia* (alquimia) e o nome Cam (Cã), filho de Noé, dando assim origem à noção de que a palavra *chymia* provinha de Cam, seu primeiro praticante. Depois de examinar a bibliografia sobre o assunto, Edmundo von Lippmann, o meticuloso historiador alemão da alquimia, chegou à conclusão de que a derivação de *chymia* a partir de Cam, a identificação de Cam com Chemes (Chimes, Chimas*) e a convicção de que esse Chemes foi o criador da alquimia, além de profeta e escritor, eram de origem especificamente judaico-helenística[23].

21 Marcellin P. E. Berthelot, *Les Origines de l'alchimie*, Paris, 1885, p. 9, citando Syncellus, *Chronographia*, Veneza: Goar, 1652, p. 12, 14.

22 Berthelot, *Moyen âge*, 2:XX, XXX, p. 214, nota 1, p. 238, traduzindo um manuscrito em aramaico siríaco (MS 6.29) da Biblioteca da Universidade de Cambridge. Cf. também os Capítulos 4 e 6.

* Outra forma de grafar o nome é Khemes, daí o ár. Al-Khemi, alquimia (N. da E.).

23 E. O. Lippmann, *Entstehung*, v. 1, p. 308. Cf. também Hoffmann, em Ladenburg, *Handwörterbuch der Chemie*, v. 2, p. 516 e s. Conforme a citação de *Pauly-Wissowa*, *Realenzyklopedie der klassischen Altertumswissenschaft*, Stuttgart, 1894, 1339, verbete "Alchemie"; Berthelot, *Grecs*, v. 3, p. 181, cita uma passagem de Zózimo, na qual ele fala do "profeta Chemes".

A ideia de que os anjos ensinaram aos homens os segredos da alquimia sobreviveu da Idade Média até os tempos modernos, tendo sido reafirmada por vários alquimistas posteriores. Entre eles, estava o célebre historiador francês do século XVIII, o historiador da alquimia Nicolas Lenglet du Fresnoy (1674-1755), que escreveu em sua história da filosofia hermética, em três volumes, que, encantados pela beleza das filhas do homem, os anjos as seduziram e ensinaram a elas o maior dos segredos, isto é, a transmutação dos metais. Noé salvou esse conhecimento secreto de se perder no dilúvio e entre seus filhos – que cada um dos quais escolheu para si uma vocação especial – foi Cam (Cã), ou talvez seus filhos, que escolheu a das artes e ciências. Se o filho de Cam, "Mesraim" (*Mizraim*), "não praticava a química, ela era, de qualquer forma, praticada por seu filho mais velho", que não era outro senão "Tot ou Atotis, também chamado Hermes ou Mercúrio, que se tornou rei de Tebas". Du Fresnoy prossegue, então, explicando que parece provável ter sido Cam, ou pelo menos seu filho Mesraim, quem levou essa ciência para o Egito e que teria sido daí que a alquimia se difundiu por todo o mundo. Mesmo que Noé tivesse tido filhos na idade de quinhentos anos (cf. Gn 5,32), isso não significa que se deva aceitar como verdadeira, como fez o famoso alquimista Vincent de Beauvais (morto em 1264), a afirmação de que Noé praticava a mais perfeita química e possuía a panaceia universal, isto é, o elixir da longa vida, que é a parte mais sublime da filosofia hermética. Ainda assim, Noé pode ter passado o conhecimento do elixir para seus descendentes, que o cultivaram no Egito[24].

Assim, Du Fresnoy consegue derivar de Noé a Arte Hermética, por meio do expediente simples de fazer de Hermes (aliás, Tot ou Atotis) o filho de Mesraim, por sua vez filho de Cam, por sua vez filho de Noé. Numa outra passagem, ele identifica o bisneto de Noé com Hermes (ou Mercúrio) Trismegisto, que, segundo ele, viveu no ano de

24 Nicolas Lenglet du Fresnoy, *Histoire de la philosophie hermetique*, Paris, 1742, v. 1, p. 4, 5, 7-8.

1996 a. C. e que ele menciona em primeiro lugar em sua enumeração dos "Mais Célebres Autores da Filosofia Hermética"[25].

Nem a esposa de Noé foi excluída da genealogia da linhagem bíblica da alquimia. Daniel Georg Morhof (1639-1691), o renomado autor do *Polyhistor*, informa a seus leitores que o conhecimento secreto da alquimia se originava com a mulher de Noé, ou então com Sibila, a esposa de Nimrod[26].

ABRAÃO E SARA. A *Bíblia* afirma que Abraão "era muito rico em gado, em prata e em ouro" (Gn 13:2). Essa curta afirmação foi suficiente para que alguns alquimistas argumentassem que Abraão devia ter praticado a alquimia, pois de que outra forma poderia ele ter tido tanta prata e ouro? E, sendo assim, de quem ele teria aprendido a Grande Arte? Evidentemente de Hermes, durante sua curta permanência no Egito[27].

A *Tabula Smaragdina* (Tábua de Esmeralda) de Hermes, um tratado de alquimia que, ao que parece, data da metade do século XIII, contém a frequentemente repetida lenda sobre uma tábua de esmeralda original sobre a qual os ensinamentos de Hermes teriam sido inscritos em caracteres fenícios. Ela foi descoberta, assim diz a lenda, por Alexandre, o Grande, no túmulo de Hermes. Outros, no entanto, afirmavam que Sara, esposa de Abraão, teria recebido a tábua das mãos de Hermes, já morto, em uma caverna em Hebron. Essa versão da lenda está reproduzida na *Bibliotheca Graeca* de Johann Albert Fabricius (1668-1736), da seguinte forma:

> A *tabula smaragdina*, de grande autoridade entre os químicos, que foi, afirma-se, descoberta por Sara (a esposa de Abraão, como não hesita afirmar Christophorus Kriegsman, na *tabula smaragdina*, acima mencionada), no vale do Hebron, em um túmulo e nas mãos do cadáver de Hermes, contém

25 Idem, ibidem.

26 Daniel Georg Morhof, *Polyhistor*, 3. ed., Lubeck, 1732, p. 89-91.

27 H. Kopp, *Die Alchemie*, v. 1, p. 209.

em palavras obscuras (como é costume dos químicos, muita fumaça para pouco fogo) tudo, como dizem eles, sobre os princípios da prática do magistério químico dos metais e sobre o método de compor uma certa panaceia universal, mas descrito de forma muito geral[28].

JACÓ. De todas as figuras bíblicas, aquela em cuja vida uma pedra representou um papel crucial foi Jacó. A história do *Gênesis* relata seu sonho com uma escada celeste, que teria ocorrido em Betel, enquanto ele dormia com uma pedra sob sua cabeça. Ao acordar, Jacó teria untado a pedra e concluído o pacto com Deus (Gn 28,10-22).

A imaginação alquimística se prendeu a essa história, interpretando a pedra que teria servido de travesseiro a Jacó como sendo a pedra filosofal. A primeira de uma série de quinze admiráveis gravuras em placas de cobre, repetidamente reimpressas nos séculos XVII e XVIII, mostra um homem jovem dormindo com uma pedra sob a cabeça. A seu lado, há uma escada que se estende do céu à terra e nela se pode ver anjos subindo e descendo e tocando trombetas. Que a gravura representa Jacó e a escada não é objeto de dúvida. Também é provável que a pedra-travesseiro de Jacó fosse aceita como símbolo da pedra filosofal[29]. A décima quinta e última gravura mostra a escada caída sobre o solo, simbolizando a conclusão da Obra[30].

Mais recentemente, no século XVIII, alguns alquimistas ainda sustentavam que Adão, Isaac, Jacó, Judas e Davi tiveram em seu poder a pedra filosofal. Isso é afirmado, por exemplo, em um tratado intitulado

28 Johannes Albertus Fabricius, *Bibliotheca*, em Gottlieb Christophorus Harles (org.), *Graeca*, Hamburgo, 1790, v 1, p. 76. Tradução minha, a partir do texto em latim. De acordo com John Ferguson, *Bibliotheca chemica*, Glasgow: James MacLehose and Sons, 1906, v. 1, p. 393, a *Tabula smaragdina* foi impressa pela primeira vez, juntamente com outros tratados, em *De alchemia*, Nurembergue, 1541, sendo na época conhecida já havia pelo menos trezentos anos.

29 Johannes Jacobus Manget (org.), *Bibliotheca chemica curiosa*, 2 v., Genebra, 1702, conforme a citação de J. Read, op. cit., p. 156. Read também se refere à menção de Ashmole da escada de Jacó, p. 92. Cf. também *Mutus liber*, ou o *Livro do Silêncio de Hermes*, Rupella (La Rochelle), 1677.

30 A. E. Waite, *Secret Tradition*, p. 400-401.

Splendor lucis (Esplendor da Luz), impresso em Frankfurt e Leipzig, em 1785, e escrito por AdMah Booz, na verdade, Mich. Birkholz, que foi um respeitado alquimista[31].

MĒ-ZAHAV. No livro do *Gênesis*, na genealogia dos reis de Edom, há um nome que parecia aos alquimistas medievais ser uma clara comprovação de sua afirmação de que alguns dos antigos líderes de Israel e dos países vizinhos conheciam o segredo do preparo do *aurum potabile*, ouro potável, isto é, o ouro líquido. O relato de *Gênesis* 36,39 (1Cr 1,50) afirma que o nome da esposa de Adar, rei de Edom, era "Meetabel, filha de Matred, filha de Mezaab (heb. Mē-Zahav)". Embora seja incerto se Mē-Zahav era homem ou mulher, o significado do nome é suficientemente claro: significa literalmente "água de ouro". O nome poderia ser uma alusão à água contendo (pepitas de?) ouro, mas os alquimistas explicavam, sem hesitar, que se referia ao ouro líquido, *aurum potabile*, e acreditavam que Mē-Zahav tinha esse nome porque podia liquefazer o ouro (cf. capítulo 34). O famoso comentador judeu da *Bíblia*, Abraão ibn Ezra, (1098-1164), em seu comentário sobre esse versículo do *Gênesis*, afirma que "alguns dizem que [o nome Mē--Zahav] é uma alusão aos que fazem ouro a partir do cobre; mas essas são palavras de vento [isto é, absurdas]".

É possível que o nome da neta de Mē-Zahav, Meetabel, que na transliteração para o grego se tornou Metebel ou Metabeel, lembrasse os alquimistas do termo grego *metabolé*, transmutação, o que pode ter reforçado sua crença na interpretação alquímica do nome Mē-Zahav. Eles também argumentavam que a idade avançada dos antigos heróis bíblicos – segundo o *Gênesis* 5,27, Matusalém teria vivido 969 anos – só podia ter sido alcançada com o uso do "elixir da vida"[32].

31 H. Kopp, *Die Alchemie*, v. 1, p. 209.

32 B. Suler na *EJ* (B), v. 2, p. 140, verbete "Alchemie".

JÓ. Jó tinha a possibilidade de se tornar um alquimista bem sucedido, como se pode ver pelas palavras a ele dirigidas por seu amigo Elifaz, o temanita: "Se te voltares para o Todo-Poderoso, serás elevado; se lançares a iniquidade para longe de tuas tendas, derrubarás teu tesouro no pó e o ouro de Ofir entre as pedras do riacho e o Todo-Poderoso será teu tesouro e tu possuirás a prata preciosa" (Jó 22,23-25)[33].

Outras passagens em Jó também foram interpretadas em termos alquímicos. Os nomes das filhas de Jó, nascidas depois de sua provação, Jemimah (Jemima), Keziah (Quezia) e Quéren-Hapuque, foram interpretados em um sentido religioso-alquímico. Keziah significaria destilador e Keren-hapuch (Quéren-Hapuque), uma retorta no formato de um chifre (*qeren*) invertido (*hafukh*). Uma outra interpretação para Keren-hapuch era o "chifre", isto é, a força, da pedra *pukh*, isto é, a ciência da alquimia[34].

AS figuras bíblicas seguintes são, em ordem cronológica, Moisés e sua irmã Míriam. Discutiremos Moisés no final deste capítulo. Quanto a Míriam, que era identificada com a alquimista helenista Maria, a Judia, consultar os capítulos 5 e 6.

CORÉ. A história bíblica de Coré relata sua rebeldia contra Moisés e sua subsequente punição: ele e seu grupo foram tragados pela terra (Nm 16). Segundo o *Midrasch*, Coré e Hamã eram os homens mais ricos da Terra. As riquezas de Coré provinham de sua descoberta de um dos tesouros que José tinha ocultado no Egito. Coré pereceu devido a sua ganância e porque sua riqueza não era um dom dos céus. Ele foi encorajado por sua esposa em sua revolta contra Moisés[35].

33 H. Kopp, *Die Alchemie*, v. 1, p. 302-309.

34 B. Suler na *EJ* (B) 2:142. Cf. a ilustração aí encontrada, na col. 143. Um tratado denominado *Keren ha-Pukh* será discutido no Capítulo 10, infra.

35 Cf. as fontes em *JE*, v. 7, p. 556, e *EJ* (J), v. 10, p. 1192-93, verbete "Korah".

No Alcorão (28:76-82) há o relato de que Qārūn (isto é, Coré) acreditava que sua imensa riqueza fora a ele concedida devido à "sabedoria que existe nele". Essa referência do Alcorão, baseada na *Bíblia* e na tradição do *Midrasch*, foi ampliada por autores árabes, a começar por Al-Jāḥiz (cerca de 776-868/69) e Ibn al-Nadīm (morto em 995 ou 998). Em seus textos, Qārūn aparece como um adepto da alquimia que aprendeu a arte de sua mulher, que por sua vez a aprendera de seu irmão Moisés. Nesse detalhe da lenda do árabe Qārūn, discernimos um eco da crença de que Míriam, a irmã de Moisés, era uma alquimista à qual eram atribuídos os ensinamentos de Maria, a Judia. Segundo a lenda árabe, Deus ensinou a Moisés e Aarão a arte de fazer o ouro, para que cobrissem com ouro o *tābūt altawrāt*, a arca da *Torá*. Eles confiaram o trabalho a Qārūn, que, de acordo com uma fonte árabe, fora originalmente um ourives e que acumulou uma enorme riqueza em ouro e prata, construiu para si palácios com paredes feitas com esses metais preciosos e foi, no final, punido por Deus, devido a sua arrogância[36].

GEDEÃO. O alquimista holandês do século XVI, Guilelmus Mennens (1525-1608) associa o juiz israelita Gedeão, que segundo a *Bíblia* colheu orvalho com "lã de carneiro" (Jz 6,36-40), ao herói grego Jasão, famoso pelo velocino de ouro. Em seu livro *Aurei vellei, sive sacrae philosophiae vatum selectae unicae mysteriorumque ac Dei, naturae, et artis admirabilium libri tres*, Mennens conta a "história" alquímica, química, física, simbólica e alegórica de Gedeão e Jasão. O livro está cheio de citações e referências bíblicas a reis e profetas hebreus e assim por diante[37].

DAVI. O texto bíblico afirma que o rei Davi guardou uma enorme quantidade de ouro e prata, para a construção do Templo: "Preparei para a

36 Cf. as fontes em *EJ*², v. 4, p. 673, verbete "Karum", e *EJ* (J), v. 10, p. 1143, verbete "Korah".

37 Incluído no *Theatrum chemicum*, v. 5, Estrasburgo: Argentorati, 1622, p. 16, 240. Cf. J. Ferguson, *Bibliotheca chemica*, v. 2, p. 87.

Casa do Senhor cem mil talentos de ouro e um milhão de talentos de prata" (1Cr 22,14). Esse relato forneceu a base para a especulação alquímica de que somente com a ajuda da pedra filosofal é que Davi poderia ter acumulado quantidades assim enormes de metais preciosos. Eles encontraram apoio para sustentar essa visão na afirmação de que o rei Davi deixou para seu filho Salomão, além de todo o ouro, prata, latão, ferro, madeira e pedras preciosas, também as "pedras de *pukh*" (1Cr 29,2, cujo verdadeiro significado é incerto). Esse termo foi interpretado pelos alquimistas como se referindo às duas pedras filosofais, a vermelha, para a produção do ouro, e a branca, para a fabricação da prata. Foi somente por ter herdado essa pedra, ou essas pedras, de seu pai que Salomão pôde tornar "a prata e o ouro tão comuns em Jerusalém quanto as pedras" (2Cr 1,15; cf. 1Reis 10,27).

SALOMÃO. Em sua ânsia por encontrar uma confirmação bíblica, ou semibíblica, para a afirmação de que Salomão de fato possuía a pedra filosofal, os alquimistas interpretaram a exaltação à sabedoria de Salomão como uma referência ao conhecimento alquímico. No livro apócrifo, *Sabedoria de Salomão*, o rei teria dito: "Nem eu a comparei [isto é, a sabedoria] a nenhuma pedra preciosa, porque, a sua vista, todo o ouro [da Terra] não passa de um punhado de areia e, diante dela, a prata será tida como barro"[38]. Isso, diziam os alquimistas, era uma referência à sabedoria alquímica[39].

Já na época de Zózimo havia referências aos escritos místicos do rei Salomão. Em seu tratado intitulado *Livro da Chave*, ele descrevia em detalhe a produção e utilização do mercúrio: assim como a chave de tudo que é visível e do mundo inteiro se encontra em "O Mistério das Nove Cartas do Rei Salomão", assim também os vários tipos de mercúrio (o verdadeiro e o arsênico metálico) contêm a chave da

38 *Wisdom of Solomon*, em R. H. Charles, *The Apocrypha and Pseudepigraphia of the Old Testament*, Oxford: Clarendon Press, 1913, v. 1, p. 545.

39 H. Kopp, *Die Alchemie*, v. 1, p. 209; 2:370.

Grande Arte, uma vez que tudo que é fugaz pertence aos enxofres; mas os enxofres, como Maria, a Judia corretamente ensinou, são os agentes corantes essenciais[40].

De acordo com um tratado técnico do século VIII, ou posterior, a prata pode ser feita segundo uma receita do rei Salomão, que se originara no Templo de Hélios (= Ptah) e que requeria mercúrio do leste e do oeste, sendo necessários quarenta dias para se completar a Obra[41]. Além disso, de acordo com alguns autores alquimistas, o *Cântico dos Cânticos* de Salomão seria na verdade um tratado alquímico[42].

O rei Salomão, que se tornou uma figura importante no folclore árabe sob o nome de Nabī Sulaymān, era, de acordo com a crença popular, não somente o todo-poderoso senhor dos demônios (como o do folclore judaico), mas também um metalurgista e mestre alquimista. O *Tratado das Pedras de Aristóteles*, um tratado árabe datado de por volta do ano 850 e escrito por um sírio que era bastante versado no grego e na literatura persa, afirma que Salomão fazia com que formigas escavassem "enxofre vermelho", isto é, ouro, das rochas do Vale das Formigas e que foi de Salomão que Alexandre, o Grande, adquiriu seu conhecimento desse "enxofre vermelho"[43]. De acordo com Ibn Rusta (Abū ʿAlī Aḥmad ibn ʿUmar ibn Rusta, início do século X), os árabes atribuíam a invenção do arado de ferro, de armas e de utensílios principalmente ao rei Salomão[44]. O milagroso selo de chumbo, com o qual, de acordo com as *Mil e Uma Noites*, Salomão aprisionou os espíritos malignos em garrafas, também sugere que ele teria sido um alquimista[45].

40 Berthelot, *Moyen âge*, v. 1, p. 242, 243; E. O. Lippmann, *Entstehung*, p. 92. Cf. também infra, capítulo 5.

41 Berthelot, *Grecs*, v. 2, p. 389, 390; 3:373; E. O. Lippmann, *Entstehung*, p. 111.

42 J. Read, op. cit., p. 275.

43 Cf. Julius Ruska, *Steinbuch des Aristoteles*, Heidelberg: C. Winter, 1912, p. 161, citado por E. O. Lippmann, *Entstehung*, p. 383.

44 E. O. Lippmann, *Entstehung*, p. 625. Sobre Ibn Rusta, cf. *EI*², veja o verbete a seu respeito.

45 *Mil e Uma Noites*, conforme a citação de E. O. Lippmann, *Entstehung*, p. 423.

Bonaventure des Périers, o polímata francês do século XVI, refere-se repetidamente ao rei Salomão e à profeta Maria como os supremos alquimistas[46]. Em 1620, o famoso alquimista Michael Maier publicou em Frankfurt um livro intitulado *Septimana philosophica*, ou "A Semana Filosófica, na qual os Segredos de Ouro de todas as Espécies de Natureza, do Sumamente Sábio Salomão, Rei dos Israelitas, e da Rainha de Sabá, da Arábia, assim como, de Hirã, Príncipe de Tiro, são Apresentados e Explicados, a cada vez, na Maneira de uma Conversa"[47]. Cerca de cinquenta anos mais tarde, Johann Joachim Becher (1635-1682), uma das mentes mais lúcidas de seu tempo, afirmava que o rei Salomão tivera em seu poder a pedra filosofal[48]. De acordo com um antigo poema inglês, preservado no *Theatrum chemicum Britannicum*, de Ashmole, "the Blessed Stone Fro Heven wase sende downe to Solomon" ("A Abençoada Pedra dos Céus foi enviada a Salomão")[49].

Os autores alquimistas judeus também não ficaram atrás de seus colegas muçulmanos e cristãos na atribuição de obras alquímicas a Salomão. Um dos mais proeminentes entre eles, Iokhanan Alemanno (cerca de 1453-1504; cf. capítulo 23), cita uma história segundo a qual a rainha de Sabá teria herdado a pedra filosofal de seu marido Sman, um grande sábio nabateu. Essa teria sido a pedra preciosa com que ela presenteou o rei Salomão (1Reis 10,2), com a finalidade de testar sua sabedoria. Mas Salomão, já conhecendo o segredo, teria imediatamente reconhecido a pedra. Embora Alemanno tenha extraído essa história do alquimista árabe Abufalaḥ, de Siracusa, ela se encontrava originalmente na obra esotérica *Sefer haMatzpun* (Livro do Tesouro),

46 Bonaventure de Periers, *Cymbalum mundi*, 1537, e *Nouvelles recréations*, Lyon, 1558, conforme a citação de E. O. Lippmann, *Entstehung*, p. 503.

47 H. Kopp, *Die Alchemie*, v. 2, p. 370.

48 Johann Joachim Becher (1655-1682), em Stahl (org.), *Physica subterranea*, Leipzig, 1703, p. 696, conforme a citação de E. O. Lippmann, *Entstehung*, p. 510.

49 Londres, 1652, p. 350, citado por J. Read, op. cit., p. 110.

atribuído a Salomão[50]. Alemanno também escreveu um outro livro, o *Sefer Schaar haḤescheq* (Livro da Porta do Desejo), que – como afirmava a autorização que o prefaciava – fazia parte de uma obra maior, intitulada *Ḥescheq Sch'lomo* (Desejo de Salomão). O material nele contido era atribuído ao rei Salomão[51]. O livro propriamente dito contém algumas referências ao conhecimento alquímico e místico, como a *ḥokhmat hatzeruf* (ciência do refinamento do ouro), como criar e aniquilar seres humanos e bezerros (segundo o exemplo de certos sábios talmúdicos), as letras do alfabeto como equivalentes dos quatro elementos alquímicos e assim por diante[52].

O autor anônimo, que escreve em aramaico reproduzindo e ampliando o texto de Zózimo, tem muito a dizer sobre os mágicos "talismãs de Salomão", que ele chama de "frascos", aparentemente numa referência aos frascos mágicos nos quais Salomão teria aprisionado os demônios. Entre outras coisas, ele afirma que, enquanto "Salomão escreveu apenas uma obra sobre os sete talismãs [frascos], vários comentários foram compostos em diferentes períodos, a fim de explicar as coisas que essa obra continha; mas há fraude nesses comentários". No entanto, quase todos eles estão de acordo quanto ao funcionamento dos talismãs que são dirigidos contra os demônios. Esses talismãs funcionam como orações e como as nove letras do nome de Deus escritas por Salomão: os demônios não podem resistir a eles. O autor prossegue então:

> Mas vamos voltar com maiores detalhes ao assunto que estamos considerando. Os sete frascos nos quais Salomão aprisionou os demônios eram de eletro. A esse respeito, é importante dar crédito aos textos judaicos sobre os demônios. O livro alterado que está em nosso poder e se intitula *Os Sete Céus* contém, em resumo, o que se segue aqui. O

50 Cf. infra, capítulos 7 e 23.

51 *Sefer Schaar ha-Ḥescheq*, organizado e com uma introdução de Mosche Ḥayim Barukh, Livorno, 1790, 8+57 fólios; cf., em especial, fólios 2a, 3a.

52 Cf. fólios 36a-37b.

anjo ordenou a Salomão que fizesse esses frascos [...]. Salomão os fez de acordo com o número dos sete planetas, seguindo as receitas divinas sobre a obra da pedra [filosofal] para a mistura da prata, do ouro e do cobre de Chipre com a substância chamada *aurichalkos* e o cobre de Marrah [?]. Toma-se uma parte do metal que tem sua sombra, colocando-o face a face com todas as pedras sulfurosas; a melhor de todas elas irá produzir metal sem sombra. Os ingredientes necessários são nove no total. É por intermédio deles que tudo é realizado, como você sabe.

O sábio Salomão também sabia como conjurar demônios. Ele fornece uma fórmula de conjuração e mostra o eletro, isto é, os frascos de eletro em cujas superfícies ele inscreveu essa fórmula.

Você encontrará a mistura, o peso, e o tratamento de cada corpo e pedra preciosa nos escritos judaicos, principalmente nos de Apilis, filho de Gagios. Se descobrir o significado desses textos, você aí descobrirá com sinceridade o que busca. Se não, busque seu refúgio nos crocitidos [?], especialmente aquele que está no manual [*encheiridion*?], [ficando] compreendido que se produz o ouro [*siwan*] com o ferro [*sahoum*] colorido de vermelho. Encontra-se [no manual] a indicação completa das nove coisas necessárias.

Se não quiser usar esse meio, saiba que os seguintes corpos são necessários ao preparo do eletro: ouro [*siwan*] calcinado, prata [*loura*] chamada da formiga [*múrmēkos*], cobre [*saroch*] branqueado, ferro [*sahoum*] flexível e abrandado, chumbo [?*tou*], prata [*lune*] purificada. Você encontrará seu tratamento em toda parte[53].

A estreita associação entre Salomão e a pedra filosofal é demonstrada pelo fato de que a matéria prima da pedra era às vezes representada como os dois triângulos entrelaçados do "selo de Salomão", que permanece até os dias de hoje como o emblema nacional judaico

53 Cf. Berthelot, *Moyen âge*, v. 2, p. 265-266; E. O. Lippmann, *Entstehung*, p. 91.

conhecido como Magen David, ou Escudo de Davi. Para os alquimistas, esse brasão ou estrela era o símbolo da sabedoria e também o signo da "água de fogo", uma vez que ele consiste numa combinação de dois símbolos: o do fogo, que sobe para o céu, e assim é simbolizado pelo triângulo que aponta para cima, e o da água, que desce do céu e é representada pelo triângulo que aponta para baixo[54]. A antiga interpretação midráschica da palavra hebraica para céu, *schamaim*, isto é, uma combinação das palavras *esch*, fogo, e *mayim*, água, era conhecida e reafirmada pelos alquimistas[55]. Um deles, após explicar a natureza das Águas Superiores, escreve: "Essa é a razão por que na língua hebraica o céu é chamado 'Água de Fogo', de *Isch & Maijm*, isto é, *Schamajim*"[56]. O Magen David também foi interpretado como símbolo dos quatro elementos básicos, Terra, Ar, Fogo e Água. Às vezes ele representa a "matéria universal"[57].

Em 1687, o livro *Arca arcani artificiosissimi*, de Johann Grasshoff, foi publicado em Hamburgo e Estocolmo. Essa obra, na qual o autor adverte contra tentativas apressadas de preparo do *aurum potabile*, o ouro potável, foi reimpressa em 1753 com o novo título de *Philosophia Salomonis*. Em seu tratado *Der von Mose und denen Propheten übel urtheilende Alchymist*, publicado em Chemnitz em 1706, Johann Georg Schmid argumentava (p. 55-59) que Salomão, por mais sábio que fosse, não poderia possuir uma arte que não existia *in rerum natura*; ao contrário, ele obtinha seu ouro e prata da maneira habitual, isto é, das minas, sem precisar recorrer à pedra filosofal ou a algum milagre.

54 H. Kopp, *Die Alchemie*, v. 2, p. 246. Sobre a origem e história do Magen David como um símbolo e talismã judaico, cf. Gershom Scholem, The Star David: History of a Symbol, em sua *The Messianic Idea in Judaism and Other Essays*, New York: Schocken, 1971, p. 256-281. Num curto parágrafo, na p. 271, Scholem se refere à interpretação alquimística do Magen David.

55 *Gênese Rabá*, organizado por J. Theodor, Berlim, 1912, v. 1, p. 31, atribuído ao sábio do século III, Rav. Cf. passagens paralelas, idem.

56 *Physica naturalis rotunda visionis chemicae cabalisticae*, em *Theatrum chemicum*, v. 6, Estrasburgo: Argentorati, 1661, p. 377.

57 J. Read, op. cit., p. 167-168.

Uma posição semelhante era adotada por Andreas Ottomar Goelicke (1671-1744) em sua *Historia medicinae universalis* (1721, 1:61, 62). O autor perguntava se Salomão teria sido ou não um químico e decidia pela resposta negativa[58].

ELIAS. Diversos profetas bíblicos foram considerados adeptos da alquimia pelos alquimistas de épocas posteriores. O profeta Elias era frequentemente mencionado por alquimistas cristãos e muitos desses alquimistas publicaram obras que incluíam o nome de Elias em seu título. A influência judaica é evidente em alguns desses tratados e ela se manifesta em afirmações que ecoam a máxima talmúdica segundo a qual Elias responderá todas as perguntas não respondidas, quando retornar como arauto do Messias. Paracelso pode servir de exemplo. Embora afirmasse ter encontrado a pedra filosofal, ele escreveu em seu tratado sobre os minerais que "Deus revelou as coisas menores, mas a coisa mais importante [isto é, a transmutação de metais comuns em ouro] ainda está envolta em escuridão e assim permanecerá até a chegada de Elias Artista"[59].

ISAÍAS. O profeta Isaías se situa ao lado de Elias como adepto da alquimia. Leonhard Rhodius, da Transilvânia, é citado pelo autor anônimo (na verdade, Dr. Soldner) do tratado *Keren Hapuch*, em busca de corroborar sua afirmação de que o conhecimento alquímico de Isaías é demonstrado em Isaías 54,11, quando ele diz: "Eis que colocarei as tuas pedras em belas cores e assentarei teus alicerces com safiras e farei tuas torres de rubis e teus portões de carbúnculos e todas as tuas fronteiras de pedras preciosas". O plural em "tuas pedras" presumivelmente se refere às duas pedras filosofais, a vermelha e a branca,

58 Os quatro livros acima são mencionados e descritos em J. Ferguson, *Bibliotheca chemica*, v. 1, p. 338-341, v. 2, p. 3, 320-321.

59 B. Suler, *EJ* (B), v. 2, p. 142. Cf. também a introdução à parte oito, infra, sobre o aparecimento de Elias Artista a Johannes Fredericus Schweitzer.

enquanto as safiras se referem à cor de safira, que aparece no último estágio do preparo da pedra, talvez uma alusão ao processo alquímico de *iosis* (ou oxidação). Outros citam *Isaías* 60,17, que afirma: "Por bronze trarei ouro e por ferro trarei prata"[60].

Falta mencionar ainda um pequeno número de figuras bíblicas. Uma receita alquímica é atribuída a Oseias, o último rei de Israel[61]. Um manuscrito alquímico do período helenístico menciona que a solda do ouro, que é tanto uma operação quanto um material, é designada "pelo divino Daniel" como uma "cabeça de ouro"[62]. Valentin Weigel (1533-1588) escreve em seu *O Profeta Daniel Interpretado por Teofrasto* (ainda existente em manuscrito) que Daniel foi um grande mestre da alquimia[63].

ESDRAS. Esdras foi a última figura bíblica que, na imaginação dos adeptos da Arte Hermética, se tornou um alquimista. Na Biblioteca da Universidade de Cambridge há uma coleção de tratados que inclui um "Livro de Esdras, o Sábio Escriba". Trata-se de um tratado alquímico contendo instruções técnicas análogas às da *Química de Moisés* (cf. abaixo). O documento também contém os nomes de diversas plantas, dos planetas e metais[64]. Uma receita para a fabricação de tinta, atribuída a Esdras, pode ser encontrada adiante, no capítulo 29.

60 H. Kopp, *Die Alchemie*, v. 1, p. 209; B. Suler, *EJ* (B), v. 2, p. 142.

61 Papiro de Leiden n. 75, publicado por Reuvens, citado por Berthelot, *Les Origines*, p. 54, e apêndice, p. 158.

62 Berthelot, *Grecs*, v. 3, p. 261.

63 Cf. nota 60, supra.

64 MS. 6.29, fólios 116-120; Berthelot, *Moyen âge* 2:xxii, xxxvi, 296.

Moisés, o Alquimista

Na bibliografia alquímica, desde os primeiros escritos helenísticos até os mais recentes tratados alquímicos do século XVIII e mesmo nos textos pós-alquímicos do século XIX, Moisés ocupa um lugar de destaque como mestre da Arte Real. Alguns alquimistas chegaram a considerar Moisés, juntamente com Hermes, um dos cofundadores da alquimia que, em consequência, eles denominavam a "Arte Hermético-Mosaica".

Ao que parece, um alquimista de nome Moisés, que aparece como o autor de vários tratados alquímicos, de fato viveu no Egito helenístico[65]. Mesmo nas mais antigas fontes alquímicas gregas que mencionam Moisés, é difícil separar as referências a Moisés, o alquimista helenístico, e Moisés, o legislador hebreu, considerado como iniciador da arte alquímica. Assim, por exemplo, Zózimo incluía em seus escritos cópias de várias e detalhadas receitas alquímicas de Moisés, de uma forma que sugere que ele sabia que esse Moisés era na verdade um alquimista helenístico. No entanto, em outras passagens de seus tratados, Zózimo se refere a Moisés como se o considerasse um personagem de remota antiguidade, isto é, como o legislador hebreu. Em uma passagem, Zózimo diz: "essa é a razão por que, nos escritos judaicos e em todos os escritos, eles falam do volume inesgotável que Moisés obtinha, seguindo os preceitos do Senhor". Da mesma forma, um tratado técnico grego diz: "É sobre isso que Moisés, o profeta divino, fala em sua Química [a *Química de Moisés*, cf. adiante]: colocando todas as coisas dentro de

65 H. Kopp, *Die Alchemie*, v. 1, p. 207; E. O. Lippmann, *Entstehung*, v. 1, p. 86; J. Ferguson, *Bibliotheca chemica*, v. 2, p. 113. Cf. também John G. Gager, *Moses in Greco-Roman Paganism*, Nashville: Abingdon Press, 1972, que discute a imagem de Moisés na bibliografia greco-romana, inclusive sua reputação como mágico. Gager diz muito pouco (p. 152-155) sobre os textos alquimistas atribuídos a Moisés.

uma pequena bola de vidro, cozinhe até que o produto fique da cor do cinabre e realize o mistério divino"[66].

Um tratado alquímico contendo cerca de cinco mil palavras e intitulado *A Química Doméstica de Moisés* chegou até nós, preservado no papiro W de Leiden, do século III d. C. Esse tratado contém sessenta e duas receitas alquímicas introduzidas por meio de uma paráfrase de Êxodo 31,1-5 e 35,30-35, com a óbvia intenção de associá-lo pseudoepigraficamente com o Moisés bíblico e, com isso, dotá-lo de uma aura de antiguidade e autenticidade: "E o Senhor falou a Moisés: escolhi o sacerdote chamado Bezalel, da tribo de Judá, para trabalhar com ouro, prata, cobre, ferro e com todas as pedras preciosas, para trabalhar e talhar boa madeira e para ser um mestre em todas as artes". A isso se seguem receitas alquímicas para os tópicos habituais do tratamento do mercúrio, cobre, *molybdochalkon* (liga de cobre e chumbo), pirita, destilação da água, tratamento do arsênico, de líquidos, purificação do chumbo e várias instruções sobre como fazer ouro. Uma das últimas receitas (n. 23) afirma o seguinte:

> A fabricação do ouro. Tomando a pirita fêmea e a pedra que tem a cor da prata, que alguns chamam de siderita (magnetita), tratem-na da maneira conhecida, de forma a torná-la líquida. Se for acrescentada ao cobre, ela deve ser branqueada da forma conhecida e, se for acrescentada à prata, ela deve ser amarelada por meio do cozimento do enxofre que você conhece. Então projete esse metal amarelo sobre a prata e você a tingirá [isto é, obterá ouro]. A natureza se deleita na natureza[67].

O tratado começa e termina com a benção: "Boa fabricação e o êxito do Criador; êxito na Obra e longa duração de vida!"[68].

66 Berthelot, *Grecs*, v. 3, p. 209, 338.

67 Idem, v. 2, p. 304; 3:292.

68 Idem, v. 2, p. 300, 315; 3:287, 302. O Papiro de Leiden n. 75, escrito em grego e na grafia demótica, contém vários nomes hebraicos como Jao Sabaoth, Adonai, Abraham e invocações paralelas em

Em seu tratado sobre "A Água Divina" (isto é, o enxofre), Zózimo se refere à *Química Doméstica de Moisés*: "É assim que, na *māza* de Moisés, [é dito que] se calcina com enxofre, com sal, com alume e com enxofre (quero dizer, enxofre branco)"[69]. O termo *māza*, aqui empregado no sentido de química ou de um manual de química, de resto significa "chumbo negro" ou "magnésia" – como nas instruções de Maria, a Judia[70]. Os escritos atribuídos a Moisés recomendam que essa *māza*, ou cobre de Chipre, seja utilizada como o material com o qual se inicia a obra alquímica. Devido a uma confusão entre "magnésia feminina" e o "magnes masculino" (que aqui significa dióxido de manganês [MnO_2], pirolusita), Moisés afirma que a "*māza* divina" tem caráter de *óxos* (vinagre, acidez), no sentido de que purifica e abranda tudo, até mesmo o vidro, ao qual ele fornece uma coloração branca brilhante. A "tintura" do cobre é produzida por meio de estanho, magnésia branca, cádmio branco da Dalmácia, *stimmi* italiano, mercúrio e mercúrio de sandáraca, ou chumbo branco, isto é, arsênico obtido de sulfeto vermelho de arsênico ou ácido arsenioso branco (H_3AsO_3), que transmuta e tinge o cobre, visto que a qualidade ou "natureza" desejada que está no interior é expelida para a superfície[71].

Para obter o meio eficaz, o *xerion*, cuja projeção sobre o estanho produz a prata, que, ao ser testada, se revela genuína (*dókimōs*), emprega-se piritas auríferas de cor dourada, do Egito ou da Líbia, *sandix* (que aqui significa cinabre ou sulfeto de mercúrio vermelho nativo) e mercúrio "amortecido" (que é ou o mercúrio combinado com outro material ou o mercúrio que se encontra "nas profundezas do mundo

hebraico, egípcio e grego. Idem, v. 1, p. 8-9; Berthelot, *Les Origines*, p. 171, e fontes aí encontradas. Cf. também H. Kopp, *Beiträge*, p. 262, 354.

69 Berthelot, *Grecs*, v. 2, p. 182, 183; 3:180, 181, 209, 338. Em sua Introdução, v. 1, p. 257, Berthelot cita o *Lexicon alchemiae rulandi*: "Kymus id est massa. Kuria vel kymia, id est massa, alchimia".

70 E. O. Lippmann, *Entstehung*, v. 1, p. 69-70, e Capítulo 5, infra.

71 Idem, p. 69, e fontes aí encontradas nas notas de rodapé.

inferior" – em outras palavras, o mercúrio que escorreu para o fundo do recipiente alquímico).

Moisés também receita o uso de "óleo de rábano silvestre" e "óleo de mamona" para o tratamento da "clara do ovo" e da "gema do ovo", termos que evidentemente são pseudônimos. Por outro lado, ele provavelmente se refere à queima do óleo de linhaça e do óleo de mamona verdadeiros, quando descreve a produção de "enxofre negro, calcinado", presumivelmente a partir de enxofre derretido que, devido a seu conteúdo de carbono e sua coloração escura, é também denominado *mélan*, negrura ou fuligem. Os preparados que exigem água doce, em vez de água salgada, são colocados para assentar em esterco durante um tempo considerável, ou são aquecidos em estrume de vaca ou esterco de cavalo[72].

Embora evidentemente não haja base alguma para a atribuição dessas obras alquímicas do período helenístico ao Moisés bíblico, os escritos em si revelam forte influência e concepções monoteístas judaicas. A certa altura, por exemplo, um dos tratados menciona o "Criador, que concede êxito e vida longa"[73]. Assim podemos presumir que o autor conhecido pelo pseudônimo de Moisés foi um alquimista judeu-helenista. Numa das fontes, ele é mencionado como "Moisés, o três vezes feliz"[74], designação que remete ao epíteto dado a Hermes, "Trismegisto", "três vezes grande".

Uma das receitas alquímicas mais populares atribuídas a Moisés era a chamada "Diplose de Moisés", a duplicação do peso do ouro. O texto grego, juntamente com a receita, está incluído no manuscrito de São Marcos, que data do século X ou XI, assim como em vários outros manuscritos medievais[75].

72 Idem, v. 1, p. 69-70, e fontes aí encontradas nas notas de rodapé.

73 Idem, v. 1, p. 68.

74 Assim o filósofo grego Pappus (século VII ou VIII), cf. Berthelot, *Grecs*, v. 3, p. 30; E. O. Lippmann, *Entstehung*, v. 1, p. 107.

75 Esses manuscritos são mencionados em H. Kopp, *Beiträge*, p. 262, 273, 302, 397-398; e em Berthelot, *Les Origines*, p. 61, 175, 188.

O texto é o seguinte:

> Diplose de Moisés. Cobre de Calais[76], uma onça; arsênico [orpimento], uma onça; chumbo nativo, uma onça; sandáraca decomposta [realgar], uma onça. Ponha a mistura no *acmadion* [assadeira] e depois coloque sobre os carvões, até alcançar dessulfuração; então retire e você encontrará seu produto. Desse cobre, separe uma parte e três partes de ouro; derreta, realizando a fusão com intensidade e você verá que tudo terá se transformado em ouro, com a ajuda de Deus[77].

Que o Moisés bíblico era bastante versado nas artes e ciências e, na verdade, fora seu fundador, era uma crença corrente na antiguidade. De acordo com o filósofo judeu Fílon de Alexandria (cerca de 20 a. C.-50 d. C.), em sua juventude, Moisés foi instruído na sabedoria dos gregos, dos egípcios e das nações vizinhas[78]. Em seu *Peri Ioudaiōn*, o autor judeu-helenista Artápano, do século II a. C., identifica Moisés com o Museu da lenda grega, e afirma que Moisés foi o mestre de Orfeu e o inventor ou iniciador da filosofia, medicina, instrumentos, utensílios, armas, dos caracteres hieroglíficos e da divisão do Egito em trinta e seis províncias, uma dos quais ele destinou aos sacerdotes. Assim, diz ele, não é de surpreender que honras divinas fossem prestadas a Moisés pelos egípcios, que o chamavam de Hermes[79]. De acordo

76 Cf. Berthelot, *Grecs*, v. 3, p. 9, 40, 431; E. O. Lippmann, *Entstehung*, v. 1, p. 69 sugere Kalais no Sinai ou na Pérsia. Sobre Qalai, ou Callais, cf. M. P. E. Berthelot, *Moyen âge*, v. 1, p. 367-369.

77 Berthelot, *Grecs*, v. 2, p. 38-39; 3:40; idem, *Les Origines*, p. 54. Acrescentei entre colchetes as traduções divergentes elaboradas por F. Sherwood Taylor, *The Alchemists: Founders of Modern Chemistry*, New York: Henry Schuman, 1949, p. 35. Como a receita é denominada "diplose", duplicação, parece-me que o texto requerendo uma parte de cobre e três de ouro está corrompido: deve ser uma parte de cobre e uma de ouro. Cf. também os comentários de F. Sherwood Taylor, op. cit., p. 35-36.

78 Fílon, *Vita Mosis*, v. 1, p. 5-7, e, seguindo-o, Clemente de Alexandria, *Stromata*, v. 1, p. 23. Cf. as fontes adicionais em Louis Ginzberg, *The Legends of the Jews*, 7 v., Philadelphia: Jewish Publication Society of America. 7v., 1909-1938, v. 6, p. 402.

79 Artápano, *Peri Ioudaiōn* (Sobre os Judeus), p. 432 e s., em Eusébio, *Praeparatio evangelica*, conforme a citação de L. Ginzberg, op. cit., v. 5, p. 401, nota 59, e 402-403, nota 6.

com o Pseudo-Fílon, pouco antes da morte de Moisés foram-lhe revelados grandes mistérios que, segundo fontes midráschicas, incluíam acontecimentos passados e futuros relativos à raça humana e a Israel, assim como segredos cósmicos[80].

Em um grande número de papiros mágicos, Moisés aparece de forma muito parecida[81]. Entre as obras de magia e astrologia atribuídas a Moisés está "O Livro Sagrado chamado Oitavo Monas (ou a Oitava Mônada) de Moisés sobre o Nome Sagrado, também chamado a Chave de Moisés, o Livro Secreto de Moisés"[82]. Tanto o Papiro X de Leiden (da Tebaida) quanto o manuscrito de São Marcos, mencionam Moisés entre os vinte e seis "filósofos da arte e ciência divinas" e, já no século III d. C., Moisés aparecia em um papiro grego como autor mítico, juntamente com Homero, Orfeu, Pitágoras e Demócrito[83]. Uma outra fonte helenística afirma que Ostanes, Agatodemon, Maria e Moisés ensinavam que a bílis do icnêumone e a do abutre, maceradas durante quarenta dias com *aerugo* vermelho (óxido de cobre), são usadas como agentes corantes[84].

A fama de Moisés como mágico (não como alquimista) espalhou-se muito cedo no mundo romano. Plínio (23-79 d. C.) comenta: "Há ainda um outro ramo da magia, derivado de Moisés [...] e dos judeus"[85]. A noção de que Moisés era um grande mágico era repetida nos *midraschim* de períodos posteriores, que relatam que na corte de

80 Pseudo-Fílon, *Philonis Alexandrini libri antiquitatum*, Basel, 1527, 19.10-13; *Mekhilta*, Amalek 2, 55b-56a; *Assumption of Moses*, p. 12, conforme a citação de L. Ginzberg, op. cit., v. 6, p. 151, 158.

81 E. O. Lippmann, *Entstehung*, p. 68-69; H. Kopp, *Beiträge*, p. 396 e s.

82 Papiro de Leiden n. 76, conforme a citação de Berthelot, *Les Origines*, p. 54. De acordo com as doutrinas dos carpocratianos, Monas era o Grande Deus ignorado; Berthelot, *Grecs*, v. 1, p. 17.

83 Berthelot, *Grecs*, v. 1, p. 110-111, 271; H. Kopp, *Beiträge*, p. 354; Papiro Kenyon (século III d.C.?), conforme a citação de E. O. Lippmann, *Entstehung*, p. 74.

84 Berthelot, *Grecs*, v. 2, p. 353; 3:338.

85 Plínio, *Historia naturalis*, v. 30, p. 2 , em *Loeb Classical Library*, v. 8, p. 284-285.

Assuero (Xerxes) se sabia que Moisés havia sido "um arquimágico, criado na casa do faraó"[86].

A identificação de Moisés com Hermes foi um notável feito de engenhosidade sincrética da parte de autores alquímicos do período helenístico e posterior. O Hermes em questão era, naturalmente, não o deus grego, mas o mítico pai da alquimia, que era também identificado com Adão, Enoque, um filho fictício de Mesraim, filho de Cam, Abraão, José e assim por diante. Ele era visto como a personificação do conhecimento, da ciência, do espírito criativo que se expressa nas artes e era considerado o guardião de toda a sabedoria herdada da antiguidade[87]. Como veremos, essa identificação de Moisés com Hermes sobreviveu muito além da Idade Média.

De acordo com uma outra tradição relativamente tardia, "Hermes Trismegisto, de sobrenome Mercúrio, foi um discípulo de Moisés: ele foi notavelmente [bem] instruído na doutrina do *Gênesis* transmitida por Moisés"[88].

Quando avaliamos essas questões no contexto desse emaranhado lendário elaborado sobre a imagem de Moisés, que era considerado o maior gênio universal e mestre de todas as artes e ciências, parece quase inevitável que os alquimistas fizessem dele o fundador de sua Arte Real. Isso era ainda mais fácil de ocorrer, na medida em que a história bíblica do bezerro de ouro facilmente se prestava a uma interpretação alquímica. De acordo com o *Êxodo*, quando desceu do Monte Sinai e descobriu que os Filhos de Israel haviam forçado Aarão a fazer um bezerro de ouro e dissolutamente idolatravam o ídolo, Moisés ficou irado "e, tirando deles o bezerro que tinham feito, queimou-o no

86 *Midrasch* Esther 68-69; Abba Gorion 29-32, conforme a citação de L. Ginzberg, op. cit., v. 4, p. 411.

87 H. Kopp, *Beiträge*, p. 367; E. O. Lippmann, *Enrstehung*, p. 56, e referências aí encontradas; J. A. Fabricius, *Bibliotheca Graeca*, v. 1, p. 46-94; J. Ferguson, *Bibliotheca chemica*, v. 2, p. 113.

88 "Explicatio duorum primorum capitum Geneseos juxta Physicam", *Theatrum chemicum*, v. 1, p. 331-332.

fogo e reduziu-o a pó, espalhou-o sobre a água e deu aos Filhos de Israel para beber". (*Ex* 32,20).

Uma leitura livre desse versículo permitia aos alquimistas afirmar que Moisés conhecia o segredo do ouro líquido, o *aurum potabile*, cuja produção era um dos grandes objetivos da arte hermética. Esse conhecimento de Moisés – juntamente com a descrição dos grandes recipientes de ouro, pesando mais de vinte e nove talentos cada, que Moisés fez com que Bezalel talhasse para o santuário do deserto (*Ex* 31,1-11; 35,30-36:1; 38,24) – era considerado uma prova de que Moisés conhecia o segredo da outra, ainda maior, busca alquímica, a da fabricação do ouro.

O primeiro autor árabe a se referir a Moisés como o fundador da alquimia foi Jābir ibn Ḥayān (séculos VIII a IX), um dos principais representantes da alquimia árabe da antiguidade. Sua longa composição intitulada O *Livro dos Cento e Doze* (isto é, 112 capítulos de receitas), uma coletânea de ensaios sobre a prática da alquimia, com muitas referências aos praticantes da arte na antiguidade – como Zózimo, Demócrito, Hermes, Agatodemon e assim por diante – contém um "Capítulo sobre Moisés"[89]. De acordo com Jābir, Moisés estava na posse da ciência divina e Qārūn (Coré) teria roubado dele o segredo da alquimia. Outros autores árabes, como Ibn al-Nadīm, o Pseudo-Majrīṭī, Jahiz e Maqdisī também se referem a Moisés e Coré, como alquimistas[90].

Ibn al-Nadīm (m. 995 ou 998) escreve em seu conhecido *Kitāb al-Fihrist* (Livro de Índice), que ele concluiu em 987/8:

> Outros dizem que a revelação [da alquimia] foi feita por Deus o Mais Sublime a Moisés, filho de Amrão, e a seu irmão Aarão – que a paz esteja com eles! – e que foi Qārūn que executou a obra em seu nome. Este último, tendo acumulado muito ouro, prata e tesouros, foi, a pedido de

89 Cf. *EI*², verbete "Djābir b. Ḥayyān".

90 Cf. as fontes encontradas em Paul Kraus, *Jābir ibn Ḥayyān*: Contribution à l'histoire des idées scientifiques dans l'Islam, Cairo, 1942-1943, v. 1, p. 90, v. 2, p. 32, 44.

Moisés, levado por Deus, que percebeu a arrogância, orgulho e maldade que as riquezas haviam inspirado nele[91].

As riquezas e o orgulho desmedido de Coré são velhos temas das lendas judaicas, que já existiam na época do *Midrasch* e do historiador Josefo, mas, como mencionado acima, as fontes judaicas não atribuem a origem da fortuna de Coré a sua prática da alquimia, e sim a ele ter encontrado tesouros escondidos por José[92].

Vários adeptos medievais da alquimia, assim como não adeptos que possuíam algum conhecimento de química, levantaram a questão de como Moisés poderia ter queimado o bezerro de ouro (*Ex* 32,20), quando se sabia que o ouro não pode ser queimado. Abraham ibn Ezra (1089-1164), um dos principais comentadores medievais da *Bíblia*, encontrou uma solução para esse problema (cf. capítulo 11).

Cinco séculos mais tarde, o alquimista e químico alemão, Johann Kunckel (cerca de 1630-1703), que não conhecia Ibn Ezra, reafirmava o núcleo de sua explicação, argumentando que Moisés havia obtido o mais alto nível de domínio da prática alquímica, que incluía não apenas a habilidade de transmutar metais básicos em ouro, mas também seu oposto: o conhecimento de como transmutar ouro em metais comuns. Assim, primeiramente ele transmutou o ouro do bezerro em metal comum combustível e, em seguida, o queimou no fogo[93].

A *Turba philosophorum* (Assembleia dos Filósofos), originalmente escrita em árabe ou hebraico (mas provavelmente baseada em fontes gregas mais antigas), que chegou até nós apenas numa tradução para o latim, relata uma reunião dos discípulos de Hermes, convocada por Pitágoras[94]. Entre os discípulos reunidos estão Anaxi-

91 *EI*², Ibn al-Nadīm; M. P. E. Berthelot, *Moyen âge*, v. 3, p. 27.

92 L. Ginzberg, op. cit., v. 2, p. 125; 3:11, 286. Cf. as fontes aí encontradas, v. 6, p. 99, nota 560.

93 B. Suler, *EJ* (B), v. 2, p. 140. As obras de Kunckel são mencionadas em J. Ferguson, *Bibliotheca chemica*, v. 1, p. 483-485.

94 Berthelot, *Moyen âge*, v. 1, p. 254, 267.

mandro, Anaxágoras, Pandolfo (Empédocles), Arquelau, Platão, Demócrito, o discípulo de Lucas (Leucipo), Anaxímenes, Parmênides, Arsuberes (Xenófanes), Frictes (Sócrates), Zimon (Zenão), Dardaris (Dárdanos), Teófilo e assim por diante, bem como Moisés. Quando chega a vez de Moisés falar, ele explica os vários nomes do mercúrio e cita "o Filósofo" como tendo dito que o mercúrio que tinge o ouro é o mercúrio de cinabre (*argentum vivum cambar*) e que se trata da "magnésia", enquanto o mercúrio do pigmento de ouro (um trissulfeto de arsênico nativo, As_2S_3) é o enxofre que se eleva dessa mistura complexa. "Vocês devem, portanto", diz ele, "misturar essa coisa densa com o 'veneno causticante', deixando-a se decompor, e diligentemente triturá-la até que o espírito que está escondido nesse outro espírito seja produzido; então ela se tornará uma tintura para tudo que vocês desejarem"[95].

Mais adiante, Moisés fala do *molybdochalkon*:

> É preciso observar que os invejosos chamavam o chumbo de cobre de "instrumentos de formação", a fim de enganar a posteridade por meio de fraude. Faço-os saber que seus "instrumentos de formação" são produzidos de nosso "pó" branco, brilhante e semelhante a estrelas, e de nossa "pedra", que cintila como o mármore. Mas dentre eles, nenhum "pó" é mais apropriado para nossa Obra nem melhor para nossa composição que o pó da "ascocia" [a resina da acácia], da qual provêm bons "instrumentos de formação". Além disso, os filósofos já disseram: "Retirem os instrumentos do ovo", mas eles não disseram que tipo de ovo, nem de qual pássaro[96]. E saiba que o regime dessas coisas é mais difícil que toda a Obra, porque, se a "composição" for tratada mais que o necessário, sua luz, que vem de "Pelagus" [o mar], será extinta. Assim, os filósofos determinaram

95 Julius Ruska, *Turba philosophorum: Ein Beitrag zur Geschichte der Alchemie*, Berlin: [s.n.] 1931, p. 231.

96 Ruska observa nesse ponto que se trata de uma afirmação anedótica. O autor, naturalmente, sabia que o ovo simbolizava os quatro elementos.

> que se deve observar [os céus]. Retire-a, portanto, durante a lua cheia, colocando-a na "areia", até que se torne esbranquiçada. E saiba que, se não tiver paciência para colocá-la na "areia" e para a repetição, você irá errar no procedimento e a Obra ficará arruinada. Assim, cozinhe em fogo brando, até o branqueamento, então mergulhe em "vinagre" e você verá que uma das três já terá se separado. E saiba que o primeiro elixir se mistura e o segundo se queima, mas o terceiro derrete. Assim, acrescente ao primeiro, nove onças de "vinagre", duas vezes: a primeira vez, enquanto o vaso estiver aquecendo, e a segunda, depois que ele tiver aquecido[97].

Após a ideia de que o Moisés bíblico era um grande alquimista ter penetrado a Europa cristã por meio das traduções latinas das obras gregas e árabes, não houve escassez de tratados seguindo essa inspiração, compostos em latim e contendo referências a Moisés, o alquimista, entre as várias figuras bíblicas e autores clássicos gregos e latinos que eram considerados praticantes da Arte Real. Como exemplo típico desse tipo de composição, podemos mencionar a *Margarita preciosa* (Pérola Preciosa) de Petrus Bonus de Ferrara (cerca de 1330), na qual se encontram referências a Moisés, Davi, Salomão, Ovídio, Virgílio, Aristóteles e Galeno, como testemunhas da possibilidade de transmutação dos metais[98].

No capítulo 21, vamos discutir com certo detalhe o tratado mágico-alquímico escrito por um certo Abraão ben Simeon, de Worms. Nesse texto, o autor descreve a genealogia bíblica da "ciência divina": ela foi revelada por Deus a Noé, que a transmitiu a seus descendentes: Jafé, Abraão, Ismael, Ló, Moisés, Aarão, Samuel, Davi, Salomão, Elias, os apóstolos e São João.

97 Tradução minha, a partir da versão em alemão de J. Ruska, *Turba*, p. 248-49. Cf. a tradução para o inglês em A. Edward Waite, *The Turba Philosophorum or Assembly of the Sages*, Londres: George Redway, 1896, p. 138-139, 181-184.

98 Petrus Bonus, *Margarita pretiosa*, impressa originalmente em Aldina, Veneza, 1561, e depois incluída na *Bibliotheca chemica curiosa*, de Manget. Citada por J. Ruska, *Turba*, p. 341.

No início do século XVI, Paracelso se referia às principais figuras da genealogia bíblica como as que estavam na posse do grande segredo da pedra filosofal. Ele falava de uma "essência indestrutível", uma *una res*, que teria sido pela primeira vez revelada a Adão[99]. Paracelso concebia essa *una res* como uma substância espiritual e dizia que, "através desse espírito [...] Moisés fez os vasos de ouro na Arca e o rei Salomão realizou muitas belas obras em honra a Deus. Assim, Moisés construiu o Tabernáculo, Noé, a Arca, Salomão, o Templo [...]. Com isso, Esdras restabeleceu a Lei"[100].

As coletâneas alquímicas típicas dos séculos XVI e XVII, como a *Artis auriferae*, o *Theatrum chemicum* (5:57-89) e a *Bibliotheca chemica* (1:467-79) de Manget, incluem um pequeno tratado intitulado *Allegoriae sapientium supra librum Turbae XXIX distinctiones* (Vinte e nove Distinções das Alegorias do Sábio sobre o Livro *Turba*). A *Distinctio II* se inicia com um diálogo entre Deus e Moisés: este pede a Deus que tenha compaixão dele e conceda um meio de vida para os Filhos de Israel, ensinando-o como produzir ouro[101].

No século XVII, a crença de que Moisés havia sido um grande alquimista estava tão difundida nos círculos alquímicos e se tornara um dogma tão firmemente estabelecido, que vários dos autores de postura mais crítica que escreviam sobre a Arte Hermética acharam necessário combatê-la. Assim, Hermann Conring (1606-1681), por exemplo, escreveu em 1648 – e novamente em 1669 – que o relato de que Moisés fora um químico não passava de uma fábula e que, na história bíblica do bezerro de ouro que Moisés teria pulverizado, nada era dito sobre uma dissolução química do ouro[102].

99 Cf. supra, nota 10.

100 A. E. Waite, *Secret Tradition*, p. 182-183.

101 J. Ruska, *Turba*, 331. Nesse livro, o famoso diálogo entre Maria, a Judia e Aros se torna um diálogo entre Maria e Aarão.

102 Hermann Conring, *De Hermetica Aegyptorum vetere et Paracelsicorum nova medicina*, Helmstedt, 1648, p. 393; idem, *De Hermetica medicina*, Helmstedt, 1669, p. 431; ambas citadas por H. Kopp, *Beiträge*, p. 399.

Em 1706 a mesma questão era discutida e os alquimistas eram severamente criticados por Johann Georg Schmid, por longo tempo pastor em Nesselbach, em um pequeno livro em alemão intitulado (tradução minha) *O Alquimista que Faz Mal Julgamento de Moisés e dos Profetas está Recebendo Provas Bíblicas de que Moisés e Vários Profetas, como Davi, Salomão, Jó, Esdras e outros não Foram Adeptos do Lapis Philosophorum: do Mesmo Modo que a Doutrina e a Invenção Alquímica da Transmutação de Metais Comuns em Ouro é Pura Fantasia e Ilusão Nociva*, por um Amante da Verdade, que se Conforta em que o Todo-Poderoso é seu Deus, *Jó* 20,25 (? talvez 37,22) e Nada busca em Ouro[103].

No entanto, os que acreditavam que Moisés havia sido um grande alquimista eram muito mais numerosos que os que negavam que ele fora dotado de conhecimentos alquímicos. Entre os primeiros estava Olaus Borrichius (1626-1690), que escreveu em 1668 e novamente em 1674, que somente um químico muito bom poderia ter feito o que a *Bíblia* diz que Moisés fez, isto é, a redução do bezerro de ouro a pó fino[104]. No mesmo tom, Georg Wolfgang Wedel (1645-1721) escrevia em seu tratado *De Mose chimico* (Sobre Moisés, o Químico): "Sem dúvida, Moisés foi um químico e artífice tão excepcional no trabalho com o fogo que podia destruir o bezerro de ouro com extrema rapidez". Wedel presume que Moisés empregou enxofre, sais ácidos, mercúrio ou chumbo com essa finalidade e triturou o bezerro em pó fino e, espalhando-o sobre a água, tornou-o não somente potável, mas também saudável[105]. Uma referência ao bezerro de ouro aparece no título de um livro de Johannes Fridericus Helvetius (Schweitzer), escrito

103 Johann Georg Schmid, *Der von Mose und denen Propheten übel urtheilende Alchymist*, Chemnitz, 1706. Cf. J. Ferguson, *Bibliotheca chemica*, v. 2, p. 336.

104 Olaus Borrichius, *De ortu et progressu chemiae*, Copenhague, 1668, p. 46-47; idem, *Hermetis Aeqyptorum et chemicorum sapientia*, Copenhague, 1674, p. 226; conforme a citação de H. Kopp, *Beiträge*, p. 399.

105 Georg Wolfgang Wedel, *Excitationum medico-philologicarum*, Jena, 1699, p. 1 e s. conforme a citação de H. Kopp, *Beiträge*, p. 399-400.

originalmente em latim, traduzido para o alemão em 1668 e, dois anos depois, também para o inglês, com o título *O Bezerro de Ouro que o Mundo Adora e Deseja: no qual é abordada a mais Rara e Incomparável Maravilha da Natureza na Transmutação dos Metais: isto é, como toda a Substância do Chumbo foi num Momento Transmutada em Ouro-Obrizon com uma partícula extraordinariamente pequena da verdadeira Pedra Filosofal*[106]. Mais informações sobre Helvetius serão encontradas na Introdução da Parte Oito.

No entanto, não eram somente os estudiosos romântico-religiosos, sempre dispostos a ler na *Bíblia* indicações de todas as conquistas científicas e técnicas de seu próprio tempo, que afirmavam que Moisés fora de fato um mestre da química. Cientistas mais sóbrios faziam o mesmo. Assim, ninguém menos que o químico Georg Ernst Stahl (1660-1734), o criador da famosa teoria do flogisto, desenvolveu em 1698 algumas reflexões sobre a ideia de que o ouro teria se dissolvido na água. Ele afirmava que, se o ouro fosse fundido juntamente com partes iguais de *salis alcali* e *sulphuris citrini*, ele podia ser dissolvido e a massa resultante poderia então ser diluída em água. E, acrescentava ele, esse foi certamente o método que Moisés empregou para dissolver o bezerro de ouro[107].

Em 1742 era publicada uma obra em três volumes de Nicolas Lenglet du Fresnoy, intitulada *Histoire de la philosophie hermetique*; a obra inclui uma curta seção com o título "Moisés Conhecia a Ciência Hermética". Nela, Du Fresnoy escrevia:

> Moisés foi treinado em todas as ciências dos egípcios, das quais a mais secreta e, ao mesmo tempo, uma das mais essenciais, era a da transmu-

106 Publicado em Londres por John Starkey, 1670. Cf. Lenglet du Fresnoy, *Histoire*, v. 3, p. 62, 185. "Obrizon" é a tradução para o inglês do termo em latim *Obryzum*, ouro puro.

107 Georg Ernst Stahl, "Observat. chymico-physico-medic. ann. MDCXCVIII, mensis Aprilis, quo vitulus aureus igne combustus, arcanum simplex, sed arcanum demonstratur", em seu *Opusculo chymico-physico-medico*, Halle (Saale), na Saxônia, 1715, p. 585 e s., conforme a citação de H. Kopp, *Beiträge*, p. 400.

tação dos Metais. Portanto, não é de surpreender encontrá-lo derretendo, calcinando e pulverizando essa massa enorme que era o bezerro de ouro feito pelo o povo de Israel, como uma divindade semelhante ao Ápis egípcio. Essa calcinação não poderia ter sido realizada sem o uso do fogo. E mais: Moisés sabia como dissolver e diluir esse ouro calcinado em água comum, o que é contrário a todas as experiências, uma vez que, sem a ajuda de uma ciência especial, o ouro, mesmo em mínima quantidade, é sempre precipitado para o fundo de todos os líquidos comuns com os quais é combinado. É a essa ciência, é a esse conhecimento específico, que muda a natureza dos metais, que há muito damos o nome de filosofia, ou química hermética, e que muito provavelmente [era chamada] pelos egípcios de a Arte Sagrada, a Ciência Divina[108].

A obra de Du Fresnoy traz uma longa lista, em ordem cronológica, dos "mais célebres autores da filosofia hermética". Ele coloca Hermes (ou Mercúrio Trismegisto) no topo da lista, afirmando que ele viveu em 1996 a. C. Em segundo lugar aparece Moisés, a quem é atribuída a data de 1595 a. C., acompanhada da observação de que "há um livro sobre a ciência hermética que se presume seria de sua autoria"[109].

Embora Du Fresnoy colocasse quatro séculos inteiros entre Hermes e Moisés, mesmo assim a identificação entre os dois sobreviveu até o final do século XVIII. Em sua *Bibliotheca*, Fabricius cita Artápano, afirmando que os egípcios teriam sugerido (*innuunt*) que Moisés e Mercúrio (= Hermes) eram uma e a mesma pessoa[110]. Quanto a isso, Gottlieb Harles, o editor da obra-prima de Fabricius, acrescenta em uma nota de rodapé que, em sua história dos judeus, Basnage "nega que Mercúrio e Moisés fossem um e o mesmo homem, uma vez que

108 Lenglet du Fresnoy, *Histoire*, v. 1, p. 18-19.

109 Idem, v. 1, p. 459.

110 Cf. nota 79, supra.

antes de Moisés e antes de José já era conhecida a arte da escrita e já existiam os livros escritos[111].

A questão da identidade entre Hermes e Moisés inquietava não apenas os alquimistas, mas também os historiadores, ainda na segunda metade do século XIX. Em seu estudo sobre hieróglifos com aparência de prata, encontrados em invólucros de múmias egípcias, W. Herapath descobriu que os tecidos estavam corroídos no local dos hieróglifos e concluiu que haviam sido escritos com prata dissolvida em ácido nítrico. Assim ele arremata que o éter nitroso era conhecido dos egípcios da antiguidade, o que o levou à seguinte conjectura:

> Sobre isso pode ser feita uma especulação muito plausível, explicando a solução empregada no Bezerro de Ouro por Moisés, que obtivera todo o conhecimento mundano com os sacerdotes egípcios. Havia a suposição de que ele conhecia e empregava o sulfureto de potássio com essa finalidade; como essa conclusão surgiu, não sei; mas, se os egípcios obtinham ácido nítrico, isso só era possível por meio do ácido sulfúrico, cuja ação e, pelo mesmo tipo de processo, eles podiam ter empregado para separar o ácido hidroclorídrico do sal comum; é, portanto, mais provável que os sacerdotes tivessem ensinado a Moisés como usar a mistura dos ácidos nítrico e hidroclorídrico, com a qual ele conseguiu dissolver a estátua, do que a utilizar o sulfureto, que não temos prova de que eles conhecessem[112].

Um ano após a publicação do artigo acima, outro químico, J. Denham Smith, levantava objeções à teoria de Herapath, argumentando que o texto bíblico não dizia nada sobre Moisés ter *dissolvido* o ouro do bezerro, mas apenas que ele o havia reduzido "a um pó

111 J. A. Fabricius, *Bibliotheca Graeca*, v. 1, p. 46, 49. Jacques Christian Basnage (1653-1725) foi um religioso protestante francês, do qual uma das obras foi a *Histoire des Juifs depuis Jesus Christ jusqu'à present*, Haia, 1706-1711, em diversos volumes. A referência a Mercúrio e Moisés encontra-se no livro 3, capítulo 18, par. 18, p. 458.

112 W. Herapath, em *Philosophical Magazine and Journal of Science*, série 4, v. 3, Londres, 1852, p. 528, conforme a citação de H. Kopp, *Beiträge*, p. 401-402.

impalpável e, assim, o tornara potável, quando misturado com água [...] 'ele queimou-o no fogo', isto é, ele o derreteu e misturou-o com uma substância capaz de tornar o ouro fácil de decompor"[113].

Para concluir, são necessárias algumas reflexões sobre a motivação subjacente à afirmação persistente de que Moisés fora um mestre alquímico. A grande busca da alquimia – perscrutar os segredos da natureza, inclusive, de um lado, o segredo dos metais, de outro, o do ser humano – foi seriamente obstruída pela má reputação provocada pelas fraudes perpetradas por charlatães que alegavam ser capazes de produzir ouro. Nessa situação, tornou-se de extrema importância para os alquimistas poder provar que sua ciência tinha uma genealogia respeitável. E nenhuma outra grande figura do passado podia servir a essa finalidade de forma tão perfeita quanto Moisés, o homem de Deus, o grande legislador, cujos Cinco Livros sagrados eram considerados com enorme reverência não somente por todo o mundo cristão, mas também pelos muçulmanos. Assim, se Moisés fora um alquimista, a própria alquimia tinha de ser, não somente respeitável, mas um empreendimento louvável, aprovado e, na verdade, originalmente ensinado pelos anjos ou mesmo pelo próprio Deus.

Do ponto de vista da alquimia, Moisés tinha uma grande vantagem com relação às outras figuras bíblicas: embora outros pudessem ter feito, ou mandado fazer, recipientes e utensílios de ouro, é somente de Moisés que as Escrituras de fato afirmam ter queimado e pulverizado ouro. Aí estava, então, um líder religioso de suprema distinção, um homem de Deus de santidade incomparável, cuja imagem bíblica era, por assim dizer, feita sob medida para servir como o equivalente alquimístico de um santo padroeiro.

113 J. Denham Smith, em *Philosophical Magazine* 4:142. Algumas referências adicionais a Moisés, o alquimista, feitas por Huetius, Fabrício e Libávio, podem ser encontradas em J. Ferguson, *Bibliotheca chemica*, v. 2, p. 113.

3.

Alquimia na *Bíblia* e no *Talmud*?

Como vimos no capítulo anterior, apesar das afirmações dos alquimistas, o fato é que a *Bíblia* nada contém que indique familiaridade com a teoria ou a prática da alquimia. A atribuição de conhecimentos de alquimia a figuras bíblicas foi claramente produto da imaginação de gerações posteriores de alquimistas.

Essa observação não significa que os hebreus do período bíblico ignoravam os metais, sua mineração, fusão e uso. Muito ao contrário: embora não tenha um termo genérico para "metal", a *Bíblia* menciona sete metais várias vezes: ouro, prata, cobre, ferro, estanho, chumbo e antimônio. Escavações realizadas em várias partes de *Eretz* Israel revelaram restos desses metais, tanto em estado natural quanto processado. Um exame mais meticuloso da metalurgia bíblica parece justificado, uma vez que a metalurgia é um prerrequisito indispensável da prática da alquimia.

Segundo uma famosa observação linguístico-antropológica, há uma correlação direta entre a importância de um item na vida de um povo e o número de palavras existentes em sua língua para designar esse item e suas variedades. O árabe possui as proverbiais cem palavras para designar o camelo e, nas línguas esquimós, existem muitas palavras para designar as variedades de neve. Da mesma forma, pode-se concluir que as muitas palavras para o ouro, encontradas no hebraico bíblico, devem indicar que o ouro era de grande importância na vida da antiga Israel, enquanto outros metais, para os quais havia menos termos, tinham menor importância.

Na *Bíblia*, os seguintes sete substantivos têm o significado de "ouro": *zahav, paz, ketem, ḥarutz, s'gor, ofir, batzer*. Se eles se referiam a vários tipos de ouro, não se pode mais determinar. Além disso, existem na *Bíblia* cinco adjetivos regularmente associados ao ouro: *zahav schaḥuṭ* (ouro batido ou polido); *zahav ṭov* (ouro bom); *zahav ṭahor* (ouro puro), *zahav m'zuqaq* (ouro refinado) e *zahav sagur* (ouro fechado [?]). Além disso, os tipos de ouro eram diferenciados de acordo com seu local de origem: havia o ouro de Ofir, o ouro de Sabá, o ouro de Ufaz, o ouro de Parvaim, o ouro do norte e o ouro da terra de Hávila. Ofir, Sabá e Hávila parecem ter-se localizado na região leste da África; a localização de Parvaim e Ufaz é desconhecida. Quatro desses determinantes também eram empregados juntamente com o termo *ketem*: havia o *ketem ṭahor*, o *ketem ṭov*, o *ketem ofir* e o *ketem ufaz*. Por fim, o substantivo *paz* aparece em combinação com três outros substantivos que denotam ouro: *zahav ufaz, ḥarutz ufaz, ketem paz*. Havia também as expressões *ḥarutz nivḥar* (*ḥarutz* selecionado) e *y'raqraq ḥarutz*, nas quais a primeira palavra havia sido originalmente um outro sinônimo para ouro. Essa rica nomenclatura deixa claro que os antigos hebreus diferenciavam cuidadosamente os vários tipos de ouro, de acordo com seu local de origem, qualidade, pureza, cor e assim por diante.

Com base em outras passagens da *Bíblia*, é possível inferir quais processos faziam parte da produção de objetos de ouro. O ouro em estado natural era derretido em um cadinho especial (*Pr* 17,3; 27,21), era moldado em lingotes, ou grandes "línguas" ou "cunhas" que pesavam até cinquenta siclos (*Js* 7,21). No processo de fusão, o ouro era separado das impurezas (*Ml* 3,3; *Jó* 28,1; 1*Cr* 28,18) e depois era também avaliado (*Zc* 13,9; *Jó* 23,10). Se o ouro ia ser usado no revestimento de outros objetos ou na confecção de joias, ele era primeiramente batido em lâminas finas ou cortado em filamentos (*Ex* 39,3).

Quanto aos outros metais, algumas passagens em *Jeremias* (6,29-30) e *Ezequiel* (22,18-20) sugerem que os metalúrgicos trabalhavam com foles (*mapuaḥ*), para aumentar a temperatura do fogo sob o cadinho (*kur*), separar (ou "consumir") o chumbo da prata e remover as impurezas (*sig*) da prata, que consistiam em metais comuns como o cobre (*n'ḥoschet*), o latão (*b'dil*), o ferro (*barzel*) e o chumbo (*'oferet*).

Que processos metalúrgicos de purificação do ouro e da prata eram conhecidos na antiga Israel fica claro a partir de uma passagem em *Malaquias* (3,1-3):

> Eis que vou mandar Meu mensageiro para preparar Meu caminho [...]. Mas quem aguardará o dia de sua vinda? E quem se levantará quando ele aparecer? Pois ele é como o fogo do refinador e como o sabão dos lavandeiros. Sentar-se-á como um refinador e purificador da prata; e ele purificará os filhos de Levi e os refinará como o ouro e a prata.

As palavras-chave em hebraico são *esch m'tzaref* (fogo do refinador), *m'tzaref um'ṭaher kessef* (um refinador e purificador da prata), *v'ṭiher* [...] *v'ziqeq otam kazahav v'khakessef* (e ele purificará [...] e os refinará como o ouro e a prata).

Esse verso é explicado no comentário medieval *M'tzudat David*: "Esse mensageiro será como o fogo que refina a prata e consome as impurezas e como o sabão dos lavandeiros que remove as manchas das roupas, é assim que ele destruirá e eliminará todos os pecadores e todos os rebeldes". O uso dessa analogia na advertência profética indica que o trabalho do refinador e purificador de metais preciosos era algo com que a audiência à qual o profeta se dirigia estava familiarizada; o efeito de suas palavras tocava um acorde familiar na consciência das pessoas.

Há uma passagem em *Jó* que fornece uma descrição poética da mineração dos vários metais nos tempos bíblicos. Jó está dizendo:

> Porque existe uma mina para a prata e um lugar para o ouro ser refinado:
> Ferro é tirado da poeira e pedra é fundida em cobre –
> Um fim ele põe à escuridão e procura aquilo que é remoto,
> Entre rochas sem luz, na sombra da morte,

Escava um poço onde nenhum homem habita,
Onde nenhum pé pisa, onde nenhuma alma se move,
Em terra na qual nenhum pão brotará,
E em cuja profundidade os fogos se agitam.
Entre suas rochas é encontrada a safira.
E é rica em pó de ouro.
Nenhum pássaro predador conhece esse caminho.
Nem foi ele visto pelo olho do falcão,
Nenhum gnu pisou esse caminho,
Nem o leão emproou-se lá –
Apenas a mão do homem tocou a pedra,
Arrancou a poderosa raiz da montanha.
Furou canais no meio das rochas,
Seus olhos espiaram os preciosos bocados,
Ele induziu o fluxo das correntes para o outro lado
E revelou o que estava escondido.
(*Jó* 28,1-11; tradução livre)

Para contrabalançar essa descrição poética de uma mina em local remoto, podemos mencionar o trabalho arqueológico nas áreas do sul de Israel, realizado por Nelson Glueck e outros, que localizou várias minas de cobre exploradas nos dias do rei Salomão. Do mesmo modo, tanto referências bíblicas quanto descobertas arqueológicas comprovam o uso generalizado de ferramentas e outros objetos de bronze, e mais tarde do ferro, na Israel bíblica. Assim, no período bíblico, já existiam as precondições metalúrgicas para o subsequente desenvolvimento do interesse dos judeus pela alquimia[1].

Quando passamos ao período talmúdico (de cerca de 100 a. C. a 500 d. C.), encontramos fontes mais abundantes, embora seja curioso haver

1 Mais informações podem ser encontradas na enciclopédia hebraica *Entziqlopediya Miqrait*, verbete "Matekhet", e na enciclopédia inglesa *EJ* (J), verbete "Metals and Mining".

tão poucas referências ao conhecimento da alquimia[2]. Grande parte do período talmúdico sobrepôs-se ao período helenístico, durante o qual existiu no Egito uma comunidade judaica relativamente grande, na qual a alquimia começava a florescer, havendo considerável contato entre os rabi do *Talmud* e os judeus do Egito helenístico. Em Alexandria, o comércio do ouro e da prata e as atividades dos ourives e dos artesãos que trabalhavam com a prata e o cobre estavam entre as ocupações mais importantes – é o que podemos concluir com base na afirmação do *Talmud* de que os praticantes desses cinco ofícios, além do ofício de tecelão, eram os únicos que se sentavam em grupos separados na imensa sinagoga da cidade[3].

Embora os ourives judeus fornecessem importantes peças ornamentais e objetos rituais ao Templo de Jerusalém, não encontramos indicações ou referências manifestas à alquimia helenística em toda a bibliografia talmúdica, exceto por uma passagem de autenticidade duvidosa, que vamos discutir no capítulo 30. No entanto, dado o interesse pela alquimia que caracterizou o Egito helenístico, é mais que provável que, entre os muitos artesãos judeus que trabalhavam com metais, houvesse os que faziam alguma experimentação com a alquimia. Isso sugere que os sábios do *Talmud* deliberadamente fechavam os olhos a esse importante aspecto da cultura grega e judaica do Egito helenístico. Em todo caso, as referências talmúdicas que se prestam a uma interpretação alquímica são poucas e vagas.

O ponto de partida clássico é a discussão dos sete tipos de ouro, uma passagem encontrada, com algumas variantes, em diversas fontes talmúdicas e midráschicas[4]. Trata-se de uma homilia sobre os sete termos para o ouro que os sábios encontravam dispersos pelos vários livros da *Bíblia* e que eles acreditavam designar sete diferentes tipos de ouro.

2 A *EJ* (J) abrange o tema, e o material em Samuel Krauss (*Talmudische Archaeologie*, Leipzig: [s.n.] 1910-1912) após oitenta anos ainda é valioso.

3 Cf. *B. Suká* 51b.

4 *Talmud Yomá de Jerusalém* 41d; *Talmud Iomá Babilônico* 44b-45a; *Êxodo Raba* 35:1; *Cânticos Rabá* 3:9.

As explicações dadas aos termos bíblicos são puramente midráschicas e baseadas sobretudo na etimologia popular de palavras cujo significado real era desconhecido dos sábios. Forneço aqui a tradução literal da mais curta e antiga e da mais longa e recente dessas quatro versões, com as referências da fonte bíblica incluídas entre parênteses.

A versão mais curta e antiga se encontra no *Talmud* babilônico:

> O Rabi Ḥisda disse: existem sete tipos de ouro: ouro, ouro bom, ouro de Ofir, ouro *Mufaz*, ouro *schaḥuṭ* (batido), ouro fechado e ouro de *Parvaim*. Ouro e ouro bom, como está escrito: "e o ouro da terra é bom" (*Gn* 2,12). Ouro de Ofir, que vem de Ofir (1*Reis* 10,11). Ouro *Mufaz* (1*Reis* 10,18), que é como *paz* [ouro brilhante; Raschi explica: "brilha como pérola"]. Ouro *schaḥuṭ* (1*Reis* 10,16), que pode ser estirado como um *ḥuṭ* [fio. Raschi: "Porque é macio"]. Ouro fechado (1*Reis* 10,21) – quando sua venda se inicia, todas as lojas se fecham [Raschi: "porque nenhum outro tipo de ouro é então comprado"]. Ouro de *Parvaim* (2*Cr* 3,6) – assim chamado, porque é como o sangue dos *parim* [touros] [...]. Temos, de fato, aprendido isso (em *Mischná Yoma* 4,4): "A cada dois dias, seu ouro ficava amarelo, nesse dia (no Iom Kipur) estava vermelho" – esse é o ouro de *Parvaim* que é como o sangue dos touros[5].

As explicações etimologicamente impossíveis dos três difíceis termos *Mufaz, schaḥuṭ* e *Parvaim* mostram que se trata apenas de *agadá*, ou lenda, e que o Rabi Ḥisda não tinha acesso a nenhuma tradição ou informação concreta relativa a diferenças reais na qualidade do ouro designado pelos sete termos bíblicos.

Algumas indicações de uma compreensão das características do ouro em termos alquímicos podem estar contidas na versão expandida de dois textos *midraschim* de teor quase idêntico. Em minha tradução, combinei os dois textos:

5 *B. Iomá* 44b-45a.

Existem sete tipos de ouro: ouro bom, ouro puro, ouro *schaḥuṭ* [batido], ouro fechado, ouro *Mufaz*, ouro purificado e ouro de *Parvaim*. O ouro bom – corresponde a seu significado simples [...]. O ouro puro – se colocado no cadinho, não diminui de forma alguma. O Rabi Iehudá disse em nome do Rabi Ami: Salomão colocou mil talentos de ouro mil vezes no cadinho, até que sobrou apenas um talento. Mas o Rabi Iossef ben R. Iehudá não ensinou que: assim aconteceu que a Menorá do Templo era mais pesada que a [do Santuário] do deserto, no peso de um dinar górdio, e em consequência, eles a puseram no cadinho oitenta vezes, até que foi reduzida? [Não há nenhuma contradição, porque] no começo, foi reduzido bastante e, depois, foi reduzido apenas pouco a pouco. O ouro *schaḥuṭ* – podia ser torcido como um fio (*ḥuṭ*) e estirado como cera. Adriano tinha o peso de um ovo [desse ouro], Diocleciano tinha o peso de um dinar górdio, essa nação não tem nenhum. O ouro fechado – fez todas as lojas de ouro fechar suas portas [...]. O ouro *Mufaz* – o Rabi Paṭroqi, irmão do Rabi Drosa, disse em nome do Rabi Aba bar R. Buna: parecia enxofre que pegou fogo. O Rabi Abin disse: é designado conforme o nome de seu país, *meUfaz* [proveniente de Ufaz]. O ouro purificado – os da escola do Rabi Yanai disseram: eles o cortam como azeitonas e, quando com ele se alimentam as avestruzes, ele sai purificado. Os membros da escola do Rabi Yudan diziam, em nome do Rabi Simão, que eles o escondem em estrume por sete anos e ele sai purificado. O ouro de *Parvaim* – o Rabi Simão ben Laqisch disse: é vermelho como o sangue do touro [*par*]. E alguns dizem que produz frutas [*perot*], porque, quando construiu o Templo, Salomão plantou no local todos os tipos de árvores e, na mesma hora em que as árvores do campo frutificavam, as árvores do templo também frutificavam e deixavam suas frutas cair e [os sacerdotes] as colhiam e as reservavam para os consertos do Templo. Mas quando Manassés ergueu um ídolo no Templo, todas essas árvores secaram[6].

6 *Números Rabá* 12:4; *Cânticos Rabá* 3:9.

Embora a maior parte da passagem seja, mais uma vez, apenas *agadá*, ela toca em algumas questões que interessavam aos alquimistas. Ela revela interesse na questão relativa à perda ou não de parte do peso do ouro quando ele é derretido. A passagem pressupõe a existência de um tipo de ouro que é tão brando que pode ser torcido como um fio e estirado como cera e um outro tipo, cuja aparência é como enxofre em chamas. A crença em que os avestruzes podem ingerir e digerir o ouro é recorrente em vários tratados judaicos medievais de alquimia. A noção de que o ouro sai purificado, quando colocado em estrume durante sete anos, reaparece de forma modificada em escritos alquímicos medievais: certas substâncias, quando enterradas em estrume por períodos de duração variável, transformavam-se em outras substâncias que, por sua vez, podiam ser usadas para produzir ouro.

A outra grande busca dos alquimistas – produzir a miraculosa substância ou essência que poderia conceder saúde e juventude e afastar a morte – também era conhecida pelos rabis do *Talmud*. Eles a chamavam, em hebraico, de *sam ḥayim* e, em aramaico, de *samma diḥaya*, isto é, "elixir da vida", e acreditavam em sua existência real ou possível. As referências a ela na bibliografia rabínica são poucas e indiretas, mas elas são claras o suficiente para tornar indubitável a presença dessa crença. O seguinte *midrasch* é um bom exemplo:

> Havia um vendedor de especiarias que costumava circular pelas aldeias próximas a Séforis [na Galileia] e ele costumava anunciar e dizer: "quem quer comprar o elixir da vida?" As pessoas se amontoavam ao redor dele. O Rabi Yanai, que estava sentado estudando em sua sala, ouviu-o anunciar "quem quer o elixir da vida?" e gritou para ele: "venha aqui e venda-o a mim!" O vendedor de especiarias disse a ele: "nem você nem aqueles a sua volta precisam dele". Mas o Rabi Yanai insistiu e, em consequência, o vendedor de especiarias foi até ele, pegou uma cópia do Livro dos Salmos e apontou para o verso: "Quem é o homem que deseja

a vida?" [e disse] O que está escrito depois disso? "Mantenha sua língua livre de maldade [...] afaste-se da maldade e faça o bem"[7].

De acordo com uma fonte paralela, foi a filha do Rabi Yanai quem ouviu o vendedor de especiarias mascateando sua mercadoria e contou a seu pai, que pediu ao homem que se aproximasse; quando ouviu sua resposta, o rabi o recompensou com seis *selaʿ*s[8].

Embora a intenção da história, da forma como contada, seja religiosa e moralista, uma vez que ensina que o verdadeiro elixir da vida é a honradez (ou, de acordo com uma fonte paralela, o estudo da *Torá*), ela pressupõe não apenas familiaridade com o conceito de "elixir da vida", mas também um forte desejo, tanto das pessoas simples quanto dos rabis instruídos, de adquiri-lo. Podemos, portanto, concluir que a busca do elixir fazia parte da vida judaica na Palestina do século III, no qual viveu o Rabi Yanai. Também em outras passagens talmúdicas, a *Torá* é comparada ao elixir da vida[9]. No entanto, nada disso prova que algum dos sábios talmúdicos que viveram na Palestina e na Babilônia estaria de fato familiarizado com a alquimia, muito menos que ele se dedicava a sua prática.

7 *Levítico Rabá* 16:2, citando *Salmos* 34,13-14.

8 S. Buber (org.), *Midrasch Tanḥuma*, New York: [s.n.] 1946, v. 2, *M'tzoraʿ*, p. 45-46, e traz fontes adicionais em suas notas.

9 Cf. *B. Schabat* 88b; *B. Iomá* 72b; *B. Qid*. 30b

Parte Dois

O PERÍODO HELENÍSTICO

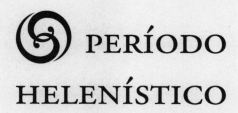

Introdução à Parte Dois

Embora não haja consenso sobre a questão de sua origem, se a alquimia surgiu primeiro na China ou no Egito do período helenístico, não há dúvida de que, no mundo ocidental, sua tradição remonta a este último local e época e que o grego foi a primeira língua em que os textos alquímicos foram elaborados. Assim, é curioso que, desde seu início, a alquimia helenística estivesse imbuída da crença de que devia sua origem a uma ciência sagrada e secreta de tradição judaica, ou hebraica. Uma das formas assumidas por essa crença, mas sem nenhuma comprovação histórica, era a criação de uma pré-história bíblica e mítica para a alquimia; uma outra era a frequentemente proclamada, mas historicamente não comprovada, afirmação de que os judeus eram os únicos que estavam na posse de um verdadeiro conhecimento alquímico.

Por outro lado, existe comprovação histórica de que, em meio aos alquimistas do período helenístico, havia vários adeptos judeus, um dos quais Maria, a Judia, considerada por eles como a fundadora de sua arte. Zózimo e outros constantemente se referem a Maria como a autoridade suprema, tanto em termos da teoria quanto da prática da alquimia, e seus ensinamentos, em muitos casos na forma de concisos aforismos, são citados como se fossem pronunciamentos proféticos.

Esta seção apresenta o que consegui apurar sobre Maria e os outros alquimistas judeus do mundo helenístico, com base nos textos gregos que chegaram até nós.

4.

Os Judeus na Alquimia Helenística

As informações sobre os alquimistas judeus do mundo helenístico estão contidas sobretudo nos escritos do (Pseudo-)Demócrito e de Zózimo, o panopolitano, assim como no chamado Papiro w de Leiden; esses grupos de tratados constituem o principal conjunto de escritos alquímicos do período helenístico.

(Pseudo-)Demócrito

Os tratados atribuídos ao (Pseudo-)Demócrito datam, até onde é possível determinar, do período entre 100 a. C. e 100 d. C. Eles tratam de um grande número de temas alquímicos, com referências ocasionais, diretas ou indiretas, que permitem um vislumbre do papel desempenhado pelos judeus nas atividades alquímicas no mundo helenístico. No tratado intitulado *Lista Planetária dos Metais*[1], o (Pseudo-) Demócrito transcreve os nomes de algumas pedras preciosas, como *smaragdos* (safira), sardônica, jaspe, crisólita, *margarites* (pérola), minerais como *lithos magnites* (magnetita), *lithargyros* (litargírio) e

1 Berthelot publicou e traduziu a versão desse tratado preservada na Biblioteca Nacional de Paris, MS. 2419, datando de 1460: Berthelot, *Grecs*, v. 3, p. 24.

ligas metálicas como *claudianos, asem, diargyros*[2] e assim por diante, em caracteres hebraicos. Ao que parece, diz-nos Berthelot, o autor "queria recusar seu conhecimento a pessoas não-iniciadas; essa é uma indicação de uma antiga tradição mística"[3].

Essa interpretação é corroborada por uma afirmação de Maria, a Judia, e por um outro pronunciamento do (Pseudo-)Demócrito. Como veremos no próximo capítulo, Maria, a Judia, pretendia limitar o conhecimento da pedra filosofal à "raça de Abraão", isto é, aos judeus. Em vista dessa declaração, é mais que provável que a passagem do tratado do (Pseudo-)Demócrito a seguir, intitulada *Sobre a Reunião dos Filósofos*, também se referisse aos judeus:

> O filósofo [(Pseudo-)Demócrito], falando claramente sobre as coisas conhecidas por eles, assim se expressou: "Não é apropriado aos de nossa raça, originados de uma única espécie, que sejamos repreendidos devido a nossos livros e que imprecações sejam lançadas sobre nossas cabeças. Com respeito à tintura do ouro que se deseja obter, eis o que foi aconselhado a mim pelas pessoas da arte: se alguém revela as instruções relacionadas à multiplicidade das espécies, isso é um erro, pois o objetivo a ser alcançado é outro. O forno é único, único é o caminho a ser seguido, única também a Obra"[4].

Na interpretação dessa passagem, reconhecidamente obscura, podemos concordar com Berthelot, que observa: "Ao que parece, há aqui uma alusão ao papel dos judeus entre os alquimistas; frases como essas, mas mais precisas, são atribuídas a Maria". Podemos acrescentar que, se a expressão "os de nossa raça" realmente se refere aos judeus,

2 Litargírio: os alquimistas gregos empregavam esse termo no sentido de "pedra produtora de prata", *claudianos*: uma liga de chumbo e cobre; *asem*, ou *asemon*: uma liga brilhante de composição variada, na qual prata, cobre, estanho e mercúrio são ingredientes frequentes; *Diargyros*, ou *argyrite*: talvez sulfito de prata natural, ou galena argentífera. F. Sherwood Taylor, A Survey of Greek Alchemy, *Journal of Hellenic Studies*, London, n.50, p. 109-139, 1930.

3 Berthelot, *Grecs*, v. 2, p. 24-25, v. 3, p. 25-26.

4 Idem., v. 3, p. 37.

como parece ser o caso, há aqui uma indicação de que esse tratado do (Pseudo-)Demócrito foi escrito por um alquimista judeu.

Uma outra passagem do (Pseudo-)Demócrito comenta explicitamente o papel dos judeus na alquimia do Egito helenístico:

> Era a lei dos egípcios que ninguém podia divulgar essas coisas por escrito [...]. Só os judeus alcançaram o conhecimento de sua prática e também descreveram e expuseram essas coisas em uma língua secreta. Foi assim que descobrimos que Teófilo, filho de Teógenes, falou de todas as descrições topográficas das minas de ouro; o mesmo aconteceu com a descrição dos fornos por Maria e com os escritos de outros judeus[5]

Teófilo, filho de Teógenes, era manifestamente um alquimista judeu do Egito helenístico, de resto desconhecido. Há uma outra referência a ele, muitos séculos mais tarde, no Tratado de Estefânio, um filósofo, médico, astrólogo e membro da corte do imperador Heráclio (cerca de 620), afirmando que ele teria dito: "Existe uma excelente pedra na terra do Egito".

Zózimo

Zózimo de Panópolis viveu no final do século III ao início do século IV d. C., professou ser um discípulo de Maria, a Judia, e foi o mais antigo autor, confiável, autêntico e não pseudepigráfico, a escrever sobre a situação da alquimia no Egito helenístico. O que ele diz sobre a questão, juntamente com suas referências frequentes a Maria, nos dá uma boa ideia do papel seminal representado

5 Idem, v. 2, p. 90; 3:98. Berthelot, *Introduction à l'étude de la chimie des Anciens et du Moyen Age*, Paris: Georges Steinheil,1889, p. 294.

pelos judeus no desenvolvimento tanto da teoria quanto da prática da alquimia no Egito helenístico.

Parte do *corpus* das obras de Zózimo é constituída por um tratado intitulado *Sobre a Virtude,* no qual Zózimo faz uma série de perguntas que são na verdade declarações enigmáticas, muito semelhantes às que ele cita em nome de Maria, a Judia:

> O que significam estas palavras: "A natureza triunfante sobre as naturezas"? E estas: "No momento em que se realiza, ela [natureza] é capturada pela vertigem"? E novamente: "Contida na pesquisa, ela [natureza] assume a aparência comum da obra do Todo e absorve o material próprio da espécie"? E estas: "Quando, falando uma língua bárbara, ela [natureza] imita aquele que fala a língua hebraica; então, defendendo-se, o desprezível torna-se mais leve por meio da mistura de seus próprios membros"? E estas: "A totalidade líquida é conduzida à maturidade pelo fogo"?[6]

Não tenho como interpretar essas perguntas, que afirmam mais que interrogam, mas parece claro, que a que se refere à língua hebraica se baseia na premissa de que o hebraico era superior às outras línguas, "bárbaras".

Em seu tratado intitulado *Sobre a Evaporação da Água Divina*, endereçado a sua irmã Teosébia, Zózimo afirma claramente que, sobre o assunto sumamente importante designado no título, ele conseguiu encontrar informações somente nos livros dos judeus[7]. Ele escreve:

> Encontrando-me uma vez em sua residência, oh! mulher, a fim de ouvi-la, admirei toda a operação do que você chama de "estrutura". Fiquei

6 Berthelot, *Grecs*, v. 3, p. 120-121.

7 "Água divina" é a água sulfurosa cujo preparo é abordado em longas seções de texto de alquimistas gregos e, em especial, nos da escola de Maria, a Judia, mas seu uso e natureza permanecem obscuros. F. Sherwood Taylor, A Survey of Greek Alchemy, p. 130-131. Para Teosébia, cf. Berthelot, *Les Origines de l'alchimie*, Paris, 1885, p. 9, 64.

imensamente maravilhado com a visão dessas coisas e comecei a venerar o *poxamos* [um instrumento] como algo divino [...]. O que me surpreendeu foi o cozimento do pássaro[8], submetido a filtragem; só vendo como ele cozinhava por meio do vapor sublimado, do calor e de um líquido apropriado, *se este último tinha algo da tintura*. Surpreso, meu espírito voltou a nosso objeto de estudo: examinou se é em resultado da emissão do vapor da água divina que nossa mistura pode ser cozida e tingida. Então investiguei se algum dos antigos havia mencionado esse instrumento e nada se apresentou a minha mente. Desencorajado, examinei os livros e encontrei nos dos judeus, junto à descrição do instrumento tradicional chamado *tribikos*, a de seu próprio instrumento[9]. A questão é apresentada da seguinte forma:

"Tomando o arsênico[10] [sulfurado], branqueie da seguinte forma. Faça uma pasta gordurosa, do tamanho de um espelho pequeno e bem fino, perfure, fazendo pequenos buracos como numa peneira, e coloque em cima um pequeno receptáculo bem ajustado, contendo um pouco de enxofre. Coloque arsênico na peneira, tanto quanto desejar. Após cobrir com outro receptáculo e lacrar os pontos de junção, depois de dois dias e duas noites, você encontrará cerusa[11]. Tire dela um quarto de uma *mina*[12] e deixe respirar por um dia, acrescentando um pouco de betume etc. Assim é a construção do aparelho"[13].

Um outro tratado de Zózimo é intitulado *O Verdadeiro Livro de Sofé, o Egípcio, e do Divino Senhor dos Hebreus [e] dos Poderes de*

8 "O pássaro" se refere ao pássaro de Hermes, que era considerado o espírito do fogo da natureza, envolvido na umidade do mercúrio hermético, ou o calor natural unido à umidade radical. Berthelot, *Grecs*, v. 3, p. 140-141.

9 O *tribikos* era um aparelho de alquimia amplamente utilizado. Cf. Figura 5.3.

10 Sulfeto de arsênico amarelo, orpimento. F. Sherwood Taylor, A Survey of Greek Alchemy, p. 123.

11 Cerusa: chumbo branco, mas talvez também outras substâncias brancas, como o trióxido de arsênico. Berthelot, *Grecs*, v. 3, p. 140; F. Sherwood Taylor, A Survey of Greek Alchemy, p. 124.

12 *Mine* (N. da T.: em português, mina) é uma forma abreviada do termo grego *'ēmina*, designação de uma antiga medida grega.

13 Berthelot, *Grecs*, v. 3, p. 140-141.

Sabaot. "O Divino Senhor dos Hebreus" refere-se ao Deus dos judeus e *Sabaot* é, naturalmente, a transliteração para o grego do nome divino em hebraico, *tz'va'ot*, que aparece normalmente na *Bíblia* na combinação *Iahweh Tz'va'ot*, isto é, "Senhor das Hostes". O tratado começa da seguinte forma:

> Existem duas ciências e duas sabedorias: a dos egípcios e a dos hebreus, que depois se tornam mais perfeitas pela justiça divina. A ciência e a sabedoria do melhor dominam ambas: elas provêm de séculos antigos. Sua [presente] geração é destituída de um rei, é autônoma, insubstancial; não procura por corpos materiais e perecíveis; opera sem se submeter à ação [do exterior], que é sustentada agora por orações e pela graça [divina]. O símbolo da química é tirado da Criação [aos olhos de seus adeptos], os quais salvam e purificam a alma divina acorrentada aos elementos e os quais, sobretudo, separam o espírito divino misturado com a carne. Assim como existe um sol, a flor do fogo, um sol celestial, o verdadeiro olho do mundo, assim também o cobre, quando se torna uma flor [ou seja, quando adquire a cor do ouro] pela purificação, torna-se um sol terrestre, que é o rei na terra assim como o sol é rei no céu.

Zózimo prossegue, explicando os procedimentos alquímicos para a transmutação do cobre em ouro, bem como outras obras alquímicas.

Em seu tratado *Sobre Fornos e Instrumentos*, Zózimo faz um pouco de mitologia comparativa. Ele escreve:

> Os caldeus, os partas, os medos e os hebreus o chamam [o primeiro homem] de Adão [Adam]; que significa terra virgem, terra sangrenta, terra incandescente e terra carnal. Essas coisas são encontradas na biblioteca dos ptolomeus, depositadas em cada santuário, sobretudo no Serapeu, [elas foram aí colocadas] quando Asenan, um dos sumos-sacerdotes de Jerusalém, enviou Hermes, que traduziu toda a *Bíblia* hebraica para o grego e o egípcio.

Foi assim que o primeiro homem foi chamado de Toth por nós e de Adão por eles, um nome dado pela voz dos anjos. Ele é invocado simbolicamente por meio dos quatro elementos, que correspondem aos pontos cardeais da esfera, e por meio da afirmação de que seu corpo foi composto [por eles]. De fato, a letra A de seu nome [Adam, Adão] designa o oriente (*Anatolē*) e o ar (*Aer*). A letra D designa o sol poente (*Dúsis*), que se põe em razão de seu peso. A letra M aponta para o sul (*Mesēmbria*), isto é, o fogo da queima, que produz a maturação dos corpos, a quarta zona e as zonas intermediárias[14].

Assim o Adão carnal, em sua forma aparente, é chamado Toth. Mas o homem espiritual nele contido [tem um nome] próprio que o descreve. Mas nós até hoje não sabemos qual é esse nome próprio; pois somente Nicoteu, o personagem que não se pode encontrar, sabe dessas coisas. Quanto ao nome que o descreve, ele é o de *fōs* [luz, fogo]: essa é a razão por que os homens são chamados *fōtes* [mortais].

Quando ele se encontrava no paraíso, na forma de luz [*fōs*], sujeito à inspiração do destino, eles o persuadiram, aproveitando-se de sua inocência e sua incapacidade de agir, a revestir [o personagem de] Adão, aquele que [estava sujeito ao] destino, aquele que [correspondia] aos quatro ele-

14 Parece provável que, quando Zózimo diz "terra sangrenta", ele quer dizer "terra vermelho-sangue". Se assim, sua explicação pode estar ecoando a assonância hebraica entre *Adão* e *adom* (vermelho), embora a lenda grega também se refira a um homem criado por Prometeu a partir de barro vermelho (cf. Pausânias, *Descrição da Grécia*, X:4:4; James G. Frazer, *Folk Lore in the Old Testament*, 3 vs. London: MacMillan, 1919, v. 1, p. 6. A ideia de Zózimo de que o nome Adão significa "terra virgem" se encontra nos textos de Flávio Josefo, no século I d.C. Ele diz que o homem que Deus criou "era chamado Adão [...], que significa aquele que é vermelho, porque criado a partir da terra vermelha [...] daquilo que é solo virgem e terra real", Flávio Josefo, *Antiguidades Judaicas*, I:1:2. Quanto ao significado das letras individuais contidas no nome Adão, Zózimo diz ser uma variante das explicações encontradas em diversas fontes gregas e judaicas antigas. Em hebraico, o nome consiste em três letras, ADM, e a partir disso, o Rabi Iokhanan (século II d.C.) explica que o nome é o acróstico das palavras *Efer, Dam, Mará*, isto é, pó, sangue, bílis (*B. Sotá* 5a: cf. *Pirkei* R. Eliezer 12). Nos *Livros Sibilinos*, v. 3, p. 24-26, e em outros textos da bibliografia cristã, o nome, que consiste em quatro letras na transliteração para o grego (ADAM), é explicado como sendo um acróstico composto das iniciais de *anatolē* (leste), *dúsis* (oeste), *arktos* (norte) e *mesēmbria* (sul), que remonta a 2*Enoque* 30:13. A primeira fonte judaica a afirmar que o corpo é composto dos quatro elementos, terra, água, ar e fogo, foi Fílon de Alexandria, século I d.C. Cf. Louis Ginzberg, *Legends of the Jews*, v. 5, p. 72; e R. Patai, *Adam va'Adamá*, v. 1, p. 159-161.

mentos. Devido a sua inocência, ele não se recusou; e eles se orgulharam de ter capturado [nele] o homem exterior.

Foi nesse sentido que Hesíodo[15] falou das cadeias com que Júpiter acorrentou Prometeu. Depois disso, depois dessas cadeias, ele enviou a ele uma outra [ou seja] Pandora, que os hebreus chamam de Eva. Agora Prometeu e Epimeteu são um e o mesmo homem, na linguagem alegórica – a alma e o corpo. Prometeu é às vezes a imagem da alma; algumas vezes [a do] espírito. Essa é também a imagem da carne, devido à desobediência de Epimeteu, comprometido com respeito a Prometeu, seu irmão.

Nossa inteligência diz: o filho de Deus, que pode fazer de tudo e que pode se tornar tudo, se assim o quiser, manifesta-se a todos como quer. Jesus Cristo uniu-se a Adão e trouxe-o de volta ao Paraíso, onde os mortais tinham antes vivido.

Ele apareceu a pessoas privadas de todo poder, tendo [ele próprio] se tornado homem, sujeito ao sofrimento e aos infortúnios. [Por outro lado,] tendo secretamente abandonado seu próprio caráter mortal, ele [na realidade] não experimentou nenhum sofrimento; ele parecia tripudiar e repelir a morte, no presente e até o fim do mundo: tudo isso em segredo. Assim, livre das aparências, ele aconselhou seu povo também a substituir em segredo seu espírito pelo de Adão que eles tinham em si mesmos, a surrá-lo e matá-lo, esse homem cego sendo levado a rivalizar com o homem espiritual e iluminado: é assim que eles matam seu próprio Adão.

No que se segue, Zózimo continua apresentando, em uma combinação de ideias hebraicas, gnósticas, maniqueístas e persas, a luta entre Deus e Antimimos, o "antiator", pela alma de Adão[16].

Em seu tratado intitulado *O Primeiro Livro do Juízo Final*, Zózimo discute o conhecimento dos judeus no importante campo alquímico das tinturas:

15 Hesíodo, *Teogonia*, par. 521, 618.

16 Berthelot, *Grecs*, v. 3, p. 223-225.

> Quanto às tinturas apropriadas, ninguém, quer entre os judeus quer entre os gregos, jamais as revelou. De fato, eles as colocavam em imagens formadas com suas próprias cores e destinadas a ser preservadas. As operações realizadas nos minerais diferem imensamente com relação às tinturas apropriadas. Eles [os judeus e os gregos] eram muito ciosos na divulgação da própria arte; e não deixavam os manipuladores ficar sem punição. Aquele que fazia uma pesquisa sem autorização podia ser derrubado [e morto] pelos administradores dos mercados da cidade, incumbidos da coleta dos tributos reais. Da mesma forma, não era permitido operar os fornos secretamente nem fabricar tinturas apropriadas em segredo. Vocês também não encontrarão ninguém entre os antigos que revele o que está oculto e que exponha com clareza alguma coisa a esse respeito. Entre os antigos, encontrei somente Demócrito fornecendo uma explicação clara de algo a esse respeito, nas enumerações de seus catálogos[17].

O interessante nessa passagem está em que ela nos permite entrever a posição social dos alquimistas judeus e gregos do Egito helenístico. Ao que parece, eles tinham o poder de impedir que indivíduos não autorizados se envolvessem na prática e na pesquisa alquímica e seu controle sobre a atividade (ou Arte) era apoiado pelas forças do governo real.

No que se segue, Zózimo cita algumas declarações do (Pseudo-) Demócrito sobre mercúrio, a magnésia e outras substâncias usadas pelos alquimistas como tintura. Ele explica então que Demócrito e os alquimistas egípcios registravam seus procedimentos de tal forma que, mesmo que "alguém ousasse enfrentar a escuridão do santuário, a fim de obter conhecimento de forma ilícita, ele não conseguiria compreender os caracteres, apesar de sua ousadia e de seus esforços". Ao contrário deles, continua Zózimo,

> os judeus, tendo sido iniciados, transmitiam esses procedimentos que haviam sido a eles confiados. Eis o que eles aconselham em seus tratados:

17 Idem, v. 3, p. 232.

"Se você descobrir nossos tesouros, abandone o ouro para os que querem destruir a si mesmos. Após descobrir os caracteres que descrevem essas coisas, você acumulará todas essas riquezas em pouco [tempo]. Mas se você se limitar a obter essas riquezas, você se destruirá, em consequência da inveja dos reis que reinam e de todos os homens"[18].

Após essa advertência, que seria repetida com frequência pelos autores medievais que escreveriam sobre a vida dos alquimistas, Zózimo discorre pormenorizadamente sobre o ciúme entre os alquimistas e aconselha Teosébia a seguir o exemplo do rei Salomão em seus esforços alquímicos:

> Deixe seu corpo repousar, acalme suas paixões, resista ao desejo, prazer, raiva, tristeza e às dezenas de fatalidades da morte. Assim se conduzindo, você chamará para si o ser divino e o ser divino virá até você, ele que está em toda e nenhuma parte. Sem que lhe peçam, ofereça sacrifícios: não apenas os que beneficiam esses homens e são destinados a nutri-los e agradá-los; mas também os que os afastam e destroem, sacrifícios como os que foram recomendados por Membres, quando ele se dirigiu a Salomão, rei de Jerusalém, e principalmente os que o próprio Salomão descreveu de acordo com sua própria sabedoria. Agindo dessa forma, você obterá as tinturas apropriadas, autênticas e naturais. Faça essas coisas até você se tornar perfeito em sua alma. Mas, quando perceber que atingiu a perfeição, então cuidado com [a intervenção dos] elementos naturais do material: descendo em direção ao Pastor e mergulhando em meditação, assim você se elevará novamente a sua origem[19].

Zózimo volta a citar alquimistas judeus em seu tratado sobre *A Coloração de Pedras Preciosas*, no qual, como veremos, frequentemente cita Maria, a Judia. Ele escreve:

18 Idem, v. 3, p. 233-234.

19 Idem, v. 3, p. 235-236.

As bílis dos animais, quando perdem seu material aquoso, são secas à sombra. Nessa condição, elas são incorporadas à ferrugem de nosso cobre, assim como à *comaris*; cozinha-se tudo junto, de acordo com as regras da Arte. Coloridas pela água [divina], elas assumem uma cor estável. Removendo-se a água, as pedras são aquecidas e, enquanto ainda quentes, misturadas à tintura, de acordo com os preceitos dos hebreus[20].

Pelo material apresentado acima, fica evidente que Zózimo tinha estreita familiaridade com os trabalhos dos alquimistas judeus do período helenístico, concordava com a opinião de que a língua hebraica era superior a todas as outras línguas e considerava que o conhecimento alquímico dos hebreus era "mais perfeito, devido à justiça divina", que o dos egípcios. Além disso, em um de seus escritos, endereçado a Eusébia, ele se refere à lenda judaica, baseada em *Gênesis* 6,1-4 e aprimorada por um *midrasch*, de acordo com a qual os anjos foram tomados de paixão pelas mulheres terrestres e por isso foram expulsos do paraíso[21]. Zózimo enriquece essa lenda, acrescentando uma interpretação alquimística dos pecados dos anjos:

> Os livros antigos e divinos dizem que alguns anjos foram tomados de paixão pelas mulheres. Eles desceram à terra e ensinaram a elas todas as operações da natureza. É sobre eles que nosso livro diz que os anjos que se tornaram orgulhosos foram expulsos do paraíso porque tinham ensinado aos homens todas as coisas más, que não servem à alma. Foram eles que criaram as obras [químicas] e é deles que deriva a primeira tradição relativa a essas artes. Seu livro é chamado *Chema* [Khema] e foi dele que

20 Idem, v. 3, p. 337.

21 O livro em questão foi preservado num manuscrito em Cambridge, que foi analisado por Julius Ruska, *Tabula Smaragdina: Ein Beitrag zur Geschichte der hermetischen Literatur*, Heidelberg, 1926; reimpressão: 1948, p. 41-42. Cf. também, supra, capítulo 2, notas 20 e 21. Cf. L. Ginzberg, *Legends*, v. 1, p. 151, v. 5, p. 172.

a química [*kumia*] recebeu seu nome. O livro é composto de vinte e quatro seções [...]. Uma delas é chamada *Imos*, a outra, *Imouth* [...][22].

A referência à *Bíblia* como "nosso livro", nessa passagem, foi interpretada por Julius Ruska como uma possível indicação de que Zózimo era judeu. Muito antes de Ruska, o alquimista árabe do século XIII Abuʿl-Qāṣim al-ʿĪrāqī inseriu, em seu *Livro do Conhecimento Adquirido sobre o Cultivo do Ouro*, uma longa citação do opúsculo de Zózimo intitulado "Distinções entre as Religiões", identificando o autor como "Zózimo, o judeu" (ár., *Zismus al-ʿIbrī*), o que naturalmente indica a existência de uma tradição alquimística árabe, de acordo com a qual Zózimo era judeu[23]. Se essa tradição se baseia ou não em fatos, não é possível determinar com base nas informações presentemente disponíveis[24].

O Papiro W de Leiden

O papiro w de Leiden, publicado no original grego, traduzido para o francês e comentado por Berthelot, é um tratado sobre alquimia e magia que contém referências à relação entre a magia e o gnosticismo judaico[25]. O judaísmo de seu autor se revela nas referências ao Templo de Jerusalém e ao Querubim e nos nomes de Abraão, Isaac, Jacó e Miguel, que nele aparecem. O papiro também

22 J. Ruska, *Tabula smaragdina*, p. 41-42.

23 Abu-l-Qāsim al-ʿĪrāqī, *Kitāb al-ʿilm al-muktasab fī zirāʿ at al-dhahab*, organizado por E. J. Holmyard, Paris, 1923, texto em árabe, p. 229.

24 Ao afirmar isso, estou seguindo Edmund O. von Lippmann, *Entstehung und Ausbreitung der Alchemie*, Berlin: Springer Verlag, 1931, v. 2, p. 229. Cf. também Moshe Idel, The Origin of Alchemy According to Zosimus... *Revue des études juives*, Paris, n. 144, p. 117-124, 1986.

25 Berthelot, *Introduction*, p. 16-18.

contém uma invocação que sugere a afinidade do autor com concepções gnósticas judaicas, aliada a uma certa percepção alquimística da divindade. O autor se dirige a Deus na seguinte linguagem:

> Tudo está sujeito ao Senhor, mas nenhum dos deuses pode ver Sua forma, porque o Senhor transforma a Si mesmo em tudo [...]. Eu O invoco pelos nomes que o Senhor tem na linguagem dos pássaros, na dos hieróglifos, na dos judeus, na dos egípcios, na dos cinocéfalos [...] na dos gaviões, na linguagem hierática[26].

Essas referências ao conhecimento e práticas alquímicas dos judeus são em si mesmas escassas. Mas, quando lidas juntamente com as frequentes referências de Zózimo a Maria, a Judia, elas nos dão a impressão de que Zózimo considerava os judeus, em geral, e Maria, em particular, como as fontes mais importantes para o aprendizado das antiquíssimas teorias e práticas alquímicas que eram ciosamente mantidas em segredo pelos gregos e egípcios.

O Poder do Hebraico

Entre os tesouros da Biblioteca Nacional de Paris, está um grande volume in-fólio de 342 folhas, contendo várias dezenas de tratados alquimísticos, todos escritos em grego e atribuídos a Pitágoras, Ptolomeu, Hermes Trismegisto, Zoroastro, Hipócrates, Aristóteles, ao rei Salomão e outros autores famosos da galeria de figuras reivindicadas como ancestrais da tradição alquímica helenística, além de obras anônimas, fórmulas mágicas e assim por diante. O

26 Berthelot, *Grecs*, v. 2, p. 90, 99.

grosso volume, identificado como MS Grec 2419, está artisticamente encadernado e inclui um índice em latim, manifestamente de origem posterior à dos próprios manuscritos em grego. Um dos tratados incluídos no volume é descrito nesse índice da seguinte forma: "Albumazar qui et Jafar et Aboazar, astrologus, vixit circa annum Christi 540", isto é, "Albumazar, que viveu como Jafar e Aboazar, astrólogo, por volta do ano de Cristo de 540". É o tratado desse Albumazar, contido nos fólios 37a-69b, que constitui um exemplo eloquente da atribuição de poder às cartas em hebraico dos alquimistas helenistas e seus herdeiros, tanto no mundo cristão quanto no mundo islâmico[27]. O autor designado no manuscrito como Albumazar era Jaʿfar ibn Muḥammad ibn ʿUmar Abū Maʿschar al-Balkhī. Bastante conhecido na história da literatura árabe, ele não viveu por volta do ano 540 d. C., mas na primeira metade do século IX[28]. Nascido em Balkh, no leste do Khurāsān, Abū Maʿschar estudou em Bagdá e se tornou um astrólogo famoso, embora fosse conhecido como culpado de plágio. Várias de suas obras abordando a astrologia foram traduzidas para o latim por Johannes Hispalensis no século XII e impressos no final do século XV e início do século XVI. Essas obras exerceram influência na Europa cristã, tendo introduzido uma teoria das marés e a lei do fluxo e refluxo do mar.

Esse tratado contém, entre outras coisas, uma lista das correlações entre os planetas e os metais, sendo dessa forma, sem dúvida, uma obra alquimística. No entanto há um problema quanto a sua atribuição a Abū Maʿschar. A direção habitual do fluxo da transmissão literária era do grego para o árabe, e não vice-versa. Por essa razão, seria bastante incomum que um tratado escrito em árabe no século IX fosse traduzido para o grego. Esse detalhe me leva a supor que temos

27 O catálogo dos manuscritos gregos na Biblioteca Nacional identifica o tratado como "Albumazaris excerpta". *Inventaire sommaire des manuscripts grecs*, parte 2, *Ancien fonds grec*, Paris, 1888, p. 257.

28 *EI*², v. 1, p. 139-140.

aqui um tratado anônimo, escrito originalmente em grego e depois equivocadamente atribuído a Abū Maʿschar.

Marcellin Berthelot, que imprimiu, traduziu e descreveu o tratado de Albumazar, observou que várias páginas do manuscrito contêm palavras gregas escritas em caracteres hebraicos, o que ele tentou elucidar, explicando que isso foi feito porque essas palavras continham um "significado misterioso"[29]. Em sua tradução do texto, ele observou que as palavras gregas (eu as transliterei em caracteres latinos) *lithárgyros, gagátes, kai klaudianos, diárgyros, theĩon, líthos, magnítes, sámfyros, margarítes e sardónyx* estão transliteradas em caracteres hebraicos. Berthelot observou que a lista de Albumazar merece atenção especial porque "corresponde a uma tradição astrológica mais completa e mais antiga, provavelmente remontando aos caldeus, e porque está incluída numa lista de plantas e animais também consagrados aos planetas. Um certo número de nomes de pedras preciosas (safira, sardônica, jaspe, crisólita, pérola), minerais (magnetita, litargírio) e ligas metálicas (claudianos, asem, diargyros) está transcrito em caracteres hebraicos, como se o autor pretendesse interditar o conhecimento deles a pessoas não iniciadas: isso é indicação de uma tradição mística antiga"[30].

Berthelot limitou suas observações a umas poucas páginas do texto grego de Albumazar e ou não notou ou achou desnecessário comentar o fato de que, em diversas outras páginas, essas transliterações para o hebraico de palavras gregas aparecem com as letras gregas escritas acima delas[31]. Uma vez que os sobrescritos em grego parecem ser acréscimos posteriores, o que provavelmente aconteceu foi o seguinte: inicialmente o autor grego do tratado escreveu as "palavras de poder" em caracteres hebraicos, de acordo com a concepção corrente de que as próprias letras hebraicas conferiam "poder" adicional às palavras. Na época se presumia

29 Berthelot, *Grecs*, v. 1, p. 79.

30 Idem, texto em grego, p. 24, tradução, p. 25. A maioria dos termos acima mencionados é explicada por Berthelot em sua *Introduction*.

31 Cf, por exemplo, os fólios 39b-56b.

que os adeptos que provavelmente examinariam o manuscrito eram capazes de ler não só o grego, mas também o hebraico. Subsequentemente, como a familiaridade com o alfabeto hebraico fosse diminuindo em meio aos alquimistas helenistas posteriores, algum leitor do manuscrito grego que conhecia o hebraico julgou ser útil a outros leitores que as palavras hebraicas fossem transliteradas para o grego, de forma que os que desconheciam o alfabeto hebraico fossem pelo menos capazes de pronunciar as "palavras de poder" (que, elas próprias, eram gregas!). É preciso também mencionar que as palavras hebraicas do tratado de Albumazar foram manifestamente escritas por um copista que não conhecia o hebraico e as copiava desajeitadamente, deixando espaços consideráveis entre as letras e as reproduzindo de forma tão inexata que algumas delas não podem ser decifradas de forma alguma.

Apesar desse declínio no conhecimento do hebraico, a crença em seu poder e eficácia sobreviveu nos círculos alquimísticos até a Idade Média e depois. Qualquer um pode se convencer facilmente de que, de fato, é assim, ao examinar praticamente qualquer obra alquimística escrita até recentemente, em latim ou qualquer outra língua europeia: todas contêm algumas e, às vezes, mais que algumas palavras-chave de "poder" em hebraico, que se supunha conferir a elas autenticidade, originalidade e confiabilidade.

5.

Maria, a Judia

Os primeiros alquimistas não ficcionais do mundo ocidental viveram, até onde se pode afirmar com certeza, no Egito do período helenístico. Dentre eles, a personagem mais antiga foi Maria Hebraea, Maria, a Hebreia, ou Maria, a Judia, sobre a qual nossa fonte principal é Zózimo, o panopolitano. Zózimo é o primeiro autor alquimista grego cujos escritos autênticos chegaram até nós. Ele viveu no Egito helenístico, por volta de 300 d. C., e escreveu um número impressionante de obras; das quais vinte e duas foram publicadas em edição bilíngue, com o original grego e a tradução francesa, por Marcellin Berthelot[1]. Zózimo também escreveu, juntamente com sua irmã Eusébia, uma enciclopédia química em vinte e oito livros, da qual restaram apenas fragmentos, também publicados por Berthelot. Nada se conhece sobre a vida de Zózimo, mas em geral se admite que era originário de Panópolis, Tebas, e que viveu em Alexandria.

Em sua maior parte, os escritos de Zózimo consistem em longas citações de autoridades da alquimia mais antigas. As autoridades que ele cita mais frequentemente são o (Pseudo-)Demócrito, a quem ele

1 Marcellin P. E. Berthelot e Charles Émile Ruelle, *Collection des anciens alchimistes grecs*, 3 v., Paris: Georges Steinheil, 1888. O volume introdutório dessa obra é citado aqui como Berthelot, *Grecs*, 1, os textos em grego, como Berthelot, *Grecs*, 2, e a tradução para o francês, como Berthelot, *Grecs*, 3. Uma edição crítica do texto em grego de um dos tratados de Zózimo, a carta Ômega, acompanhada de uma tradução para o inglês e notas, foi preparada por Howard M. Jackson, *Zosimus of Panopolis on the Letter Omega*, Missoula, Scholars Press, 1978. Sobre a vida de Zózimo, cf. H. M. Jackson, *Zosimus*, p. 4-5.

se refere como "o filósofo", e Maria, a Judia, a quem ele, em geral, chama simplesmente de Maria, embora ocasionalmente ele a designe como "a divina Maria"[2].

Apesar das referências frequentes de Zózimo a Maria, seus escritos praticamente não nos dão nenhum indício de quando e onde ela viveu. No entanto, em seu tratado sobre "A Água Divina", Zózimo nos diz: "A operação de calcinar [é] a que todos os antigos louvavam. Maria, a primeira, diz: 'O cobre calcinou com enxofre'[3]. Numa outra passagem, Zózimo menciona um estudo, *Sobre Fornos e Instrumentos* (*Peri kaminon kai organon*), que, ao que parece, foi escrito por Maria, e se refere a ele como um escrito "dos antigos". Ele faz essa referência, recusando-se a atender o pedido de sua irmã Teosébia, que lhe pedira informações sobre o assunto: ele admite ser incapaz de abordá-lo de forma mais competente do que fora feito nesse antigo estudo[4]. Com base nessas referências a Maria como a primeira entre os autores antigos, podemos concluir que ela deve ter vivido pelo menos duas gerações antes do próprio Zózimo. Assim, podemos afirmar, com a devida cautela, que ela teria vivido no início do século III d. C., o mais tardar[5].

Os Instrumentos de Maria

Existem vários instrumentos utilizados na alquimia que foram inventados ou descritos por Maria; pela forma como

2 Berthelot, *Grecs*, v. 3, p. 172-173, 236.

3 Idem, p. 180.

4 H. M. Jackson, *Zosimus*, p. 19 e 42, nota 10.

5 Por outro lado, Jack Lindsay, *The Origins of Alchemy in Graeco-Roman Egypt*, London: [s.n.], 1970, p. 243, afirma que Maria "provavelmente viveu não muito depois de Bolos" que, diz ele (nas p. 22, 66-67), parece ter vivido por volta de 200 a.C.

Zózimo a cita, é impossível determinar quando se trata de uma alternativa ou de outra.

Maria construiu e descreveu vários fornos e instrumentos para cozer e destilar, feitos de metal, barro e vidro. Ela ligou, ajustou e calafetou as várias partes desses instrumentos, empregando gordura, cera, cola de amido, argila gorda e a "argila filosofal". Ela considerava os recipientes de vidro especialmente úteis, porque "eles veem sem tocar" e permitem a manipulação segura de materiais perigosos – como o mercúrio, que ela descreve como "o veneno mortal, porque dissolve o ouro, e o mais nocivo dos metais" – bem como de substâncias "sulfúricas" (termo com o qual ela muitas vezes quer dizer "arsênicas"), que servem para o preparo da "água divina"[6].

O mais famoso instrumento da alquimia inventado – ou usado e descrito – por Maria, é o *balneum Mariae*, ou banho-maria, constituído por um recipiente duplo, cuja parte externa é preenchida com água, enquanto a parte interna contém a(s) substância(s) que deve(m) ser aquecida(s) em fogo brando. Se Maria realmente inventou esse aparelho ou se, como Lippman tentou demonstrar, ele já era usado séculos antes dela, tendo sido descrito por Hipócrates e Teofrasto e sendo atribuído a Maria em resultado de uma cadeia de circunstâncias fortuitas, o fato é que a fama e o prestígio de Maria fizeram com que essa forma de aquecimento fosse associada a ela, sendo até hoje conhecida, tanto nos laboratórios de química quanto na cozinha, como *bain-marie*, em francês, e *Marienbad*, em alemão (cf. Figuras. 5.1-3)[7].

6 Berthelot, *Grecs*, v. 2, p. 224 e s., 237; v. 3, p. 216 e s., 228; v. 2, p. 201; v. 3, p. 197.

7 Edmund O. von Lippmann, Zur Geschichte des Wasserbades, em seus *Abhandlungen und Vorträge zur Geschichte der Naturwissenschaften*, idem, 2 v., Leipzig. 1906-1913, *Entstehung und Ausbreitung der Alchemie*, Berlin, 1919, v. 1, p. 50. O uso na língua inglesa é excepcional pelo fato de o nome do banho-maria não estar associado com o de Maria. O *balneum Mariae* era tão popular na alquimia medieval e posterior que não menos de oito símbolos eram empregados para representá-lo:

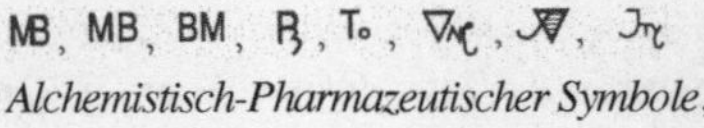

Wolfgang Schneider, *Lexikon Alchemistisch-Pharmazeutischer Symbole*, Weinheim an der Bergstrasse, 1962, p. 32.

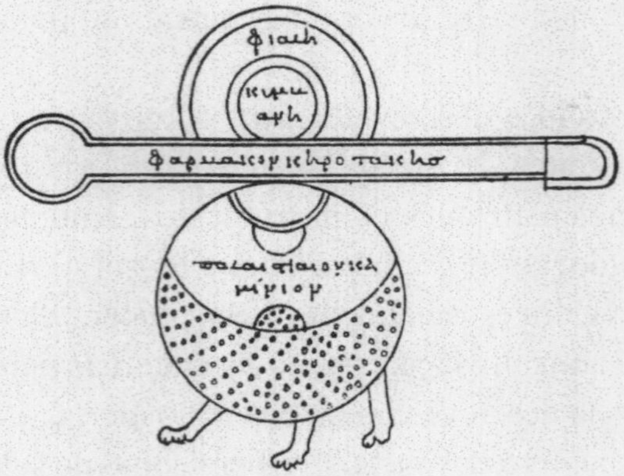

Figura 5.1.
Desenho do *bain-marie*.

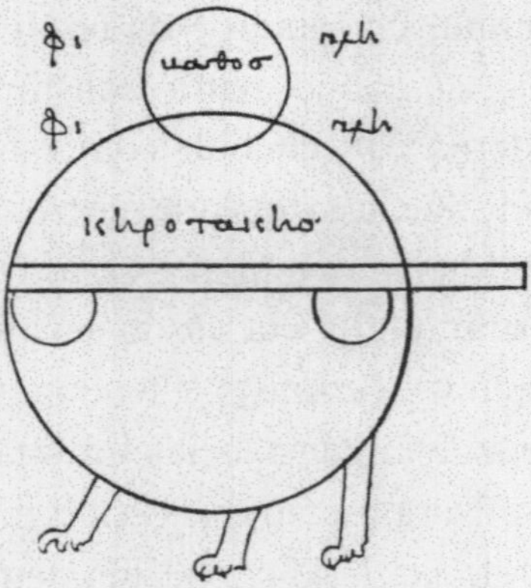

Figura 5.2.
Outro desenho do *bain-marie*.

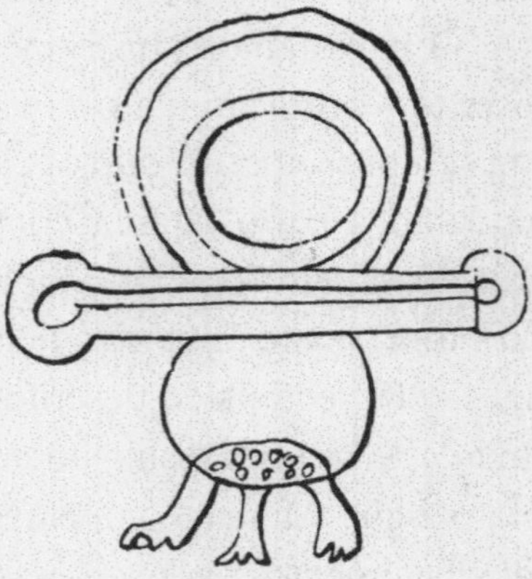

Figura 5.3.
Desenho esquemático do *bain-marie*

Maria também fornece a mais antiga descrição de um destilador. Um destilador típico era constituído, e ainda é, por três partes: um recipiente no qual o material a ser destilado é aquecido, uma parte fria, para condensar o vapor, e um balão de recolhimento (cf. Figura 5.4)[8].

8 Cf. a descrição detalhada do destilador, baseada em Zózimo, em E. O. von Lippmann, *Entstehung*, p. 48-49, e o pequeno sumário com ilustrações em F. Sherwood Taylor, *The Alchemists*, p. 46-49. Cf. também Berthelot, *Grecs*, v. 1, p. 142 e s., 148.

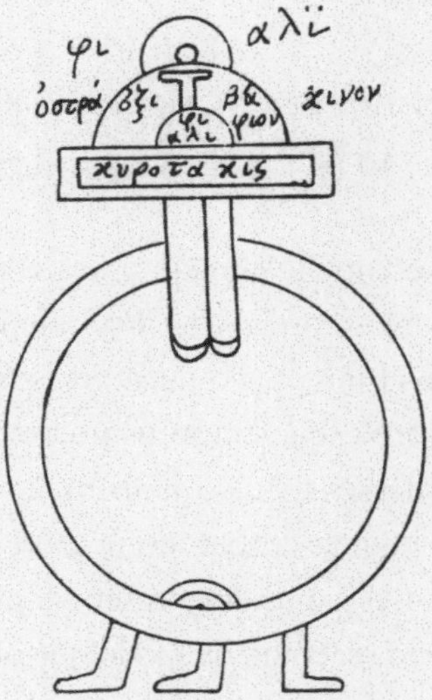

Figura 5.4.
Desenho do *kerotakis*.

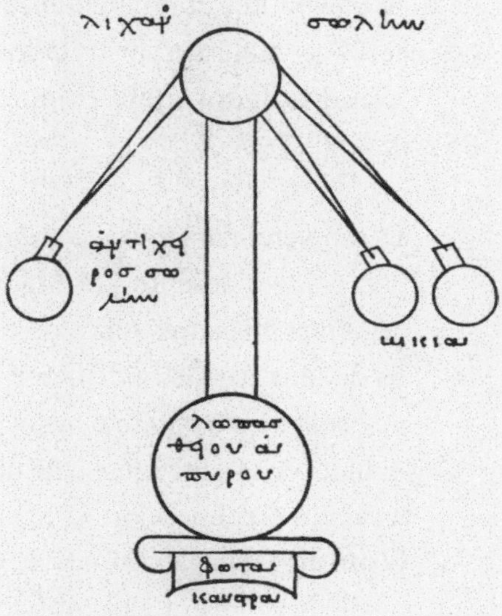

Figura 5.5.
Desenho do *tribikos*.

O nome grego do destilador, *kerotakis*, era derivado do nome da paleta na qual os antigos pintores gregos misturavam seus quatro pigmentos básicos – branco, preto, amarelo e vermelho – com cera (*keros*). A placa de metal triangular ou retangular, que servia como *kerotakis*, devia ser mantida quente, para impedir a cera de endurecer[9]. Os alquimistas usavam o *kerotakis* de uma forma semelhante, para amolecer os metais e misturá-los com agentes corantes, sendo esse um dos principais métodos empregados na tentativa de transmutar metais comuns em ouro ou prata. Mais tarde, o *kerotakis* se transformaria num aparelho composto por três partes que, em sua forma mais simples, consistia em um recipiente sob uma placa, no qual eram colocadas substâncias voláteis, próprias para atacar metais, enquanto sobre ele ficava uma cúpula invertida,

9 Plínio, *Historia naturalis*, v. 35, p. 31, Loeb Classical Library, v. 9, p. 297-299.

na qual os vapores eram condensados em líquido. Na própria placa, eram colocados os metais a ser tratados[10].

Um destilador mais complexo é descrito por Maria sob o nome de *tribikos*:

> Descreverei para vocês o *tribikos*. Pois assim é chamado o aparelho de cobre que é descrito por Maria, a transmissora da Arte. Pois ela diz o seguinte: "faça três tubos de cobre flexível um pouco mais grossos que os de uma frigideira de cobre de pasteleiro. Seu comprimento deve ser de cerca de um cúbito e meio. Faça três desses tubos e também um tubo grande, de largura igual à de uma mão e com uma abertura proporcional à cabeça do destilador. As aberturas dos três tubos devem ser adaptadas como uma unha ao gargalo de um pequeno receptor, de modo que o tubo de diâmetro maior e os tubos de diâmetro menor fiquem ligados lateralmente, de ambos os lados. Próximo ao fundo da cabeça do destilador, ficam três orifícios ajustados aos tubos que, quando encaixados, ficam soldados no lugar, o que fica por cima recebendo o vapor de maneira diferente. Em seguida, colocando a parte superior do destilador sobre um pote de barro contendo o enxofre e vedando as junções com massa de farinha, coloque nas pontas dos tubos frascos de vidro, grandes e resistentes o suficiente para não se quebrar com o calor da água que se encontra no tubo do meio. Eis aqui a figura" [Cf. Figura 5.5][11].

Em seu trabalho *Sobre Fornos e Utensílios*, do qual foi extraída a passagem acima, Zózimo, ao que parece, faz pouco mais que citar ou parafrasear o texto escrito por Maria. Maiores informações sobre as instruções de Maria podem ser encontradas no próximo capítulo.

10 Berthelot, *Grecs*, v. 1, p. 146-149; F. Sherwood Taylor, *The Alchemists*, p. 46-49.

11 F. Sherwood Taylor, *The Alchemists*, p. 39. Cf. Berthelot, *Grecs*, v. 2, p. 225-226, 236; v. 3, p. 217-218, 228-229; e figura 15 em *Grecs*, v. 1, p. 139.

Os Métodos de Maria

Vamos começar com as instruções de Maria para o preparo da pedra filosofal. De acordo com o autor alquimista anônimo do início do século XVII, comumente designado como Cristiano, ela teria discursado da seguinte maneira:

> Inverta a natureza e você encontrará aquilo que busca. Existem duas combinações: uma diz respeito à ação de branqueamento, a outra à de amarelamento; uma é realizada por meio de trituração [redução a pó], a outra, por calcinação [redução a um estado quebradiço]. Pulveriza-se de maneira sagrada, com simplicidade, somente no santuário, aí ocorre a dissolução e a deposição. Combine, diz Maria, o macho com a fêmea e você encontrará aquilo que busca. Não se preocupe em saber se a obra está no fogo. As duas combinações recebem muitos nomes, tais como, salmoura, água divina incorruptível, água de vinagre, água do ácido do sal marinho, de óleo de mamona, de rábano silvestre e de bálsamo. Elas também são chamadas de água do leite de uma mulher que deu à luz uma criança do sexo masculino, água do leite de vaca preta, água de urina de bezerra, ou de ovelha, ou de asno, água de cal viva, de mármore, de tártaro, de sandáraca [realgar, sulfeto de arsênico], de alume xistoso, de salitre, de leite de jumenta, de cabra, de cinzas de cal, água de cinzas, de mel e oximel [uma mistura de vinagre e mel], de flores de bardana, de safira etc. As vasilhas ou os instrumentos destinados a essas combinações devem ser de vidro. Deve-se tomar cuidado em não mexer a mistura com as mãos, porque o mercúrio é letal, assim como o ouro nele encontrado é corrompido[12].

Embora boa parte dessa notável passagem permaneça obscura, Maria aparece nela não somente como uma perita praticante da alquimia,

12 Discurso da Sapientíssima Maria sobre a Pedra Filosofal, citado por Ferdinand Hoefer, *Histoire de la chimie*, Paris: Didot Frères, 1886, v. 1, p. 283-284.

mas também como uma pessoa que tinha grande conhecimento de suas tradições e ensinamentos.

Quanto aos procedimentos alquímicos empregados, descritos e recomendados por Maria, além dos métodos antigos para a execução da Grande Obra, como a colocação de metais básicos em estrume de vaca, ou esterco de cavalo, ou em um banho de cinzas (*thermospodion*) e outras técnicas como essas[13], ela também empregava vários novos procedimentos que, de acordo com autores posteriores, ela mesma inventara.

Maria ensinou que a Grande Obra só pode ser executada em uma estação específica do ano, no mês egípcio de pharmuthi (que corresponde a março-abril). Os materiais devem ser envolvidos firmemente em linho, depois curtidos em sal (*taricheia*) e, por fim, cozidos em "água do Ponto"[14]. No decorrer da transformação, diz Maria, um quarto, ou mesmo um terço, dos materiais se perde, mas o restante pode ser multiplicado por meio da diplose (duplicação) de Maria[15]. Essa duplicação pode ser realizada com mercúrio e, em particular, com uma liga de quatro metais, que ela chama de "nosso chumbo"[16].

Esses quatro metais – cobre, ferro, chumbo e zinco – constituem a *tetrassomia*. Eles são "quatro em um", disse Maria, de acordo com Olimpiodoro, e, por essa razão, são também denominados "ovo dos filósofos", porque também o ovo é constituído por quatro componentes: a casca, a pele, a clara e a gema[17]. Essa mistura pode ser preparada por meio do "nosso chumbo", termo que designa tanto o "chumbo preto" (*molybdos melas*) quanto o antimônio (*molybdos hemeteros*) que,

13 Berthelot, *Grecs*, v. 2, p. 146; v. 3, p. 148.

14 Cf. o sumário de E. O. von Lippmann em *Entstehung*, v. 1, p. 48, baseado em Berthelot.

15 Berthelot, *Grecs*, v. 2, p. 146, 169, 273; v. 3, p. 148, 168-169, 262.

16 Idem, v. 2, p. 93, 94, 273; v. 3, p. 101-102, 262.

17 Idem, v. 2, p. 96; v. 3, p. 104; cf. v. 3, p. 92. Outros nomes empregados para designar esses "quatro em um" são chumbo, magnésia, *molybdochalkon* (liga de chumbo e cobre) e *māza*, isto é, massa ou pão; Berthelot, *Grecs*, v. 2, p. 96, 192, 197; v. 3, p. 104, 188.

no estado fundido, também é denominado "mistura negra" ou "sumo negro"[18]. Os quatro metais são, de acordo com Maria, denominados também "nosso cobre", ou o "cobre deles", assemelhando-se, em sua composição quádrupla, ao corpo humano[19].

Para se fazer ouro, a *tetrassomia* deve ser aquecida e "calcinada" junto com certas substâncias: com o enxofre, que se evapora no calor por si próprio e, assim, colore tudo – duas características que ele compartilha com "todos os materiais sulfurosos"; com o mercúrio; com o "alume granular", isto é, partículas de ácido arsênico extraídas dos sulfetos de arsênico[20]; com a "água divina", que sempre pode significar uma solução ou uma liga derretida, preparada com a fumaça ou fuligem (*aithale*) de substâncias contendo enxofre ou arsênico, com a adição de ácido sulfúrico (*chalkanthos*) ou duas substâncias denominadas galha e *kiki* (a palavra egípcia para a planta da mamona). As instruções de Maria relativas à "água divina" podem ser encontradas no próximo capítulo.

Voltando aos materiais com os quais, de acordo com Maria, "nosso chumbo" e "nosso cobre" devem ser tratados, entre eles estão o alabastro (provavelmente um óxido branco de antimônio) e o *stimmi* (sulfeto de antimônio), que se assemelha ao enxofre[21]. Quando nutrido de forma apropriada com sólidos e líquidos, o cobre passa por uma mudança de cor, em quatro fases: ele se torna, sucessivamente, preto, branco, amarelo e vermelho. Essas metamorfoses devem ser consideradas como "efeitos da pedra", isto é, do pó composto preparado pelo filósofo, que o espalha sobre o "cobre", efetuando assim a transformação cuja essência consiste em um casamento, ou seja, a "união da fêmea com o

18 Olimpiodoro, em Berthelot, *Grecs*, v. 2, p. 92; v. 3, p. 101; cf. também v. 2, p. 93, 93; v. 3, p. 171-172.

19 Idem, v. 2, p. 146, 170; v. 3, p. 148, 169.

20 Zózimo, em Berthelot, *Grecs*, v. 2, p. 148, 149; v. 3, p. 151-152; cf. v. 2, p. 172; v. 3, p. 171-172.

21 E. O. von Lippmann, *Entstehung*, v. 1, p. 47; Berthelot, *La Chimie au moyen âge*, Paris, 1893, v. 2, *L'Alchimie syriaque*, p. 281.

macho", porque a "natureza atrai, domina e conquista a natureza"[22]. Outro procedimento que Maria ou inventou ou aprendeu com os antigos alquimistas e que ela descreveu nos escritos que seriam usados por Zózimo é o método para fazer com que pedras preciosas brilhem no escuro. Berthelot acredita que isso provavelmente era feito pela produção de fosforescência temporária, uma vez que Maria recomenda que misturas de certas substâncias orgânicas, como a bílis de peixes e tartarugas, o sumo da água-viva, óleo de plantas, resinas e assim por diante – que são todas facilmente oxidáveis se expostas ao ar – deveriam ser acrescentadas às "tinturas e vernizes" na "proporção correta". Lippman prefere explicar esse efeito como a luminosidade, frequentemente muito intensa, que persiste, muitas vezes por várias horas, quando certas pedras preciosas, assim como outros minerais e ligas, são expostos a temperaturas elevadas[23].

As Doutrinas de Maria

Provavelmente a parte mais interessante dos ensinamentos de Maria é sua doutrina sobre a natureza da natureza, que está por trás de todo seu trabalho e que ela própria afirmou, em um grande número de axiomas enigmáticos, estar na base dos procedimentos por ela descritos e recomendados.

Com base no que Zózimo afirma sobre essa questão, podemos concluir que Maria sustentava a tese de que todas as substâncias ou corpos encontrados na natureza eram basicamente uma só substância. Essa, naturalmente, era a doutrina alquímica que predominava

22 Berthelot, *Grecs*, v. 2, p. 171, 199; v. 3, p. 170, 194.

23 Idem, v. 1, p. 271; E. O. von Lippmann, *Entstehung*, v. 1, p. 50.

nos círculos alexandrinos. Maria, adotando essa doutrina como pressuposto de sua investigação, afirma que "Tudo" pode ser produzido por meio do *kerotakis*[24]. Quanto à natureza precisa desse Tudo, há considerável incerteza nas afirmações registradas por Zózimo. Ele cita "o filósofo", ou seja, o (Pseudo-)Demócrito, como um alquimista que teria chamado o corpo da magnésia de "o Tudo"[25]. Chimes, ao que parece, acreditava que esse Tudo incluía todos os corpos metálicos; ele é citado por Zózimo como "tendo declarado, com verdade: um é o Tudo e é através dele que o Tudo é gerado. Um é o Tudo e se o Tudo não contiver Tudo, o Tudo não nascerá"[26].

Cristiano dá a essa afirmação uma forma mais sucinta, dizendo que Maria a proferiu em um grito de êxtase (*kraugazein*): "Assim a profetiza judia gritou: 'O um se torna dois, o dois se torna três e, por meio do terceiro e do quarto, conquista a unidade; assim, dois é o mesmo que um'"[27]. Os alquimistas medievais continuariam a citar esse axioma, com algumas variações. Assim, por exemplo, na *Turba Philosophorum*, que provavelmente data do século XVII, lemos o seguinte: "De dois deve-se fazer três, de quatro, fazer um, de dois, fazer um"[28].

C. G. Jung chama esse grito de Maria de "um dos axiomas centrais da alquimia", que, diz ele, "prolonga-se como um fio condutor por quase toda a existência da alquimia, abrangendo mais de dezessete séculos". Para ele, existe um significado psicológico profundo na transformação do um em dois e do dois em três, assim como no surgimento do um como o quarto brotado do terceiro. Ele afirma que os números pares "que significam o princípio feminino, terra,

24 Berthelot, *Grecs*, v. 3, p. 168.

25 Idem, v. 3, p. 188.

26 Idem, v. 3, p. 168.

27 Idem, v. 1, p. 389; v. 2, p. 404.

28 Berthelot, *Moyen âge*, v. 1, p. 260, citando o *Theatrum chemicum*, v. 1, Estrasburgo: Argentorati, 1659, p. 461.

as regiões sob a terra e o mal em si, são interpolados entre os números ímpares do dogma cristão"[29]. Embora essa interpretação possa ou não ser válida para a alquimia cristã, ela não pode ser aplicada às escolas alquimísticas muçulmanas, que desconheciam ou não se preocupavam com os dogmas cristãos. Tampouco podemos supor que Maria, que, como veremos, era uma judia devota e fervorosa, tivesse em mente uma doutrina cristã, ao formular seu famoso axioma. Parece mais provável que temos aqui a referência, numa forma condensada e deliberadamente enigmática, a um procedimento complexo da alquimia, constituído por vários estágios consecutivos que, como ensinava Maria, deviam ser executados, a fim de dar origem a uma unidade (ou união) de vários materiais e, assim, à produção do ouro. Em termos mais simples, ela está dizendo que a transmutação deve ser realizada por meio de uma combinação sucessiva de três ou quatro corpos metálicos, que inicialmente são distintos, mas depois, ao final da operação, tornam-se idênticos[30].

De uma forma que lembra o conceito midráschico de paralelismo entre a composição do mundo material e a do corpo humano, conceito que, em sua época, já existia havia pelo menos um século, Maria faz uma analogia entre o tipo de nutrição que o ser humano necessita e a que deve ser fornecida ao cobre, para transmutá-lo em ouro[31]. Há também o relato, numa outra passagem, de que Maria teria feito uma afirmação que estava em sintonia com os conceitos midráschicos (e helenistíco-judaicos): a de que o corpo humano é composto por quatro elementos. Ela diz: "assim como o ser humano é composto por quatro elementos, assim também o

29 C. G. Jung, *Psychology and Alchemy*, v. 12 de *Collected Works*, Bollingen Series XX, 2. ed., Princeton: Princeton University Press, 1968, p. 23.

30 Berthelot, *Grecs*, v. 3, p. 389 nota 2.

31 Uma comparação detalhada do corpo humano e de partes do mundo encontra-se em Solomon Schechter (org.), *Avot diRabbi Nathan*, New York: [s.n.] 1945, versão A, p. 91 e s. Cf. R. Patai, *Adam va'Adamá*, v. 1, p. 166-167. O *Avot* data do século II d.C. A passagem sobre o alimento será apresentada no próximo capítulo.

cobre e, assim como o ser humano resulta [da associação] de líquidos, sólidos e do espírito, assim também o cobre"[32].

Com base na analogia entre os seres humanos e os metais, segue-se que estes últimos também são de dois sexos. Essa noção está na base da enigmática afirmação de Maria, "combine o macho com a fêmea e você encontrará aquilo que busca"[33].

Uma outra característica compartilhada pelo ser humano e o metal é a morte. Em uma de suas receitas relativas à transmutação de metais comuns em ouro, Maria fala sobre a "morte" do cobre e da prata: "Não queremos extrair sua qualidade, porque, com sua morte, seu corpo se torna inútil. Também as plantas são inúteis, porque o fogo as consome"[34]. Essa afirmação um tanto enigmática parece significar que, na transmutação do cobre e da prata, nem sua qualidade nem sua cor própria se preservam, nem também seu corpo, que se transforma no de outro metal. Quanto às plantas, se entendemos o termo como se referindo às tinturas vegetais, elas são, de fato, destruídas pelo fogo. Por exemplo, as flores metálicas e certas colorações correspondentes evaporam ou são destruídas pelo fogo[35]. Em todo caso, está claro que Maria considerava a destruição de um metal pelo fogo como a morte desse metal. Ao mesmo tempo, ela afirmava que, por meio da oxidação, o alquimista pode "fazer com que a natureza oculta no interior [dos corpos] venha à superfície" e, desse modo, "você de fato pode transformar a própria natureza deles e encontrar o que busca [isto é, você pode fazer ouro]"[36].

32 Fílon de Alexandria (Fílon, o Judeu), *On the Creation of the World*, p. 51, Loeb Classical Library, v. 1, p. 115, 117. Cf. também Fílon, *De decalogo*, p. 8, Loeb, v. 7, p. 21. Em seu *De somniis* [Sobre os Sonhos], Fílon afirma que o homem foi criado da terra e da água, o que é também uma concepção midráschica, cf. *Targum Yeruschalmi ad Genesis*, v. 2, p. 7. Cf. R. Patai, *Adam va'Adamá*, v. 1, p. 159-160; Berthelot, *Grecs*, v. 3, p. 170.

33 Berthelot, *Grecs*, v. 3, p. 196; cf. v. 3, p. 124, nota 1, 147.

34 Idem, p. 153.

35 Idem, p. 153, nota 2, e p. 159, nota 2.

36 Idem, p. 196.

De acordo com Maria, a analogia entre o ser humano e o metal vai ainda além. Assim como o homem é composto de corpo, alma e espírito, assim também, diz ela, os metais: "o vapor [produzido pela volatilização das substâncias sulfurosas dos metais] é o espírito do corpo. A alma difere do espírito"[37].

Uma doutrina próxima a essa é a de que os corpos metálicos podem se tornar incorpóreos e a substâncias incorpóreas podem se tornar corpóreas. Maria afirma: "se os corpos não forem convertidos para o estado incorpóreo, e o incorpóreo para o estado corpóreo, nada do que se espera poderá ocorrer: isto é, se os materiais resistentes ao fogo não forem misturados com os que evaporam no fogo, não se poderá obter nada do que se espera"[38]. Um alquimista de um período mais recente, Olimpiodoro, do século XV, cita a mesma passagem de forma um pouco menos condensada: "'Como é produzido ["nosso chumbo"]?' disse Maria. 'Se vocês não converterem as substâncias corpóreas em incorpóreas e as substâncias incorpóreas em corpóreas e se não transformarem os dois corpos em um, nada do que se espera será produzido'"[39].

O ponto central do procedimento prescrito por Maria é a suposição de que existem duas categorias de corpos: os voláteis e os fixos, ou os incorpóreos e os corpóreos. Metais como o cobre, o chumbo e o zinco são corpóreos e fixos. Deve-se remover seus corpos, submetendo-os à sublimação, isto é, tornando-os voláteis e incorpóreos, no estado de óxidos (pela ação do ar), ou no estado de sulfetos (pela ação do enxofre ou dos sulfetos), ou no estado de cloretos (pela ação do sal marinho) e assim por diante. Então deve-se retornar, ou regenerar, esses óxidos,

37 Idem, p. 153.

38 Idem, p. 192.

39 Idem, v. 2, p. 93; v. 3, p. 101. Um manuscrito siríaco de Zózimo apresenta uma versão um pouco diferente da doutrina de Maria da volatilização: "O primeiro mercúrio entre os corpos fugazes determina somente uma volatilização parcial: em vez do desaparecimento, ele fixa os corpos fugazes, que são os enxofres. Assim se verifica o que diz Maria, que afirma que os enxofres tingem e são fugazes. Eles são fixados pelo mercúrio". Berthelot, *Moyen âge*, v. 2, p. 243.

sulfetos ou cloretos ao estado de metal, com novas propriedades e cores, por meio de sua purificação ou da formação de ligas[40].

> Ela [Maria] disse: "O filósofo (Pseudo-)Demócrito disse: 'por que vocês deveriam admitir muitas coisas quando a natureza é Uma?'". Ele disse: "é verdade, e eu ensinarei a vocês que o corpo é um. Se vocês tratarem esse corpo até transformá-lo em água [isto é, até que ele derreta] e então o solidificarem, vocês não terão realizado nada e não satisfarão suas almas. Vocês não veem como o filósofo disse 'transforme a natureza e faça com que o espírito que está escondido dentro desse corpo apareça?'". Ela disse: "E como ele é transformado?". Ele disse: "Destrua o corpo e faça com que se transforme em água e extraia o que está nele"[41].

O alquimista árabe, Al-Ḥabīb (?) afirma que Maria foi discípula do (Pseudo-)Demócrito e professora do "Rei Aros (Hórus)"[42]. Uma vez que quase tudo que Al-Ḥabīb escreveu provém de fontes helenísticas, suas informações sobre o diálogo entre Maria e Aros devem proceder de algum manuscrito grego que não chegou até nós. Aros, na figura do discípulo, faz diversas perguntas a Maria, que as responde em detalhe. Ocasionalmente é feita referência à base teórica de seus procedimentos. Assim, num determinado momento, ela diz que "a natureza preciosa [do metal] que ele contém internamente" pode ser extraída por meio de "uma operação delicada"[43].

Al-Ḥabīb, provavelmente mais uma vez se apoiando em fontes helenísticos, afirma que Maria se opunha a algumas das concepções dos alquimistas em geral. Um exemplo disso está na questão da volatilidade total do enxofre que, ao contrário de outros alquimistas, Maria negava:

40 Cf. Berthelot, *Grecs*, v. 3, p. 101, nota 2, e p. 124, nota 1.

41 Berthelot, *Moyen âge*, v. 3, *L'Alchimie arabe*, p. 47. Tradução minha, a partir do texto em árabe. Cf. também p. 88 e Berthelot, *Grecs*, tradução de Sinésio, v. 3, p. 64, nota 1.

42 Berthelot, *Moyen âge*, v. 3, p. 86; cf. v. 3, p. 83.

43 Idem, v. 3, p. 90.

> "Eu [Maria] digo que ela [a água de enxofre] não escapa [isto é, não é volátil], mas permanece fixa [e] por isso tinge". Pois Maria disse que, onde quer que penetre, ela tinge. "E se é preciso admitir com os filósofos [alquimistas] que ela na verdade escapa, eu digo que [a parte] dela que escapa é simplesmente a [parte] que se encontra inteiramente por cima, enquanto o mais puro de seu espírito, a tintura, permanece com [o material] que está misturado" e, portanto, ela [Maria] chamou-a de "calor profundo", a tintura mais fina, porque é permanente e não escapa, ela então também a chamou de "ferrugem"[44].

Numa outra passagem, Al-Ḥabīb cita Maria, com referência à alma dos metais: "De fato, como Maria relatou, as almas [dos metais] podem ser vistas somente quando se restaura essas estações [do verão e inverno] à unidade"[45].

Mais informações sobre as doutrinas de Maria são fornecidas pelo alquimista árabe do século X, Abū ʿAbdallah Muḥammad ibn Umail al-Tamīmī, cujo tratado, *A Água Prateada e a Terra Estrelada*, se baseia em fragmentos que se encontravam em circulação desde o período helenístico:

> Mariya também disse: "A 'água' que mencionei é um anjo que desce do céu e a terra a aceita devido a sua [da terra] umidade. A água do céu é mantida pela água da terra e a água da terra atua como sua serva e sua Areia [serve] à finalidade de honrá-la. O *kiyān* [princípio vital] retém o *kiyān* e o *kiyān* é branqueado pelo *kiyān*". Ela se referia [com isso] ao preparo da "alma" com o "espírito" até que ambos se misturem e estejam completamente cozidos juntos, tornando-se uma única coisa como o mármore.

44 Idem. Tradução minha, a partir do texto em árabe. Li a expressão em árabe *ḥrsfly* como *ḥarr sufly* (calor intenso), em vez de *harrsefla*, que permanece sem tradução e explicação em M. P. E. Berthelot, *Moyen âge*, p. 94. As aspas nesta citação não existem na edição original e foram inseridas para permitir uma melhor compreensão (N. da E.).

45 Idem, p. 104.

A afirmação de Maria sobre o "anjo" é explicada por Ibn Umail:

> Com isso ela se referia à água divina que é a alma. Ela a chamava de "anjo" porque essa água é espiritual e porque subiu da terra para o céu de *birbā* [isto é, do fundo para o topo do alambique]. E quanto a sua declaração de que "[a água] desce do céu", ela se referia com isso à criança que eles dizem irá nascer para eles no ar, embora sua concepção tenha ocorrido na [região] mais baixa; isso sendo [por meio d'] a suprema força celestial que a água adquiriu ao absorver o ar. Com relação a isso, Hurmus [Hermes] disse: "A força do supremo e do ínfimo será encontrada nela".

Além disso, diz Ibn Umail, "Mariya, a Sábia, em várias passagens de seus livros denominou-a [essa água] 'o coalho', pois coagula sua água em sua segunda terra, que é seu segundo corpo. É a coroa da vitória. [...] Consequentemente, Mariya disse, 'A água é coagulada unicamente pelo coalho, sendo ele a cinza". Curiosamente, Ibn Umail inverte a sequência cronológica habitualmente adotada pelos alquimistas do período helenístico e faz de Maria, não uma discípula, mas a mestra de Ostanes: "Astanas [Ostanes] afirma: 'Mariya disse: a água tem poder retentivo'"[46].

Voltando à pedra filosofal e traduzindo "molybdochalkos" pelo termo árabe *abār nuḥās* (chumbo-cobre), Ibn Umail escreve:

> Mariya denominou a reverenciada pedra *abār nuḥās* e ela é a completa e absolutamente perfeita *abār nuḥās* que dá cor. Consequentemente, ela produz o ouro perfeito, que é inferior a ela, porque o ouro é apenas perfeito, enquanto a pedra *abār nuḥās* é completamente perfeita. Sem dúvida e com toda certeza, essa pedra *abār nuḥās* é [absolutamente] perfeita[47].

46 H. E. Stapleton; G. I. Lewis; F. Sherwood Taylor, The Sayings of Hermes Quoted in the Ma al-Waraqi of Ibn Umail, *Ambix* 3 (1949): 72-73.

47 M. Turāb Ali, H. E. Stapleton e M. Hidāyat Ḥusain, *Three Arabic Treatises by Muhammad bin Umail (10 Century A.D.)*, Registros da Sociedade Asiática de Bengala, v. 12, p. 1, Calcutta, 1933, p. 130, 134.

Muitos dos conceitos, doutrinas e termos (anjo, *kiyān*, a criança esperada, o coalho, as duas águas e assim por diante) que Ibn Umail cita a partir de Maria não se encontram nem nos autores gregos nem em outros autores árabes que frequente e copiosamente citam Maria. Isso parece indicar que Ibn Umail tinha em seu poder "livros" escritos por Maria que eram desconhecidos de outros autores alquimistas.

A Judaicidade de Maria

O judaísmo de Maria é confirmado por comprovação interna – além do epíteto "Hebraea" ligado a seu nome. Em fórmulas atribuídas a ela, Maria se referia aos judeus como o povo escolhido e afirmava que somente eles, e não os gentios, deviam conhecer os segredos mais profundos da alquimia. Em diversos manuscritos gregos, relata-se que ela teria dito: "Não toquem na pedra filosofal com as mãos: vocês não são de nossa raça, vocês não são da raça de Abraão"[48]. De acordo com uma versão posterior, encontrada no comentário de Olimpiodoro a Zózimo, ela teria dito: "Se não são de nossa raça, vocês não podem tocá-la, pois a Arte é especial, não é comum"[49].

O judaísmo de Maria se manifesta indiretamente nas numerosas referências que ela faz a Deus. Ela o faz ocasionalmente, em contextos bastante inesperados, como na passagem em que afirma que Deus a teria instruído em certos procedimentos da alquimia, revelando-os diretamente a ela. Essa afirmação lembra o modo de falar dos profetas bíblicos, que em geral apresentavam suas profecias, começando pela

48 Manuscrito St. Mark MS, fólio 178; MS 2.327, fólio 214; MS 2.250, fólio 163, conforme a citação de Berthelot, *Les Origines de l'alchimie*, p. 56, 172.

49 Berthelot, *Grecs*, v. 3, p. 112, nota 4.

afirmação de que Deus tinha falado com eles, dizendo-lhes o que fazer e o que dizer.

Além disso, ao falar de Deus, Maria sempre emprega a forma singular ("Deus"), e não o plural. Embora referências a "Deus", ou mesmo ao "único Deus", apareçam também em textos de outros autores gregos do período helenístico[50], ainda assim, o uso constante do singular "Deus", ou "o Senhor", e em especial, em afirmações como a "sabedoria do Senhor, oculta aos gentios" (cf. adiante), definitivamente sugerem o orgulho nacional e religioso judaico.

A afirmação de Maria de que Deus lhe revelara segredos da alquimia tornou-se parte das tradições alquímicas medievais a respeito dela. Um dos autores medievais que fazem referência a isso é o monge bizantino Maryanus, também conhecido como Morienus Romanus, sobre o qual nada conhecemos de concreto, embora a tradição alquímicas tenha feito dele o professor do igualmente lendário alquimista árabe, Khālid ibn Yazīd, que na vida real foi um príncipe da dinastia omíada (cerca de 668-704; cf. Cap. 9, infra). Um dos diversos tratados de alquimia atribuídos a Maryanus é o *De compositione alchemiae*, que foi traduzido para o latim por Robertus Castrensis, nome latino de Roberto de Chester. Nele, Maryanus afirma que os filósofos (isto é, alquimistas), tendo se reunido na presença de Maria, disseram a ela: "Feliz é você, Oh Maria, pois o segredo divino, oculto e sempre esplêndido, foi-lhe revelado"[51].

O alquimista árabe, Al-Ḥabīb, com quem já nos encontramos, relata que, após Maria ter explicado que os filósofos chamaram uma certa tintura de "enxofre incombustível", porque "o fogo a calcinou e transformou em cinzas, de tal forma que nenhuma umidade restou" nela e que "aquilo que sai dessas cinzas é o poder de nossa Obra e seus agentes", ela teria exclamado: "Graças à vontade de Deus, que deve ser glorificado!"[52].

50 Por exemplo, Zózimo, cf. Berthelot, *Grecs*, v. 3, p. 235; Olimpiodoro, idem, p. 90-91.

51 Tradução para o latim de Robertus Castrensis, em Johannes Jacobus Manget, *Bibliotheca chemica curiosa*, 2 v., Genebra, 1702, v. 1, p. 515, col. 1; citada por Berthelot, *Moyen âge*, v. 1, p. 243.

52 Berthelot, *Moyen âge*, v. 3, p. 81-82.

Uma pessoa a quem Deus fala, revelando Sua palavra e vontade ou Seus segredos, é sem dúvida um profeta. Assim, Maria recebia o título de "Prophetissa", passando a ser designada por esse título a partir do início do século XVI, o mais tardar. A essa altura, sua reputação de profeta verdadeira, que estava na posse de segredos divinos, estava tão bem estabelecida que Bonaventure des Périers (1500?-1546?), numa sátira espirituosa em que ele denuncia os alquimistas por fraude e engodo, acusa-os de prometer aos crédulos os segredos do rei Salomão e da Profeta Maria, para depois confundi-los em conversa fiada[53].

Uma importante seleção de ensinamentos de Maria está reunida em um pequeno tratado intitulado *Diálogo de Maria e Aros*, do qual uma tradução para o latim, possivelmente baseada numa versão em árabe (que, por sua vez, pode ter sido uma tradução ou reelaboração a partir de um original em grego), está incluída na antologia do final do século XVI denominada *Artis auriferae quam chemiam vocant*[54]. Nela, o filósofo Aros, uma personagem fictícia, procura Maria para aprender os segredos fundamentais da Grande Obra. Ele a saúda respeitosamente e dirige a ela diversas perguntas, a maioria das quais ela responde de boa vontade, muitas vezes com enorme detalhamento e sempre com uma rica mescla de afirmações extremamente concisas. No decorrer da conversa, Maria se refere diversas vezes a Deus, num estilo e atitude que podem ser mais apropriadamente descritos como característicos da devoção judaica. Embora sem dúvida apócrifo, o tratado é de grande interesse, pois revela até que ponto Maria era considerada uma das maiores autoridades em assuntos de alquimia. A seguir, minha tradução do tratado inteiro, baseada na versão incluída no *Artis auriferae*. Como veremos, Maria é identificada com Miriam (= forma heb. original de

53 Des Periers, *Cymbalum mundi* (Sino do Mundo) (1537), p. 43, 45, 314 e s., e *Nouvelles recreations*, 1558; reimpressão: Paris: Jacobs, 1858, conforme a citação de E. O. von Lippmann, *Entstehung*, v. 1, p. 503.

54 *Artis auriferae quam chemiam vocant*, 2v. Basel, 1610, v. 1, p. 205-207. Publicadas inicialmente na Basileia, 1593. Para a história das edições, cf. John Ferguson, *Bibliotheca chemica*, v. 1, p. 51-52, v. 2, p. 106-107.

"Maria"), a irmã de Moisés – da mesma forma que Maria, mãe de Jesus, era identificada no *Alcorão* com a irmã de Moisés (*Alcorão* 3:35 e s.). Para os que não estavam familiarizados com a história do período, a identidade de nomes significava a identidade de pessoas.

Aqui tem início a prática de Maria, a Profetisa, na arte da alquimia. Aros, o filósofo, encontrou-se com Maria, a irmã de Moisés, e aproximando-se dela, prestou-lhe homenagem e disse:

"Oh, Profetisa, tenho ouvido tanto a seu respeito – que você pode alvejar a pedra em um único dia".

E Maria disse: "Assim é, Aros; na verdade, até mesmo em parte de um dia".

Aros disse: "Oh, Senhora, como seria essa operação que a senhora afirma saber realizar? Como podemos alvejar e depois acrescentar o preto?".

Maria disse: "Oh, Aros, não é verdade que as nações são [vêm] dessa parte? Ou, Oh, Aros, você não sabe o que é a água ou a coisa que alveja o Hendrax?". Então Aros respondeu e disse a ela: "É como você diz, Oh, Senhora, [mas demora] um longo tempo".

Maria respondeu: "Hermes disse em todos os seus livros que os filósofos alvejam a pedra em uma hora do dia".

Aros disse a ela: "Oh, que excelente!".

Maria disse: "Essa é a coisa mais excelente para aquele que não sabe".

Aros disse: "Oh, Profetisa, se há nos seres humanos todos os quatro elementos que ele [Hermes] disse que há, então eles deverão ser envolvidos e seus vapores coagulados e retidos durante um dia, até que se tornem completos".

Maria disse: "Oh Aros, por Deus, se seu raciocínio não fosse firme, você não ouviria de mim essas palavras até que o Senhor preenchesse meu coração, pela graça de sua divina vontade. No entanto: tome alume da Espanha, resina branca e a resina vermelha que é o *kibric* [ár. *kibrīt*, enxofre] dos filósofos, o seu sol [ouro] e sua principal tintura e junte a resina com a resina numa união verdadeira. Compreendeu, Aros?".

"Sim, minha Senhora".

Maria disse: "Transforme isso em água corrente e vitrifique essa água quando um dia houver passado, usando os dois *zubechs* [do ár., *zībaq*, mercúrio] sobre o corpo fixo, e derreta-o com o segredo das naturezas no recipiente da filosofia. Você nos compreende?

"[Sim,] Oh, Senhora".

Sem dúvida Maria disse: "Conserve o vapor e cuide para que nada escape. E a medida do fogo pequeno [deve ser] como a medida do calor do sol no mês de junho ou julho. E fique perto do recipiente e preste atenção em como ele se torna preto e vermelho e branco, em menos de três horas do dia. E o vapor penetrará no corpo e o espírito será condensado e eles ficarão como leite, com a consistência da cera, tendendo a liquefazer e a impregnar. E isso é um segredo".

Aros disse: "Eu não digo [isto é, não acredito] que vai ser sempre assim".

Maria disse-lhe: "Aros, há uma coisa mais admirável, que não existia entre os antigos, nem chegou a eles por mediação. E é o seguinte: tome a erva branca, clara e preciosa que cresce nas montanhas pequenas e triture-a fresca como está em sua hora, e é o corpo que verdadeiramente não se torna fugaz no fogo".

E Aros disse: "Não seria essa a Pedra da Verdade?".

E Maria disse: "É. Mas as pessoas na verdade não conhecem esse regime por causa de sua pressa".

Aros disse: "E o quê mais, então?".

Maria disse: "Vitrifique sobre ele enxofre e *zubech* (isto é, *zibeic*) [mercúrio] e eles são os dois vapores que envolvem as duas luminárias e jogue sobre ele o complemento das tinturas e dos espíritos e o peso (ou: uma libra) da verdade e triture tudo e coloque no fogo e você verá deles maravilhas. Todo o regime consiste em moderar o fogo. Oh, que maravilha o modo como ele muda de cor para cor em menos de uma hora do dia, até chegar ao ponto de vermelhidão e brancura. Então, apague o fogo e deixe esfriar e abra-o e você encontrará um corpo, de aparência perolada, claro, da cor da papoula dos campos mesclada com branco, e da consistência da cera, tendendo a liquefazer e a impregnar, e sua cor dourada cai sobre um milhar e duas centenas. É um segredo oculto".

Então, Aros entristeceu. Mas Maria lhe disse: "Erga a cabeça, Aros, pois vou falar sobre o assunto resumidamente. Tome do corpo claro que cresce nas montanhas pequenas e que não está sujeito à putrefação ou ao movimento e soque-o com resina *elsaron* e com os dois vapores, pois a resina *elsaron* é um corpo atrator, e triture tudo. Aproxime-o, visto que se tornará totalmente liquefeito. Se você o projetar sobre sua mulher, ele ficará como água destilada e, quando o ar penetrar, irá se congelar e se transformar em um único corpo. E jogue-o [sobre metais comuns] e você verá maravilhas. Oh, Aros, esse é o segredo oculto da *scholia* [ciência]. E saiba que os dois vapores acima mencionados são a raiz dessa arte e eles são o enxofre branco e a cal úmida. Mas o corpo fixo é o coração de Saturno, que envolve a tintura e os campos da sabedoria ou da ciência. E os filósofos designaram-no por muitos e todos os nomes. E o corpo claro e branco é extraído das montanhas pequenas. E esses são os remédios dessa arte, alguns [dos quais] são preparados e alguns encontrados nas montanhas pequenas. E saiba Aros, que [...] nessas ciências não há nada, exceto coisas maravilhosas. Pois nelas entram até mesmo as quatro pedras. E seu regime é verdadeiro, como eu disse. E é o seguinte: primeiro 'scoyare Ade & Zethet'[55] e sobre ele Hermes falou alegoricamente em seus livros de estudo. E os filósofos sempre fizeram longo seu regime e disseram que o trabalho consistia em várias coisas que [de fato] não eram de modo algum necessárias para executar essa Obra e gastaram um ano inteiro na execução do magistério. Mas eles fizeram isso apenas com a finalidade de

55 As palavras "scoyare Ade & Zethet" parecem significar "estudar [duas obras chamadas] Ade & Zethet". A raiz "scoya" aparece mais duas vezes em nosso texto: "libris suis scoyas", que parece significar "em seus livros de estudo" e "in societate scoyari", que pode significar "na sociedade dos estudantes". Esta última expressão foi retomada por Jung para se referir a uma sociedade secreta cujo nome, diz ele, "lembra o misterioso Scayolus dos textos de Paracelso (*De vita longa*), onde significa o adepto. Scayolae são os princípios ou forças espirituais supremas". Cf. Carl G. Jung, *Psychology and Alchemy*, p. 314, nota 50.

ocultá-lo à gente ignorante, até que se firmasse nos corações e nos sentidos das pessoas que a Arte somente podia ser realizada com ouro, porque é um grande segredo de Deus. E os que ouvem falar sobre nossos segredos não testam sua verdade por causa de sua ignorância. Compreendeu, Aros?". Aros disse: "Sim. Mas conte-me sobre o recipiente sem o qual a Obra não pode ser realizada".

Maria disse: "É o vaso de Hermes, que os estoicos esconderam, e não é o vaso dos necromantes, mas é a medida de seu fogo".

Aros disse a ela: "Oh, Senhora, ouviu a sociedade dos estudantes [*scoyari*]? Oh, Profetisa, encontrou os segredos dos filósofos que escreveram em seus livros que se pode realizar a Arte por meio de um corpo?".

E Maria disse: "Sim. Hermes não ensinou isso, porque a raiz da *scholia* é o corpo inquebrável e irrecuperável e é um veneno que mata todos os corpos e os pulveriza e congela o mercúrio com seu odor".

E ela disse: "Juro a você pelo Deus Eterno que, quando esse veneno é dissolvido até se tornar água sutil – e não importa qual a solução – ele congela o mercúrio em *luna* [prata] com o poder da verdade e isso ocorre no domínio de Júpiter e ele os transmuta em *luna*. E há uma ciência de todos os corpos, mas os estoicos a ocultaram devido à brevidade de suas vidas e à extensão da Obra. E eles encontraram esses elementos de coloração e eles mesmos os aumentaram e todos os filósofos ensinam essas coisas, em vez do vaso de Hermes, porque este último é divino e, pela sabedoria do Senhor, oculto aos gentios. E os que não o conhecem são ignorantes do regime da verdade, devido a sua ignorância quanto ao vaso de Hermes".

Sobre a "erva branca da montanha", que aparece com destaque nesse tratado, teremos mais a dizer adiante. O "vaso de Hermes" mencionado na peroração de Maria parece ser mais que um simples aparelho usado na alquimia. Ele parece servir como símbolo dos segredos da alquimia em geral. Quanto à "sabedoria do Senhor, oculta aos gentios", essas palavras somente poderiam ter sido ditas por um judeu e sua atribuição a Maria, junto com sua advertência aos gentios de não tocar na pedra filosofal, prova que, na tradição alquimística medieval, se acreditava que ela tinha sido uma judia.

A Lenda de Maria

Ainda não se determinou com exatidão quando se deu a identificação de Maria, a alquimista judia de Alexandria, com Miriam, a irmã de Moisés. Lippmann a atribui ao próprio Zózimo, mas não fornece as fontes que ele toma como base para essa afirmação, nem parece haver referências a ela nos tratados de Zózimo publicados por Berthelot[56].

No entanto, algumas décadas depois de Zózimo, Maria havia se tornado uma figura suficientemente famosa para pelo menos um padre da Igreja declarar que ela tivera uma visão de Cristo. Tratava-se de Epifânio (cerca de 315-402), que nasceu na Palestina, estudou no Egito e se tornou bispo de Salamina. Em seu tratado *Contra as Heresias*[57], Epifânio se refere a duas obras de Maria (a quem ele não identifica com maiores detalhes), intituladas *Grandes Perguntas* e *Pequenas Perguntas*, nas quais, relata ele com indignação, Maria descreve uma visão que ela teria tido:

> Nas *Perguntas* de Maria, que são chamadas de "Grandes" (pois também há outras que foram inventadas [e chamadas] "Pequenas"), supõe-se que ele [Jesus Cristo] revelou-se a ela – após levá-la a uma montanha e após orar e após criar uma mulher de seu flanco e após começar a copular com ela e após transferir, desse modo, seu fluxo [de sêmen] – que ele

56 E. O. von Lippmann, *Entstehung*, p. 46.

57 Cf. J.-P. Migne, *Patrologiae cursus completus, Series graeca*, Paris, 1858, v. 41, col. 173, e v. 42, col. 832.

mostrou ser necessário para que possamos viver. E diz-se que Maria ficou perturbada e se jogou ao chão e que ele, levantando-a novamente, disse a ela: "Por que você duvidou, Oh, mulher de pouca fé?" E diz-se que isso é exatamente o que foi dito no Evangelho: que "Se eu lhe falei sobre coisas terrenas e você não confiou em mim, como poderá acreditar nas coisas celestiais?" e "Quando você vê o filho do homem subindo para onde ele estava antes", isto é, o fluxo [de sêmen] sendo devolvido para o lugar de onde saíra[58].

Se essa Maria for a mesma Maria, a Judia (como sem dúvida supõe Jung)[59], se os dois livros de *Perguntas* (de resto desconhecidos) foram escritos pela alquimista Maria e se a passagem citada de fato se encontrava em um deles, então temos aqui, talvez, a primeira referência histórica a um judeu, ou judia, que acreditava em Jesus – a visão do sonho descrita devendo ter-se baseado numa familiaridade com a fé cristã em Jesus e, provavelmente, no compartilhamento (inconsciente?) dessa fé. No entanto, é mais provável que toda a cena descrita por Epifânio esteja antes no domínio das antigas lendas cristãs, que nos permitem conhecer apenas que crenças sobre Maria haviam se desenvolvido cerca de um século após ela ter vivido. Nos quinze séculos após Epifânio, durante os quais Maria foi uma figura de destaque na bibliografia alquímica, nenhum estudante de alquimia encontraria qualquer significado cristológico nas palavras de Maria transmitidas pela tradição. Somente Jung seguiria os passos do bispo de Salamina, dando uma interpretação cristológica ao mais famoso axioma de Maria, como citado acima.

As lendas sobre Maria tenderam a deslocar a época em que ela viveu cada vez mais para o passado, na Antiguidade. Num manuscrito árabe de origem desconhecida, encontrado na biblioteca de Leiden,

58 Idem, v. 41, p. 324-343. As palavras entre colchetes foram acrescentadas a partir da tradução para o latim. As citações são de João 3,12 e 6,62. Devo a Louis H. Feldman da Yeshiva University, a tradução da passagem acima a partir do original em grego.

59 C. G. Jung, *Psychology and Alchemy*, p. 160.

ela era denominada "a matrona Maria Sícula"[60]. No *Kitāb al-Fihrist* (cerca de 987) e outras fontes árabes, ela é chamada de "Mariya al--Qibtiyya" (Maria, a Copta) e descrita como tendo carregado o menino Jesus em seus ombros, segurado um fuso em uma das mãos. Mas também se afirma que ela teria estudado alquimia com Ostanes, ou que teria sido mestra junto com ele, e que ela lhe teria dito: "A Obra vem de mim e de você", com isso aludindo a sua realização por meio das substâncias feminina e masculina[61]. Os autores que fazem de Maria uma contemporânea tanto de Jesus quanto de Ostanes estão candidamente alheios ao duplo anacronismo que estão cometendo. Ostanes, que conquistou a reputação de ter sido o maior mago persa, foi uma figura histórica, um sátrapa persa e cunhado de Xerxes (519?-465 a. C.) que participou da última campanha deste na Grécia. Mais tarde, ele seria considerado um dos pais da alquimia, da medicina, da mineralogia e da botânica, o *magorum omnium magister* (o mestre de todos os magos)[62], que teria ensinado em Mênfis, no Egito, onde Maria teria sido sua discípula ou mestra junto com ele[63].

George Syncellus (século IX) comenta em sua *Chronographia* que Ostanes, o Medo, foi enviado pelos reis persas ao Egito e que lá ele teria ensinado aos sacerdotes e filósofos, entre eles Maria Hebraea, todas as disciplinas de natureza oculta. Ele teria escrito sobre ouro, prata e pedras preciosas, mas tudo isso com cuidadosa circunlocução. Maria e Demócrito, que empregavam os mesmos métodos de apresentação e falavam sobre a Arte de forma enigmática, eram elogiados por

60 P. de Jong e M. J. de Goeje, *Catalogus codicum orientalium bibliothecae academiae Lugduno-Batavae*, Leiden, 1865, v. 3, p. 196, e em outras passagens; Hermarm Kopp, *Beiträge zur Geschichte der Chemie*, p. 406; idem, *Die Alchemie in älterer und neuerer Zeit*, Heidelberg, 1886, v. 2, p. 208.

61 Berthelot, *Les Origines*, p. 172; Paul Kraus, *Jābir ibn Ḥayyān*, Cairo: [s.n.], 1943, p. 43, nota 1, citando Holmyard (org.), *Kitāb al-Ḥajar*, p. 15, 18.

62 Cf. Plínio, conforme a citação de H. Kopp, *Beiträge*, p. 407.

63 E. O. von Lippmann, *Entstehung*, v. 1, p. 46, 66-67, 333-335; cf. Berthelot, *Les Origines*, p. 163 e s.; H. Kopp, *Beiträge*, p. 506-507.

sua reserva; Pamenes, que escreveu ampla e abertamente sobre ela, era condenado[64].

Em um manuscrito árabe medieval, Maria é denominada "Mariya, a Sábia, filha do rei de Sabá", e teria dito: "Essa [a pedra filosofal] é um grande mistério. Ela é desprezada e pisoteada. Mas esse desprezo é uma benção de Alá, seja Ele exaltado, para que os tolos não a conheçam e ela seja esquecida"[65]. Arnaldo de Vilanova (1235-1315) chama Maria de "a filha de Plutão"[66]. Em escritos medievais e textos mais recentes, por fim, ela é mencionada como a irmã de Moisés, ou a irmã de Aarão, ou, para tornar a identificação bem clara, como "Maria Prophetissa soror Moysis et Aaronis"[67]. Com isso, a data em que Maria teria vivido era antecipada em dezesseis séculos.

A Erva Branca da Montanha

A montanha que, de acordo com Epifânio, apareceu na visão que Maria teve de Jesus, reaparece em sua descrição do procedimento para a produção do ouro. A receita é, talvez, o mais conhecido e frequentemente mencionado de todos os seus ensinamentos e receitas. No diálogo entre Maria e Aros, como vimos, Maria repetidamente se refere à "erva branca, clara e preciosa que cresce nas montanhas pequenas" e, quando a menciona pela terceira vez, ela explica que "os dois vapores são a raiz dessa Arte" e que "o corpo claro e branco é extraído das montanhas pequenas".

64 Georgii Syncelli, *Chronographia*, organizada por J. Goar, Veneza, 1729, p. 198, conforme a citação de H. Kopp, *Beiträge*, p. 506-507.

65 Berthelot, *Moyen âge*, v. 3, p. 90 (texto em árabe). Tradução minha.

66 Cf. o poema no final deste capítulo.

67 H. Kopp, *Beiträge*, p. 405-406; idem, *Die Alchemie*, p. 207; Berthelot, *Les Origines*, p. 172.

A enumeração desses ingredientes básicos da Grande Arte – os dois vapores e a erva clara, branca e preciosa que cresce nas montanhas pequenas – é recorrente na bibliografia alquímica. Michael Maier, um personagem proeminente da alquimia no início do século XVII, denomina uma seção de seus *Symbola aureae mensae duodecim nationum* como *Mariae Hebraeae symbolum* e, nas observações introdutórias, caracteriza Maria como tendo sido a pessoa mais próxima de Hermes. Esses comentários, que são interessantes porque revelam a importância de Maria para a alquimia pós-medieval, são aqui apresentados em uma tradução literal, com todas as idiossincrasias do estilo de Maier:

> Quando Hermes, o Egípcio, impôs um limite a suas deliberações, como era a lei, Pirgopolinice, agora despreocupado com sua própria virtude mais gigantesca, que tão frequentemente havia sido exibida, levantou-se, como que coberto de vergonha, e fez uma oferta a Harpócrates, uma vez que ele nada tinha para apresentar. E, assim, a sucessão passou para Maria, a Hebreia, que era a mais próxima de Hermes e que, sendo solteira, era do sexo mais fraco e parecia incapacitada para lutar com um inimigo muito sagaz, de modo que, em consequência, ela podia aproveitar, não sem merecer, o privilégio da fragilidade e da reserva. No entanto, como tinha de argumentar em nome da Jovem Química e estando ela própria investida de um espírito claramente viril e de Amazona, declarou que de modo algum temia seu adversário, o qual, para poder recuperar sua força, refletindo seriamente, desistiu da luta. Agora vamos investigar a vida e os escritos dessa corajosa mulher guerreira, assim como outras coisas que fazem parte de sua raça e dos vinculados a ela[68].

68 Michael Maier, *Symbola aureae mensae duodecim nationum*, Frankfurt am-Main, 1617, v. 2, p. 56. Devo a Louis H. Feldman e David Berger, por sua ajuda na tradução da passagem acima. Pirgopolinice, a figura central em *O Soldado Fanfarrão*, de Plauto, aparece aqui como o “adversário da *Chymistry* e dos *Chymists* [N. da E.: forma pela qual a alquimia e os alquimistas, respectivamente, eram designados na Inglaterra do século XVII]”, enquanto Maria é a corajosa defensora da Arte Hermética; cf. John Read, *Prelude to Chemistry:* An Outline of Alchemy, 2 ed., Cambridge, MIT Press, 1966, p. 223, 225.

Após essa introdução, Maier explica que havia uma grande controvérsia quanto a se Maria era uma personagem fictícia ou se era a irmã de Moisés, ou ainda alguma outra mulher da raça judaica. Tomando como base o consenso entre os químicos de todas as épocas e outros homens de grande instrução, ele exclui a primeira possibilidade. Discutindo as outras duas, ele afirma que, aparentemente, o livro atribuído a Maria, isto é, o *Diálogo de Maria e Aros*, embora encontrado apenas numa tradução para o latim, fora originalmente escrito em hebraico. Nenhuma cópia do original chegou até nós, porque o conhecimento do hebraico entre os gentios era muito raro, encontrado apenas em meio aos teólogos, que tratam de assuntos religiosos, negligenciando completamente as obras profanas. Quanto aos judeus, sua baixa posição social e a perpétua condição de servidão à qual estavam condenados os tornavam, de acordo com ele, inadequados para esse tipo de estudo.

Maier tinha dificuldade em decidir se Maria podia ser identificada com a irmã de Moisés. É bem possível, diz ele, que a irmã de Moisés tivesse poderes proféticos, mas não há indicações sugerindo que ela fosse perita em química. Por outro lado, é bastante possível que ela tivesse aprendido a Arte com seu irmão Moisés, que era um químico extremamente hábil – como tem sido a opinião geral em meio aos alquimistas de todas as épocas. No final, Maier tende à conclusão de que Maria, a alquimista, não era a irmã de Moisés, mas uma outra judia, dotada de um perfeito conhecimento de química. Ele aprova o método que Maria emprega para apresentar seus ensinamentos químicos. Maria, diz ele, não envolveu seus ensinamentos em trajes alegóricos, fábulas e ficção poética, mas apresentou-os numa linguagem velada, enigmaticamente. Ela

> fala de duas resinas, branca e vermelha, e de seu casamento; também de dois vapores, da erva branca e clara que cresce nas montanhas pequenas. Mas todo o segredo, diz ela, está no conhecimento do Vaso de Hermes, porque é divino e está, pela sabedoria do Senhor, escondido das *gentes* [gentios]. Os que não o conhecem ignoram o regime da verdade, devido

a sua ignorância do Vaso de Hermes. Essas suas palavras, mesmo sendo muito obscuras para o ignorante, parecem ainda mais claras para os que foram treinados por longa experiência e para os que são bem versados nas sete montanhas do mundo, dia e noite. Esse vaso é o vaso filosofal dos brâmanes da Índia, que o usam para amenizar a aridez do verão – ou se assemelha a ele e foi recebido por Hermes pela primeira vez. Mas o vaso que os estoicos esconderam, diz Maria, não é o vaso dos necromantes, mas a medida de seu fogo. Portanto, no vaso de fogo cujas chamas são da cor do chumbo, ele era moderado por um elemento contrário a ele mesmo e nunca excedeu a borda do vaso. Quem entender isso de forma apropriada compreenderá a mente mais verdadeira de Maria e ela irá lhe revelar os segredos da química que, em geral, todos envolveram em obscuro silêncio.

No comentário que se segue, Maier afirma que Maria foi uma das quatro mulheres que sabiam como produzir a pedra filosofal – as outras três sendo Cleópatra, Taphnutia e Medera – e que seu livro era encontrado em toda parte[69].

Na página que se segue aos comentários introdutórios de Maier, há uma gravura mostrando Maria, a Judia, com a seguinte inscrição: "A fumaça é completada pela fumaça e a erva branca que cresce nas montanhas pequenas captura as duas". A gravura mostra Maria como uma mulher imponente, vestida em trajes amplos, com uma espécie de capuz sobre a cabeça, apontando com a mão esquerda para uma montanha pequena sobre a qual cresce uma erva branca que exibe cinco ramificações, cada uma coroada por uma flor. Ao pé da montanha, está uma urna da qual sobem duas colunas de fumaça que se separam e circundam a erva branca, formando uma espécie de guirlanda, e se unem com outras duas colunas de vapor que descem de uma urna invertida, que é a imagem reversa da outra embaixo e parece estar suspensa no céu (cf. figura 5.6). Essa ilustração foi reimpressa muitas vezes desde

69 M. Maier, *Symbola*, p. 57-64.

então, desde o *Viridarium chymicum*, de Daniel Stolcius (Frankfurt-am-Main, 1624), até a *Psicologia e Alquimia*, de C. G. Jung (Zurique, 1944), e o *Prelude to Chemistry*, de John Read (Nova York, 1937). Stolcius (ou Stolcz) foi discípulo de Michael Maier e seu *Viridarium* consiste em 107 gravuras em placas de cobre, cada uma com um epigrama em latim. Entre elas estão as reproduções dos "Doze Heróis Escolhidos" (dos *Symbola*, de Michael Maier). A única mulher entre esses doze heróis é Maria Hebraea e o epigrama que acompanha a ilustração diz o seguinte:

MARIA HEBRAEA

Gente Palaestina Moysis soror, ecce Maria
In Chymico pariter gaudet ovatq; choro.
Abdita cognovit lapidis mysteria magni
Erudijt dictis nos quoque docta suis.
Fumus amat fumum, rursusqu; adamatur ab illo:
Alba sed herba alti montis utrumque capit.

[De raça Palestina, irmã de Moisés, eis Maria,
Igualmente rejubila e triunfa no coro Químico.
Ela conhecia os mistérios ocultos da grande pedra.
Sábia que é, ela nos ensinou com suas palavras,
Fumaça ama Fumaça e é amada por ela reciprocamente:
Mas a erva branca da montanha alta captura ambas.]

A "erva branca" pode ser a lunária (*Botrychium lunaria*), que possui um significado peculiar na alquimia, devido à "impregnação com uma vitalidade celestial" que lhe era atribuída e que se acreditava ser proveniente da lua, daí seu nome, lunária. Todas as espécies de qualidades mágicas e curativas eram atribuídas à lunária e ela representava o estágio branco da Grande Obra, isto é, a primeira transformação da cor, do preto básico, passando depois pelo amarelo, até o vermelho. Os

Figura 5.6.
Maria, a Judia.

vapores (ou fumaças) brancos e vermelhos significavam o mercúrio e o enxofre dos filósofos[70].

O espírito das obras e ensinamentos alquímicos de Maria foi habilmente resumido por Arnaldo de Vilanova (1245-1313), o culto amigo do Papa Clemente V, nas seguintes palavras:

> Maria mira sonat breviter, quod talia tonat
> Gummis cum binis fugitivum figit in imis
> Horis in crinis tria vinceat fortia finis
> Maria lux roris ligam ligat in tribus horis
> Filia Plutonis consortia iungit amoris
> Gaudet in assata sata per tria sociata[71].

70 J. Read, *Prelude to Chemistry*, 1 ed. 1937, p. 257-258.

71 Arnaldo de Vilanova, "Carmen", conforme a reimpressão em *Theatrum chemicum*, v. 4, Estrasburgo, Argentorati, 1613, p. 614-615, e *Artis auriferae*, v. 1, p. 208.

[Maria profere maravilhas sucintamente, pois ela tonitroa essas coisas
Ela fixa a matéria fugaz com a resina dupla na última hora
Ela liga três substâncias poderosas nas extremidades dos tubos
Maria, a luz do orvalho, liga uma tira em três horas.
Filha de Plutão, ela une as afinidades do amor
Deleita-se com coisas calcinadas, semeadas, e agregadas em tríades.]

Praticamente cada uma das frases nesse poema requer explicação.

Verso 1.

"Maria profere maravilhas sucintamente" refere-se a sua preferência por expressar seus ensinamentos em dizeres curtos e enigmáticos. "Ela tonitroa" refere-se à tradição de que, pelo menos numa ocasião, ela teria gritado com entusiasmo, ao expressar a essência de sua compreensão de um procedimento fundamental da alquimia.

Verso 2.

"Ela fixa a matéria fugaz com a resina dupla" refere-se ao material volátil que, ensinava Maria, deve ser fixado, e que ela teria efetivamente fixado, com o uso de resina branca e resina vermelha.

Verso 3.

Os "tubos" dentro dos quais Maria liga "três substâncias poderosas" são os três tubos do *tribikos*, inventado ou descrito por ela.

Verso 4.

"Liga uma tira em três horas" refere-se à tradição da alquimia de acordo com a qual Maria realizava a Grande Obra em três horas, juntando ou unindo várias substâncias.

Verso 5.

"Filha de Plutão" é uma alusão à habilidade de Maria de fazer ouro, tornando-se, assim, como que uma filha de Plutão (Hades), a quem o mito grego atribui riquezas fabulosas. "Une as afinidades do amor" refere-se aos ensinamentos de Maria de acordo com os quais a transmutação consiste no casamento, ou união, das substâncias masculina e feminina.

Verso 6.

"Deleita-se com coisas calcinadas" refere-se à queima da tetrassomia, do cobre, ou do enxofre, prescrita e descrita por Maria. Coisas "semeadas" refere-se à misteriosa erva branca das montanhas. "Agregadas em tríades" pode se referir ao *tribikos*, ou aos três tipos de "água divina" (a branqueada, a amarelada e a enegrecida), ou à doutrina de Maria de acordo com a qual dois devem se tornar três.

6.

Zózimo a Respeito de Maria, a Judia

Zózimo refere-se detalhada e frequentemente a Maria, a Judia, e suas referências a ela são de extrema importância, devido a sua rara autenticidade. Assim, parece apropriado apresentar aqui o restante do material sobre ela que ainda não foi comentado[1]. O tratado de Zózimo, intitulado *Sobre a Sagrada e Divina Arte da Fabricação do Ouro e da Prata*, tem início da seguinte forma:

> Tomando a alma do cobre que está sob a água de mercúrio, faça um corpo volátil; pois a alma do cobre retida no material em fusão vem à superfície; a parte líquida permanece embaixo, no dispositivo do kerotakis[2] e deve ser fixada com o uso da resina[3]: essa é a flor do ouro, a seiva do ouro etc. Outros se referem a isso como a coloração, o cozimento, a obra da doutrina mística. No início, o cobre projetado, após tratamento no aparelho de [sua] fabricação, encanta os olhos. Quando perde seu brilho, ele deve ser combinado com a resina dourada, a seiva do ouro etc. [Eis que isso é o que] ele [Zózimo] escreveu sobre o tema da produção do ouro, do qual a fixação também é proclamada.

1 As passagens aqui reunidas são traduções minhas a partir dos textos publicados em Berthelot, *Grecs*. Os números de página são dados entre parênteses após cada passagem.

2 O *kerotakis* é um destilador complexo. Cf. Figura 5.4.

3 A palavra "resina" (gr., *kommi*) designa o material que fornece a coloração amarela. Sua natureza não é explicada. Cf. Berthelot, *Grecs*, v. 3, p. 148, nota 3.

Maria diz: "Tome a água de enxofre[4] e um pouco de resina e coloque no banho de cinzas; dizem que é dessa forma que a água é fixada". Maria também diz: "Para o preparo da flor do ouro, coloque a água de enxofre e um pouco de resina na chapa do kerotakis, para que se fixe. Deixe amolecer no calor de esterco por algum tempo". Após as palavras "por algum tempo", Maria [acrescenta]: "Tome uma parte de nosso cobre, uma parte de ouro; amoleça a chapa formada por esses dois metais unidos por fusão, coloque no enxofre e deixe [todo ele] por três vezes vinte e quatro horas, até que o produto fique cozido" (3:148).

Em seu tratado intitulado *Sobre as Substâncias que Servem de Suporte e sobre os Quatro Corpos Metálicos de Acordo com Demócrito*, Zózimo escreve:

Os quatro corpos [metálicos] servem como suporte [da tintura] e nenhum deles volatiliza [...]. Maria diz: "Remova a [natureza] sulfurosa do chumbo; onde quer que entre, o enxofre tinge". Com isso, ela queria mostrar que não há razão para se calcinar o enxofre. Ela usava nomes estranhos para as Artes, na descrição de seus procedimentos. Não é assim que agem os que nelas operam, quando falam de nosso cobre ou de algum outro corpo metálico (3:150-151).

Na seção do tratado que aborda "Os Pesos das [Substâncias] Cruas e Cozidas", Zózimo volta a citar Maria.

De acordo com o que seus escritos dizem a esse respeito, sem dúvida o enxofre deve ser expelido por meio de insuflação. Isso era o que Maria queria nos fazer compreender, ao dizer: "Vocês encontrarão cinco partes menos a quarta, isto é, menos o enxofre, expelido pela insuflação. Da mesma forma, no final de sua observação, ela diz que o cobre, quando

4 Enxofre (gr., *theion*) significa não apenas o elemento enxofre, mas também substâncias análogas, como o sulfeto de arsênico.

> refinado por derretimento, diminui seu peso em um terço. Ela diz que as mudanças também se realizam quando se alveja e quando se produz a cor amarela; pois essas [substâncias] sulfurosas tingem, mas se volatilizam. Nós nos livramos das substâncias sulfurosas por meio da volatilização. O mesmo acontece com as plantas quando são totalmente dissolvidas; é isso que acontece quando se cozinha essas substâncias com a água de enxofre, rejeitando a parte lenhosa (3:151-152).

Ao discutir "o vapor que é o espírito, o espírito que penetra os corpos", Zózimo afirma que "em nenhuma passagem dos textos [alquímicos] ocorre qualquer menção a algum outro suporte [para a tintura], além do cobre. Assim, Maria diz que o cobre é tratado e depois calcinado. É nesse sentido que ele desempenha o papel de suporte. Esse é [o papel do] cobre ou da prata em nossa operação"[5].

> Agatodemon diz: "A magnésia, o antimônio e o litargírio volatilizam-se após perder sua pureza"[6]. Maria [disse]: "Soprem os vapores, até que os produtos sulfurosos se volatilizem com a sombra (que obscurece o metal) e até que o cobre alcance todo seu brilho". Assim, nosso cobre recebe deles o vapor sublimado. Agora o vapor é o espírito do corpo. A alma difere do espírito (3:153).

5 Isso parece significar que, na transmutação, o cobre e a prata não retêm suas próprias qualidades ou cores, nem seus corpos, que mudam para as do novo metal. Como acontece com as plantas, se as compreendemos no sentido das tinturas vegetais, elas são de fato destruídas pelo fogo. Nesse sentido, as flores metálicas e certas colorações correspondentes igualmente evaporam ou são destruídas pelo fogo. Berthelot, *Grecs*, v. 3, p. 153.

6 A "magnésia" não é nossa moderna magnésia, mas em geral uma liga de quatro metais básicos: cobre, ferro, chumbo e estanho; o termo é empregado num sentido muito amplo. Antimônio (gr., *stimmi*) significa sulfeto de antimônio. O termo litargírio (gr., *lithargyros*) é empregado no sentido de "pedra produtora de prata": é duvidoso que alguma vez tenha sido empregado com o sentido de óxido de chumbo. Cf. F. Sherwood Taylor, A Survey of Greek Alchemy, *Journal of Hellenic Studies*, n. 50, p. 123-124, 1930.

No tratado em que discute a importância do tempo correto, Zózimo novamente cita Maria:

> Maria se ocupava dele, quando descrevia o tratamento do pequeno objeto: "A água divina será perdida pelos que não compreendem o que foi escrito, saber que o produto [utilizável] se eleva pelo recipiente de gargalo longo e pelo tubo. Mas é comum designar por "água divina" o vapor do enxofre e dos arsênicos sulfurados. Por esse motivo, vocês zombaram de mim, porque num mesmo discurso, revelei um imenso mistério.
>
> Essa água divina, colocada sob a ação dos materiais alvejantes, branqueia. Se colocada sob a ação de materiais amarelantes, ela se torna amarela. Se colocada sob a ação do vitríolo e da noz de galha, ela escurece e alcança o enegrecimento da prata e o de nosso molybdochalkon[7]. Já contei a vocês sobre esse molybdochalkon [quando falei] sobre nossa prata tradicional. Assim, a água enegrece, ao se prender a nosso molybdochalkon, e dá a ele um tom negro permanente; e, embora essa tintura não seja nada, todos os iniciados desejam muito saber sobre ela. Além disso, a água capaz de assumir tal cor produz uma tintura fixa, uma vez eliminados o óleo e o mel (3:157).

Um pouco adiante no mesmo tratado, Zózimo volta a citar as instruções de Maria sobre o método apropriado de emprego do fogo, com a finalidade de absorver a água de enxofre – e o faz de uma forma que mostra claramente que ele suprimiu frases essenciais da explicação mais detalhada de Maria sobre o assunto. "Maria disse: 'as chamas progressivamente' e, depois, 'o fogo gradualmente', para fazer compreender que a operação deve ser realizada de acordo com um processo adequado, que se inicia com [o momento da] a chama" (3:158).

Até que ponto Zózimo depende das instruções de Maria é algo bem ilustrado por seu tratado *Sobre a Explicação Detalhada da Obra: um Discurso a Filareto*. Esse tratado, como indica a primeira sentença

7 Molybdochalkon é uma liga de chumbo e cobre, ou talvez sulfeto metálico. Idem, p. 123.

do título, contém o que o (Pseudo-)Demócrito teria escrito a Filareto. Contudo, Zózimo atribui ao (Pseudo-)Demócrito uma referência a Maria, ignorando, ou talvez esquecendo, que ela viveu cerca de cem anos após o (Pseudo-)Demócrito. Ele escreve:

> Vamos falar dos quatro corpos[8] que resistem ao fogo, os [corpos] que servem de suporte [para a tintura], ou seja, para a composição final. Após compô-la, tomamos uma parte dela e acrescentamos a água divina[9] até que se produzam a cor e o tom do corpo correspondente [o ouro ou a prata], de acordo com Maria. Após se obter a composição final, projeta-se sobre os quatro corpos que servem de suporte não somente a composição do fermento de ouro, mas também a composição da água de enxofre (3:160).

Um outro tratado de Zózimo consiste numa discussão de uma página, intitulada *Sobre o que a Arte disse sobre Todos os Corpos no Tratamento de uma Rara Tintura*. Ele diz o seguinte:

> 1. De acordo com o catálogo, sabe-se que Hermes e Demócrito falaram sumariamente de uma tintura rara e que outros aludiram a ela. Isso é também o que diz o Africano: "O que se usa para tingir são os metais, os líquidos, as argilas e as plantas". Chimes falou seriamente sobre isso: "Um é o Todo e é através dele que o Todo nasce. Um é o Todo e se o Todo não contivesse tudo, o Todo não teria nascido[10]. Dessa forma, é necessário que vocês projetem o Todo, a fim de produzir o Todo". Plebichius: "Por meio dos quatro corpos". Maria: "Por meio da chapa do kerotakis". Agatodemon: "Após o refinamento do cobre, [sua] atenuação e [seu] enegrecimento e, depois, seu alvejamento, ocorrerá um amarelamento sólido". Todos os outros [materiais] são igualmente explicados por eles.

8 Os quatro corpos são os quatro metais básicos, mencionados na nota 6.

9 "Água divina" é o enxofre, o elemento amarelo claro, não metálico. Também pode significar água sulfurosa.

10 Cf. Berthelot, *Introduction à l'étude de la chimie*, p. 56, 60, 64.

2. Quando aborda essa questão, Maria diz: "Existe um grande número de corpos metálicos, do chumbo ao cobre". Ao falar sobre a diplose, ela diz: "Existem, de fato, dois tipos de materiais empregados, seja para ligar o cobre com a prata, seja para ligar o ouro com a prata; o molybdochalkon e todos os outros estão aí incluídos". Quanto à purificação da prata, ou seu enegrecimento, já comentei anteriormente sobre isso. Como uma única tintura é aplicada a todos [os materiais], é algo que somente Maria afirma e ela o faz nos seguintes termos: "Quando falo do cobre, ou do chumbo, ou do ferro, quero dizer com isso [seu] *ios* (3:168-169)"[11].

O pequeno tratado de Zózimo intitulado *Os Quatro Corpos são o Alimento das Tinturas* é, em sua íntegra, um sumário dos ensinamentos de Maria. Ele diz o seguinte:

1. Eis como: Maria diz que primeiro o cobre é tingido e, depois, tinge. O cobre deles: são os quatro corpos. Eis as tinturas: [elas incluem] as espécies sólidas e líquidas do catálogo e também as plantas [...].

2. Dessa forma, assim como nós [humanos] somos nutridos por meio de materiais sólidos e líquidos e assim como somos coloridos apenas por suas qualidades próprias, assim também o cobre se comporta da mesma maneira; e assim como não somos nutridos apenas por meio de sólidos e líquidos, da mesma forma o cobre também não. De fato, se recebemos [como alimento] apenas material sólido, nós nos tornamos inflamados, inchados, envenenados; o mesmo acontece com o cobre deles. Inversamente, se tomamos apenas líquidos, nós nos tornamos inebriados, ficamos com a cabeça pesada, as bochechas coradas demais e vomitamos; [o mesmo] acontece com o cobre. Quando adquire a cor do ouro pela ação da água divina, ele se torna pesado e rejeita e, imediatamente depois, [sua cor] se torna fugaz. Mas se recebemos uma boa nutrição, na proporção certa, composta das duas espécies de material, sólido e líquido, ficamos bem nutridos;

11 *Ios* tem significado de "ferrugem" ou "cal", e também o do latim *virus*. É difícil acompanhar o uso da palavra. Cf. F. Sherwood Taylor, A Survey of Greek Alchemy, p. 124. Ver também nota 17, infra.

nossas bochechas ficam adequadamente coloridas e a capacidade nutritiva distribui a nutrição no estômago, devido a sua capacidade de retê-la. Da mesma forma, o cobre – de um lado, recebendo os sólidos, em virtude da nutrição, de outro, nutrindo-se com a água divina unida à resina, em virtude do vinho – torna-se colorido, devido à capacidade de reter o que nele se encontra. Assim é que ela dizia na obra [anteriormente mencionada]: "As [coisas] sulfurosas são dominadas e retidas pelas sulfurosas". Daí a verdade: "A natureza encanta, conquista e domina a natureza".

3. "Da mesma forma", diz ela, "assim como o homem é composto de quatro elementos, assim também o cobre. E assim como o homem resulta da [associação entre] líquidos, sólidos e o espírito, assim também o cobre. Também Apolo diz, em seus oráculos, que o vapor é o espírito: "E um espírito mais negro, úmido, puro".

4. Maria falou corretamente sobre o vapor [dizendo]: "O cobre não tinge, mas é tingido; e, uma vez tingido, ele tinge; quando nutrido, ele nutre; quando completado, ele completa". Boa saúde!

Em seu tratado intitulado *Alume Redondo Deve Ser Empregado*, que trata do alvejamento dos metais por meio do mercúrio, do preparo do mercúrio e do uso do enxofre arsênico (que é designado por "alume redondo")[12] para tingimento do cobre e das ligas dele derivadas, Zózimo novamente cita Maria, desta vez juntamente com Chimes:

Todos os textos, [sobretudo] os de Chimes e de Maria, falam de um almofariz e um pistilo de chumbo [para socar o cinabre[13] e reduzir o mercúrio]. Dissolve-se o cal e o cinabre com vinagre, ao sol, até que o mercúrio desenvolva. O mesmo efeito se produz com o estanho. As [espécies]

12 O termo alume (gr., *stypteria*) nem sempre corresponde ao alume moderno e, possivelmente, é empregado para designar o arsênico; F. Sherwood Taylor, A Survey of Greek Alchemy, p. 123.

13 Cinabre (gr., *kinnabaris*) é o sulfeto de mercúrio natural, mas o termo também é empregado para designar o realgar e, talvez, o chumbo vermelho, que têm coloração semelhante e eram imperfeitamente distinguidos um do outro; idem, p. 124.

aquecidas, ou calcinadas, ou fixadas, ou tingidas podem fornecer mercúrio, se a operação for executada de acordo com os preceitos da Arte. Seja qual for o material com que se trabalha, se for potencialmente cinabre, ele fornece vapor e este escapa, retardando a mistura com todos os tipos de corpos [...].

De acordo com um certo autor, deve-se empregar alume redondo em vez do vapor [de mercúrio][14]. Maria se manifesta em concordância com essa opinião, quando diz: "A infusão das tinturas ocorre em frascos verdes, submetidos a um fogo que vai sendo aumentado gradualmente. O forno, do tipo fornalha, tem um tampão na parte superior. Se não obtiverem resultado, usem o dobro do alume redondo, da cor do cinabre[15], que funciona melhor para se obter o mesmo resultado. Pode-se também obter resultados com outras colas. De fato, o vapor sublimado somente se fixa nos quatro corpos. Alguns dizem que ele é absorvido pelos outros corpos, juntamente com a crisocola[16]. De minha parte, sei muito bem que só a crisocola não retém o vapor; [mas] todos os corpos metálicos mortos e diluídos conservam o vapor" [...]. Essas coisas foram relatadas por mim, que queria mostrar que o alume redondo age da mesma forma, como afirmado sobretudo pela divina Maria (3:170-173).

Em seu tratado *Sobre os Enxofres*, que num manuscrito foi intitulado *Sobre as Águas Divinas*, Zózimo diz:

Alguns e, Maria [entre outros], mencionaram a figura abaixo. "Era assim que eles preparavam o mercúrio", diz ela, "assim como o enxofre e o *ios*, diluindo tudo ao sol, até se tornar *ios*. Dizem que [assim preparado] ele

14 Isto é, empregar enxofre ou arsênico, em vez do cinabre ou mercúrio; Berthelot, *Grecs*, v. 3, p. 173, nota 1.

15 A referência parece ser ao realgar (gr., *sandarache*), sulfeto de arsênico, um mineral vermelho alaranjado; Berthelot, *Introduction*, p. 238, 244.

16 Ao que parece, o termo crisocola significa malaquita, mas é também empregado nos textos em outros sentidos. Cf. Berthelot, *Introduction*, p. 232; F. Sherwood Taylor, A Survey of Greek Alchemy, p. 124.

é mais ativo. Alguns têm obtido essa *iosis*[17] somente com o sol, sem adicionar mais nada, e eles afirmam ter obtido o objeto de sua busca. Outros diluem tudo com água divina, afirmando que ela é seu enxofre e também seu mercúrio. Concordo com a opinião deles, mais que com a dos outros. Outros têm projetado o mercúrio, às vezes em estado natural, às vezes no estado de coagulação amarela. Alguns, depois da operação de *iosis*, não foram além disso" (3:174-175).

Em seu tratado *Sobre a Medida do Amarelamento*, Zózimo cita não apenas Maria, mas também Moisés:

Maria [coloca] em primeiro lugar o molybdochalkon e [os processos de] fabricação. A operação de combustão [é] a que todos os antigos recomendavam. Maria, a primeira, diz: "O cobre calcinado com enxofre, tratado com o óleo de *natron*[18] e recuperado após passar pelo mesmo tratamento várias vezes, torna-se ouro excelente e sem sombra. Eis o que Deus diz: 'Saibam todos que, de acordo com a experiência, quando se calcina [primeiro] o cobre, o enxofre não produz efeito. Mas se vocês calcinarem [primeiro] o enxofre, então, não somente ele deixará o cobre sem manchas, mas também fará com que ele se iguale ao ouro'". Na descrição colocada sob a figura, Maria fala uma segunda vez e diz: "Isso foi misericordiosamente revelado a mim por Deus; saber que o cobre deve ser primeiro calcinado com o enxofre, depois com o corpo da magnésia; então ele deve ser soprado até que as partes sulfurosas escapem com a sombra: [então] o cobre fica sem sombras".

17 *Iosis* tem diversos significados: 1. a operação por meio da qual os metais são oxidados; 2. a purificação ou refinamento de metais como o ouro; 3. a virulência ou posse de uma qualidade ativa específica, transmitida, por exemplo, com a ajuda da oxidação; 4. a coloração para o amarelo ou violeta de compostos metálicos, muitas vezes produzida por meio de certas oxidações. Berthelot, *Introduction*, p. 255.

18 Natron (gr., *nitron*) é soda natural.

É assim que tudo deve ser calcinado. É assim que na *maza* [química][19] de Moisés se calcina com enxofre, com sal, com alume e com enxofre (quero dizer, enxofre branco). É assim que também Chimes calcina em diversas ocasiões, sobretudo quando opera com celidônia. Assim, em Plebichius, a operação de calcinar em madeira de louro[20] é expressa enigmaticamente numa paráfrase: as folhas do louro significam enxofre branco. Essa é a explicação relativa às medidas.

Eis o que Maria disse, aqui e ali, em milhares de ocasiões: "Calcinem nosso cobre com enxofre que, depois de recuperado, estará sem sombras". Não somente ela conhece a calcinação com o enxofre, mas também o alvejamento e a operação de deixar sem sombras. É também com enxofre que Demócrito calcina, alveja e deixa sem sombras. E, novamente: "eles não somente calcinam o enxofre amarelo, mas tornam o metal amarelo e sem sombras". Eis o que Demócrito diz: "O açafrão tem a mesma ação que o vapor; a mesma que a cássia com relação à canela". Na *Química de Moisés*, próximo ao final, há o seguinte texto: "Pulverizem com água de enxofre nativo e ficará amarelo e sem sombras". Isso é evidentemente o mesmo que dizer calcinado (3:180-181).

Falando *Sobre o Preparo do Ocre*[21], Zózimo diz:

Que classificação deve ser atribuída [ao ocre], fora dos materiais corantes, é algo explicado, nesse ponto, em todos os textos. Se, em consequência, vocês quiserem atribuir a ele uma classificação, será aí que encontrarão o resultado buscado; sobretudo, se seguirem Maria e o filósofo [Demócrito] (3:184).

19 O termo *māza* era empregado pelos alquimistas gregos para designar a química ou a alquimia. O termo é discutido repetidamente por Berthelot em sua *Introduction*, p. 209, 210, 257, 270.

20 A madeira de louro é o nome simbólico de uma substância mineral; Berthelot, *Grecs*, v. 3, p. 159, nota 2, e p. 178, nota 1

21 Ocre (gr., *ochra*) talvez tenha também o significado de realgar e cinabre.

Em seu tratado *Sobre o Corpo da Magnésia e sobre seu Tratamento*, Zózimo mais uma vez cita Maria repetida e exaustivamente:

> E eis o que Maria explica clara e fartamente sobre o assunto que ela denomina os pães da magnésia. O primeiro estágio da verdade do mistério encontra sua explicação nessas [passagens]. Assim, portanto, Maria quer que o corpo da magnésia esteja aí: ela proclama isso, não só nessa passagem, mas em muitas outras. Numa outra passagem ela diz: "Sem o acréscimo do chumbo negro, não se pode produzir o corpo da magnésia, em relação ao qual especificamos e realizamos o preparo. Essas são", diz ela, "as doutrinas". E sem cansar, ensinando[-os] pela segunda e pela terceira vez, ela chama o corpo da magnésia de chumbo negro e molybdochalkon. Com relação a isso, ela fala do cinabre, ou do chumbo e da pedra etésia. É esse corpo que potencialmente produz a fusão simultânea de todos os materiais cozidos e dourados. Ele cozinha os materiais em estado natural e realiza sua diplose. Potencialmente, ele produz, diz Maria, todos os materiais dourados por meio do cozimento; pois isso não existe mais na realidade. Sobre esse [ponto], escreverei outro discurso, mas, por ora, vamos nos ocupar de nosso assunto.
>
> Assim Maria explicava que o corpo da magnésia é molybdochalkon negro, pois não foi mais tingido. "É o molybdochalkon que vocês devem tingir, projetando sobre ele a *motaria* de sandáraca amarela[22], para que o ouro cozido não exista mais [apenas] potencialmente, mas de fato". É assim que Maria [se expressa], depois de chamar o corpo de os pães da magnésia.
>
> Sobretudo, devemos demonstrar que o filósofo [Demócrito] pensa da mesma forma, no que [concerne ao] corpo da magnésia, o qual chamam de "O Todo". Esse molybdochalkon era chumbo negro. Quando disseram que o mercúrio se fixa com o corpo da magnésia, queriam dizer pelo corpo inteiro, o que foi explicado em meu primeiro tratado e o que Maria

22 *Motaria* é o resíduo que permanece no tecido de linho utilizado em procedimentos que empregam minerais, em especial a sandáraca amarela; Berthelot, *Grecs*, v. 3, p. 112, 157-158, 188. Sandáraca é a resina da árvore sandáraca, ou um realgar.

disse, acima, sobre o corpo da magnésia. Ela [também] diz: "Vocês encontrarão o chumbo negro: usem-no após misturá-lo com mercúrio" (3:188-89).

[...] É por isso que Maria diz: "O corpo da magnésia é a coisa secreta derivada do chumbo, da pedra etésia e do cobre" (3:190). Maria, sobre a questão da crisocola: "Depois de pesá-la, [trabalhem] com o molybdochalkon por um dia". [...] Ou, de novo: "Juntem a crisocola com o cinabre e diluam com litargírio, fazendo [a natureza do metal] desaparecer. Se o cobre mudar e for convertido ao estado de corpo [metálico], projetem sobre ele a cor do ouro e vocês terão ouro". Assim, quando bem misturada, a crisocola recebe essa qualificação do corpo, embora, em si mesma, ela seja fugaz, porque vocês a transformam em um corpo por meio da transmutação (3:191). No capítulo sobre os sulfurosos, discute-se qual [substância] atua sem a ajuda do fogo. Maria [chama-a] de [substituta do] preparado ignescente. Ela também diz que, se os corpos não se tornarem incorpóreos, e os incorpóreos corpóreos, nada do que se espera ocorrerá: isso quer dizer que, se os materiais resistentes ao fogo não são misturados com os que evaporam ao fogo, não se obtém nada do que se espera.

Quais são, então, os corpóreos e os incorpóreos em nossa Arte? Os incorpóreos são as piritas[23] e seus análogos, a magnésia e seus análogos, o mercúrio e seus análogos, a crisocola e seus análogos, todos [materiais] incorpóreos. Os corpos são o cobre, o ferro, o estanho e o chumbo: esses [materiais] não evaporam quando submetidos ao fogo; eles são os corpos. Quando alguns [desses materiais] são misturados com outros, os corpos se tornam incorpóreos e os incorpóreos se tornam corpos. Misturem o mercúrio do modo como designado nas classes e vocês produzirão o que se espera, acerca disso, Maria dizia: "Se dois não se tornarem um" – isto é, se os [materiais] voláteis não se combinarem com os materiais fixos, nada do que se espera ocorrerá. Se ele não for alvejado e

23 As piritas (gr.), provavelmente incluíam as piritas de ouro e cobre, a galena e a arsenopirita; F. Sherwood Taylor, A Survey of Greek Alchemy, p. 124.

> se dois não se tornarem três[24], com o enxofre branco que alveja [nada do que se espera ocorrerá]. Mas, na operação de tornar amarelo, três se tornam quatro; porque produz-se o amarelo com o enxofre amarelo. Por fim, quando se executa a *iosis* [tingimento em violeta], todos os [materiais juntos] atingem a unidade (3:192).

As anotações de Zózimo denominadas *Sobre a Pedra Filosofal*, um título a elas atribuído na Idade Média, têm início com a citação de textos de Maria:

> Maria diz: "Se nosso chumbo é negro, foi nisso que ele se transformou; porque o chumbo comum é negro desde o início. E agora, como ele é formado? Se vocês não privarem os corpos metálicos de seu estado e se não os trouxerem de volta ao estado de corpos [metálicos], se vocês não fizerem de duas coisas uma única, nada do que se espera ocorrerá. Se o Todo não for atenuado no fogo, se o vapor sublimado e reduzido a espírito não se elevar, nada chegará a uma conclusão". E novamente: "Não estou falando do chumbo comum, mas do chumbo negro. Observem como se prepara o chumbo negro: é pelo cozimento que se consegue [a reprodução do] chumbo comum. Pois o chumbo comum é negro desde o início, enquanto nosso chumbo se torna negro, não sendo negro inicialmente"(3:194).

Mais adiante, Maria volta a ser citada diversas vezes:

> Maria diz: "Se todos os corpos metálicos não forem atenuados pela ação do fogo e se o vapor sublimado reduzido a espírito não se elevar, nada será concluído". O molybdochalkon é a pedra etésia. Em toda a operação, o preparado é negro desde o início. Ao ver que tudo se transforma

24 Isto é: se vocês não transformarem os metais, suprimindo seu estado de metal, e se não os fizerem voltar a esse estado com as novas propriedades, unindo diversos metais em um único. Cf. Berthelot, *Grecs*, v. 3, p. 101, nota 2.

em cinzas, saibam que trabalharam bem. Pulverizem essa *scoria*, drenem sua parte solúvel e lavem-na seis ou sete vezes em água adoçada, depois de cada derretimento. Opera-se por meio da fusão e de acordo com a riqueza dos minerais. Com efeito, seguindo-se esse procedimento e a lavagem, diz Maria, "a composição é adoçada e recebe seus elementos". Ao final da *iosis*, tendo ocorrido uma projeção, produz-se o amarelamento estável dos líquidos. Fazendo isso, vocês induzem a natureza oculta no interior a se revelar. Com efeito, "transformem", disse ela, "sua verdadeira natureza e vocês encontrarão aquilo que buscam".
Maria diz: "Unam o macho e a fêmea e vocês encontrarão o que é procurado". E, em outra passagem, ela diz: "Não venham a tocá-lo com as mãos, porque esse é um preparado ignescente" (3:196).

Entre as obras de Zózimo estão dois tratados intitulados *O Livro Verdadeiro de Sofé, o Egípcio, e do Divino Senhor dos Hebreus [e] dos Poderes de Sabaot*. O primeiro deles consiste quase inteiramente numa citação de Maria. Eis o texto completo:

1. Eis a medida do mercúrio.

Agatodemon diz: "cozinhem-no, extraiam o ouro". Projeta-se o cobre. Obtém-se a chapa de Maria, formada por dois metais; ela deve ser submetida ao fogo, em vista da tintura, por meio do óleo e do mel e é recapturada por meio do mercúrio: esse é o trabalho [regular], de modo que o cobre, trazido novamente ao estado de *ios*, deve se dissolver com o ouro, de acordo com a medida do mercúrio.

Maria diz: "Quando a composição se formar por si mesma, ou então por meio da salmoura de vinagre[25], e quando estiver cozida, diluam-na com enxofre, isto é, com enxofre sublimado, seja num frasco [seja] num kerotakis e, então, despejem ou diluam e vejam se concluíram o trabalho. Se vocês não [o] fizeram com um certo amarelo, usem o nosso *ios* com o material que

25 Salmoura (gr., *almyria*, *almē*): o termo é talvez empregado figurativamente também para outros líquidos; F. Sherwood Taylor, A Survey of Greek Alchemy, p. 124.

precede a coloração: aí está o que é necessário para fazer o ouro perfeito; caso contrário, ele não se tornará amarelo. Projete-o novamente com o material que precede a coloração, ou então dilua-o com a prata transformada: [tome], do negro cintilante, uma parte do *ios*, do *misy*[26] natural e também do material que precede a coloração, a fim de dissolver uma porção do cobre.

2. É cozido; pois mesmo que não contenha mercúrio, deve ser cozido, considerando-se que, antes da ação do fogo, ele não contém tintura. Deve-se submetê-lo à ação purificadora dos materiais [apropriados], para verificar se é puro. Verifiquem, ou então, façam com que derreta. Se conhecem os dois passos, os dos judeus e o dos [...][27], não tenham medo de experimentar, [executando] em detalhe todas as coisas que revelei a vocês. Essa explicação não admite nenhum equívoco; ao contrário, seu objetivo é induzi-los a verificar se o destino é favorável a vocês e se obtiveram êxito completo. E fiando-se nesse [conhecimento] vocês não fracassarão; mas por esse método vocês vencerão a pobreza, especialmente se tiverem talento e capacidade de superar os obstáculos. Em milhares de trabalhos, ensina-se como o cobre é alvejado e amarelado apropriadamente; mas ele não vai se misturar apropriadamente por diplose, a menos que seja convertido em *ios*. Ele pode ser tratado metodicamente por milhares [de meios]; mas se transforma em liga apropriada, unicamente de uma maneira, por sua transformação em nosso cobre verdadeiro: essa é a fórmula completa. Essa é a coloração eficaz, a que ensinaram a eles, a coloração buscada durante séculos e que não pode ser descoberta de nenhuma outra maneira, a não ser dessa. Qual o princípio apropriado a esses resultados, eu mostrei a vocês quando escrevi sobre o ácido sulfúrico. Contei aí como o cobre tinge e falei do chumbo e de tudo que pode receber tintura (3:205-206).

O segundo *Livro Verdadeiro de Sofé, o Egípcio* foi mencionado acima, no Capítulo 4. Também foi mencionado um outro dos tratados de

26 *Misy* (gr.) é o sulfato de ferro comum; idem.

27 Faltam uma ou mais palavras no original.

Zózimo, intitulado *Sobre Fornos e Aparelhos*. A partir do segundo parágrafo desse tratado, torna-se evidente que Maria era a única fonte ou, em todo caso, a fonte mais segura, para a construção de fornos. Ele escreve:

> Um grande número de construções de aparelhos foi descrito por Maria; não apenas os que se referem às águas divinas, mas também muitos outros tipos de kerotakis e fornos. Os aparelhos para o enxofre são os que se deve explicar em primeiro lugar. Entre eles, é preciso falar sobretudo do recipiente de vidro com tubo de cerâmica, o vaso de vidro *udcoé* [?] com gargalo estreito, no qual penetra o tubo colocado em proporção correta com a abertura dos recipientes (3:216).

Em seu tratado *Sobre o Tribikos e o Tubo*[28], Zózimo mais uma vez invoca a autoridade de Maria e então, discutindo outros fornos, reproduz minuciosamente suas instruções:

> Sobre Outros Fornos. Uma vez que a continuação de nosso discurso tem como tema os fornos e a tintura, não quero repetir a vocês o que já se encontra nos escritos de outros. De fato, a descrição dos fornos aqui apresentada não faz parte [dos escritos] de Maria. O filósofo [Demócrito] não [os] menciona, mas apenas os prismas e outros [aparelhos], dos quais falei de passagem, em [seu] comentário sobre as regras do fogo. Mas, para que nada fique faltando em seus escritos, mencionem neles o forno de Maria, que Agatodemon comenta nos seguintes termos: Eis aqui a descrição do tipo de kerotakis destinado ao enxofre colocado em suspensão. Tomando uma taça, façam divisões, isto é, com uma pedra, façam um encaixe circular no fundo dela, para prender, na parte inferior, um pires de dimensão correspondente. Tomem um vaso de louça delgado, ajustado e suspenso sobre a taça, preso a ela em sua parte superior e projetando-se na direção do kerotakis do fogo. Arrumem a chapa [metálica] como desejarem, conforme

28 Sobre o *tribikos*, cf. supra, capítulo 5, nota 11.

escrito, no topo do vaso e sob o kerotakis, ao mesmo tempo em que a taça, de forma que vocês possam ver seu interior. Depois de vedar as junções, cozinhem por tantas horas quanto indicado em nosso escrito. Isso, para o enxofre em suspensão. Para o arsênico em suspensão, opera-se de forma análoga. Façam um pequeno buraco de agulha no centro do vaso.

Outra taça de vidro colocada embaixo. O vaso de louça deve ser de uma dimensão que se ajuste às partes arredondadas e se amolde a essas partes.

Esse é o forno do tipo fornalha, diz Maria, que tem em sua parte superior três buracos, com a função de reter [os pedaços grandes] e deixar passar as partes derretidas. Aqueça gradualmente, de modo a incinerar os juncos gregos por dois ou três dias e noites, de acordo com o requerido pela coloração, e deixe assar completamente no forno. Depois disso, deixe o betume descer por um dia inteiro, ao mesmo tempo acrescentando aquilo que vocês sabem, além do cobre branco ou amarelo. [Isso] também pode ser feito assim: o aparelho em forma de peneira alveja, amarela, produz o *ios*. Cozinhe suavemente, como se faz para a produção de tinta, a tintura das misturas e tudo que vocês podem imaginar. Essa é a fabricação (3:230-231).

Em seu tratado *Sobre o Juízo Final*, Zózimo volta a citar o que Maria dizia sobre a coloração:

Há dois processos de tinturas apropriadas, conforme a espécie com que se trabalha, natural ou cozida. O processo de cozimento não envolve grande esforço; [mas] requer muita habilidade e é mais curto, como diz a divina Maria. Para esse processo de cozimento, existem muitas variedades de líquidos e fogos (3:236).

Os métodos de Maria são novamente mencionados por um comentador de Zózimo, em um tratado intitulado *A Espécie é Composta e Não é Simples*:

Se alguma dessas partes especiais não aparecer, a composição estará incompleta; quer tenha sido submetida [apenas] à diluição, quer ao cozimento, quer

> à calcinação, quer à decomposição realizada em banho-maria [*bain-marie*] aquecido com fogo de serragem; quer num vaso com bico semelhante ao dos pássaros; quer [quando depositada] no kerotakis; quer num alambique aquecido com fogo descoberto; e isso, se for um caso de diplose efetuada por meio do mercúrio, de acordo com o método de Maria, ou qualquer outro tipo de tratamento (3:261-262).

Para concluir, Zózimo, sem dúvida a maior autoridade entre os alquimistas do período helenístico, considerava Maria como a maior autoridade entre todos os alquimistas que o precederam e cujos ensinamentos e práticas ele apresenta em seus inúmeros tratados.

Parte Três

O MUNDO ÁRABE ANTIGO

Introdução à Parte Três

Num período de poucos séculos após o declínio da cultura helenística – da qual a alquimia constituía parte integrante – a nova e vigorosa civilização árabe se tornou sua herdeira e começou a construir seu próprio mundo intelectual sobre as bases assentadas pelos gregos. Entre os elementos constituintes da grande cultura árabe medieval estavam as ciências da religião (uma expressão árabe: *ʿulūm al-dīn*), filosofia, todas as ciências naturais, medicina, geometria, astronomia, assim como a alquimia.

Da mesma forma que no mundo helenístico, também no domínio árabe muçulmano a alquimia era considerada uma ciência, ou arte, recebida por Adão pela graça da revelação divina. A partir de Adão, a alquimia teria sido transmitida a uma cadeia de adeptos, os primeiros dos quais teriam sido figuras bíblicas, seguidas pelos mestres gregos (alguns deles míticos) e, finalmente, por Maomé e os antigos califas e príncipes. Entre os últimos, estavam Khālid ibn Yazīd (660-704), Jaʿfar al-Sādiq (morto em 765) e Jābir ibn Ḥayyān (morto em cerca de 812).

Foi somente no século IX que essas tradições não comprovadas começaram a ser complementadas por escritos alquímicos que podem ser definitivamente datados, embora sua autoria permaneça duvidosa. Os dois mais importantes corpos de textos alquímicos árabes, um deles atribuído a Jābir ibn Ḥayyān, o outro constituído pelos escritos de Muḥammad Zakariyyā al-Rāzī, surgiram aproximadamente na virada do século IX para o século X.

Nessa época a história da alquimia em meio aos judeus remontava a cerca de sete séculos, embora até hoje não tenham surgido provas sólidas com relação ao período entre o fim do período helenístico e a ascensão da alquimia árabe. Existem indicações que nos permitem suspeitar que, apesar da ausência de dados, a atividade judaica na alquimia não cessou durante esse período. O fato de Avicena mencionar dois alquimistas judeus, elogiando profusamente um deles como seu professor e mestre na Grande Arte, pode ser considerado uma prova de que, em sua época, a alquimia era uma especialidade na qual os judeus haviam adquirido grande conhecimento e renome, algo que só poderia ter se desenvolvido no decorrer de séculos. Os escritos alquimísticos de Abufalaḥ de Siracusa (século XI), permeados de lendas e preservados em manuscritos hebraicos, também apontam na mesma direção, assim como a versão hebraica ainda existente do *Livro de Alumes e Sais*, tradicionalmente atribuído a Al-Rāzī.

Existe ainda a tradição que transformou o príncipe muçulmano do século VII, Khālid ibn Yazīd – uma figura lendária fundadora da alquimia árabe – no judeu Calid, filho de Iazich, pois, pelo menos no mundo cristão medieval, a reputação dos alquimistas judeus excedia em brilho à de seus colegas muçulmanos. A explicação alternativa, que adoto adiante no capítulo 9, é a de que um manuscrito alquímico hebraico foi atribuído por seu autor ou copista a Khālid ibn Yazīd, porque os judeus que viviam no mundo muçulmano compartilhavam com os árabes da convicção de que Khālid era o mais ilustre dos alquimistas. Em ambos os casos, a existência desse tratado pseudoepigráfico em hebraico indica que, no período em questão, sabia-se da existência de alquimistas judeus trabalhando e que velhos tratados alquímicos em hebraico circulavam entre eles.

Além de questões como essas, o material apresentado nos próximos capítulos também indica que a alquimia foi mais um dos campos da atividade intelectual, artística e acadêmica árabe do qual tanto judeus quanto muçulmanos participavam e no qual as realizações judaicas eram valorizadas pelos muçulmanos. Nesse contexto, merecem nossa atenção em especial as palavras de Avicena sobre a "lei do filósofo", que proclama que se deve aprender do "homem instruído, seja qual for sua religião". Uma vez que Avicena cita essa máxima mencionando seu mestre Jacó, o Judeu, isso parece expressar a posição assumida pelos judeus no mundo árabe e justificar, a seus olhos, sua participação ativa em todos os campos que fizeram da cultura árabe medieval a mais notável da época.

O Mestre Judeu de Avicena

Avicena, como o filósofo enciclopédico e cientista árabe Ibn Sīnā (980-1037) era conhecido no mundo latino, foi uma das luzes brilhantes do mundo muçulmano medieval. Nascido perto de Bucara, Uzbequistão, na época a capital da dinastia samânida, Avicena aprendeu o árabe na infância (o persa era sua língua materna) e, ainda na adolescência, ficou conhecido como um notável médico. Por volta dos dezoito anos, ele já dominava todas as ciências então conhecidas. Viveu uma vida incerta, servindo em várias cortes reais do leste da Pérsia, enquanto trabalhava incansavelmente, produzindo um espantoso número de livros, em persa e árabe, sobre filosofia, metafísica, medicina, história natural, matemática, fonética e todas as ciências da época. Seus livros em árabe, em especial suas obras importantíssimas, *A Cura da Alma* e o *Cânone de Medicina*, foram traduzidos para o persa, o hebraico, o latim e as línguas europeias modernas, tendo sido reeditados diversas vezes. Por exemplo, a *Cura da Alma* foi repetidamente reeditada em latim, em 1485, 1508, 1546 e, mais recentemente em 1968, foi publicada uma edição crítica de sua tradução em latim medieval[1].

1 Cf. a bibliografia detalhada no artigo de A.-M. Goichon, "Ibn Sīnā" *in EI*[2].

Em seu *La Chimie au moyen âge*, Berthelot faz uma curta apresentação das afirmações de Avicena, sobre a alquimia, baseada no *Liber abuali abincine de anima, in arte alchimiae*, um manuscrito que se encontra na Biblioteca Nacional de Paris[2]. Essa obra traz uma lista de alquimistas míticos e reais, começando por Adão, Noé, Idris, (cf. Alcorão 19:56/56-58/57; 21:85-86) e Moisés. Entre os alquimistas mais recentes, é mencionado "Isaac, o Judeu". Avicena tem mais a dizer sobre "Jacó, o Judeu", a quem ele reconhece como seu mestre na alquimia:

> Jacó, o Judeu, um homem de mente penetrante, também me ensinou muitas coisas e eu repetirei a vocês o que ele me ensinou: se vocês querem ser filósofos da natureza, seja qual for a religião a que pertençam, escutem o homem instruído de seja qual for a religião, porque a lei do filósofo diz: não matarás, não roubarás, não cometerás adultério, farás aos outros o que fazes a ti mesmo e não proferirás blasfêmias[3].

Essa curta declaração é notável por várias razões. Em primeiro lugar, Avicena professa ser discípulo de um alquimista judeu. Em segundo lugar, das "muitas coisas" que ele aprendeu com Jacó, ele cita ter aprendido com ele não a arte da alquimia propriamente dita, mas a forma como o conhecimento deve ser adquirido: aprendendo com os homens sábios de seja qual for a religião. No ambiente muçulmano em que Avicena viveu e trabalhou era algo extraordinário sustentar que os fiéis deviam buscar conhecimento com os infiéis. Que o próprio Avicena tenha aprendido com Jacó, o Judeu, é eloquentemente demonstrado pela "lei do filósofo" que Jacó ensinou a ele: os mandamentos éticos

2 Manuscrito MS 6514, fólio 149r. Foi impresso na Basileia, 1572, como as p. 1-471 de *Artis chemiae principes*.

3 Cf. Berthelot, *La Chimie au moyen âge*, v. 1, p. 301-302. O próprio Berthelot comenta a "tolerância e comunidade de sentimentos desenvolvidas em meio aos adeptos da ciência da alquimia, não importando suas crenças religiosas", o que é documentado na referência citada de Ibn Sīnā.

básicos do judaísmo, que constituem o sexto, sétimo e oitavo dos Dez Mandamentos (Ex 20,13), citados literalmente e seguidos por uma paráfrase de *Levítico* 19,18, " amarás o teu próximo como a ti mesmo", provavelmente à luz da famosa reformulação de Hilel: "Não faças ao teu próximo aquilo que é odioso para ti – essa é a Torá inteira"[4]. A proibição de proferir blasfêmias é uma referência ao Terceiro Mandamento que, na religião judaica pós-bíblica, desenvolveu-se no conceito de *ḥilul haSchem*, "profanação do nome do Senhor"[5].

É uma pena que nada conheçamos sobre esse Jacó, o Judeu, que causou tamanha impressão em um dos mais notáveis intelectos da época.

4 *B. Schabat* 31a.

5 Cf. *B. Yomá* 86a etc.

7.

A Alquimia de Abufalaḥ

Na Biblioteca Britânica encontra-se preservado um curto, mas importante, manuscrito alquímico hebraico, de número Or. 3659, que se inicia da seguinte forma: "Disse Abufalaḥ, o Saraqusti: Graças a Deus, que ordenou as coisas e deu aos filhos dos homens seu conhecimento"[1]. O autor, que parece ter vivido em Siracusa, Sicília, no século XI, é igualmente conhecido por uma outra obra, também preservada somente em hebraico, intitulada *Sefer haTamar* (Livro da Palmeira)[2]. O manuscrito Or. 3659 é identificado no fólio 1v como o livro *Em haMelekh*, isto é, "Mãe do Rei". Seus numerosos arabismos indicam que se trata de uma tradução a partir do árabe. Também as referências ao rei Salomão como *haMelekh Sch'lomo al-Yahūd*, isto é, "rei Salomão, o Judeu", e *Salmōn al-Yahūd* (8v) indicam que foi escrito por um árabe muçulmano. Definitivamente de origem não hebraica é também a hesitação na grafia do nome do rei: ele é grafado não somente *Salmōn*, mas também Salāmōn (1v, 2v) e *Sulaymōn* (8r). Além disso, às vezes o tradutor para o hebraico tem dificuldade em encon-

1 Biblioteca Britânica, o manuscrito hebraico MS 3659 consiste em dez folhas escritas num claro hebraico sefardita cursivo, sendo sem dúvida posterior, em vários séculos, ao século XI, século em que, acredita-se, Abufalaḥ viveu. Seu *incipit é Amar Abulfalaḥ haSaraqusṭi* e termina em *medias res* no fólio 10v, com as palavras "*y'ḥaber min hanuschādir ḥaṣī mischqal min*". Agradeço à Biblioteca Britânica ter colocado a minha disposição uma fotocópia do manuscrito e autorizado a publicação aqui de minha tradução para o inglês.

2 Gershom Scholem publicou o *Sefer haTamar* no original hebraico e numa tradução para o alemão em Jerusalém, 1926, e Hanover, 1927.

trar o equivalente hebraico para um termo árabe, quando então emprega uma perífrase: depois de escrever "as propriedades da *sagra*", por exemplo, ele acrescenta "e em nossa língua as propriedades da alma dos vivos" (2r).

Embora o tratado seja obra de um alquimista árabe muçulmano, o simples fato de ter sido traduzido para o hebraico comprova o interesse que os judeus, ou pelo menos alguns círculos judaicos, tinham pela alquimia na Idade Média. Além disso, partes essenciais do tratado (inclusive a discussão detalhada dos metais, 2v-4r) foram incorporadas palavra por palavra por Gerschon ben Schlomo em seu *Schaar haSchamaim* (heb. literalmente, Portão do Céu ou do Paraíso), o que mostra que o tratado exercia influência em meio aos alquimistas judeus medievais e era utilizado cerca de dois séculos após sua composição.

Gerschon ben Schlomo (ou Gerson ben Salomão), de Arles, foi um estudioso provençal do final do século XIII, do qual apenas uma obra, o *Portão do Céu*, chegou até nós. O livro foi publicado primeiramente em Veneza em 1547 e, depois, várias outras vezes. O *Portão do Céu* é uma compilação popular, que resume os conhecimentos das ciências desde o século XIII, inclusive a astronomia, meteorologia, mineralogia, alquimia, zoologia, botânica, anatomia, fisiologia e medicina, assim como a psicologia, hereditariedade e teologia. Gerschon fornece uma longa lista de autores gregos, latinos, árabes e judeus, mas embora tenha se apropriado de partes importantes do *Em haMelekh* de Abufalaḥ, incorporado-o, palavra por palavra, em seu *Portão do Céu*, ele o fez sem atribuir créditos a sua fonte. Nenhum dos estudiosos que até agora discutiram o *Portão do Céu* observou ou comentou o fato de Gerschon ter-se apropriado do trabalho de Abufalaḥ. Na verdade, a Segunda Porta do Segundo Artigo (p. 9b-10b na edição de Veneza de 1547) do *Portão do Céu* é, em sua totalidade, uma cópia da Primeira Parte do manuscrito de Abufalaḥ, (apresentado abaixo) de forma literal, com leves modificações aqui e ali e, ocasionalmente, com uma transposição de parágrafos ou com passagens inadvertidamente omitidas. Apenas em pouquíssimas passagens Gerschon acrescentou alguma coisa ao texto de Abufalaḥ. Como veremos no capítulo 24, uma longa seção desse tratado também foi incorporada a um tratado falsamente atribuído a Maimônides.

Após a sentença introdutória, citada acima, o tratado se inicia com o habitual endereçamento a um amigo ou discípulo:

> Você, Oh filho bem sucedido, a seu pedido, como o discípulo bem-amado por nós, Ibn Masʿūd, o asbelita, que Deus permita a você alcançar seu bom desejo e que Ele, em Sua clemência, o proteja do mal. Seu mensageiro encontrou-me aqui em Asro [?] com sua carta de desculpas e com seu pedido [apresentado] em linguagem agradavelmente floreada, que desperta anseio e aspiração. Você anseia e aspira compreender a verdade das sabedorias [...].

Após mais algumas amabilidades genéricas, Abufalaḥ passa a abordar seu assunto propriamente dito:

> (1r) [...] É meu desejo revelar a você tudo que você me pediu, para que você apreenda a verdade e sabedoria da obra intelectual, que é chamada entre os sábios de *alkīmīyah*. Com ela, você terá êxito em acumular dinheiro e juntar fortuna, porque o segredo de uma única operação dela deve ser suficiente para [satisfazer] sua necessidade de pão [para você mesmo] e de pão para sua casa.
>
> As muitas preocupações que tive com a prática da medicina e o serviço do rei me prejudicaram e decidi não revelar nada dessa ciência em um livro, mas somente a uma única pessoa e frente a frente [...]. Também sei que você é perfeito em todos os tipos de ciências naturais e [sei de] seu empenho em buscar a honestidade e as leis religiosas. Você foi eleito juiz neste reino e essa ciência estará com você, para que nenhum dos males costumeiros aconteça a você [...].

(IV) Estou enviando a você o *Livro da Vexação*[3], juntamente com este livro, porque você precisa muito dele nessa Obra [...]. A fim de aliviar o peso de minhas preocupações, optei pela brevidade e chamei este livro de *Mãe do Rei*, porque nele menciono a operação da pedra preciosa e maravilhosa que a Rainha de Sabá levou ao rei Schlomo *al-yahūd* [o judeu] como um presente [...], como atestou o rei Salmōn em um livro que ele escreveu sobre essa ciência, intitulado *HaMatzpen* (O Compasso).

Antes de apresentar os ensinamentos alquímicos de Abufalaḥ, que se iniciam nesse ponto de seu manuscrito, vale a pena discutir a história da origem do misterioso *Livro do Compasso*. Iokhanan Alemanno, o alquimista judeu italiano do século XVI, em seu *Sefer haLiquṭim* (Livro de Coletânea), fornece informações sobre ele, citando o próprio Abufalaḥ e na forma de um conto popular. Foi publicado em hebraico por Isaac Sch'muel Reggio, em 1836[4], e minha tradução é a seguinte:

Encontramos na *Coletânea* do sábio Rabi Iokhanan Alemanno, de abençoada memória, que escreveu em nome de Abufalaḥ haSaqruti [...]. É a história do motivo pelo qual a Rainha de Sabá decidiu viajar de seu país para uma terra distante e vir até Jerusalém: para ouvir a sabedoria de Salomão, da semente de Jessé, o belemita [...]. E essas coisas, que foram contadas pelo sábio acima mencionado, estavam escritas no livro de Yathra, o ismaelita, que escreveu uma explicação para o funcionamento dos símbolos e da alquimia, copiando-a do *Sefer haMatzpun* [Livro do Oculto], atribuído ao rei Salomão, que ele deixou como recordação numa outra língua e que talvez seja o *Sefer haR'fu'ot* [Livro dos Remédios], que foi oculto por Ezequias, rei de Judá, que ainda existe no reino da Armênia e no reino de Sabá [...]. E essa é a linguagem do sábio acima mencionado:

3 Cf. Moritz Steinschneider, *Die hebräischen Übersetzungen des Mittelalters und die Juden als Dolmetscher*, Berlim, 1893; reimpressão: Graz: ADEVA, 1956, p. 381-382, 850, verbete "Sefer haHaqnatah".

4 Cf. Yitzḥaq Sch'muel Reggio, no vienense *Kerem Ḥemed*, 1836, v. 2 , p. 48-50.

Nossos ancestrais nos contaram sobre os sábios dessa Obra e, em especial, sobre Suleyman, o venerável rei, em seu livro intitulado *Sefer haMatzpun* [...]. E aí nesse livro, no capítulo sobre como trazer a espiritualidade do planeta Marte, ele disse que havia um grande sábio entre os sábios dos coptas ou nabateus, de nome Seman, que estava envolvido na especulação filosófica sobre a sabedoria da espiritualidade e que tinha [...] uma imagem venerável que predizia o futuro antes de ele acontecer. Seman, em sua grande sabedoria, casou-se na família do rei de Sabá após a morte do rei, tomando sua filha como esposa e ela é a Rainha de Sabá, mencionada nas Sagradas Escrituras. Seu pai, o rei, na hora de sua morte, havia instruído seus príncipes e conselheiros em relação a ela: que quando sua única filha atingisse a idade de se casar, ela deveria ser dada a um homem sábio, que se elevaria em sabedoria muito acima de todos os outros sábios da terra, porque o rei não queria nem pagamento nem propriedade pela noiva, mas sabedoria, que é mais preciosa que pérolas e nada pode se igualar a isso.

E aconteceu que, após a morte do rei, chegou o tempo em que a jovem atingiu sua beleza plena, seus seios se desenvolveram e seu cabelo cresceu. E os príncipes disseram: "Chegou a hora de dá-la em casamento e plantar semente para que o reino impere na terra, pois eis que agora é a hora do amor e é oportuno encontrar tranquilidade para ela, como o rei, nosso soberano, seu pai, ordenou".

E emitiram um decreto e escolheram homens velhos e sábios, notados em todos os reinos de Sabá e de Dadã e dos filhos de Adem. E fizeram deles juízes, de acordo com o decreto que os príncipes prepararam. E enviaram arautos a todas as terras, dizendo: "Quem é o homem que deseja vir e ficar diante de homens sábios, fazer com que sua sabedoria seja conhecida deles, e pode responder todas as suas perguntas, cada palavra em sua forma apropriada, e pode contrapor sua opinião, em todas as suas discussões, durante dez dias, e pode derrotá-los em sua sabedoria? Ele se casará com a princesa e será o sucessor do rei no trono real. Mas, se não for bem sucedido e arruinar a felicidade dela, então por ter sido tão insolente a ponto de vir apresentar-se aos príncipes e juízes, ele será condenado à morte e sua cabeça será arrancada dele, para que não apareça um estranho indigno que venha a se engrandecer, dizendo 'Eu reinarei', e zombe dos sábios e dos anciãos e se torne um fardo para eles, com palavras falsas, em que não há nenhum sentido".

E os sábios se reuniram no local determinado e muitos dias se passaram, mas nenhum homem se apresentou, pois quem tem ousadia em seu coração para vir à casa da assembleia de grandes homens sábios e homens de reputação como esses e pode partir em paz, ileso e sem perder sua cabeça para o reino? Apenas um homem, Seman, se apresentou e se aproximou deles, embora eles o tenham avisado e mencionado para ele todas as condições do decreto que os príncipes da terra haviam emitido. Apesar disso tudo, ele não recuou, porque seu coração estava seguro de que ele iria se distinguir e sair vitorioso. E ele se apresentou diante dos homens sábios e juízes e discursou sem se cansar diante deles e deu respostas corretas a todas as suas palavras, ainda que eles fizessem perguntas muito profundas e o testassem com enigmas. Nenhum segredo era desconhecido dele e ele se levantou e falou durante todos os dez dias.

E aconteceu que, quando os juízes e príncipes viram a grandeza de sua sabedoria e que ele respondeu a tudo que lhe perguntaram e que não havia como recusar-lhe a princesa, eles se empenharam ainda mais deliberando entre si, a fim de fazer-lhe mais uma importante e difícil pergunta, que estava no domínio das coisas impossíveis. E a pergunta era se ele poderia fazer, em sua sabedoria, uma coisa pequena em quantidade e tamanho, mas grande devido a sua importância e qualidade extraordinárias, uma coisa mais valiosa que o reino inteiro. Isso [eles disseram] ele deveria trazer em suas mãos como presente para a princesa, para servir de penhor, nas mãos dela, da realeza que viria a ele através dela. E diante disso todos concordariam em torná-lo rei e clamar *abrekh*[5] (majestade) diante dele.

5 Cf. *Gn* 41,43.

Em sua grande sabedoria, Seman não hesitou em cumprir essa [ordem], porque ele queria a princesa. Ele pediu tempo e, com a espiritualidade que lhe era conhecida, fez a preciosa pedra filosofal, à qual nenhuma coisa no mundo pode se igualar, e trouxe a pedra em suas mãos para a princesa, diante de todos os príncipes e conselheiros. Quando viram a pedra em sua mão, os Sábios riram dele, porque não conheciam sua natureza, e lançaram esse sábio [Seman] à prisão e se prepararam para cortar sua cabeça, pois não acreditavam nele. Mas o sábio ordenou que trouxessem a ele todos os vasos da casa da rainha, feitos de cobre, estanho, ferro e chumbo e todos os tipos de metais que se encontravam na casa, então os lançou ao fogo e depois raspou um pouco da pedra sobre os metais e, do fogo, saiu ouro puro, purificado sete vezes mais. Então todos se assombraram com a sabedoria do homem e todos clamaram: "Vida Longa ao Rei!" E colocaram a coroa real em sua cabeça e deram a ele a princesa como esposa. Ela tomou a pedra e a colocou em seu cofre, para que fosse seu maior tesouro e a coisa mais preciosa de todo seu reino.

E aconteceu que a rainha viveu com ele durante sete anos, mas não recebeu dele um filho varão. E ao final dos sete anos, ele caiu enfermo, com a doença da qual morreu[6], e a rainha permaneceu viúva na casa de seu pai e não teve filhos. E, todos os dias, os príncipes e conselheiros a pressionavam a se casar novamente, a fim de gerar um descendente real. Mas ela suspirava e se retraía, porque queria esperar até encontrar um consorte tão sábio e sensível quanto Seman, seu primeiro marido. E, com o passar do tempo, ela soube da fama de Salomão, cujo nome percorrera grandes distâncias, e de sua grande sabedoria e virtude. E ela decidiu visitá-lo, a fim de testá-lo com enigmas. Talvez [pensou ela] o rei venha a desejar sua beleza e a grandeza de seu reino e a tomá-la como esposa.

E ela foi até ele com grande pompa, com muito ouro e prata e especiarias e pedras preciosas, para ofertar como presentes ao rei, como atestam as Sagradas Escrituras[7]. E também está escrito no Livro de Crônicas dos

6 Cf. *2Rs* 13,14.

7 Cf. *1Rs* 10.

Reis de Sabá que ela levou consigo a preciosa pedra filosofal que Seman havia feito, para testar Salomão com ela, se ele conheceria seu segredo oculto e se também ele podia fazer uma igual, com a condição de que, se o rei lhe contasse o segredo de sua pedra e como ela agia, então, ela, a pedra e seu reino viriam a ser dele. E caso não, ela voltaria para seu país e não se casaria com ele.

E o rei respondeu todas as suas perguntas e contou a ela o segredo da pedra, de sua natureza e de sua ação, além de outros segredos que não precisam ser mencionados. E a pedra ficou nas mãos do rei. E a fim de satisfazê-la, depois que a conheceu e ela engravidou dele com semente masculina apropriada para a realeza, ele a deixou voltar para seu reino, sob a condição de que o filho que ela daria à luz deveria reinar depois dela e ser chamado pelo nome de seu pai. E assim aconteceu, pois o filho que nasceu dela foi chamado então pelo nome de seu pai, Sulayman, filho de Davi, da semente de Jessé, o belemita. E isso continuou até os dias de hoje: todos os reis são chamados Sulayman, o primeiro, o segundo. E isso era feito pelos príncipes e os nobres, as autoridades do reino, para que a semente real não se perdesse [...].

E porque ela trouxe a pedra preciosa ao rei Salomão, essa foi a razão por que o rei escreveu no *Sefer haMatzpun* sobre sua ação e a forma como sua sabedoria opera e assim atesta Abufalaḥ, o Saqruti, da forma como escrevemos.

Reggio conclui a história acima, dizendo que

a ciência da alquimia é uma ciência divina e uma obra sobre a qual muitos dos sábios antigos escreveram e que faz parte dos segredos da natureza e da criação conhecer o significado intrínseco das naturezas dos minerais e fazê-los agir um sobre o outro. Porque é por meio da sabedoria natural que se pode produzir a pedra filosofal, que é a pedra preciosa que Seman fez – e sobre a qual Salomão escreveu à Rainha de Sabá no *Sefer haMatzpun* – ao fazer a espiritualidade descer sobre os corpos por meio do preparo de misturas e a recepção de formas elevadas [...], como atestado por Abufala¬, o ismaelita, que extraiu suas palavras dos livros de Salomão que são encontrados no reino de Sabá.

Voltamos agora ao texto do próprio Abufalaḥ, como preservado na tradução hebraica.

(IV.) Acho apropriado começar pela seção que chamarei de "Teoria [ou A Parte do Escrutínio]" (*Ḥeleq ha'Iun*) [...]. Vou dar seguimento a ela com uma segunda seção [...] que chamarei de "A Parte da Prática" (*Ḥeleq haMa'assé*), pois nela explicarei a ordem das operações e a Obra que considero necessário mencionar nessas operações referentes aos assuntos do alvejamento, coloração, derretimento, coagulação, destilação e sublimação – todas elas são necessárias a essa obra buscada, e faço isso em três seções. Na PRIMEIRA vou enumerar o que extraí dos livros da sabedoria e que se relaciona com a essência dos tipos de coisas que recebem poder da ação natural por parte dos corpos divinos e sua origem e composição, tais como os tipos de metais e pedras minerais que estão nascendo e a semelhança entre sua aparência e sua natureza, de acordo com as estrelas que os afetam. Na SEGUNDA vou descrever a forma das operações, com uma menção às substâncias que devem ser colocadas nessa Obra e as que absorvem o poder dessa ação. Na TERCEIRA vou mencionar a operação da pedra preciosa e as explicações de seu inventor por meio das quais essa operação se completou; é uma seleção de todas as propriedades (2r) e operações e é isso que este livro tem como objetivo; é um grande segredo dentre os segredos do venerável Salāmōn, que é digno de um lugar nos tesouros dos reis. E também achei desejável escrever neste livro uma seção sobre a coagulação do *zībaq* [ár., mercúrio], uma vez que se trata de operações importantes que recebemos dos sábios mais antigos e dos ancestrais dessa Obra. Nossos testes também são direcionados a essas operações, para nos assegurar de que não há nelas nem falhas nem danos e peço a Deus por sua ajuda e apoio.

A PRIMEIRA PARTE: QUE É A PARTE DA TEORIA

O sábio Abufalaḥ disse: Saiba, Oh filho desejado, que as formas de escrutínio para as quais já chamei sua atenção são cinco e eis que aludi a elas e as expliquei no *Livro da Vexação* e no *Livro da Competição*; não considero necessário mencioná-las aqui, a não ser muito rapidamente, e não apresentarei sua explicação aqui, pois não há lugar para elas neste livro: A. A maneira como se pode conseguir alguma coisa diferente daquilo que se pretende. B. A maneira como se pode conseguir a própria coisa, sem um intermediário. C. A maneira como se pode conseguir a matéria semelhante que adere à própria matéria. D. A maneira de se chegar ao que está fora do que é apropriado. E. A maneira de tirar a essência das coisas para fora de suas cascas [...]. (2v) E ele disse: Saiba, Oh filho desejado, que todas as coisas das plantas e dos minerais deste mundo são controladas pela roda [zodíaco] e seu poder as influencia por intermédio dos elementos. E o que vem à existência primeiro são dois tipos de vapores: o úmido e o seco. Quando o úmido se eleva da terra, vem a chuva e, do seco, trovão e ventos. E quando eles vêm à existência no interior da terra, do vapor seco e nebuloso, nascem duas espécies: uma é a das pedras minerais que surgem da terra, que não são puras, como o arsênico vermelho e a *siqra* [líquen das pedras, *fucus*] e há duas espécies delas: uma é um tipo de cinzas coloridas, a outra é como a marcassita e semelhantes. Do vapor úmido também nascem duas espécies: uma derrete, como o cobre, o ouro, a prata e semelhantes, a outra se quebra como o ferro [...]. E a aparência dos metais está de acordo com os poderes determinantes que atuam neles e lhes conferem poder através dos elementos, pois a aparência do ouro se deve ao sol e seus raios e a brancura da prata se deve à lua e, da mesma forma, a aparência de cada espécie se deve a uma das estrelas móveis, pois a negrura se deve a Saturno e o vermelho, a Marte e o verde, a Júpiter e o azul, a Vênus e aquilo que é composto de várias aparências, à estrela Sol. E eis que as partes de impureza são mais abundantes no ouro e na prata, as partes estão unidas e bem misturadas, o que não acontece com o chumbo e o ferro. A razão por que alguns metais como o ouro e a prata demoram mais para derreter, enquanto outros, como o chumbo e o estanho, derretem rapidamente, está em que as partes úmidas e impregnadas de ar se unem bem e fundem melhor com as partes de impureza no ouro, na prata e no ferro, o que não acontece com o chumbo e o estanho. E o peso maior de uma espécie, em comparação com a outra, tem dois aspectos: o primeiro, porque a união das partes entre si é muito maior no ouro e, por isso, o ouro não deteriora nem enferruja por longo tempo e seu derretimento no fogo é muito demorado. O segundo aspecto está na abundância das partes de impureza (3r) no chumbo. E eis o ouro: nenhuma impureza sai dele quando é derretido, como acontece com os outros metais, devido a sua natureza pura e limpa. E está em sua natureza fundir-se com a prata e o cobre, quando eles são derretidos junto com ele mas, se a pedra marcassita for colocada sobre eles, ela não irá se misturar. E o ouro não derrete rapidamente no fogo, mas derrete no corpo das avestruzes, *otrosi* em Laʿaz, porque é o alimento delas e, embora o calor das avestruzes seja menor que o do fogo, [ele derrete] porque há uma qualidade especial em seu calor.

E a razão por que a aparência do ouro é vermelha e a aparência da prata é branca está no vapor contido neles: se esse vapor estiver muito quente porque está misturado a ele vapor fumegante, sem o qual ele não pode ficar, ele [o ouro] se torna vermelho. E a prata é branca porque o calor não predomina nesse vapor e isso predispõe ao aparecimento de água.

Mercúrio: sua origem e natureza têm dois aspectos. Primeiro: ele tem origem e fonte igual à da outra prata e a razão por que ele não coagula está em que há nele muita umidade que o frio da terra não pode coagular e transformar em corpo terroso [isto é, sólido], denso e duro, mas o torna úmido como a água, porque resulta do vapor; devido a sua grande umidade em razão da água, ele não coagula no frio de modo a se tornar um corpo terroso, mas se torna água. E a outra razão está em que o mínimo de frio não toma conta dele e, desse modo, [o frio] não pode transformá-lo num corpo sólido e ele permanece úmido, próximo da natureza de seu material.

E a opinião do sábio Ben Ruschd[8] é de que o calor o tornou espesso desde o início, mas apenas um pouco, e então o frio o coagulou e, como a ação do calor não tomou conta dele, sua natureza se tornou fria e úmida. E, na opinião de alguns sábios, o mercúrio e o enxofre são as substâncias mais próximas de todos os tipos de metais, porque os vapores úmidos que se desenvolvem no espaço da terra são afetados pelo calor [no momento] da origem e ele os amadurece e purifica durante o longo tempo de sua permanência aí e eles acrescentam espessamento, peso e pureza na aparência [...].

E se o mercúrio for bem puro e o enxofre for limpo e os dois forem misturados em igual medida, como apropriado, e o enxofre tirar a umidade do mercúrio e secá-lo e o calor for médio durante seu amadurecimento e se nada de frio acontecer com eles, nem secura antes de seu amadurecimento, então, ouro bom irá se originar deles. E se frio surgir neles antes de seu amadurecimento, prata branca nascerá deles. Se secura surgir neles, devido ao forte calor [na hora] de sua origem, e se houver abundância de partículas de impureza, (3v) então, cobre se desenvolverá a partir deles. E se frio surgir neles, antes que as partes de enxofre e mercúrio se misturem, antes do amadurecimento, então ferro[9] se desenvolverá a partir deles. E se frio surgir neles antes de seu amadurecimento e as partículas de impureza predominarem com relação às partículas úmidas, então ferro negro irá se desenvolver a partir deles. E se o mercúrio predominar com relação ao enxofre e seu calor for muito fraco, então chumbo surgirá a partir deles. Dessa forma, as substâncias metálicas mudam devido ao que acontece com elas: mais enxofre e menos mercúrio, ou menos enxofre e mais mercúrio, ou porque o calor se torna forte antes de seu amadurecimento, ou devido ao frio, como explicamos.

8 Refere-se a Ibn Ruschd (1126-1198), o famoso filósofo árabe.

9 A passagem do manuscrito de Abufalaḥ incluída em Gerschon ben Schlomo d'Arles, *Sefer Schaar ha-Schamaim* (Livro do Portão do Céu), Veneza, 1547, que inclui a passagem acima, traz a palavra *bdil*, estanho, no lugar do termo *barzel*, ferro, de nosso texto.

A seguir, uma lista de metais, cada um definido ou descrito resumidamente.

(3v) O estanho está [...] próximo, em sua natureza, da prata e difere dela em três aspectos: no cheiro, na maleabilidade e no tom. E essas características são agregadas a ele na [no momento da] origem. Na verdade, sua maleabilidade se deve à abundância de seu mercúrio ou à pequena quantidade de frio que o secou ou dessecou; e a causa do tom de seu som é a concentração do enxofre nele contido; e seu mau cheiro se deve à insuficiência de seu amadurecimento. Eis que, por meio de um conhecido procedimento, ele se tornará mercúrio, porque está próximo da natureza dele, como revelarei a você na Porta que se segue a esta, e devido a uma causa insignificante ele perderá suas características, como dissemos com relação à prata, que está próxima da natureza do ouro e, por meio de trabalho cuidadoso, podemos transmutá-lo em ouro, como também vou revelar a você depois disso. E se um daqueles que negam isso argumentar contra nós, dizendo que é impossível que uma espécie seja transmutada em outra – exceto por uma espécie de trigo que se transforma num tipo de *go"l* [variante: *yo"l*] [?] e numa espécie de aveleira, que também se transforma numa outra espécie – responderemos a eles que isso não é uma transmutação de uma espécie em outra, porque a prata, quando amadurece por longo tempo no calor da terra, se transforma em ouro, e o mestre dessa obra realiza o amadurecimento em um curto período de tempo. E o chumbo também está próximo da natureza da prata e seu amadurecimento não se completou, como no caso do estanho, e contarei a você sobre sua execução na próxima Porta. E o latun [*laiton*, latão, uma liga de cobre e zinco] é um tipo de cobre, mas com algumas substâncias conhecidas misturadas a ele e o latão endurece por meio delas e também contarei sobre isso mais tarde. E o metayl [metal] é uma mistura de dois metais, que são o estanho e o cobre, ou estanho e chumbo com uma espécie de ferro; você também pode transmutar todos os outros metais em prata ou ouro com os procedimentos dessa Obra, uma vez que vou revelar a você os segredos dessa Obra na próxima Porta.

E saiba que do chumbo eles fazem a [substância] branca que é chamada *blanqet difoila* [cerusa, chumbo branco?] com vinagre. E *mina* [*minium*, zarcão] é uma cor vermelha que é feita de chumbo e enxofre; e o cinabre é feito de mercúrio e enxofre; e o *verdet* [aerugo, azinhavre] é feito de cobre e vinagre. Essas são cinco boas espécies.

E saiba que o mercúrio, se for colocado no fogo, subirá todo na fumaça do fogo, devido à abundância de sua umidade e, se for misturado a [outros] tipos de metais, ele os tornará mais maleáveis (4r) e os enfraquecerá e essa é a razão por que os refinadores colocam [um pouco] dele na prata e no ouro, para que derreta como água, e com ele douram vasos, levando depois o vaso ao fogo, que destrói todo o mercúrio em fumaça e o vaso permanece dourado, retendo a rigidez e a natureza [do ouro]. E com os procedimentos dessa Obra podemos coagulá-lo [o mercúrio] e transmutá-lo para a natureza de boa prata em todos os aspectos e isso está entre as obras importantes, que vou revelar a você na terceira Porta. E saiba que se misturar três partes dele [mercúrio] com duas partes de ouro bom e derretê-lo todo e então pesar a mistura, você verá que a mistura terá aumentado de peso em um sexto do que você colocou nela e isso é suficiente para aquele que compreende.

E eis que existem substâncias artificiais de outros tipos e elas se dividem em [vários] tipos, como os tipos de sais e os tipos de alume e o *sal nitri* [salitre, nitrato de potássio ou nitrato de sódio, ou algo semelhante] e a *naft* [nafta, betume], e todas elas entram nessas obras. E entre os sais há os que são doces, como o sal que é extraído das minas de uma certa montanha chamada Basqar [variante: Qardoya, Qardona], e há o sal amargo, com o qual os refinadores limpam vasos de prata. E essas características se desenvolvem com a umidade e as águas que se misturam no espaço da terra e o calor do sol as consome e, devido a uma grande quantidade de queima, o amargo se desenvolve nelas. Tudo isso, eu considerei nesta primeira Porta.

Agora chegamos a uma passagem significativa, porque nela Abufalaḥ nega qualquer originalidade a sua alquimia e admite que ela é uma mera compilação a partir de fontes mais antigas. Ele escreve:

> (4r) E você, Oh filho próspero, compreenda, com relação a esta Porta, que extraí isso dos livros da natureza, e isso deve ser suficiente para você estudar. E dar preferência ao natural com relação ao conhecimento artificial é o grande segredo dessa Obra. Se você a utilizar com sabedoria, com os procedimentos e operações conhecidas nela, você poderá transmutar a espécie sem importância em uma mais importante que ela e terá êxito com isso, acumulando uma fortuna em pouco tempo, ao mesmo tempo em que preservará também a Terceira Composição que indiquei a você no Primeiro Livro, com as cinco maneiras que também mencionei aí. E eis que depois apresentarei a você a Segunda Porta, que discutirá a forma das operações artificiais e a ordem das Obras e os artifícios que são empregados pelos sábios dessa Obra, que descrevem os alvejamentos e as colorações e as fusões e as coagulações e os destilamentos e as sublimações e outras operações destinadas a transformar o sem-importância em algo mais importante do que é, mencionando as substâncias que precisam ser colocadas nessas Obras, como escrevemos.
>
> A SEGUNDA PORTA
>
> O sábio disse: Oh, meu irmão, assim como apresentei a você, na Porta anterior, uma discussão das operações naturais que ocorrem devido ao poder dos corpos divinos por meio dos elementos e apresentei a você sua origem a partir dos dois tipos de vapores, o úmido e o seco, que nascem no interior do espaço da terra e sua semelhança e sua mistura – assim também é apropriado que eu apresente a você, nesta Porta, uma descrição dos tipos de operações acidentais e artificiais.

Segue-se uma interpretação resumida das doutrinas de Platão relativas às almas universais e particulares: a alma universal é encontrada nos metais, na vegetação e na terra em geral, assim como os poderes da alma particular são encontrados em cada um dos corpos, inclusive no dos metais. O amor entre duas pessoas se deve à semelhança essencial de poder das almas particulares das duas pessoas. Abufalaḥ expressa essa ideia da seguinte forma: "O poder de uma alma particular que existe numa pessoa, se for semelhante em qualidade verdadeira ao poder da alma de uma outra pessoa, uma irá desejar a outra e haverá um amor poderoso entre elas, mesmo que elas sejam diferentes em idade e temperamento" (4v.).

Após sua incursão pelo platonismo, Abufalaḥ volta aos detalhes alquímicos concretos e escreve:

> Existem coisas que produzem seu efeito por meio do alvejamento e da coloração, porque colorem e alvejam os metais, ou pela qualidade do poder de purificação que há nelas, como o vinagre, o sal e seus equivalentes. Ou, por meio de acréscimo ou subtração, elas se unem a eles e dotam sua aparência de alvejamento ou coloração, como o *zingar* [azinhavre], o *verdet* em Laʿaz, e a *ruga* [?] e a *ruma* [?]. Ou elas têm uma relação com esses metais, como o *zarnīkh* [arsênico] e o vermelho [?] e análogos. Ou elas têm relação com o peso, como as cinzas do basilisco na água do galo [cf. infra]. E há as que exercem seu efeito pelo peso e pela aderência, porque aderem a todas as partes dessa espécie, ou dessas espécies, tornando-as pesadas e transmutando-as, assim, na espécie buscada, quer devido a sua qualidade, como a fumaça do mercúrio e o cheiro da prata e análogos, quer devido a sua combinação e beleza, como o embelezamento dos metais, do ferro e da água de natro e análogos, quer por sua relação, como a *marqaṣita* [marcassita] e a pedra que atrai o ferro e, que é chamada *iymant* [esp. *iman*, imã], e análogos. E há as que exercem seu efeito por meio da penetração, porque infundem o poder e natureza de uma espécie no poder da outra espécie e elas são como uma extensão para as outras coisas que entram nesses tipos de Obra; ou por meio de sua qualidade, como o odor do almíscar

e análogos. Ou por meio de uma combinação, como a casca da cidra e a umidade das resinas e análogos. Ou por meio de suas relações, como o cabelo e a nafta e análogos. E vou iniciar, com a ajuda de Deus, com essas Obras que exercem seu efeito por meio do alvejamento e da coloração, com o poder das coisas que penetram neles por meio de sua qualidade, relações e combinação qualitativa.

Descrição: Para acrescentar beleza e cor ao sol [ouro]. [Tome] azinhavre e *nuschādir* [sal amoníaco] e alume em partes iguais, triture e misture com vinagre forte e espalhe a mistura sobre ele [o ouro] e leve ao fogo e uma operação de qualidade proporcional irá resultar [...].

Descrição: Da operação de transformação do cobre em sol [ouro]. Aqueça lâminas de cobre diversas vezes e mergulhe em água de alume, *garya* [?], sal e *ruga*, até que fiquem bem moles e a negrura seja removida, tome *tūtiah* [vitríolo], *atinqar* [álcali, sal], *borias* [bórax] em La'az, e vidro branco puro (5v), triture bem, peneire e misture com uvas-passas sem sementes e com sumo de figos, triture juntamente com sal e mergulhe em vinagre forte, água de alume e água de *azig* [?], *vitrionol* em La'az, e sal amoníaco e, depois, seque e triture e coloque no conhecido vaso de *tas'īd* [sublimação], que é o *alanbīq* [alambique] e sublime de quatro a sete vezes em fogo brando por quatro horas e, então, sublime por quatro horas em fogo forte; não há nada como isso. É um grande segredo, como a mistura da lua ou do sol; guarde porque é excelente.

Descrição: Coloração. Tome casca de tronco de salgueiro e deixe de molho durante nove dias, até se tornar vermelha e você poderá colorir qualquer coisa com ela.

Descrição: Alvejamento. Pegue os glóbulos que se encontram ao pé dos salgueiros ribeirinhos e esmague e esprema sua água e coloque o metal neles, enquanto ainda quentes, e ele ficará branco.

Descrição: Cobre em lua [prata]. Costumava ser praticada por Barakhia, o sábio. Tome um peso de bom arsênico verde, triture bem com vinagre forte várias vezes e sublime, até que todo ele se torne branco, e deixe seu vapor subir no conhecido vaso de sublimação, então faça dele um composto com *mask* [almíscar] e farinha de trigo fina e pura e sublime todo ele com o arsênico que foi trabalhado com o vinagre e sublimado, até que suba como branco [isto é, prata] e nada permaneça no fundo do vaso de sublimação e, então, triture bem todo esse composto e misture com o conhecido óleo daqueles ovos [...]. Um peso disso sobre sete pesos de cobre e um peso de prata – e o resultado será bom.

Descrição: Outro alvejamento do cobre em lua [prata] de qualidade. Tome sal amoníaco da maneira conhecida e coloque sobre o cobre derretido e se tornará branco por dentro e por fora.

Descrição: Uma operação maravilhosa e sublime para alvejamento de todas as operações que são executadas com cobre em lua [prata], de modo que elas saiam brancas do fogo todas as vezes, até mesmo cem vezes, e esse é o número de [palavra ilegível] nos experimentos. Tome *schabī* [ár. *schibh*, cobre] que foi *m'ruqé* [heb., tornado fino], alume e *albisch* [ár., *bisch*, planta venenosa, *Napellus moysis*] e *garia* e *ruga* e sal, triturando tudo bem, e coloque uma metade em água fria e pura e a outra metade em água fervente numa vasilha de cobre, na qual não haja estanho, e aqueça a essência dessa operação em um recipiente de ferro e, quando a mistura estiver bem aquecida, despeje na água fria acima mencionada e, então, em água fervente e faça isso diversas vezes, aqueça e coloque em água fria e, então, friccione e seque com um tecido de linho e, depois, friccione entre suas mãos e seque e leve ao fogo quantas vezes desejar e, a cada vez, ela sairá do fogo branca [ou: lua, prata], mas, por meio do derretimento, não sairá branca [ou: lua, prata]. E então reserve.

Descrição: A operação de coloração do cobre em ouro. Tome o cobre e faça camadas finas com ele e coloque em outro cadinho; (6r) borrife sobre elas um pouco do pó de tútia e então derreta e coloque em azeite puro de oliva e faça isso três ou quatro vezes e surgirá bom sol [ouro] em sua aparência e natureza. E se você o aquecer e mergulhar em fel de boi e *za'frān* [açafrão] e *ruga* e sal amoníaco, ele ficará mais bonito e, se algum sol [ouro] bom for misturado a ele, ele servirá para qualquer Obra.

Descrição: Uma operação para fazer sol [ouro]. Seis pesos de sol e um peso de lua e derreta-os e surgirá bom sol; dê a ele beleza por meio de lavagem e ficará melhor; é bom para usar em um molde feito com óleo de linhaça e clara de ovo.

Descrição: Uma conhecida operação combinatória, testada por Rusis [Rases, Rāzī], o ancião, cobre em sol [ouro]. Tome uma casca de *ethrog* [heb., cidra] seca que tenha amadurecido por completo na árvore e *qost* [ár. *qusṭ*, *costus*, uma planta medicinal marinha] e *ḥarida*[10], explicação: cobre calcinado e *zarnīkh* [arsênico] que tenha sido preparado e sublimado até ficar quase inteiramente branco, em partes iguais, uma parte de cada; *qoral* [coral] triturado e vitríolo em quantidades iguais, uma parte de um oitavo de cada; e tudo deve ser moído e peneirado e misturado com leite de figos e *tzāg* [*tzamgh*] *ʻaravi*, *gumma arabica* em Laʻaz, e sublime tudo. Em seguida, tome a mistura e coloque uma parte dela, uma parte de bom ouro, bem triturado, em trinta partes dela e misture tudo em água de cobre e água da alma, uma operação sobre a qual falarei a você na próxima Porta, misture bem até onde possível; volte a sublimar a mistura mais uma vez e, então, retire tudo e tome dez pesos do cobre que foi derretido três ou quatro vezes e mergulhado no azeite de oliva e um peso desse composto com um pouco da pedra de cobre, operação sobre a qual falarei na próxima Porta, coloque num cadinho, cuja descrição é a seguinte: junte uvas-passas claras lavadas e triture bem com um pouco de almíscar[11] e deixe que ele faça com essa mistura um cadinho e coloque essa mistura em outro cadinho, feito de argila; faça com que ele vede a abertura com o bagaço das uvas e derreta a mistura em fogo alto e despeje nas águas acima mencionadas e bom ouro surgirá para você e coloque uma parte dele em dez partes de cobre vermelho e será ouro muito bom.

Descrição: Uma outra, de cobre em sol [ouro]. Faça com que ele tome o cobre e o derreta em fogo e coloque sobre ele a *tutia* triturada, calcinada e esfriada, junto com sangue humano calcinado num recipiente e

10 Nota marginal: "explicação: o que cai do ferro quando os ferreiros batem nele".

11 Nota marginal: "encontrei numa cópia que possivelmente é o pó do qual os recipientes são feitos".

gariya [?] e excremento de galo, amarelado e seco, uma parte de cada, limalha de bom ouro, um décimo de uma parte, e almíscar, um décimo de uma parte, e faça uma massa e a sublime uma vez no recipiente de sublimação e faça com que ele tome a [matéria] sublimada e triture e misture uma segunda vez sobre o fogo com a água de cobre, acima mencionada, e um pouco do sal amoníaco, que tenha sido preparado, e faça com que a mistura seja removida do fogo e que ele a despeje enquanto quente na água de cabelo, cuja operação vou descrever na próxima Porta, e quando esfriar vai secar e deverá ser triturada e faça com que ele retire vinte *scheqels* de bom ouro e meio *scheqel* dessa pedra e que ele a derreta no fogo e surgirá ouro bom em cor e forma, nenhum como ele, (7v) e faça com que ele a retire e despeje na água de cobre e sairá para você uma lua [prata] importante [isto é, excelente]; de todas as Obras, não há nenhuma mais honrada e importante que essa, desde que você preserve nela os traços da terceira composição e isso foi tentado por nós.

Descrição: Uma outra, para aumentar e acrescentar ao peso do sol [ouro]. Tome *nitro* [salitre] e coloque numa casca de ovo e esconda num buraco que você deve fazer na terra em um lugar bem úmido e aí ele vai derreter por si só e ficará como água. Depois, aqueça o sol e mergulhe nessa água e você verá que ele aumentou de peso, acima e além do que havia nele, e isso é suficiente para quem compreende e é bem sucedido como você.

Eis aqui uma descrição para você da fabricação de *lutun* [latão]. Faça uma pasta de uvas-passas escuras e sem sementes, vidro triturado e cabelo humano negro, cortado em pedaços muito pequenos com tesoura e *tuṣiah* [isto é, tutiah, tútia] de seus dois tipos, e pincele com ela pedaços de cobre, que você deve cortar em lâminas finas, e coloque no cadinho e, sobre ele, um outro cadinho vedado com argila filosofal [cf. adiante] e derreta e retire imediatamente do fogo e jogue em cima um pouco de sal amoníaco e depois mergulhe o cadinho gradualmente em água fria e, então, tudo será feito rapidamente na água.

Eis para você uma outra descrição sobre o aumento do peso do sol [ouro]; está entre as operações de nosso amigo, o refinador, e foi experimentada por nós. Recolha o suor humano que se acumula nas fendas das paredes do banheiro e vapor de mercúrio sublimado com uma parte de chumbo, sobre cuja operação falarei depois, triturado; misture tudo na água de excremento humano que é encontrada no vaso de destilação, da maneira conhecida, e coloque tudo em uma casca de ovo sob a terra num local úmido e irá derreter e ficar como água; então aqueça aquilo que está limpo, ou o dobro do sol, e mergulhe na água e deixe ficar aí por cerca de uma hora e, então, retire e irá secar por si só e você descobrirá que acrescentou muito a seu peso. Preserve, porque é um segredo dos segredos e maravilhoso.

E eis que agora vou falar a você sobre a sublimação, como prometi.

Descrição: A sublimação de mercúrio morto [extinto] com chumbo. Tome chumbo e derreta no fogo e, quando estiver derretido, despeje o mercúrio sobre ele e, quando estiverem misturados, triture com um pouco de *zag*, que é chamado vitríolo, até se tornar pó e, então, coloque o pó no cadinho e acenda fogo brando sob ele, um dia e uma noite inteira, e em seguida deixe descansar por cerca de cinco horas, para que esfrie bem e, então, retire e triture uma segunda vez, como da primeira vez, e leve novamente ao fogo por um dia e uma noite e faça isso dez vezes e, a cada vez, triture e calcine e, na décima vez, deixe descansar, até esfriar, e recolha e opere com essa mistura.

Descrição: A sublimação do mercúrio morto com o arsênico. É assim que você deve matá-lo: coloque-o em um pilão de ferro e, sobre ele, coloque metade do arsênico, por peso, e triture até se tornar pó e então coloque em um cadinho bem coberto com argila filosofal e ponha na fornalha de fogo e acenda o fogo por um dia e uma noite inteira, (8r) e depois retire e, quando tiver esfriado bem, retire e triture uma segunda vez e leve ao fogo uma segunda vez. Faça isso sete vezes completas e então recolha o vapor que sobe dele e você verá que é semelhante à geada. Recolha-o e opere com ele.

Descrição: A sublimação do mercúrio com lascas de ferro. Tome uma parte do mercúrio e duas partes de lascas de ferro e triture tudo bem e misture e coloque em dois cadinhos bem vedados com argila filosofal; aplique fogo forte embaixo. Não esqueça de fazer um pequeno buraco na tampa e, quando começar a produzir vapor como cinzas, então você deve ter consigo um pouco de argila filosofal; feche bem o buraco e então remova-o e, quando tiver esfriado, tome a mistura e opere com ela.

Descrição: A operação [sobrescrito: sublimação do sal amoníaco]. Tome sal amoníaco e sal de cozinha, duas partes. Devem ser bem triturados e misturados e colocados em dois cadinhos cobertos com argila filosofal e faça isso da mesma maneira que o mercúrio que foi morto com a limalha de ferro.

Descrição: Argila filosofal. Tome *gimoliah* [?] e areia fina e excremento de boi e pelo de gado cortado em pequenos pedaços com tesoura, misture tudo e faça uma espécie de barro.

Descrição: O preparo do sal que é empregado nessas Obras. Coloque-o no forno, em um recipiente vazio, até calcinar e se transformar em carvão e, depois, triture e dissolva em água, até todo o sal desaparecer e, em seguida, deixe escorrer e transfira toda essa água para duas vasilhas; em uma delas, a água deve descansar sob o calor do sol e, na outra, deixe que o ralo [líquido] escorra da seguinte maneira: tome uma tira de tecido leve de linho, ou um pedaço de feltro, e coloque como mencionado acima[12] e leve ao fogo a água que escorreu em um pote e deixe ferver até engrossar, se transformando num sal claro, branco e puro.

Descrição: O preparo do arsênico. Triture-o com sal, misture com vinagre e seque e, novamente, triture, misture e seque e faça isso quatro vezes e deixe no forno por uma noite, após retirar o pão, e então empregue em toda e qualquer Obra.

Que seja suficiente para você o que mencionei até agora sobre essas operações nesta Porta. E vou contar a você, na Terceira Porta, muitas coisas maravilhosas e honradas, nas quais temos encontrado utilidade evidente e bem conhecida. Examinei essas coisas com nosso amigo Abū

12 Nota marginal: “uma extremidade dele na água e a outra no recipiente vazio”.

Artūs[h], o professor com quem nos unimos para experimentar essas operações, por intermédio de um refinador fiel e sábio, que viveu em nossa geração e nos instruiu sobre a maneira verdadeira de obter o êxito desejado. E em minhas mãos estava um livro secreto, escrito pelo filósofo Aristo para o rei Alexandre, seu aluno, que explica tudo que está oculto nessas Obras, a partir daquilo que o filósofo extraiu do livro de Sulaymon, o Ancião, sobre o segredo da pedra preciosa, chamada de *Mãe do Rei* pelos sábios, devido ao nome de seu primeiro inventor – segredo que ela [a rainha de Sabá] trouxe para o rei Sulaymon, o Ancião, como presente, e que ela apresentou por meio de uma execução completa e maravilhosa dessa Obra. E ela estava familiarizada com a operação e com a qualidade da obra e era instruída na sabedoria espiritual e a divindade foi revelada a ela e esse livro era destinado a ela, porque ninguém é digno de utilizar essa rara e honrada operação, exceto os reis e sultões. No entanto, quando vi a honestidade (8v) de sua natureza e o refinamento de seus traços, fui seduzido por seu desejo e decidi não esconder de você esse segredo. Mas aviso a você uma segunda vez que não passe o [palavra ilegível] desse segredo a outros pois, como disse o sábio, "Guarde bem seu segredo, aquele que o revela, mata-o" [...].

E agora, na Terceira Porta, começarei a falar sobre a pedra preciosa e sobre as histórias de seu inventor e sobre seu efeito, sua ocorrência e sua maravilhosa utilidade, juntamente com uma descrição da coagulação do mercúrio e outras operações importantes, que não mencionei na Segunda Porta. Vou mencioná-las agora, nesta Terceira Porta, devido à grande importância e verdade de seu experimento; Eu as experimentei. Eu as recebi dos antigos e dos sábios e nós constatamos sua verdade e de Deus será a minha ajuda.

A TERCEIRA PORTA

Eis que nossos antepassados nos disseram: os sábios dessa Obra e, especialmente, Salmon al-Yahūd [Salomão, o Judeu], o antigo rei, em seu livro intitulado *Sefer haMatzpen* [Livro do Compasso], contam-nos o segredo da qualidade da difusão dos poderes espirituais na natureza humana. Aí ele conta a história da imagem chamada "imagem das figuras", que [serviu] para extrair dos vapores a imagem da espiritualidade, de acordo com um grande sábio entre os sábios dos contemplativos [*hebeṭiyim*; possivelmente *Nabaṭiyim*, nabateus, ou *Quabaṭiyim*, coptas], cujo nome era Kamhan, o filósofo em ciência espiritual. Ele possuía a imagem da figura acima mencionada, uma imagem muito honrada e maravilhosa, que predizia o futuro antes que ele ocorresse. E ele se casou na família do rei de Sabá. Devido a sua grande sabedoria e boa sorte, eles lhe deram, após a morte do rei, sua filha em casamento, pois isso era o que o rei havia ordenado: que buscassem um grande sábio em todas as terras de seu reino e dessem a ele sua filha. Era a lei do reino nessa época não empossar ninguém que não fosse um sábio e um filósofo e ela era a filha única, o rei não tinha outro filho ou filha. E eles procuraram e o encontraram, exaltado e filosofando acima de todos os sábios da Índia e ele aceitou a condição imposta entre eles: se não respondesse, em sua sabedoria, tudo que lhe perguntassem [ele perderia o trono] e essa história é muito longa e não quero ser enfadonho.

Meu irmão, tome para si a pedra de pó de cobre, que é uma pedra artificial, cuja Obra descreverei depois, e a pedra imã e a pedra marcassita de todos os três tipos, um peso de cada, e a pedra fecunda e *al-zundar* [provavelmente *zingar*, azinhavre] e a pedra da vesícula de touro e a pedra chamada pedra do lobo, que é conhecida entre os médicos [...] (9r) como uma pedra nascida na areia da urina dos lobos, no solstício de verão, do calor do sol – de cada uma, meio peso – e a pedra do cinabre e *garia* [?] e vidro e *ḥadīda* [ár., ferro] e vitríolo, de seus dois tipos, e arsênico vermelho e puro e *zaigma* [?], um terço de um peso. Pulverize tudo muito bem e acrescente ouro puro e bom, bem pulverizado em pureza, e coloque em um terço do bom e importante almíscar e misture tudo na água de mercúrio e sal amoníaco, cuja Obra também descreverei depois e faça de tudo um só corpo. Em seguida, coloque tudo em dois cadinhos bem vedados e lacrados com argila filosofal e sublime na fornalha de fogo, nela acendendo fogo forte por um dia e uma noite inteira. Em seguida, retire do fogo e, quando esfriar, triture tudo uma segunda vez, até se tornar um pó fino, e acrescente *nuschādir* e *durmig* [talvez ár., *darmaq*, farinha] e cobre, açafrão e *nitra* [salitre] e incenso de olíbano, e essa é a goma arábica, tudo moído e peneirado, de cada um, um peso igual, todos juntos devem dar metade do peso do pó que você retirou do cadinho. E, em seguida, acrescente o ouro bom e pulverizado, um terço do peso dos dois pós, e dois terços do almíscar e misture tudo uma segunda vez em óleo de *k'lil harim* [talvez *klil ḥoresch*, árvore de Judas, espécie de olaia, cercis siliquastrum], cuja Obra também descreverei depois. Faça de tudo um só corpo e sublime uma segunda vez como antes e retire e triture, até se tornar um pó fino, e acrescente um terço de seu peso total do pó da alma, cujo preparo descreverei a você, e um terço de um peso do bom pó de ouro e dois terços do bom almíscar. Misture tudo na água da alma, cujo preparo também descreverei a você depois, e faça de tudo um só corpo também e sublime uma terceira vez, como da primeira. Remova e triture e acrescente o pó de víbora, que é separado dos ovos do galo [*sic*], cuja operação também descreverei depois, um terço do peso de tudo isso e um terço de um peso do pó de bom ouro e dois terços do bom almíscar e misture tudo por cerca de uma hora, cuja Obra também descreverei depois e faça de tudo isso um só corpo. E, em seguida, leve ao forno uma quarta vez e sublime como antes e, depois, retire todo o sublimado e triture, até se tornar um pó fino, e então misture na água do ouro, cuja operação descreverei depois. Quando estiver completamente seco, triture e então coloque tudo em um vaso de vidro fechado e lacrado com argila filosofal [e coloque] em esterco quente e deixe descansar por trinta dias consecutivos e, a cada cinco dias, coloque em esterco mais quente e, após passar o tempo, retire e você vai encontrar água. Coloque então essa água em um recipiente redondo de vidro grosso, que deve ter um único orifício, bem vedado e lacrado com argila filosofal, e coloque esse recipiente dentro de outro recipiente grande, feito no formato do recipiente de vidro no qual é mostrada a urina dos doentes, e encha o recipiente grande com azeite de oliva puro e, depois, lacre (9v) bem esse recipiente, também com argila filosofal, e coloque-o em um *farid* ou caldeira com água doce pura. Essa caldeira deve ser colocada na abertura do forno e deve ser inteiramente revestida com argila filosofal; acenda o fogo sob ela, dia e noite, sem deixar apagar. Sete meses inteiros devem se passar nessa operação, o poder do sete, que está sobre ela, irá infundir e impregná-la com sua força.

E essa também é uma das sugestões que dei a você na Terceira Composição. E, quando a água diminuir, devido ao poder da fervura, despeje mais com cuidado, pouco a pouco e a cada hora, não espere até que a água diminua demais porque, se isso acontecer, você estragará a operação e terá se esforçado em vão. E os antigos diziam de cada esforço que não rende benefícios – a morte é melhor. E depois do tempo mencionado, quebre o vaso e você descobrirá que as águas coagularam e formaram uma liga, tornando-se uma pedra de lindo formato, preciosa e maravilhosa. E, se você a pegar e raspar um pouco com uma faca, e tiver, em sua frente, algum dos metais que podem ser derretidos no fogo, ela os transmutará na natureza do sol [ouro] em sua aparência e natureza, pelo poder da virtude que está nela; mesmo que sejam mil talentos, eles resistirão a muitos derretimentos e sairão do fogo com a natureza e aparência do sol. E existem alguns metais que receberão o poder dessa pedra mesmo sem derretimento, pelo mero aquecimento com o fogo. No entanto, tome cuidado em não dar esse sol artificial para ninguém comer ou beber e não o misture em medicamentos, para que nenhum infortúnio o [quem o usar] acometa e guarde esse segredo.

E essa é a descrição da pedra de cobre que é mencionada nessa operação. Tome cobre bom e vermelho – pois há duas espécies dele – e vidro branco, uma parte de cada, e leve ao fogo, irão derreter como água, a seguir borrife sobre eles meia parte de bom *burag* [ár. *būraq*, bórax, salitre] e, quando estiver tudo bem derretido, despeje ainda morno em água e sairá uma pedra com a aparência de bom ouro. Essa pedra possui várias virtudes, mas não há lugar para elas neste livro. E opere com ela.

E essa é para você a operação da água de mercúrio e sal amoníaco. Tome oito partes de mercúrio e nove partes de sal amoníaco e sublime no recipiente conhecido; sua operação é como a operação do mercúrio com limalha de ferro, sobre a qual falei na Porta anterior. E, em seguida, coloque sobre uma pedra de mármore e triture e misture bem e coloque em um recipiente de vidro, bem vedado com argila filosofal e coloque sob esterco quente e, a cada cinco dias, coloque em esterco mais quente e misture; deixe a mistura descansar por vinte e cinco dias e irá fluir [como] água. Eles têm outras operações além dessa, mas aqui não é seu lugar. E opere com eles.

E isso é para você o *k'lil harim* [árvore de Judas?] que é chamado *romani* [?] ou [palavra ilegível]. Junte muitas flores, em sua época conhecida, e recolha tantas quanto puder, coloque-as em uma tigela de sopa nova e faça um orifício no fundo dela; sob a tigela, coloque outro vidro revestido com gesso ou um recipiente de vidro, no qual é mostrada a urina dos doentes, e coloque sob a terra e deixe descansar aí por um ano inteiro, para que o poder das constelações possa passar para ele (10r). Depois você achará as flores dissolvidas e sua água caída no recipiente inferior e, então, tome-as e coloque em um frasco de vidro, bem lacrado, e deixe descansar aí por mais um ano e aí elas se purificarão, todos os sedimentos irão para o fundo do recipiente e sua parte pura subirá e esse é o óleo bom, adequado para essa obra. Esse óleo possui várias outras virtudes, mas não há lugar para elas aqui. O sedimento também é bom para várias coisas e é o grande *tiryāq* [ár., teriaca, panaceia] entre os médicos experientes. E opere com ele.

E essa é a descrição da água de cabelo, que é muito eficaz e maravilhosa nessa Obra e também em outras Obras que não têm lugar aqui. Tome cabelo de um jovem ruivo e nenhum outro, tanto quanto puder, e coloque em uma tigela de sopa bem coberta com argila filosofal e esconda em esterco quente por dez dias. A seguir, retire e você vai encontrar nele criaturas negras, semelhantes a vermes, e sua aparência é assustadora para quem as vê e cada uma tem uma cabeça e dois rabos. E tome uma pinça de ferro e as recolha em um recipiente, pois é perigoso tocá-las, e cubra bem o recipiente e deixe-o repousar, até que elas comam umas às outras. E depois de nove dias abra a tigela e você encontrará uma grande cobra, ou várias cobras, e retire-as com a pinça e coloque no recipiente destilador, conhecido para a operação da água de rosas, em fogo brando e retire sua água *m"m* [?] com extrema cautela e coloque em um recipiente de vidro e opere com ela.

E essa é para você a descrição da água da alma e do pó da alma que foram mencionados e essa é uma operação eficaz e muito maravilhosa nessa Obra e também em outras operações que não têm espaço neste livro. Recolha sangue, sangrando as orelhas de um homem, e encha com ele um recipiente de vidro, bem vedado com argila filosofal, e deixe descansar por quarenta dias sob o sol quente dos dias de verão. E então você verá que surgiu uma criatura dentro dele, retire-a e coloque em farinha e deixe lá como [o tempo que] desejar. Depois, tome a criatura e coloque-a no recipiente destilador conhecido que foi mencionado e dele sairá a água que é chamada água da alma, isto é, a água do sangue, e o que sobrar no fundo do recipiente é o pó da alma e opere com essas substâncias com grande cuidado.

E essa é a descrição para você das cinzas do basilisco que você pode fazer dos ovos de galo e essa operação é a mais sublime e maravilhosa de todas as espécies de Obras mencionadas e essa Obra possui uma grande virtude e também outras virtudes, que não cabe mencionar neste livro. Tome ovos de galo, isto é, os ovos longos e pontudos dos quais nascem os galos machos, e ovos curtos e redondos dos quais vêm as fêmeas, tome de trinta a quarenta deles, quebre-os e coloque em outro pote e esconda no esterco quente sob a terra e o pote deve ser fechado e bem lacrado com argila forte e faça um outro buraco na tampa (10v) e insira aí um canudo de palha oco e levemente curvo, de metal ou de palha verdadeira, se puder encontrar, para que seu vapor suba da terra, e deixe passar quarenta dias, para que esses ovos criem bolor e um tipo de basilisco se forme, e ele causará deterioração e morte a tudo sobre o que seu [do basilisco] olhar recair, cada planta, árvore ou capim também secará. Portanto, depois de passados esses [dias], você deverá ter consigo uma frigideira; derreta nela o que você quiser e, quando estiver quente, espalhe sobre ele [o basilisco] com a palha oca e mate o basilisco com ela. E atenção ao que instruí a você, que a palha deve ser curva, para que o olhar do basilisco não recaia sobre alguma coisa e aumente a deterioração do ar e o perigo. E, em seguida, desenterre o pote, retire-o e queime a qualquer hora do dia, pois, depois disso, você não correrá mais perigo. E essas cinzas são as cinzas do basilisco, cuja operação é conhecida entre os sábios dessa Obra. No entanto, essa operação não tem valor. Ainda assim, não perca sua operação porque, enquanto você observar, ao executá-la, os sinais da Terceira Composição, que expliquei a você no Primeiro Livro e que devem ser executados nessas operações, no momento em que o *maguid* [heb., arauto, narrador?] concede seu poder especial, e se mantiver afastado de seus adversários na hora das dissoluções, destilações, sublimações, congelamentos e calcinações[13], você estará a salvo dos erros e do engano do *maguid* ao conceder seu poder. E não pense que, quando apresentar a intenção do livro, eu darei a você os detalhes específicos das indicações, porque o que incluí dessa obra deve ser suficiente para você e, juntamente com o que você extrairá dos livros sobre as leis das estrelas [astronomia], estabelecerá essa composição adequadamente. E examine também as Portas anteriores e aí você descobrirá como há relação com algum *maguid*, como o sol com o ouro e a lua com a prata e, da mesma forma, os outros e compreenda isso. E veja o que precisa ser observado na queima do basilisco é que ela deve ser feita em um dia em que o sol está brilhando e em sua hora e durante a constelação do Leão e do sol e quando a lua for crescente e estiver situada no primeiro ascendente de *Tleh* [Áries], fazendo os males ficar longe dos astros. E se você observar tudo isso e colocar seu coração em cada uma das operações, para observar nelas a composição acima

13 Nota marginal em caracteres hebraicos: "*soluzione, distilazione, solimazione, coniulazione, qalzinazione*".

mencionada, e selecionar as impressões que são adequadas a essa Obra, então, você alcançará o êxito desejado e será salvo de erros e enganos. E observe isso.

E essa é a descrição para você da operação da água de ouro que foi mencionada e é muito maravilhosa nessa Obra. Tome ouro puro e bom e triture e acrescente sal amoníaco, metade de seu peso, açafrão e almíscar, um quarto de seu peso, e misture e triture tudo, até que nada reste do ouro, e coloque em um recipiente de vidro com água de rosas e leve ao fogo forte e mantenha aí, até cessar o vapor que sobe dele, e recolha o que escorrer em um recipiente de vidro e, a seguir, retire o que for encontrado e triture novamente como antes e triture e coloque de volta na água de rosas e acrescente o sal amoníaco, metade de seu peso, e açafrão e almíscar, um quarto de seu peso, e leve novamente ao fogo como antes e proceda dessa maneira até dez vezes e, a cada vez, acrescente o sal amoníaco, metade de seu peso, e o açafrão [...].

Aqui termina a última folha existente do manuscrito 3659.

8.

Uma Versão Hebraica do Livro de Alumes e Sais

O *Livro de Alumes e Sais* (doravante citado como *LAS*) é um dos mais famosos tratados da alquimia árabe medieval. Apenas fragmentos do texto original em árabe chegaram até nós, mas traduções para o latim têm sido repetidamente publicadas. Em 1937, Julius Ruska publicou os fragmentos em árabe, acompanhados da versão latina completa e de uma tradução para o alemão, originalmente publicada por John Garland em 1560, além de uma análise exaustiva[1]. O *LAS* era tradicionalmente atribuído a Muḥammad ibn Zakariyyā' al-Rāzī (864-952), o célebre médico, filósofo e alquimista árabe cujos escritos constituíram leitura obrigatória durante séculos, tanto nas escolas médicas muçulmanas quanto nas europeias. Modernos historiadores da alquimia concordam com essa atribuição, mas, na avaliação do próprio Ruska, o livro não foi escrito por Al-Rāzī e sim por um alquimista árabe anônimo, que viveu na Espanha, no século XI[2]. Mesmo assim, Ruska considerava o *LAS* um dos mais importantes tratados de alquimia medieval. Ele nunca fez referência à versão hebraica do livro e, ao que parece, não tinha conhecimento de sua existência.

A versão hebraica do *LAS*, como observava Steinschneider[3], está incluída no MS Orient. Oct. 514 da Biblioteca Estatal de Berlim e será

1 Julius Ruska, *Das Buch der Alaune und Salze: Ein Grundwerk spätlateinischer Alchemie*, Berlin, Verlag Chemie, 1935.

2 Idem, p. 16, p. 23 nota 1, p. 38.

3 Moritz Steinschneider, *Verzeichniss der hebräischen Handschriften*, Berlim, 1878, p. 120.

discutida em sua totalidade em nosso capítulo 33. Ela inclui um grande número de inserções, a maioria no próprio texto, além de algumas acrescentadas à margem. Esses acréscimos sempre se iniciam com a abreviação *n'l*, as iniciais das palavras hebraicas *nir'é li*, isto é, "parece-me", seguidas por correções ou comentários explicativos[4].

Os primeiros dezenove fólios contêm receitas alquímicas, das quais várias são atribuídas a autoridades (por exemplo, f. 1a: "E eu soube por meio de Menasse [...]"; f. 13a: "Míriam [isto é, Maria, a Judia] disse [...]" etc.). A tradução do LAS tem início no final do f. 19b, sob o título "Vou iniciar o Livro dos *Alume* [Alumes] e Sais", seguido pelo comentário explicativo: "O tratado dos *alumes* e sais necessários a esse trabalho. E essa é a natureza do *atramento* [lat.: *atramentum*, vitríolo]"[5].

Uma comparação do texto hebraico com as versões em latim e em árabe publicadas por Ruska revela, de início, uma diferença básica na ordem das seções do texto em hebraico, deixando claro que ele não se baseia em nenhum dos outros, mas num outro protótipo, cuja ordem das seções foi seguida. Na versão em hebraico essa ordem é mais lógica que no texto em latim ou em árabe. Ela principia com uma discussão sobre os alumes, os sais e o *nischdera* (sal amoníaco) e então passa para as almas e espíritos dos minerais, arsênico, enxofre, mercúrio, e depois as almas dos corpos, ouro, prata, ferro, estanho, chumbo, vidro e talco. Por outro lado, as versões em latim e em árabe (supondo-se que as duas seções perdidas da versão em árabe encontravam-se na mesma ordem que na versão em latim), principiam com uma discussão sobre as almas e os espíritos e, somente após tratar dos metais, elas

4 O manuscrito foi recebido pela Biblioteca Estatal em 1893 e, algum tempo depois, o responsável pela catalogação refez a numeração dos fólios, designando o fólio 45 como 1, o fólio 46 como 2 e assim por diante, sendo que o último fólio original, o fólio 136, passou a ser o fólio 89 (a discrepância deve-se a alguns erros na paginação). No que se segue, vou empregar essa nova paginação para a referência aos fólios.

5 Em minha tradução, forneço as citações do texto em hebraico. As muitas palavras de origem não hebraica contidas no manuscrito são dadas na transliteração em itálico, seguida de minha tradução entre colchetes.

passam para afirmações gerais sobre alumes e sais. Tendo em vista o título do livro, seria de se esperar que ele iniciasse por esse tema; essa expectativa é reforçada pela afirmação inicial que, na versão latina de Ruska, não se encontra no início do livro, mas somente setenta e um parágrafos depois: "[Aqui] Principia o Livro de Rasis sobre os Alumes e Sais que são Necessários Nessa Arte" (p. 79).

Uma comparação do texto hebraico com os outros dois textos também revela que ele às vezes corresponde ao texto em árabe, às vezes ao texto em latim e, outras vezes, difere de ambos. Consequentemente, nossa conclusão provisória, com base nessa comparação, é a de que o tradutor hebreu não utilizou nem o texto em árabe nem o texto em latim publicados por Ruska, mas que tinha diante de si um texto em árabe diferente e mais antigo, como podemos constatar por meio da seguinte passagem:

VERSÃO HEBRAICA, MS 514 DE BERLIM, F. 32B

Outra coisa, bela e boa. Tome *limatura* [it.: limalha] de cobre, uma *litra* [libra], e a mesma quantidade de mercúrio (parece-me: estanho. Outro parecer: quatro vezes a mesma quantidade) e triture bem *peri antribalo* [da mesma forma?] até que fique como uma pasta. A seguir, lave essa pasta com sal e vinagre até ficar bem purificada. Depois lave com água pura e, a seguir, deixe secar. E tome *atramento* [lat.: *atramentum*], uma libra, e dissolva-o no dobro de urina velha de meninos e filtre. E coloque sobre ele uma libra de *nischdera* [sal amoníaco]. (Parece-me: umedeça-o e leve ao forno). E *incera* [lat.: *incerare*, incerar, isto é, cerar] com essa água aos poucos, até que ele a absorva toda. E ele ficará colorido, com um tom entre o amarelo e o vermelho, que na língua árabe é chamado de *atzfar* [amarelo]. (Parece-me: unte com ele limalhas de prata purificadas ou prata ou estanho e aqueça-as aos poucos até que ele as penetre e faça isso até que se tornem ouro. A seguir, derreta essa mistura e despeje nelas.) Já misturamos o mercúrio com o cobre, agora trabalhe com a mistura e divirta-se. (Parece-me: ou leve a mistura ao forno, coagule em uma esfera de vidro inteiramente coberta com argila e embeba até que coagule e não desprenda fumaça. A seguir, dissolva e coagule até consegui-lo ou, então, destile. Ou coagule em um cadinho coberto com outro cadinho e vedado com argila, de acordo com o método de *Yabar* [Jābir] na coloração do branco [isto é, da prata] para o vermelho [isto é, ouro]. Ou encha uma *anpula* [it., *ampolla*] e coagule em fogo de latão ou em cinzas quentes. Ou coagule e derreta.) E se desejar branquear [isto é, fazer prata], coloque, em vez de *zāj* [ár. vitríolo], *alume yamīnī* [alume iemenita] e faça com a mistura como dissemos, coloque-a no cobre e ele será transmutado em prata, com a ajuda de Deus. (Nazar tentou esse método e submeteu a mistura ao calor em um forno de pão moderadamente quente e, na sexta vez, ela derreteu.)

Essa versão hebraica pode ser comparada com os textos em árabe e latim:

VERSÃO EM ÁRABE, RUSKA P. 47, AG§54, P§64

Outra. Tome limalhas de cobre e coloque uma porção delas e de mercúrio e triture tudo até que se misturem e trabalhe a mistura com sal e água até que ela purifique e, a seguir, aplique água potável e deixe secar e tome vitríolo, como feito com o cobre, e dissolva na mesma quantidade de urina velha de meninos e reserve essa mistura ou filtre e coloque sobre ela um peso de águia [isto é, sal amoníaco] e amacie aos poucos com essa água, embeba, e ficará como mármore. Uma parte dela já foi combinada e trabalhe com ela. Você se divertirá com ela, se Alá quiser. E se quiser branqueamento, no lugar do vitríolo faça *schabb* iemenita [ár., alume ou pedra de vitríolo] e trabalhe como antes e despeje sobre o cobre. Ele se tornará prata, se Alá quiser.

VERSÃO EM LATIM, RUSKA P. 73, G§54 P§64

Um Medicamento que converte cobre em prata. Tome *limatura* [it., limalha] de cobre, uma porção qualquer, e a mesma quantidade de mercúrio e triture-os bem até que se tornem uma pasta. A seguir, trabalhe bem a mistura com sal e vinagre, até que fique bem purificada e, depois, com água pura e, então, deixe secar. E tome *atramentum* [lat.:, vitríolo] na mesma quantidade que o cobre e dissolva em urina de criança no dobro dessa quantidade e filtre. E coloque sobre a mistura a mesma quantidade de sal amoníaco e amacie gradualmente com essa água, até que seja toda absorvida. E ficará com a cor de vidro vermelho pálido, que é chamada *firfir* em árabe. Já misturamos o mercúrio com o cobre; portanto, trabalhe a mistura e divirta-se. E se quiser branqueamento, coloque, em vez de *atramentum*, alume de Aleman e faça com ele como já foi dito. Coloque-o sobre cobre e ele se converterá em prata, se Deus quiser.

Uma comparação da versão em hebraico com as duas outras nos revela que a versão em hebraico está mais próxima do texto em latim que da versão em árabe, mas há indicações de que a versão hebraica se baseia num outro texto árabe, e não na versão em latim. Por exemplo, o texto em latim se refere ao termo árabe *firfīr* (mármore), que é interpretado erroneamente como designando uma cor, por outro lado, a versão hebraica cita o termo árabe *atzfar* em seu sentido correto, amarelo. A versão hebraica também traduz corretamente a expressão árabe *schabb yamānī* como *alume yamīnī* (alume iemenita), enquanto o texto em latim emprega a corruptela *alumen de Aleman*.

Extremamente interessantes nessa passagem são os numerosos e extensos acréscimos introduzidos pela abreviação *n'l* (*nir'eh lī*, parece-me), cujos equivalentes aparecem em um grande número de passagens em todo o MS 514 de Berlim. A natureza desses comentários acrescentados nos revela que seu autor – fosse ele o tradutor hebreu ou o copista da tradução – devia ser, ele próprio, um exímio alquimista, com amplo conhecimento dos procedimentos descritos no texto, que ocasionalmente discordava quanto a eles e sugeria o que ele próprio considerava como alternativas melhores. Em um de seus acréscimos, ele se refere a um método de Jābir ibn Ḥayyān, o famoso alquimista árabe. No final da seção, ele se refere a "Nazar", isto é, o alquimista Giovanni Battista Nazari, que viveu no século XVI e cujo livro, *Della Tramutazione Metallica,* foi inicialmente publicado em Bréscia, em 1564. Nazari é mencionado também num acréscimo anexado à versão hebraica, no final da seção intitulada *Ratzio b'oferet usrub*, isto é, "Discurso sobre o chumbo *usrub* [ár., chumbo]"[6]. Esse acréscimo (que excepcionalmente não é introduzido pela fórmula "parece-me") afirma: "Nazari contou-me que experimentou e destilou limalhas de estanho e delas surgiu água *viline* branca. E das limalhas de cobre surgiu água vermelha, que tendia para o negro". Esse curto acréscimo indica que o tradutor/copista hebreu tinha contato pessoal com Nazari e, portanto, deve ter vivido na Itália, no século XVI.

Além dos acréscimos introduzidos pela fórmula "parece-me", a versão hebraica também inclui algumas passagens que parecem ter feito parte do original em árabe utilizado pelo tradutor e que estão faltando, tanto na versão em árabe quanto na versão em latim de Ruska. Assim, antes da discussão sobre o talco, as seguintes sentenças introdutórias foram acrescentadas à versão hebraica: "E vamos começar com o Nono [isto é, o talco ou mica] *deqondimenţo* [it., *di condimento,* do preparado] de pedras e seus compostos leves, que é muito necessário aos estudantes e povos. E os povos compõem grandes obras. O método de *qondimenţo* [preparo] com o Nono". Depois segue-se, como no texto em latim, "Tome do Nono branco [...]" (Ruska, 77: *Accipe de altalc foliato albo* [...]). Não conheço em nenhuma outra fonte o uso do termo "nono" para designar talco. De fato, discutindo o MS 514 de Berlim, Steinschneider afirmava que o significado de *t'schī'ī* (nono) era-lhe desconhecido[7]. Contudo, a designação dos metais por meio de números ordinais não era incomum na alquimia árabe medieval. O mercúrio era denominado "o segundo", o cobre, "o terceiro", o

6 Fólio 34a, que corresponde ao texto da seção em latim de Ruska, p. 74-75, gr., p. 58, e está ausente no texto em árabe.

7 Cf. M. Steinschneider, *Verzeichniss*, p. 120

ferro, "o quinto", o estanho, "o sexto", o chumbo, "o sétimo"[8], e agora ficamos sabendo que o talco era designado por "o nono". O uso de "o quarto" também é comprovado na versão hebraica do *LAS*, em um acréscimo ao fólio 35b, introduzido pela fórmula "parece-me", mas seu significado não é explicitado. Desconheço o uso de "o primeiro" e de "o oitavo". Todavia, com base na ordem tradicional dos planetas e dos metais a eles associados, obtemos a seguinte sequência:

O Primeiro – Lua – prata
O Segundo – Mercúrio – mercúrio
O Terceiro – Vênus – cobre
O Quarto – Sol – ouro
O Quinto – Marte – ferro
O Sexto – Júpiter – estanho
O Sétimo – Saturno – chumbo
O Oitavo – ? – ?
O Nono – ? – talco

Deve-se observar que o termo "o nono" também era empregado para designar um veneno composto, descrito por Ibn al-Waḥschīya (século IX), em seu tratado *Kitāb al-Sumūm*[9].

Os nomes das autoridades citadas nas versões em latim e árabe publicadas por Ruska – exceto por Jābir ibn Ḥayyān e Pitágoras – aparecem de forma diferente no texto em hebraico. Nas passagens em que os textos de Ruska trazem *filius Gilgil Cordubensis* e *filius Inthuelis Cordubensis*, o texto em hebraico (f. 20a) traz Ben Julio de Cordova. No lugar de *Lialich filius Iasich* no texto de Ruska, a versão

8 Cf. J. Ruska; E. Wiedemann, Beiträge zur Geschichte der Naturwissenschaften LXVII: Alchemische Decknamen, em Physikalisch-medizinische Sozietät (Erlangen), *Sitzungsberichte* 56, 1924, p. 24-26, 28, 32; Alfred Siggel, *Decknamen in der arabischen alchemistischen Literatur*, Berlin, 1951, p. 12.

9 Cf. Martin Levey, *Early Arabic Pharmacology*, Leiden: E. J. Brill, 1977, p. 143.

hebraica (f. 23b) traz Lial. No lugar de Anfridius no texto de Ruska, a versão hebraica traz Asidro (34a, ou talvez Isidoro?). Acréscimos à margem, introduzidos pelo tradutor/copista, referem-se a Florentino (possivelmente o Antonius de Florentia mencionado por Nazari, ou talvez Florentinus de Valentia)[10] como um contemporâneo ("Florentino disse-me [...]", f. 29b). Um outro acréscimo à margem, no fólio 31b, refere-se a Tastoiani.

O estilo do MS 514 de Berlim é muitas vezes pesado e gramaticalmente mal elaborado, às vezes a ponto de ser incompreensível sem o recurso às versões em árabe ou latim. O tradutor/copista pode ter sido um bom alquimista, mas certamente não dominava o hebraico. Muitas vezes ele tomava a saída mais fácil, utilizando o italiano (e, em umas poucas ocasiões, o árabe) transliterado para o hebraico, em vez de se preocupar em encontrar seus equivalentes em hebraico – isso algumas vezes até mesmo em casos em que palavras hebraicas bíblicas ou do *Midrasch* talmúdico estavam facilmente disponíveis. Assim, ele emprega repetidamente o termo italiano *vegetabile*, em transliterações inconsistentes para o hebraico (*vyytyble, vyytbyle, vyytible*), embora o termo hebraico *tzemaḥ* servisse exatamente da mesma forma (f. 21a). Ele emprega *preparare*, em vez do termo hebraico *l'hakhin* (f. 22a); *qurento* (isto é, it. *currento*), em vez *nozlim*, para "(água) corrente" (f. 22b); *liberare*, em vez de *l'schaḥrer* , para "liberar" (f. 22b) e assim por diante.

Ocasionalmente, em vez de traduzir realmente, ele simplesmente translitera frases inteiras: "e outros disseram que o vinagre *meliora esso dimeliorazione inqorutibile*" (f. 23b), isto é, "melhora isso com uma incorruptível melhora". No fólio 28b ele escreve sobre o ouro que é de *uguale sustansia adurante amitente*, isto é, da "mesma substância, durável, permanente". E, algumas vezes, como se estivesse incerto quanto à clareza da palavra hebraica que está empregando, ele acres-

10 Giovanni Battista Nazari, *Della Tramutazione Metallica*, Brescia, 1564, p. 135. Cf. Ferguson, *Bibliotheca chemica* 1:281-282, citando Lenglet du Fresnoy.

centa o equivalente italiano transliterado. Assim, ele escreve *b'taḥtit infondo hasir*, isto é, "no fundo *infondo* da vasilha" (f. 23a). A confusão linguística é ainda maior, na medida em que o copista do manuscrito hebraico que chegou até nós, ao que parece, tinha conhecimento apenas rudimentar do italiano e, assim, às vezes, distorcia palavras que na versão original hebraica apareciam transliteradas em hebraico. Dessa forma, a expressão original *suo stridore* (sua crepitação) tornou-se *hasantridore schelo* (f. 24a), pelo acréscimo do artigo hebraico *ha-* (o) e do pronome possessivo hebraico *schelo* (seu) às duas palavras em italiano que ele leu incorretamente como *santridore*.

Apesar desses equívocos linguísticos, a versão hebraica do *LAS* (assim como todo o MS 514 de Berlim) é um rico repositório da terminologia alquímica hebraica da Idade Media. O manuscrito contém centenas de termos alquímicos em hebraico e sua própria existência é um testemunho eloquente do interesse do judaísmo medieval pela alquimia. Além disso, esse manuscrito, especificamente, preservou o texto original do *LAS* de forma mais completa ou, pelo menos, mais fiel, que as versões em árabe e latim publicadas por Ruska.

9.

Pseudo-Khālid ibn Yazīd

Entre as personagens mais problemáticas da história da alquimia árabe está a do mestre (ou mestres) anônimo cujos trabalhos têm sido atribuídos a Khālid ibn Yazīd. O Khālid ibn Yazīd ibn Muʿāwiya (c. 668-c. 704) histórico, um dos filhos do califa Yazīd I, viveu em relativa obscuridade, governando seu emirado de Ḥims. Somente mais tarde a lenda faria de Khālid um alquimista e obras de alquimia seriam atribuídas a ele, inclusive o *Firdaws al-ḥikma*, uma vasta coletânea de poemas e tratados alquímicos, como por exemplo a lenda de Mariano[1]. Talvez, a mais importante obra alquímica atribuída a Khālid seja o *Liber secretorum artis* (Livro dos Segredos da Arte), ou *Liber secretorum alchimiae* (Livro dos Segredos da Alquimia), sobre cuja autoria existem ainda outros sérios problemas.

Com o tempo, o *Liber secretorum alchimiae* veio a ocupar um lugar próprio nas coletâneas-padrão de clássicos da alquimia medieval e renascentista. Ele está incluído no importante compêndio alquímico publicado em Nurembergue, em 1541, com um longo título, que em parte é o seguinte: *In hoc volumine de alchemia continentur haec gebri Arabic philosophi solertissimi rerumque naturalium* [...] *item liber secretum alchemiae Calidis filii Iazichi Iudaei*. O tratado propriamente dito encontra-se nas páginas 338-362, sob o título *Liber secretorum alchemiae compositae per Calid filium Iazichi translatus*

1 Cf. *EI*², verbete "Marianus".

ex Hebreo in Arabicum & ex Arabico in Latinum, incerto interprete, isto é: "O Livro dos Segredos da Alquimia por Calid, filho de Iazich, traduzido do hebraico para o árabe e do árabe para o latim por um tradutor indeterminado". "Iazich" é, evidentemente, uma forma adulterada de Yazīd.

O tratado seria depois incluído na *Biblioteca chemica curiosa* de Manget, uma das coletâneas mais ricas e completas de antigas obras de alquimia. Também nessa coletânea, o tratado é apresentado como uma tradução do hebraico para o árabe e do árabe para o latim e o nome do autor aparece como *Calid filius Iaichi*, ou seja, o nome Yazīd é mais uma vez adulterado, agora para Iaich[2].

Os problemas envolvidos na atribuição da autoria de um tratado de alquimia originalmente hebraico a um príncipe árabe podem ser abordados de uma forma mais apropriada quando indagamos se há no próprio texto alguma indicação relativa a sua autoria. De fato, o tratado se inicia com um "Prefácio sobre a Dificuldade da Arte", em que o autor primeiro agradece a Deus, o criador de tudo, que nos guiou e conduziu, e nos ensinou e deu compreensão e conhecimento. A seguir, ele diz:

> Saiba, Oh Irmão, que esse nosso magistério sobre a pedra secreta e a honrada observância é o segredo dos segredos de Deus, que Ele manteve ocultos para seu povo e não quis revelar a ninguém, a não ser àqueles que fielmente, como filhos, o mereciam e conheciam Sua bondade e grandeza.

A expressão "seu povo" (*'amo*, em hebraico), isto é, o povo de Deus, é empregada tão frequentemente na *Bíblia* que veio a se tornar uma designação-padrão para os judeus nos textos de autores judeus. Além disso, a afirmação de que Deus manteve segredo sobre a pedra filosofal,

2 Johannes Jacobus Manget, *Bibliotheca chemica curiosa*, 2 v., Genebra, 1702.

revelando-o somente aos judeus, é apenas uma variante de uma antiga ideia dos alquimistas judeus, expressa pela primeira vez no século III d. C. por Maria, a Judia, que insistia em que o grande segredo deveria ser conhecido apenas pelos da "semente de Abraão". A partir da Idade Media, afirmações nesse sentido se tornaram lugar-comum nos textos dos alquimistas judeus. A presença dessa afirmação no tratado atribuído a Khālid (como vamos nos referir ao autor desconhecido do livro), é uma clara indicação de que ele era judeu e de que compartilhava, com os antigos alquimistas judeus, do desejo de confinar o conhecimento da Grande Arte aos adeptos que pertenciam a seu próprio povo. Assim, parece razoável aceitar as declarações que aparecem nas duas páginas de título, afirmando que o tratado foi originalmente escrito por um judeu e em hebraico. Como foi, então, que o autor veio a ser designado como "o judeu Calid, filho de Iazich"?

A resposta provavelmente se encontra na tendência, predominante na Idade Média, a atribuir a autoria de escritos pseudoepigráficos a autores famosos. Quer essa atribuição fosse feita pelo próprio autor quer por um copista ou tradutor posterior, seu objetivo era garantir reconhecimento para o tratado, com a afirmação de que fora escrito por um autor alquimista famoso (que Khālid ibn Yazīd era não apenas famoso mas também lendário, era algo desconhecido na época). Por outro lado, o autor (copista, tradutor) não estava disposto a sacrificar o prestígio que a perícia judaica desfrutava no mundo da alquimia e, assim, temos o peculiar autor híbrido: um autor judeu que escreve em hebraico, cujo nome é Calid, filho de Iazich, ou seja, Khālid ibn Yazīd!

Khālid passa então a relatar os esforços de seu mais importante discípulo, Mūsa, por compreender os escritos dos "nobres filósofos", estudando mais de uma centena de seus livros. Ao perceber que Mūsa se esforçava em vão, Khālid decidiu ajudá-lo, escrevendo o livro e nele descrevendo clara e explicitamente o que os antigos filósofos haviam ocultado com suas afirmações obscuras. Ele, escreve Khālid, mencionou nesse livro tudo que é necessário ao investigador dessa ciência ou magistério, em uma linguagem adequada a sua compreensão e à percepção do pesquisador. E especifiquei neste livro os quatro melhores e mais elevados magistérios, que eram exercidos pelos homens sábios. Entre eles, estão os elixires, um mineral e o outro animal. De fato, existem dois outros minerais, que chamamos de corpos e eles não são um e sua arte consiste em lavá-los. Um outro [magistério] é o de fazer ouro a partir do *azot*[3] vivo, cuja formação é [por] geração, de acordo com a geração, ou a série de gerações, nos minerais que existem no coração e nas entranhas da terra. E esses quatro magistérios e artes foram explicados pelos sábios em seus livros sobre a composição desse magistério. Mas não havia muitos deles e eles não queriam colocar nada em seus livros sobre sua operação ou, se [alguma coisa sobre isso] for encontrada, ela não poderá ser compreendida e nada mais sério que isso se encontra neles. Portanto, devo falar neste meu livro sobre isso e sobre sua fabricação. Por essa razão, quem for ler este meu livro deve ler alguma geometria e, além disso, deve aprender sobre a medição, para poder executar apropriadamente a construção de fornos, sem exceder suas dimensões, por meio de seu [do forno] aumento ou diminuição ou da quantidade do fogo.

CAPÍTULO I

SOBRE OS QUATRO MAGISTÉRIOS DA ARTE, ISTO É, A DISSOLUÇÃO, O CONGELAMENTO, O ALVEJAMENTO E A RUBIFICAÇÃO

Começarei falando da mais importante arte que é chamada alquimia, e vou comprovar o que digo e não ocultarei nada, nem vou me calar, mas falarei dela aqui, com exceção do que não é apropriado falar ou que não deve ser mencionado. Digamos, portanto, que a mais importante arte

3 O *azot* (variante: *azoch*), também designado como *viriditas*, provavelmente azinhavre, era considerado pelos autores alquimistas como a substância a partir da qual se podia produzir ouro. Cf. por exemplo, *Artis auriferae quam chemiam vocant*..., Basileia, 1593, v. 2, p. 220. Cf. C. G. Jung, *Psychology and Alchemy*, v. 12 de *Collected Works* (Bollingen Series), 2. ed, Princeton, 1968, p. 159, 286, 458.

está nos quatro magistérios sobre os quais os sábios falaram, isto é, dissolver, congelar, branquear e avermelhar [...].

Mas essa dissolução e congelamento que mencionei consistem na dissolução do corpo e no congelamento do espírito e eles são dois, mas possuem uma única operação, porque o espírito não pode ser congelado, exceto com a dissolução do corpo e, do mesmo modo, o corpo não pode ser dissolvido, exceto com o congelamento do espírito. E o corpo e a alma, quando unidos ao mesmo tempo, cada um age sobre o outro, fazendo-o semelhante a si próprio. Exemplo disso são a água e a terra: pois quando a água se junta com a terra, ela tenta dissolvê-la, com a umidade e com a virtude e qualidade que se encontram nela, e ela torna a terra mais sutil do que antes e torna a terra semelhante a ela mesma, porque a água é mais sutil que a terra. E a alma atua sobre o corpo de forma análoga. E, da mesma maneira, a água é engrossada pela terra e se torna semelhante à terra em densidade, porque a terra é mais espessa que a água [...].

Porque a composição dessa arte ou magistério é a união ou matrimônio do espírito congelado com o corpo dissolvido e sua união e sua *passio* [ocorrência] se dão sobre o fogo. Porque o calor é seu alimento e a alma não liberta o corpo, nem se liga a ele em qualquer tipo de união, a não ser pela alteração da virtude e qualidade [originais] de ambos e após a conversão de sua natureza. E essa é a dissolução e o congelamento sobre os quais os filósofos já falaram. E saiba que os sábios ocultaram essa dissolução e congelamento e falaram sobre eles de forma sutil e com palavras obscuras e disfarçadas, para que a percepção de quem os buscasse se mantivesse afastada de sua compreensão.

E eis aqui um exemplo das declarações disfarçadas e obscuras dos filósofos sobre esse assunto: "Lambuze a folha com o veneno (*toxicum*) e o início de sua função ou de seu magistério se verificará". Ou: "Você opera os corpos fortes com a poção dissolvida, até que ambos se convertam em sua sutileza". Eis uma outra declaração do sábio sobre isso: "A menos que você converta os corpos em sutileza, de modo que se tornem sutis e impalpáveis ao toque, você não será guiado ao que procura. E se

> eles [os corpos] não forem moídos, retornem à operação até que estejam moídos e se tornem sutis; porque se fizer isso, você será guiado até aquilo que deseja". E dessa forma eles proferiram muitas declarações como essas. Mas ninguém pode obter, de forma alguma, uma prova desse fato assim ocultado, enquanto uma boa e manifesta explicação de sua evidência não se tornar visível [...].

Embora Khālid não identifique o "sábio" cujas palavras ele reproduz, a citação propriamente dita é apenas uma reformulação das declarações de Maria, a Judia, que citamos acima (capítulo 6): "Se os [materiais] voláteis não combinarem com os materiais fixos, nada do que se espera ocorrerá", e "se vocês não fizerem de duas coisas uma única coisa, nada do que se espera ocorrerá". Evidentemente, Khālid tinha em mente uma doutrina alquímica que remontava ao período helenístico e, em particular, à escola de Maria, a Judia.

> CAPÍTULO II
>
> SOBRE AS COISAS E INSTRUMENTOS NECESSÁRIOS E APROPRIADOS A ESSA OBRA
>
> Você precisa conhecer os utensílios desse magistério, isto é, os *aludela* [aludéis] que os sábios chamaram de cemitérios ou peneiras, porque neles se encontram as partes divididas e purificadas e neles é executada, completada e purificada a matéria do magistério. E cada um deles deve ter uma assadeira (*clibanus*) apropriada a ele e ambos devem possuir uma semelhança e um formato apropriado à Obra. E Mezleme e vários filósofos já mencionaram todos eles em seus livros e ensinaram sobre seu tamanho e forma. E saiba que os sábios concordaram sobre isso em seus depoimentos e [os] ocultaram por meio de sinais e depois escreveram vários livros e fizeram instrumentos que são necessários a esses quatro acima mencionados. E eles são dois. Um deles é o cucúrbita com seu alambique, o outro é o aludel, que é bem feito. E, da mesma forma,

os que são necessários a eles são quatro. Eles são os corpos e almas e os espíritos e as águas. E é nesses quatro que se baseiam o magistério e o ato mineral (*factum*). E eles são explicados nos livros do sábio e foi deles que extraí para meu livro – e nele mencionei – o que os filósofos não haviam mencionado. Quem tiver alguma inteligência saberá que coisas são essas. Eu não escrevi este livro para o ignorante e sem conhecimento, mas o compus para os que são prudentes e para os que possuem bom senso e sabedoria e para os conhecedores.

A menção a Mezleme nesse capítulo é importante para o estabelecimento da data do livro de Khālid. Mezleme não é outro senão Abu'l-Qāsim Maslama al-Majrīṭī, o matemático e astrônomo árabe que viveu na Espanha na segunda metade do século X e ao qual foram atribuídas diversas obras alquímicas, inclusive o *Sirr al-Kīmīya* (O Segredo da Alquimia)[4]. A menção a Maslama no livro de Khālid mostra que ele não pode ter sido escrito antes do final do século X, ou seja, três séculos depois do Khālid histórico. Além disso, a referência a um alquimista árabe espanhol sugere que o autor do livro, um judeu anônimo, viveu na Espanha, onde um tratado de alquimia, escrito em árabe e de procedência espanhola, seria mais facilmente acessível que em outros países árabes.

CAPÍTULO III
SOBRE AS COISAS DA NATUREZA REFERENTES A ESSE MAGISTÉRIO

4 Os historiadores da literatura árabe são da opinião de que os livros de natureza alquímica e mágica atribuídos a Maslama na verdade teriam sido escritos por um compatriota de Maslama da mesma época, chamado Abū Maslama Muḥammad al-Majrīṭī, e pelo discípulo deste último, Ibn Bischrūn al-Majrīṭī, mas essa questão de autoria não tem particular interesse para nós no presente contexto. Fuat Sezgin, *Geschichre des arabischen Schrifttums*, Leiden: E.J. Brill, 1971, v. 4, p. 294-298.

Saiba que os filósofos a designaram [a pedra filosofal] por muitos nomes. Alguns deles a chamaram de minerais e alguns, de animais, enquanto alguns a chamaram de ervas e alguns, pelo nome das naturezas, isto é, naturais. Outros ainda, a designaram por qualquer nome que lhes agradasse, de acordo com o que lhes parecia certo. Saiba também que os medicamentos deles estão próximos da natureza, como disseram os filósofos em seus livros que a natureza se aproxima da natureza, a natureza é semelhante à natureza, a natureza é unida à natureza, a natureza está submersa na natureza, a natureza branqueia a natureza e a natureza avermelha a natureza; e uma geração é retida pela outra e uma geração supera a outra.

Esse capítulo requer apenas um rápido comentário. As afirmações sobre a natureza nada mais são que uma elaboração da declaração de Al-Tamīmī, um contemporâneo de Maslama, citando Maria, a Judia: "O *kiyān* [princípio vital] contém o *kiyān* e o *kiyān* é branqueado pelo *kiyān*".

CAPÍTULO IV
SOBRE A DECOCÇÃO E SEUS EFEITOS

Saiba que os filósofos falaram em seus livros sobre a decocção. Eles disseram que se deve fazer a decocção com as coisas. Porque é isso que gera [as coisas] e as modifica de suas substâncias e cores em outras substâncias e cores. Não ignore o que digo neste livro, mas proceda corretamente. Considere, oh irmão, a semente que está na vida do homem, como o calor do sol atua sobre ela, até que a semente brote e os homens e outros animais dela se alimentem. Posteriormente, a natureza, com seu calor, atua sobre ela, sobre o homem e une a carne e o sangue. E essa é a operação de nosso magistério. Consequentemente, nossa semente que, segundo os sábios, é tal que sua perfeição e processo é o fogo, que é causa de vida e morte, que não comunica vida, exceto por meio de um intermediário e com sua espiritualidade, e que não se mistura, a não ser com o fogo. Já disse a você a verdade que vi e pratiquei.

CAPÍTULO V

SOBRE O REFINAMENTO, DISSOLUÇÃO, CONGELAMENTO E MISTURA DA PEDRA E SUA CAUSA E LIMITE

Saiba que a menos que você refine o corpo até que se torne inteiramente água, ele não irá mofar nem apodrecer e não poderá congelar as almas fugazes quando o fogo as tocar. Porque é o fogo que as congela com sua própria ajuda em relação a elas. E, da mesma forma, os filósofos [nos] ensinaram a dissolver os corpos e nós [os] dissolvemos para que o calor penetre em seu interior. A seguir, voltamos a dissolver esses mesmos corpos e, após sua dissolução, voltamos a congelá-los com uma coisa que está próxima deles, até juntar tudo em uma mistura boa e apropriada, que é de uma quantidade moderada. Depois, juntamos fogo e água e terra e ar e quando o denso e o ralo (*subtilis*) são misturados, e o ralo com o denso, o diferente permanece com o diferente e suas naturezas se convertem em iguais, enquanto antes elas eram simples, porque a parte é geradora, ela acrescenta e comunica sua virtude ao ralo que é o ar [...].

O restante do capítulo V trata das quatro propriedades do quente, frio, seco e úmido.

O capítulo VI é intitulado "Sobre a Fixação do Espírito".

O capítulo VII é "Sobre a Decocção, Trituração e Lavagem da Pedra".

O capítulo VIII é "Sobre a Quantidade do Fogo e sua Vantagem e Desvantagem". Nesse capítulo, Platão é citado, assim como Hermes, que diz a seu pai: "Pai, receio o inimigo em minha morada", diante do quê, seu pai lhe dá instruções detalhadas sobre os ingredientes a serem usados na produção do fogo de calor controlado.

O capítulo IX é "Sobre a Separação dos Elementos da Pedra". Nele, Deus é invocado e um alquimista de nome Garib é mencionado.

O capítulo X é "Sobre a Natureza da Pedra e sua Origem". Ele diz:

> Tome-a [a pedra], por conseguinte, e trabalhe com ela, como disse o filósofo em seu livro, quando falou sobre ela da seguinte forma: tome uma pedra que não é uma pedra, que não é nem uma pedra nem da natureza de uma pedra. É a pedra cujo mineral é gerado no topo das montanhas e o filósofo queria dizer montanhas para animais. Ele disse: meu filho, vá às montanhas da Índia e até suas cavernas e retire delas as honradas pedras, que se tornam liquefeitas na água, quando misturadas a ela. E essa água é, evidentemente, a que é tirada de outras montanhas e suas cavernas. E elas são, meu filho, pedras e não pedras, mas nós as chamamos [pedras] devido a sua semelhança com elas. E saiba que as raízes dos próprios minerais estão no ar e sua cabeça, na terra e, quando são arrancadas de seu lugar, um grande grito (*rumor*) se produz e pode ser ouvido e, apresse-se com elas, meu filho, porque elas perdem seu efeito (*evanescunt*) rapidamente.

Nessa descrição da "pedra que não é uma pedra" é evidente que o que Khālid tinha em mente não era uma pedra, mas uma planta. As palavras "as raízes dos minerais estão no ar e sua cabeça, na terra" só podem se referir a plantas como cenouras ou batatas, cujas "cabeças", isto é, raízes tuberosas, ficam na terra, enquanto suas "raízes", isto é, seus ramos de folhas, se encontram "no ar", isto é, acima do solo. O acréscimo do detalhe de que, quando essas plantas são arrancadas "um grande grito se produz", isto é, elas choram em voz alta, mostra que a tuberosa que Khālid tinha em mente era nada menos que a mandrágora (*mandragora officinarum*). A mandrágora, cujas raízes muitas vezes têm uma forma que se assemelha à do corpo humano, deu origem a uma grande quantidade de folclore em meio a vários povos, alguns dos quais acreditavam que, quando arrancada da terra, ela emite um guincho horrível[5]. O historiador Flávio Josefo (século I d. C.), que descreve a mandrágora, alude a essa característica, quando diz que "ela não é

5 Cf. Raphael Patai, *Adam va'Adamá*, v. 1, p. 216-226.

facilmente arrancada, mas recua de suas mãos, nem se deixa arrancar sem resistência". Shakespeare repetidamente se refere a essa crença. Em *Romeu e Julieta*, ele diz: "Gritos como mandrágoras arrancadas da terra / Que mortais viventes, ouvindo-os, enlouquecem", e, novamente, na segunda parte de *Henrique VI*: "Maldições matariam como o faz o gemido da mandrágora?"[6].

O motivo para se tentar obter a mandrágora, apesar dos perigos que acompanhariam a tentativa de desenraizá-la, se sustentava na crença em suas propriedades benéficas quase que miraculosas: ela podia dotar os que dela comiam do poder de despertar a paixão sexual e podia tornar férteis as mulheres estéreis. Essa crença está por trás da história bíblica de Raquel e as mandrágoras e era compartilhada com os gregos da antiguidade[7]. A partir dessas fontes, o folclore da mandrágora se difundiu para muitos outros povos, inclusive os árabes. O botânico e farmacologista árabe, Ibn al-Bayṭār (séculos XII a XIII), que nasceu na Espanha e viveu a segunda metade de sua vida no Oriente, fornece uma descrição das virtudes da mandrágora em seu *Dicionário de Nutrientes e Remédios Simples*: é um remédio para todos os males causados por *jinn* (gênios), demônios e por Satã; ela cura coxeadura, cãibras, epilepsia, elefantíase, demência e perda da memória e fornece proteção contra infortúnios de todos os tipos, inclusive roubo e assassinato[8]. Essa crença na mandrágora como o medicamento universal bem pode ter influenciado Khālid, quando ele atribuiu características semelhantes às da mandrágora à misteriosa pedra filosofal que devia ser buscada nas montanhas. O detalhe adicional de que a pedra-planta é encontrada não simplesmente em uma montanha, mas em uma caverna na montanha, pode ser rastreado até antigas fontes judaicas.

6 Flávio Josefo, *Bellum Iudaicum* (*Guerra Judaica*), 7:6:3. William Shakespeare, *Romeu e Julieta*, ato IV, cena III. Cf. também *Henrique VI*, segunda parte, ato III, cena II. Cf. também James G. Frazer, *Folk Lore in the Old Testament*, v. 2, p. 384-385.

7 Cf. Gn 30; Frazer, *Folk Lore*, v. 2, p. 372 e s.

8 Cf. a tradução de J. Sontheimer para o alemão, Stuttgart, 1840-1842, v. 2, p. 14 e s., 594.

No trecho acima citado, Flávio Josefo afirma que a raiz é encontrada em "um certo lugar chamado Baaras, que produz uma raiz do mesmo nome". O nome Baaras é enigmático, mas foi explicado por Louis Ginzberg como uma abreviação de *yavruḥa dim'ara*, isto é, "mandrágora da caverna", Baaras sendo a forma grega do termo hebraico *m'ara*, caverna[9].

Vimos acima que também fontes medievais relatavam que Maria, a Judia, havia identificado a pedra filosofal a uma misteriosa "erva branca da montanha".

O capítulo XI é intitulado "Sobre a Mistura de Elementos Separados".

O capítulo XII é intitulado "Sobre a Dissolução da Pedra Composta".

O capítulo XIII é intitulado "Sobre a Coagulação da Pedra Dissolvida". Ele descreve as propriedades e usos da pedra filosofal, cita Jābir ibn Ḥayyān e diz o seguinte:

> Alguns dos sábios disseram: congele-a [a pedra] completamente em um banho, como expliquei, e é o enxofre luminoso na escuridão e é o jacinto vermelho e o veneno flamejante e letal e é o elixir, acima do qual nada permanece, e o leão maléfico vitorioso e a espada cortante e a *tyriaca* [teriaga, antídoto] curativa, que cura todas as enfermidades. E falou Geber, filho de Hayen [Jābir ibn Ḥayyān]: todas as operações desse magistério estão contidas em seis coisas, que são: *fugare* [tornar fugaz], derreter e cerar e branquear como é o mármore e dissolver e congelar. "Tornar fugaz" significa tornar a negrura fugaz e removê-la do espírito e da alma. "Cerar" é liquefazer o corpo e torná-lo sutil. "Branquear" é derreter o corpo rápida e apropriadamente. "Congelar" é congelar o corpo com a alma preparada. Inversamente, "tornar fugaz" diz respeito ao espírito e à alma e derreter e branquear e cerar e dissolver concernem ao corpo e congelar concerne às almas; e compreenda!

9 Louis Ginzberg, *The Legends of the Jews*, 7 v., v. 5, p. 297-298.

Há vários pontos de interesse nesse capítulo. Ele identifica a pedra filosofal ao elixir e à teriaga, a substância curativa universal, mas também ao enxofre luminoso e ao "jacinto vermelho". Além disso, a pedra também aparece como um veneno letal e uma espada cortante. A identificação da pedra com o "leão maléfico vitorioso" é uma imagem incomum: em geral, o leão (muitas vezes o "leão verde") é uma alternativa ao unicórnio, uma metáfora para o ouro e, mais frequentemente, para o mercúrio. A atribuição de qualidades tanto boas quanto más à pedra é um exemplo notável da *coincidentia oppositorum* na alquimia (é uma pena que esse texto fosse desconhecido de Jung ou, em todo caso, não fosse considerado por ele – ele certamente o teria explorado em suas múltiplas interpretações da pedra filosofal)[10].

No capítulo XIV, intitulado "Que há Apenas uma Pedra e de sua Natureza", o autor apresenta detalhes adicionais sobre a maravilhosa pedra filosofal:

> Disse Bauzan, o filósofo grego[11], quando lhe perguntaram: é verdade que tudo que brota pode se tornar uma pedra? Ele disse então: certamente existem duas pedras primordiais, a pedra alcalina e a nossa pedra, que é a vida de quem a conhece e sabe como produzi-la. E aquele que não a conhece e não a produz e não sabe como ela nasce, ou se interessa pela pedra ou então – sobretudo porque não compreende o que eu disse sobre a aparência dessa pedra – parece já ter morrido e ter perdido seu dinheiro. Porque, a menos que ele encontre essa honrada pedra, nenhuma outra aparecerá em seu lugar e as naturezas não sairão vitoriosas com relação a ela. Sua natureza é muito calor, na devida proporção. Portanto, aquele que a conhece, já ensinou sobre ela e aquele que não a conhece não ensinou sobre ela.

10 Cf. Jung, *Psychology and Alchemy*, Índice, verbete "lápis".

11 Bauzan pode ser o mesmo que Bacsen, ou Bassen, mencionado no *Turba*. Cf. Manget, *Bibliotheca chemica curiosa*, v. 1, p. 454, 455, 482.

> Sem dúvida, ela tem muitas qualidades e virtudes. Porque limpa os corpos de doenças acidentais contraídas e conserva as substâncias saudáveis, para que elas não apareçam, nem sejam vistas, em suas desordens de opostos, nem escapando de suas correntes. Esse, portanto, é o sabão [purificador] dos corpos e seu espírito e sua alma: quando misturado a eles dissolve-os sem danos. Essa é a vida dos mortos e a ressurreição, o medicamento que preserva o corpo e o purga de seus excessos. E aquele que conhece isso conhece, aquele que não conhece não conhece. Porque seu efeito não aumenta seu preço, nem ela é adquirida por venda ou compra. Compreenda sua virtude, valor e honra e como operar. E disse um certo sábio: Esse magistério não é concedido a você por Deus somente devido a sua coragem, firmeza e entusiasmo, sem muito trabalho. Mas os homens trabalham e Deus concede fortuna aos homens. Venere, portanto, Deus o criador, que se dispôs a conceder a você o imenso benefício de suas obras abençoadas.

No capítulo XV, intitulado "A Maneira de Operar com a Pedra para o Branqueamento", o autor descreve como a pedra pode e deve ser utilizada na transmutação de metais comuns em prata, mas ele o faz de forma a deixar grande parte das informações essenciais propositalmente não reveladas:

> Se, portanto, você quer praticar esse honrado magistério, tome a honrada pedra e a coloque numa cucúrbita e cubra com um alambique e vede bem com argila filosofal e deixe secar. Quando fizer isso, sempre que vedar com argila filosofal, deixe depois no mais quente esterco; em seguida, destile e coloque sob o receptor, no qual a água é destilada, e deixe assim, até que toda a água seja destilada e a umidade tenha secado e ela absorva a secura que está acima dela. Depois, retire-a seca e preserve a água que foi destilada e dela extraída, tanto tempo quanto considerar necessário. A seguir, tome o corpo seco que permaneceu no fundo da cucúrbita e triture e coloque num recipiente de *chalcosolario* [latão],

cuja quantidade deve estar de acordo com a quantidade de remédio e enterre em adubo úmido de cavalo, o mais quente possível, e vede bem esse recipiente usando a mão de um pilão e argila filosofal e deixe lá assim. E se você notar que o esterco está esfriando, prepare outro esterco bem quente e coloque o recipiente nele. Proceda dessa forma durante quarenta dias, renovando o esterco quente com frequência, conforme necessário, e deixe o remédio dissolver nele e deixe que se transforme numa água branca espessa.

E quando o vir assim, verifique seu peso e acrescente metade do peso da água que você reservou previamente e, então, vede esse recipiente com argila filosofal e coloque-o novamente em esterco quente de cavalo: porque nele está a umidade e o calor. E não deixe (como dissemos antes) de trocar o esterco, quando ele começar a esfriar, até se completar os quarenta dias. Porque, então, o medicamento estará congelado o mesmo número de dias que ele levou para ser dissolvido. Em seguida, tome-o e você saberá seu peso correto e retire a mesma quantidade da água que inicialmente você preparou e triture o corpo e a matéria fina e coloque a água sobre eles. E deposite-os novamente em esterco quente de cavalo por uma semana e meia, ou dez dias, e então retire-os e você descobrirá que o corpo já absorveu a água. Então triture e coloque sobre ele a água na quantidade indicada. E enterre em esterco durante mais dez dias. E a seguir, retire-o e você vai encontrar o corpo que já absorveu a água. Então triture, como no início, e coloque sobre ele e a água mencionada, juntos, a quantidade acima mencionada e, novamente, enterre no esterco acima mencionado e deixe aí por dez dias e, então, retire-o. E proceda assim quatro vezes e, então, depois que a quarta vez for completada, remova, triture e sublime no adubo, até que se dissolva. Então retire e repita mais uma vez, porque então sua origem será perfeita e seu preparo já estará completo. Então, na verdade, quando tiver se tornado assim e você tiver trazido, oh irmão, a matéria a esse estado honrado, tome 250 dracmas de chumbo ou estanho e derreta. Depois, quando essa mistura estiver liquefeita, jogue sobre ela uma dracma de cinabre, isto é, desse medicamento que você levou a esse

> estado considerado honrado e a essa condição elevada e deixe que o estanho ou chumbo fique retido, a fim de que não escape do fogo, e isso o embranquecerá e extrairá seus excessos e sua negrura e o converterá numa tintura permanente perpétua. Depois, tome uma dracma das 250 e jogue-a sobre 250 [dracmas] de estanho, ou latão, ou cobre e ela as converterá em prata melhor do que a prata mineral e essa é a melhor coisa que você pode fazer e a coisa suprema, se Deus quiser.

O capítulo XVI, o último, é intitulado "A Conversão da Supracitada Pedra para o Vermelho". Ele diz:

> Se você quiser converter esse magistério em ouro, tome desse remédio, que (como eu disse) você trouxe a essa posição honrada e a essa condição elevada, uma dracma de peso, e [faça] isso conforme o exemplo que mencionei acima. E coloque num recipiente de latão e enterre em esterco de cavalo durante quarenta dias, para que dissolva. Depois, deixe absorver a água do corpo dissolvido, primeiro numa quantidade que é metade de seu peso e, então, quando estiver congelado, enterre em esterco bem quente, como explicado anteriormente. A seguir, faça neste capítulo do ouro como você fez acima, no capítulo da prata. E será ouro e pode ser trabalhado como ouro, se Deus quiser. Preserve, oh filho, este livro muitíssimo secreto e não coloque o segredo dos segredos de Deus nas mãos do ignorante. Assim você obterá o que quiser. Amém.

Com essa nota devota, termina o *Livro dos Segredos da Arte* que, deixando-se de lado a questão de sua autoria, é um dos tratados de alquimia mais importantes da Idade Média. Ele apresenta a essência da teoria e da prática alquímicas numa linguagem mais clara e compreensível do que a maioria dos outros tratados da época, o que sem dúvida contribuiu para sua popularidade, uma vez que foi traduzido para o latim.

Parte Quatro

DO SÉCULO XI AO XIII

Introdução
à Parte Quatro

Do século XI ao século XIII, a cultura árabe, em geral, e a alquimia árabe, em particular, passaram por sua idade de ouro. Ibn Sīnā e Al-Rāzī, que ficamos conhecendo no capítulo anterior, eram apenas dois representantes de uma galáxia de mentes notáveis e criativas que enriqueceram o mundo árabe e, com isso, também a história intelectual da humanidade. Uma vez que mesmo falar apenas dos mais notáveis deles nos levaria além dos limites de nosso tema, quero mencionar somente um único desdobramento que deixa tangível a importância da alquimia no clima intelectual da época. No século XI, a popularidade da alquimia dava origem a um movimento contrário de opinião, que negava seu valor e até mesmo sua realidade: o próprio Ibn Sīnā estava disposto a reconhecer apenas que os alquimistas eram capazes de produzir algo que tinha semelhança externa com os metais preciosos. Na pessoa de Ḥusayn ʿAlī al-Ṭughrā'ī (?-1121?), a alquimia encontrou um defensor corajoso e capaz. Em seu *Kitāb Ḥaqā'iq al-Istischdād fi al-Kīmiyā* (Livro das Verdades das Evidências na Alquimia), escrito em 1112, Al-Ṭughrā'ī argumenta que a alquimia não cria uma *faṣl* (differentia specifica) absolutamente nova, mas apenas prepara a matéria para assimilar a *faṣl* concedida a ela pelo Criador. Essa afirmação enfraquecia os argumentos dos teólogos ortodoxos, mas de forma alguma encerrava a polêmica muçulmana sobre a alquimia, que persistiria até o século XIV e na qual Ibn Khaldūn se aliaria aos adversários da alquimia.

Quase nada dessas turbulências se reflete nas poucas passagens referentes à alquimia, contidas nos escritos dos principais pensadores judeus da época. Baḥia ibn Pakuda parece ter acreditado sem questionar que os alquimistas podem produzir ouro. Iehudá Halevi negava a validade dos experimentos alquímicos. Abraham ibn Ezra acreditava que a produção do ouro potável era possível e que existia uma substância que faz o ouro calcinar e tornar-se negro. Iehudá ben Salomão acreditava que o ouro amadurece gradualmente no seio da terra, a partir de metais comuns, mas negava que os alquimistas fossem capazes de reproduzir esse processo em seus laboratórios. Cada uma dessas concepções era uma opinião individual, com nada em comum entre si, e é difícil avaliar se representavam reações às concepções opostas, fortemente sustentadas e defendidas, dos alquimistas muçulmanos da época.

Com relação aos pensadores judeus da Cabala, do século XIII e posteriores, entre os quais Moisés de León ocupava lugar de destaque, eles estavam muito mais interessados na confirmação, que acreditavam poder encontrar na alquimia, para os mistérios cabalistas que eles haviam descoberto no universo, e nas possibilidades aparentemente ilimitadas dos cálculos da *guemátria*, do que em examinar a possibilidade das operações alquímicas. Quando, durante o Renascimento, a Cabala chegou ao mundo cristão, foi por esses aspectos do estranho misticismo judaico que os cristãos se interessaram inicialmente, enquanto a alquimia propriamente dita demorou mais tempo para penetrar as fortalezas espirituais da Cabala judaica.

Na introdução à parte três, mencionamos que o mestre com quem Ibn Sīnā adquiriu seus conhecimentos de alquimia foi um alquimista judeu chamado Jacó, o Judeu. Dois séculos mais tarde, temos notícias do primeiro alquimista judeu, que teria ensinado a Grande Arte a um estudioso cristão. Tratava-se de Jacobus Aranicus, sobre o qual praticamente nada se sabe, exceto que viveu na França e foi o professor de Vincent de Beauvais (?-1264), um dos estudiosos e alquimistas mais célebres da Europa cristã medieval[1]. Como veremos no capítulo 15, no século XIV, os alquimistas judeus eram reconhecidos na cristandade como mestres e autoridades às quais os cristãos recorriam quando desejavam se iniciar nos segredos da Grande Arte. Embora as informações disponíveis sejam demasiado escassas para servir de base para uma generalização, ainda assim há nelas algumas indicações sugerindo que os alquimistas judeus foram, na Idade Média, professores de alquimistas tanto muçulmanos quanto cristãos, assim como, na Antiguidade, eles haviam sido os mestres dos alquimistas do período helenístico.

O século XIII é extraordinário na história da alquimia judaica ainda por uma outra razão. Esse foi o último século em que todos os alquimistas judeus viveram em um ambiente muçulmano – embora de forma alguma tenham deixado de escrever em árabe, pelo menos ocasionalmente, durante vários séculos depois. No século XIII alquimistas judeus aparecem pela primeira vez no mundo cristão e, daí em diante, o centro de gravidade da alquimia judaica foi gradualmente se deslocando para o Ocidente.

1 Cf. B. Suler, "Alchemy", na *Encyclopaedia Judaica*, Jerusalem: Keter Publishing House, 1972, v. 2, p. 547.

10.

Artéfio

Artéfio, que viveu no século XII, foi um dos mais famosos e respeitados alquimistas medievais. Suas obras estão incluídas em coletâneas de alquimia tradicionais, como o *Theatrum chemicum* e a *Bibliotheca chemica curiosa*, que foram traduzidas para o francês e o alemão, a partir do início do século XVII. Em 1832, Karl Christoph Schmieder, um dos primeiros historiadores da alquimia, fez uma lista delas e sumarizou seu conteúdo em sua *Geschichte der Alchemie*[1].

Um fator que contribuiu para a fama de Artéfio foi a afirmação, apresentada em seu livro *Tractatus de vita proroganda* (Tratado sobre o Prolongamento da Vida), de que, com a ajuda de sua tintura secreta, utilizada por ele como medicamento, ele teria alcançado a idade de 1025 anos na época em que começou a escrever essa obra. Após mencionar esse detalhe, Schmieder acrescenta:

> Grandes palavras!! Nenhum outro defensor da panaceia tinha ido tão longe. Essa ousadia deveria privar o adepto e inventor de toda credibilidade. No entanto, o grupo dos moderados considera esse tratado uma falsificação e uma obra falsamente atribuída a ele. Essa pode ser a razão por que ele nunca foi impresso e é encontrado apenas na forma de manuscrito[2].

1 Karl Christoph Schmieder, *Geschichte der Alchemie*, Halle: Verlag der Buchhandlung des Waisenhauses, 1832, p. 125-27.

2 Idem, p. 127

O excelente artigo de Bernard Suler, "Alquimia", na *Encyclopaedia Judaica*, publicado em Jerusalém em 1972, afirma que:

> Artéfio, o grande alquimista do século XII, "antes do qual não houve nenhum outro praticante que a ele se equiparasse", foi, de acordo com o autor do Keren ha-Pukh [Keren haPuch], um judeu batizado. É considerado como aquele que levou à perfeição a criação da pedra filosofal. Escreveu três livros sobre a alquimia, "cuja importância é inestimável". [...] Alguns estudiosos acreditam que Artéfio era árabe. No entanto, o fato de ele nada ter escrito em árabe (todas as suas obras foram escritas em latim) parece desmentir essa afirmação.

A fonte de Suler, que não é fácil localizar, era um pequeno panfleto de quarenta e duas páginas, com um prefácio datado de Arnheim, 1700[3], e uma parte introdutória na qual o autor recapitula a famosa pseudopré-história bíblica da alquimia, com a devida menção a Adão, Moisés, Davi e Salomão. O corpo do tratado vem em seguida e consiste numa sequência numerada de parágrafos curtos, cada qual apresentando a opinião do autor sobre um alquimista de períodos anteriores: Ísis, "regina Aegypti", Ostanes, Zózimo, Demócrito, Virgílio, Pápias, Morienus e assim por diante. O parágrafo n. 19 afirma:

> Artéfio supostamente teria sido um judeu convertido. Em seu tratado, ainda existente, ele é tão explícito e claro que seria devidamente apreciado e valorizado por todos. O que se afirma sobre sua considerável idade é, com justiça, posto em dúvida, mas, ainda assim, seus escritos permanecem incomparáveis[4].

3 *Fegfeufer der Chymisten...*, Amsterdã, 1702. Há apenas uma cópia na Biblioteca Nacional, Paris.

4 O artigo de Suler na *EJ* (B), v. 2, p. 152, afirma que o *Keren haPuch* menciona pelo nome um outro alquimista judeu, Tenellus, a quem o "piedoso autor" caracteriza como "uma alma desprezível, um judeu". O fato é que, sob a categoria "Principais Mentiras", o autor do *Keren haPuch* diz apenas: "N. 23. Tenelli MSt. eine liederliche Seele", sem nenhuma indicação de que Tenellus era um judeu.

Uma expressão como "supostamente teria sido um judeu convertido" mostra apenas que havia rumores a esse respeito e não pode ser considerada como prova positiva. A mesma incerteza aparece em outras fontes. Na grande *Bibliotheca Hebraea*, em quatro volumes, publicada em Hamburgo em 1715-1733, o bibliógrafo e hebraísta cristão Johann Christoph Wolf (1683-1739) apresenta uma lista de todos os livros hebraicos que ele próprio teria visto ou teria encontrado mencionados em outras bibliografias. Nessa lista aparece o seguinte verbete:

> Arthefius, pro ex Judaeo venditatur in libro vernaculo. *Fegfeuer der Chymisten*, p. 12, ibique scriptio ejus Chymica, satis nota, a perspicuitate laudatur & incomparabilis appellatur, vita vero ejus longior in dubium vocatur (Artéfio é elogiado como um ex-judeu no livro vernáculo Purgatório dos Alquimistas, p. 12, e na mesma passagem, sua escrita alquimística, suficientemente conhecida, é elogiada por sua clareza e chamada de incomparável; sua vida, porém, tem sido, há muito, objeto de questionamento)[5].

Uma fonte ainda mais antiga é o importante *Theatrum chemicum*, com a seguinte observação no prefácio que apresenta o livro de Artéfio (assim grafado) *Liber qui clavis majoris sapientiae dicitur* (O Livro Chamado a Chave da Sabedoria Maior):

> Não há consenso suficiente sobre quem foi esse Artéfio. Alguns pensam que foi um judeu; há sobre ele certas coisas em Roger Bacon e Cardano: quanta erudição, além disso, poderá demonstrar esse livro, no qual há algumas coisas que estão além da credibilidade; gostaria de persuadi-los de que são enigmas; coisas que na verdade são claramente físicas foram entretecidas com magnífica habilidade[6].

5 Johann Christoph Wolf, *Bibliotheca Hebraea*, 4 v., Hamburgo, 1715-1733, v. 4, p. 790.

6 *Theatrum chemicum*, publicado por Lazarus Zetzner, Estrasburgo: Argentorati, 1613, v. 4, p. 220. Apenas um ano antes, P. Arnauld traduzira para o francês e publicara o *Liber secretus* de Artéfio,

Embora não provem que Artéfio era judeu, ou judeu convertido, essas afirmações pelo menos indicam que, no início do século XVII (ou talvez mesmo antes), circulavam rumores de que ele fora um judeu.

Por outro lado, Artéfio é frequentemente identificado como árabe. O título de seu mais antigo livro impresso diz: *Artefii arabis liber secretus artis occultae* (O Livro Secreto da Arte Oculta de Artéfio, o Árabe). No final do século XVIII, Gmelin escrevia que os discípulos de Artéfio consideravam-no um descendente de árabes[7]. Em 1870, M. Chevreul tendia a aceitar a opinião de que Artéfio era de origem árabe[8]. Em 1876, um estudioso alemão, Gildemeister, identificou Artéfio com o poeta e alquimista árabe Al-Ṭughrā'ī, que foi executado por volta de 1119-1120 ou 1121-1122[9].

Por outro lado, Schmieder argumentava, em 1832, que Artéfio "não foi um árabe, como alguns pretendem; nem está provado que ele descendia de pais árabes. Ele escrevia somente em latim [...]. Com frequência ele cita Adfar e também é citado por Roger Bacon; por essa razão, pode-se situá-lo entre os dois, isto é, no ano de 1150"[10]. Vários outros historiadores da alquimia falam de Artéfio, sem mencionar qualquer teoria ou suposição sobre suas origens.

É interessante que Artéfio não era de forma alguma consistente na interpretação da terminologia alquimística. Por exemplo, ele explica o termo frequentemente empregado, laton, como ouro (parágrafo 1) e como "o corpo composto de sol [ouro] e luna [prata] por nossa primeira água" (parágrafo 15). Ele oferece sua própria interpretação

juntamente com tratados de alquimia escritos por Flamel e Sinésio, sob o título *Trois traitez de la philosophie naturelle*..., Paris, 1612. Agradeço a Louis H. Feldman pela tradução.

7 Johann Friedrich Gmelin, *Geschichte der Chemie*, Göttingen, 1797, v. 1, p. 22-23.

8 M. Chevreul, Examen critique an point de vue de l'histoire de la chimie, d'un écrit alchimique intitulé *Artefii clavis majoris sapientiae*, em *Mémoires de l'Académie des Sciences de l'Institut Impérial de France*, 36, 1870, p. 27.

9 Assim, de acordo com Ibn Khallikān. Cf. Gildemeister, *Zeitschrift der Morgenländischen Geseltschaft* 30 (1876), p. 538, conforme a citação de John Ferguson, *Bibliotheca chemica*, p. 51.

10 Schmieder, *Geschichte*, p. 125-126.

ao balneum Mariae (*bain-marie*) como "nossa água ígnea e sulfurosa" (parágrafo 31). Em outra passagem (parágrafo 6), ele fornece uma interpretação diferente do balneum Mariae. Azot, para ele, é a "nossa água, que pode tomar, dos corpos perfeitos do sol e da luna, sua cor natural, tornando o corpo vermelho, branco (parágrafo 32). Seguindo as restrições enunciadas por Maria, a Judia, que queria reservar exclusivamente aos judeus o conhecimento da alquimia, Artéfio afirma que está disposto a revelar tudo que é preciso saber para o aperfeiçoamento da pedra filosofal, "exceto uma certa coisa que não é lícito a mim revelar a ninguém, porque é ou revelada ou anunciada pelo próprio Deus" (parágrafo 30). Em contraposição às referências místicas ao "grande arcano, isto é, uma água de antimônio saturnino, mercurial e branca" (parágrafo 2), ele declara explicitamente que essa água "devolve aos corpos seu primeiro original de enxofre e mercúrio, [de modo] que deles podemos posteriormente, em pouco tempo, em menos de uma hora, fazer acima do solo o que a natureza está fazendo há mil anos abaixo do solo, nas minas da terra, o que é uma obra quase milagrosa" (parágrafo 10). No entanto, "o segredo último ou supremo consiste em, com essa água, fazer corpos voláteis, espirituais, e uma tintura, ou água de tingir, que pode ter penetração ou entrada nos corpos, pois ela faz os corpos se tornar meramente espírito" (parágrafo 11). As imagens sexuais também não eram incomuns em Artéfio, como podemos observar em sua afirmação: "Entre o corpo e a água [filosofal] há um desejo de amizade, como o que existe entre o macho e a fêmea, devido à proximidade e semelhança de suas naturezas" (parágrafo 14).

11.

Os Grandes Filósofos Judeus

Os séculos XI, XII e XIII foram a grande era da filosofia judaica medieval. Após um profundo sono de vários séculos desde Fílon de Alexandria, a filosofia judaica despertou para uma nova vida, sob o impacto da filosofia árabe que, por sua vez, era filha da filosofia grega, que se tornara acessível por meio das traduções árabes[1]. Os escritos de vários dos grandes filósofos judeus medievais mostram que eles tinham familiaridade com a alquimia, que estavam dispostos a seguir suas teorias e que aceitavam a alegação dos alquimistas de ser capazes de transmutar metais comuns em preciosos. Além disso, declarações proferidas por alguns filósofos judeus sobre a alquimia e os alquimistas dão-nos uma compreensão da posição social dos alquimistas, seu modo de vida e os benefícios e perigos de seu trabalho.

Neste capítulo discutiremos rapidamente o que quatro proeminentes filósofos judeus medievais tinham a dizer sobre a alquimia e o que podemos aprender com suas afirmações sobre a posição ocupada pela alquimia em sua sociedade. Como veremos, não encontramos nenhuma passagem em que os autores afirmassem que os alquimistas sobre os quais eles falavam eram judeus. No entanto, dada a estreita participação dos judeus da Espanha muçulmana e cristã, assim como de outros países mediterrâneos, na vida social e intelectual das loca-

1 Cf. Raphael Patai, *The Jewish Mind*, New York: Charles Scribne's Sons, 1977, p. 126.

lidades não judaicas em que viviam, e graças a informações provenientes de outras fontes, podemos supor que, quando nossos autores escreveram sobre os alquimistas, suas observações se aplicavam tanto aos adeptos judeus quanto aos não judeus.

Bahia ibn Pakuda

Bahia ibn Pakuda foi um filósofo e religioso judeu, que viveu na segunda metade do século XI na Espanha muçulmana, provavelmente em Saragoça. Escreveu sua obra mais importante, o *Kitāb al-Hidāya ilā Farā'id al-Qulāb* (Livro de Orientação dos Deveres dos Corações), em árabe, por volta de 1080[2]. O livro foi traduzido para o hebraico em 1161, por Iehudá ibn Tibon, sob o título *Ḥovot haL'vavot* (Deveres dos Corações), tornou-se popular e teve profunda influência em toda a bibliografia ético-moralista judaica que se seguiria. Embora revele fortes influências árabe-muçulmanas, neoplatônicas e, possivelmente, também herméticas, o livro permanece basicamente uma obra judaica. Seu objetivo é conduzir o leitor à perfeição espiritual, em rigorosa conformidade com os ensinamentos da religião judaica. Mais recentemente, o livro foi traduzido para as principais línguas europeias, assim como para o ídiche. Embora uma excelente tradução para o inglês se encontre disponível (elaborada por M. Hyamson e publicada em 1962), elaborei para a passagem minha própria tradução (baseada na versão hebraica de Ibn Tibon, à qual o livro deve sua popularidade), para garantir que todas as nuances de seu estilo medieval típico fossem reproduzidas com exatidão.

2 Bahia ibn Pakuda, *Kitāb al-Hidāya ilā Farā'id al-Qulūb*, organizado por A. Yahuda, Leiden: E. J. Biel, 1912.

Em seu capítulo 4, intitulado "Sobre a Fé em Deus, Abençoado seja Ele", Bahia compara as vantagens que se acumulam para todo aquele que confia em Deus com as obtidas por um mestre alquimista que pode fazer ouro. Ele conclui, como era de se esperar, que a fé em Deus é uma realização muito mais valiosa que o conhecimento alquímico e, no decorrer de sua comparação entre as duas realizações, pinta um quadro bastante sombrio das preocupações e perigos aos quais o alquimista está constantemente exposto.

Contudo, o mais interessante para nós, no presente contexto, é o fato de que, dentre todas as carreiras possíveis abertas a indivíduos talentosos (inclusive judeus) na Espanha muçulmana do século XI, que incluíam posições como a de estadista, comandante militar, médico, poeta, filósofo, astrônomo, geômetra, cartógrafo, arquiteto e outras do gênero, Bahia tenha selecionado a ocupação do alquimista, para comparar com os valores inerentes à fé em Deus. É possível que, em meio à elite intelectual judaica da Espanha muçulmana, o trabalho e a posição social do alquimista fossem considerados como os mais atraentes e compensadores. Assim, quando procurou um contraponto para pôr em destaque o bem supremo que o homem pode alcançar por sua fé em Deus, Bahia selecionou a carreira do alquimista. Dessa forma, ele estava na verdade dizendo: "Você acredita que o bem supremo que se pode alcançar neste mundo é ser um mestre alquimista; veja, vou mostrar que mesmo isso é uma coisa insignificante, quando comparado aos benefícios que se pode alcançar pela fé em Deus". Ele apresenta dez argumentos, cada qual interpolado por muitas citações bíblicas, que não foram incluídas na passagem que se segue. Bahia inicia, afirmando que aquele que coloca sua fé em Deus

> será, no silêncio de sua alma e na amplitude de seu coração e na pequenez de suas preocupações sobre seus afazeres, como o mestre de alquimia, isto é, um homem que pode transmutar a prata em ouro e o

cobre e o latão em prata, por meio da sabedoria e da ação. Contudo, aquele que confia em Deus terá vantagem sobre ele [o alquimista] em dez coisas:

A primeira delas é que o mestre de alquimia precisa de coisas especiais para essa obra e não pode completar nada sem elas e não pode encontrá-las todas as vezes, em todos os lugares [...].

Segundo, o mestre de alquimia precisa de ações e obras, sem as quais não pode obter o que ele deseja, e pode acontecer que o cheiro e a fumaça o matem, devido ao trabalho constante e a extensão do esforço que ele dedica a elas noite e dia [...].

Terceiro, o mestre de alquimia não confia seu segredo a ninguém mais, porque teme por sua vida [...].

Quarto, o mestre de alquimia não pode deixar de encomendar muito ouro e prata, de modo a tê-los à disposição na hora da necessidade; ou então ele encomendará somente a quantidade suficiente para um curto período de tempo. E se encomendar muito ouro e prata, ele viverá com receio por sua vida todos os dias, com medo de que parte dele se perca, e seu coração nunca estará tranquilo e sua alma não descansará, devido a seu medo do rei e do povo; e se encomendar somente o suficiente para atender suas necessidades por pouco tempo, pode acontecer de ele não conseguir realizar seu trabalho quando sua necessidade for grande, porque lhe faltará um dos fatores [...].

Quinto, o mestre de alquimia sempre treme por causa de seu trabalho, por medo do rei [e] até da mais humilde das pessoas [...].

Sexto, o mestre de alquimia nunca está a salvo de doenças e dores, que se misturam a sua alegria e riqueza, e isso nunca o deixa desfrutar do que ele possui, nem obter prazer com aquilo que suas mãos conquistaram [...].

Sétimo, o mestre de alquimia arrisca-se a não ser capaz de obter seu alimento, apesar de todo o ouro e prata que ele possui, porque pode não haver alimento em sua cidade em certas épocas [...].

Oitavo, o mestre de alquimia não se demora em nenhum lugar, com receio de que seu segredo seja descoberto [...].

Nono, o mestre de alquimia não é acompanhado por sua alquimia no final de sua vida e nada consegue por meio dela, a não ser segurança contra a pobreza e as necessidades humanas [...].

Décimo, o mestre de alquimia, se ele conhece seu trabalho, esse trabalho será a causa de sua morte, porque o que ele se esforça por conseguir é o oposto do caminho do mundo e a liderança [isto é, o rei e o governo] enviará alguém para matá-lo, quando ele não puder mais esconder seu segredo.

Diversas coisas interessantes podem ser percebidas nesse retrato do alquimista. Primeiro, ele deixa claro que Bahia acreditava na capacidade dos alquimistas de transmutar metais comuns em preciosos. Segundo, ele sabia que a experimentação alquímica pode ser perigosa e que a fumaça e os odores nela produzidos podem provocar dores e doenças sérias para o alquimista, podendo mesmo matá-lo. A julgar pelo terceiro, quarto e quinto pontos, podemos concluir que os alquimistas conhecidos de Bahia eram reservados e temiam por suas vidas. O quarto ponto também nos informa que esses alquimistas utilizavam o ouro e a prata em seu trabalho, provavelmente em operações destinadas a "multiplicar" esses metais preciosos, pelo aumento de seu volume ou peso por meio do acréscimo de metais comuns. De acordo com o oitavo ponto, podemos concluir que os alquimistas frequentemente se mudavam de um lugar para outro. E, finalmente, o décimo ponto parece indicar que a vida dos alquimistas muitas vezes se encontrava ameaçada pelos poderosos das sociedades em que eles trabalhavam. Embora Bahia, sem dúvida, exagerasse cada uma das características que descrevia – ele o fazia a fim de dar mais peso a seu argumento de que a devoção religiosa é um modo de vida melhor do que a prática da alquimia – devia haver pelo menos alguma verdade em cada um de seus pontos.

Iehudá Halevi

Informações sobre a posição dos pensadores judeus medievais sobre a alquimia podem ser encontradas no *Livro do Kuzari*, de Iehudá Halevi. Nascido em Tudela ou, possivelmente, em Toledo, Iehudá Halevi (antes de 1075-1141) viveu a maior parte de sua vida na Espanha, praticava a medicina, aparentemente a serviço do rei e de seu séquito de nobres em Toledo e, em 1140, partiu para a Palestina; no entanto, após chegar ao Egito, aí permaneceu por vários meses, até sua morte. Considerado o maior poeta hebraico medieval, Halevi escreveu poemas de amor, poemas de lamento e homenagens fúnebres, *piyuṭim* (poemas litúrgicos) e cânticos do Sião, que expressam sua nostalgia por *Eretz* Israel. Escreveu uma obra filosófica, o *Kuzari*, no qual trabalhou durante cerca de vinte anos, tendo-o concluído pouco antes de iniciar sua viagem para a Palestina.

A trama do *Kuzari* é a seguinte: O rei dos kazares (os *kuzari*) é induzido, por um sonho, a descobrir o que é a conduta correta e convida primeiramente um filósofo aristotélico e, então, representantes do islamismo, do cristianismo e do judaísmo, para lhe ensinar sobre seus respectivos credos. No decorrer da discussão do rei com o estudioso judeu, este último tem a oportunidade de apresentar uma descrição detalhada da religião, história, crenças e visão de mundo judaicas e de polemizar contra Aristóteles, o cristianismo e o islamismo. O rabi também argumenta que toda a ciência se originou com os judeus e que as outras nações podem se aproximar de Deus somente por intermédio de Israel, uma vez que a capacidade profética é hereditária e exclusiva do povo de Israel. No final, os kazares são persuadidos à conversão ao judaísmo.

Evidentemente, o rabi é um disfarce para o próprio Iehudá Halevi e, por meio das palavras do rabi, ficamos sabendo o que Halevi considerava como credos e doutrinas do judaísmo. Além disso, elas revelam o que ele acreditava e conhecia a respeito das várias questões que eram importantes no ambiente intelectual em que vivia. Uma delas era a alquimia e é relevante, para nosso presente contexto, examinar o que esse expoente do pensamento filosófico judeu de sua época tem a dizer sobre o tema.

Duas passagens no *Kuzari* tratam da alquimia. Na primeira, o rabi explica ao rei que as espécies de plantas e animais são desenvolvidas

> de acordo com a proporção de calor e frio, umidade e secura [...]. Não somos capazes de determinar essas proporções e, se pudéssemos, conseguiríamos produzir sangue ou leite etc., a partir de líquidos misturados de acordo com nossos cálculos. Poderíamos um dia criar seres vivos dotados do espírito da vida. Ou poderíamos produzir um substituto para o pão, com ingredientes que não têm poder nutritivo, simplesmente misturando as proporções certas de calor e frio, umidade e secura e, particularmente, se conhecêssemos as constelações esféricas e suas influências que, na opinião dos astrólogos, ajudam a gerar qualquer coisa desejada neste mundo. Vimos, no entanto, que todos os alquimistas e necromantes que tentaram essas coisas foram expostos ao ridículo. Não façam a objeção de que essas pessoas são capazes de gerar animais e seres vivos, como abelhas a partir de carne e moscas a partir de vinho. Essas gerações não são consequência de seus cálculos e ação, mas de experimentos.

Na segunda passagem, o rabi explica que "os alquimistas e necromantes" estão errados.

> Os primeiros na verdade acreditavam poder pesar o fogo elementar em suas balanças e produzir o que desejavam e, assim, alterar a natureza dos materiais, como se faz com os seres vivos, por meio do calor natural, que transforma o alimento em sangue, carne, ossos e órgãos. Eles trabalham arduamente para descobrir um fogo do mesmo tipo, mas são enganados pelos resultados acidentais de seus experimentos, que não se baseiam

em cálculos, exatamente da mesma forma como foi feita a descoberta de que o homem surge da introdução da semente no útero[3].

A primeira coisa que aprendemos com essas passagens é que Iehudá Halevi acreditava, juntamente com os estudiosos e filósofos de sua época, que um conhecimento preciso das quatro qualidades aristotélicas do quente e frio, úmido e seco, permitiriam ao praticante produzir qualquer substância, até mesmo formas de vida. Em segundo lugar, aprendemos que ele também acreditava que um ingrediente essencial na proporção correta das substâncias e seres vivos era a influência das "constelações esféricas". Em terceiro lugar, ele acreditava que os alquimistas e necromantes não tiveram êxito nesse campo porque seus cálculos eram inadequados, embora tenham obtido êxito na produção de alguns seres vivos, por meio de experimentos que deram certo por mero acaso.

Com a segunda passagem, ficamos sabendo que Iehudá Halevi acreditava que era o "calor natural" que transformava o alimento nos corpos dos seres vivos. Os alquimistas pensavam, ele relata, que pesando o fogo elementar em suas balanças – com isso ele provavelmente se referia a um método preciso de controle do calor do fogo – eles podiam, da mesma forma, alterar a natureza dos materiais. Contudo, diz ele, os alquimistas estão enganados e tudo que conseguem por meio de seus experimentos deve-se não ao cálculo, mas a mero acidente.

Assim, Iehudá Halevi concordava com a opinião geral de sua época quanto à natureza e composição das substâncias e dos corpos dos seres vivos e acreditava que, por mero acaso fortuito, os alquimistas podiam produzir resultados que duplicavam o que a influência das constelações e do fogo elementar criava neste mundo. Contudo, Halevi negava o valor desses resultados fortuitos dos experimentos – uma postura semelhante à da ciência moderna, que insiste em que os

3 Cf. *Judah Hallevi's Kitāb al Khazarī*, traduzido a partir do árabe por Hartwig Hirschfeld, nova edição revisada: London, [s.n.] 1931, 144 (3:23), 159 (3:53).

experimentos científicos devem poder ser duplicados e reproduzidos. No entanto, o mais interessante, do ponto de vista da história da alquimia, é que suas referências nos sugerem que os alquimistas de sua época não estavam preocupados com a possibilidade de transmutar metais comuns em ouro e em descobrir a misteriosa pedra filosofal – ele não faz menção alguma a esses objetivos –, mas concentravam-se em utilizar o poder do fogo para criar seres vivos.

Abraão ben Meir ibn Ezra

Um contemporâneo mais jovem de Bahia ibn Pakuda, Abraão ibn Ezra (1089-1164) foi um dos mais ilustres personagens entre os judeus da Espanha. Nascido em Toledo, Ibn Ezra passou os primeiros cinquenta anos de sua vida na Espanha, embora possa ter feito longas visitas a vários centros judaicos do norte da África durante esses anos. Passou os últimos vinte e cinco anos de sua vida percorrendo a Itália e a França. Apesar de sua vida errante, a produção bibliográfica de Ibn Ezra foi nada menos que fenomenal. Foi um grande poeta hebreu, escreveu vários trabalhos filosóficos, foi um importante gramático do hebraico, autor de um grande número de livros sobre astrologia, astronomia e matemática e – por último mas não menos importante – um notável comentador da *Bíblia*. O comentário de Ibn Ezra sobre a *Bíblia* preservou seu valor durante séculos. No *Miqraot G'dolot*, uma edição valiosa e popular da *Bíblia*, com trinta e dois comentários, publicada em Varsóvia em 1860, Ibn Ezra recebe lugar de destaque: o texto sagrado aparece acompanhado pelo comentário de Raschi, de um lado, e pelo de Ibn Ezra, de outro.

Duas curtas observações no comentário bíblico de Ibn Ezra abordam questões de alquimia. A primeira delas é sua explicação sobre o nome próprio Mē-Zahav (Gn 36,39), o nome do avô (ou avó) de Meetabel, a esposa de Adar, rei de Edom. A tradução literal de Mē-Zahav é "água de ouro" e Ibn Ezra comenta: "Esse é seu nome e o Gaon disse: refinador de ouro, enquanto outros disseram: uma referência aos que fazem ouro a partir do cobre, mas essas são *divrē ruakḥ* (palavras ao vento, isto é, palavras vazias)"[4].

Esse comentário de Ibn Ezra pode ser interpretado como significando que ele não acreditava na possibilidade da transmutação do cobre em ouro, mas também pode significar que ele considerava infundada a explicação do nome Mē-Zahav como significando "refinador de ouro" ou como alusão aos que faziam ouro a partir do cobre.

O segundo comentário relacionado ao ouro mostra que Ibn Ezra tanto conhecia quanto acreditava na manipulação alquímica do ouro. O texto aparece anexo a *Êxodo* 32,20, que afirma que, depois que Moisés desceu o Monte Sinai e viu os Filhos de Israel adorando o bezerro de ouro, "tomou o bezerro que tinham feito e queimou-o no fogo e, moendo-o até que se tornasse pó, espalhou-o sobre a superfície da água e fez com que os Filhos de Israel o bebessem". Ibn Ezra explica: "Alguns dizem que Moisés queimou-o significa que ele o derreteu no fogo. Mas essa [explicação] é desnecessária, porque há uma substância que, se colocada no fogo com o ouro, faz com que o ouro se queime imediatamente e se torne negro e nunca mais volte a ser ouro. E isso está provado e é verdadeiro". Essa passagem bíblica se tornou uma referência clássica para os alquimistas medievais que queriam provar que sua busca pelo *aurum potabile*, o ouro potável, que eles consideravam uma forma de elixir, estava no campo do possível, pois eis que Moisés produziu ouro líquido ou líquido de ouro, que ele deu aos "Filhos de Israel" para beber.

4 Mais sobre Mē-Zahav será encontrado no capítulo 34.

Iehudá ben Salomão ibn Matka

Iehudá ben Salomão haKohen ibn Matka foi um filósofo judeu do início do século XIII, que revelou interesse pela alquimia. Nascido em Toledo, Iehudá se tornou discípulo de Meir Abuláfia e, em 1245, escreveu em árabe uma obra enciclopédica sobre lógica, física, metafísica, psicologia, geometria, astronomia e outros tópicos, baseando-se sobretudo nos autores gregos. Também escreveu vários outros livros, alguns dos quais ele próprio traduziu para o hebraico. Foi um estudioso altamente respeitado, era reconhecido como tal, inclusive por não judeus, e manteve correspondência com Frederico II, o soberano do Sacro Império Romano-Germânico, um homem dotado de considerável interesse científico.

Iehudá acreditava, assim como todos os alquimistas da Idade Média, que o ouro se desenvolvia lentamente na natureza, a partir de metais comuns. Mas era somente até esse ponto que ia sua aceitação das afirmações dos alquimistas. Após uma discussão com um não judeu, ele observava:

> A pesquisa não é o mais importante, mas sim o ato. Que utilidade tem sua sabedoria para os sábios? Não encontramos entre eles mais dissimulação e práticas nocivas que em meio a todos os tolos? Pois usam sua sabedoria somente para imagens [*ṣ'lamim*], ou para gratificação sensual [*ḥescheq*], ou para a simulação ou produção de ouro que eles denominam "a Grande Arte", na qual, no entanto, nunca terão êxito, porque é impossível. Foi sobre palavras fúteis como essas que Salomão disse (Pr 29,3): "Aquele que anda na companhia de prostitutas desperdiça sua substância"[5].

5 Manuscrito *Midrasch haḤokhmá*, citado por Moritz Steinschneider em seu artigo "Typen", em Joseph Kobak, *Jeschurun* 9, 1873, p. 84-85.

Essa curta passagem nos mostra que alguns estudiosos judeus medievais, que estavam familiarizados com a teoria alquímica e a seguiam, não aceitavam a afirmação dos alquimistas de que podiam transmutar metais comuns em ouro. Quanto ao pronunciamento de Iehudá de que os alquimistas jamais teriam êxito na produção do ouro, ele nos dá a impressão de que teria sido precedido por alguma observação efetiva de alquimistas trabalhando ou por uma discussão com pessoas familiarizadas com o assunto.

12.

Cabala e Alquimia: Uma Reconsideração

No século XIV, quando a Cabala emergiu como um fator importante da vida religiosa judaica, a alquimia se encontrava firmemente estabelecida no mundo muçulmano havia séculos e tinha uma história que remontava a várias gerações na Europa cristã. Os judeus, que até então estavam intensamente envolvidos na cultura secular, sobretudo nos países muçulmanos, participavam, como era de se esperar, das atividades alquímicas praticadas nesses países, tendo traduzido para o hebraico vários tratados de alquimia que ou foram originalmente escritos em árabe ou eram reelaborações árabes de originais gregos. Em alguns casos, esses tratados somente sobreviveram em suas versões em hebraico, de modo que, pelo menos ocasionalmente, os alquimistas judeus preservaram para a posteridade textos de alquimia de origem não judaica.

Não temos como saber quantos dos autores judeus que se tornaram seguidores da Cabala possuíam antes disso familiaridade com a alquimia. Uma vez que os autores sefarditas e os estudiosos em geral estavam familiarizados com a arte e ciência produzida em meios muçulmanos e posteriormente cristãos, é provável que todos eles conhecessem as teorias e práticas da alquimia e que a maioria deles aceitasse, senão a possibilidade da transmutação de metais comuns em ouro, pelo menos a teoria alquímica de seu amadurecimento gradual até se tornar ouro sob a terra. Essa teoria podia ser facilmente reconciliada com os ensinamentos bíblicos e, de fato, tinha sido objeto da demonstração de que se harmonizava com passagens bíblicas.

Dados esses antecedentes, era praticamente inevitável que os estudiosos judeus que foram seduzidos pela Cabala utilizassem teorias alquimísticas que facilmente se prestavam a uma interpretação (ou reinterpretação) mística, de modo que elas terminavam sendo percebidas como confirmação do pensamento cabalístico. Quando os alquimistas falavam da transformação gradual dos metais no seio da terra até que, com o tempo, atingissem o estágio maduro do metal perfeito, o ouro, os cabalistas interpretavam isso como um "grande mistério", um processo oculto, que ocorria sob a influência de misteriosas forças sobrenaturais. Quando os alquimistas falavam do ouro como "sol" e da prata como "lua", os cabalistas viam nisso uma referência a misteriosas influências que emanavam do reino celeste e exerciam efeito sobre a também misteriosa essência espiritual contida nas substâncias terrestres. Nas referências cabalísticas às ideias alquímicas, há um excesso de "mistérios" ou "segredos" (a palavra hebraica *sod* e a aramaica, *raza*, incluem ambos os sentidos) e, ao inserir frequentemente esses termos em seus comentários que abordavam temas alquimísticos, os cabalistas conferiam a esses temas uma coloração teosófica que os adequava à complexa imagética cabalística de um universo místico-espiritual. No final deste capítulo, ao discutir os textos de Moisés de León, vamos apresentar exemplos que dão apoio a essa generalização.

Além disso, havia uma certa afinidade *a priori* entre as concepções de mundo da alquimia e da Cabala. O alquimista considerava todas as coisas existentes, fossem minerais fossem vegetais, fossem animais fossem humanas, como contendo uma essência basicamente idêntica – isso é enfatizado em todos os estudos que discutem a alquimia – e uma doutrina quase idêntica está na base do pensamento cabalístico. Uma manifestação cabalística dessa ideia era a crença na metempsicose, a transmigração das almas, que supunha que uma e mesma alma (isto é, a essência espiritual) podia habitar alternadamente um ser humano, um animal, ou uma planta e passar de um desses corpos para outro. Para pessoas acostumadas a crer nessa doutrina, não havia nada de estranho na ideia de que o chumbo, o cobre, a prata, o ouro e assim por diante, seriam essencialmente a mesma coisa e não passariam de formas diferentes contendo a mesma "alma" metálica.

Baseando-se nos conceitos de filósofos gregos da Antiguidade como Empédocles e Aristóteles, os alquimistas postularam que quatro "elementos" – fogo, água, ar e terra – habitavam todas as substâncias existentes, cada qual em sua própria proporção específica. Também nisso não havia nada de extraordinário para os cabalistas, que prontamente adotaram e espiritualizaram a ideia, por meio do expediente simples de proclamá-la "um mistério divino"[1]. Utilizando o mesmo processo mental, a Cabala espiritualizou uma outra ideia alquimística fundamental, a de que havia quatro qualidades – quente, frio, seco e úmido – que também contribuíam na formação de todas as coisas existentes. Naturalmente, os cabalistas afirmavam que isso também era um grande mistério.

Uma contribuição original da Cabala para essa concepção de mundo alquímica era a teoria mística de que havia uma dicotomia, ou duplicação, entre os dois mundos, o do Alto e o de Baixo, de que existiam influências mútuas emanando de cada um dos dois e que, não só os poderes do Alto, como o poder do Sol (espiritualizado), provocavam o amadurecimento até chegar ao ouro dos metais daqui de Baixo (como ensinava a alquimia), mas também os atos humanos daqui de Baixo podiam produzir grandes mudanças no Alto – como, por exemplo, quando o rei Davi produziu a "perfeição" da lua[2]. Assim, para a alquimia cabalística, não só havia um "mistério dos sete metais", mas também um

1 *Zohar* 2:23b-24b.

2 Cf. *Zohar* 2:249b-250a.

"mistério do divino e da prata e do ouro inferiores"[3], assim como uma ampla gama de outras descobertas de mistérios no reino físico.

Embora a influência da alquimia sobre a Cabala estivesse confinada a esse tipo de consideração teórica e a uma contribuição por meio de certos conceitos que os cabalistas puderam acrescentar a seu estoque de "mistérios", o fluxo de influências no sentido inverso era mais forte. A partir dos séculos XV e XVI, a Cabala atraiu a atenção de estudiosos cristãos como Johann Reuchlin (1455-1522), Pietro Galatinus (1460-1540) e Pico della Mirandola (1463-1494), cujos escritos tornaram as doutrinas e métodos da Cabala acessíveis aos alquimistas cristãos. À frente deles estava o cardeal Egidio da Viterbo (cerca de 1465-1532), que traduziu, ou patrocinou a tradução, de passagens do *Zohar* e de vários tratados esotéricos (como o *G[u]inat Egoz*, o *Raziel* etc.) e compôs um tratado sobre as dez *sefirot*, ou os dez estágios de emanações que formam o reino da manifestação de Deus em Seus vários atributos[4]. Como observou Hermann Sprengel, "As ideias teosóficas receberam um grande impulso com a difusão da Cabala, ou o sistema oriental de emanações, introduzido pelos estudiosos judeus com até mais engenhosidade [!] e entrelaçado com fantasias análogas provenientes dos neoplatônicos"[5]. Os alquimistas cristãos se lançaram sobre certas doutrinas que encontraram nos textos cabalísticos e que acreditavam ter importantes implicações alquimísticas. Uma dessas doutrinas era a das *sefirot* cabalísticas, que eles logo passaram a interpretar em termos alquímicos; a outra, a chamada *guemátria*, era o método cabalístico de interpretar palavras bíblicas (e outras) por meio do cálculo do valor numérico das letras (consoantes) nelas contidas, que os alquimistas cristãos adotaram para uso em seu trabalho.

3 Cf. capítulo 27, sobre Taitazak e Provençali.

4 Cf. MSS 527, 596-98, 3663, 3667, Angelica MS 3, na Biblioteca Nacional, Paris.

5 Hermann Sprengel, Alchimie, em Johann S. Ersch e J. G. Gruber (orgs.), *Allgemeine Encyklopädie*, Leipzig, 1850-1851, v. 2, p. 416.

No início do século XVI, o vínculo entre as doutrinas cabalísticas em geral e as *sefirot* cabalísticas em particular estava estabelecido. Em seu *De Incertitudine*, Cornélio Agripa (1486-1535) menciona que "os judeus instruídos atribuem o número trinta e dois à Sabedoria, porque muitos são os caminhos da Sabedoria descrita por Abraão"[6]. Em seu *De occulta philosophia* (publicado em 1533; III, cap. 10), Agripa discute a Cabala juntamente com a alquimia e a astrologia, atribui Saturno à *sefirá* de Biná (Inteligência), Júpiter, à de Ḥessed (Clemência), Marte, à de G(u)evurá (Poder), o Sol, à de Tiferet (Beleza), Vênus, à de Netza (Perseverança Duradoura), Mercúrio, à de Hod (Majestade) e a Lua, à de Iessod (Fundação). Em outra parte de seu livro (I, caps. 23-29), Agripa desenvolve integralmente a correspondência entre os planetas e os metais. Esse livro foi escrito antes de 1510, uma vez que é prefaciado por uma carta escrita pelo abade Tritêmio datada de 1510. Logo após sua publicação, a relação entre os metais e as *sefirot* cabalistas foi apresentada no *Esch M'tzaref* (O Fogo do Refinador), escrito em hebraico ou aramaico por um autor judeu, que nele codificou a correspondência entre as dez *sefirot* cabalistas e os sete metais. No capítulo 26 vamos apresentar o texto integral do *Esch M'tzaref*, juntamente com uma discussão sobre suas ideias alquimísticas.

A *guemátria* (plural: *g[u]ematriot*, do grego *grammateion*) foi introduzida na hermenêutica talmúdica a partir das culturas helenística e gnóstica do Oriente Próximo para servir de base às interpretações midráschicas de palavras e passagens bíblicas e para a atribuição ou dedução a partir delas de significados totalmente alheios a elas. Seu uso se tornou amplamente disseminado no período pós-talmúdico e nos textos *midraschim* e rabínicos. As *guemátrias* se baseiam no fato de que cada uma das vinte e duas letras do alfabeto hebraico possui, além de seu valor fonético, também um valor numérico (alef =1, bet = 2, ... yud = 10,

6 Cf. Henricus Cornelius Agrippa von Nettescheym, *De incertitudine et vanitate omnium scientiarum et artium* (Sobre a Incerteza e Vaidade de Todas as Ciências e Artes), Haia, 1656; tradução para o inglês: *The Vanity of Arts and Sciences*, Londres, 1676, v. 2, cap. 15.

kaf = 20, ... kuf = 100, reisch = 200, schin = 300 e tav = 400). Até o século XX, não se utilizava, na bibliografia hebraica tradicional, nenhuma outra notação numérica. Números de capítulos e páginas, medidas, quantias, anos, dias do mês e assim por diante eram sempre escritos com letras do alfabeto hebraico. Assim, por exemplo, referências aos famosos 613 mandamentos que os rabis contavam na *Torá*, eram sempre feitas como *TaRYaG mitzvot* (tav = 400, reisch = 200, yud = 10 e guimel = 3; as vogais não contam).

Esse método abria possibilidades quase ilimitadas de interpretação bíblica. Por exemplo, Raschi (1040-1105), o maior dos comentadores bíblicos, explica que quando Jacó disse "me hospedei com Labão" (Gn 32,5), o que ele pretendia comunicar era que, "embora tenha me hospedado com o mau Labão, eu cumpri os 613 mandamentos", o que Raschi deduz por meio da *guemátria* das letras da palavra GaRTY (*garti*, "tenha me hospedado"): G = 3 + R = 200 + T = 400 + Y = 10 = 613.

A bibliografia cabalística foi a que fez uso mais disseminado das *guemátrias* e vários (de acordo com Moisés Cordovero, não menos de nove) sistemas de *guemátria* foram desenvolvidos. Esses sistemas se tornaram tão amplos e flexíveis que praticamente toda e qualquer ideia podia ser sustentada por uma *guemátria*. No capítulo 26, apresentamos vários exemplos do uso das *guemátrias* por um alquimista judeu.

Quando os segredos ocultos da Cabala se tornaram acessíveis ao mundo dos estudiosos cristãos, também os métodos secretos para os cálculos da *guemátria* se tornaram disponíveis a esse mundo. Isso, por sua vez, rapidamente levou a sua adoção pelos alquimistas cristãos e sua utilização na base teórica da Grande Obra. Foi assim que a "alquimia cabalística" se desenvolveu – não, como se poderia imaginar, entre os alquimistas judeus, mas em meio a seus colegas cristãos. Isso levou estes últimos a renovar a atitude alquímica do período helenístico: a atribuição de um poder misterioso às palavras hebraicas em geral. Mesmo quando os estudiosos cristãos não faziam uso explícito dos cálculos de *guemátria*, o próprio fato de que as palavras hebraicas ocultavam em si as possibilidades de uma diversidade imprevisível de significados, conexões e sugestões era suficiente para dotar as palavras hebraicas, e mesmo as letras isoladas do alfabeto hebraico, de um impressionante valor esotérico, aos olhos dos adeptos cristãos. De fato, a partir do século XV, raramente havia um livro ou tratado de alquimia escrito por alquimistas cristãos que não exibisse ostensivamente algumas palavras hebraicas dotadas de poder, em seu frontispício ou no interior do próprio texto. Um notável exemplo se encontra em um dos compêndios de alquimia de maior prestígio, o *Amphitheatrum sapientiae*[7] de Heinrich Khunrath, que traz uma ilustração circular de tamanho impressionante. A não ser que se observe atentamente e se note que em seu centro se encontra desenhada uma figura humana nua e pequena, com os braços estendidos horizontalmente e com as palavras latinas *Vere filius* DEI ERAT IPSE (Verdadeiramente, ele era o Filho de Deus) a sua volta, tem-se a impressão de estar vendo um complexo emblema judaico, escrito em hebraico (Figura 12.1). Na parte superior do grande círculo, há um pequeno triângulo inscrito com as letras hebraicas Y, YH, YHW, YHWH, que, na última linha, dá o tetragrama sagrado. Sob o triângulo, aparece a palavra latina OMNIA. Em toda a volta, há oito círculos concêntricos, cinco dos quais em letras hebraicas que são uma verdadeira antologia resumida de importantes nomes e citações de significado religioso judeu. O círculo mais externo contém o texto dos Dez Mandamentos em hebraico. O segundo círculo, os nomes hebraicos dos anjos *Tarschischim*, *Ḥayot hakodesch*, *Ofanim*, *Er'elim*, *Ḥaschmalim*, *S'rafim*, *Mal'akhim*, *Elohim* (este, não um nome de anjo, mas um nome divino), *Bnei Elohim* (filhos de Deus), *K'ruvim* (querubim), *Ischim* (homens). O terceiro círculo traz, em tradução para o latim, o início da prece *Schemá* (Dt 6,5), acompanhada das palavras "e de toda a tua mente": *Diliges Dominum Deum tuum ex toto corde tuo et ex tota anima tua, et ex omnibus viribus tuis et ex tota mente tua*, seguida da tradução para o latim do famoso

7 Impresso em Hanau em 1602, e novamente em 1609.

mandamento religioso judaico básico: *et proximum tuum sicut teipsum*, isto é, "e [ama] teu próximo como a ti mesmo" (Lv 19,18).

O quarto círculo é constituído pelas vinte e duas letras do alfabeto hebraico. O quinto enumera em hebraico as dez *sefirot*: Keter, Ḥokhmá e assim por diante e, inserida entre eles, encontra-se, no alto, a palavra hebraica *En Sof*, infinito, embaixo, *Emet*, verdade, e nos espaços entre eles, encontram-se desenhos de nuvens. O sexto círculo é duplo: é constituído pelas letras hebraicas Y H sch W H, o que parece uma tentativa de transliterar o nome Jesus para o hebraico, e dos nomes divinos Ehyeh, Yhwh, El, Elohim, Gibor, Adonai, Melekh, Schadai, Elohim Tz'vaot, Yhwh Tz'vaot, Eloah. Dentro dele encontra-se o sétimo círculo, contendo as palavras IN HOC SIGNO VINCES (Neste sinal conquistarás). Então se segue o círculo menor e mais interno, já mencionado, com a pequena figura de Jesus no centro e, abaixo dela, a imagem da Fênix em chamas. Fora do círculo mais externo, em letras muito pequenas, encontra-se a identificação do autor e do ilustrador: "Henricus Khunrath Lips. Theosophiae amator et Medicinae utrius Doctor. Dei gratia in vintor Paulius vander Doorf Antwerp scalpsit".

Khunrath diz nesse livro que a pedra filosofal era tida como idêntica ao *Ruakḥ Elohim*, o Espírito de Deus, que pairou sobre as águas durante o primeiro período da Criação[8]. Esse é talvez o exemplo mais notável da ousada reinterpretação do texto bíblico pelos alquimistas cristãos, em seus esforços por encontrar sustentação para os conceitos da alquimia nas Sagradas Escrituras.

Uma importante contribuição ao estudo da relação entre a Cabala e a alquimia é o tratado do (Pseudo-)Simeon ben Cantara, intitulado *Cabala mineralis* (Cabala Mineral), que foi publicado em 1986 em uma edição crítica, com análises detalhadas de seu contexto e origens[9]. A *Cabala mineralis* sobreviveu na forma de dois manuscritos, ambos

8 Arthur Edward Waite, *The Secret Tradition of Alchemy*, op. cit., p. 255.

9 Jacques Van Lennep, Nicolas Séd e Sylvain Matton, *Simeon ben Cantara:* Cabala Mineralis, Paris: [s.n.], 1986.

Figura 12.1.
O Mundo das Esferas.

datando provavelmente do século XVII, um deles preservado na Biblioteca Britânica (Ms. Add. 5245), o outro numa coleção particular. Este último se encontra reproduzido em sua íntegra nessa edição crítica, que discute sua relação com outros tratados cabalístico-alquímicos do período.

O tratado consiste numa revisão de interpretações alquimísticas da história bíblica da criação no *Gênesis*, assim como na contestação delas. O tratado segue as pegadas de Giovanni Agostino Pantheus, o padre veneziano que, em seu *Voarchadumia* (publicado em Veneza, em 1518), foi pioneiro no estabelecimento de uma relação entre a alquimia e a ciência rabínica e que afirmava que a própria palavra "alquimia" era derivada do hebraico. Em consequência disso, muitos dos tratados especulativos de alquimia traziam a palavra "Cabala" em seu título. Entre eles estavam a *Cabala chymica* de Franz Kieser (Frankfurt, 1606), a *Cabala sive speculum artis et naturae in alchymia* de Stephen Michelspacher (Augsburgo, 1615-1616), a *Cabala chymica ab anonymo quodam compilata* (Hamburgo, 1680) e a *Cabala chymica* de Johann Grasshoff (publicada na *Philosophia Salomonis*, Augsburgo, 1753). Sendo essa confiança na Cabala a tendência geral da alquimia do século XVI ao XVIII, era inevitável que palavras hebraicas fossem frequentemente encontradas nos textos, sobretudo nos de Bang, Muller, Maulius, Sallwigt e Wienner.

Associada a essa "hebraização" da alquimia estava a doutrina de que mesmo a lendária figura ancestral da alquimia, o "três vezes grande" Hermes Trismegisto, obtivera seu conhecimento da Arte Real no *Livro do Gênesis* de Moisés. Isso foi afirmado diversas vezes, por exemplo, por Gerhard Dorn: "Todos concordam que Hermes Trismegisto recebeu seus ensinamentos do *Gênesis* dos hebreus, embora ele fosse um egípcio, como afirmam Agostinho [em seu] livro *De civitate Dei*, Suídas etc."[10].

10 Gerhard Dorn, *Physica Trismegisti*, em *Theatrum chemicum*, Estrasburgo: Argentorati, 1659, p. 371; cf. também p. 359.

Mais um aspecto da relação entre a Cabala e a alquimia deve ser rapidamente mencionado. Os alquimistas judeus que aderiram à Arte Real e provinham de uma formação cabalística traziam consigo uma mente predisposta a uma profunda simpatia e compreensão da doutrina central da alquimia, que ensinava que as diversas substâncias do mundo físico não passavam de manifestações multiformes da mesma essência básica suprema que animava todas elas. Essa era a doutrina subjacente à maior preocupação dos alquimistas, a de localizar e isolar essa essência e, assim, ser capazes de transformar qualquer uma das muitas formas da matéria em qualquer outra. Os cabalistas estavam impregnados da ideia da identidade das mais variadas manifestações no reino espiritual. Por exemplo, haviam aprendido com seus mais respeitados livros e, assim, acreditavam, sem hesitar, que a Schekhiná, a esposa mística de Deus Rei, era, ao mesmo tempo, também a divina Matronit (matrona), a *sefirá* (emanação) de Malkhut (realeza) e a *Torá* oral, a comunidade de Israel, a Mãe Sião e assim por diante e, além disso, eles a identificavam com dezenas de outras entidades místicas, como a Rainha, o Espírito Sagrado, a Lua, o Rio, A Mãe Inferior, Raquel e assim por diante.

Essa tendência cabalística a fazer múltiplas identificações é tão antiga quanto os textos de Fílon de Alexandria, de modo que precede a Cabala espanhola em mais de um milênio[11]. Uma de suas expressões na Idade Média era o uso da *guemátria*, que pressupunha uma identidade básica entre os mais disparatados conceitos, que estaria oculta, mas discernível, na identidade do valor numérico das letras com que eram compostas as palavras que os representavam. Uma expressão singular dessa tendência cabalista a fazer múltiplas identificações era a tradição denominada *Ḥokhmat haTzeruf*, que tem um sugestivo duplo sentido: significa "Sabedoria da Combinação", isto é, da *guemátria* e, também, "Sabedoria da Refinação", isto é, da purificação do coração

11 Cf. Raphael Patai, *The Hebrew Goddess*, Detroit: Wayne State University Press, 1990, p. 78.

por meio da concentração em matérias divinas, o que lembra o trabalho do *tzeruf* alquimista de refinar e, assim, enobrecer a qualidade dos metais. A característica em comum entre essas ideias cabalísticas e as da alquimia é o axioma tacitamente aceito de que sob toda diversidade encontra-se oculta uma identidade essencial, ou uma essência idêntica.

Desse contexto também faz parte a notável correlação entre, de um lado, o matrimônio sagrado de Deus Rei e sua esposa Matronit, que é um tema central do misticismo cabalístico e, de outro, a *conjunctio*, o casamento alquímico, ou "casamento químico", entre o sol e a lua (e não devemos esquecer que, na alquimia, sol e lua significam ouro e prata), entre o rei e a rainha, o espírito e o corpo. O alquimista judeu também não achava muito estranho que a simbologia alquimista frequentemente se referisse aos dois parceiros na *conjunctio* como irmão e irmã; afinal, por meio de suas leituras cabalísticas, ele estava familiarizado com a ideia de que o Rei e sua Matronit, cuja unificação era o maior objetivo da prática mística, eram irmãos.

O que tudo isso mostra é que havia aspectos que predispunham a Cabala e a alquimia a uma simpatia recíproca: os cabalistas estavam preparados e predispostos por seus ensinamentos a aceitar a alquimia, na qual encontraram aplicação para o mundo físico de doutrinas que eles acreditavam ser válidas para os mundos do divino, do espírito e da alma; por outro lado, os alquimistas encontravam muitas coisas na Cabala que não somente serviam a seus objetivos mas também acrescentavam uma nova dimensão a sua filosofia alquimística. A visão alquimística da natureza das substâncias e da possibilidade de transmutar uma delas em outra penetrou o mundo místico da Cabala e forneceu mistérios adicionais, anteriormente insuspeitados, para sua visão de mundo e para sua interpretação da interdependência recíproca entre o Alto e o Baixo. A Cabala, por sua vez, enriqueceu a alquimia com sua *guemátria* místico-numerológica, na qual os alquimistas encontravam legitimação para sua crença nas inter-relações entre as substâncias e para sua busca pela essência em comum, que tinha que estar por trás da desconcertante multiplicidade de formas tangíveis. Mais importante, a Cabala forneceu aos alquimistas uma espécie de santificação de suas concepções, ao lhes disponibilizar sua doutrina da estrutura cosmológica das *sefirot*, que lhes ensinou que, não somente a essência oculta da matéria, mas também a própria unidade divina eram expressas em múltiplas manifestações místicas.

Moisés de León

Da grande variedade de tipos de literatura produzida pelos judeus no decurso dos três milênios de sua história, não há nenhuma tão difícil de compreender, traduzir, ou meramente descrever quanto a da Cabala. O modo de pensar cabalístico típico está repleto de simbolismos, muitas vezes vagos e obscuros, trazendo conceitos permutáveis entre si, com saltos conceituais de um tema para outro, conduzindo a equiparação de assuntos discrepantes com base em características puramente formais das palavras que os designam, que nada têm a ver com o significado dessas palavras, e coisas desse tipo. Até onde esses aspectos caracterizam a literatura cabalística, em particular o *Zohar*, ao qual nos voltamos agora, será amplamente demonstrado por meio das passagens que apresentamos desse *magnum opus* da Cabala.

O *Zohar* é um livro enorme, publicado em três volumes em sua edição padrão, com um total de cerca de 850 mil palavras. Está escrito quase inteiramente em aramaico e sua autoria é atribuída ao Rabi Simão (Schime'on, no tratado adiante) bar Iohai, um *tanna* (tanaíta, mestre mischnáico) importante, que viveu na Palestina no século II d.C. e tinha a reputação de realizar milagres. Formalmente, o livro é um comentário da *Bíblia*, mas, de fato, trata-se de uma discussão mística que divaga sobre Deus, o mundo, o homem, questões morais e muitos outros temas esotéricos que interessavam ao autor. Seria somente no século XX que os estudos acadêmicos críticos, sob a liderança de Gershom Scholem, estabeleceriam que o *Zohar* fora de fato escrito por Moisés de León (cerca de 1240-1305), um cabalista espanhol que produziu também várias outras obras tratando tanto de temas judaicos tradicionais quanto de temas místico-cabalistas.

Uma vez que De León escreveu o *Zohar* assumindo a personagem de um *tanna* do século II, não podemos esperar encontrar nele nenhuma referência direta à alquimia, uma vez que o próprio termo jamais aparece na literatura talmúdica. No entanto, de León viveu numa época e lugar em que a alquimia era parte integrante da atmosfera cultural e, assim, não é de surpreender que referências a ideias e temas alquimísticos sejam encontradas em vários contextos do *Zohar*. De fato, o que é surpreendente é que, diante o vivo interesse pela alquimia que caracterizava a sociedade judaica na qual vivia de León, ele incluísse em sua grande obra tão poucas referências a temas de interesse alquimístico. Uma vez que as referências que chegaram até nós não seguem uma ordem lógica, mas se originam das associações aleatórias de ideias percorridas por León na elaboração de sua obra, eu as apresento aqui na ordem em que se encontram no *Zohar* e o faço com a máxima fidelidade possível ao original em aramaico, mesmo que com isso a clareza da tradução se veja ocasionalmente prejudicada.

Para começar, eis uma passagem que reflete a familiaridade com o conceito alquimístico da relação entre a lua e a prata e entre o sol e o ouro:

> [O Rei Davi] procurou todos os seus dias levar a lua à perfeição e cantar os cânticos de melodia e louvor [aqui] embaixo. E quando Davi morreu para o mundo, ele deixou a lua em estado de perfeição. E Salomão recebeu

a lua em toda sua riqueza e perfeição. Pois essa lua deixara para trás a pobreza e abraçara as riquezas. E, com essas riquezas, Salomão reinou sobre todos os reis da terra. E, assim [está escrito], "A prata nada valia nos dias de Salomão" (1Rs 10,21), mas tudo era de ouro, porque o ouro se tornou superabundante. E, sobre esse tempo [está escrito], "E ele possuía poeira de ouro" (Jó 28,6), pois essa poeira, que se encontrava na superfície – o sol olhava para ela e, com seu olhar e seu poder, fez a poeira se transformar em ouro e o aumentou.

Venha, veja: das montanhas onde há a luz do poder do sol, a poeira da terra entre as montanhas se tornou toda de ouro. E não fosse pelos animais selvagens que lá rastejavam, os filhos do homem não teriam sido pobres, pois o poder do sol aumentou o ouro [e eles poderiam ter-se apoderado dele todo]. É por essa razão que nos dias de Salomão a prata não valia nada, porque o poder do sol olhava para a poeira e a transformava em ouro. Além disso, essa poeira estava [do] lado do julgamento: quando o sol olhava para ela, ela recebia poder e o ouro aumentava. Quando olhou para o ouro, Salomão emitiu [uma exclamação de] louvor e disse, "Todos são da poeira" (Ecl 3,20) (*Zohar* 1:249b-250a).

O que De León aqui expressa em seu próprio estilo é a conhecida ideia alquímica de que os elementos telúricos amadurecem sob a influência do sol e, no final, se tornam ouro. E ele repete não menos de seis vezes a ideia simples de que o poder do sol transformou a poeira em ouro e, assim, a quantidade do ouro aumentou.

Os alquimistas, como se sabe, tinham enorme interesse pelas cores e pelo tingimento. De León deu uma tonalidade mística ao fenômeno das cores:

Um dia o Rabi Schimʿon estava sentado e, com ele, seu filho, o Rabi Elʿazar, e o Rabi Aba. Disse o Rabi Elʿazar: Este verso que diz: "Apareci a Abraão, a Isaac e a Jacó etc." (Ex 6,2). Por que "apareci"? Eu deveria

> ter dito: "falei". Ele [o Rabi Schim'on] disse a ele: Meu filho, é um mistério divino. Venha, veja: há cores que são visíveis e há cores que são invisíveis. Ambas fazem parte do mistério divino da fé, mas os filhos do homem não sabem disso e não consideram isso. Essas cores que são visíveis, nenhum homem mereceu percebê-las, até que os Pais [Abraão, Isaac e Jacó] vieram e as perceberam. Essa é a razão de estar escrito: "Apareci". Porque eles viram essas cores que são visíveis. E quais são essas cores? Elas são as cores de *El Schadai* [Deus Todo-Poderoso], que são a aparência das cores divinas, e elas se tornaram visíveis. E as cores divinas estão ocultas e não podem ser vistas. Nenhum homem as compreendeu, exceto Moisés (*Zohar* 2:23a).

Muito próxima a essa passagem, segue-se outra, muito mais longa, que discute outro tema alquimístico clássico, o dos quatro elementos, suas quatro qualidades e sua influência sobre o nascimento dos metais, tudo envolto, naturalmente, no manto do "mistério divino".

> O Rabi Schim'on disse: Venha, veja: os quatro primordiais (*qadma'ē*) são um mistério da fé: são os pais de todos os mundos e são o mistério do Sagrado Carro Divino. Eles são os quatro elementos (*y'sodin*): fogo, vento, água e poeira. Eles são um mistério divino e deles vem o ouro e a prata e o cobre e o ferro e, abaixo deles, outros metais que são semelhantes a eles.
>
> Venha, veja: fogo, vento e água e poeira – esses são primordiais e as raízes do Alto e do Baixo e as coisas abaixo e acima se baseiam neles. E esses quatro [espalham-se] aos quatro ventos do mundo e existem nestes quatro: norte e sul e leste e oeste. Esses são os quatro ventos do mundo e eles existem nestes quatro: fogo no lado norte, vento no lado leste, água no lado sul, poeira no lado oeste. E esses quatro estão ligados aos outros quatro e eles todos são um e produzem os quatro metais, que são o ouro e a prata e o cobre e o ferro. Desse modo, eles são doze e [ainda assim] são um.

Venha, veja: o fogo está à esquerda, do lado norte, pois o fogo tem o poder do calor e sua secura é forte. E o norte é seu reverso e um se mistura com o outro e eles se tornam um. A água está à direita, do lado sul. E o Divino, abençoado seja Ele, a fim de juntá-los, fez a mistura de um como a mistura do outro. O norte, que é frio e úmido, [foi misturado com] o fogo [que] é quente e seco e Ele os modificou do lado sul: o sul, que é quente e seco [foi misturado com] a água, [que] é fria e úmida e o Divino, abençoado seja Ele, os misturou, porque a água vem do sul e vai para o norte e, do norte, a água se espalha. O fogo vem do norte e recebe o poder do sul e, do sul, vem o poder do calor sobre o mundo. Porque o Divino, abençoado seja Ele, faz com que eles emprestem uns dos outros e cada um deles emprestou ao outro de si próprio, como apropriado. De forma análoga, vento e leste, de modo que cada um deles empresta ao outro e um fica encerrado no outro e eles se unem e se tornam um.

Venha, veja: fogo desse lado, água daquele lado e eles estão em conflito. [Mas então] o vento fica entre eles e se apodera dos dois lados. É isto que está escrito: "E o *ruakḥ* [vento ou espírito] de Deus pairou sobre a face da água" (*Gn* 1,2). Pois o fogo fica alto desse lado e a água fica sobre a face da terra [abaixo]. O vento ficou entre eles, apoderou-se dos dois lados e acabou com o conflito. Quanto à poeira [isto é, a terra], a água e o vento e o fogo ficam sobre ela e ela recebe de todos a força desses três que ficam sobre ela.

Venha, veja: o vento e o leste. O leste é quente e úmido. O vento é quente e úmido e, por isso, ele se apodera dos dois lados, porque o fogo é quente e seco e a água é fria e úmida e o vento é quente e úmido. O lado que é quente se apodera do fogo e o lado que é úmido se apodera da água. E assim ele os harmoniza e acaba com o conflito entre o fogo e a água. A poeira é fria e seca e, portanto, recebe sobre si todos eles e todos eles realizam sua tarefa sobre ela. E ela recebe de todos eles, a fim de produzir, com a força deles, nutrição para o mundo. Porque a poeira se apodera do oeste, que é frio e seco, e esse lado, que é frio, se apodera do norte, que é frio e úmido, porque o frio se une ao frio. Assim, o norte se apodera do oeste desse lado. O sul, que é quente e seco, se apodera, com sua secura, da secura do oeste, do outro lado, de modo que os dois lados se apoderam do oeste. Da mesma forma, o sul se une com o leste, porque o calor do sul se une ao calor do leste. E o leste se une ao norte, porque sua umidade se une à umidade do norte. Agora, então, encontramos o sudeste, nordeste, noroeste, sudoeste, todos contidos uns nos outros, misturados uns com os outros.

Dessa forma, o norte produz ouro, porque, do lado do poder do fogo, o ouro é produzido. E isso é o que está escrito: "Do norte vem o ouro" (*Jó* 27,22). Pois o fogo se apodera da poeira e o ouro é produzido e isso é o que está escrito: "E ele tem poeira de ouro" (Jó 28,6). E esse é o mistério dos dois querubins de ouro.

A água se apodera da poeira e o frio, com a umidade, produz a prata. Então, essa poeira se apodera dos dois lados, do ouro e da prata, e é colocada entre eles. O vento se apodera da água e se apodera do fogo e une os dois em um só, que é "da cor de cobre polido" (*Ez* 1,7).

Quanto à poeira que mencionamos, quando ela está sozinha, com sua secura e frieza, ela produz o ferro e seu sinal é: "Se o ferro estiver sem corte" (*Ecl* 10,10). E essa poeira se apodera de todos eles e todos eles produzem nela algo semelhante a eles mesmos.

Venha, veja: sem a poeira, não há ouro, nem prata, nem cobre, porque cada um deles empresta ao outro algo de si próprio, para combinar um com o outro e a poeira se apodera de todos eles. Pois duas partes estão ligadas a ele, isto é, o fogo e a água. E o vento está unido a ele, devido a esses dois, e exerce sua influência sobre ele. Assim, descobrimos que a poeira, quando unida a eles, produz e dá origem a outra poeiras, semelhantes a eles. A poeira gera algo como o ouro, isto é, a *suspita* verde, que se parece muito com o ouro. Assim como com a prata, ela realça o chumbo. Assim como com o cobre superior, ela realça o estanho, que é um cobre inferior. Assim como com o ferro, ela realça o ferro, como você pode aprender com: "o ferro com o ferro se aguça" (*Pr* 27,17).

> Venha, veja: fogo, vento, água e poeira – todos eles estão se prendendo uns aos outros, estão unidos uns aos outros e não há separação entre eles. Mas quando essa poeira gerou [seus produtos], depois disso, eles não ficaram mais unidos uns aos outros, [nem] a esses [elementos] divinos, pois como é dito: "E dali se dividia e se tornava em quatro braços" (*Gn* 2,10). Nestes havia separação. Porque, quando essa poeira gerou, pela força dos três [elementos] divinos, ela produziu quatro rios, nos quais são encontradas pedras preciosas e elas estão num lugar [específico], como está escrito: "Há o bdélio e a pedra ônix" (Gn 2,12). E essas pedras preciosas são doze em número e elas estão próximas aos quatro cantos do mundo, segundo as doze tribos, como está escrito: "E as pedras serão de acordo com os nomes dos Filhos de Israel, doze, de acordo com os seus nomes" (*Ex* 28,21). E elas são os doze bois que estavam sob o mar [isto é, a bacia do Templo, cf. 1 *Rs* 7,25]
>
> Venha, veja: embora as quatro partes divinas [do mundo], das quais falamos, estejam unidas umas às outras e sejam o sustento do Alto e do Baixo, há mais para a existência do mundo: o vento (espírito), porque se o vento (espírito) fosse removido, mesmo que por um momento, a alma não poderia existir. Há uma referência a esse mistério no verso: "Também ficar a alma sem conhecimento não é bom" (*Pr* 19,2). A alma sem o espírito não é boa e não pode existir.
>
> Venha, veja: Esses doze que mencionamos, essas doze pedras, são os doze bois sob a bacia. Essa é a razão por que os doze príncipes [de Israel] levaram "cada um deles um boi e os ofertaram defronte o Tabernáculo" (*Nm* 7,12). Tudo isso é um mistério divino e aquele que compreende essas coisas, compreende o mistério da sabedoria divina, na qual se encontra a raiz de todas as coisas (*Zohar* 2:23b-24b).

A maioria dos conceitos apresentados nessa passagem eram ideias corriqueiras na alquimia medieval. Os quatro elementos, fogo, vento (ar), água e poeira (terra); as quatro qualidades do quente, frio, seco e úmido; sua mistura em proporções variadas; sua influência na produção dos quatro metais comuns, ouro, prata, cobre e ferro – tudo isso é alquimia elementar. O que é novo na explicação de De León são as ideias centradas nos conflitos, influências, harmonizações e causalidades entre os elementos primitivos e sua estreita associação com as quatro partes da terra. Outra novidade, e não no âmbito da alquimia, mas enfaticamente religiosa, mística, cabalística e judaica, é a atribuição a Deus de ações quase físicas, como a mistura de vários elementos, fazendo com que "emprestem uns dos outros" e coisas desse tipo. Também característica da forma de pensar e do estilo de De León, é a reiterada afirmação de que o que ele está dizendo é um grande mistério.

Exceto por essas observações gerais, a passagem acima exige apenas umas poucas elucidações específicas. O Sagrado Carro Divino, mencionado bem em seu início, é um conhecido conceito judaico, que foi desenvolvido em textos talmúdicos, nos quais a expressão *maasse mercavá* (questões do carro) se refere a perigosas especulações esotéricas. A expressão em si se baseia na visão de Ezequiel do carro de Deus (Ez 1), que na Cabala se tornou a designação para especulações sobre a natureza e as supostas manifestações visíveis de Deus.

Quanto à equiparação entre o vento e o espírito, ela é inevitável, uma vez que a palavra hebraica *ruakḥ* significa as duas coisas. É sob a influência dessa palavra poderosa que De León a alterna com a palavra talmúdica *avir* (ar), ao falar dos quatro elementos primitivos. Ao empregar *ʿafar* (poeira), em vez do termo bíblico semelhante *adamá* (terra), no mesmo contexto, De León estava sob a influência do frequente uso bíblico de "poeira" em referência à substância em que consiste a terra ou o solo.

A *suspita* verde, mencionada com referência ao ouro, deu origem a várias interpretações. O comentário *Nitzotzē Orot*, do *Zohar*, explica: "em árabe, é chamada *zarnīkh* [arsênico] e, em Laʿaz, *orpimento* e ela faz com que o cabelo do homem caia". Comentadores de períodos posteriores a identificaram como o "cobre verde que é chamado de *allatun*". Num artigo de 1925 sobre a terminologia alquimística judaica,

Robert Eisler corrigiu a grafia da palavra para *susepta* e sugeriu que ela provinha do grego, *susseptē*, e significava ouro *putrefato*, ou deteriorado, de acordo com o processo alquímico conhecido como *putrefacti*[12]. Essa é uma explicação possível, embora seja difícil entender por que De León empregaria uma palavra grega incomum para um processo alquímico que era conhecido em todo o mundo ocidental ou pelo termo latino *putrefactio* ou pelo termo dele derivado em uma das línguas romanas medievais.

Tendo em vista os processos de pensamento típicos de Moisés de León, não devemos nos surpreender ao saber que ele aplicou a ideia dos sete tipos de ouro às características físicas do rei Davi, a quem ele se refere como "o primeiro Messias":

> Vi no Livro do Primeiro Adão que está dito o seguinte: a aparência do Primeiro Messias [Davi] era como a da lua. Sua cor era de ouro esverdeado no rosto; sua cor era de ouro de Ofir na barba; sua cor era de ouro de Sabá nas sobrancelhas; sua cor era de ouro de Parvaim nos cílios sobre os olhos; sua cor era de ouro *sagur* (fechado) no cabelo de sua cabeça; sua cor era a do ouro Mufaz sobre o peito, na placa sobre o coração; sua cor era a do ouro embaçado de Társis em seus dois braços. Todas essas sete cores estavam impregnadas em todos esses lugares de seus pelos (*Zohar* 2:73a-b).

Embora seja um tanto difícil imaginar como todas as sete cores do ouro podiam ser visíveis nas várias partes do corpo do Primeiro Messias e também estar impregnadas em seu cabelo que, ao mesmo tempo, se caracterizava pela cor de um único tipo de ouro, essa questão talvez não precise ser colocada com relação a um livro atribuído a Adão. Contudo, essa forma de explicação é típica do estilo do *Zohar* e faz parte do encanto que lhe permitiu manter cativas muitas gerações de místicos judeus.

12 Zur Terminologie der jüdischen Alchemie, em *Monatschrift für Geschichte und Wissenschaft des Judentums*, Breslau, 1925, v. 69, p. 364-71.

É interessante que nessa passagem a aparência do Primeiro Messias seja descrita como igual à da lua, quando, devido à constante associação alquimística da lua com a prata e do sol com o ouro, seria de se esperar que uma figura mística humana, ou sobre-humana, cintilando nas cores dos sete tipos de ouro, tivesse a aparência geral do Sol. Mas, novamente, nossa lógica não deve ser aplicada às afirmações do *Zohar*.

O *Zohar* discute o "mistério do ouro" também em outra parte do texto, mas suas doutrinas não têm, em geral, nenhuma relevância para a alquimia. No entanto, uma passagem afirma que "o cobre provém do ouro e é transformado numa coisa diminuída" (*Zohar* 2:148a), uma ideia dotada de clara coloração alquímica.

Conceitos alquimistas aparecem também num outro livro menor e muito menos conhecido de Moisés de León, intitulado *Sefer Scheqel haQodesch* (Livro da Moeda Sagrada), que foi escrito em 1292 mas permaneceu inédito até 1911. Nele encontramos as seguintes passagens tratando de questões alquimistas:

> O ouro é o mais precioso dos metais e sobre o mistério desse assunto eles disseram: existem sete tipos de ouro no mundo e eles são diferentes e um é mais precioso que o outro: ouro de Ofir, ouro de Parvaim, ouro Mufaz, ouro batido, ouro esverdeado [ou: amarelado], ouro de Sabá, ouro fechado. Esses são os sete tipos de ouro. Em verdade, disseram que o mais precioso de todos é o ouro fechado, porque é o ouro que é fechado aos olhos e fechado a tudo. E esse é o mistério do nome de Deus, que é mais comum em sete lugares que em outros lugares. O Deus vivo é o mistério do mundo divino, assim como, neste, é o ouro fechado. Portanto, ele é mais fechado que as outras categorias. Deus é o Temor de Isaac e, da mesma forma, o ouro de Sabá. E esse é o mistério sobre o qual se diz: "E viverá e se lhe dará do ouro de Sabá" (Sl 72,15). Porque o Rei Messias está do lado que recebe o lado esquerdo. Deus – essa é a eternidade de Israel e, do mesmo modo, o ouro de Parvaim, a substância das coxas [?]. Deus [é] a totalidade da Comunidade de Israel e, do mesmo modo, o ouro esverdeado. E sobre

> esse mistério eles [isto é, nossos sábios], de abençoada memória, disseram: "Ester era esverdeada" [*B. Meg. 13a*] e esse é o mistério do *ethrog* [cidra]. Deus é o mistério da grandeza do tribunal da justiça terrestre, os setenta [membros] do Sinédrio [*Sanedrin*], que cercam o trono de Glória. E do mesmo modo, o ouro batido. Deus é o mistério dos juízes do abaixo neste mundo. E do mesmo modo, o ouro de Ofir. Em verdade, nesses sete lugares [há] a continuação da participação do nome de Deus, do mesmo modo, os sete tipos de ouro que existem no mundo. E, em todo caso, a continuação da qualidade da justiça [rigorosa] se estende a vários exércitos, a vários poderes que não têm número, como disseram: "Quem pode proclamar os poderes do Senhor" (Sl 106,2)[13].

É preciso estar realmente imerso no pensamento místico-cabalístico, para se penetrar no significado dessa passagem.

O *Scheqel haQodesch* traz uma segunda passagem abordando uma questão alquimística, que consiste em apenas umas poucas palavras: "Poeira. Já explicamos isso. E, na verdade, essa poeira é poeira de ouro. E essa é a substância apropriada, pois sua causa é o ouro do alto e é daí que ela recebe, porque a causa do ponto é sempre a esquerda. E essa é a razão por que a poeira procria e gera a semente para crescer"[14]. Uma vez mais, devo admitir que tenho dificuldade em compreender essa passagem.

A última passagem do *Scheqel haQodesch* que eu gostaria de citar assemelha-se à passagem do *Zohar* citada acima, mas é excepcional pelo fato de se referir à opinião dos cientistas naturais:

> Os mestres das ciências naturais [dizem que] o fogo produz a natureza do ouro. Na verdade, eles anunciaram como um mistério: "Do norte vem o ouro" (Jó 37,22). Porque o mistério dos quatro metais, que são

13 Albert W. Greenup (org.), *Sefer Scheqel haQodesch*, London: [s.n.], 1911, p. 46-47. Tradução minha, a partir do hebraico.

14 Idem, p. 77.

ouro e prata e cobre e ferro, [é que eles] somente são gerados a partir desses elementos. E se não fosse por esses três elementos, a poeira não poderia produzir a realização de coisa alguma. Porque o ouro é gerado e está conectado ao mistério do fogo e do lado norte, porque, de qualquer forma, quando o aquecimento natural se aproxima de uma coisa fria, ele produz sua coisa, porque ele é verde [ou: amarelo] e esse é o mistério do ouro através da natureza da arte desse lado e na substância desse elemento.

A prata se conecta ao mistério da água e do lado sul, porque, quando o vento e o sol se aproximam um do outro, produz-se uma natureza branca e esse é o mistério da prata. O cobre é vermelho e isso produz a natureza de ambos [ouro e prata], porque os que conhecem a Obra de acordo com sua natureza [sabem que] o cobre produz e fazem dele a natureza do ouro e da prata e isso é [feito] com a arte do sol no vento. E, em todo caso, a questão da produção do ouro e da prata e do cobre, sua causa é uma grande e verdadeira questão e um profundo mistério.

E quando os elementos forem transformados e incluídos uns nos outros, você descobrirá nisso que, ocasionalmente, a água produz o ouro e o fogo, a prata. Na verdade, a causa do ferro na poeira está no mistério do oeste, porque sua causa se produz ao ser auxiliada pelo sol e, pela redução de sua luz, a poeira produz o ferro cuja natureza é mais seca que todas as outras, porque é do lado oeste, a partir dos produtos da poeira. Pois a poeira, quando combinada com os três elementos divinos, quando esse elemento permanece com ela mais tempo, então ela produz algo que se assemelha a cada um deles.

Pois você descobrirá que, quando o poder do fogo fundamental, o aquecimento natural, que está do lado norte, se aproxima da poeira que se encontra abaixo, a poeira gera o ouro quando se aproxima dele e quando todos os três se unem, o que é uma coisa só, então o ouro produz a poeira. Pois quando a poeira se aproxima do calor do fogo do lado norte, então o produto da poeira é o ouro. E, a partir disso, você pode compreender o mistério dos dois querubins de ouro.

E, da mesma forma, a poeira: quando se aproxima da água, ela se liga a ela do lado sul, devido ao poder do sul e da água. Pois a água é fria e úmida e o sul é quente e seco. Por essa razão, você pode perceber que a poeira, que é o receptor, quando se aproxima de qualquer um dos outros elementos, produz em todos os casos [substâncias] como ela própria [e] como cada um deles. E já fomos alertados para esse mistério no livro *Schoschan ʿEdut*.

E, embora esses quatro elementos sejam os pais dos pais de todos os seus descendentes, existem também os outros elementos abaixo, que se encontram sob eles e são os elementos inferiores, cuja existência permanente está neste mundo inferior. E, na verdade, eles são como esses elementos produtivos, na verdade, pois a poeira é o que produz os descendentes à sua semelhança, de acordo com suas famílias e casas.

E, na verdade, os quatro metais que mencionamos, e eles são os sublimes que se originam no mistério dos quatro elementos, produzem-nos com o poder desses quatro, pois cada um produz à sua semelhança. E cada um desses quatro metais inferiores surge do poder dos metais sublimes, que são os quatro elementos que mencionamos. Pois há um metal que surge na semelhança do ouro e é o elemento chamado de cobre dourado, um *metal* [*sic*] de poeira. E, em todo caso, é semelhante ao ouro, mas não é ouro. E ele surge devido a esse poder e é como ele. E a prata produz o chumbo, que é branco e surge à semelhança da prata. E compreenda. E, na verdade, assim como o ouro está do lado norte, como dissemos, e esse metal surge desse lado, também a prata, que produz o chumbo, está do lado sul e o produz para esse lado. E o cobre, da mesma forma, pertence ao poder da poeira e, devido ao fogo, surge o forte cobre inferior, que está ligado ao ferro e está do lado leste. E tudo se deve ao poder dos elementos divinos que mencionamos, que produzem à sua semelhança abaixo.

E o mistério é como dissemos e é: "e saiu um rio do Éden para regar o jardim e dali se dividiu e se tornou em quatro braços" (*Gn* 2,10) e eles são os quatro metais de baixo, que são os inferiores. E as pedras preciosas são conectadas aos metais que mencionamos. E as pedras preciosas são doze,

> como mencionado na *Torá* e elas estão conectadas ao éfode [o peitoral do sumo sacerdote] e as pedras, de acordo com os nomes dos Filhos de Israel, surgem com a força dos elementos primitivos, "como a estampa de um selo, cada uma de acordo com seu nome" (*Ex* 28,21), e tudo é continuação desses elementos divinos, porque com seu poder e, devido a eles, cada homem se muda para seu acampamento e cada um com sua bandeira. E compreenda, porque é um grande princípio acima[15].

Embora essas passagens extraídas dos textos de Moisés de León mostrem que ele estava familiarizado com determinados conceitos alquimísticos e talvez até mesmo com certos procedimentos da alquimia, elas também mostram que seu interesse por eles era meramente tangencial e que ele se referia aos elementos, aos metais e assim por diante somente para expressar ou ilustrar suas ideias místicas e religiosas. Não obstante, temos aqui indicações de que um pensador extraordinário como Moisés de León, que criou todo um mundo de suas próprias ideias e construiu um intrincado edifício de conceitos originais, também utilizou blocos de construção que encontrou espalhados pelos caminhos alquímicos de sua época. Embora não fosse um alquimista, De León sem dúvida tinha conhecimento das ideias alquimísticas de sua sociedade e acreditava nas doutrinas e princípios alquimísticos tão firmemente quanto acreditava nos ensinamentos da *Bíblia* e do *Talmud*, sobre os quais ele construiu sua Cabala.

Mais dois rápidos comentários. O livro *Schoschan ʻEdut* (Lírio do Testemunho), ao qual De León se refere como seu primeiro livro, foi escrito em 1286. A palavra *metal*, que aparece nesse periscópio, é uma das pouquíssimas palavras estrangeiras que De León utilizou nessa obra. Evidentemente, ele a considerava um termo técnico e por isso a empregou no lugar da palavra hebraica *matekhet*, que ele utiliza em todas as outras ocasiões.

15 Idem, p. 120-122.

Parte Cinco

SÉCULO XIV

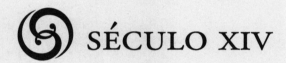

Introdução à Parte Cinco

Quando pesquisamos a bibliografia alquímica da Europa medieval, observamos um acentuado aumento das fontes no século XIV. O número maior, tanto de manuscritos originais quanto de livros impressos posteriormente, mas baseados em manuscritos mais antigos, deve ser uma indicação de que, no século XIV, um número maior de alquimistas do que no século XIII ou nos séculos anteriores estava envolvido no que eles chamavam de "a Grande Arte". O que pode explicar isso? A resposta mais provável está na suposição de que um aumento na produção é indício de aumento da procura. Em outras palavras, se o trabalho alquímico estava aumentando, isso deve significar que no século XIV havia maior necessidade de metais preciosos, cuja produção a partir de metais comuns os alquimistas reivindicavam ser sua grande conquista. Evidentemente, foi essa afirmação que recebeu crédito generalizado na Idade Média e fez com que reis, senhores e príncipes da Igreja empregassem alquimistas, induzindo muitos outros, que tinham os recursos para isso, a buscar seus serviços.

Por que haveria maior procura por ouro e prata alquímicos no século XIV? A resposta encontra-se nas condições econômicas da Europa ocidental e central desse século, que se caracterizavam por uma escassez de moedas de ouro e prata que, nesse período, chegou a alcançar proporções quase catastróficas. Isso foi observado recentemente pelo historiador francês Emmanuel Le Roy Ladurie:

> Uma enorme crise de liquidez, uma grande fome monetária, atingiu seu pico entre 1395 e 1415. Suas causas não são difíceis de se encontrar: o equilíbrio comercial entre a Europa e o Oriente manifestava um déficit a partir do ano 1000, devido ao comércio de especiarias, seda e pérolas e, também, às peregrinações, às Cruzadas e ao pagamento de resgates. Esse equilíbrio desfavorável se intensificou por volta de 1400, devido a desastres internos no Ocidente, e essas dificuldades não eram atenuadas pela aquisição sempre em expansão de especiarias ou pelo esgotamento do ouro sudanês. Na França, de forma não muito diferente do que acontecia na Inglaterra, Espanha, Itália, Flandres e Borgonha, a pior década, a que passou por maior escassez de dinheiro, ocorreu entre os anos 1392-1402. O distrito de Briaude, isolado e situado no interior do *massif central*, viu-se reduzido, por volta de 1423-1425, a cunhar moedas de chumbo! Na Europa ocidental, em geral, as reservas de metais preciosos diminuíram em aproximadamente o equivalente a 2 mil toneladas métricas de prata, por volta de 1340, e para 1000 toneladas, por volta de 1465.

Para indicar as extremamente reduzidas proporções a que havia decaído o suprimento de moedas, Le Roy Ladurie acrescenta que, em 1809, as reservas na Europa haviam aumentado para o equivalente a 50 mil toneladas de prata, isto é, não menos de cinquenta vezes o que eram em 1465[1].

A importância dessa situação para as atividades dos judeus na alquimia é evidente. Uma vez que, de um lado, os cristãos estavam proibidos pela lei da Igreja de se envolver nas atividades de empréstimo de dinheiro a juros e, de outro, os judeus estavam impedidos, devido aos estatutos das cidades e Estados, de tentar ganhar a vida em muitas das ocupações em que estariam competindo com os cristãos, o empréstimo de dinheiro na Idade Média havia se tornado uma atividade na qual os judeus tinham uma representação muito acima de sua

1 Emmanuel le Roy Ladurie, *L'État royal: De Louis XI à Henri IV (1460-1610)*, Paris: Hachette, 1987, p. 51-52.

proporção na população geral. Assim, o esgotamento da moeda era uma adversidade muito maior para os judeus que para os cristãos. Isso quer dizer que, quando as circunstâncias provocaram um aumento na demanda de ouro e prata alquímicas, um número maior de judeus, que de muito tempo vinha se especializando no negócio de dinheiro, diversificou ou mudou para o que afinal de contas era, em seu aspecto prático básico, uma ocupação relacionada à atividade em que eles já estavam envolvidos havia gerações.

Uma vez que não existem informações precisas sobre os números relativos aos alquimistas cristãos e judeus, a argumentação acima não passa de conjectura. Mas o aumento no número de textos alquimísticos judeus é um fato.

13.

Raimundo de Tárrega: Marrano, Herege, Alquimista

Uma das obras mais populares de medicina alquimística no século XVI foi o *De secretis naturae sive quinta essentia* (Sobre os Segredos da Natureza ou a Quinta-Essência). O livro foi impresso pela primeira vez em 1514, reimpresso umas dez vezes antes do final do século, em Veneza e também em várias cidades alemãs, sendo traduzido para o italiano e, parcialmente, para o inglês[1]. No século XVII, o livro (doravante indicado como *De secretis*) continuou recebendo novas edições, sendo traduzido mais uma vez para o italiano numa versão reduzida e, ainda recentemente, em 1924[2]. Em todas essas edições, o nome de Raimundo Lúlio aparece designado como o autor.

Raimundo Lúlio (ou Ramón Llul, cerca de 1234-1315) nasceu em Maiorca e era filho de nobres catalães. Após uma juventude um tanto dissoluta, teve uma visão de Cristo na forma de um crucifixo e ouviu o Senhor dirigir-se a ele: "Raimundo, siga-me!". A visão fez com que Lúlio desistisse de sua vida mundana e se dedicasse a Deus[3]. Viveu até a idade de oitenta anos e tornou-se o mais importante filósofo,

1 Tradução para o italiano de M. Pietro Lauro, Veneza, 1557; tradução para o inglês: manuscrito de Oxford, Ashmole 1507, Cat. Col. 1409. Uma versão um pouco resumida deste capítulo foi publicada em *Ambix* 35 (março de 1988), p. 14-30.

2 Enrico Cardile, *Il trattato della quinta essenza ovvero d' secreti di natura di Raimundo Lullo a cura di Enrico Cardile*, Todi, 1924. É mais um sumário que uma tradução.

3 Lucas Waddingus (Wadding), *Annales minorum*, 25 v., Roma, 1731-1886; 3. ed., Florença: [s.n.], 1931, v. 4, p. 477-478.

lógico, teólogo, metafísico, místico, pregador e missionário catalão para os judeus e os muçulmanos. Aos setenta e oito anos, defendeu diante do Concílio de Vienne (1312) que, a fim de se proteger contra o islamismo, a Igreja deveria fomentar o estudo do árabe, siríaco, hebraico e grego. Conseguiu convencer o conselho, fazendo-o se decidir a estabelecer cátedras para essas línguas em Paris, Oxford, Bolonha e Salamanca. Lúlio visitou a África várias vezes e, durante sua última visita, aos oitenta anos, foi atacado e apedrejado pelos mouros. Devido aos ferimentos morreu a bordo do navio que o levava de volta a sua nativa Maiorca, assim conseguindo atingir o grande desejo de sua vida de tornar-se um mártir da fé[4].

A produção bibliográfica de Lúlio foi monumental e impressionante em sua diversidade. Escreveu 321 ou, de acordo com um outro cálculo, 488 obras[5], em campos tão variados quanto a arte em geral, gramática, retórica, lógica, metafísica, política, medicina, ciência militar, cavalaria, astronomia, astrologia, geometria, aritmética, estudos espirituais e contemplativos, pregação, controvérsias, teologia e assim por diante. Historiadores da literatura espanhola concordam em que Raimundo Lúlio foi um dos mais originais e diversificados pensadores de sua época[6]. Seus admiradores e seguidores conferiram-lhe o título de *doctor illuminatus* (doutor iluminado). No século XVI, o estudo de seu pensamento e obra se difundiu para a França, sendo estabelecida na Sorbonne uma cátedra dedicada às teorias de Lúlio. O interesse por ele continuou até a década de 1940, quando uma sociedade arqueológica dedicada a Lúlio atuou em Maiorca e publicou textos sobre ele[7].

4 Idem, v. 6, p. 233; *Dictionnaire de theologie catholique*, Paris: Librairie Letouzey et Ané, 1926, v. 9, p. 1086; *EJ* (J), v. 8, p. 14; v. 13, p. 1542.

5 Lucas Waddingus, *Scriptores ordinis minorum*, Roma: Attilio Nardecchia, 1906, p. 192-202; A. Perroquet, *Apologie de la vie et des oeuvres du bienheureux Raymond Lulle*, Vendome, 1662.

6 Nicolas Antonio Hispalensis (1617-1684), *Bibliotheca hispana vetus*, Madri, 1788, v. 2, p. 126-141.

7 Cf. os volumes do *Boletin de la Sociedad Arqueologica Luliana*, Maiorca.

Sua grande reputação induziu outros autores, que viveram pouco depois dele, a atribuir pseudoepigraficamente seus próprios trabalhos a ele. Nicolás Antonio Hispalensis (1617-1684), em sua extensa *Bibliotheca hispana vetus*, faz uma lista de nada menos que 81 obras que, como diz, "circulavam com a autoria de Lúlio", mas na verdade não haviam sido escritas por ele[8]. Entre elas estavam vários textos alquímicos, cujo caráter espúrio fora reconhecido por historiadores da Igreja no século XVI, o mais tardar. Não obstante, a conclusão de que esses tratados alquimísticos podiam não ter sido escritos por Lúlio parece nunca ter alcançado os círculos alquimísticos cuja admiração por Lúlio, o alquimista, continuou a assegurar-lhe um lugar de honra na bibliografia alquímica.

Assim, Lúlio figura de forma proeminente nos grandes compêndios de tratados alquimísticos publicados no século XVII. O *Musaeum Hermeticum*, de 1625, contém um trabalho intitulado *Hydrolythus Sophicus seu aquarius sapientum, hoc est opusculum chemicum* (A Pedra D'água Sófica ou o Carregador de Água do Sábio, que é um Pequeno Trabalho Químico), com uma página de anterrosto emoldurada por retratos imaginários dos seis mais famosos alquimistas de todos os tempos: Hermes, Geber, Morienus, Raimundo Lúlio, Roger Bacon e Paracelso[9]. Da mesma forma, a *Gloria Mundi* (Glória do Mundo), outra obra alquimística reeditada no mesmo volume, possui uma página de rosto emoldurada por ilustrações dos doze alquimistas mais famosos, inclusive Maria Hebraea e Lúlio[10]. O primeiro tratado contido no mesmo *Musaeum Hermeticum* é o *Tractatus aureus de lapide*

8 Cf. Hispalensis, *Bibliotheca*, v. 2, p. 126-141, e Joannes Baptista Sollerius (Sollier), *Acta B. Raymundi Lulli*, Antuérpia, 1708, p. 59 e s. Arthur Edward Waite, em *Three Famous Alchemists*, Filadélfia, sem data [*c*. 1903], [s.n.], p. 50, contava um número de 77 obras de alquimia atribuídas a Lúlio na *Opera omnia catalogus librorum beati Raymundi Lullii*. Cf. também Miguel Massuti y Alzamora, Ramón Lull y la alquimia, *Boletin de la Sociedad Arqueologica Luliana* 28 (julho de 1942-dezembro de 1943), n. 695-703, na p. 526.

9 *Musaeum Hermeticum*, Frankfurt, 1625, p. 101.

10 Idem, p. 271.

philosophico (Tratado de Ouro sobre a Pedra Filosofal), que cita (na página 15) Lúlio como tendo dito em seu *Codicullus* (Nota Breve) que "Nosso mercúrio tem uma característica que lhe permite passar pela coagulação a partir de seu próprio enxofre" e como tendo declarado em seu *Testamentum* que "O mercúrio flutua no topo e flui com uma umidade que impede a combustão"[11].

A conclusão de que os livros alquímicos publicados sob o nome de Lúlio não podem ser autênticos se baseia em duas considerações. A primeira é a de que o próprio Lúlio tinha uma visão inflexível e consistentemente negativa da alquimia. Em diversas passagens de seus escritos inquestionavelmente autênticos, ele declarou abertamente que condenava a alquimia em geral, negando, em particular, que ela pudesse produzir ouro[12]. A segunda consideração é cronológica. As datas mencionadas em vários dos manuscritos de obras alquimísticas atribuídas a Lúlio como datas de sua conclusão, tornam sua autoria impossível. Isso foi assinalado meticulosamente já no século XVII por Lucas Wadding (1568-1657) em seus *Annales minorum*. Assim, o livro *De 24 experimentis* (Sobre 24 Experiências), falsamente atribuído a Lúlio, contém uma declaração final afirmando que foi concluído em 1330 – quinze anos após sua morte. O *Testamentum novissimum* (Novíssimo Testamento), também atribuído a Lúlio, contém a declaração:

> Fizemos nosso testamento pela virtude de Deus, na ilha da Inglaterra, na Igreja de Sancta Catharina, em frente à parte da Torre diante da câmara (*versus partem castelli ante cameram*) no reinado de Eduardo pela graça

11 Tradução minha, a partir do texto em latim. Cf. *Codicillus seu vade mecum*, Colônia, 1563, e outras edições; *Testamentum*, Rouen, 1663, parte 1, "Theoria & Practica"

12 L. Waddingus, *Annales minorum*, v. 6, p. 166, cita passagens a partir de quatro livros de Lúlio. Cf. também Hispalensis, *Bibliotheca*, v. 2, p. 136-137; Jaime Custurer (1657-1715), *Disertaciones historicas del culto immemorial del B. Raymundo Lulli...*, Maiorca, 1700, p. 625; Erhad Wolfram Platzeck (org.), *Raimund Lull, Opuscula*, 3 v., Hildesheim: Gerstenberg, 1971-1973, 1:xviii; 2:xlvii; *Acta sanctorum*, junho, n. 5 (Antuérpia, 1709), p. 657-661, 706. Uma série de declarações feitas por Lúlio contra a alquimia é apresentada em A. E. Waite, *Three Famous Alchemists*, p. 49-50.

de Deus, em cujas mãos colocamos em custódia, pela vontade de Deus, o presente testamento, no ano de 1332 depois da encarnação[13].

Um terceiro livro falsamente atribuído a Lúlio, *De mercuriis* (Sobre os Mercúrios) afirma, no final do capítulo 40, que foi concluído em 1333. No *De 24 experimentis*, diz Wadding,

> o autor, que se intitula Raimundo, conta na introdução como o rei Eduardo da Inglaterra, quando jovem, guardou um grande tesouro, com a finalidade de declarar guerra contra os sarracenos, mas depois desviou esse dinheiro, para atacar o rei da França. Contudo, diz ele, movido pelo arrependimento, o mesmo Eduardo, quando já velho, pediu perdão por ter desviado o dinheiro ilicitamente. Todavia, esse Eduardo, a quem ele [Raimundo] entregou seu testamento, era o terceiro desse nome. Ele iniciou seu reinado em 1327, com a idade de catorze anos e morreu em 1377, no quinquagésimo primeiro ano de seu reinado e no sexagésimo quinto de sua vida[14].

Na sequência, Wadding apresenta mais dados para comprovar que os livros alquímicos que circulavam sob o nome de Lúlio não poderiam ter sido escritos por ele, mencionando em particular o *De secretis*, três cópias do qual ele consultou na Biblioteca do Vaticano, como sendo falsamente atribuído a Lúlio[15]. O manuscrito mais antigo desse livro, ainda existente, está datado de Paris, 1319[16].

13 A edição feita na Basileia, em 1600, do *Testamentum novissimum*, que consultei numa divisão de livros raros na Biblioteca Pública de Nova York, traz na p. 139 uma versão levemente diferente dessa declaração. O Hospital de Sta. Catharina situava-se próximo à Torre de Londres e, em 1351, a Rainha Filipa, esposa de Eduardo III, fundou nela uma capela; cf. Robert Seymour, *A Survey of the Cities of London and Westminster*, Londres, 1733, v. 1, p. 197.

14 L. Waddingus, *Annales minorum*, v. 6, p. 266-267.

15 Idem, ibidem.

16 M. Massuti y Alzamora, "Ramón Lull", p. 526.

Além dos livros acima mencionados, existem várias outras obras alquimísticas atribuídas a Lúlio, que são identificadas nas inscrições dos colofões dos manuscritos como tendo sido escritas entre 1330 e 1357, isto é, décadas após a morte de Lúlio. Essas inscrições são uma prova importante para a identificação de obras falsamente atribuídas a Lúlio. A inscrição *Lucidarium totius testamenti* (Iluminando Todo o Testamento) diz: *Finitus est iste liber in praeclaro studio Montis Pessulani, anno 1330* (Este livro foi concluído no célebre local de estudo de Mons Pessulanus [Montpellier], no ano de 1330)[17]. A inscrição *Liber naturae et lumen nostri lapidis* (Livro da Natureza e a Luz de Nossa Pedra) diz: *Fecimus in Sancta Catharina Londini, 1337* (Nós o escrevemos em Sta. Catarina, em Londres, 1337). A inscrição *Liber de conservatione vitae humanae et de quinta essentia* (Livro sobre a Preservação da Vida Humana e sobre a Quinta-Essência) diz: *Factus est his liber anno 1349* (Este Livro foi concluído em 1349). A inscrição *Liber ad serenissimam Reginam Eleanorem uxorem serenissimi regis Anglorum Eduardi* (Livro [dedicado] à Sereníssima Rainha Leonor, Esposa do Sereníssimo Rei dos Ingleses, Eduardo) conclui com as palavras: *Factus Londini in Sancta Catarina, 1355* (Concluído em Londres, em Sta. Catarina, 1355). E a inscrição *Quatuor libri angelorum testamenti experimentorum* (Os Quatro Livros dos Anjos do Testamento de Experiências) diz: *Fecimus in Sancta Ecclesia Divae Catharinae Londini, anno salutis 1357* (Nós o escrevemos na santa igreja da Divina Catarina, em Londres, no ano da salvação de 1357). Há ainda um outro tratado alquímico falsamente atribuído a Lúlio, o *Opus Abbreviatum super solem et lunam* (A Obra Abreviada sobre o Sol e a Lua), cuja inscrição diz que foi escrito na mesma igreja de Sta. Catarina em Londres, mas sem fornecer a data[18].

17 Montpellier era na verdade um "célebre local de estudo", famoso por sua escola de medicina. Cf. Alexandre Charles Germain, *L'École de medicine à Montpellier*, Montpellier: J. Martel Aine, 1880.

18 A conclusão de que as datas contidas nos colofões desses manuscritos tornam a autoria de Lúlio impossível foi enfatizada por D. José Ramon de Luanco em seu *Ramon Lull (Raimundo Lulio) cosiderado como alquimista*, Barcelona, 1870, p. 38 e s., e depois dele, por M. Massuti y

Pode-se acrescentar que Daniel Georg Morhof (1639-1691), que viveu umas duas gerações após Wadding, registra em seu *Polyhistor* (O Polímata), entre os livros anônimos e de autoria designada por pseudônimos, um tratado intitulado *Manipulus quercuum sive ars comprehendi transcendentia* (Um Amontoado de Carvalhos ou a Arte de Compreender a Transcendência), como escrito por um certo Raimundo, o Segundo[19].

As inscrições com o local e data da composição de um manuscrito são em geral consideradas de confiança e elas documentam a existência do alquimista Raimundo que, de fato, escreveu os livros atribuídos a Lúlio. Elas indicam que esse alquimista se encontrava em Paris em 1319 (ou 1330/33), em Montpellier em 1330, em Londres em 1332 e 1337, em um local não denominado em 1349 e novamente em Londres em 1355 e em 1357. As datas nessas inscrições foram aceitas como autênticas por Lynn Thorndike, que argumentou que, uma vez que não podia haver uma razão lógica para um falsário dar a um tratado atribuído a Lúlio uma data posterior a sua morte, os manuscritos em questão seriam "talvez de autoria de um outro Raimundo"[20].

Antes de nos voltar para o problema da identidade desse segundo Raimundo, é preciso examinar mais de perto os personagens da realeza citados nos livros mencionados. O rei Eduardo não apresenta nenhum problema. Como mostrou Wadding, tratava-se de Eduardo III, que reinou de 1327 a 1377, isto é, durante todo o período em que o alquimista Raimundo viveu em Londres, de acordo com o documentado nas inscrições. No entanto, há um problema em relação à esposa de Eduardo III, a quem Raimundo dedicou seu livro de 1355: ela não era Leonor, mas Filipa de

Alzamora, "Ramon Lull", p. 515-517. Por coincidência, Lúlio estava em Montpellier em 1309 e em Paris em 1310; Joan Avinyo, *Les obres autentiques del Beat Ramon Llull, Repertori Bibliografic*, Barcelona: [s.n.], 1935, p. 207, 232; Leon Teissier, La cité de Montpellier au temps de Raymond Lulle, *Revue des Pays d'Oc* 2, Paris, 1933, p. 384-390.

19 Daniel Georg Morhof, *Polyhistor*, 3. ed., Lübeck, 1732, v. 1, p. 81.

20 Lynn Thorndike, *A History of Magic and Experimental Science*, 8 v., New York, 1923-1958, v. 4, p. 13-14.

Hainault (Hainaut), com quem Eduardo se casou em 1328 e que morreu em 1369. O único rei Eduardo cuja esposa se chamava Leonor foi Eduardo I (1274 a 1307); ela era meia-irmã de Afonso X de Castela. Como o alquimista Raimundo podia dedicar, em 1355, um livro à rainha Leonor, esposa do rei Eduardo, é um enigma. A única explicação possível é que Raimundo se enganou e, em vez de "Rainha Filipa", escreveu "Rainha Leonor", nome que, sendo o de várias rainhas e princesas espanholas, assim como o da esposa de um rei Eduardo de um período anterior e de várias outras rainhas inglesas, era mais familiar para ele. Se admitimos isso, várias outras partes do enigma se explicam. Numa outra obra falsamente atribuída a Lúlio, a *Animae Transmutationis* (A Alma da Transmutação), o autor afirma ter ido à Inglaterra a convite do rei Eduardo que, naturalmente, devia ser Eduardo III. Além disso, num outro tratado também falsamente atribuído a Lúlio e intitulado *Experimenta Raymundi Lullii Majoricani philosophi docissimi* (Experimentos de Raimundo Lúlio, o Mais Culto Filósofo Maiorquino, já mencionado acima sob o título abreviado *De 24 Experimentis*), o autor afirma que "nós executamos essa operação para o rei inglês, que simulou ir lutar contra os turcos, mas subsequentemente lutou contra o rei da França e encarcerou-me, embora eu tenha [no final] escapado"[21]. A operação mencionada foi a transmutação de metais comuns em ouro, de acordo com o método de Arnaldo de Vilanova.

Uma confirmação independente da permanência na Inglaterra de um alquimista chamado Raimundo encontra-se em *O Testamento de Cremer*, um tratado incluído no *Tripus aureus* (O Tripé de Ouro), compilado por Michael Maier (1568?-1622) e publicado em Frankfurt, em 1618. O título completo do terceiro dos três tratados contidos nesse livro é "O Testamento do Inglês Cremer, antigo abade de Westminster, não publicado até agora e hoje na estima de diversas nações, editado e adornado com figuras habilmente entalhadas em cobre com

21 Citado por A. E. Waite, *Three Famous Alchemists*, p. 52. Tradução minha, a partir do latim.

cuidado e zelo". De acordo com página de anterrosto (p. 181), Cremer foi membro da ordem beneditina. A parte introdutória do *Testamento* de Cremer diz o seguinte:

> Embora eu fosse um seguidor zeloso dessa arte e habilidade [isto é, a alquimia], fui impedido, de maneira peculiar, pela coisa, obscura para mim, explicada nos muitos e diversos livros que li e com os quais me mantive ocupado por trinta anos, com grande sacrifício e em detrimento de minha Obra. Quanto mais lia, mais eu me perdia, até que me deixei levar pela providência divina até a Itália onde, pela graça do Deus boníssimo e augustíssimo, o caminho me foi mostrado na companhia de um homem dotado tanto de enorme dignidade quanto de todos os tipos de conhecimento, de nome Raimundo [...], em cuja companhia permaneci por longo tempo. De fato encontrei tanta simpatia nos olhos desse bom homem que ele me revelou uma certa parte de todo esse mistério; dessa forma, eu o convenci, com muitas súplicas, a vir comigo para esta ilha e ele permaneceu comigo por dois anos. No decorrer desse tempo realizei completamente toda a Obra. Depois disso, levei esse homem eminente à presença do gloriosíssimo rei Eduardo, por quem ele foi recebido com a honra que merecia e tratado com toda cortesia. E lá, persuadido pelo rei com muitas promessas, acordos e ofertas, ele se empenhou em tornar rico o rei, com a promessa de sua arte divina. Isso, sob a condição de que o rei, pessoalmente, travasse guerra contra os turcos, os inimigos de Deus, e empregasse sua riqueza na Casa do Senhor e, em nenhuma circunstância, em desprezo ou em guerra contra os cristãos. Mas (oh, tormento!), essa promessa foi rompida e violada pelo rei, depois do quê, esse homem piedoso, afligido em espírito e no íntimo de seu coração, fugiu daqui para ultramar, em condição lamentável e miserável, o que atormenta imensamente meu coração e peço sinceramente todos os dias para estar com ele em corpo, porque a compostura e integridade de sua vida cotidiana podem induzir até mesmo pecadores obstinados à penitência.

Eu, oh abençoadíssimo Raimundo, verto por você minhas orações ao Deus boníssimo e augustíssimo e meus irmãos fazem o mesmo. Toda sabedoria pertence a Deus[22].

O relato acima das experiências de Raimundo na Inglaterra não deixa de apresentar suas dificuldades. Como assinalou Waite, nunca houve um Cremer entre os abades de Westminster e a afirmação de que Cremer levou Raimundo para a Inglaterra e, dois anos depois, o apresentou ao rei Eduardo contradiz a afirmação, contida num outro tratado do próprio Raimundo, a *Animae transmutationis*, de que sua ida à Inglaterra se devia a um pedido do rei Eduardo. Apesar dessas discrepâncias, Waite está convencido de que Cremer não era uma pessoa fictícia e que seu Testamento era "um testemunho valioso produzido na Inglaterra quanto à verdade da história contada a respeito dele mesmo" pelo autor dos livros alquímicos mencionados acima e datados na Inglaterra[23]. De modo geral, o relato de Cremer corrobora o que Raimundo afirma em seu *De 24 experimentis* sobre sua relação com o rei Eduardo. Ele também contém três aspectos com que estamos familiarizados a partir das vidas de outros alquimistas da época.

O primeiro deles é a viagem de Cremer ao sul, em busca de conhecimento alquimístico, seu encontro aí com um grande adepto da Arte Real e seu retorno a seu país de origem, acompanhado por esse alquimista. Tudo isso aparece também na história contada por Nicolas Flamel, o alquimista francês do século XIV[24]. O segundo aspecto em comum com os alquimistas da época está em que, em ambos os encontros, os mestres alquimistas em questão eram judeus convertidos – como

22 Michael Maier, *Tripus aureus hoc est tres tractatus chymici selectissimi* (O Tripé de Ouro que são os Três Mais Seletos Tratados Químicos), Frankfurt-am-Main, 1618. Uma versão diferente de *The Testament of Cremer* foi reeditada em 1983 pela Alchemical Press, Edmonds, Washington.

23 A. E. Waite, *Three Famous Alchemists*, p. 56; cf. p. 52.

24 Cf., infra, capítulo 15.

veremos adiante, esse era de fato o caso de Raimundo. O terceiro aspecto na história de Cremer, recorrente em outros relatos alquimísticos, é o acordo feito entre um rei e um alquimista judeu (ou marrano). Acordos desse tipo não eram extraordinários nessa época, como mostra o acordo concluído, também no século XIV, entre o rei Pedro IV de Maiorca (r. 1343-1387), que tinha grande interesse pela alquimia, e um físico, astrólogo e alquimista judeu local chamado Magister Menahem[25].

Mas, de volta à história de Raimundo, cujo acordo com o rei Eduardo III se revela mais que provável, devido aos paralelos acima, as curtas e um tanto quanto vagas referências feitas na época à relação entre ele e o rei deixam várias questões sem resposta. Como Raimundo foi capaz de produzir o ouro que o rei Eduardo empregou para financiar sua guerra ou guerras contra a França? Teria Raimundo realmente ousado repreender o rei por não cumprir sua promessa? Ou houve alguma outra razão para o encarceramento de Raimundo? E como Raimundo conseguiu escapar da prisão? Uma resposta parcial, possivelmente fictícia, é fornecida numa anotação que Elias Ashmole (1617-1692) anexou a um poema alquimístico intitulado "Pássaro de Hermes", incluído em seu *Theatrum chemicum Britannicum*. O poema, diz Ashmole, foi originalmente escrito em francês por Raimundo Lully (!) e traduzido para o inglês por seu discípulo Cremer. Em seguida, Ashmole acrescenta que depois que Eduardo III empreendeu sua primeira expedição militar contra a França em 1337,

> ao descobrir que Lully (após tê-lo visto violar sua fé, ao destruir cristãos, em vez de maometanos) se recusava a fomentar sua Ambição com novos suprimentos de ouro, Ele o encerrou na Torre, onde Lully permaneceu durante longo tempo e, percebendo que não havia possibilidade de libertação, começou a estudar sua Liberdade e, com essa finalidade, criou

25 Cf. infra, capítulo 16.

para si uma *Leaper* (isto é, lepra), por meio da qual obteve maior Liberdade e, depois de algum tempo, uma oportunidade de fugir para a França onde, com toda probabilidade, escreveu esse tratado de paz[26].

Permitam-nos acrescentar um único comentário: para o autor do *De secretis* era algo simples simular a lepra, ou mesmo produzir sintomas que seriam interpretados como os dessa doença terrível por seus carcereiros, que, devido a isso, sem dúvida, manteriam distância dele, o que facilitaria sua fuga.

Uma tradição divergente sobre a prisão e fuga de Raimundo se encontra na *Bibliothèque des philosophes alchimiques*:

> Raimundo Lúlio [ainda a mesma confusão entre Raimundo o alquimista e Raimundo Lúlio], discípulo de Arnaldo de Vilanova, tendo sido apresentado a Eduardo III, rei da Inglaterra, por um abade de Westminster, que o trouxe de Milão para Londres, executou um número considerável de transmutações para esse príncipe, que o havia persuadido de que estava se preparando para entrar em guerra contra os turcos. Depois que algum tempo se passou, Raimundo viu que Eduardo voltara suas armas contra o rei da França. Ele se queixou do uso que o rei fazia do ouro que ele havia fornecido com o único objetivo de combater os infiéis. Com receio de que Raimundo buscasse a proteção de seu inimigo, Eduardo ordenou que ele fosse feito prisioneiro. Mas depois Raimundo recuperou sua liberdade, confiando na vigilância de seu médico, pela promessa feita por Lúlio de fundir um sino de ouro que seria ouvido em todo o mundo. Enquanto realizava a transmutação de metais imperfeitos para seu trabalho, Lúlio seduziu o médico, prometendo-lhe o segredo da transmutação. O médico então providenciou os preparativos com o dono de um navio, que os levou para a França, quando os materiais se aproximavam do ponto de ser despejados no molde do sino prometido. Ao ser

26 Elias Ashmole, *Theatrum chemicum Britannicum*, Londres, 1652, p. 467. O poema "Hermes Bird" encontra-se nas p. 213-226.

informado da fuga de Raimundo, Eduardo deu ordens de persegui-lo, mas isso de nada adiantou. Para registrar as lembranças desse acontecimento para a posteridade, Eduardo ordenou que fosse cunhada uma moeda, que é chamada de *rosa nobilis* (rosa nobre) e que os curiosos guardam até hoje como uma medalha preciosa e na qual se pode ver uma rosa sobre um navio a remo[27].

É sem dúvida um fato histórico Eduardo III ter declarado guerra à França em 1337, ter dado início às hostilidades em 1339 e ter lutado contra a França intermitentemente durante décadas. Após sofrer reveses, ele concluiu um tratado de paz com a França em 1360, prometendo renunciar a suas pretensões ao trono francês e aos outros territórios que não estavam sendo cedidos pela França no próprio tratado. Também é um fato histórico Eduardo não ter honrado sua promessa, o que torna provável a afirmação de que ele não teve escrúpulos em deixar de cumprir a palavra dada a um modesto alquimista. Por outro lado, se Raimundo era de fato um marrano, parece enigmático, a um primeiro olhar, que ele tentasse induzir Eduardo III a lutar contra os turcos, em vez de contra os franceses. Por que um cripto-judeu, cujas lealdades secretas estavam com o judaísmo, estaria interessado numa guerra entre a Inglaterra e os turcos e tentaria impedir uma luta entre a Inglaterra e a França? Nessa época, os otomanos se empenhavam em consolidar sua posse da Anatólia e eram aliados do imperador bizantino João VI Cantacuzeno (cerca de 1295-1383), que deu a mão de sua filha Teodora ao monarca otomano Orhan (ou Orkhan, reinado 1326-1362). Por volta de 1360, os otomanos mantinham uma firme frente de combate na Europa, ao longo da costa de Mármara, mas a expansão do domínio turco nos Bálcãs ainda se encontrava num futuro distante, assim como a conquista otomana da Palestina (1527), que iria motivar o aventureiro judeu e aspirante a

27 Traduções minhas, a partir do espanhol de Ramón de Luanco, *Ramon Lull*, p. 43-44, citando a *Bibliothèque des philosophes chimiques*, Paris, 1741.

Messias, David Reubeni (?-1538?), a buscar a intervenção da Europa cristã na Terra Santa. Naturalmente, é possível que o termo "turco", no relato da desavença entre Raimundo e Eduardo, estivesse sendo empregado de forma imprecisa e equivocada nas fontes citadas e que sua intenção não era referir-se aos turcos otomanos, mas aos mamelucos muçulmanos, que dominaram o Egito de 1250 a 1517 e sob cuja primeira dinastia, bahritas, os judeus (assim como os cristãos) do Egito, Palestina e Síria foram persistentemente perseguidos. Nesse caso, isso explicaria o interesse que Raimundo, como um marrano cuja lealdade estaria com seus velhos correligionários judeus e não com seus novos correligionários cristãos, teria em um confronto armado entre as potências cristã e muçulmana.

As lembranças da permanência de Raimundo na Inglaterra e de seu êxito no domínio da Grande Arte sobreviveram por vários séculos depois dele. Em 1555, Robertus Constantinus afirmou que havia visto uma moeda de ouro muito puro com o nome "Raymund *noble*", que se dizia ter sido cunhada com o metal precioso manufaturado por Raimundo na Torre de Londres. Também o livro de John Stow, *A Survey of London* (1598), menciona uma obra de alquimia escrita por Raimundo no Hospital Sta. Catarina[28]. E, como acabamos de ver, Elias Ashmole, no século XVII, e a *Bibliothèque des philosophes alchimiques*, no século XVIII, também sabiam de detalhes notáveis, embora incompatíveis, sobre sua prisão e fuga.

Mencionamos acima que o mais antigo manuscrito do *De secretis* traz a informação de que foi escrito em Paris, em 1319. Essa data é compatível com a afirmação contida no texto do próprio livro (p. 9 da edição de 1542), segundo a qual o rei Roberto teria pedido ao autor certas informações sobre questões de alquimia. Na página 33 da mesma edição, o autor afirma ter enviado ao rei Roberto um "compêndio" contendo instruções alquímicas. Vários outros manuscritos

28 Robertus Constantinus, *Nomeclator insignium scriptorum*, Paris, 1555, conforme a citação de A. E. Waite, *Three Famous Alchemists*, p. 60.

alquímicos falsamente atribuídos a Lúlio também afirmam ter sido escritos para o rei Roberto ou Rupert[29]. O rei em questão devia ser Roberto I, o Bruce, que foi rei da Escócia de 1306 a 1329, derrotou o rei Eduardo II da Inglaterra na batalha de Bannockburn em 1314 e obteve do papa o reconhecimento de seu título como rei da Escócia em 1323. Enquanto o rei Eduardo III estava interessado em nosso alquimista, devido a sua promessa de ouro, o rei Roberto, por outro lado, procurou-o na esperança de obter a ajuda de algum remédio alquímico para a lepra que o atormentava e da qual ele finalmente viria a morrer em 1329. Em seu *De secretis* (p. 9), Raimundo insinua ter em seu poder o lendário "elixir" e sua *quinta essentia* é repetidamente descrita por ele como uma panaceia mágica que podia curar praticamente qualquer doença, se adicionada aos medicamentos mais comumente usados.

Um outro personagem da nobreza é mencionado em outra obra, também falsamente atribuída a Lúlio: uma versão, ou cópia, mais antiga do *Testamentum novissimum* é dedicada ao "rei Carlos" pelo autor que utiliza o pseudônimo "Raimundo Lully, o Maiorquino". Nela o autor se dirige ao rei como "meu caro Carlos" e diz: "escolho você como o filho mais amado, como o propagador da fé católica"[30]. O rei em questão era, provavelmente, Carlos IV ("le Bel"), rei da França (reinado, 1322-1328), que também reinou como Carlos I de Navarra. Se for esse o caso, Raimundo provavelmente permaneceu em Paris, ou pelo menos na França, durante vários anos depois de concluir seu *De secretis*, em 1319.

Em 1330 nós o encontramos em Monte Possulanus (Montpellier), no sul da França, de onde deve ter retornado a Londres e, depois, partido

29 Cf. os manuscritos de Oxford, citados por J. M. Batista y Roca, Catalech de les obres Lulianes d'Oxford, em *Boletin de la Real Academia de Buenas Letras de Barcelona* 15:60, p. 220-222, 225-226, out.-dez., 1915. Cf. também Johann Jacobus Manget, *Bibliotheca chemica curiosa*, 2 v., Genebra, 1702, v. 1, p. 780-790, 853-862, 863-872.

30 *Testamenti novissimi Raymundi Lullii Majoricani*, Regi Carolo dicati, liber primus, em Manget, *Bibliotheca*, v. 1, p. 790.

para a Itália. Da Itália ele voltou com Cremer para Londres, onde escreveu seus três tratados, datados de 1337, 1355 e 1357. Não se sabe com certeza se Raimundo permaneceu na Inglaterra todos esses anos. Se a história de sua fuga da Torre merece crédito, ele foi para a França algum tempo depois de 1337 (o ano em que Eduardo III declarou guerra à França), tendo depois, antes de 1355, retornado a Londres. É muito pouco provável que no decurso desses anos ele tenha retornado a sua terra natal, a Espanha, pois, caso o fizesse, a Inquisição, sem dúvida, o teria capturado.

A "quinta-essência" era um dos temas preferidos de Raimundo, o alquimista, e o ocupou de tempos em tempos durante mais de trinta anos. O título completo de seu primeiro tratado sobre o tema, escrito em Paris, em 1319, era *Tertia distinctio quintae essentiae quae est de cura corporum* (A Terceira Distinção da Quinta-Essência, que é sobre a Cura dos Corpos). De acordo com uma afirmação contida na passagem introdutória de sua obra *Compendium animae transmutationis artis metallorum* (Compêndio da Arte da Transmutação da Alma dos Metais), enviada por ele ao rei Rupert, "o terceiro livro da quinta-essência" foi escrito na Abadia de São Benedito, em Paris[31]. Em 1349 ele voltava a abordar o tema, escrevendo o *Liber de conservatione vitae humanae et de quinta essentia* (Livro da Conservação da Vida Humana e da Quinta-Essência).

Quem, então, foi o autor do *De secretis* e dos outros livros de alquimia que seriam depois atribuídos ao famoso Raimundo Lúlio? A luz direta da história é lançada sobre esse alquimista desconhecido somente nos três últimos anos de sua vida, depois que a Inquisição iniciou seu processo contra ele. Contudo, se as informações contidas nas inscrições dos colofões dos livros acima mencionados estão corretas, esse segundo Raimundo deve ter nascido por volta de 1295, para que fosse possível ter concluído seu primeiro livro, o *De secretis*, em

31 Cf. Manget, *Bibliotheca*, v. 1, p. 780

1319. O nome com o qual ele se tornou conhecido, Raimundo (ou Ramón) de Tárrega, indica que ele nasceu na cidade de Tárrega, na diocese de Vic (mais tarde, Solsone), e uma vez que todas as referências a ele, inclusive as contidas nos documentos da Inquisição e que no final viriam a custar sua vida, são unânimes em identificá-lo como um judeu convertido, podemos aceitar como um fato que era nascido de pais judeus. Isso significa que ele deve ter recebido educação judaica e aderido à religião judaica até sua conversão ao cristianismo.

A cidade de Tárrega era o lar de uma importante comunidade judaica, que datava do início do século XIII. Inicialmente, a cidade estivera sob a jurisdição da comunidade de Lérida, mas em 1325 o rei Jaime de Aragão outorgou sua independência. Em 1345 o rei Pedro IV (reinado de 1336-1387) deu aos judeus de Tárrega permissão para reconstruir suas sinagogas, recomendando ao vigário geral de Vic que autorizasse a reconstrução, o que este último fez, em agosto de 1346. Em 1350, habitantes de Tárrega atacaram os judeus, matando trezentos homens e mulheres. Mas isso tudo ocorreu muito depois de Raimundo de Tárrega deixar a cidade[32].

De acordo com as atas do tribunal inquisitorial que interrogou Raimundo por volta de 1370, ele declarou que havia se convertido ao cristianismo aos doze anos de idade. Contudo, essa declaração sobre sua conversão quando pré-adolescente é contestada pelo fato de que, em segredo, ele permaneceu fiel ao judaísmo até o fim de sua vida. É difícil imaginar que um marranismo como esse pudesse se basear em impressões ou conhecimentos absorvidos dos pais por uma criança pequena. O mais provável é que sua conversão tenha ocorrido anos mais tarde, após ter ele se saturado com as doutrinas e práticas do judaísmo. De fato, segundo analistas posteriores, Raimundo de Tárrega cresceu como judeu, tornou-se "um rabi dos hebreus" e, somente depois, passou por uma insincera conversão

32 Cf. a enciclopédia espanhola *Enciclopedia Universal Illustrada*, 58 (1928), p. 762.

ao cristianismo[33]. Além disso, as duas cartas papais que tratam das heresias de Raimundo de Tárrega (cf. adiante) – a primeira escrita antes de sua morte e a segunda logo depois – afirmam que ele "recentemente" ou "uma vez" "retornou do erro da cegueira judaica para a luz da fé cristã", o que seria uma referência improvável a uma criança convertida aos doze anos de idade. Por fim, a denominação "neófito", pela qual era conhecido, parece referir-se a uma pessoa que se converteu ao cristianismo na maioridade, e não na infância. Como explica Francisco Peña, "Esse Raimundo de Tárrega é chamado Neófito, como se fosse um novo broto ou ramo. Porque os que são chamados neófitos não nasceram de pais originalmente cristãos, mas se converteram à fé católica"[34].

Exceto por sua origem judaica e o incidente em Londres, tudo que sabemos sobre a vida do alquimista Raimundo de Tárrega, antes de seu encarceramento pela Inquisição, é o que podemos deduzir das inscrições dos colofões em seus livros. Não sabemos quando e como começou a se interessar pela alquimia, nem quando e como desenvolveu as ideias teológicas que a Igreja considerou hereges e que levaram a fúria da Inquisição a cair sobre sua cabeça. Podemos apenas conjecturar que o motivo que o levou a deixar ainda pequeno sua terra natal, a Espanha, e viver a maior parte de sua vida na França, Itália e Inglaterra, deve ter sido seu desejo de viver em um ambiente menos opressivo em termos de religião, no qual não tivesse de temer a censura e punição da Inquisição, devido às doutrinas que ele expressava em seus escritos. Em todo

33 R. P. Alexander Natalis (Alexandre Noël, 1639-1724), *Historia ecclesiastica*, publicada pela primeira vez em 8 volumes em Paris, 1714, Bingen, 1789, v. 15, p. 212-213. Cf. também a *Enciclopedia Universal*, v. 58, p. 764, que afirma que "alguns o chamam de Ramón Lull de Tárrega, neófito, judeu e rabi. Com a idade de doze anos, ele abraçou a religião católica e mais tarde entrou para a ordem de Santo Domingo". O autor do artigo parece ter ignorado a dificuldade que teria um menino, convertido ao cristianismo com a idade de doze anos, para poder ser um rabi.

34 Cf. o comentário de Francisco Peña, em Nicolas Eymeric, *Directorium inquisitorum*, publicado pela primeira vez com um grande número de notas por Peña, em 1503, e reimpresso cinco vezes entre 1576 e 1607. Consultei as edições de Roma, 1587, e Veneza, 1607, na divisão de livros raros da Biblioteca da Universidade de Colúmbia e, em ambas, a afirmação acima mencionada se encontra na p. 315.

caso, ele viveu e trabalhou nesses países por quase quatro décadas. Em 1319, quando escreveu a primeira versão de seu *De secretis*, ele devia ser conhecido como adepto da Grande Arte, cujos serviços eram procurados pela nobreza. Com base no testemunho de Cremer, ao que parece, ele nunca se fez passar por outra pessoa que não ele mesmo, Mestre Raimundo, um alquimista. Foi somente após sua morte que suas obras vieram a ser atribuídas a Raimundo Lúlio.

Se tão pouco se conhece sobre a maior parte da vida de Raimundo de Tárrega, o mesmo não acontece com relação a seus anos finais, após sua captura pela Inquisição. Durante a longa permanência de Raimundo no exterior, um monge dominicano e mestre em teologia chamado Nicolas Eymeric (1320-1399) tornou-se inquisidor geral de Aragão, Valência e Maiorca. Um dos livros de Raimundo, intitulado *De invocatione daemonum* (Sobre a Invocação de Demônios), chamou a atenção de Eymeric. Ele considerou a obra como cheia de erros heréticos e, durante o pontificado do papa Inocêncio VI (1352-1362), ordenou sua queima em Barcelona. Esses acontecimentos foram registrados pelo próprio Eymeric em seu livro *Directorium inquisitorum* (Lista dos Inquisidores), que ele escreveu (na terceira pessoa), em Avignon, cerca de 1365.

> Também na época do mesmo papa Inocêncio VI, o mesmo frei Nicolas Eymeric, inquisidor, e Arnaldus de Buchetis, condenaram publicamente em Barcelona e decretaram a queima na fogueira de um certo livro, grande e volumoso, o *Demonum invocatione*, em sete partes individuais e intitulado *O Livro de Salomão*, no qual eram descritos sacrifícios, discursos, oferendas e muitas coisas nefandas, com as quais se pode consultar os demônios[35].

35 Idem, p. 316. Essa obra era, ainda em 1973, objeto de interesse suficiente para ser traduzida para o francês numa versão bastante reduzida, com introdução e notas de Louis Sala-Molino, *Le Manual des inquisiteurs*, Paris: Mouton, 1973. Cf. p. 11-12, 15.

Nenhuma cópia do *De invocatione daemonum* chegou até nós, mas podemos ter uma certa ideia de seu conteúdo a partir da lista de Eymeric das doutrinas hereges nele propostas. Na pergunta 27 de seu *Directorium*, Eymeric afirma que o papa Gregório XI (papado de 1370-1378) condenou esse livro escrito por Raimundo de Tárrega e, em sua pergunta 10, enumera vinte e duas heresias contidas no livro[36]. A lista de Eymeric é redundante e, por essa razão, apresento aqui uma exposição um tanto reduzida das heresias de Tárrega, elaborada por Alexandre Natalis (1639-1724), que é praticamente idêntica à lista de Eymeric. Raimundo, então, foi acusado de ensinar que:

1. Os dogmas distorcidos de Almarico, Ário, Sabélio e muitos outros hereges não eram heréticos em si mesmos, mas apenas em relação aos que, por sua própria intenção, escolheram ser teimosos.
2. Era permitido adorar criaturas e participar do culto de sua adoração, visto que elas representam o Criador.
3. Era permitido, pela mesma razão, adorar os demônios.
4. Aquele que oferecesse sacrifícios aos demônios devia igualmente ser perdoado, assim como, e mais do que, o cristão que adorava as imagens de Cristo e dos santos; a eles [os demônios], eram devidas adoração e sacrifício, pela lei da natureza.
5. Aqueles que, como vítimas da tortura, negavam a Deus pela boca, mas o adoravam em seus corações, não apenas não haviam pecado, como, na verdade, mereciam uma recompensa.
6. Um leigo não devia ser obrigado a acreditar explicitamente em nenhum artigo de fé: assim, se afirmasse ou acreditasse no oposto de algum artigo de fé, por ignorância ou devido à tentação do diabo, ele não teria pecado.
7. Todos os que não obedecessem aos preceitos de Deus ou da Igreja deviam ser considerados hereges.

36 N. Eymeric, *Directorium*, p. 262-264, e o comentário de Peña, p. 264, dizendo que os livros (não designados) em que Eymeric encontrou as vinte e quatro heresias foram escritos por Raymundus Neophytus, como o próprio Eymeric declara na pergunta 27.

8. Todo pecador, mesmo enquanto pecava, estava sujeitando sua vontade à vontade divina, porque o bem e o mal agradavam a Deus igualmente: a temeridade (desperatio) de Judas, tanto quanto a contrição de Pedro.
9. Não era possível observar nenhum preceito nesta vida, nem a caridade podia ser obtida de nenhuma pessoa.
10. O homem podia amar a Deus sobre todas as coisas e merecer a vida eterna, [mesmo] sem a caridade ser nele infundida (infusa).
11. Sem caridade ninguém podia ser fiel.
12. A seita de Maomé[37] era tão católica quanto a fé em Jesus Cristo.
13. Era mais perfeito ser um cismático que um católico; Cristo, os apóstolos, os anjos [e] todos os habitantes do céu eram cismáticos.
14. Somente Deus, o Pai, era o melhor, Deus, o Filho, era bom em primeiro grau, o Espírito Santo, em segundo grau, todas as criaturas em terceiro grau[38].

Naturalmente, é questionável se essa lista de heresias expressa de fato e com fidelidade as doutrinas expostas por Raimundo de Tárrega em seu *De invocatione daemonum*, ou se ela foi deliberadamente distorcida por Eymeric, que, por motivos próprios, tinha interesse em que seus superiores condenassem o livro e seu autor. Sendo assim, é difícil dizer se os ensinamentos de Raimundo nesse livro eram indicativos das crenças que seriam defendidas por um judeu marrano ou, ao contrário, seriam mais propriamente sustentadas por um pensador cristão com um intelecto original e independente. A adoração de demônios era, sem dúvida, condenada tão fortemente pelo judaísmo quanto pelo cristianismo. Contudo, no parágrafo 5 pode-se observar uma tentativa de justificar e desculpar os marranos que negavam sua antiga religião "pela boca",

37 N. Eymeric, em seu *Directorium*, p. 264, diz "hostil Mahomet".

38 Natalis, *Historia ecclesiastica*, v. 15, p. 212-213. Tradução minha, a partir do latim. Após enumerar as heresias de Raimundo de Tárrega, Natalis acrescenta: "Que se leia o mesmo Eymericus, Pergunta 27, e Franciscus Peña, Commentarium 52. A partir disso, deve ser corrigido o erro de Prateolus, Bernardus Lutzemburgus e Bzovius, que, induzidos pela semelhança no nome, atribuíram equivocadamente os erros e os livros perniciosos de Raymundus Neophytus ao mais conhecido Raymundus Lullus".

mas continuaram a adorar "em seus corações" de acordo com a fé de seus pais. Chama a atenção a atitude positiva de Raimundo com relação ao Islã, embora essa não fosse uma posição especificamente judaica. Sua afirmação de que Cristo e os apóstolos eram cismáticos se torna compreensível, se considerada do ponto de vista judaico. Também a questão de colocar somente Deus na mais alta posição e atribuir a Jesus e ao Espírito Santo posições inferiores talvez possa ser interpretada como uma tentativa judaica de justificar o monoteísmo rigoroso em oposição à doutrina cristã da trindade. Não se sabe se Eymeric estava suficientemente familiarizado com a teologia judaica para poder reconhecer as tendências judaizantes nas heresias de Raimundo. Mas ele sabia que Raimundo era um judeu convertido e, em consequência, suspeito de judaização, o que é suficiente para explicar sua hostilidade contra Raimundo.

Historiadores de períodos posteriores aceitaram sem questionar que Raimundo de Tárrega era um marrano, um cripto-judeu. Assim, Francisco Peña, em seu comentário sobre o *Directorium inquisitorum* de Eymeric, escreve: "Esse Raimundo [...] chamado Raimundo de Tárrega, que, tendo sido primeiro um judeu (*Hebraeus*), converteu-se à fé de Cristo, tornou-se um monge da Ordem dos Pregadores. No entanto, como foi depois comprovado, ele não mudou de princípios, apesar de ter mudado de religião"[39]. Henricus Spondanus (Henri de Sponde, 1568-1643), falando sobre o copista Bzovius (Abraão Bzowski, 1567-1637), diz que Bzovius errou, ao atribuir a Raimundo Lúlio "os erros que eram de Raimundo Neófito [...], que se convertera do judaísmo para a fé em Cristo, mas, não obstante, reteve seus antigos erros"[40]. Jaime Custurer (1657-1715) diz que "Raimundo Neófito, ou Raimundo de Tárrega, [...] era um

39 Peña *ad* Eymeric, *Directorium*, parte 1, pergunta 27, de acordo com a citação de J. Custurer, *Disertationes*, p. 200-201.

40 De acordo com a citação de Jaime Custurer, *Disertationes historicas*, Majorca, 1700, p. 200-201. Em seguida, Custurer enumera as observações de Odericus Raynaldus, Waddingus, Gubernantis, Luis Moreri, D. Nicolas Antonio, Athanasius Kirker (Kircher), Pedro Sanchez Arroyo, Francisco Porter etc.

judeu e, embora se tornasse monge, ele não abandonou seus costumes"[41]. De forma análoga, Theophilus Raynaudus (1583-1663) escreve:

> Raimundo Lulio de Tárrega, que outros chamam de Raimundo Neófito porque se converteu do judaísmo para a fé de Cristo; depois disso, ele se tornou um monge, [...] mas não renunciou aos erros dos quais havia sido anteriormente acusado. Por fim, por ordem de Gregório XI, ele foi investigado no ano de Cristo de 1372 e sentenciado por erros graves, foi condenado e todos os seus livros foram queimados[42].

Giulio Bartolocci (1613-1687) fornece as seguintes informações sobre Raimundo de Tárrega, em sua *Bibliotheca magna rabbinica* (escrita em hebraico):

> Raimundo, o último (*aḥaroni*), um falso neófito da Ordem dos Pregadores, escreveu vários livros perniciosos contra nossa santa comunidade, que foram queimados na fogueira por ordem do papa Gregório XI. [...] Por volta do ano de 1372 de nosso Senhor, nosso Messias, Jesus. Nota: e saibam que Raimundo de Tárrega, o segundo, não é Raimundo, o primeiro, da ilha de Maiorca, que visitou a África e lá morreu nas mãos dos ismaelitas pela sagrada fé de nosso Messias e assim dizem muitos de nossa religião: e ele era da seita da ordem monástica, como afirmado pelo autor do livro de nomes, que escreveu livros de crônicas dessa ordem menor[43].

Bartolocci é equivocadamente citado por Johann Christoph Wolf (1683-1739) como tendo afirmado que Raimundo de Tárrega fingiu

41 J. Custurer, *Disertationes*, p. 202, 213.

42 De acordo com a citação, idem, p. 404.

43 Giulio Bartolocci, *Bibliotheca magna rabbinica*, v. 4, Roma, 1693, p. 362. Tradução minha, a partir do hebraico. Em seguida, escrevendo em latim, p. 363, Bartolocci conta a história de duas cartas papais e, mais uma vez, alerta contra a confusão entre os dois autores de nome Raimundo.

converter-se ao cristianismo e ingressou na Ordem Dominicana, com o objetivo expresso de enganar e desencaminhar as "mentes mais simples" entre os cristãos:

> Raimundo, a quem Bartolocci, vol. 4, p. 363, chama de *aharoni*, ou o último, para distingui-lo de Raimundo Lúlio. Sobre ele, diz: "Raimundo, o último, chamado de Tarraga, neófito, tendo exteriormente abandonado a superstição dos judeus, simulou adesão ao Senhor Cristo, não de coração, mas enganosamente e, a fim de poder enganar as mentes mais simples com a aparência de santidade e de uma vida mais confinada, assumiu o hábito da sagrada Ordem Dominicana e, por volta do ano de 1370, escreveu algumas obras menores, que continham várias coisas heréticas e incorretas. Dentre elas, a primeira foi *Sobre a Invocação dos Demônios*, uma outra se inicia com a afirmação "Se um descrente é obrigado a obedecer ambos os cânones, o divino e o apostólico", além de várias outras que, por ordem do papa Gregório XI, por volta do ano de 1372, foram condenadas e lançadas às chamas[44].

A afirmação de que Raimundo de Tárrega, apesar de sua falsa conversão, "continuou a judaizar", é repetida por Johann Jacob Hofmann (1635-1706) em seu *Lexicon universale*, publicado em 1698[45].

Ao se basear nas fontes acima citadas, Johann Albert Fabricius (1668-1736) se revela culpado de algumas incorreções, ao declarar que Raimundo de Tárrega, "ex-judeu, entrou para a Ordem Dominicana em 1370, mas apenas como pretexto para enganar os cristãos"[46]. Evidentemente a verdade é que, em 1370, Raimundo de Tárrega já se encontrava na prisão do mosteiro dominicano havia mais de dois anos.

44 Johann Christoph Wolf, *Bibliotheca Hebreae*, v. 3, Hamburgo, 1727, p. 289. Cf. também v. 1, p. 1016.

45 Johann Jacob Hofmann, *Lexicon universale*, 4 v., Leiden, 1698, 4:vii.

46 Johannes Albertus Fabricius, *Bibliotheca Latina mediae et infimae aetatis*, 6 v., Hamburgo, 1734-1736, v. 6, p. 119.

O mais provável é que ele tenha entrado para a Ordem em sua juventude, antes de 1319, quando estava em Paris. Fabricius toma como certo que Raimundo de Tárrega é o autor do *De secretis* e de um outro livro de alquimia, intitulado *De alchymia*[47].

A reconstrução acima da atividade bibliográfica e da permanência de Raimundo de Tárrega na França, Itália e Inglaterra, com base nas inscrições dos colofões encontradas nos manuscritos e no relato de Cremer incluído em seu Testamento, é discrepante com relação aos dados publicados por José M. Coll, na edição de janeiro-dezembro de 1948 do ILERDA, sob o título "¿Ramón de Tárrega fué formalmente hereje?". Coll ou não percebeu ou ignorou as inscrições dos colofões e o relato de Cremer e baseou sua vida de Raimundo somente nas referências a ele encontradas nos arquivos das instituições provinciais da Igreja. A partir deles, ele compôs a seguinte história:

Ramón nasceu em Tárrega, de pais judeus, por volta de 1335. Com a idade de onze anos e meio, isto é, em 1346 ou 1347, ele abraçou a religião católica e, cerca de dois anos mais tarde, entrou para a Ordem dos Predicadores (Dominicanos), não em sua própria cidade de Tárrega, como alguns supõem, ou em Barcelona, como outros acreditam, mas em Cervera, em cujo mosteiro, fundado em 1318, ele recebeu o hábito de monge predicador, mais provavelmente em 1350. Toda essa reconstrução, feita por Coll, da vida de Tárrega tem caráter conjectural.

O primeiro documento oficial mencionando *frater* Raymundus de Tárrega data de setembro de 1351, quando as Atas do Capítulo Provincial de Balaguer declaram que ele foi enviado, por um ano, ao mosteiro de Santa Catalina de Barcelona, para completar seus estudos de Gramática. Em 1352, foi enviado para o mesmo mosteiro, para cursar o primeiro ano de lógica. Um de seus colegas era Nicolas Eymeric, que, anos mais tarde, seria o principal promotor no processo de Inquisição contra Raimundo. Em 1353, o nome de Ramón de Tárrega

47 Idem, e v. 4, p. 867. Na edição de Florença, 1858, as passagens sobre de Tárrega encontram-se em v. 3, p. 575, e v. 5, p. 346.

aparece entre os estudantes do segundo ano de lógica, no mosteiro de Barcelona. Em 1354, Ramón foi enviado ao mosteiro de Lérida, para estudar lógica. Coll observa que Raimundo completou seus estudos de lógica em três anos, enquanto outros estudantes precisavam de cinco anos para os mesmos estudos. A seguir, os registros de 1355 do Capítulo de Pamplona informam que Raimundo foi enviado ao mosteiro de Maiorca, para estudar filosofia. Em 1357, após dois anos de estudo, o jovem estudante foi nomeado professor de lógica no mosteiro de Lérida, onde teve vários alunos que viriam a ser renomados autores de obras de teologia.

A mente independente de Raimundo e sua recusa em se submeter a autoridades superiores se manifestariam pela primeira vez em 1358, quando ele não tinha mais de vinte e três anos. Nesse ano ele foi enviado para ensinar lógica no mosteiro de Urgel, onde logo se viu em desacordo com o sub-prior, frei Antonio Laver. Não se conhecem detalhes a respeito desse conflito, mas em resultado dele, Raimundo, juntamente com um colega, frei Gabriel Ribes, foi considerado culpado de atos de insubordinação, pelos quais os dois jovens estudantes foram devidamente punidos. O documento que especifica a punição a eles atribuída afirma o seguinte:

> Uma vez que frei Raimundo de Tárrega e frei Gabriel Ribes, juntamente com vários outros clérigos, realizaram sub-reptícia e maliciosamente uma investigação contra frei Antonius Laver, no momento o sub-prior de Ilerdan, em consequência disso eles se encontram privados por três anos de toda manifestação, estudos e outros favores. Como punição, confinamos o dito frei Raimundo de Tárrega ao mosteiro de Sangones e frei Gabriel Ribes ao mosteiro Stellensiano, obrigando-os severamente, enquanto estiverem nos referidos mosteiros, a jejuar durante vinte dias a pão e água.

O período de banimento dos dois jovens estudantes terminou em setembro de 1361. Dessa data até 1365, não há referências a Raimundo nos poucos registros que chegaram até nós e, assim, Coll não pôde dizer nada sobre sua vida durante esses quatro anos, exceto que foram precisamente os quatro anos em que Raimundo *deveria* estudar teologia. Em todo caso, em 1365 Raimundo foi nomeado professor de teologia no mosteiro de Cervera, onde permaneceu por dois anos. Coll suspeita ter sido no decorrer de suas aulas que Raimundo começou a formular certas teorias ou teses que soavam teologicamente erradas. O prior do mosteiro sentiu-se obrigado a alertar seus superiores quanto ao problema. Do superior local, o problema foi passado ao superior provincial, que, por sua vez, encaminhou-o ao superior geral da ordem. Em 6 de janeiro de 1368, o superior geral, frei Elias Raimundo, escreveu a Tárrega uma "carta muito paternal e afetuosa", exortando-o a renunciar a suas opiniões falsas e incorretas em assuntos da fé.

Contudo, Tárrega resistiu à tentativa de persuasão de seus superiores, em consequência do quê, pouco tempo depois, medidas legais começaram a ser tomadas contra ele. Ramón foi enviado para Barcelona e lá detido no mosteiro, que era a sede provincial mais importante da Ordem. Em seguida, Coll recapitula um relato de Torres Amat sobre o processo inquisitorial contra Tárrega, que apresentaremos abaixo.

A conclusão de Coll é a de que a imagem de Ramón de Tárrega, "o alquimista, o adepto das ciências ocultas, o judaizante, o necromante etc." é "pura lenda e fantasia". O Raimundo de Tárrega histórico, diz ele, era o que ele aparentava ser nos processos judiciais, um teólogo dominicano, cujos erros doutrinais foram em muito exagerados pelos autores que escreveram sobre ele. Coll chega a sugerir que é extremamente provável que o mar de confusões em torno da pessoa de Raimundo de Tárrega tenha surgido da confusão entre ele e o judeu Astruc Dapiera, que, de acordo com Eymeric, não só era um conjurador de demônios, mas também, de fato, oferecia-lhes sacrifícios.

Obviamente, uma pessoa não poderia ter estudado e lecionado no mosteiro de Santa Catalina em Barcelona e, ao mesmo tempo, estar ocupada em escrever livros de alquimia na igreja de Sancta Catharina em Londres – para mencionar apenas uma das discrepâncias entre as duas histórias de vida, que se revelam ainda mais intrigantes devido à coincidência de nomes entre as duas instituições eclesiásticas. É preciso, portanto, perguntar se é possível ter existido dois homens com o nome de Raimundo de Tárrega, dos quais o mais jovem (nascido por volta de 1335) nunca teria deixado sua terra natal, a Espanha, e nunca teria escrito livros de alquimia. Se assim, quem teria sido o outro Raimundo, cerca de quarenta anos mais velho, que viveu de 1319 a 1357 em Paris, Montpellier e Londres e escreveu durante esses anos pelo menos nove livros de alquimia que chegaram até nós e são considerados pela maioria dos historiadores como obra de Raimundo de Tárrega? Esse é um dos muitos enigmas nos anais da alquimia, cuja solução aguarda o trabalho de futuros historiadores.

Mas, voltando mais uma vez aos últimos anos da vida de Raimundo de Tárrega, de acordo com a sumária declaração de Eymeric acima citada, parece que a queima de seu *De invocatione daemonum* foi realizada por Eymeric e Arnaldus de Buchetis em Barcelona, entre 1352 e 1362, sem a autorização papal. A questão permaneceu assim durante um certo número de anos, provavelmente porque de Tárrega, vivendo no exterior, não podia ser alcançado pelos braços da Inquisição. Contudo, é provável que, no decorrer dos anos que se seguiram, Eymeric tenha conseguido obter cópias de outros livros escritos por Raimundo e, depois de estudá-los, decidiu que teria de voltar a se ocupar com seu autor. Em seguida, em algum momento depois de 1357, talvez mesmo vários anos depois, Raimundo cometeu o erro fatal de retornar à Espanha, com isso colocando-se sob a jurisdição inquisitorial de Eymeric. Por que voltou, embora devesse estar ciente do perigo que corria ao fazê-lo, é um enigma. Talvez, tendo chegado à sétima década de sua vida, sentisse que queria passar seus últimos anos de vida em sua terra natal, pela qual, como sabemos a partir de fontes históricas, os judeus espanhóis sentiam um amor extraordinariamente forte. Seja como for, ele voltou e Eymeric foi atrás dele.

Não sabemos quanto tempo se passou entre o retorno de Raimundo e o início dos processos inquisitoriais contra ele. Uma vez que ele deve ter entrado para a Ordem Dominicana antes de deixar a Espanha para sua longa permanência no exterior, é provável que um mosteiro dominicano tenha se tornado sua residência ao retornar, de modo que Eymeric, que também era um dominicano, não teve dificuldade em encontrá-lo. Como primeiro passo, ao que parece, Eymeric apenas advertiu Raimundo e o convocou a se retratar de seus erros. Quando Raimundo se recusou, Eymeric o intimou e, nas palavras de Torres Amat, "caridosamente o exortou" a abjurar suas falsas teses, caso contrário teria de enfrentar todo o peso da justiça inquisitorial. Raimundo, no entanto, "resistiu com vários sarcasmos", diante do quê, em 1368, Eymeric fez com que fosse encarcerado no mosteiro dominicano de Barcelona, encarregando diversos teólogos de examinar suas doutrinas[48].

Durante a prisão de Raimundo, o tribunal inquisitorial obteve depoimentos de testemunhas e também uma declaração do próprio Raimundo, que, nas palavras de Torres Amat, tentou se proteger "com a sutileza de seu talento [*ingenio*], nem abjurando suas teses, nem manifestando hostilidade contra a Igreja". Preocupado com a infeliz situação de "Maestro P. Tarrega", o superior geral da Ordem Dominicana enviou-lhe uma carta (datada de 6 de janeiro de 1368), na qual tentava persuadir Raimundo a se arrepender de suas heresias. Ele o fez lembrar da honra de sua Ordem, que Raimundo havia aviltado, e de sua santidade, que ele havia profanado com suas divergências, e informou-o de que ele, o superior geral, havia ordenado que as doutrinas de Raimundo fossem examinadas diversas vezes pelos mais

48 Cf. a curta biografia de Raimundo de Tárrega em Felix Torres Amat, *Memorias para ayudar a formar un diccionario crítico de los escritores catalanes*, Barcelona, 1836. A data 1368, como a data de encarceramento de Raimundo, parece mais provável que a de 1360, dada na *Enciclopedia Universal*, v. 58, p. 764.

célebres teólogos da Ordem, que não conseguiram reconciliá-las com as doutrinas da Igreja. Na verdade, eles encontraram entre elas vinte e duas teses errôneas, que eram irremediavelmente hereges. O superior geral sinceramente o aconselhou a respeitar sua própria honra e a de sua Ordem e a se submeter ao julgamento de frei Nicolau Eymeric, o inquisidor da fé, "que o havia tratado com maior benevolência do que ele próprio podia esperar". Ele o advertiu também de que, se permanecesse impenitente, ele seria abandonado como herege ao poder secular, que aplicaria sua justa punição.

Mas Maestro Raimundo, prossegue Torres Amat em seu relato, desobedeceu a "essas advertências saudáveis" e, "recorrendo a vários malabarismos e evasivas, tentou esquivar-se" da sentença inquisitorial. Ele até mesmo ousou se queixar junto à Cúria Romana de "que eles o haviam oprimido e usado de força contra ele". Em consequência, por uma ordem do papa, expedida em 15 de fevereiro de 1371, o Cardeal Guido, bispo de Perugia, escreveu a Eymeric, ordenando-lhe que o processo contra Raimundo, que a essa altura já estava encarcerado havia mais de três anos, fosse concluído sem mais demora. Como nada acontecesse durante vários meses, o próprio papa enviou ao arcebispo de Tarragona e a Eymeric, em 10 de setembro de 1371, um decreto papal, cujas passagens relevantes são as seguintes:

> Muito recentemente, não sem grande desapontamento, chegou a nosso conhecimento, por fonte confiável, que Raimundo de Tárrega, membro da ordem dos monges pregadores, que recentemente abandonou o erro da cegueira judaica e se voltou para a luz da fé cristã, sob a execrável instigação do semeador de más obras, defende, afirma e prega publicamente alguns erros em sua doutrina sacrílega e perversa. Você, filho Nicolau, o inquisidor com autoridade apostólica de perversidades hereges nessa região, investigou esses erros contra esse mesmo Raimundo, como convém a seu ofício. Uma vez que as coisas acima mencionadas, se baseadas na verdade, não podem permanecer impunes [...] por autoridade

apostólica, nós incumbimos e encarregamos você de, por meio dos procedimentos devidos, punir o acima mencionado Raimundo, de acordo com as sanções canônicas, sem direito a apelação, caso mantenha, expresse ou defenda erros hereges, a menos que ele livremente os abjure, cumpra penitência e manifeste adequado arrependimento. Mas, se em razão do poder, malícia ou temor de alguém, ou de algumas pessoas, você não puder executar o acima, não demore em enviar-nos, o mais breve possível, o dito Raimundo, com todas as acusações contra ele, [...] com todos os documentos [...] selados com nossos lacres, acompanhado por uma guarda de confiança [...]. Que o auxílio de forças seculares seja convocado, caso necessário [...]. Datado [...] do décimo dia das calendas de setembro, no primeiro ano [de nosso pontificado][49].

Ao receber esse decreto papal, Eymeric registrou-o em um curto parágrafo de seu *Directorium inquisitorum*:

A pergunta 27 é: quais são os livros hereges e errôneos que foram condenados por ordem especial do soberano Papa Gregório XI, fora da Cúria, por autoridade apostólica?

A isso respondemos que, no tempo do soberano Papa Gregório XI, monsenhor Petrus, arcebispo de Tarragona e frei Nicolaus Eymericus, da ordem dos pregadores, inquisidor de Aragão, condenaram peremptoriamente um certo livreto, o *De daemonum invocatione*, que se inicia por Misericordia et veritas (Compaixão e verdade), e um certo outro livro, que se inicia por Utrum quilibet infidelis tam divinis quam Apostolis canonibus teneatur obedisse (Se algum descrente for obrigado a obedecer tanto aos cânones divinos quanto aos apostólicos), além de certas outras obras menores, como totalmente hereges e errôneos, escritos por um

49 Cf. Greg. XI Decret. de Curia Anno I, Reg. Vat. 263, fólio 225. Agradeço ao diretor do Archivio Segreto Vaticano por colocar a minha disposição as fotocópias desse documento e do documento mencionado na nota 53, bem como pela autorização para sua publicação. Agradeço também ao Dr. Joseph Salemi, pela ajuda no deciframento da difícil escrita desses dois documentos e por sua tradução para o inglês.

certo Raimundo Neófito, devido às heresias e erros contidos neles e que foram enumerados acima, pergunta 10[50].

Não está claro que "outras obras menores" foram, de acordo com Eymeric, condenadas pelo papa. Podem ter sido uma ou mais versões do *De secretis*, de Raimundo, e da outra obra alquímica por ele escrita, o *De alchimia et metallorum metamorphosi* (Sobre a Alquimia e a Metamorfose dos Metais)[51], ou, como parece mais provável, outros livros de teologia, dos quais nenhum traço chegou até nós.

O manuscrito papal foi seguido, três dias depois (13 de setembro de 1371), por uma carta que o confessor do papa escreveu ao arcebispo de Tarragona, informando-o de que o papa havia criado uma comissão de trinta teólogos e lhes confiara o reexame das doutrinas de Raimundo. Uma vez que a comissão chegasse a uma conclusão, não haveria mais demoras e uma sentença deveria ser imediatamente emitida.

Essa carta parece ter sido o soar dos sinos anunciando a morte de Raimundo. No dia 20 de setembro, isto é, apenas um dia ou dois após a data em que a carta do confessor papal devia estar chegando a Tarragona, Raimundo "foi encontrado morto, jogado em sua cama", em sua cela. Ao ficar sabendo da morte de Raimundo, o arcebispo de Tarragona escreveu (em 21 de outubro) a Francisco Botella, prior de Sta. Ana de Barcelona, instruindo-o a investigar e determinar, juntamente com Eymeric, se Raimundo havia morrido de causas naturais ou assassinado. O próprio fato de que, um mês após a morte de Raimundo, o arcebispo considerasse necessário ordenar uma investigação sobre suas circunstâncias, mostra que devia haver um bom motivo para se suspeitar de que Raimundo havia sido assassinado. Os resultados da investigação, se

50 N. Eymeric, *Directorium*, p. 314.

51 O *De alchimia* é considerado por todos os estudiosos que lidam com o problema como tendo sido escrito por Raimundo de Tárrega. Cf. L. Waddingus, *Annales minorum*, v. 6, p. 265; Natalis, *Historia ecclesiastica*, v. 15, p. 212; Fabricius, *Bibliotheca Latina*, Florença, 1858, v. 3, p. 575, v. 5, p. 346; J. Ferguson, *Bibliotheca chemica*, v. 2, p. 54.

é que de fato ela ocorreu, não são conhecidos. Torres Amat conclui sua curta biografia de Raimundo, dizendo: "Assim, o caso contra Raimundo permaneceu sem um veredicto"[52].

A morte de Raimundo de Tárrega não pôs fim à preocupação da Igreja com suas heresias. Em janeiro de 1372, o Papa Gregório XI escreveu novamente ao arcebispo de Tarragona e a Eymeric, ordenando a queima de todos os livros de Raimundo que contivessem erros hereges:

> A nosso venerável irmão, o Arcebispo de Tarraco e nosso amado filho, Nicolau Eymeric, membro da ordem dos monges pregadores, mestre em teologia, nosso capelão e inquisidor de perversidades hereges em todas as terras sujeitas à autoridade de nosso caro filho em Cristo, o ilustre Pedro, rei de Aragão, saudações e apreço. Recentemente chegou a nosso conhecimento [...] que Raimundo de Tárrega, membro da ordem dos monges pregadores, que outrora abjurou o erro da cegueira judaica e se voltou para a luz da fé cristã, sob a execrável instigação do semeador de más obras, uma vez defendeu e afirmou publicamente alguns erros em sua doutrina sacrílega e perversa. Você, filho Nicolau, [...] investigou esses erros contra esse mesmo Raimundo, como convém a seu ofício. Nós encarregamos você de, em nossa incumbência, [...] por meio dos procedimentos devidos, punir o acima mencionado Raimundo, de acordo com as sanções canônicas, sem direito a apelação. [...] Mas, uma vez que, como ficamos sabendo, o dito Raimundo (que, segundo se afirma, teria produzido, enquanto viveu, vários livros e textos que contêm erros hereges) seguiu o caminho de toda carne, [...] incumbimos e encarregamos você de, por autoridade apostólica, fazer com que todo e qualquer livro e texto desse homem seja mostrado a você, sendo que todos os seus livros e textos que contenham erros hereges [...] você deve queimar ou

52 Torres Amat, *Memorias*, p. 615-616. Tradução minha, a partir do espanhol.

mandar queimar [...]. Datado de Avignon [...] de janeiro, no segundo ano [de nosso pontificado][53].

Tendo dessa forma se descartado de Raimundo de Tárrega, Eymeric voltou sua atenção de inquisidor para Raimundo Lúlio e verificou que também ele incorria em erros hereges. Ele informou o Papa Gregório XI sobre suas descobertas, em consequência do quê, o papa, numa carta datada de 5 de junho de 1372 e endereçada ao arcebispo de Tarragona, autorizou a queima dos livros em questão. No entanto, Eymeric não conseguiu acesso a todas as cópias das obras de Lúlio ainda existentes, nem o papa considerou a questão encerrada, pois em 1º de outubro de 1374, ele escreveu mais uma carta ao bispo de Barcelona, instruindo-o a enviar para Avignon a cópia do livro herege que Eymeric havia deixado com o bispo. Dois anos depois, numa carta datada de 1º de fevereiro de 1376 e endereçada ao arcebispo de Tarragona, o papa Gregório XI instruiu o arcebispo a fazer enviar para Avignon os vinte livros escritos por Raimundo Lúlio que haviam sido examinados por uma comissão de teólogos, assim como outros livros do mesmo autor que continham erros semelhantes[54].

Parece apropriado concluir a história da destruição, por Eymeric, dos livros de Raimundo de Tárrega e da acusação de heresias incontáveis contra Raimundo Lúlio, com uma rápida menção ao que depois aconteceu com o próprio Eymeric. Em 1386, o inquisidor Emangaudius de Barcelona declarou as doutrinas de Lúlio como sólidas e consistentes. Eymeric foi rebaixado e subsequentemente enviado pelo rei João de Aragão para o exílio, onde morreu em 1399, com a idade de setenta e nove anos[55].

53 Greg. XI, Decret. de Curia Anno 11, Reg. Vat. 263, fólio 1919. Cf. nota 49, supra.

54 Cf. o texto da carta em Franciscus Peyna (Peña), *Litterae apostolicae diversorum Romanorum pontificum*, Roma, 1587, p. 67-68.

55 Cf. W. T. A. Barber, verbete "Lullists", em James Hastings (org.), *Encyclopaedia of Religion and Ethics*, Londres, cerca de 1900; E. Grahit, *El inquisidor Fray Nicolás Eymerich*, Gerona,

Resta agora apresentar um curto resumo do livro *De secretis*[56]. O *De secretis* se inicia, na página 6, com um prefácio intitulado "Prefácio ao Primeiro Livro dos Segredos da Natureza, ou a Quinta-Essência, por Raimundo Lúlio, o filósofo mais arguto e o médico mais célebre". Ocupando a página inteira, o prefácio diz o seguinte[57]:

> Este é o livro dos segredos da natureza, ou a Quinta-Essência, que ensina sua extração e aplicação aos corpos humanos, para a realização de obras admiráveis e quase divinas. Quando esses segredos estão ocultos, a verdadeira medicina é ocultada e também a transmutação dos metais é impedida; quando são revelados, tudo que tem a ver com eles também é revelado. Na verdade, este livro é a síntese de todos os livros que tratam desses assuntos, uma coisa que Deus glorioso nos mostrou, para ser possível preservar nosso corpo contra a corrupção, na medida em que isso for naturalmente possível, até o seu fim, que Deus fixou para nós; e também para que metais imperfeitos possam ser aperfeiçoados e transmutados uns nos outros. É meu desejo que os artistas dessa arte, contemplando Deus, prefiram conhecer, adorar e amar Deus através das boas obras, ajudando os pobres, viúvas e órfãos indigentes, sem grande remuneração e pela realização de obras divinas como essas. Não permitam que eles sejam como aquele que escondeu o talento do Senhor e não o mostrou com o objetivo para o qual foi confiado a ele, como escreve Mateus, em seu capítulo 26[58]. Mas por confiar naquele que diz por meio de Moisés: "Eu estarei em tua

1878. Uma lista de material documentário relativo ao trabalho de Eymeric como inquisidor encontra-se em J. Avinyó, "Catalech de Documents Lulians", em *Boletin de la Real Academia de Buenas Letras de Barcelona* 12 (jul.-set., 1912), p. 395 e s.

56 A edição de Veneza, 1542, da qual pude estudar uma cópia na Biblioteca Nacional, Paris, e uma outra na Biblioteca Nacional de Medicina em Bethesda, Maryland, consiste num pequeno volume de cerca de 10 cm. x 15 cm. Nas primeiras 107 páginas, ela traz o texto latino do *De Secretis*, seguido pelo texto, também em latim, *De mineralibus et rebus metallicis libri quinque* (Cinco Livros sobre Minerais e Coisas Metálicas), de Alberto Magno.

57 Agradeço a Joseph Salemi pela tradução dessa página.

58 Na verdade, a parábola dos talentos encontra-se em Mateus 25,14-30.

boca e ensinarei a ti aquilo que deves dizer"[59], decidimos que esse mais oculto segredo dos segredos ocultos deve ser anunciado a vocês. Com a virtude divina me inspirando e sua bondade infinita me auxiliando, farei rápida menção a seus princípios e regras e ao processo de sua natureza.

O primeiro livro propriamente dito começa (p. 7) com a descrição dos três "princípios" básicos subjacentes a toda obra de alquimia: *materia* (matéria), *medium* (meio) e a *quinta essentia* (quinta-essência). Na página 9, aparece a primeira referência ao rei Roberto: "Além disso, temos a intenção de discutir rapidamente o testemunho e o anexo, como solicitado pelo ilustre Soberano Rei Roberto". Nosso autor então prossegue, explicando que o elixir, que é a Quinta-Essência, se aplica a três finalidades: na medicina humana, na transmutação dos metais e em conexão com as pedras preciosas (p. 13).

Depois de algumas digressões teológicas abordando Cristo, Paulo, a expulsão de Adão do Jardim do Paraíso e o limite divinamente ordenado da vida humana (p. 16-17), nosso autor descreve o valor imensurável da quinta-essência:

> Ela preserva o corpo da corrupção, reforça a constituição básica (*elementativa*), restaura a juventude primitiva, unifica o espírito, dissolve as asperezas, solidifica o que é mole, amolece o que é sólido, engorda o magro, enfraquece o gordo, esfria o inflamado, aquece o frio, seca o úmido, umedece o seco; seja como for que uma única e mesma coisa possa realizar operações contrárias, um único ato de uma coisa se diversifica de acordo com a natureza do receptor, assim como o calor do sol tem efeitos contrários, porque seca a lama e derrete a cera (p.18).

As referências a Hipócrates, Galeno e João Damasceno (p. 20-21) mostram que nosso autor estava familiarizado com a bibliografia médica disponível na Idade Média. Ele conclui essa primeira parte com a devota

59 *Ex* 4,12.

advertência: "Isso é revelado somente a vocês por nós, para que compreendam, amem e contemplem a Deus e tenham consciência de seu fim, tudo devendo ser dedicado à honra e louvor de Deus" (p. 21).

A segunda parte explica "como extrair a quinta-essência das plantas e, sobretudo, do vinho":

> Assim, em nome de Nosso Senhor Jesus Cristo, providenciem vinho tinto ou branco, que deve ser o melhor que puderem obter, ou então vinho de reserva, que de forma alguma pode ser avinagrado, nem muito pouco, nem em demasia e destilem água fervente (*aqua ardens*), da forma de costume, através dos tubos dos braços de cobre e então purifique quatro vezes, até a purificação máxima. Mas vou dizer que é suficiente purificar três vezes e vedar bem, para que o espírito fervente não escape. E vocês verão um sinal infalível, ao ver que o açúcar se infiltrou nele e que, quando colocado no fogo, ele queima como água. Depois de preparar a água dessa forma, vocês terão o material do qual pode ser extraída a quinta-essência na operação (*ad actum*) que é uma das principais coisas que pretendemos [tratar] neste livro. Assim, tome essa água e a coloque num recipiente que é chamado de [recipiente de] circulação, ou em um pelicano, que é chamado de vaso hermético, cuja forma aparece abaixo, e lacre sua abertura o mais firmemente possível com *clibano* [massa de farinha ou barro], ou mástique brando, ou cal viva misturada com clara de ovo, e coloque em esterco, que é muito quente por sua própria natureza, ou em *vinacia* [frascos de vinho], aos quais nenhum aquecimento deve ser aplicado por acidente, como você pode fazer, se colocar uma grande quantidade de qualquer uma dessas coisas no canto da casa, numa quantidade de trinta cargas portáteis (*onera gerularia*).
>
> É necessário que o recipiente não fique sem aquecimento, porque se faltar calor, a circulação da água será prejudicada e o que buscamos não ocorrerá se não se aplicar calor constante por meio de circulação contínua. Nossa quinta-essência irá se separar na cor do céu, o que vocês poderão observar pela linha diametral que divide a parte superior – isto é, a quinta-

> -essência – da parte inferior – isto é, das impurezas que são de uma cor barrenta. Sua natureza é quase incorruptível e imutável, porque a partir dela, ela atinge a glorificação total. Pois ela tem isso em relação ao corpo inteiro do mundo, até onde é possível mudar a natureza artificialmente (p. 25-26).

Nosso único comentário a essas instruções sobre a produção da quinta-essência é que o autor, evidentemente de propósito, oculta mais do que revela e que, para um experimento verdadeiro, elas são totalmente inúteis.

O segundo cânone descreve como se pode reconhecer o produto acabado da quinta-essência, assim que se abre o recipiente de circulação, por seu "odor mais que milagroso, ao qual nenhuma fragrância no mundo se compara" (p. 26).

O terceiro cânone relata "como nossa quinta-essência, ou mercúrio vegetal, pode ser obtida sem grandes gastos para aquele que, devido a extrema pobreza, está impedido de obtê-la". Porque Deus "criou a quinta-essência, não apenas na água fervente, mas também em todas as plantas, pedras e metais [...] e mesmo nos animais, cobras etc." (p. 26).

O quarto cânone (p. 28) ensina como extrair a quinta-essência de frutas, raízes, carnes, ovos e sangue. O quinto (p. 31-32), explica como "extrair os quatro elementos de todas as coisas, isto é, de plantas, animais e metais". O sexto (p. 33-34), refere-se a "um compêndio que enviei ao rei Roberto e no qual revelei a composição das pérolas". Em seguida, nosso autor se dirige diretamente à pessoa para quem ele escreveu o livro e diz: "mas a você revelamos neste capítulo as calcinações [...]". O sétimo (p. 34-35), "contém a ciência da extração da quinta-essência de todas as coisas, para aplicação aos corpos humanos, de acordo com o que é necessário".

Os cânones de 8 a 44 contêm listas de plantas e outras substâncias naturais utilizadas como medicamento, organizadas nas seguintes categorias:

Cânones 8-11. Plantas quentes do primeiro ao quarto grau.
Cânones 12-15. Plantas úmidas do primeiro ao quarto grau.
Cânones 16-18. Plantas frias e substâncias do primeiro ao quarto grau.
Cânones 19-22. Plantas secas e substâncias do primeiro ao quarto grau.
Cânone 23. A doutrina da aplicação das substâncias acima mencionadas para finalidades médicas e uma extensa discussão das qualidades que as caracterizam. As últimas quatro páginas desse longo cânone (p. 59-62) estão escritas na forma de perguntas e respostas.
Cânone 24. Está faltando no texto impresso.
Cânone 25. "As coisas atraentes, para que seja possível remover de nosso corpo todos os objetos prejudiciais, como ferro, madeira, abscessos etc.". Entre os itens relacionados, estão o ímã, o enxofre, o petróleo, a assa-fétida, a salsa etc. (p. 62-63).
Cânone 26. Purgantes.
Cânone 27. "Substâncias que contraem o ventre e o sangue e que, ao se juntar com nosso céu [isto é à quinta-essência], o tornam constritivo". A longa lista dessas substâncias inclui o sangue de dragão, a *terra sigillata* [um tipo de argila], a goma arábica, a *mummia*[60], o alume etc. (p. 65-66).
Cânones 28-43. Listas de substâncias endurecedoras, amolecedoras, corrosivas, adesivas, repelentes, soporíficas, pungentes, purificadoras e antivenenos, assim como de substâncias para maturação, abertura, atenuação e dissolução, abertura e divisão, para produção de exsudação e para fortalecimento (p. 66-80).
Cânones 43-44. Explicações referentes à administração das substâncias acima mencionadas.

Como um exemplo da farmacopeia de Raimundo de Tárrega, eis aqui uma lista, em seu latim original (com tradução entre parênteses),

60 "Múmia" era uma substância que se afirmava ser derivada dos corpos das múmias egípcias. Para seu uso na medicina popular, cf. Raphael Patai, Indulco and Mumia, *Journal of American Folklore* 77, p. 3-11, jan.-mar., 1964.

das substâncias que ele enumera em seu décimo oitavo cânone, assim como as substâncias do quarto (o mais alto) grau de frio (p. 46-47):

Opium (ópio)
Mandragora (mandrágora)
Camphora (cânfora)
Semen papaveris (semente de papoula)
Iusquiamus (*hyoscyamus*, meimendro, ou planta da família das carduáceas)
Semen eius (sua semente)
Semperviva (*aizoon magnum*, sempre-viva, sedo)
Salamandra (salamandra)
Aqua eius (sua água)
Mucilago psilii (sumo fermentado de psílio, pulicária, planta da pulga)
Cicuta (lat.: *cicuta virosa*, ou lat.: *conium maculatum*, cicuta)
Ebenus (*diospyros ebenum*, lat.: *hebenus*, ébano)
Verbascus (verbasco, planta da família das escrofulariáceas).

Após essa lista, o autor acrescenta: "apliquem essas coisas ao nosso céu e ele ficará friíssimo". Deve-se observar que suas instruções, do começo ao fim de suas listas de medicamentos, dizem para acrescentá-las ao "nosso céu", isto é, à quinta-essência, com o quê a propriedade e eficácia medicinal original das substâncias em questão serão maximizadas.

Na página 83 tem início o segundo livro do *De secretis*, que traz o seguinte sobrescrito: "Aqui se inicia o segundo livro deste volume, que é denominado Sobre os Remédios Gerais Fundamentais para a Preservação da Boa Condição de nosso Corpo".

A introdução apresenta a finalidade do segundo livro, como se segue:

> No presente livro, pretendemos tratar da aplicação da quinta-essência ao corpo humano, com a finalidade de curá-lo de todas as enfermidades que

são incuráveis, de acordo com o julgamento dos médicos mais recentes [...]. Porque neste livro é especificada a doutrina da cura, da cabeça aos pés, de todas as doenças, nós o escrevemos, apesar de nossa intenção de ser breves, sobre a qual falamos antes. Devido a isso, vamos dar uma regra geral, por meio da qual tudo pode ser curado, da cabeça aos pés, com nossa quinta-essência. Depois disso, vamos realmente abordar alguns casos específicos de comparações [*collationes*], de modo que, de acordo com a doutrina relativa a elas e que vamos apresentar, todo investigador deve saber como praticá-la e qual o método de aplicação apropriado em cada caso.

Essa introdução é seguida por dezessete cânones:

Cânone 1. Como evitar a insônia.
Cânone 2. "Ensina o magistério da ressurreição dos mortos, que é um dos maiores segredos deste livro".
Cânone 3. "Contém a ciência da cura dos leprosos, para que eles revertam à saúde original e sejam purificados".
Cânone 4. A ciência da cura da paralisia.
Cânone 5. Remédios para tuberculosos.
Cânone 6. "Que nos ensina a cura perfeita de endemoninhados, melancólicos e todas as doenças epilépticas (*morborum caducorum*)". Adiante, teremos mais o que dizer sobre este cânone.
Cânone 7. "Ensina a cura da inconstância e dos que têm medo".
Cânone 8. Cura dos infetados por veneno em bebida ou de outras maneiras.
Cânone 9. Cura dos humores infecciosos de nosso corpo e de calores (*calefactiones*), coceiras e de piolhos.
Cânone 10. Como curar a febre quaternária.
Cânone 11. A cura perfeita da febre terciária.
Cânone 12. A cura das febres cotidianas (*quotidianis febribus*).
Cânone 13. A ciência da cura de todas as febres contínuas.

Cânone 14. A ciência das febres pestilentas.
Cânone 15. A ciência da cura verdadeira dos espasmos.
Cânone 16. A ciência de como administrar laxativos e de como é possível curar ciática, podagra e tipos de *guttae* (gota).
Cânone 17. "Que ensina como se comportar em todas as curas de cirurgias, de acordo com as quais será possível reparar ferimentos através da natureza".

Cada uma das instruções e receitas médicas acima contém referências ao uso da quinta-essência. Por exemplo, o último item (p. 107) diz: "Do mesmo modo, uma fístula, um câncer, uma infecção (*plaga*) podem ser curados, primeiro com a quinta-essência corrosiva, depois com a purificação [quinta-essência] e então com o que faz a carne humana crescer; e isso deve ser a regra geral da cura cirúrgica".

Uma vez que Raimundo de Tárrega era o autor do livro *Sobre a Invocação dos Demônios*, obra que foi a causa de sua ruína quando, em idade avançada, ele retornou a Barcelona e que manifestamente revelava o que se poderia caracterizar como uma atitude branda ou amistosa em relação aos demônios, é de interesse especial examinar se o *De secretis* (p. 90-93) de alguma forma reflete esse ponto de vista pouco comum.

O cânone 6 do Livro Dois do *De secretis* (p. 90-93), como mencionado acima, trata da cura de endemoninhados, como eram chamadas as pessoas que se acreditava estar possuídas por demônios. Nele, Tárrega declara:

> Realmente, a experiência nos ensina que todos os melancólicos ficam presos a horríveis cogitações. O humor maligno tem origem no baço e seus vapores sobem através de canais no corpo, até alcançar o cérebro, alteram a fantasia e a imaginação e criam fantasmas horríveis, com a perturbação do intelecto durante o sono, enquanto, durante a vigília, eles pensam coisas horríveis. Às vezes esse humor é excessivamente maligno e gera epilepsia ou apoplexia. De fato, os demônios frequentemente

se misturam a essas enfermidades, a tal ponto que a enfermidade, misturada com os demônios, tortura o paciente. Outras vezes, contudo, eles ficam enlouquecidos (*stulti*) e falam sozinhos e muitas vezes parecem estar discutindo com outras pessoas e não apenas consigo mesmos e também chegam a tal estado de desespero que terminam por se matar. A cura para eles está no uso de nossa quinta-essência, ou no acréscimo dela a esses medicamentos, isto é, as fumigações (*fumusterrae*), a *centaurea maior*[61], o epítimo[62], o tomilho, o lápis lazúli, o heléboro negro[63]. O medicamento deve ficar em nossa quinta-essência por três horas e, a seguir, deve ser dado a eles numa poção duas vezes ao dia e uma vez à noite e, com a sobra, seu corpo inteiro e a região do baço devem ser untados. Esse medicamento sem dúvida purifica o cérebro e purga a melancolia e restitui a alegria ao paciente e [torna-o] perfeitamente saudável em dez dias, se ele continuar tomando-o.

Pergunta. Como os demônios podem ser expulsos dos corpos, se eles não têm um corpo no qual possam receber as impressões de medicamentos cuja potência tem efeito [somente] em relação a um objeto?

Resposta. Muitas razões podem ser citadas para responder a essa pergunta, provenientes tanto dos textos das Sagradas Escrituras quanto da razão necessária de que os demônios são expulsos em virtude dos medicamentos perceptíveis. Começarei declarando a razão das Sagradas Escrituras. No livro de *Tobias*, as Sagradas Escrituras mostram que os demônios são expulsos em virtude de coisas perceptíveis, de uma maneira sagrada e digna de crédito, isto é, com fumigação, sacrifício etc. Pois esse livro diz, no capítulo 6, que Tobias colocou parte de um fígado sobre o carvão e o demônio abandonou a casa inteira. Também no mesmo capítulo, Tobias colocou parte de um coração sobre o carvão e sua fumaça

61 Uma planta, *Centaurea centaurium L.*

62 *Epithymus*, flor do Thymus.

63 Uma planta muito utilizada na antiguidade como remédio para doenças mentais, epilepsia etc. Charlton T. Lewis e Charles Short, *A Latin Dictionary*, Oxford: Clarendon Press, 1879.verbete "Elleborus".

afugentou toda a raça de demônios. Essa é a resposta clara das Sagradas Escrituras à pergunta, que, no entanto, provém da fé. Mas se vocês quiserem compreender como a solução pode ser encontrada pela razão natural, considerem os seguintes princípios: causa, efeito, justiça. Disso concluo que, uma vez todas as causas eliminadas, seu efeito é eliminado. Porque a justiça é aquilo que é razoavelmente dado a todos os homens.

A partir do primeiro preceito anunciamos a seguinte razão: os demônios se prendem aos corpos humanos devido à má disposição e ao humor corrompido, ou devido à infecção melancólica, que gera imagens perversas, negras e horríveis na imaginação e perturba o intelecto, pois os demônios habitualmente assumem essas formas e geralmente habitam lugares escuros e solitários. Quando, em virtude da quinta-essência e de outras coisas, esse humor, que é a razão pela qual eles entram num corpo como esse, é expulso dele, então, ao mesmo tempo, também os demônios desaparecem imediatamente, juntamente com o humor.

Outra razão é a seguinte. Assim como o poder de Deus foi e é capaz de fazer com que as qualidades dos elementos se tornem fixas no Aqueronte [o Mundo Inferior], após o Dia do Juízo, sem as substâncias próprias e coessenciais para justificação de Sua justiça divina, assim também Ele é capaz de deixar os próprios demônios sujeitos à ação das coisas perceptíveis, de modo que a verdade de Seu poder, que é dirigido por essa justiça, deve ter um objeto sobre o qual Ele possa executar Sua ação de acordo com a quantidade do pecado; caso contrário, a desigualdade da verdade seria destruída, devido ao fracasso do livre arbítrio, sobre cujo exercício (*ratio*) Deus não teria o poder de dispor de acordo com a distribuição do mérito nas criaturas, o que é impossível. É, portanto, verdade que Deus possui livre arbítrio, pois ele é empregado de acordo com a distribuição de seu mérito em princípios criados, e que Ele adjudica punições de acordo com a quantidade do pecado, e mérito e glória, de acordo com sua medida. Portanto, não se pode pôr em dúvida que, para a justificação de Sua justiça divina, Deus sujeita os demônios ao efeito das coisas perceptíveis.

A resposta à pergunta precedente também se torna clara nos atos de necromancia de Salomão, com os quais os demônios foram forçados a executar boas obras; ou pelo efeito nocivo das palavras, pedras e plantas. É, portanto, evidente como os demônios estão sujeitos à ação das coisas perceptíveis.

O mesmo pode ser claramente compreendido por meio da ação do fogo avernal [infernal], com o qual as almas dos condenados – e mesmo os próprios demônios – são torturadas, a fim de multiplicar sua punição, embora sua substância não seja composta dos quatro elementos; mas para que sua punição seja imensamente multiplicada, eles sentem a punição por ordem da justiça divina.

Pois aquele que peca contra a substância infinita é culpado de pecado infinito. Por isso, o pecador, de toda e qualquer espécie, pode sofrer punição maior, mas além da visão divina, nada pode dar-lhe punição maior que aquela à qual ele está submetido pela ação das coisas perceptíveis. E, em razão disso, há uma revelação de como os medicamentos perceptíveis têm o efeito de expulsar os demônios de qualquer corpo. Empreguem, portanto, o medicamento acima mencionado e vocês irão curar todo e qualquer endemoninhado, apoplético e melancólico e, mais importante, se acrescentarem a esses medicamentos a erva denominada *ypericon*[64], que também é chamada de *fuga demonum* (fuga dos demônios) ou *perforata*. Porque uma fumigação de suas sementes expulsa todos os demônios nas vizinhanças do corpo e da casa.

Talvez eu esteja vendo coisas demais nessa passagem em que Raimundo apresenta sua visão dos demônios, mas minha impressão é a de que ele não considerava os demônios com aversão profunda, mas, ao contrário, via-os como instrumentos do castigo de Deus contra os maus. É também digno de nota que, nesse contexto, ele faça referência às "boas obras", que o rei Salomão teria forçado os demônios a

64 *Ajuga chamaepitys*, erva-de-são-joão. Idem, verbete "Hypericon",.

realizar. Isso mostra os demônios sob uma luz um tanto favorável, exatamente como seria de se esperar do autor do *De invocatione daemonum*. Esse livro, de acordo com Eymeric, também tinha o título de *O Livro de Salomão* e, consequentemente, pode-se presumir que a relação de Salomão com os demônios era nele discutida.

Além disso, por sua referência ao controle de Salomão sobre os demônios, pode-se talvez concluir que Raimundo estava familiarizado com a literatura talmúdica e midráschica. A história de que Salomão teria forçado os demônios a realizar "boas obras" (por exemplo, a ajudar na construção do Templo de Jerusalém) não se encontra na *Bíblia*, cujas narrativas eram conhecidas pelos cristãos instruídos, mas no *Talmud* e no *Midrasch*, fontes em geral desconhecidas dos não judeus[65]. Naturalmente, sempre é possível que Raimundo soubesse do domínio de Salomão sobre os demônios por meio do texto apócrifo denominado *Testamento de Salomão* ou então, de Josefo (*Antiguidades Judaicas*, 8:45 e s.) – isto é, se ele podia ler em grego. Considero muito mais provável que a familiaridade de Raimundo com essas lendas remontasse ao período inicial de sua vida, quando ele estudou o *Talmud* e os *midraschim*.

Outro ponto de semelhança entre o *De secretis* e o *De invocatione demonum* é a preocupação do autor com a classificação. No *De secretis*, ele agrupa todas as substâncias e doenças em quatro graus e fala no decorrer de nove páginas inteiras (p. 54-63) sobre "a doutrina dos graus". No *De invocatione demonum*, como vimos, Tárrega emprega sua propensão à classificação à doutrina da Trindade, expressando a opinião de que "apenas Deus Pai era o melhor, Deus Filho era bom em primeiro grau, o Espírito Santo, em segundo grau e todas as criaturas em terceiro grau". Ou seja, ele organizava classificatoriamente a totalidade do reino espiritual e humano num esquema de quatro (Deus Pai, Deus Filho, o

65 Cf. as fontes em Louis Ginzberg, *The Legends of the Jews*, v. 6 (1928), p. 289, 291, 292, 296.

Espírito Santo e as criaturas), o que corresponde a sua classificação de todas as substâncias medicinais em quatro graus.

Nessa perspectiva, é importante observar que, no último agrupamento de quatro partes, ele reiteradamente emprega a comparação com uma casa real: a qualidade dominante de uma substância é, para ele, "o rei", a mais forte qualidade seguinte, "a rainha", a terceira, "o soldado" e a quarta, "a escrava". Falando sobre as qualidades medicinais da pimenta, ele afirma, por exemplo: "na pimenta, o quente é o rei e, uma vez que o seco se harmoniza mais com o fogo que com as outras qualidades, por conseguinte, o seco no fogo, ou na pimenta, é a rainha. E uma vez que, depois do seco, o úmido se harmoniza com o quente, o úmido na pimenta é o soldado. E uma vez que o frio se opõe ao quente, a água ou o frio na pimenta é a escrava" (p. 52-53).

Tudo somado, o sumário acima mostra que o *De secretis* é um tratado médico, mais que um tratado alquímico. Mais precisamente, pode-se caracterizá-lo como um manual de medicamentos que se concentra na aplicação de um elixir derivado por meio de procedimentos alquimísticos, a misteriosa *quinta essentia*, também chamada de "nosso céu", cujo preparo é fornecido somente em termos bastante vagos e obscuros.

14.

A *Quinta Essentia* em Hebraico

Como vimos no capítulo precedente, entre os muitos escritos em latim publicados sob o nome de Raimundo Lúlio, existem vários que tratam da fabulosa *quinta essentia*, a mais pura das essências, que se acreditava ter o poder de rejuvenescer os velhos e curar todos os tipos de doença, inclusive aberrações mentais. A popularidade de Lúlio é comprovada, entre outras coisas, pelo fato de que seu *De secretis naturae sive quinta essentia* foi reimpresso pelo menos oito vezes entre 1514 e 1557[1]. Outra obra de Lúlio sobre a quinta-essência, o *Libellus Raimundi Lullii Maioricani de medicinis secretissimis* (O Livro do Maiorquino Raimundo Lúlio sobre os Mais Secretos Medicamentos, doravante citado *De medicinis*), está incluída numa coletânea dos textos de Lúlio intitulada *Raimundi Lullii Maioricani philosophi suit temporis doctissimi libelli aliquot chemici* (Alguns Escritos Químicos do Maiorquino Raimundo Lúlio, o Mais Douto Filósofo de Seu Tempo)[2]. Tratados sobre a *quinta essentia* atribuídos a Lúlio continuaram aparecendo até mesmo no século XVII[3].

1 *De secretis naturae sive quinta essentia*. Nada menos que sete dessas edições (Veneza, 1514; Augsburgo, 1518; Veneza, 1521; Lyons, 1535, Veneza, 1542, Nurembergue, 1546; Veneza, 1557) encontram-se na Biblioteca Nacional de Medicina, Bethesda, Maryland. Uma cópia da edição de Estrasburgo, 1541, encontra-se na Engineering Library (Biblioteca de Engenharia), Nova York.

2 Impresso na Basileia, 1600, p. 330-374.

3 Por exemplo, *Raymundi Lullii tractatus brevis et eruditus de conservatione vitae: item Liber secretorum, sive quintae essentiae*, Estrasburgo, 1616. Embora meu próprio exame de documentos

Johannes de Rupescissa* sem dúvida teve acesso ao *De secretis* na segunda metade do século XIV, pois sua obra *De consideratione quintae essentiae rerum omnium* (Sobre a Consideração da Quinta--Essência de Todas as Coisas) se apoiava em grande parte nele[4]. Rupescissa escreveu a maior parte de suas obras enquanto encarcerado em Avignon pelo papa Inocêncio VI (pontificado de 1352-1362). Ao que parece, ele foi queimado na fogueira em 1362 (os tratados alquimísticos de Lúlio, como vimos, foram queimados em 1372 por ordem do papa Gregório XI).

A autoria de Lúlio também é reivindicada para um pequeno manuscrito em hebraico encontrado na Biblioteca Nacional de Paris[5]. O manuscrito também contém os capítulos 3 a 7 do Cânone de Avicena, escrito em árabe, mas em caracteres hebraicos. Steinschneider dedicou duas páginas à discussão dessa obra em seu livro sobre as traduções hebraicas medievais[6]. No entanto, exceto por copiar o nome Ramón incorretamente como Romon, Steinschneider nada comenta sobre o próprio manuscrito em hebraico e, em vez disso, descreve com certo detalhe o *De secretis*, que ele suspeitava ser sua fonte. No entanto, mesmo uma comparação superficial entre as duas obras, nos revela que o manuscrito não é nem uma tradução do *De secretis*, nem um resumo de seu conteúdo, nem uma reelaboração dele. Ele também não tem qualquer relação com o *De medicinis*. De Fato, nem um único parágrafo ou sentença contidos em qualquer dos dois tratados de Lúlio

papais e de outros documentos da época tenham me levado a aceitar Ramón de Tárrega como autor do *De secretis*, por brevidade, passo daqui por diante a me referir tanto ao *De secretis* quanto ao *De medicinis* como obras de Lúlio".

* Ou, como aparece em outras fontes, Jean de Roquetaillade, Juan de Rupescissa, de Ribatallada ou de Rocacelsa (N. da E.).

4 O *Allgemeines Gelehrten-Lexicon*, v. 3, Leipzig, 1752, v.2, 315-316, afirma que o *De consideratione*, Basileia, 1597, de Rupescissa, "foi quase inteiramente copiado de Raimundo Lúlio".

5 Fonds hébr. 1207, fólios 155v-158v.

6 Moritz Steinschneider, *Die bebräischen Übersetzungen des Mittelalters und die Juden als Dolmetscher*, p. 824-825.

reaparece em nosso manuscrito. Embora todas as três obras abordem sobretudo a *quinta essentia*, os conteúdos de ambas são diferentes.

O manuscrito em hebraico se inicia com as palavras: "E agora copiarei para você um grande segredo da quinta-essência [...]. Ele foi escrito por um notável sábio, cujo nome é Raimon, e ele colocou introduções antes dele e elas são estas [...]"[7]. O autor anônimo do manuscrito parece ter reivindicado a autoria de Lúlio pela mesma razão que Ramón de Tárrega – se de fato foi ele o autor do *De secretis* – atribuiu seu livro a Lúlio: o desejo de dotá-lo do prestígio e respeito que Lúlio impunha em meio aos filósofos, teólogos e médicos da Espanha no século XIV.

O caráter espúrio dessa atribuição a Lúlio fica manifesto logo após as duas sentenças introdutórias. Ao contrário da declaração do autor hebreu de que "Raimon" teria escrito introduções a sua obra sobre a *quinta essentia*, que ele afirma "copiar", isto é, traduzir, nem o *De secretis* nem o *De medicinis* incluem uma introdução. As sete curtas introduções com as quais o manuscrito hebraico se inicia são sem dúvida originais do autor hebraico, que sumariza nelas suas concepções sobre a origem das doenças, o efeito nocivo do medo e a natureza da *quinta essentia*. Ecoando uma declaração de Rupescissa no sentido de que "Essa quinta-essência é o céu humano que o Supremo criou para conservação das quatro qualidades do corpo humano, da mesma forma que [ele criou] o céu para a conservação de todo o universo"[8], nosso autor amplia e apresenta, com certo detalhe, a semelhança entre o céu e a *quinta essentia*, "o céu humano"[9].

A conclusão de que nosso autor não pretendia sumarizar, menos ainda traduzir, o *De secretis*, o *De medicinis*, ou o livro de Rupescissa

7 Foi essa afirmação introdutória que levou Steinschneider, que sem dúvida não examinou o manuscrito inteiro, a afirmar equivocadamente que ele era uma reelaboração do *De secretis*.

8 J. Rupescissa, *De consideratione*, p. 18. Tradução minha, a partir do texto em latim. Na mesma página, Rupescissa se refere à *quinta essentia id est coelum humanum*.

9 Fólio 155v.

sobre a *quinta essentia* é também confirmada por seu texto. Enquanto as duas obras de Lúlio trazem longas listas dos materiais com os quais a *quinta essentia* pode ser produzida, organizando-os em grupos de minerais, animais, ervas, raízes, fungos e assim por diante e então descrevem "o modo de preparo da *quinta essentia* a partir do ouro" bem como sua composição, não há nenhum traço disso no manuscrito hebraico, cujo autor evidentemente não estava interessado em detalhes como esses. Em vez disso, ele declara sucintamente, em sua Sexta Introdução, que a *quinta essentia* pode ser destilada "de comestíveis como a carne ou frutas ou ervas"[10].

A parte seguinte do manuscrito em hebraico, que trata das doenças que podem ser curadas com uma mistura da *quinta essentia* com medicamentos ou substâncias específicas, tem certa semelhança com as obras de Lúlio. Isso era inevitável, uma vez que a finalidade dessas obras era servir como guias médicos e, por conseguinte, seus autores tinham de especificar essas doenças da forma como eram reconhecidas e diagnosticadas em sua época, assim como sua cura. No entanto, também aqui as diferenças são maiores que as semelhanças. Enquanto Lúlio agrupa as doenças em sessenta e um "cânones" (dos quais quarenta e quatro estão contidos no primeiro e dezessete no segundo livro do *De secretis*), o autor hebraico as discute de acordo com dezenove "benefícios". Os tratamentos efetivamente prescritos não são idênticos ou mesmo semelhantes. Por exemplo, ao discutir a cura para envenenamentos, tanto o *De secretis* quanto o *De medicinis* enumeram os animais venenosos, enquanto o manuscrito em hebraico não o faz. Além disso, enquanto as duas obras de Lúlio se apoiam sobretudo no efeito da "quinta-essência das coisas" na cura de envenenamentos, o manuscrito em hebraico recomenda a *quinta essentia* principalmente como um solvente para "antídotos de venenos" cuja identidade ele não especifica, provavelmente porque presume que eles eram bem conhe-

10 Fólio 156r.

cidos de seus leitores. Uma outra diferença importante é que, enquanto o autor hebraico recomenda o uso de um emético, os tratados de Lúlio dão preferência a purgativos e aplicações externas. Pode ser de interesse mencionar aqui que Maimônides (1135-1204), em seu livro sobre os venenos e seus antídotos (que nosso autor pode ter conhecido), recomendava todos os três tipos de terapia: eméticos, purgativos a tratamentos externos[11].

Quanto à identidade do autor, tudo que se pode afirmar é que ele foi um médico e alquimista judeu que viveu na Espanha do século XIV ou XV e que conhecia, além do hebraico, também o latim, espanhol, árabe, persa, turco e sânscrito.

Seria nosso autor um alquimista praticante? Ele sem dúvida foi influenciado pelos ensinamentos alquimísticos da época, nos quais a *quinta essentia* tinha um lugar de destaque. Ele reiteradamente repete que a mistura da quinta-essência aumenta a eficácia das substâncias. Assim como Lúlio em seus tratados, ele acredita que a *quinta essentia* pode curar quase tudo, da melancolia à peste, do envenenamento à possessão demoníaca: ela pode remover qualquer objeto estranho, como uma flecha ou espinho, que tenha penetrado o corpo, ela pode até mesmo renovar o espírito vital, rejuvenescer os velhos e dotar as mulheres de beleza. Não obstante, apesar dessas medidas claramente alquimísticas, temos a impressão de que o autor confia mais no poder curativo das próprias substâncias que no da *quinta essentia* acrescentada a elas. Em nenhum momento ele recomenda o uso da quinta-essência por si mesma; ele sempre sugere seu uso como agente intensificador ou ampliador do poder curativo das substâncias. Por esse motivo, nossa conclusão é a de que ele era em primeiro lugar um médico e somente em segundo lugar um alquimista.

Na tradução que se segue, as notas contêm traduções ou explicações dos termos em hebraico, espanhol, latim, grego, árabe, persa,

11 Sussman Muntner, *Moshe ben Maimon (Maimonides), Poisons and Their Antidotes*, Jerusalem: [s.n.], 1942, p. 98 e s.

turco e sânscrito, empregados por nosso autor, bem como referências a outros textos médicos em hebraico, a termos correspondentes nas obras de Lúlio e ao uso na medicina popular da matéria médica mencionada no texto:

> (155v) E agora vou começar, com a ajuda de Deus, a copiar para você um grande segredo da *quinta essentia*, que é chamado na língua deles[12] *qinta esensia*. Foi escrito por um grande sábio, cujo nome é Raimon, que o fez preceder das seguintes introduções:
>
> A primeira introdução. As doenças acontecem pela falta de força natural e o remédio que pode restaurar a saúde deve ser o que não está sujeito a putrefação[13] e que pode renovar o espírito vital que foi perdido e aumentar a umidade radical e restaurar o calor natural que se tornou fraco.
>
> A segunda introdução. Tudo que é afetado pelo medo é doente e fraco e, se for dada à [pessoa] afligida uma coisa que é afetada pelo medo, ela ficará ainda mais afetada. E uma vez que os médicos agem contra todas as coisas, eles prejudicarão e afligirão e matarão. E isso também acontece aos que não podem compreender esse segredo que os físicos[14] compreenderam. Portanto, é bom investigar e buscar uma coisa na qual são encontradas as quatro qualidades que estão em nós e as quatro *materiae*, das quais os nossos corpos são compostos, e isso não estará sujeito à corrupção[15] na organização dos quatro elementos. E é por isso que os físicos chamavam o céu pelo nome de "quinta-essência", porque o céu não está sujeito a corrupção, pois não é quente como fogo [e] não é uma

12 "Língua deles" se refere ao espanhol. Em sua transliteração para o hebraico, *qinta esensia*, o autor emprega a forma espanhola do termo.

13 *ʿIpusch* (heb.): fermentação, deterioração, putrefação, um termo frequentemente empregado pelos autores hebreus da medicina medieval.

14 O termo hebraico *ṭivʿiyim* pode significar naturalistas ou físicos, isto é, estudiosos que se dedicavam ao estudo da natureza.

15 J. Rupescissa, *De consideratione*, p. 16, afirma que a *quinta essentia* é *sicut coelum incorruptibile* (como o céu, incorruptível).

coisa estranha ou adversa aos quatro elementos. E essa coisa de que falamos é chamada "céu humano", ou "quinta-essência", porque está nelas, na organização das quatro *materiae*. E não está sujeita a corrupção, pois não é quente como o fogo, nem fria como a água, nem seca como o pó. E assim como o céu fornece o úmido, quando necessário, e o quente, quando necessário, e também o frio e o seco, assim também a quinta-essência fornece a nós o que é chamado "espírito vital", que é composto dos quatro elementos e pode ser separado deles por meio de artifício humano[16].

A terceira introdução. É bom que você saiba que nossa *quinta essentia* não é fria, pois aquece o frio; e não é quente, pois esfria o calor; e não é úmida, pois seca a umidade; e não é seca, pois umedece a secura. E ela nutre o corpo e o protege de toda corrupção e putrefação e, assim, parece ser uma verdadeira maravilha, pois, se [for] posta em um recipiente e depois alguém colocar nele uma ave abatida ou um pedaço de carne, ela não apodrecerá enquanto estiver aí e depois irá secar, uma vez que tem esse efeito [também] em um corpo vivo.

A quarta introdução. Assim como o céu altíssimo não influencia por si só a existência do mundo, mas [faz isso] por intermédio dos luminares e das estrelas e, por meio delas, produz efeitos enormes e assombrosos, assim também para nosso Céu Humano é bom que ele seja auxiliado pelas coisas que são influenciadas por ele, como as substâncias ou ervas que possuem virtudes para o membro que pretendemos curar. Por exemplo, se queremos curar a cabeça, é bom colocar em nosso céu as coisas que auxiliam a cabeça e o mesmo para os outros membros.

A quinta introdução. É bom você tirar a água que sobe do vinho num recipiente de destilação muito límpido. E deixe que ela suba pelo menos quatro vezes no recipiente de destilação, no qual deve haver muitos tubos subindo e descendo, pois quanto mais subir, mais ela será purificada e mais longe ficará da putrefação.

16 A expressão "artifício humano" remete a Rupescissa que afirma (p. 17) que a *quinta essentia* foi criada por Deus e pode ser extraída do corpo da natureza *cum artificio humano* (com engenho humano).

E deixe-me contar o que ouvi de um homem cujas palavras são confiáveis e que presenciou isso na corte do rei da Espanha, onde procederam da seguinte forma. Depois de fazê-la subir quatro vezes no recipiente de destilação, eles a esconderam em esterco de cavalo, num recipiente de vidro bem vedado. E depois de quatro meses, eles a retiraram com cuidado e a transferiram para outro recipiente, para que os sedimentos não se misturassem, e enterraram o recipiente por mais quatro meses. E assim fizeram por mais quatro meses, até um ano inteiro. E então retiraram o recipiente e não encontraram em seu fundo nem a menor poeira, tão completamente ela foi purificada. E seu aroma subiu, como se tivesse brotado do Jardim do Paraíso. E esse é o modo correto de agir, a fim de alcançar o que você deseja.

A sexta introdução. Do mesmo modo, é bom destilar todas as coisas que você quiser purificar, fazendo delas a *quinta essentia*: dos comestíveis, como a carne, ou as frutas, ou as ervas, e misturar com o céu acima mencionado, para curar com elas toda doença que você quiser.

A sétima introdução. Também é bom, se você quiser preparar uma poção para uma doença, colocar essas substâncias que são adequadas para essa poção em nossa quinta-essência e ela ficará como a poção e será mais eficaz, uma parte dela para cem. E, do mesmo modo, as coisas que causam obstrução intestinal, ou as substâncias aromáticas e também todas as coisas dessa espécie e, dessa forma, todas as substâncias estimulantes[17] devem ser trituradas, até ficar absolutamente finas, até que você possa senti-las apalpando e, então, elas devem ser colocadas na água acima mencionada. E prepare as substâncias laxativas da mesma forma, pois essa água sem dúvida acrescentará força de eficácia centuplicada. Também, se um homem ingerir um veneno mortal, coloque a água que recebeu o veneno na água acima mencionada e ele imediatamente vomitará o veneno que engoliu ou absorveu. Também, para retirar uma flecha de ferro, ou qualquer outro objeto, ou espinho, de algum lugar, coloque na água acima mencionada as coisas que atraem.

17 *HaSamim haLeviyim* (heb.): remédios que pertencem ao coração.

Da mesma forma, para limpar qualquer ferimento, coloque nele as substâncias purificadoras. E, igualmente, para fazer encorpar, coloque [nessa água] as substâncias que fazem a carne crescer e, do mesmo modo, as substâncias que causam obstrução intestinal e que contraem e todas elas dessa forma.

Agora passo a explicar as virtudes da água acima mencionada, em termos de seu benefício geral, embora já tenhamos mencionado acima alguns deles, quando falamos sobre sua importância. Contudo, falarei aqui um pouco sobre os segredos que ninguém compreendeu, exceto aquele a quem suas virtudes foram reveladas oralmente pelos que estavam presentes. E são coisas poderosas para curar, com a ajuda do Verdadeiro Benfeitor, todas as doenças graves que os médicos perderam a esperança de curar, exceto as que chegam por vontade divina, impostas a ele pelo tempo de vida que lhe foi destinado.

O primeiro benefício é o de restaurar a força dos velhos, que se tenha tornado muito debilitada, e restituí-la, com a ajuda de Deus, em cujas mãos estão a força e o poder. Tome da água preciosa acima citada, depois de ela ter sido inteiramente purificada, e acrescente a ela a essência do ouro e do cristal. Assim, para os debilitados, meio ovo cheio, de cada vez. E, se o Verdadeiro Médico assim ordenar, a pessoa ficará quase curada e sua força retornará como a dos jovens de trinta anos de idade. E, depois que retornar aos dias de sua juventude, ela não deverá tomar mais.

O segundo benefício é o de curar com ela os que estão debilitados devido a uma doença, ou mesmo uma depressão da alma, exceto aqueles que Deus quer levar, cujos dias chegaram a seu fim, ou como punição, ou, como no caso do ungido de Deus, o rei Davi, que a paz esteja com ele, [que disse] de Saul: "Quando seu dia chegar, ou quando Deus puni-lo etc."[18]. E isso sob a condição de que a pessoa doente possa bebê-la. E também dê da água acima mencionada aos velhos e debilitados e, assim que descer até o estômago, o medicamento trará ao coração um novo espírito vital, aumentará o calor natural que havia diminuído, e sua força voltará a ser como era

18 Citação, modificada, de 1Sm 26,10, onde é dito: "o Senhor o castigará, ou chegará seu dia de morrer".

no início. E, se quiser que a pessoa se levante a seu tempo e fique saudável, dê a ela a água da quinta-essência acima mencionada, que se origina da erva *salidonia*[19], quase [tanto quanto] um grão de trigo, e você verá um milagre poderoso, como se a pessoa nunca tivesse estado doente a ela andará com seu bastão, se o Verdadeiro Poderoso assim o decretar. E esse segredo é [um] dos mais importantes segredos da natureza que se pode encontrar; nenhum médico compreendeu isso nesta nossa época.

O terceiro benefício é o de curar a lepra, exceto a que é traiçoeira, pois [curar] essa é [uma] das coisas impossíveis. E é bom que você saiba que essa água, com a ajuda do Verdadeiro Auxiliador, irá curar a pessoa da lepra, pois esse remédio devora todo o material corrompido e putrefato, seja de qual for a umidade. E posso testemunhar por essa (156v) água, juntamente com a água de ouro e cristal – e até com mais eficácia, se for colocada nela a fruta que é chamada, na língua deles, *frasas* e, em Laʿaz, *fraulas* e, em turco, *jilek*[20], que é uma fruta pequena e redonda, como as uvas do espinheiro que é chamado *mora sarsa*[21], e suas folhas são como as folhas dele, exceto que crescem próximo ao solo e não têm espinhos e seu sabor é doce, tendendo um pouco para o azedo e elas têm um cheiro bom. E a água acima mencionada, juntamente com a fruta acima mencionada, fortalece bastante a natureza e expulsa todo o veneno e corrupção e putrefação do corpo humano e restabelece o fluxo menstrual para as mulheres e ajuda na gravidez e é benéfica para curar a catarata do

19 *Celidônia* (lat., *chelidonia*): erva-andorinha, erva-das-verrugas, uma gramínea da família da papoula.

20 *Frasas* (esp., *fresas*): morangos. Não consegui identificar *fraulas*, ou *praulas*, mas, cf. *fralles* em Cesar E. Dubler, *La "Materia medica" de Dioscorides: Transmision medieval y renacentista*, 6 v., Barcelona: Tipografia Emporium, 1953-1959, v. 6, p. 101. Laʿaz, nos autores hebraicos medievais, em geral se refere à língua coloquial local, que nesse caso seria o espanhol. Mas, como nosso autor se refere ao espanhol como "a língua deles", seu Laʿaz parece referir-se ao latim. O latim *fragulae* poderia facilmente ter sido transliterado de forma errada como *fraula*. *Jilek* é a palavra turca *çilek*, morango.

21 *Mora sarsa: mora* é a palavra espanhola para framboesa ou amora silvestre. *Sarsa* é o espanhol *zarza*, arbusto comum, ou a amora europeia, *rubus fruticosus*. No espanhol moderno, o nome da amora silvestre é *zarzamora*; cf. Maria Moliner, *Diccionario de Uso del Español*, Madrid: Gredos, 1967, cf. verbete.

olho. E eu vi uma mulher em cujo rosto os traços da lepra eram visíveis e ela lavou-se nessa água e a lepra foi instantaneamente curada.

O quarto benefício é a cura de todos os tumores ou erupções ou secreções de todo tipo. Faça colocar na quinta-essência acima mencionada um pouco do *tártaro* que é chamado *rasuras*[22], depois de calciná-lo, e faça com que a pessoa unte o local com ele e ela será curada.

O quinto benefício é a cura da *perlesia*[23]. Se você colocar nessa água algumas das coisas que destroem o [humor] branco[24], como o *farfiyun turbid*[25] [e] a casca da raiz de *schawqu*[26], pois essas substâncias têm a virtude de fortalecer os vasos do sentimento e do movimento, aplique também nos locais paralisados um emplastro de *bazr qatuna*[27] moído e cozido e tome dele cinco partes e de azeite de oliva, três partes, e de cera, duas partes, e faça o paciente beber de sua decocção durante trinta dias consecutivos.

O sexto benefício é para quem sofre da infecção maligna que é chamada tísica[28] e para todos os tipos de atrofia. Um recém-nascido, ou criança, ou jovem, ou uma pessoa madura, ou idosa, seja homem seja mulher, faça

22 *Tartaro* (esp.): explicado em nosso texto como *rasuras*, que em espanhol significa cremor tártaro, ácido tartárico em sua forma natural, como depositado nos barris de vinho.

23 *Perlesia* (esp.): fraqueza muscular, acompanhada por tremores, paralisia.

24 *HaL'vana* (heb.), lit. "o branco". Autores hebreus da medicina medieval empregam a palavra para fleugma, um dos quatro humores que, desde Hipócrates e Galeno, eram considerados os responsáveis pela saúde e disposição das pessoas. Acreditava-se que a preponderância ou falta de qualquer um desses humores provocava certos tipos de doenças.

25 O termo persa *farfayūn* ou *farfiyūn*, corresponde à eufórbia, ou resina *euphorbium*, uma planta africana. A resina muito ácida, de tonalidade marrom ou amarelada, derivada da *Euphorbia resinifera* do Marrocos, assim como de outras espécies africanas, era empregada medicinalmente como emético ou catártico. Também denominada *furbiyūn* ou *afarbiyūn*, em árabe. Cf. Max Meyerhof, *Šarḥ Asmā al-ʿUqqār* (Explicação dos Nomes dos Remédios, por Maimônides), em *Mémoires [...] Institute de l'Egypt*, v. 41, Cairo, 1940. *Turbid* (ár., *turbidh*, em Avicena) é um purgativo, cf. Sussmann Muntner, *Moshe ben Maimon Maimonides: The Book on Asthma*, Jerusalém, 1940, p. 142 e índice.

26 *Schawqu* (provavelmente ár., *schawk* ou *schawka*): espinho, cardo.

27 *Bazr qatūna* (ár.; forma alternativa: *qutna*): semente de algodão, *Plantago psylium L.* cf. Alfred Siggel, *Arabisch-Deutsches Wörterbuch der Stoffe aus den drei Naturreichen*, Berlin: [s.n.] 1950, p. 20; Raphael Patai, *On Jewish Folklore*, Detroit: Wayne State University Press, 1983, p. 347, 372.

28 *Tisiqa* (esp., *tisica*): do latim, *phthisica*, atrofia, asma, doença pulmonar.

com que lhes seja dada a água acima mencionada, com a substância que brota da *salidonia* acima mencionada e, em pouco tempo, elas terão de volta sua força e gordura, como se nunca tivessem estado doentes.

O sétimo benefício é para a demência ou loucura ou *melakhonia*[29], raiva ou mau humor. Faça com que bebam da água acima mencionada, com a quinta-essência de ouro e cristal, com um pouco das substâncias que purificam o humor negro agudo[30] e a semente de *fuagia*[31] e sua raiz.

O oitavo benefício é para a fraqueza do coração, ou desmaio, ou palpitação, ou tremor e coisas semelhantes. Dê à pessoa a essência de ouro e cristal acima mencionada e a erva *peonia*[32] e o *toronjil*[33], que é chamado *badrang buya*[34], e açafrão e ela será curada inteiramente, com a ajuda de Deus.

O nono benefício é curar os enfeitiçados e os que foram afetados por demônios ou um espírito maligno. [Dê] ao paciente da água acima mencionada com a água de ouro e cristal e coloque nelas a semente de *perforata*[35], isto é, *qorasonsilio*[36], e ele será salvo, com a ajuda de Deus.

O décimo benefício é contra piolhos e coisas do gênero, que são chamadas *adadores*[37] e que surgem no corpo entre a pele e a carne e causam

29 *Melakhonia*: melancolia, o estado mental provocado pela *melan-chole*, bílis negra, que nosso autor denomina *haSch'ḥora*, o negro.

30 *HaSch'ḥora haMuḥadit* (heb.), a melancolia negra grave, ou aguda.

31 *Fuagia*: não pude identificar esse termo. Talvez *phlegium*, cf. C. E. Dubler, *Materia medica*, 3:III: 287, ou um termo derivado do espanhol *fuego*, fogo.

32 *Peonia* (esp.), peônia. Cf. Oskar von Hovorka e Adolf Kronfeld, *Vergleichende Volksmedizin*, 2 v., Stuttgart: Strecker und Schröeder, 1908-1909, v. 1, p. 186, 349.

33 *Toronjil* (esp.): do árabe, *taranjabil*, genêt d'Espagne, erva-cidreira, vassoura-espanhola, giesta, melissa.

34 *Badrang buya* (per., *bardangbuya*): *Melissa officinalis*, bálsamo da montanha. S. Muntner, *Poisons*, p. 118. Também denominada *turunjān*; M. Meyerhof, *Šarḥ*, p. 22, nota 40, e nota 33, supra.

35 *Perforata*: perfoliada, erva-de-são-joão, *Hypericum perforatum L*. O. Hovorka e A. Kronfeld, *Volksmedizin*, v. 1, p. 228-230. O termo espanhol *perfoliata* significa erva-de-são-miguel, eupatório, *Bupleurum rotundifolium*.

36 *Qorasonsolio* (esp., *corazoncillo*): erva-de-são-joão perfurada, *Hypericum perforatum*.

37 *Adadores* (esp., *aradores*): ácaros parasitas que afetam animais e seres humanos, causando uma doença de pele que se caracteriza por erupções formando crostas.

manchas pestilentas e muita irritação no corpo. Essas coisas são nascidas do calor, além de ser [originadas] da putrefação da umidade. E, se o paciente lavar o corpo, o [...][38] da quinta-essência, ele será curado da aflição acima mencionada, especialmente se você misturar nela mercúrio e *mozaj*[39].

O décimo primeiro benefício é salvar de todos os venenos e substâncias letais. Tome a essência acima mencionada e coloque nela os remédios que são antídotos[40] dos venenos e dê ao paciente e, com a ajuda de Deus, ele vomitará imediatamente o veneno que comeu, ou bebeu, ou que veio de fora, da (157r) mordida de um animal venenoso. E se uma pessoa tomar uma das coisas acima mencionadas e [depois disso] algum tipo de veneno for dado a ela, isso não causará dano a ela, com a ajuda de Deus.

O décimo segundo benefício é curar a febre quartã[41] e todas as doenças provenientes do [humor][42] negro. Existem alguns médicos que dizem que não há utilidade em eliminá-la rapidamente, mas [apenas] em prolongar o tempo de sua cura. E, se quiser curá-la rápida e facilmente, dê ao paciente da água acima mencionada. E, se quiser acrescentar a ela algumas das coisas que são antídotos do [humor] negro, isso será mais eficaz, sob a condição de que se dê ao paciente lentamente, para que ele não enfraqueça a natureza.

O décimo terceiro benefício é para todos os que foram prejudicados por uma substância laxativa ou emética que não tenha funcionado, ou que tenha funcionado em excesso. Pois as substâncias laxativas devem ser consideradas sob três pontos de vista. Primeiro, o laxativo não deve enfraquecer a força vital. Segundo, ele não deve ser [uma] das substâncias corrosivas e letais. Terceiro, deve-se tentar retirar ou diminuir nessa substância toda corrosividade ou veneno, tanto quanto possível. E [uma vez que] os médicos não podem fazer isso até onde é possível, às vezes eles causam danos e, às

38 Palavra ilegível. Talvez *meha'alim*, das folhas.

39 *Muzaj*: provavelmente o termo árabe *mazaj*, ou *mizj*, mel, amêndoa.

40 *M'nagdim* (heb.): lit., oposto a.

41 *HaQadaḥat had'* (heb.): febre quartã. cf. O. Hovorka e A. Kronfeld, *Volksmedizin*, v. 2, p. 323-324.

42 *HaSch'ḥora* (heb.): o negro, isto é, o humor negro. Cf. nota 29, supra.

vezes, [o remédio] não ajuda nem cura, porque a constituição[43] e a idade e a duração não são os mesmos para todas as pessoas e doenças. Faça com que a pessoa coloque os medicamentos na água acima citada [e] eles vão agir suavemente e sem prejudicar a força. Portanto, é bom que o médico dê ao paciente somente um grão de nossa Essência e ele verá maravilhas. E se ele precisar dar mais, faça com que ele administre dois grãos na segunda vez e, assim, gradualmente, de acordo com a natureza do paciente e a natureza da doença e abra seus olhos e veja!

O décimo quarto benefício. Todos os médicos concordam em que a febre permanente[44] é causada por uma mistura de todas as substâncias putrefatas e sua cura está em esvaziar e limpar o sangue de toda a sujeira e da mistura de humores maus que estão nele. Isso é feito completamente por nossa quinta-essência, que retira e separa do sangue toda substância putrefata, porque difere das quatro qualidades, pois não é nem quente nem fria, nem úmida nem seca. Portanto, você pode dá-la constantemente sem medo e, em especial, se misturar a ela a essência de ouro e cristal e sangue que foi mencionada acima. E se você untar com ela as têmporas e o pescoço e as veias e os punhos e as palmas das mãos e as solas dos pés e acrescentar a erva chamada *marqurial*[45], uma coisa maravilhosa será adicionada à sua eficácia.

O décimo quinto benefício é para a cura da febre terciária. A febre terciária nasce das coisas vermelhas e putrefatas[46]. Se quiser curá-la, coloque imediatamente nos [ingredientes] mencionados algumas das

43 *M'zagim* (heb.): constituições; lit., "misturas".

44 *ha-Qadaḥat haTmidit* (heb.): febre perpétua. *De secretis*, fólios 51a-b coloca a *tertiana febris*, a *quotidiana febris*, a *continuae febris* (sendo esta a febre perpétua de nosso autor) e as *febres pestilentiales* entre as doenças que podem ser curadas com a *quinta essentia*. A elas, o *De medicinis*, p. 369, acrescenta os seguintes tipos de febre: *quartanae* (cf. nota 41, supra), *acutae*, *pestiferae*, *sanguinaea*, *cholericae*, *phlegmaticae*, *melancholiae*, *venales*, *aestivales*, *autumnales* e *hyemales*.

45 *Marqurial* (esp., *mercurial*): tudo-bem (uma planta da família das euforbiáceas), mercúrio, *Mercurialis L.* O. Hovorka e A. Kronfeld, *Volksmedizin*, v. 1, p. 69-70.

46 *Aduma wᶜapuscha* (heb.): vermelha e putrefada (febre). Talvez piroplasmose. Os tratados de Lúlio não mencionam essa febre. Cf. nota 13, supra

coisas que fazem evaporar o [humor] vermelho e parte do líquido curado[47] e dê para o paciente beber à noite e pela manhã e ele será curado, com a ajuda de Deus.

O décimo sexto benefício é curar a febre contínua, que é gerada pelo [humor] branco putrefato[48]. E, uma vez que o [humor] branco é frio e úmido, tome de nossa água com um pouco de *farfiyun*[49] e um pouco de *schawqu*[50], com outras substâncias que são antídotos do [humor] branco, e faça com que a pessoa beba, à noite e pela manhã, e isso ajudará, com a ajuda de Deus.

O décimo sétimo benefício é curar epilépticos de todos os tipos e as febres agudas e o *sirsam*[51]. Saiba que a febre aguda se situa na cabeça. E uma vez que essa febre é produzida pelo [humor] vermelho, agudo e queimado e também pelo sangue queimado e, às vezes, pela queima das três substâncias, exceto a negra, por essa razão, os médicos ficavam confusos quanto a sua cura. Contudo, todas elas são curadas por nosso remédio. Portanto, deve-se tomar nossa (157v) essência com a essência de ouro e cristal e sangue e colocar nelas água de rosas e *violas*, *boraja*, *lijunas*[52] e, com isso, o paciente será curado, com a ajuda de Deus[53].
Para a cura da tinha; piche, um *rotl*; azeite de oliva, uma onça; óleo de gergelim, meia onça; manteiga clarificada, meia onça; colofônia, meia

47 *HaMītz haNirpa'* (heb.): o líquido ou sumo curado (?).

48 *HaL'vana haM'upeschet* (heb.): a putrefada branca (febre), isto é, provocada pelo humor branco, ou fleugma, putrefado.

49 Cf. nota 25, supra.

50 Cf. nota 26, supra.

51 *Sirsam* (ár., *sirsām*), que, de acordo com Jār-Allah Zamakhsahri, *Lexicon Arabico Persicum*, Leipzig, 1850, significa febre com dor de cabeça e inflamação do palato.

52 *Violas, boraja, lijunas* (esp.): *viola* é violeta; S. Muntner, *Poisons*, p. 97; O. Hovorka e A. Kronfeld, *Volksmedizin*, v. 1, p. 403, 431-432. *Boraja* é o termo espanhol *borraja, borago L.*; *lijuna* talvez seja uma planta do gênero Logania.

53 O parágrafo a seguir está inserido num quadro, no canto direito superior do fólio 157b do manuscrito. Está em árabe, escrito numa caligrafia diferente, em caracteres hebraicos grandes. A tradução é livre, uma vez que a sintaxe é extremamente problemática.

onça; e o *daruru*[54], descasque-o, enrole-o, queimado [?]; e excremento de cachorro; e a cada quatro [dias?] cubra sua lesão. E para aquele cuja cabeça treme, faça com que tome óleo de gergelim, meia onça; azeitona, meia; manteiga clarificada, meia; mástique, meia; piche, meia. Faça um unguento e unte a cabeça e, a cada três dias, um banho quente e, entre um emplastro e outro, banhe.

E se quiser curar o *sirsam*, tome o unguento de populeão[55] e vinagre de sua escolha e arruda de jardim[56] moída, misture tudo com essência de sangue[57] e mergulhe nesse remédio pedaços de tecido e aplique sobre a cabeça do paciente e em suas narinas e, com isso, ele será curado, com a ajuda de Deus. E saiba que essa coisa ajuda a curar epilépticos e todos os tipos de insanidade.

O décimo oitavo benefício é curar as febres pestilentas, isto é, epidêmicas. Aquele que tem o hábito de usá-la em tais tempos, com a ajuda de Deus, será salvo da pestilência e pacientes serão curados, com a ajuda de Deus, pela essência de sangue, metade disso e metade daquilo, com as raízes da língua de boi[58] e a erva de vinagre que é chamada *agritas y si se paliare el ribas o el*

54 *Darur* pode ser a transliteração de nosso autor do termo árabe *darūr*, que significa excesso ou abundância, ou de *dharūr*, pó, ou uma forma pouco usual (plural?) de *dhurra*, uma variedade de sorgo. Ou, ainda, pode significar *darū*, lentisco; C. E. Dubler, *Materia medica*, v. 3, p. 55.

55 *M'schiḥat popilion* (heb.-esp.): bálsamo de populeão. No espanhol moderno, *populeón* é um bálsamo popular, preparado com banha de porco, folhas de papoula, beladona e outros ingredientes, que é empregado como sedativo. Sua base principal consiste nos primeiros brotos das árvores do choupo negro. M. Moliner, *Diccionario*, cf. verbete. Sobre as *papilonaceae* na medicina popular, cf. O. Hovorka e A. Kronfeld, *Volksmedizin*, v. 1, p. 350.

56 *Roda ganit* (esp.-heb.): arruda de jardim, *ruta domestica*. *De secretis*, fólios 19a, 38a; O. Hovorka e A. Kronfeld, *Volksmedizin*, v. 1, p. 171, 356-358; R. Patai, *Jewish Folklore*, p. 347, 372

57 *Mahut haDam* (heb.): essência do sangue. Cf. *De medicinis*, p. 341-342, que descreve em detalhe como produzir essência a partir de sangue humano.

58 *L'schon haSchor* (heb.): ou língua de boi. Em outras obras hebraicas de medicina medieval, o termo aparece também em aramaico como *l'schon tora* ou *lischna tora*; em árabe, *lisān al-thawr*. Todos esses termos são traduções do termo grego *buglosson*, cf. latim: *lingua bovis*. É o *Picris echoides L.*, borragem. Cf. Immanuel Löw, *Die flora der Juden*, 4 v., Wien: [s.n.], 1923-1924, v. 1, p. 295, 299; v. 4, p. 133, 170, 481; A. Siggel, *Wörterbuch*, p. 65; R. Patai, *Jewish Folklore*, p. 346.

jarope de el es munju mejor[59] e um pouco de aloé de *suqutri*[60] e um pouco de *firfion*[61] e *gira pigra*[62] e a raiz essencial de *lilio*[63], tudo isso também misturado com a essência de ouro e cristal, com um pouco de *papili Veneris*[64] e hissopo, e ele deve fazer isto regularmente, três vezes ao dia, para que elas possam purgá-lo das substâncias vazias, e ele deve usar todos os remédios que são antídotos ao veneno da pestilência e, especialmente, estômago de bezerro[65], estes últimos, misturados com a essência acima mencionada, para que sua eficácia seja maior e mais aparente, com a ajuda de Deus.

O décimo nono benefício é curar a doença dos espasmos[66]. Os médicos estão de acordo em que a febre é um bom sinal nessa doença e os experimentadores[67] disseram que, se todas as juntas dos membros forem untadas com o sumo da erva chamada *flamula*[68] – que é uma erva que cresce nas cinzas e suas folhas se parecem com as folhas do aipo e sua flor é verde – se eles o untarem várias vezes com seu sumo, o espasmo será curado e, assim, não há nada tão bom para isso quanto nossa essência, pois isso o tornará completamente saudável, com a vontade do Criador, e Deus é o Verdadeiro Médico.

59 A sentença em itálico está em espanhol, em caracteres hebraicos, e se traduz como: "*agritas* e, se for diluída com groselha ou com o xarope dela, fica muito melhor". *Agritas* é o termo espanhol *agrito, Berberis vulgaris L.*; M. Moliner, *Diccionario*, cf. verbete. *Ribas* é o espanhol *ribes*, planta da família da *Grossulariaceae*, do árabe *ribas*, um tipo de azeda-miúda. *Jarope* é o termo espanhol para xarope; M. Meyerhof, *Šarḥ*, p. 175, n. 350.

60 *Ṣabr suqutri* (ár.), aloé-vera, ou aloé socotrino, *aloe socotrina* ou *succotrina*, o sumo resinoso do aloé da ilha de Socotra, ainda vendido sob esse nome em bazares do Cairo como um forte purgativo e indutor do fluxo menstrual; M. Meyerhof, *Šarḥ*, p. 158, n. 318.

61 Cf. nota 25, supra.

62 *Gira pigra* (esp., *gerapliega, hierapicra*): um pó catártico feito de aloé e canela em pau. S. Muntner, *Asthma*, p. 139; idem, *Poisons*, p. 143.

63 *Lilio* (lat., *lilium*): lírio.

64 *Qapili veneris* (lat.): cabelo de Vênus, *Adiantum capillus Veneris L.*

65 *Qevat ha'Egel* (heb.): estômago de bezerro. Não pude identificar essa doença.

66 *Ḥoli haQevetz* (heb.): a doença dos espasmos; *De secretis*, fólio 53a: *vera cura spasmi*.

67 "Experimentadores" parece referir-se aos alquimistas que trabalham com experimentos médicos.

68 *Flamula*, cf. *De secretis*, fólios 37b, 53a.

E agora vou revelar a você outros segredos ocultos, que permaneceram ocultos aos olhos dos médicos que nos precederam.
Tome da erva chamada *agrimonia*[69], arruda, testículos de raposa[70], com suas raízes, *selidonia*, açúcar[71] e faça com que tudo seja triturado e colocado no recipiente do alambique, em fogo brando. E a água que sobe dessa mistura tem qualidades poderosas, porque não existe dor no olho, mesmo a mais forte, que não seja curada por ela. E ela ajuda, se absorvida, a salvar de todos os tipos de venenos mortais e limpa o estômago e o fortalece e ajuda contra todos os tipos de hidropsia[72] que provêm do frio e cura o fogo persa[73] em três dias, se mergulharem nela cascas de cânhamo e aplicarem no local ferido. Ela também é totalmente eficaz contra a doença do câncer, se for embebida com *sabar*[74] e colocada no local ferido, como mencionado acima, e trocada três vezes ao dia.

Tome semente de pimpinela[75] e semente de mostarda e semente de *perisil*[76] e semente de aipo e cravo e *mastaqi*[77], uma parte igual de cada, e tudo deve ser bem triturado e amassado, com o sangue de um bode,

69 *Agramonia* (lat., *argemonia-agremonia*): agrimônia, bardana; O. Hovorka e A. Kronfeld, *Volksmedizin*, v. 1, p. 120, 328.

70 *Eschskhe haSchuʿal* (heb.): testículos de raposa. Em outras fontes hebraicas medievais, também denominados "ovos de raposa". De acordo com I. Löw, *Flora*, v. 1, p. 27, 652; v. 2, p. 296, trata-se do *Kynos orchis*, membro da família das *orchidaceae*; de acordo com Ben Yehuda, *Thesaurus*, verbete *eschekh*, é o *Satyrum album*.

71 *Asukar* (esp., *azúcar*): açúcar.

72 *Schiquy* (heb.): edema.

73 *HaEsch haParsi* (heb.): tradução do espanhol *fuego pérsico*, fogo persa, e nome alternativo para *herpes zona*, erupção cutânea. M. Molinar, *Diccionario*, cf. verbete.

74 Cf. nota 60, supra.

75 *Pimpinela* (esp., *pimpinela*): *sanguisorba officinalis*, planta da família das rosáceas. O. Hovorka e A. Kronfeld, *Volksmedizin*, v. 1, p. 32, 66; v. 2, p. 312.

76 *Perisil*, em outras passagens escrita como *pirosil* (esp., *peresil*): salsa. Idem, v. 1, p. 33, 170, 349; R. Patai, *Jewish Folklore*, p. 372.

77 *Matzṭaki* (ár., *masṭaka*): lentisco; refere-se provavelmente a uma espécie de cardo, *Carlina gummifera*. A. Siggel, *Wörterbuch*, p. 68; M. Meyerhof, *Šarḥ*, p. 115, nota 232.

e misturado com vinagre forte e colocado no *resentor*[78] por três dias e, então, deve ser destilado. Essa água é eficaz na quebra de pedras nos rins e na bexiga, se bebida com o estômago vazio, e cura sarna[79], se a cabeça for lavada com ela, e ajuda em todos os tipos de pústulas, se elas forem lavadas com ela, e se a beberem duas vezes, ela ajudará na *parilisia*[80] e ajudará na epilepsia, se for bebida à noite e pela manhã.

Tome filhotes de *golondrinos*[81] e calcine e pulverize e misture com *qastorio*[82], isto é, *qaschni*[83], e coloque em vinagre forte e coloque em um recipiente destilador e essa água tem muitas virtudes. Uma delas é que, se a beberem com o estômago vazio, ela irá curar a epilepsia completamente, se o paciente a tomar por quarenta dias consecutivos, e ela irá fortificar o cérebro e aclarar a mente e limpar o estômago e o peito e acalmar os nervos e remover a [...][84] deles e fortalecer a natureza (158r) e ajudar com o catarro nos resfriados. E se hissopo for cozido nessa água, ela ajudará com a secreção que provém do resfriado e irá curar todos os tipos de febre. Mas cuidado para não dá-la a uma mulher grávida, pois ela abortaria imediatamente. E ajuda na dor de cabeça do resfriado e [os que a tomarem] dormirão confortavelmente. E ela fortalece a digestão e amolece a barriga e faz a urina fluir e faz o cabelo cair e ele não crescerá novamente. Coloque hissopo e *avhal*[85]

78 *Resentor*: um recipiente usado na alquimia; cf. Gino Testi, *Dizionario di alchimia e di chimica antiquaria*, Roma: Editrice Mediterranea, 1950, p. 153: *restentorio*, um recipiente para o recolhimento do produto da destilação.

79 *Neteq* (heb.): crosta de ferimento, sarna, talvez *tinea tonsurans*, ou *herpes tonsurans*.

80 Cf. nota 23, supra, e *De secretis*, fólio 46a, sobre a cura da paralisia.

81 *Golondrinos* (esp.): andorinhas.

82 *Qastorio* (esp., *castoreo*, do lat., *castoreum*, gr., *kastorion*): castóreo, substância oleosa de cheiro forte, extraída das glândulas sexuais do castor, empregada como estimulante, na medicina, e na produção de perfumes. *De secretis*, fólio 19a.

83 *Qaschni* (ár.): *galbanum*, resina asiática amarga e de cheiro desagradável, utilizada na medicina. Nosso autor se equivoca na identificação do *castoreum* com o *galbanum*.

84 Palavra ilegível.

85 *Avhal* (ár., *abhal* ou *abhul*): zimbro, *Juniperus sabina*, uma planta perene da Eurásia, que produz pequenos frutos. Suas folhas, de sabor amargo e pungente, eram utilizadas no tratamento da gota e da amenorreia e também como abortífero. A. Siggel, *Wörterbuch*, p. 11; M. Meyerhof, *Šarḥ*, p. 14, n. 22.

e *akheronto*[86], em partes iguais, no recipiente destilador e a água que sair irá curar todos os tipos de dor de cabeça que provêm do resfriado e todas as velhas febres e fará a menstruação fluir. Mas a mulher não deve estar grávida porque, às vezes, ela [a menstruação] é retida, devido à gravidez, e a mulher estará fraca. Também ajuda em todos os tipos de diarreia e mata os vermes que nascem no corpo, se tomada com o estômago vazio, e limpa o estômago de todas as substâncias pútridas e, se for misturada com *qastorio*, irá curar todos os tipos de *falij*[87].

Tome um morcego e calcine e triture com enxofre e misture ao sumo de *selidonia*[88] e coloque em um recipiente por até seis dias e, então, destile e essa água possui muitos usos. Um: se cabelo negro for lavado nela, ele se tornará branco. Dois: se você a misturar com *sabar*[89] e cera e untar com ela a dor da gota[90], ela a curará e curará o tipo de câncer que cresce no rosto, que é chamado *noli me tangere*[91], que quer dizer, não me toque, se for aplicada sobre ele, e curará a sarna[92], por meio da unção.

Tome *pirosil*[93] e triture e destile e ajudará a expelir todos os tipos de gases e inchaços do corpo e fortalecerá a digestão e, se o tomarem com *canela*[94], irá curar a tosse e limpar o peito. E, se você destilar também

86 *Akheronto* (talvez esp., *agerato*): aquileia ou aquileia-mil-folhas, *Achilles ageratum*.

87 *Falij* (ár., *fālij*): semiparalisia, hemiplegia. S. Munter, *Asthma*, p. 137.

88 Cf. nota 19, supra.

89 Cf. nota 60, supra.

90 *Niqras* (heb.): gota. Ben Yehuda, *Thesaurus*, cf. verbete, traz uma lista de vários remédios para a gota, com base em diversos autores hebraicos medievais. De acordo com S. Muntner, *Asthma*, p. 114, *niqras* é gota ou podagra.

91 *Nolimitanjero*, isto é, *noli me tangere*, não me toque. Esse era o nome de diversas doenças de pele caracterizadas por úlceras. No uso em espanhol, significa uma úlcera maligna no rosto ou no nariz.

92 Cf. nota 79, supra.

93 Cf. nota 76, supra.

94 *Qanila* (esp., *canela*): a casca interna de certas árvores tropicais, ainda utilizada como tempero e tônico. R. Patai, *Jewish Folklore*, p. 348.

a *artemisa*[95] e o *polio*[96] e misturar à água do *perisil*[97], ela ajudará mais ainda em todas as coisas acima mencionadas.

Tome semente de *papaver*[98] branco e triture bem fina e misture com a água acima mencionada e ela ajudará muito o peito e com a tosse e, se *qastorio*[99] for misturado a ela, ajudará na *falij*[100].

Tome *salvia*[101] e *polio*[102] e triture e destile e a água que subir aquecerá os corpos que apanharam resfriado e fortalecerá a cabeça e os membros e melhorará a saúde[103] e curará todos os tipos de pústulas e produzirá sangue bom. E se uma pessoa beber dessa água três vezes ao dia, até quarenta dias, ela irá curar todos os tipos de antigas doenças. E chamo sua atenção para um grande segredo: se alguém tomar da água acima mencionada e colocar no recipiente destilador, uma segunda vez, e misturar com a água do *al butm*[104], isto é, a fruta que é chamada *ḥub al khadhra*[105], destilada no recipiente destilador e com *qastorio*[106], ela irá curar todos os tipos de doenças que nascem no corpo, tanto em seu interior quanto em seu exterior. Esse remédio foi inventado por um grande sábio e muitas antigas doenças o acometeram e ele o viu em seu sonho e o preparou e foi curado e o registrou por escrito, para ajudar muitas outras pessoas.

95 *Artemisa* (esp.): artemísia ou erva-de-são-joão. O. Hovorka e A. Kronfeld, *Volksmedizin*, v. 1, p. 104-105.

96 *Polio* (lat., *polium* ou *polion*): talvez o *teucrium polium*. *De secretis*, fólios 18a, 36a, 37b.

97 Cf. nota 76, supra.

98 *Papaver* (esp.): papoula. O. Hovorka e A. Kronfeld, *Volksmedizin*, v. 1, p. 209-211, 235.

99 Cf. nota 82, supra.

100 Cf. nota 87, supra.

101 *Salvia* (esp.): sálvia, planta da família da menta. O. Hovorka e A. Kronfeld, *Volksmedizin*, v. 1, p. 171, 370-71; R. Patai, *Jewish Folklore*, p. 344, 346.

102 Cf. nota 96, supra.

103 Citação inexata de Pv 17,22, que diz: "Um coração alegre melhora a saúde".

104 *Al-buṭm* (ár.): terebinto. "Água de terebinto" é terebentina. Cf. nota 109, infra. Também denominada *matzṭaka*, lentisco, cf. nota 77, supra. M. Meyerhof, *Šarḥ*, p. 36, n. 66.

105 *Ḥub al-qadhra* (ár., *ḥubbat al-khadhrā*): fruto do terebinto.

106 Cf. nota 82, supra.

E ele ajuda nas [doenças] internas, quando ingerido, e nas [doenças] externas por meio de um emplastro com cascas de *qanavos* (cânhamo)[107]. E nós tentamos esse remédio muitas vezes e todos os que tomarem a mistura acima mencionada serão salvos da lepra e da *perselia*[108] e das doenças graves que não têm [outra] cura.

E agora vou contar a você sobre a maneira de preparar a água de *al butm* acima mencionada. Tome uma libra de *tarmantina*[109], meia libra de mel, do qual os cristais foram removidos, uma libra de *aqua vita*[110], *'and* indiana muito fina e[111] *ṣandal*[112], em partes iguais. *Samg*[113] árabe, *juz bawwa*[114], raiz de *kholanjan*[115], raiz de *kababa*[116], junco, *mastaqi*[117], *qaranfal*[118], *sanbal*[119], três dracmas de cada. Triture tudo muito bem e coloque em um recipiente destilador feito de vidro, que deve ser bem coberto e colocado em fogo brando. E a primeira água que subir será pura, recolha-a em um recipiente enquanto ela subir pura; e depois subirá com a aparência do fogo, vermelha e luminosa, recolha-a num outro recipiente. E aumente um pouco o fogo e, quando vir que o topo do recipiente

107 *Qanavos* (um termo mischnáico): cânhamo. Do grego: *kannabos* ou *kannabis*.

108 *Perselia*, provavelmente grafia errada de *perlesia*, cf. nota 23, supra.

109 *Tarmintina* (esp., *trementina*): terebentina. O. Hovorka e A. Kronfeld, *Volksmedizin*, v. 1, p. 172; v. 2, p. 29, 75

110 *Aqwa vita* (lat., *aqua vitae*): na alquimia, em geral significa álcool.

111 *'And hindi*: *'and* indiano. Não consegui identificar o termo *'and*.

112 *Ṣandal* (ár.): madeira do sândalo. Espanhol: *sandalo*.

113 *Ṣemeg* (ár., *ṣamgh*): resina. "*ṣamgh* árabe" é a goma-arábica; *ṣamgh al-buṭim* é a resina do terebinto. M. Meyerhof, *Šarḥ*., p. 159, n. 320.

114 *Juz bawwa* (ár.): noz-moscada.

115 *Kolanjan* (ár., *khalanjān*); *Alpinia galanga*, ou *Maranta galanga*. *De secretis*, fólio 19a.

116 *Kababa* (ár., *kubāba* ou *kabbāba*): pimenta asiática, *Piper cubeba Tr. De secretis*, fólios 34a, 36a. Cf. A. Siggel, *Wörterbuch*, p. 62; M. Meyerhof, *Šarḥ*, p. 159, n. 320

117 Cf. nota 77, supra.

118 *Qaranfal* (ár., *qaranful*): cravos. R. Patai, *Jewish Folklore*, p. 348.

119 *Sanbal* (ár., *sunbul*): nardostachys jatamansi. I. Löw, *Flora*, v. 3, p. 62, 395; S. Muntner, *Poisons*, p. 108; M. Meyerhof, *Šarḥ*, p. 129, n. 265.

destilador está negro e a água está saindo espessa como mel, remova o segundo recipiente e coloque outro recipiente e aumente o fogo um pouco mais e faça isso até que não saia mais nada. E saiba que essas três são quentes, isto é, a segunda é mais quente que a primeira e a terceira é mais quente que a segunda. E saiba que a primeira é chamada "a mãe dos remédios" e a segunda "a substância dos remédios" e a terceira "o remédio completo". A primeira, se tomada morna, com vinho, irá fortalecer o estômago e expelir dele o [humor] branco, que está retido, e estimulará o desejo de comer e preservará o coração, de modo que nenhum vapor maligno entrará nele. E eu experimentei isso muitas vezes. E, se um pedaço de tecido fino for mergulhado nela e introduzido nas narinas com o dedo mínimo, na hora de dormir, será muito útil contra todos os tipos de gotejamento. E vai melhorar o odor da boca e das narinas, se ingerida à noite e pela manhã. E branqueia os dentes, quando se gargareja com ela, e elimina todas as dores deles. E, se um pedaço de tecido for mergulhado nela e então aplicado ao rosto, ela irá curar a vermelhidão do rosto que é chamada de *barosnat*[120]. E ela cura a aspereza da língua quando se bebe e gargareja [com ela]. E, se um pedaço de tecido for mergulhado nela e depois aplicado às hemorroidas, elas serão curadas e ela também irá curar a surdez, se algodão for embebido nela e introduzido no ouvido.

Agora vou revelar a você o segredo das duas outras gotas. Elas são boas para o câncer do rosto que é chamado *nujmi Tangier*[121], que foi mencionado acima[122], e para a dor dos quadris e dos rins e do pescoço e da garganta, se um pano embebido nelas for colocado nos locais doloridos. E elas são boas para aquele que caiu de um lugar alto ou foi golpeado por [...][123] ou

120 *Barosnat*, cf. espanhol moderno, *barroso*: espinhento, cheio de espinhas, *barros*.

121 *Nujmi tanjir: nujm* em ár. significa estrela; "estrela de Tânger" evidentemente se refere a feridas em forma de caroço no rosto.

122 As palavras "mencionado acima" indicam que nosso autor considerava o *nujmi tanjir* uma designação alternativa para o *barosnat*, cf. nota 120, supra.

123 Palavra ilegível.

quebrou um osso, se ele for enfaixado com elas, e elas afugentam todas as espécies de coisas (158v) rastejantes e venenosas. Esta é a regra: elas são boas para todas as doenças e todos os ferimentos e todos os males. E a terceira gota, até mesmo mais.

Tome a erva *marqurial*[124] e açúcar *qandero*[125], em partes iguais, e triture juntos e coloque no recipiente destilador e deixe permanecer aí por dez dias, depois destile como [você fez com] as gotas de água que foram anteriormente mencionadas e, se um terço dessa água for colocado em um recipiente limpo, ela brilhará à noite como uma vela. A terceira água é como o azeite. Se um homem ou uma mulher untar seu rosto com ela, ela o limpará e embelezará e, se ele beber dessa água toda manhã, mesmo que ele tenha cem anos de idade, sua juventude retornará, como se ele tivesse vinte, e do mesmo modo, todos os seus membros brilharão luminosamente como [os de] um jovem e nem em seu rosto nem em seu corpo restará ruga alguma. E se o epilético beber dela durante quarenta dias, ele será salvo dessa doença e se *qastorio*[126] for misturado a ela, ela irá curar os nervos contundidos e todas as dores dos membros do corpo. E se ela for aplicada aos olhos afligidos pela doença que for, ela irá curá-los. E se ouro pulverizado e cristal fino e *raubaibaro*[127] forem misturados com ela e bem triturados e misturados e o leproso beber dela, ele será completamente curado, sob a condição de que ele beba dela até que a frescura de seu rosto se torne bela.

Tome raízes de *rubia*[128] e triture e cozinhe com azeite de oliva e *perisil*[129], na quantidade das raízes, e elas curarão a doença que nasce na bexiga. E se

124 Cf. nota 45, supra.

125 *Sukar qandero*: do ár., *sukkar qandī*, açúcar cândi, com o sufixo espanhol *-ero*. M. Meyerhof, *Šarḥ*, p. 141, n. 289.

126 Cf. nota 82, supra.

127 *Raubarbaro* (lat. medieval, *rheubarbarum*, esp. moderno, *ruibarbo*): ruibarbo. S. Muntner, *Asthma*, 98 (32), linhas 8-9.

128 *Rubia* (esp.): ruibarbo, ruiva-da-sibéria, uma raiz empregada em remédios e tinturas.

129 Cf. nota 76, supra.

você cozinhar a *rubia* com *parro*[130] e der para a pessoa que tem diarreia hemorrágica beber, ela será curada. E se você cozinhar essa mistura com farelo e enfaixar com ela a parte que estiver com gota[131], ela irá curá-la.

Tome semente de *pinpinela*[132] e coloque em vinho tinto de boa qualidade, durante dez dias e, então, seque e faça um óleo com essa mistura e será bom para pedras na bexiga. E também o sumo da *pinpinela*, se o paciente o beber, dissolverá a pedra e ele irá expeli-la na sua urina na forma de areia.

A água maravilhosa que faz a juventude perdurar e a saúde permanecer e eis sua descrição: tome vinho branco de boa qualidade, três libras, mel de abelhas sem cozinhar, uma libra, e ouro pulverizado e destile e faça com que ele beba pela manhã e à noite. Esse bom remédio foi enviado pelo rei do Egito ao rei de Garnata [Granada], que foi acometido pela cegueira que é chamada *cataras*[133], e ele foi curado com ele. Esta é sua descrição: tome flores de *romero*[134], após retirar as folhas, e espalhe em um tapete para que o vento sopre sobre elas durante dois dias e, então, coloque-as em um frasco, mas não o encha por completo, cubra o frasco com uma chapa de chumbo e forre o fundo dele com argila filosofal[135], coloque-o então num buraco cheio de areia bem fina, no jardim, e deixe repousar aí por noventa dias, durante os dias de verão. E, ao final desse tempo, abra o frasco e você encontrará as flores amolecidas como mel e destile em um recipiente de vidro e mantenha a destilação tanto para beber quanto para colocar nos olhos e ajudará maravilhosamente, com a ajuda de Deus.

As pílulas vieram da Índia, escritas em sua língua e chamadas na língua hindi "pílulas do pai e mãe", pois seus benefícios para as pessoas são

130 *Parro*, talvez do espanhol, *parron* ou *parra*, parreira silvestre.

131 Cf. nota 90, supra.

132 Cf. nota 75, supra.

133 *Qataras* (esp., *catarata*): catarata.

134 *Romero* (esp.): alecrim, *Rosemarius officinalis*, arbusto perene da família da menta, de sabor puxando para o amargo, pungente e quente, empregado como tempero na cozinha, em perfumes etc.

135 *Ṭiṭ haḥokhma* (heb.): argila da sabedoria, o homem hebraico da argila filosofal.

como os benefícios de seu pai e mãe, e esta é sua descrição: *tirpola tirqota tangargayad ras u-bis gindek arhertal*. E eis sua explicação: *tirpola*[136], três tipos de pimenta, isto é, preta e vermelha e *zanjabil*[137], e devido a seu sabor ardido, ele a chama de pimenta. *Tirqota*[138] – três tipos de *mirabulanos*[139], babilônico, amarelo e *amlaj*[140]. *Tangargayad*[141] – *atinkar*[142]. *Ras*[143] é mercúrio[144]. *Bis* é *bisch*[145]. *Gindek*[146] é enxofre. *Arhertal*[147] é *zarnik*[148].

136 *Ţirpola* (sânsc., *triphala*): tendo três frutos, isto é, as três espécies de *Myrobalan*: a *Terminalia chebula*, a *T. bellerica* e a *Phyllantus emblica*. Monier Monier-Williams, *A Sanskrit-English Dictionary*, Oxford: Oxford University Press, 1899; reimpressão: Dheli, p. 459, 1974; Alex Wayman, Notes on Three Myrobalans, *Phi Theta Annual* 5, Berkeley, p. 63-77, 1954-1955; Bhagwan Dash, The Drug *Terminalia Chebula* in Ayurveda and Tibetan Medical Literature, *Kailash:* A *Journal of Himalayan Studies* 4 (1976), p. 5-20. Nosso autor evidentemente misturou o significado dos dois termos, *tirpola* (*triphala*) e *ţirqoţa* (cf. nota 138, infra), e atribuiu a explicação do primeiro ao segundo e vice-versa.

137 *Zangavil* (ár., *zanjabil*): gengibre, ou fruto do zimbro.

138 *Ţirqoţa* (sânsc., *trīkaţu*): os três temperos (pimenta-do-reino, pimenta longa, gengibre seco). Monier-Williams, *Dictionary*, p. 458. Os três tipos de pimenta, *Piper longum*, *P. album, P. nigrum*, faziam parte da teríaca clássica. S. Muntner, *Asthma*, p. 137.

139 *Mirabulanes* (esp., *mirabolano*): mirabolano, fruta da Índia semelhante à ameixa, seca e adstringente. Raimundo Lúlio, *Secreta secretorum*, Colônia, 1592, p. 26, coloca os *mirabolani conditi* entre os remédios. cf. S. Muntner, *Asthma*, p. 132, e nota 117, supra.

140 *Amlaj* (ár.): amarronzado. Nosso autor se refere ao *Myrobalan amilegum*. Cf. S. Muntner, *Asthma*, p. 132.

141 *Tangargayad* (sânsc., *ţankaņa*), bórax.

142 *Atinkar* (esp., *atincar*): bórax. Martin Ruland, *Lexicon alchimiae sive dictionarium alchemisticum*, Frankfurt-am-Main, 1612, p. 132: *Atincar, atinkar, id est borax de petra, baurach, boras, Burress von Felsen*.

143 *Ras* (sânsc., *rāsa*): mercúrio. Monier-Williams, *Dictionary*, p. 869.

144 *Zibaq* ou *zaibaq* (per. e ár., *zi'baq*): mercúrio. Cf. M. Meyerhof, *Šarḥ*, p. 68, n. 139.

145 *Bis*, talvez sânsc., *bisa*, planta do lótus, *Napellus moysis*. Cf. Adolf Wahrmund, *Handwörterbuch der arabischen und deutschen Sprache*, 2 v., Giessen, 1877, cf. verbete.

146 *Gndek* (assim grafada no manuscrito), (sânsc., *gandhaka*): enxofre. Monier-Williams, *Dictionary*, p. 345.

147 *Arhertal* (sânsc., *haritāla*): orpimento amarelo, ou sulfureto de arsênico. Monier-Williams, *Dictionary*, p. 1291. Hindi: *hartal*, arsênico. Cf. Camille Bulcke, *An English-Hindi Dictionary*, Ranchi: [s.n.], 1968, p. 40.

148 *Zarnikh* (ár.): arsênico. A. Siggel, *Wörterbuch*, p. 81.

Partes iguais devem ser bem trituradas e misturadas à urina de cabra e uma decocção de *apsantin*[149]. E deixe secar à sombra e depois devem ser trituradas uma segunda vez, até sete vezes. E faça [com elas] pílulas como grãos de pimenta. Sete devem ser tomadas.

Para soltar com eficácia a menstruação, tome *dar*[150] de pimenta, uma dracma, *darsini*[151], uma dracma, *juz bawwa*[152], uma dracma, *zangabil*[153], uma dracma, *zaʿfran*[154], uma dracma, incenso puro, uma dracma, enxofre, uma dracma, *misk*[155], um grão. Eles devem ser pulverizados e amassados em um pouco da cola que é chamada *jaris*[156] e água de *hukaro*[157] e deixe que façam *farazjat*[158] e deixe a mulher sofrer[159] uma delas e isso ajudará, com a ajuda de Deus.

Para a gravidez. A presa de um elefante deve ser triturada e misturada com *theriak faruq*[160] e faça a mulher comer um terço na época de sua menstruação, e um terço quando ela se tornar purificada, e um terço depois de sua imersão, e ela conceberá, com a ajuda de Deus.

149 *Apsantin* (gr., *apsinthion*): artemísia. *De secretis*, fólio 36a; S. Muntner, *Asthma*, p. 131.

150 *Dār* (ár.): casa; aqui significando casca de vagem.

151 *Darsini* (ár., *dār ṣīnī*): canela em pau, canela da China, *Cinnamonum ceylanicum*, ou *aromatum*. Maimônides traduz o termo hebraico *qinnamon* como *dār ṣīnī*. Cf. S. Muntner, *Poisons*, p. 109 (com referências adicionais a outras fontes hebraicas mencionando a canela *dār ṣīnī*). Cf. A. Siggel, *Wöterbuch*, p. 34; M. Meyerhof, *Šarḥ*, p. 50, n. 95; I. Löw, *Flora*, v. 2, p. 106.

152 Cf. nota 114, supra.

153 Cf. nota 137, supra.

154 *Zafran* (ár., *zaʿfarān*): açafrão. M. Meyerhof, *Šarḥ*, p. 66, n. 135; R. Patai, *Jewish Folklore*, p. 347, 372.

155 *Mesekh* (ár., *misk*): almíscar. A. Siggel, *Wörterbuch*, p. 68; R. Patai, *Jewish Folklore*, p. 347.

156 *Jarīs* (ár.): moeda medieval de prata.

157 *Ḥukaro* (leitura incerta). *Jucaro* é o termo espanhol para *Terminalia hilariana* e *T. bucera*, uma árvore cuja fruta lembra a azeitona. M. Moliner, *Diccionario*, verbete.

158 *Farazjat* (per., *farzaja*): supositório, clister.

159 "Que a mulher sofra": o *pónos*, sofrimento, do paciente fazia parte da terapia hipocrática.

160 *Teriaq faruq* (ár., *tiryāq fārūq*): teriaca especial (?). Sobre as várias espécies de teríaca, cf. S. Muntner, *Poisons*, Índice, verbete teriaqim. Cf. também O. Hovorka e A. Kronfeld, *Volksmedizin*, v. 1, p. 413; v. 2, p. 312.

15.

Os Mestres Judeus de Flamel

Poucos alquimistas receberam tanta atenção e foram tão completa e repetidamente estudados quanto Nicolas Flamel (cerca de 1330-1418), o escrivão e copista parisiense, famoso por seu *Livro de Figuras Hieroglíficas*. Em um artigo de 1983, o estudioso belga, Robert Halleux fez uma lista de alguns dos estudos sobre Flamel que, conforme verificou, eram de dois tipos. O primeiro tipo é formado pelas obras que narram a longa e, finalmente, bem sucedida busca pela "Grande Obra", a fabricação de ouro, a aquisição de grandes riquezas e a fundação de imensos estabelecimentos de caridade. Estudos desse tipo começaram a ser escritos no início do século XVII, sendo ainda produzidos no final do século XX. O segundo tipo é o que descreve Flamel como tendo se casado com uma rica viúva, exercendo seu ofício de copista e também trabalhando com propriedades imóveis. Ele teria conseguido uma pequena fortuna e fundado várias, mas um tanto insignificantes, instituições de caridade. Esses estudos começaram a aparecer no século XVIII e continuam até os dias de hoje[1].

1 Robert Halleux, Le Myth de Nicolas Flamel ou les mécanismes de la pseudepigraphie alchimique, em *Archives internationales d'histoire des sciences*, Roma: [s.n.], 33, 1983, p. 234-245. No primeiro grupo, Halleux menciona treze livros de estudo, no segundo, nove. Outros cerca de doze livros sobre Flamel são citados por Jacques Van Lennep, *Alchimie: contribution à l'histoire de l'art alchimique*, Bruxelles: Crédit Communal, 1984, p. 256-262. Estudos na língua inglesa sobre Flamel, inclusive a importante análise de Flamel elaborada por Arthur Edward Waite e encontrada em sua *The Secret Tradition in Alchemy*, p. 137 e s., são ignorados pelos dois estudiosos acima mencionados.

Nosso presente contexto não permite discutir os argumentos que davam suporte a essas duas visões de Flamel, nem mesmo entrar na questão de se o esboço autobiográfico divulgado em nome de Flamel era autêntico, como muitos estudiosos acreditam, ou se se tratava de um trabalho pseudoepigráfico posterior, como afirmam outros. Nosso interesse está no papel desempenhado pelos alquimistas judeus na França medieval e é com essa ideia em mente que vamos examinar a história de Flamel.

Essa história foi inicialmente publicada em 1612, quando a firma da viúva M. Guillemot e S. Thiboust em Paris imprimiu um livro de Pierre Arnauld de la Chevallerie, de resto desconhecido, com o longo título (em minha tradução): *Três Tratados de Filosofia Natural, até agora não publicados, o livro secreto do antigo filósofo Artéfio, tratando da arte oculta e da transmutação dos metais, francês latino, mais as figuras hieroglíficas de Nicolas Flamel, tais como ele as colocou no quarto arco que ele construiu no cemitério dos inocentes em Paris, entrando pelo grande portão da Rua St. Denys e tomando a mão direita, com sua explicação pelo mesmo Flamel, juntamente com o livro verdadeiro do muito culto Sinésio, tirado da biblioteca do Imperador sobre o mesmo assunto, tudo traduzido por P. Arnauld, sieur de la Chevallerie de Poitou*[2]. O que se segue é a minha tradução da parte introdutória do livro[3]:

> Eu, Nicolas Flamel, escrivão e residente em Paris, neste ano de 1399 e vivendo em minha casa na Rue des Écrivains [Rua dos Escritores próximo à capela de Saint-Jacques-de-la-Boucherie, embora tenha aprendido somente um pouco de latim, em razão dos parcos recursos de meus pais, [...] afirmo que caiu em minha mãos, pela quantia de dois florins,

2 Essa obra seria depois reimpressa muitas vezes, do século XVII ao século XX, e traduzida para o inglês e o alemão. Cf. J. Van Lennep, *Alchimie*, p. 256-257, nota 88.

3 Prefácio de Elie-Charles Flamand a: Nicolas Flamel, *Oeuvres*, Paris: Editions Pierre Belfond, 1973, p. 45-58

um livro dourado muito antigo e volumoso. Não estava em papel nem em pergaminho, como outros livros, mas era feito (assim me pareceu) unicamente de cascas finas de folhas tenras. Sua capa era de cobre bem forjado, toda gravada com estranhas letras com figuras e, quanto a mim, pensei que podiam ser caracteres gregos ou de alguma outra língua antiga semelhante. Desse modo, não consegui lê-lo e eu sabia muito bem que não poderiam ser anotações ou cartas em latim ou galês [francês antigo], uma vez que conhecemos essas línguas um pouco. Quanto a seu interior, suas folhas de cascas estavam escritas e gravadas com ponta de ferro e com grande diligência, em belas letras latinas, coloridas de forma muito esmerada. Continha três vezes sete folhas, pois eram assim numeradas na parte superior de cada folha, cada sétima sempre sem nada escrito, tendo, em vez de texto, uma vara pintada com serpentes engolindo a si mesmas[4]; na segunda sétima, uma cruz, na qual uma serpente estava crucificada; na última sétima estavam pintados desertos, no meio dos quais jorravam várias belas fontes, das quais emergiam várias serpentes que corriam para cá e para lá. Na primeira folha estava escrito em letras maiúsculas, grandes, douradas, ABRAÃO, O JUDEU, PRÍNCIPE, SACERDOTE, LEVITA, ASTRÓLOGO E FILÓSOFO PARA A NAÇÃO DOS JUDEUS ESPALHADOS PELA IRA DE DEUS NA GÁLIA [FRANÇA], SALVAÇÃO D. I. Depois disso, estava preenchida com inúmeras execrações e maldições (com essa palavra MARANATHA, que era frequentemente aí repetida) contra toda pessoa que lançasse os olhos sobre ela, a menos que fosse um sacrificador ou um copista

4 A falta de cuidado que caracteriza a atitude de muitos dos autores que abordam a alquimia pode ser exemplificada com essa página. O texto original em francês traz a legenda *une verge et des serpents s'engloutissants*, que traduzimos aqui literalmente. Waite, *The Secret Tradition*, p. 139, traduz da seguinte forma: "a virgin who was being swallowed up by serpent" [uma virgem que estava sendo engolida pela serpente]. F. Sherwood Taylor, *The Alchemists*, p. 164, seguindo "uma tradição criada em 1624" (a de Eirenaeus Orandus, em Londres) escreve: "a Virgin, and serpents swallowing her up" [uma virgem e serpentes engolindo-a].

A palavra "maranatha", que Flamel frequentemente via repetida no livro e que ele acreditava se tratar de uma maldição, é extraída de *1Coríntios* 16,22: "Se alguém não ama ao Senhor, seja anátema. Maranata". Ela é constituída por duas palavras aramaicas māran āthā, ou *māranā thā*, que significam: "O Senhor chegou" ou "Oh Senhor, venha!". O contexto mostra que se tratava de uma expletiva, uma exclamação semelhante a "Aleluia!", isto é, "Louvor ao Senhor!". Contudo, o termo era frequentemente interpretado como significando o mesmo que anátema, uma execração. Na primeira página do livro de Abraão, o Judeu, como veremos abaixo, a palavra é explicada como significando "maldição", não em aramaico, mas "em grego e em árabe", o que, naturalmente, é um erro. Podemos acrescentar que o uso dessa expressão tirada do Novo Testamento é a primeira indicação sugerindo uma autoria ou revisão não judaica do livro de Abraão, o Judeu. Mas voltemos à história do próprio Flamel:

> Quem me vendeu esse livro não conhecia seu valor; tampouco eu o conhecia, quando o comprei. Acredito que foi tirado à força de judeus miseráveis, ou encontrado em algum lugar secreto nos locais em que eles antigamente moravam. Nesse livro, na segunda folha, ele conforta sua nação, aconselhando-a a fugir dos vícios e, acima de tudo, de toda idolatria, a esperar com calma paciência pela vinda do Messias, que conquistará todos os reis da terra e governará com seu povo na glória eterna. Sem dúvida, ele era um homem de grande sabedoria. Na terceira e em todas as folhas escritas que se seguem, a fim de ajudar sua nação cativa a pagar os tributos aos imperadores romanos e a fim de conseguir outras coisas sobre as quais não falarei, ele lhes ensinava a transmutação dos metais em palavras claras, pintando os recipientes nas margens e mostrando as cores e todo o resto, exceto pelo primeiro agente, sobre o qual ele não disse nem uma palavra. Contudo (como ele disse em toda a quarta e quinta folhas), ele pintou-o e representou-o com grande talento artístico. Pois, mais uma vez, embora fosse representado e pintado de forma muito inteligível, mesmo

assim ninguém podia compreendê-lo sem um conhecimento avançado em sua Cabala tradicional e sem ter antes estudado os seus livros.

Nesse parágrafo, Flamel cita Abraão, o Judeu, afirmando que ele teria ensinado a seu povo a arte de fazer ouro, a fim de ajudá-lo a pagar os tributos que eram impostos pelos "imperadores romanos", isto é, evidentemente, os soberanos do Sacro Império Romano-Germânico. Flamel também afirma que Abraão apresentou sua alquimia de modo a tornar o conhecimento completo da Cabala judaica um pré-requisito para sua compreensão. E ele introduz essas afirmações citando as advertências de Abraão a seus irmãos "cativos", exortando-os a se arrepender e esperar pacientemente pela chegada do Messias. Sem dúvida essas ideias refletem o espírito autenticamente judeu que devia caracterizar o livro de Abraão. Em seguida, Flamel continua:

> Assim, a quarta e quinta folhas estão em branco, preenchidas com belas figuras em iluminura, ou algo parecido, porque esse trabalho era muito elegante. Primeiro ele pintou um jovem com asas nos calcanhares, segurando na mão um caduceu com duas serpentes enroladas, com o qual ele batia num elmo que cobria sua cabeça. Em minha modesta opinião, parecia ser o deus Mercúrio dos pagãos; em sua direção, vinha correndo e voando, com asas abertas, um homem muito velho que trazia uma ampulheta presa à cabeça e, nas mãos, uma foice como a [da] morte, com a qual, terrível e furioso, ele tentava cortar os pés de Mercúrio.
>
> No verso da quarta folha ele pintou uma linda flor no topo de uma montanha muito alta, violentamente agitada pelo vento norte. Ela tinha uma haste azul, as flores eram brancas e vermelhas, as folhas brilhavam como ouro puro e, ao redor, dragões e grifos boreais faziam seus ninhos e moradias. Na quinta folha havia uma linda roseira florida no meio de um jardim, que pendia em direção a um carvalho oco em cujo pé uma fonte de água muito límpida burburejava e se lançava abrupta no abismo,

mas passando primeiro entre as mãos de um grande número de pessoas que escavavam a terra a sua procura; mas como eram cegas, nenhuma delas a reconhecia, exceto uma que prestara atenção a seu peso.

No verso da quinta folha estava um rei com um grande cutelo, dando a seus soldados ordens de matar em sua própria presença um número imenso de crianças muito pequenas, cujas mães choravam aos pés dos soldados impiedosos. O sangue das crianças era então coletado por outros soldados e colocado em um grande vaso, no qual o Sol e a Lua vinham se banhar. E uma vez que essa história representava a maior parte da história dos inocentes mortos por Herodes e uma vez que foi com esse livro que aprendi a maior parte da Arte, essa foi uma das razões por que coloquei esses símbolos hieroglíficos dessa ciência secreta em seu cemitério.

Isso, então, era o que estava nessas primeiras cinco folhas. Agora, não vou revelar o que estava escrito, num latim muito bonito e inteligível, em todas as outras folhas, porque Deus me puniria, uma vez que eu estaria cometendo um mal maior que aquele que (como se diz) desejasse que todos os homens no mundo tivessem apenas uma cabeça, para poder decapitá-los de um só golpe.

Para informações sobre o simbolismo alquímico presente nas imagens que Flamel descreve, o leitor pode recorrer a um dos inúmeros livros que tratam da história de Flamel. O monstro que desejava poder cortar as cabeças de todos os homens com um só golpe era o imperador romano Nero (37-68 d.C.), ou pelo menos era a ele que esse desejo era atribuído.

Após concluir a descrição do livro, Flamel passa a falar sobre seus persistentes esforços em compreendê-lo.

Logo que tive esse belo livro em minha posse, não fiz nada além de estudá-lo noite e dia, aprendendo muito bem todas as operações que ele descrevia, mas sem saber com que material eu devia começar. Isso me causou grande pesar, me manteve em solidão e me fez suspirar sem cessar. Minha mulher, Perrenelle, a quem eu amava como a mim mesmo e com quem havia me casado havia pouco tempo, ficou pasmada com isso, confortando-me e perguntando, com toda sua coragem, se não podia ajudar a me livrar dessa aflição. Nunca fui capaz de ocultar qualquer coisa dela, assim mostrei-lhe esse belo livro, com o qual, no momento em que o viu, ela se apaixonou tanto quanto eu, sentindo enorme prazer em contemplar as belas capas, gravuras, imagens e retratos, cujas figuras ela compreendia tão pouco quanto eu. Todavia, foi para mim um grande consolo conversar com ela sobre ele e considerar o que poderia ser feito a fim de descobrir seu significado.

No final, fiz copiar tão fielmente quanto possível essas figuras e imagens da quarta e quinta folhas, em meus aposentos, e as mostrei em Paris a vários clérigos importantes que, no entanto, não as compreenderam melhor que eu. Cheguei mesmo a informá-los de que haviam sido encontradas em um livro que ensinava sobre a pedra filosofal, mas a maioria deles zombou de mim e da pedra abençoada, exceto um, chamado Mestre Anselmo, que era licenciado em medicina e havia estudado meticulosamente essa ciência. Ele ficou muito ansioso por ver meu livro e estava disposto a fazer de tudo para vê-lo. Mas sempre afirmei que não o tinha comigo, embora lhe desse uma explicação completa sobre seu método. Ele me contou que a primeira ilustração representava o tempo que tudo devora e que, para aperfeiçoar a pedra, era necessário um período de seis anos, de acordo com as seis folhas inscritas, afirmando que, depois disso, seria preciso virar a ampulheta e não cozinhar mais. E quando contei que estava pintado somente para mostrar e ensinar o primeiro agente (como estava dito no livro), ele respondeu que essa cocção de seis anos era como um segundo agente, que certamente o primeiro agente ilustrado aqui, que era a água branca e pesada, era sem dúvida o mercúrio, que não podia ser fixado [solidificado], nem seu pé podia ser cortado, ou seja, sua volatilidade não podia ser removida, e que, por meio dessa longa decocção no sangue muito puro de crianças muito pequenas que é [mostrada] aqui, esse mercúrio, unindo-se ao ouro e à prata, torna-se transmutado com eles, primeiro numa erva semelhante à que foi retratada e, depois, pela corrupção em serpentes que, depois de totalmente secas e cozidas pelo fogo, serão reduzidas a pó de ouro, que é a pedra.

Flamel evita manifestar qualquer crítica aos conhecimentos alquimísticos de Mestre Anselmo e, em vez disso, continua com sua história:

> Essa foi a razão por que, pelo longo período de vinte e um anos, cometi mil erros, embora nunca com sangue, o que é vil e desprezível. Além disso, descobri em meu livro que os filósofos chamam de sangue o espírito mineral que se encontra nos metais, principalmente no Sol [ouro], na Lua [prata] e no Mercúrio, cuja conjunção sempre observei. Além disso, essas interpretações eram, em sua maior parte, mais sutis que verdadeiras. Assim, nunca percebendo em minhas operações nenhum dos sinais nos momentos descritos no livro, eu sempre tinha que começar de novo. Por fim, tendo perdido a esperança de algum dia entender essas figuras, finalmente fiz a Deus e a Monsieur Saint-Jacques de Galice o juramento de que buscaria sua interpretação com algum sacerdote judeu em alguma sinagoga na Espanha.

Foram necessários não menos de vinte e um anos para Flamel chegar à ideia de que sua melhor chance de descobrir o significado do livro de Abraão, o Judeu, era buscar a ajuda de seus contemporâneos alquimistas judeus. Nessa época, os judeus da França passavam por um período extremamente difícil. Eram vítimas de repetidos massacres, confiscos, multas, prisões, expulsões e outras perseguições, sendo, no geral, uma comunidade oprimida e desesperançada. Essas circunstâncias certamente não eram favoráveis à pesquisa dos segredos da alquimia, que exigia capital, tempo e paz de espírito. Assim, quando teve a ideia de procurar alquimistas judeus, Flamel teve que buscar lugares fora da França. A escolha natural era a Espanha, lar de uma antiga comunidade judaica, altamente instruída, próspera e bem estabelecida. Não é possível saber se Flamel estava familiarizado com a situação dos judeus na Espanha, mas no século XIV, havia diversos alquimistas judeus espanhóis que serviam a reis e príncipes, tanto na Espanha quanto em outras localidades, de modo que, se ele não tinha conhecimento disso, sua decisão de ir à Espanha para encontrar um mestre alquimista judeu foi, sem dúvida, um estranho acaso. De todo modo, sua referência a "algum sacerdote judeu em alguma sinagoga na Espanha" mostra que os rabis espanhóis, ou pelo menos alguns deles, tinham na França a reputação de adeptos da Arte Real.

> Assim, com o consentimento de Perrenelle e levando comigo um extrato delas [as figuras hieroglíficas], adotei o hábito e o bordão, da mesma forma como sou visto [pintado] do lado de fora do arco no qual coloquei essas figuras hieroglíficas, no cemitério, onde também coloquei contra o muro, de ambos os lados, uma procissão na qual estão representadas, em ordem, todas as cores da pedra, como elas surgem e terminam, com a seguinte inscrição em francês:
>
> | | |
> |---|---|
> | *Moult plaît à Dieu procession* | A Deus muito agrada a procissão |
> | *S'elle est faite en dévotion.* | Se é feita com devoção. |
>
> (esse é, por assim dizer, o início do livro de Hércules [Heráclio] que trata das cores da pedra chamada Íris, nos seguintes termos: *Operis procession multum Naturae placet* etc. [A procissão da obra muito agrada à natureza etc.], que coloquei aí intencionalmente, para os grandes clérigos, que compreenderão a alusão).
>
> Dessa forma, tomei a estrada e assim aconteceu que cheguei a Montjoye e depois a Saint-Jacques, onde, com grande devoção, cumpri minha promessa. Isso feito, em León, no caminho de volta, encontrei um comerciante da Bolonha, que me apresentou a um médico, da nação judaica, que se chamava Mestre Canches e que, agora um cristão, vivia na dita León e era muito instruído nas ciências sublimes. Quando mostrei

as figuras de meu extrato, ele perguntou imediatamente, assombrado e em grande surpresa e alegria, se eu conhecia o livro do qual elas haviam sido extraídas. Respondi em latim, língua em que ele fez a pergunta, que esperava ter boas notícias se alguém decifrasse esses enigmas para mim. Arrebatado por grande ardor e alegria, ele começou imediatamente a decifrar o início para mim. Para encurtar a história, ele ficou muito feliz em receber a informação sobre o paradeiro do livro e em ouvir-me falar sobre ele (e sem dúvida ele ouvira discussões sobre ele havia muito tempo, mas somente como algo que se acreditava completamente perdido, como ele disse).

Reiniciamos nossa viagem e, de León, seguimos para Oviedo e, de lá, para Sanson, de onde partimos para a França. Nossa viagem foi bastante agradável e, quando chegamos a esse reino, ele havia realmente interpretado a maior parte de minhas figuras nas quais, até mesmo nos pontos, ele encontrou grandes mistérios (isso eu achei muito maravilhoso). Quando chegamos em Orleans, esse homem instruído ficou muito doente, afligido por fortes vômitos que tinham permanecido com ele, depois do que sofrera no mar; ele estava com tanto medo de que eu o deixasse que não podia nem imaginar algo assim. E embora eu permanecesse fielmente a seu lado, ele me chamava sem cessar. No final, ele morreu no sétimo dia de sua doença, o que me causou grande pesar. O melhor que pude fazer por ele foi enterrá-lo na Igreja da Santa Cruz em Orleans, onde ele ainda repousa. Que Deus guarde sua alma! Porque ele morreu como bom cristão. E, sem dúvida, se não for impedido pela morte, darei a essa igreja um auxílio, para que algumas missas sejam rezadas por sua alma todos os dias.

Tendo assim aprendido com o alquimista judeu em poucas semanas o que lhe havia escapado durante vinte e um anos, apesar de seus contínuos esforços e da ajuda de alguns adeptos cristãos de Paris, Flamel voltou para casa contente e imediatamente começou a pôr em prática os ensinamentos de Mestre Canches:

Quem desejar ver como cheguei e a alegria de Perrenelle pode nos ver nesta cidade de Paris, na entrada da Capela de Saint-Jacques-de-la-Boucherie, ao lado de minha casa, onde estamos pintados, eu agradecendo aos pés de Monsieur Saint-Jacques de Galice e Perrenelle, aos de Monsieur Saint Jean, para quem ela havia frequentemente rezado. Pois foi pela graça de Deus e a intercessão da abençoada e santa Virgem e dos abençoados santos Jacques e Jean que alcancei o que desejava, quer dizer, os primeiros princípios, nem sempre seu primeiro preparo, que é a mais difícil de todas as coisas no mundo. Mas, no final, consegui isso também, depois de longos erros durante três anos, ou cerca disso, tempo durante o qual nada fiz além de estudar e trabalhar, como podem me ver fazendo fora desse arco, onde coloquei a sequência [de figuras] contra as colunas que lá se encontram, ao pé de Saint Jacques e Saint Jean, rezando a Deus, com o rosário na mão, lendo um livro com muita atenção, ponderando as palavras dos filósofos e tentando, depois, as diversas operações que eu imaginava unicamente de acordo com suas palavras. Por fim, encontrei o que desejava, o que reconheci imediatamente devido a seu forte aroma. Uma vez que o consegui, facilmente alcancei o conhecimento; aprendendo também o preparo dos primeiros agentes, seguindo meu livro ao pé da letra, eu não poderia falhar, mesmo que quisesse.

Assim, a primeira vez que realizei uma projeção foi sobre o Mercúrio, do qual transmutei cerca de um quarto de quilo em prata pura, melhor que a das minas, como avaliei e fiz avaliar diversas vezes. Isso foi em 17 de janeiro, uma segunda-feira, por volta do meio-dia, em minha casa, na presença somente de Perrenelle, no ano de 1382 da restauração da linhagem humana. E depois disso, sempre seguindo meu livro palavra por palavra, fiz o mesmo usando a pedra vermelha em uma (qualidade) [quantidade] semelhante de Mercúrio, na presença somente de Perrenelle, na mesma casa, em 25 de abril do mesmo ano, na hora das cinco da tarde, que eu verdadeiramente transmutei em cerca do mesmo tanto de ouro puro, muito certamente melhor que o ouro comum, mais brando e maleável.

Em verdade posso dizer: eu o consegui três vezes, com a ajuda de Perrenelle, que sabia tão bem quanto eu ajudar nas operações e, sem dúvida, se quisesse tentar sua realização sozinha, poderia ter chegado ao mesmo ponto. Bastou-me fazê-lo uma única vez, mas tive grande prazer em ver e contemplar nos vasos as admiráveis obras da Natureza. Para mostrar a você como realizei a operação três vezes, você pode ver nesse arco, se está familiarizado com ele, três fornos semelhantes aos que utilizamos em nossas operações.

As passagens acima, como mencionado logo no início do livro, foram escritas em 1399 e relatam acontecimentos que se deram até o ano de 1382. Na parte seguinte, subitamente nos encontramos em um ano muito posterior, um momento no tempo a partir do qual Flamel retoma o ano de 1413. O texto não fornece explicação alguma com relação a esse lapso de tempo.

Quando escrevi este comentário, no ano de 1413, no final do ano, depois da morte de minha leal companheira, por quem vou chorar todos os dias da minha vida, ela e eu já tínhamos fundado e dotado quatorze hospitais nesta cidade de Paris, tínhamos construído três capelas totalmente novas, decorado sete igrejas com grandes doações e consideráveis dotações, com várias restaurações em seus cemitérios – sem falar no que fizemos em Bolonha, que não foi menos que o que fizemos aqui. Não direi nada sobre o bem que juntos fizemos a pessoas pobres, principalmente viúvas e órfãos pobres; se eu mencionasse seus nomes e como fiz essas coisas, além de ser recompensado neste mundo, eu desagradaria a essas boas pessoas (que Deus abençoe), o que eu não iria querer fazer por nada no mundo.

Tendo, assim, construído essas igrejas, cemitérios e hospitais nesta cidade, resolvi mandar pintar no quarto arco do Cemitério dos Inocentes, entrando pelo grande portão da rua Saint-Denis e virando à direita, os símbolos mais verdadeiros e essenciais da Arte, mas somente sob os véus e coberturas hieroglíficos, em imitação aos do livro dourado do judeu Abraão. Eles podem representar duas coisas, de acordo com a capacidade e conhecimento dos que os contemplam: primeiro, os mistérios de nosso futuro e a indubitável ressurreição no Dia do Juízo e a vinda do bom Jesus (que ele tenha piedade de nós), uma história bem apropriada a um cemitério, e então, por outro lado, podem significar, para os que conhecem a filosofia natural, todas as principais operações necessárias ao domínio da Arte. Essas figuras hieroglíficas servirão como os dois principais caminhos conduzindo à vida celestial, o primeiro sentido, mais aberto, ensinando os mistérios sagrados de nossa salvação (como vou mostrar doravante), o outro, ensinando todos os homens, por menos que eles entendam da pedra, o caminho direto para a Obra, que, se aperfeiçoado por alguém, transforma-o de mau em bom, remove dele a raiz de todo pecado (que é a avareza), tornando-o liberal, brando, devoto, religioso e temente a Deus, por pior que ele fosse antes, porque daí por diante ele permanecerá sempre arrebatado pela grande graça e compaixão que recebeu de Deus e pela profundidade de suas obras divinas e admiráveis.

Flamel conclui sua história com a advertência de que nem nas figuras hieroglíficas nem em seu comentário serão encontrados ensinamentos ou instruções relativos aos Primeiros Princípios e Primeiros Agentes que poderiam de alguma forma ser usados pelos que não são adeptos.

Consideremos agora os dois mestres judeus com os quais Flamel alega ter adquirido seus conhecimentos de alquimia. Flamel é muito lacônico ao falar de Mestre Canches, mas conseguimos saber alguma coisa sobre ele. Ele foi um médico judeu que viveu em León, na Espanha, era um mestre alquimista e, na época em que Flamel o conheceu, havia se convertido ao cristianismo. Como veremos nos próximos capítulos, entre os judeus da Espanha havia também alguns que combinavam a medicina com a alquimia. Canches ouvira falar do livro na posse de Flamel, mesmo antes de Flamel contar-lhe sobre ele. Ele não teve dificuldade em compreender as páginas que Flamel copiara e lhe mostrara e, com base nisso e, provavelmente, recorrendo a seu próprio conhecimento de alquimia, instruiu Flamel na arte de fazer ouro e prata. Gostaríamos de saber o que o levou a acompanhar Flamel à França, mas não há informações a esse respeito. Ele morreu de alguma doença antes de chegar a Paris e foi enterrado na igreja da Santa Cruz em Orleans. Não deixou nada escrito. Suas instruções teriam permitido a Flamel, num período de três anos, transmutar mercúrio em prata e ouro.

Quanto ao judeu Abraão, conhecem-se dois autores alquimistas com o nome de Abraão. Eles parecem ter vivido nos séculos XIV e XV, respectivamente. Vou discutir os dois e seu trabalho nos capítulos 17 e 21. O livro adquirido e descrito por Flamel parece ser idêntico a um manuscrito ilustrado, do qual várias cópias se encontram disponíveis em várias bibliotecas francesas[5]. Consultei todas elas e descobri que a da Biblioteca Nacional de Paris (MS Français 14765) é a melhor e mais completa (cf. Figura 15.1). A descrição que se segue baseia-se nessa cópia.

O manuscrito tem em seu frontispício uma gravura, com moldura ricamente ornamentada, identificada no canto direito inferior como tendo sido desenhada e gravada por F. N. Martinet e datada de 1760. Ela diz (em francês): "Abraão Judeu Príncipe Levita Astrólogo e Filósofo para a Nação dos Judeus Espalhados em toda a Gália. Salvação em Nosso Senhor. Livro das Figuras hieroglíficas com aplicações das Fábulas dos Poetas dos Mistérios da Cristandade, da Alquimia, Farmácia de acordo com os Números". Isto é, embora se afirme que o livro, ou parte dele, foi escrito por "Abraão Judeu", ele é apresentado em trajes cristãos e com a inclusão de material espúrio.

Esse frontispício é a única parte impressa do livro. A ele se seguem 395 páginas manuscritas em caligrafia francesa do século XVIII, com

5 Outros manuscritos são: Biblioteca Nacional, Paris, MS Français 22157 (Nouvelle Acquisition), fólios 256r-271r; Biblioteca do Arsenal, Paris, MS 3012 (157 S.A.F.), datado de 1756; Biblioteca Mazarine, Paris, MS 36, n. 7, datado do século XVII etc.

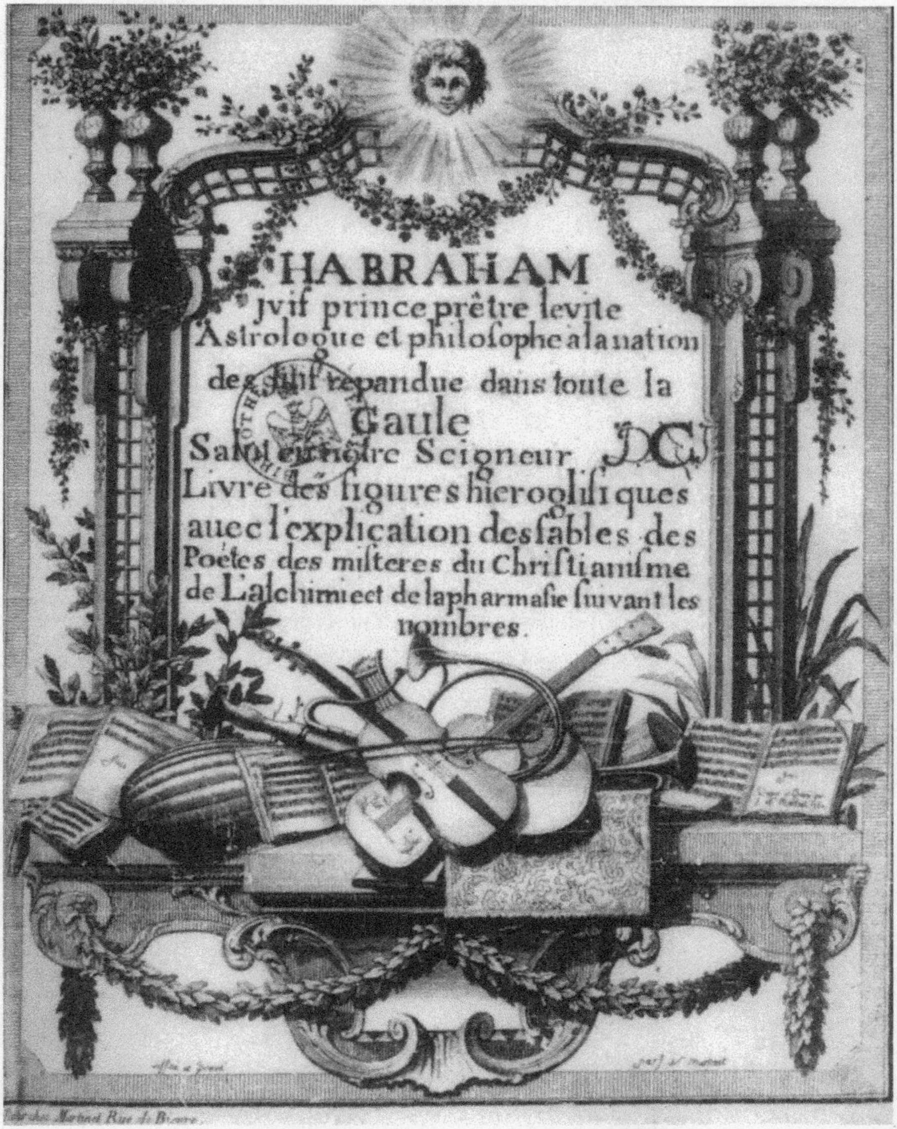

Figura 15.1.
Frontispício do *Livro de Figuras Hieroglíficas* de Abraão, o Judeu.

ilustrações coloridas e pintadas à mão, correspondendo às figuras descritas por Flamel. O texto se inicia da seguinte forma:

> Nosso respeitável sacerdote judeu fez advertências e deu ordens não mais imperiosas e frequentes que o necessário para preservar no fundo do coração os segredos mais ocultos da arte cabalística e proferiu mil maldições contra os que, com sacrilégio ignorante e temeridade desavergonhada, os revelam a pessoas indignas, para que sejam profanados. Ele injuria os que os explicariam com menos restrições e respeito que o adequado às maldições que são horríveis de se ouvir e que o mais penetrante espírito sofre para compreender. Maranatha (que em grego e árabe significa ✠ maldição), na cidade e no campo ✠ maranatha ✠ maldição sobre as crianças, sobre os animais, sobre os rebanhos, maranatha ✠ maldição sobre os celeiros e sobre a colheita, assim como sobre as casas, se os segredos não forem tratados com toda a devoção requerida. Maranatha se não se observar em relação a eles o silêncio de Pitágoras e Harpócrates. Ele acrescenta a toda essa pestilência, a febre, o calor e o frio e as estações do ano infestadas por ar maligno e, finalmente, tudo que pode devastar e destruir o mundo (e isso até ao infinito), contra os que zombarem disso, que o considerarem como histórias de gente velha.

Discutimos acima o termo maranatha; embora as maldições registradas não sejam citações, elas lembram de perto as enumeradas em *Deuteronômio*, 28,16 e s.

Na página 4, encontramos uma genealogia da benção profética: ela foi passada de Isaac a Jacó, de Jacó a Judá e assim por diante até Jesus (p. 6). A partir da página 9, o texto está cheio de notas marginais, aparentemente feitas pelo mesmo calígrafo, e inclui desenhos de recipientes alquímicos. Oposta à página 9, encontra-se a primeira lâmina colorida pintada à mão, seguida de outras seis, nas páginas opostas 14, 21, 37, 43, 51 e 59. Cada gravura é seguida de várias páginas de texto explicativo.

Um comentário na página 37 manifesta uma tendência cristológica: "Todos os doutores hebreus fazem menção à cruz e desejariam que se prestasse grande veneração a ela, uma vez que ela contém todos os segredos da física, da mágica e da religião".

A página 71 diz: "Primeiro livro dos números sagrados, com as miraculosas orações apropriadas de acordo com a Cabala" e, então, segue-se uma oração a Jesus Cristo.

A página 72 diz: "A maneira de fazer o espelho de Salomão com as orações para tornar essa operação eficaz" e prossegue descrevendo como preparar esse espelho com os quatro nomes, *Adonai*, Jeová, *Eloim* (*Elohim*) e Mitatron (isto é, Metatron, o principal anjo). A oração a ser proferida pede a Deus que permita ao suplicante ver no espelho "seu anjo Anael". Segue-se então um encantamento: "Venha, oh Anael, em nome do terrível Jeová". Na margem esquerda da página encontra-se um esboço do "Espelho de Salomão" (cf. Figura 15.2).

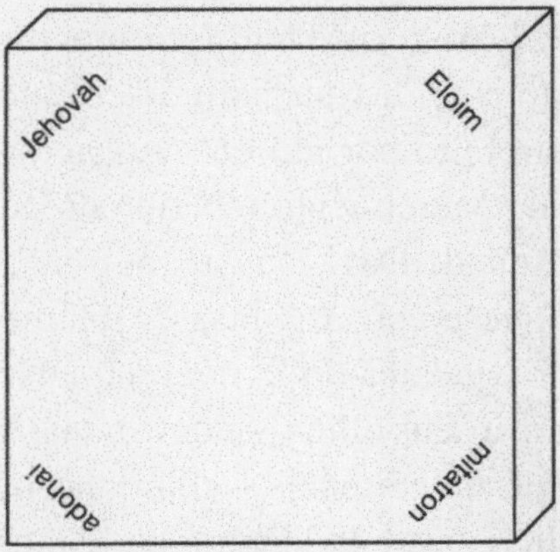

Figura 15.2.
Esboço do Espelho de Salomão.

A página 99 contém a "conjuração do anjo Rafael". A página 124 fala do mistério da encarnação. A página 134 afirma que uma operação alquímica é "capaz de ser tomada como símbolo da prova da morte de Jesus Cristo". A página 141 diz que "vários teólogos da Cabala dos Hebreus acreditam e até afirmam que Jesus Cristo assumiu um corpo humano independentemente do pecado de Adão". Na página 157 lemos que "a ressurreição do Rei Enxofre representa alegoricamente a ressurreição do próprio Jesus Cristo" e que "todos os doutores e mestres dos hebreus afirmaram que as sementes da Imortalidade e da glorificação estavam espalhadas em todas as coisas, a partir do que eles inferiram a ressurreição de Jesus Cristo e dos corpos". O livro está repleto de interpretações cristológicas de processos alquímicos. Ao mesmo tempo, termos teológicos hebreo-judaicos são usados com frequência. Assim, a página 296 menciona "o grande *Adonai*" e as páginas 300 e seguintes contam sobre sete templos dedicados ao "grande Jeová" (a palavra está escrita em esmerados caracteres hebraicos), dos quais o sétimo era o de Salomão. O Primeiro era o de Adão, o segundo, o de Caim, o terceiro, o de Enoque, o quarto, o de Noé, o quinto, o de Abraão, o sexto, o de Moisés. Em relação ao templo de Abraão, o texto se refere aos meses de *Nissan* e *Tischrei* (p. 302). Tudo isso mostra que mesmo que o livro fosse originalmente de autoria judaica, subsequentemente ele foi completamente refeito por um ou mais autores cristãos. São de relevância judaica o aparecimento repetido do Tetragrama em escrita hebraica e da estrela de Davi (nas p. 206, 315, 325). Sendo assim, parece justificado interpretar a ênfase de Flamel no deciframento, procedência e autoria judaica do livro como um reflexo do prestígio que os judeus tinham a seus olhos – e deviam ter aos olhos dos círculos cristãos aos quais ele pertencia – como mestres da alquimia.

Uma sequência notável da história de Flamel e seus mestres alquimistas judeus ocorreu no início do século XVIII, quatrocentos anos depois de sua morte. Nessa época, Paul Lucas (1664-1737), um viajante e antiquário francês, fez repetidas viagens ao oriente, descrevendo-as em vários livros[6]. No primeiro volume de suas narrativas de viagens

6 *Voyage du sieur Paul Lucas au Levant*, 2 v., Paris, 1704; *Voyage du sieur Paul Lucas fait par ordre du Roy, dans la Grece, l'Asie Mineure, la Macedonie et l'Afrique*, Paris, 1712; *Troisième*

de 1712, há um capítulo intitulado "Conversas com os Dervixes. História de Flamel: Ele Ainda Vive?" Nele Lucas descreve como, um dia, andando pelas ruas de Bursa, Turquia, ele encontrou um dervixe, que lhe contou que vinha da terra dos uzbequistaneses (na Ásia Central).

> Ele parecia ser mais instruído que os outros. Penso que conhecia todas as línguas do mundo[7]. Como não sabia que eu era francês, depois de conversar comigo em turco por algum tempo, perguntou se eu sabia latim, espanhol ou italiano. [Então] conversou comigo em francês, como um homem que tivesse sido criado em Paris [...]. Por fim, mencionei o ilustre Flamel. Disse-lhe que, apesar da pedra filosofal, ele estava morto sob todos os pontos de vista. Ouvindo esse nome, ele começou a rir de minha ingenuidade. Uma vez que eu quase começava a acreditar nele com relação às outras coisas, fiquei extremamente surpreso ao vê-lo duvidar do que eu estava afirmando. Percebendo minha surpresa, ele perguntou novamente, no mesmo tom, se eu tinha boas razões para acreditar que Flamel estava morto. "Não, não", disse ele, "você está enganado. Flamel está vivo, nem ele, nem sua mulher souberam ainda o que é a morte. Ainda não faz três anos que eu os deixei na Índia e ele é um de meus amigos mais leais". Ele até contou-me sobre a época em que conheceu Flamel, mas então se conteve e me disse que queria que eu conhecesse sua história, que, sem dúvida, é desconhecida em meu país.
>
> "Nossos Sábios", ele prosseguiu, "embora raros no mundo, são encontrados igualmente entre todas as seitas e, a esse respeito, nenhuma seita é superior a outra. Na época de Flamel havia um [entre nós] da religião judaica. Em sua juventude ele começou a desejar não perder

voyage de sieur Paul Lucas fait en MDCCXIV, etc. par ordre de Louis XIV dans la Turquie, l'Asie, la Sourie, la Palestine, la Haute et la Basse Egypt, etc., 3 v., Rouen, 1719.

7 Essa afirmação era frequentemente feita por dervixes a respeito deles. Por exemplo, quando Arminius Vámbéry (1832-1913), o famoso viajante e orientalista judeu húngaro, permaneceu numa aldeia persa disfarçado como dervixe, a aldeia acreditou que seus poderes místicos o capacitavam a falar todas as línguas do mundo. Meu parente Bernát Munkácsi (1860-1937), que foi aluno de Vámbéry, contou-me isso, falando em nome do mestre.

de vista os descendentes de seus irmãos; e sabendo que, em sua maior parte, eles haviam ido viver na França, o desejo de vê-los o levou a nos deixar e partir em viagem. Fizemos tudo que podíamos para dissuadi--lo e várias vezes ele mudou de ideia, a nosso conselho. No final, seu enorme desejo de ir para lá fez com que partisse, com a promessa, no entanto, de juntar-se a nós assim que fosse possível. Chegou a Paris, que era nessa época, assim como hoje, a capital do reino. Descobriu então que os descendentes de seu pai eram tidos em alta consideração em meio aos judeus. Conheceu, entre outros, um rabi que parecia querer tornar--se um *savant*, isto é, que buscava a verdadeira Filosofia e se dedicava à Grande Obra. Nosso amigo não desdenhou em travar conhecimento com seus pequenos sobrinhos. Ele estabeleceu com ele [o rabi] laços de íntima amizade e forneceu-lhe muitas explicações. Mas, uma vez que o primeiro material leva tempo para ser feito, ele se dispôs a escrever toda a ciência da Obra e, a fim de provar-lhe que não escrevia falsidades, fez, em sua presença, uma projeção de 30 *ocques*[8] de metal, que ele transmutou no mais puro ouro. Cheio de admiração por nosso irmão, o rabi se empenhou de todas as maneiras em persuadi-lo a permanecer com ele. Mas foi em vão, ele estava determinado a manter sua palavra a nós dada. Finalmente, o judeu [isto é, o rabi], não conseguindo obter mais nada dele, substituiu sua amizade por ódio mortal e a avareza que o sufocava fez com que recorresse ao sinistro estratagema de extinguir uma das luzes do Universo. Mas buscando dissimular, ele pediu ao sábio que lhe desse a honra de ficar com ele mais uns dias e, no decorrer desse tempo, com incrível perfídia, ele o matou e tirou dele toda sua medicina. O horrível ato não poderia permanecer impune por longo tempo. O judeu foi descoberto, colocado na prisão e, por vários outros crimes dos quais também foi considerado culpado, foi queimado vivo. A perseguição aos judeus de Paris começou pouco depois e, como você sabe, todos eles

8 Nota no original: *Un ocque pese 3. livres* (um *ocque* pesa três libras). O *ocque* ou *oque* era uma unidade de peso utilizada na Turquia, Grécia e outras partes do Oriente. Correspondia a cerca de um quilo, mas variava de uma localidade para outra.

foram expulsos. Mais sensato do que a maioria dos outros parisienses, Flamel não teve dificuldade em estabelecer relações com alguns judeus; ele era considerado até por eles como uma pessoa de conhecida honestidade e probidade. Essa foi a razão por que um comerciante judeu forjou o plano de confiar a ele suas anotações e todos os seus documentos, persuadiu-o a não usá-los para maldades e de que queria salvá-los da conflagração geral. Entre esses documentos foram encontrados os do rabi que fora queimado, inclusive os livros de nosso sábio. O comerciante, sem dúvida ocupado com seus negócios, não prestara muita atenção a eles. Mas Flamel, que mais tarde os examinou, notando as figuras de fornos, alambiques e outros recipientes análogos e calculando com boas razões que esse poderia ser o segredo da Grande Obra, achou que não deveria parar por aí. Uma vez que esses livros estavam em hebraico, providenciou a tradução da primeira página. Isso fez pouco no sentido de confirmar sua opinião e, para ser prudente e evitar ser descoberto, ele procedeu da seguinte maneira: seguiu para a Espanha e, uma vez que havia lá judeus quase em toda a parte, em cada localidade ele pedia a alguém que traduzisse uma página de seu livro. Tendo dessa forma traduzido todo o livro, seguiu em viagem de volta a Paris. Em seu caminho para lá, conheceu um amigo leal, que ele levou consigo para trabalhar na obra e para quem ele planejava depois divulgar seu segredo. Mas uma doença o levou prematuramente.

"Assim, ao chegar em casa, Flamel decidiu trabalhar com sua mulher: eles alcançaram seu objetivo e, tendo adquirido imensa riqueza, patrocinaram a construção de diversos grandes prédios públicos e tornaram ricas várias pessoas. A fama é às vezes uma coisa muito incômoda, mas um sábio tem conhecimento de como, com sua prudência, se livrar de todas as dificuldades. Flamel percebeu claramente que seria preso, se viessem a acreditar que ele possuía a pedra filosofal, e seria pouco provável que muito tempo se passasse antes que essa ciência fosse atribuída a ele, em consequência do brilho que sua generosidade lhe trazia. Assim, como um verdadeiro filósofo que não se importa em viver sob o olhar da raça humana, ele encontrou um meio de escapar, divulgando a notícia de sua morte e da morte de sua esposa. Orientada por ele, ela simulou uma doença, que seguiu seu curso e, quando foi declarada morta, ela estava perto de sua *suisse* [?], onde recebeu instruções de esperar por ele. No lugar de seu corpo, enterraram suas roupas e um pedaço de madeira e, para não faltar um ritual, isso foi feito em uma igreja que ela fizera construir. Posteriormente, ele recorreu ao mesmo estratagema para si mesmo: uma vez que se faz tudo por dinheiro, ele não teve problemas em persuadir o médico e as pessoas da igreja. Deixou um testamento no qual recomendava explicitamente que deveriam enterrá-lo com sua mulher e erigir uma pirâmide sobre seus túmulos. Um segundo pedaço de madeira foi enterrado no lugar de seu corpo, enquanto o sábio se punha a caminho, para juntar-se à esposa. Depois disso, os dois levaram uma vida filosófica juntos, às vezes em um país, às vezes em outro. Eis que essa é a verdadeira história de Flamel, e não aquilo que você acredita, nem aquilo que as pessoas tolamente acreditam em Paris, onde poucos têm conhecimento da sabedoria verdadeira.

Essa história me pareceu, e de fato era, muito estranha. Era ainda mais estranha para mim, uma vez que me foi relatada por um turco que, acredito, nunca colocou os pés na França. De fato, eu a relato somente como historiador e omito várias outras coisas, até mais inacreditáveis, que, não obstante, ele me contou em tom peremptório. Contento-me em observar que em geral se tem muito baixa opinião sobre a ciência dos turcos e que a pessoa sobre quem falo é um homem de classe superior[9].

Não podemos empreender aqui uma investigação sobre a verdade dessa história notável, mas a visão de alquimistas famosos, depois de sua morte, por indivíduos que acreditavam que eles não haviam morrido – não poderiam morrer, uma vez que possuíam a pedra filosofal,

9 Paul Lucas, *Voyages*, 1712, v. 1, p. 98-112.

que é o elixir da vida – foi algo bastante comum até o século XX, de modo que essa parte da história não traz surpresas. O que é interessante no presente contexto é que, embora a história de Paul Lucas (ou a história do dervixe) não informe nada sobre o livro do judeu Abraão e atribua o conhecimento alquimístico de Flamel a outra fonte judaica, desta vez é um sábio judeu anônimo, um membro da irmandade inter-religiosa de sábios orientais, que vai de um país oriental, cujo nome não é designado, para Paris, é aí assassinado por um outro judeu e deixa para trás livros alquímicos ou anotações secretas em hebraico. Depois, quando os judeus são perseguidos em Paris, esses livros caem nas mãos de Flamel. Essa versão também informa sobre a viagem de Flamel à Espanha, onde vários sábios judeus podem estar e estão dispostos a traduzir para ele o texto em hebraico, página por página. Contudo, nessa versão, a figura de Mestre Canches é empalidecida na de um anônimo "amigo leal", que Flamel encontra na Espanha e que não está entre os seus mestres, mas é um possível discípulo, a quem Flamel está disposto a ensinar a arte da alquimia, mas que, como Canches, morre prematuramente. Todos esses detalhes, embora modificados e distorcidos, têm uma nítida semelhança com a história original de Flamel. O que é novidade nessa versão é a simulação da morte de Flamel e sua esposa, seus falsos enterros e a continuação da vida até o presente (século XVIII), em muitos países e mesmo no Oriente distante, como a Índia.

A história de Flamel demonstra que tanto no século XIV quanto no XV os judeus eram apresentados como adeptos da Arte Real, assim como seus antigos mestres, cujos escritos e instruções orais eram as únicas fontes verdadeiramente confiáveis a partir das quais seus estudantes cristãos poderiam obter conhecimento verdadeiro dessa arte. Quer ou não os alquimistas judeus realmente tivessem conhecimento superior na prática da alquimia, não há dúvida de que os círculos alquimísticos não judeus estavam mergulhados na convicção de que eles o tinham. Essa convicção era provavelmente fomentada pelo fato de que os alquimistas judeus sabiam o hebraico, uma língua de difícil aquisição para os não judeus, e pelo fato de que o hebraico, com sua associação estreita com a Cabala e a *guemátria*, era considerado como a chave que abria a porta aos misteriosos domínios da Grande Arte.

Não é minha intenção fazer uma analogia muito estreita entre a medicina judaica medieval e a alquimia judaica – embora muitos dos médicos judeus fossem também alquimistas – mas, assim como os doutores judeus tinham a reputação, nas cortes reais e da nobreza, de ser os melhores, o mesmo acontecia com os alquimistas judeus; e assim como os reis e príncipes preferiam empregar doutores judeus como seus médicos pessoais, eles também preferiam empregar alquimistas judeus, como mostram os exemplos discutidos no presente livro. Ao que parece, tanto na medicina quanto na alquimia, os praticantes judeus constituíam uma parcela desproporcionalmente alta e, nesse caso, eles devem ter feito uma enorme contribuição para as duas artes. Em vista disso, é notável – e deplorável – que de toda a Idade Média cristã, nenhuma obra de um grande alquimista judeu, identificada pelo nome do autor, tenha chegado até nós, para tomar seu lugar junto às de Alberto Magno, Ruysbroech, Flamel, Trevisano, Valentim, Zacarias e outros.

16.

Dois Alquimistas Judeu-Espanhóis da Corte

A história do encontro de Flamel com Mestre Canches traz uma indicação da reputação desfrutada pelos alquimistas judeus-espanhóis muito além das fronteiras da Península Ibérica. O relato de Flamel sugere que na Espanha os alquimistas judeus exerciam seu ofício abertamente, que as pessoas em geral tinham pleno conhecimento da presença de alquimistas em seu meio. Caso contrário, seria difícil imaginar como um comerciante francês não judeu em visita ao país podia localizar, aparentemente sem grandes dificuldades, um alquimista judeu.

Fontes históricas da época, preservadas em arquivos espanhóis, confirmam essa impressão. Elas incluem documentação relativa à vida e obra de dois alquimistas judeus, um deles da metade, o outro próximo ao final do século XIV. O mais antigo foi Magister Menahem, que era médico e alquimista como Mestre Canches, enquanto o mais recente, Samuel Caracosa, era um dos líderes da comunidade judaica de Perpignan e alquimista com licença real.

Magister Menahem

O nome Magister Menahem aparece pela primeira vez num documento datado de junho de 1345, que fala de um processo iniciado por um certo José Maria Quadrado em Palma de Mallorca, acusando Jacobus Rubeus e "Magister Menaym [Menahem] Judeus" de fraudar pessoas com prata e ouro falsificados. Os pontos de III a VII da acusação dizem (na tradução do Dr. Joseph Salemi):

> III. Que o dito Jacobus e certos outros, por meio de substituição desonesta e de arte vil e fraudulenta, fizeram forjar em sua casa ouro e prata falsos, que ele trocou e vendeu, enganando algumas pessoas. E isso é de conhecimento público.
> IV. Que a dita falsificação de metais foi realizada por obra de Magister Menaym, o judeu, e isso é de conhecimento público.
> V. Que o dito Menaym é um grande experimentador e um necromante, sendo conhecido nas ruas ou entre os judeus.
> VI. Que por muitos meses ele viveu quase continuamente, dia e noite, na casa de Jacobus Rubeus, lá comendo, bebendo e dormindo – tanto que às vezes ele lá permanecia por uma semana inteira, direto até a noite de Schabat.
> VII. Que o dito Jacobus deu roupas e uma grande quantidade de florins a Magister Menaym, em pagamento por seu trabalho.

Além disso, a acusação alegava que:

> uma vez que Magister Menaym, o judeu, e Senata, o ourives, que são cúmplices na falsificação de ouro e prata, são pessoas suspeitas de querer fugir e, da mesma forma, Marcus de Santa Cruz, que foi acusado de incitar o povo com suas palavras – isto é, se eles ficassem cientes das supracitadas [acusações] – requeremos que eles sejam presos sem demora e jogados numa das fortificações reais, uma vez que não podem ser detidos com segurança em uma prisão comum, pela razão que expressei a vocês[1].

1 Texto impresso em *Bolletin de la Societat Arqueologica Luliana*, Palma (Maiorca), janeiro de 1914, p. 6. David Romano, em seu artigo Trumata schel Yahadut Sfarad laMadaʿim, em Haim Beinart (org.), *Moreschet Sefarad (org. Haim Beinart)* Jerusalem: Magnes Press, 1992, p. 204,

Não há informações disponíveis sobre o resultado do processo, mas se Magister Menahem foi de fato encarcerado em uma das fortificações reais, isso parece ter sido o início de uma fabulosa carreira para ele, uma carreira que até certo ponto lembra a do José bíblico. Em um ano, o rei Pedro IV (reinado: 1336-1387), que apenas pouco tempo antes obtivera o controle do reino de Maiorca, nomeou Menahem seu médico pessoal e um mês depois, em 7 de julho de 1346, concluiu com ele um acordo relativo a certos experimentos e *opera*, cuja natureza não é especificada na carta patente, mas que só podia ser de caráter alquimístico[2]. Assim, o homem que no verão de 1345 esteve diante do tribunal de Palma, acusado de forjar ouro e prata falsos e fraudar com eles seus concidadãos, tornava-se, um ano mais tarde, um influente funcionário da corte real, oficialmente incumbido precisamente do tipo de trabalho no qual ele fora acusado de se envolver por meio de fraude.

Magister Menahem manteve sua posição por vários anos e se tornou confidente do rei, que o considerava seu mestre, tanto na alquimia quanto na astrologia. Isso foi registrado por Geronymo Çurita (Jerônimo Zurita), o cronista da história aragonesa do século XVI, que dedica algumas linhas à descrição dos interesses intelectuais e literários de Pedro IV e, nessa perspectiva, comenta sobre Menahem: "[O rei Pedro IV] era muito dedicado a todos os tipos de conhecimentos, especialmente à astrologia, e tinha predileção pela alquimia, na qual ele teve como mestre seu médico judeu, cujo nome era Menahem"[3].

equivoca-se quanto ao texto da acusação, que afirma que Menahem era "um grande experimentador e necromante", e interpreta essas palavras como sendo o "título" (*to'ar*) de Menahem.

2 Fritz Baer, *Die Juden im christlichen Spanien*, 2v., Berlin: Akademie Verlag, 1929-1936, v. 1, p. 310-311.

3 Geronymo Çurita (Jerônimo Zurita) Chronista, *Los Cinco Libros Postreros de la Primera Parte de los anales de la Corona de Aragon*, Saragoça, 1610, v. 2, p. 38. Cf. também o *Indice de las cosas mas notables*..., Aragão, 1621, p. 532, que afirma que "Menahė Iudio fue Maestro del Rey don Pedro Quarto en la Astrologia"; cf. também p. 615. José Amador de los Rios, em sua *Historia Social, Politica y Religiosa de los Judios de España y Portugal*, Madrid, 1876, v. 2, p. 299, tomando como fonte Zurita, detalha um pouco mais o tema e afirma que dom Pedro "mostrava respeito por seus

Caracosa Samuel

Perpignan, localizada na região leste dos Pirineus, foi a capital do reino de Maiorca de 1276 a 1344, tendo mudado de mãos várias vezes entre a Espanha e a França, durante os séculos XV e XVI. O nome de Caracosa Samuel (ou Samuel Caracosa) aparece pela primeira vez em 1367, como um dos *ne'emanim* (curadores) que lideravam a *aljama*, a comunidade judaica de Perpignan[4]. Seis anos mais tarde, ele aparece novamente numa ordem emitida pelo rei Pedro IV e dirigida a vários judeus eminentes, Samuel entre eles, que os instruía a se apresentar em seis dias em Barcelona, para dar sua opinião de especialistas numa questão que tinha de ser decidida de acordo com a lei judaica[5].

Nas décadas que se passaram desde que empregara Magister Menahem, o interesse do rei Pedro pela alquimia não diminuiu e, em 1º de abril de 1384, ele emitiu um decreto que autorizava três alquimistas cristãos a praticar sua arte em *ville Montisalbi* (Montblanc) e a trabalhar "junto com esses cristãos, judeus ou sarracenos que poderiam querer fazer parte da dita obra, com a frequência e onde quer que lhes parecesse conveniente"[6]. Na verdade esse documento atesta a cooperação entre alquimistas dos três credos na Espanha.

O sucessor de Pedro IV no trono de Aragão, João I (reinado de 1387-1396), foi, como seu predecessor, um patrono das artes e um adepto da alquimia. Sob seu reinado, Caracosa Samuel veio a desempenhar um papel importante como alquimista, autorizado por decreto

médicos judeus, em especial Don Rabi Menahem, do qual ele se declarava discípulo", e que o rei havia encontrado no médico, Don Menahem, um mestre da astrologia e da alquimia.

4 Pierre Vidal, Les Juifs des anciens comté de Roussillon et de Cerdagne, *Revue des Études Juives* 15, p. 53, 1887.

5 F. Baer, *Die Juden*, v. 1, p. 452.

6 Antoni Rubió i Lluch, *Documents per a la Historia de la Cultura Catalana Migeval*, Barcelona, 1908, v. I, p. 319. Edição fac-similar: Barcelona, IEC, 2000, 2 v.

real a praticar sua arte. O decreto em questão chegou até nós e sua tradução é a seguinte:

> Nós, João etc., observando que será ilícito a toda e qualquer pessoa dirigir sua atenção às operações da filosofia, quer naturais quer artificiais e, por essa razão, concordando com o pedido de alguns membros de nossa casa doméstica, que têm intercedido perante nós em seu favor, Caracosa Samuel, judeu da cidade de Perpignan, reconhecemos que você tem o direito e pode fazer experimentos com a arte da alquimia em toda e qualquer parte de nossos territórios, sem incorrer na punição de ninguém; pode usar livremente e tentar, por meio de experimentos do mais completo grau, tudo quanto julgar apropriado nessa arte; pode fazer e fabricar toda e qualquer coisa de alguma forma adequada, necessária e conveniente à mencionada arte, sua prática e exercício. Ordenamos, por meio deste mesmo documento, expressamente e em termos específicos, a nosso governador-geral e nomeados em toda parte e seus tenentes que, sob pena de incorrer em nossa ira e indignação, honrem e observem, sem transgredir nem permitir a ninguém mais transgredir, por razão alguma, nossa concessão e licença a você e tudo que está nela contido. Em testemunho disso, ordenamos que o presente documento seja concluído e ratificado com nosso selo. Concedido em Perpignan, no quinto dia de abril do ano de 1396 da natividade de nosso Senhor[7].

A partir dessas escassas referências históricas, podemos chegar a duas conclusões. A primeira é a de que ser um alquimista era uma profissão honrada entre os judeus de Perpignan no século XIV, pois, se não fosse assim, eles não teriam eleito um alquimista para ser um dos representantes da comunidade. Além disso, uma vez que não há razão para se suspeitar de que a situação em Perpignan era excepcional nesse aspecto e, uma vez que há indicações adicionais fornecidas por outros dados, podemos generalizar

7 Idem, 2 (1921), p. 346-347. Meus agradecimentos a Joseph Salemi pela tradução desse documento.

e supor que isso acontecia também nas comunidades medievais judaicas do mundo ocidental em geral.

A segunda conclusão, igualmente confirmada por indicações paralelas, é a de que os reis e príncipes tinham excepcional confiança nos alquimistas judeus, concediam-lhes o direito de praticar sua arte secreta em toda parte de seus domínios reais e os nomeavam como alquimistas da corte, cujas funções oficiais incluíam ensinar alquimia aos nobres nela interessados e produzir ouro para o tesouro. Em outras palavras: os dados históricos, embora escassos, indicam que a alquimia era um campo importante da vida econômica e cultural judaica e que os alquimistas judeus desempenhavam um papel importante na prática da "Grande Arte" no mundo não judaico.

O patrocínio real da alquimia em geral e dos alquimistas judeus em particular, inevitavelmente suscita uma importante pergunta: uma vez que o conhecimento científico a nossa disposição hoje sem sombra de dúvidas nos assegura de que os alquimistas jamais foram capazes de transmutar metais comuns em ouro, como então os alquimistas empregados pela realeza para produzir ouro conseguiam escapar ao desmascaramento final de seu fracasso e à punição derradeira que inevitavelmente se seguiria? Embora um grande número de fatores psicológicos, circunstanciais, legais, e técnicos possam ser citados para demonstrar a enorme dificuldade encontrada em toda tentativa de comprovar fraude por parte de um alquimista trabalhando sob autorização real, não posso responder a essa pergunta satisfatoriamente. Seja como for, o fato é que, em todas as fontes histórias relacionadas aos alquimistas judeus que estudei, não encontrei um só caso no qual o praticante tivesse sido penalizado de alguma forma por não conseguir produzir ouro. Em consequência, parece legítimo concluir que os alquimistas em questão eram suficientemente astutos para de alguma forma se proteger, de modo que, mesmo no caso de um processo ser iniciado contra eles (como aconteceu com Menahem de Maiorca, no início de sua vida), as autoridades não conseguiam reunir provas suficientes para levá-los a uma condenação.

17.

Abraão Eleazar

Os tratados alquímicos em geral abordam assuntos práticos, realistas, ou semirrealistas, como a transmutação dos metais ou a produção do grande elixir e, do lado teórico, abordam a natureza da natureza, a origem e desenvolvimento dos metais e coisas análogas. Essas questões são de igual interesse para os membros de todos os grupos religiosos e étnicos e não seria de se esperar encontrar em tratados alquímicos referências a interesses étnico-religiosos específicos. De fato, neles se encontram, no máximo, umas poucas e rápidas frases gerais, como por exemplo, "graças a Deus", "com a ajuda de Deus" e assim por diante, que nada mais são que expressões comuns para os sentimentos religiosos predominantes. A mais notável exceção a essa regra que encontrei é a obra *Uraltes Chymisches Werck* de Abraão Eleazar que, inquestionavelmente, é o livro alquímico mais judaico que existe.

Nada se conhece sobre Abraão Eleazar, exceto o que se pode deduzir de seu livro, que foi impresso em Erfurt em 1735 e traz o seguinte título (em alemão) longo e descritivo:

> A *Antiquíssima Obra Química* [*Uraltes Chymisches Werck*], de Abraão Eleazar, que foi escrita em tempos remotos pelo Autor, parte em latim, parte em árabe, e parte também na língua caldaica e síriaca e depois traduzida para nossa língua materna, o alemão, por um Autor anônimo. Agora, no entanto, entregue para Impressão pública com os pertinentes Cobres, Figuras, Vasos, Fornos e um curto Prefácio, os Índices necessários, assim

como os códigos adicionais de Palavras estrangeiras que nela ocorrem, com a costumeira Aprovação em Benefício e Uso de todos os Amantes da nobre Filosofia Hermética, em Duas Partes, por Julius Gervasius de Schwarzburg, P. M. & J. P. E.

Como afirmado na página de rosto, o livro contém duas partes, cada qual com sua própria página de anterrosto. A primeira se segue ao Prefácio de Gervasius e diz:

Aliança[1]
Deus sem Princípio nem Fim
Abraão Eleazar, o Judeu, Um Príncipe, Sacerdote e Levita,
Astrólogo e Filósofo, Nascido da Linhagem de Abraão, Isaac, Jacó e Judá

A página de rosto da segunda parte diz:

Donum Dei [Presente de Deus] de Samuel Baruc, o Rabi, Astrólogo e Filósofo, nascido da linhagem de Abraão, Isaac, Jacó e Judá, que ensina o grande Segredo do grande Mestre Tubal-Caim, conforme sua Tábua, encontrada pelo judeu Abraão Eleazar, I. N. J. CXI[2].

Essas três páginas de rosto destinam-se especificamente a fornecer uma grande quantidade de informações sobre a origem, autoria e conteúdo das duas partes do livro, mas o problema é que dos quatro indivíduos mencionados, somente um, a figura mítica bíblica Tubal-Caim, é conhecida, enquanto as três outras – Abraão Eleazar, Samuel Baruc e Julius Gervasius – são totalmente desconhecidas. Como muitas vezes acontece com livros de autoria problemática, sua procedência deu origem a uma controvérsia entre os estudiosos.

1 Em letras hebraicas.

2 As letras I. N. J. CXI são a abreviação de "in nomine Jesu Christi". Foram sem dúvida acrescentadas por Gervasius.

Figura 17.1.
Frontispício de Abraão Eleazar, *Uraltes Chymisches Werck*.
As palavras hebraicas no topo são: *ha'orah sefer*, mas estão vocalizadas erradamente e na ordem inversa. Elas deveriam estar grafadas *Sefer ha'Orah*, isto é, *O Livro da Luz*. A palavra hebraica aos pés da figura é *Torá*.

A *Uraltes Chymisches Werck* (daqui para a frente, *Werck*) foi inicialmente examinada por Johann Friedrich Gmelin, um historiador de química do final do século XVIII, que afirma que há nela "instruções para o preparo de ácidos minerais" e a considera valiosa em relação à "Grande Obra da Transmutação". Gmelin atribui o livro ao início do século XIV, anterior portanto a Flamel, mas não oferece argumentos para comprovar[3].

Depois de Gmelin, Hermann Kopp, o renomado historiador da alquimia do século XIX, submeteu o livro a escrutínio crítico e descobriu que na página 6 da parte 2, da edição de 1760, havia uma passagem em latim extraída da *Tabula Smaragdina*[4], que não podia ser anterior ao século XII. Também examinou as referências políticas encontradas no livro e verificou que elas refletiam as condições do século XVII. Pediu também a seu colega, o orientalista Gustav Weil (autor do clássico *Biblische Legenden der Musulmänner* [1845] e de muitos outros livros importantes), que examinasse o texto da *Werck*. A opinião de Weil era de que o livro continha várias citações incorretas do Velho Testamento, uma oração que não corroborava a fé judaica, uma citação caldaica parcialmente ininteligível (na parte 2, p. 11) e assim por diante. Com base nisso, Kopp concluiu que o autor, Abraão Eleazar, era fictício, que o livro era espúrio, que não podia ter sido escrito antes do século XVII e que seu verdadeiro autor era Julius Gervasius[5].

Essa conclusão foi aceita sem discussões por Moritz Steinschneider, que declarou categoricamente, em 1894, que o livro era uma falsificação[6].

3 Johan Friedrich Gmelin, *Geschichte der Chemie*, 3 v., Göttingen, 1797-1799, v. 1, p. 64.

4 Cf. Julius F. Ruska, *Tabula smaragdina: Ein Beitrag zur Geschichte der hermetischen Literatur*, Heidelberg: C. Winter, 1926.

5 Hermann Kopp, *Die Alchemie in älterer und neuerer Zeit*, Heidelberg: C. Winter, 1886, v. 2, p. 314-317.

6 Moritz Steinschneider, Pseudo-Juden und zweifelhafte Autoren, *Monatschrift für Geschichte und Wissenschaft des Judentums* 38, 1894, p. 41.

Doze anos depois, John Ferguson, o consciencioso catalogador da bibliografia alquimística, recapitulou as conclusões de Kopp e afirmou que não podia concordar inteiramente com elas. Sua própria conclusão era de que "Gervasius pode [...] ter baseado sua adaptação em alguns antigos manuscritos, se de fato não reimprimiu algum deles, como afirma ter feito"[7].

A conclusão de Ferguson era desconhecida, ou foi desconsiderada por C. G. Jung, que em 1963, afirmou que a *Werck* era uma falsificação tardia, do início do século XVIII, e que o autor Abraão Eleazar se pretendia um judeu, mas fora inábil o suficiente não só para cometer anacronismos, mas também para revelar "sua própria psicologia inequivocamente cristã"[8]. Não tenho certeza quanto a que "anacronismos" Jung se refere e, no que diz respeito à "psicologia do autor, voltaremos a ela adiante. Antes, no entanto, vamos examinar a questão da atribuição do livro a Gervasius, como afirmava Kopp.

Gervasius (cujo nome, repito, é conhecido somente por meio desse livro) imprimiu o livro, como afirmado na página de rosto e fez contribuições com o prefácio que assinou. Mesmo uma leitura superficial desse prefácio mostra que, no que concerne a sua opinião sobre o judaísmo de Abraão Eleazar, Gervasius era um típico filho de sua época: ele fala da "cegueira judaica" do autor em questões de fé e o critica por misturar em seu texto, "de acordo com sua ignorância judaica, não só muitas frases inapropriadas, fábulas estranhas, consolações vazias, profecias grosseiras e fórmulas de oração idólatras, mas também, ocasionalmente, erros muito graves aqui e

7 J. Ferguson, *Bibliotheca chemica*, v. 1, p. 3.

8 C. G. Jung, *Mysterium conjunctionis*, Collected Works, v. 14, Bollingen Series XX, 2 ed., Princeton: Princeton University Press, 1960, par. 591, 597, nota. Um acréscimo interessante à história bibliográfica do livro de Abraão Eleazar provém de Dennis I. Duveen, que tinha uma cópia dele, complementada por um manuscrito de doze páginas e meia de glossário (em alemão), com o título: "German Key of those foreign words which are found in these books but are partly not explained in their registers, but which are contained in the Book of Zoroastro the Jew and Rabbi". Dennis I. Duveen, *Bibliotheca alchemica et chemica*, London: E. Weil, 1949, p. 2.

ali, que ou se gostaria de mudar ou, então, omitir inteiramente, caso não se temesse que, com isso, as conclusões de todo o livro fossem, talvez, anuladas". E ele acrescenta: "Se o tempo e o espaço permitissem, seria possível refutar, fácil e detalhadamente, os disparates espalhados no livro por esse judeu, com os quais ele tenta difamar a cristandade", mas acha ser desnecessário fazê-lo, uma vez que isso já foi feito com eficácia pelos autores antijudaicos Wagenseil, Eisenmenger, Gerson, Hosemann e Müller.

Gervasius tinha uma opinião igualmente sombria sobre os judeus em geral. Ele escreve: "a maldição que os ancestrais desse povo miserável atraíram sobre suas próprias cabeças nos dias de nosso mais amado Salvador Christus Jesus, Mt 27,22[9], ainda paira sobre suas almas" (f. 7b). Afirmações como essas deixam claro que Gervasius era um antissemita típico do século XVIII que, ao publicar uma obra de um autor alquimista judeu, sentiu-se obrigado a se assegurar de que suas próprias opiniões negativas sobre os judeus e o judaísmo fossem claramente explicitadas no prefácio. É difícil imaginar que tudo isso fosse um tortuoso estratagema e um ardil por ele forjado e que ele próprio teria escrito os "disparates espalhados no livro" apenas para poder censurá-los no prefácio.

Contudo, se Gervasius não escreveu o livro, mas apenas publicou o manuscrito de um autor judeu – e vamos mostrar que esse foi o caso – surge a pergunta: por que ele se deu ao trabalho de publicar o livro? Acredito que a resposta se encontra no grande respeito que os alquimistas cristãos tinham pelos adeptos judeus, apesar de sua atitude hostil em relação aos judeus em geral. Alguns dos mais renomados alquimistas cristãos (e muçulmanos) aprenderam sua arte com mestres judeus e Gervasius era, evidentemente, um deles. Embora sua opinião sobre os judeus fosse negativa, não obstante, ainda assim ele reconhecia a capacidade do autor judeu como alquimista e considerava seu

9 Na verdade, Mt, 27,25.

livro importante o suficiente para ser publicado e para, com isso, elevar sua própria reputação como alquimista, enquanto, ao mesmo tempo, se empenhava em enfatizar suas objeções quanto às opiniões judaicas não relacionadas com a alquimia. Tendo isso em vista, vamos examinar agora o prefácio de Gervasius, a fim de verificar o que podemos ficar sabendo sobre Abraão Eleazar a partir dele.

Gervasius afirma que publicou o livro baseando-se em "um manuscrito muito raro e precioso". Ele supõe que esse manuscrito era idêntico (ou uma cópia) ao que caiu nas mãos de Flamel e que Flamel levou vinte e um anos tentando compreender. Gervasius se refere a uma edição alemã das *Obras Químicas* de Flamel, impressa em Hamburgo em 1681 e, com a finalidade de salientar a importância do manuscrito de Abraão, cita Flamel, afirmando que "ele nunca teria encontrado o verdadeiro vaso filosofal se o judeu Abraão não o tivesse descrito com o seu fogo próprio, no qual consiste grande parte do segredo".

Gervasius também cita um outro autor alquímico anônimo que, em seu livro intitulado *Curieuse Untersuchung* (Investigação Curiosa), "elogia singularmente esse judeu por fornecer indicações sobre como, onde e quando encontrar a matéria-prima da pedra filosofal".

Quanto à pessoa de Abraão Eleazar, Gervasius diz que "não se pode determinar exatamente quando esse rabi viveu, mas palavras contidas na Parte Um, páginas 7 e 8, indicam que ele viveu bastante tempo depois da destruição de Jerusalém". Gervasius explica que as muitas palavras em caldaico, siríaco, árabe e grego contidas na *Werck* podem ser atribuías ao fato de que, depois que voltaram do Cativeiro na Babilônia, os judeus esqueceram o hebraico e, num período de setenta anos, teriam assimilado não somente o caldaico, mas também as línguas das nações com as quais se misturaram. Em seguida, ele recapitula a história da origem bíblica da alquimia, como era costume do século XVI ao XVIII, incluindo, evidentemente, os nomes de Abraão (o original), Tubal-Caim e Moisés. Ele afirma que o que Abraão Eleazar fez em seu livro foi explicar claramente as *formas hieroglyphicas* transmitidas, ou seja, as representações pictóricas originalmente feitas por Tubal-Caim. Em relação a isso, ele se refere às *Antiguidades Judaicas*, 1:3:7, de Flávio Josefo que, diz ele, afirmam que Tubal-Caim inventou a arte do trabalho com metais[10]. Tudo isso é meramente uma repetição do que era lugar-comum em meio aos círculos alquimísticos do século XVIII.

Quanto ao período em que Abraão Eleazar viveu, nada de definitivo pode ser estabelecido com base no prefácio de Gervasius. No entanto, ele acreditava, ou fingia acreditar, que Abraão Eleazar viveu antes da época de Flamel, isto é, antes do século XIV. Também não ficamos sabendo muito mais a partir do texto do próprio livro, a não ser uma coisa: evidentemente, o autor viveu em meio a uma comunidade judaica que era vítima de opressão, perseguição, pilhagem e espoliações e tinha grande dificuldade em pagar os tributos impostos pelo "Imperador Romano", denominação que podia se aplicar ao líder do Sacro Império Romano-Germânico, que em geral se considera como tendo sido fundado por Carlos Magno em 800 e existido por mil anos.

O que é incomum no livro de Abraão Eleazar é o fato de ele repetidamente manifestar sua profunda preocupação com a miséria dos judeus, enfatizar que está revelando os segredos alquímicos com o objetivo explícito de aliviar seu sofrimento e de constantemente mesclar as misteriosas receitas alquímicas apresentadas com expressões de comiseração e consolo. A tendência a se apresentar como o consolador de seu povo se manifesta logo após a página de anterrosto do primeiro livro. A parte inferior dessa página diz o seguinte:

> Desejo a meus irmãos, que pela ira do grande Deus se encontram dispersos e cativos na escravidão em toda parte no mundo, muita sorte e salvação em nome do Messias que em breve chegará e do grande profeta Isaías, que já clama a todos os irmãos: *Deni Adonai Bocitto Ochysche*, 60F[11]. Assim,

10 Na verdade, *Ant.* 1:2:2: "inventou a arte de fazer latão".

11 Tenho dúvidas quanto à explicação dessa citação. No entanto, poderia ser uma transliteração bastante corrompida da expressão em hebraico encontrada em Isaías 60,16, que aparece no

esperem pacientemente até o Herói chegar, mas Maranatha[12] [maldição] sobre todo e qualquer um que não seja da estirpe de Judá e que tome este livro em suas mãos, que ele se denigra e pereça como o clã de *Coré, Datan, Abiram* e pereça em אש – *esch* [fogo], ou desapareça.

I.N.U.C.XI.[13]

AZOT HYLE SCHAMAIM[14]

Nas primeiras páginas de seu livro, Abraão Eleazar lembra a seus irmãos os pecados dos seus pais, cujas consequências eles ainda sofriam, e os conclama a se arrepender de seus próprios pecados. Essas páginas dão o tom de todo o livro, no qual Abraão Eleazar se revela cheio de dolorosa preocupação pelo destino de seu povo.

Após uma longa citação de *4Esdras** 14,39-47 (que pode ter sido acrescentada por Gervasius), Abraão Eleazar enuncia a promessa feita a seus irmãos de que o Messias (a palavra está escrita em caracteres hebraicos) logo viria para redimi-los. Dirigindo-se a Deus, ele descreve com detalhes dolorosos o sofrimento de seu povo: "Oh, Senhor, eles tornam nossas virgens subservientes e violam-nas diante de nossos olhos; nossos anciãos e regentes são assassinados sem piedade por eles; nossos jovens são mortos sob o fardo" (p. 4). Em seguida, ele passa a uma descrição da era messiânica, que chegaria em breve, e afirma que está revelando nesse livro

original da seguinte forma: *kī anī Adonai moschī'ēkh v'go'alēkh* – "que sou o Senhor, teu Salvador, e teu Redentor". Essas palavras são seguidas, no versículo 17, pela promessa de trazer "por latão ouro, por ferro prata" etc., à qual os alquimistas medievais e posteriores atribuiriam uma interpretação alquimística.

12 Cf. supra, capítulo 15.

13 I. N. U. [J.] C. XI, novamente, "In nomine Jesu Christ" – acrescentado por Gervasius.

14 O termo AZOT é explicado no glossário acrescentado ao segundo livro da *Werck*, como "um fogo vivo, *Mercurius animatus*" (mercúrio vivaz) ou "*M. philosophorum*" (mercúrio filosofal). O termo HYLĒ (aqui escrito em letras gregas) é explicado como "uma mistura confusa". A palavra hebraica, SCHAMAIM, céu, aparece escrita em caracteres hebraicos, mas com as vogais incorretas.

* Na Vulgata. O livro não faz mais parte do cânone bíblico, mas também figura na Septuaginta como Esdras1 (N. da E.).

os segredos de nossos pais para que vocês sejam capazes de pagar o tributo ao imperador romano e [...] redimir os pobres cativos [...]. Assim, quero ensinar a vocês o preparo dos metais em *Asophol* [ouro derretido por meio de antimônio][15] e Diana [prata] e descrevê-lo com palavras e figuras invariáveis, para que vocês sejam capazes de tomá-los com suas próprias mãos e [saber] como preparar o △[16] [fogo] do Senhor que foi perdido, quando chegar a hora de intimidar com ele seus inimigos, para que vocês o tenham em suas mãos para sua proteção (p. 6-7).

A passagem que se segue é interessante porque contém uma referência, pouco comum na bibliografia alquimística, a segredos alquímicos escondidos nas ruínas de Jerusalém:

Além disso, quero mostrar a vocês o lugar em que nossos Pais emparedaram e enterraram os segredos, quando Jerusalém foi destruída pelo imperador Tito Vespasiano, para que vocês possam contar e revelá-lo a seus filhos, pois nenhum pagão encontrará o lugar, somente nossos irmãos. Pois os sinais resistirão até esse preciso momento, de forma que, mesmo um cego entre vocês os encontrará, o que, no entanto, acontecerá quando o grande profeta Elias estiver presente, pois antes desse momento, mesmo que vocês tenham todos os sinais, ainda assim não o conseguirão. Pois, por curiosidade, alguns já estiveram lá e procuraram o lugar e até o encontraram, mas quando o abriram, △ [fogo] surgiu, de modo que parte deles pereceu. Assim, tomem cuidado para que este livro não caia nas mãos de seus inimigos, para que a ira do Deus poderoso não seja inflamada ainda mais contra vocês. Pois então seus inimigos teriam ainda mais razão para os afligir e torturar. Assim, que Maranatha recaia

15 As explicações que coloquei entre colchetes, após os termos técnicos que aparecem no texto, foram extraídas dos glossários anexados aos Livros I e II da *Werck*.

16 Símbolos alquimistas como esse aparecem frequentemente na *Werck*, assim como em muitos tratados de alquimia medievais e posteriores. Eles podem ter sido acrescentados pelo tradutor ou por Gervasius. Acrescentei seu significado entre colchetes.

sobre todos os que tomarem este livro em suas mãos e aos quais ele não pertence. Maranatha deve denegri-los e destruí-los (p. 7).

O tema do segredo escondido nas (ou sob) as ruínas do Templo de Jerusalém preocupava Abraão Eleazar a tal ponto que, na página seguinte, ele retornou a ele:

O poderoso יְהֹוָה Jeová não manterá sua ira para sempre, mas em breve irá nos congregar para ocupar novamente nossa herança, de modo que vocês, quando a hora chegar, devem estar avisados sobre onde nossos sacerdotes esconderam os segredos mais nobres na época em que Tito Vespasiano vilmente queimou e destruiu a cidade sagrada e o Santuário. Eles serão encontrados na entrada do Sagrado dos Sagrados, em direção à manhã [o leste], onde há uma galeria de 500 palmos de profundidade, através de uma passagem estreita, que é pavimentada com pedras planas, com cortes largos, com 🜃 [terra] de dois cúbitos de profundidade sobre elas e então, de novo, pedras planas. Isso está escondido até o presente momento e será encontrado quando Elias chegar com o Maschiach [Messias]. Portanto, caros irmãos, lamentem e suspirem ansiando por isso; porque nesse momento vocês destruirão seus inimigos em toda parte. Houve alguns irmãos que ficaram sabendo desse segredo por meio de seus pais. Eles ousaram, foram para lá ajudar seus irmãos, isso com boas intenções; mas como não eram da linhagem de Judá e também não compreendiam os sinais, porque começaram a trabalhar sem orientação, eles não o encontraram. Se tivessem, no entanto, compreendido os *signa* [sinais], eles teriam encontrado o que estava escondido, não tivesse o Deus de Abraão e Isaac mantido sua mão sobre ele. Mas para que tenham certeza sobre as figuras e as indicações que encontrarão em sua busca, quero pintar para vocês e revelar as que recebi de meus pais. 1) Quando chegarem ao lugar onde o Sagrado dos Sagrados estava e quando encontrarem o local e sua entrada, em direção à manhã [o leste], do lado direito, desobstruam-no e, então, encontrarão uma pedra a dois cúbitos de profundidade: ela está marcada assim:

> אֵשׁ [*esch*, fogo]; levantem-na, ela está a 200 palmos de profundidade. Se a passagem estiver destruída, vocês devem continuar desobstruindo-a até chegar ao lugar em que encontrarão todos os segredos que nossos pais possuíam e saberão como fazer uso deles. Pois nesse momento seus inimigos começarão a atormentá-los. Mas encham-se de alegria, porque vocês pegarão em suas mãos a espada que devorará seus inimigos. Mas para que tenham consolo até que a hora chegue e possam ajudar seus pobres irmãos cativos, a fim de libertá-los de sua servidão, prestem atenção ao que mostram essas figuras indicadas. Porque vocês devem saber que Deus, o Supremo, prometerá e dará a vocês Sua benção para que possam desfrutar da extensão da terra e beber o orvalho do paraíso (p. 8-10).

Nesse ponto, Abraão Eleazar interrompe seu pronunciamento profético, abandona suas considerações judaicas nacionalista-religiosas e assume o manto de adepto da alquimia, prosseguindo numa linha totalmente diferente: "Pois nosso pai Hermes diz: *Pater eius est Sol, Mater Luna, Ventus portavit in ventre suo*", isto é, "Seu pai é o sol, sua mãe, a lua, o vento carregou-o em seu ventre". "Nosso pai Hermes" refere-se, naturalmente, não ao deus grego que os romanos denominavam Mercúrio, mas ao mítico alquimista egípcio Hermes Trismegisto, considerado pelos alquimistas do período helenístico e de períodos posteriores como o pai de sua Arte. Isso é seguido por declarações místico-alquímicas difíceis de se compreender:

> *Sal* ⦶ *ri nostrum in mari mundi versans.* Ω *acris, invisibilem, congelatum coelum nostrum,* ▽ *m manus non madefacientem* [(Tomem) nosso *sal nitri* (nitrato de sódio) voltando-se para o mar do mundo. O espírito do ar, nosso céu congelado invisível. Água que não umedece a mão]. Pois o espírito do Senhor é impenetrável. Ele paira no ar, ele significa a serpente alada e permeia os homens e todas as criaturas que são criadas na terra, porque a serpente alada significa o Ω *mundi universalem* [espírito universal do mundo],

> permeia todas as coisas sob o céu, essa é nossa *Materia*, que preparamos a partir do ar coagulado. Este é o ♌ [espírito] que é extraído do orvalho e com o qual preparamos nosso ⊖ [sal]. A serpente inferior, contudo, significa nossa *Materia*, que se encontra em toda parte e é terrena, assim como celeste, porque é a verdadeira 🜃 *Virginea & Adamica* [terra virginal e primitiva].

Abraão Eleazar continua nessa linha por mais algumas páginas e, em seguida, passa para receitas alquímicas, em geral entremeadas com expressões de inquietação pelo destino do povo judeu. Um bom exemplo disso se encontra no segundo capítulo (livro 1, p. 26-44), que consiste numa longa e complexa receita místico-alquímica e se inicia da seguinte forma:

> Eu, Abraão Eleazar, continuo, caros irmãos, a ensiná-los. Caros irmãos, uma vez que nossos pais, com sua idolatria, pecaram contra o Senhor nos desertos, Moisés fez para eles uma serpente de latão, prendeu-a a uma cruz, para que fosse vista por todas as pessoas e para que pudessem se recuperar da praga que mereceram e sofreram. Assim, saibam que se puderem prender a serpente Píton a essa cruz com um prego de ouro, não lhes faltará nada em sabedoria. Assim, caros irmãos, a natureza que o grande Criador criou é insondável e esse é todo o segredo da Arte: que nós extraímos o ♌ [espírito] de Píton.

Phython, ou como ele também escreve, *Python*, é um antigo conceito alquímico que apareceu pela primeira vez nos textos de alquimistas gregos, que falavam do "óleo de Píton" e da "Píton"[17]. Para Abraão Eleazar, Píton tem importância especial:

> Nada no mundo tem tanto poder para destruir metais quanto a Phython sozinha; mas, caros irmãos, não é a Phython comum, mas o nosso ♌

17 Cf. Berthelot, *Grecs*, v. 1, p. 11, 17, sobre "o olho de Píton", e "a serpente Píton".

> *Phytonis* [espírito de Píton], uma vez que com a Phython comum, nosso ♌ *Phythonis in infinitum* [espírito de Píton ao infinito] é multiplicado, porque nosso ♌ Phythonis transmuta a Phython comum em sua própria natureza, assim como transmuta o ☉ [ouro] e todos os metais em sua própria natureza. Pois é o *primum ens metallorum* [a primeira essência dos metais], isto é, o manancial dos antigos, a flor que é coberta e guardada pelos grifos e os dragões venenosos [...] (p. 27-28).

Como podemos ver, isso é mais misticismo que alquimia, ou talvez possa ser mais bem caracterizado como misticismo vestido em roupagem alquimística. Poucas páginas adiante, Abraão Eleazar interrompe sua apresentação e se dirige novamente a seus irmãos:

> Com isso vocês podem subjugar o mundo inteiro. Portanto, caros irmãos, prestem atenção aos meus ensinamentos, porque quero aqui revelar a vocês um segredo ainda maior e ensinar duas maneiras de conseguir a poderosa quinta-essência. Tomem da nossa *materiam magnesiam* [material de magnésia], *plumbum nigrum* [chumbo negro], também denominado bismuto ou *puch* [heb., *pukh*, antimônio], como sai dessas montanhas, cinco ou seis quilos, transformem o Velho [isto é, o *plumbum nigrum*] em um pó incompreensível, após purificá-lo de todas as pedras; coloquem esse pó em um grande *alabazus* [recipiente de areia redondo] separado; arranjem-na de modo que a lua brilhe sobre ela e o orvalho caia sobre ela, mas nenhum sol deve brilhar sobre ela, também nenhuma chuva deve cair sobre ela; deixem-na repousar assim por quatro semanas; mas vocês devem mexer o pó todos os dias; passado esse tempo, peguem esse pó, como o nosso Velho, e coloquem em um *acures* [recipiente redondo de vidro] com um gargalo curvo [cf. Figura 17.3], arranjem-no em um *alabazus* cheio de areia, de modo que a areia cubra o *acures*, sobre um forno, e apliquem *algir* [o quarto e mais forte grau do fogo], *termon* [outro grau do fogo], *heruo* [o primeiro grau do fogo], *humor* [o terceiro grau do fogo] [...] (p. 29-30).

Figura 17.2.
Figura ilustrando a união do ar, simbolizada pelo dragão alado, com a terra, simbolizada pela serpente. As duas palavras em alemão, no topo, são: *Vereinige sie,* isto é, "una-os", e são seguidas da palavra hebraica, incorretamente grafada, *awir* (ar). Na parte inferior encontra-se a palavra hebraica *eretz* (terra). Extraída de Abraão Eleazar, *Uraltes Chymisches Werck*.

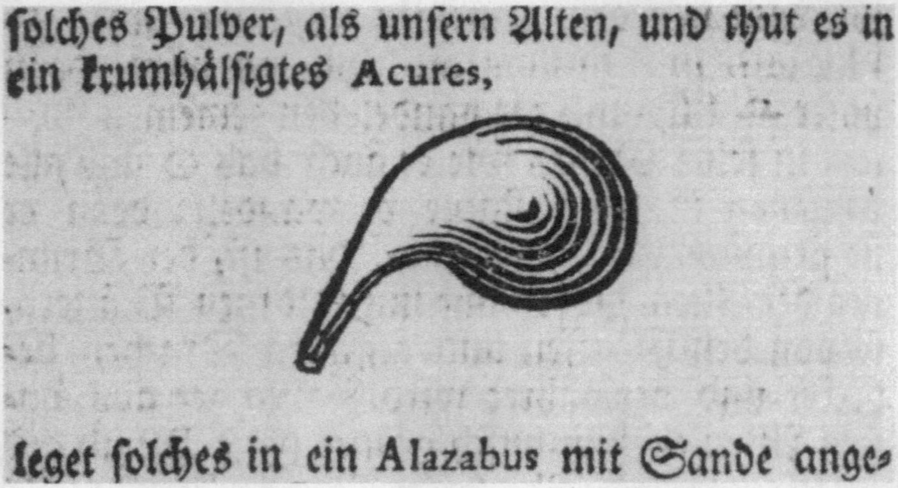

Figura 17.3.
Recipiente alquímico: "*acures* com gargalo curvo".
Extraída de Abraão Eleazar, *Uraltes Chymisches Werck*.

Após especificar a receita um pouco mais, seguindo essa mesma linha por ainda algumas páginas, Abraão Eleazar retorna a sua preocupação com seus irmãos:

> Assim, mostrei a vocês mais uma vez, caros irmãos, uma maneira de fazer com que possam ajudar a si próprios e a seus pobres e também ajudar aqueles seus irmãos que se encontram capturados pelo inimigo e estão, de resto, na necessidade e na miséria. Não desamparem as viúvas e os órfãos, para poder pagar os tributos ao imperador. Sejam taciturnos, para não ser surpreendidos pelo infortúnio. Chorem e lamentem por sua redenção, até que o herói, o Messias, venha salvá-los de seus algozes e conduzi-los à libertação. Então seus dias mudarão e seu pranto se transformará em alegria. Caros irmãos, nesse momento, nossos irmãos se reunirão novamente, vindos da Assíria, do Egito e de outros países, eles cruzarão com os pés secos o Eufrates e o rio Nilo. Sim, de todos os quatro cantos do mundo, manhã, noite, meio dia e meia noite, os anjos

Figura 17.4.
A Serpente Píton, de Abraão Eleazar. *Uraltes Chymisches Werck*.
Inscrição em alemão: "Com isso, cortem os pés da Píton ou queimem-nos com o △ [fogo] preparado com o dragão verde".

que governam os quatro ventos reunirão vocês e juntarão toda Israel nos lugares sagrados [...] (p. 42-43).

Um elemento característico dos ensinamentos de Abraão Eleazar é sua confiança na representação detalhadamente descritiva das ideias que ele deseja transmitir. Seu capítulo 4 começa da seguinte forma:

Caros irmãos, ah, se ao menos vocês pudessem me compreender, o que retrato para vocês agora! Porque falo a vocês como para crianças, e não com palavras obscuras. Aprendam e iniciem a obra, para que seus pobres irmãos sejam libertados do medo. Pensem como suas almas se encontram tão atormentadas sob a opressão que não conseguem sequer levantar suas cabeças, essa é a razão por que meu coração se dilacera por mostrar-lhes uma forma de ajudar vocês e eles. Se vocês não podem realizar a obra, roguem ao Senhor que lhes dê sabedoria, *Daniel* 11.12, 22. É uma questão fácil e insignificante, se apenas vocês abandonarem todas as coisas importantes no mundo. Assim, caros irmãos, novamente pintei aqui para vocês uma figura na qual vocês têm mais uma vez dois caminhos diante de seus olhos. Primeiramente, vocês veem como o velho *albaon* [chumbo negro] quer cortar, com sua foice, os pés selvagens e alados da Píton e que a Píton tem um bastão em suas mãos, o que significa que, quando isso aconteceu, ela tinha então duas naturezas, pois é isso que indicam as duas serpentes [cf. figura 17.4]. Esse velho pai-progenitor (*Zeuge-Vater*) está sendo retirado do *caos primordial*, isso é o que significa o dragão expelindo △ [fogo]. Que o Velho flutue no ar significa o Ω [espírito] *universal* de Píton, o princípio de todas as coisas, como ensinei a vocês, caros irmãos, bem no início; e essas figuras são óbvias. Que o Velho tenha uma foice e queira cortar os pés da Píton é uma indicação de que isso também pode ser preparado com uma outra *materia* que não o *albaon*, que é uma *materia* negro-acinzentada e pesada e que pode ser obtida em abundância; e que o Velho flutue no 🜁 [ar] significa que se deve, como previamente ensinei a vocês, preparar a partir desse Velho a *columbam Dianae* [pomba de Diana, ou da lua, ou de prata] e misturá-la com a Píton e deixá-la se elevar mais uma vez e, assim, vocês obtêm a dupla Píton ou *gluten* [cola] correto, o dragão △ [chamejante], de uma maneira úmida; mas a partir do leão verde está sendo preparado um dragão rastejante, vocês o têm diante de seus olhos e podem comparar o Velho à maneira úmida, mas na obra, eles resultam na mesma coisa, apenas que, da maneira seca, há na Obra anterior um *modus* diferente da úmida [...] (p. 62-64).

Deixo aos estudiosos da história geral da alquimia a tarefa de avaliar se os conceitos e símbolos alquímicos – além da própria Píton, sobre a qual comentamos acima – que aparecem no texto acima eram conhecidos no século XIV. A resposta a essa pergunta poderia fornecer novas indicações quanto à data do manuscrito original da *Werck*.

Numa passagem de um período posterior, Abraão Eleazar se afasta mais uma vez de sua alquimia mística, numa exortação a seus irmãos, ocasião em que ele descreve as revoltas que ele acreditava iriam abalar o mundo não judaico, com a chegada dos tempos messiânicos:

Então o Messias da tribo de Judá irá chegar. Oh! Filha de Sião, se seu rei chegar, apresse-se em recebê-lo com o coração humilde. Então você não estará mais desamparada, mas sua luz irá outra vez brilhar. Quando o som das trombetas chegar, a ∀ [terra] inteira tremerá e todos os seus inimigos tremerão de medo e pavor, sim, com pavor, e não saberão para onde ir. Tenham isso como um sinal certo e verdadeiro. Todas as nações a sua volta e todos aqueles em meio aos quais vocês vivem irão se levantar uns contra os outros, a França contra o Ocidente, assim como a Espanha e o Imperador romano contra a França; também os nórdicos entre si, os poloneses contra os turcos, os turcos contra os persas, os moscovitas contra os tártaros. Um reino destruirá o outro, ao que se seguirá a peste e a fome, e então seus inimigos serão humilhados e seu poder se transformará em nada. Assim, caros irmãos, deixem sempre que eles levantem a espada e não se envolvam com eles. Mantenham-se humildes e esperem

> com paciência. Porque o seu rei ascenderá ao mesmo tempo e os guiará com braço forte [...] (p. 93-95).

Essa parece ser a passagem na qual Kopp baseou sua conclusão de que a *Werck* devia ter sido escrita no século XVII. Contudo, as declarações "proféticas" nela contidas são vagas demais para poder ser interpretadas como reflexo das condições de um período definido; elas parecem simplesmente enumerar todas as grandes potências conhecidas pelo autor e predizem guerras entre eles no estilo e tradição dos profetas bíblicos.

A passagem mais problemática do livro de Abraão Eleazar, no que se refere a sua autoria judaica, é aquela em que ele menciona uma epidemia causada pelo envenenamento de poços. Como se sabe, quando a grande peste devastou a Europa (1348-1350), matando de um quarto à metade da população total, os judeus foram acusados de tê-la causado pelo envenenamento de poços. Sob tortura, vários judeus confessaram que eles, ou outros judeus que conheciam, haviam de fato cometido esse crime terrível. Essa era uma crença amplamente disseminada em meio aos cristãos, mesmo as comunidades judaicas sofrendo com a peste tanto quanto a população cristã. Isso é o que parece estar por trás da seguinte passagem da *Werck* de Abraão Eleazar:

> Não ousem, sem Elias e o nosso Rei [o Messias], se insurgir contra os pagãos, a fim de destruí-los, como alguns de nossos irmãos fizeram, com o quê, somente tornaram maior o domínio, de modo que, muitas vezes, mil deles tombaram em um dia, como aconteceu com Barchocheta [?]. Ele ensinou, porque conhecia a ciência, como preparar o *Mysterium*, como preparar para o povo uma ▽ [água] horrível, venenosa [...] e eles fizeram com ela, por *Cohobation* [?], uma fumaça de veneno tão horrível que eles próprios em parte pereceram devido a ela. Lançaram-na nos poços e, quando o céu estava pesado, escuro e sombrio, eles a despejaram em um vaso. Além do mais, eles a colocaram em abundância no △ [fogo], de modo que começou a soltar fumaça e, assim, eles envenenaram o 🜁 [ar],

> de modo que os homens e animais pereceram. Uma doença terrível e uma praga se espalharam em meio ao povo, as pessoas contraíram horríveis pústulas inflamadas, que começaram a decompor e cheirar mal; alguns ficavam negros como piche e tombaram subitamente e, quando ela entrava numa casa, o veneno agia tão devastadoramente que não havia salvação. Os que eram atingidos por esse veneno tentavam se salvar, fugindo para o campo, com o quê, toda a terra ficou assolada. Portanto, cuidado com coisas como essas, para não tornar ainda mais pesado o fardo sobre vocês. Mas se vocês se encaminharem pelos mandamentos de seu Deus, Ele irá preservá-los e vocês logo viverão a redenção. Sejam fortes e estejam alertas, porque em breve o jugo será removido de seus ombros.

Essa passagem sugere que o autor acreditava na acusação de envenenamento dos poços e na responsabilidade dos judeus pela Peste Negra. Poderia um judeu que viveu durante essa epidemia, ou algum tempo depois, acreditar nisso? Afinal, a resposta tem que ser sim: as "confissões" foram enviadas a várias cidades, a acusação se espalhou rapidamente e a crença em sua verdade se tornou generalizada em meio à população cristã[18]. Nessa atmosfera, não é de admirar que um alquimista judeu como Abraão Eleazar pudesse estar sob influência dessa convicção geral o suficiente para acreditar que um de seus colegas (a quem ele se refere possivelmente por um nome fictício) teria cometido uma ação não autorizada e repreensível, para destruir os "pagãos" com veneno, e que ele achasse necessário aconselhar seus irmãos a não seguir esse exemplo. Se uma conclusão histórica pode ser extraída dessa passagem, é a de que ela parece haver sido escrita logo após a Peste Negra, isto é, provavelmente na segunda metade do século XIV.

A segunda parte da obra, atribuída ao de resto desconhecido Samuel Baruc, é basicamente um comentário místico-alquímico sobre o

18 Sobre a acusação de envenenamento de poços, tortura de judeus para obtenção da admissão de culpa etc., cf. *EJ* (J), 2, no verbete "Black Death" [morte negra].

Gênesis. Sua declaração introdutória, falsamente atribuída a Abraão Eleazar, conta como ele encontrou seu texto:

> Meus irmãos! Na primeira parte eu fielmente deixei para vocês aquilo que o grande Deus e Criador revelou no livro dos segredos de Tubal-Caim, para sua necessidade urgente, para que vocês possam confortar a si mesmos e a seus filhos e encontrem ajuda na necessidade. Contudo, para que nada falte, quero explicar a vocês o livro secreto, palavra por palavra, enquanto tiver a luz do Deus de Abraão, Isaac e Jacó. Caros irmãos, vocês devem saber como cheguei a ele. Encontrei esse segredo, escrito em tábuas de cobre por Samuel Baruc, de nossa raça, em figuras, nas línguas caldaica, siríaca e árabe. Embora no início fosse difícil para mim compreendê-lo, compreender o significado adequado do △ [fogo] para o sacrifício; no entanto, o grande Jeová logo o revelou a mim, por Seu poder, para que eu pudesse captar e compreender esses segredos. Assim, quero descrever tudo para vocês, tanto quanto compreendo desse segredo, para elucidação de meu primeiro e pequeno livro, confidencialmente, bem como das figuras gravadas nessas cascas de madeira e descritas.

É inequívoco o esforço de mistificação presente nessa declaração introdutória. Abraão Eleazar diz que encontrou os escritos secretos de Samuel Baruc gravados em tábuas de cobre e que copiou o texto em casca de árvore – uma afirmação que faz lembrar o que Flamel diz sobre o Livro de Abraão, o Judeu: "era feito de cascas finas (como me pareceu) de tenros arbustos. Sua capa era de cobre muito fino"[19]. Embora

19 Prefácio de Elie-Charles Flamand a Nicholas Flamel, *Oeuvres*, Paris, 1973, p. 45-46. Cf. supra, capítulo 15 [N. da E: A tradução do trecho citado está ligeiramente diferente daquela do cap. 15 já no original, talvez por ser de um tradutor diferente, cf. a nota 20 infra]. A ideia de que textos sagrados teriam sido originalmente gravados em placas de metal reaparece na fé mórmon de que o *Livro dos Mórmons* surgiu escrito em placas de ouro. Documentos importantes eram de fato inscritos em placas de metal e preservados em caixas de pedra ou de mármore na Mesopotâmia, Egito etc. H. Curtis Wright, Ancient Burials of Metal Documents Stone Boxes, em John M. Lundquist e Stephen D. Ricks (orgs.), *By Study and Also by Faith*, Salt Lake City:

essa correspondência não possa ser utilizada como base para se atribuir o livro de Abraão Eleazar ao século XIV (época de Flamel), ela indica que a ideia de associar a livros placas de cobre e folhas de casca de árvore remonta pelo menos a esse século. A declaração introdutória de Abraão Eleazar é seguida pelo prefácio do próprio Samuel Baruc, que se inicia da seguinte forma:

> Meus filhos, esbocei em figuras os segredos do grande mundo e também seu significado, de acordo com a compreensão de seu segredo interior, como Moisés, nosso irmão, o aprendeu de Tubal-Caim e o legou a vocês, para -grande regozijo de vocês, para encontrar o Todo-Poderoso em Israel, em figuras, assim como Seus servos e anjos, juntamente com os poderes do receptáculo absolutamente interior no *centro* das naturezas; o alimento dos anjos e espíritos ocultos, a vida, o movimento das estrelas do firmamento e o poder do solo; a luz em △ [fogo], o movimento e a rotação da terra e da ▽ [água]; a emanação de יְהֹוָה Jeová; a claridade da imagem do grande Criador; o esplendor do Divino e Misericordiosíssimo; meu poder e seu, a benção de Jacó; o poder de Isaac, o fruto salvador da castidade de José; o poder restaurador de Daniel; a emanação de todos os espíritos. Assim, sejam vigilantes e cuidadosos para que os inimigos do supremo Criador não o encontrem e o levem. Mantenham escondidas essas maravilhas que Adão trouxe do Paraíso para consolo de seus descendentes, seus irmãos que são seus semelhantes. Por conseguinte, busquem na escuridão sem ser vistos, na quietude. Quando o tiverem encontrado, não desamparem seus irmãos que estão presos na necessidade, porque vocês devem ser um consolo para eles. Temam o Criador no grande אדוני Adonai, permaneçam puros e com suas almas castas, então vocês serão iguais à substância (*Wesen*) dessas coisas, interiores, sagradas e maravilhosas, e da vida, do grande mundo, para que vocês realizem milagres, atravessem os rios a pé, atravessem

[s.n.], 1990, v. 2, p. 273 e s. Estou em dívida com o Dr. Lundquist, chefe da Divisão Oriental da Biblioteca Pública de NovaYork, por essa referência.

montanhas e governem a luz do grande mundo. Sim, para que a terra se abale diante de vocês e as pedras tremam e caiam; porque o Senhor está com vocês. Levantem-se. E sejam sábios e amem a תּוֹרָה [Torá] e estejam [entre aqueles] *qui ingrediuntur sine macula & operantur iustitiam* [que entram em ação e servem à justiça sem máculas][20].

Seguindo essa introdução, o capítulo I discute e explica os mistérios alquimísticos da Criação que, ao mesmo tempo, são considerados como contendo instruções secretas para as operações alquímicas:

O *primum ens* [primeira entidade ou essência] apareceu e, após o movimento, estava recolhido em si mesmo, sem vapor nem fumaça e, do mais alto, tornou-se aquilo que está aqui embaixo, *inferiora haec cum superior[i] bus illis* [essas coisas inferiores com essas coisas superiores] que, de acordo com o árabe, são *quod est inferius centrum, est sicut est quod superius circunferentia* [aquilo que é o núcleo inferior é como aquilo que é superior em circunferência]. Portanto, o superior é o céu e o inferior é a terra elementar e tudo fluiu do *primo enti* [primeira essência] (Livro 2, p. 1-4).

Logo em seguida, Samuel Baruc introduz o conceito místico da

serpente divina [que] é o *spiritus mundi* [espírito do mundo], o mais encantador e também o mais terrível, que dá vida a tudo e também mata tudo e assume todas as formas da natureza. Em resumo: ele é tudo e também nada.

Por conseguinte, *a terra do fogo separado, o sutil e ralo daquilo que é denso e espesso, nisso ele ascende da terra para o céu, novamente descende da terra e do céu para a terra e recebe o poder e a eficácia* do superior e do inferior, dessa forma, vocês obterão a glória do mundo inteiro; portanto, acautelem-se contra toda escuridão e cegueira. Assim, vocês têm um de dois que contêm em si o terceiro e o quarto. É o mais volátil e também

20 Gostaria de agradecer a Louis H. Feldman, da Yeshiva University, pela tradução dessa e das quatro passagens em latim que se seguem.

> o mais fixo, é um [fogo] que queima tudo e também abre e fecha tudo. *Pois essa força [mais que] qualquer outra, capturando a palma para a força e o poder, é capaz de penetrar e superar todas as coisas sutis e densas e duras*[21]. Então vocês terão o poder do Criador em suas mãos, com o qual vocês podem buscar a Sabedoria e produzir maravilhas. Cozinhem esse fogo com fogo, até que permaneça estável, assim vocês terão o mais fixo, que penetra todas as coisas e essa figura emergirá [cf. Figura 17.5]. Aqui vocês transformaram esses dois em um. Agora vocês podem tornar esse verme volátil novamente: isso acontece mais uma vez com o espírito do mundo: esfreguem e transformem esse *carfunkel* [carbúnculo, um mineral], ou verme △ [ígneo], dragão vermelho, em ♁, coloquem-no novamente em um *acures* [vidro redondo], deixem que ele absorva seu espírito e seu sangue, até que esse verme se dilate em seu *abrasatim* [um espírito, o afiado ☿♎, balança de mercúrio] e se torne frutífero nessa incubação e produza muitos milhares do mesmo. Isto é, será isso que se dirá: deve-se colocar essa pedra △ [ígnea] vermelha novamente em um vidro e regá-la com o *abrasatim* duplo (ou espírito duplo) do mundo (também denominado veneno penetrante, △ [fogo] duplo, é também a vida da natureza), até que o nobre se dilate e se torne fecundo e, a seguir, deve-se deixá-la descansar em calor tépido, até o parto, até que seu fruto paradisíaco, ou terra, se torne outra vez seco e coagule. Então, façam o mesmo novamente e com a mesma frequência, até que o grande segredo apareça: a ▽ [água] △ [ígnea] coagulada, o grande mistério do mundo, a vida e alimento das almas santas e dos anjos, de cujo orvalho o céu [provém] e a abundância da terra (p. 9).

Em seguida, o autor explica que no prato em troca do qual Esaú vendeu seu direito de primogenitura a Jacó, havia uma poção secreta e nele estava oculto o "sol das riquezas", que ele desejava imensamente. Jacó, por outro lado, lutou pela benção de Deus e obteve a divina água coagulada. Ele instruiu seus irmãos a misturar essa água

21 As passagens em itálico encontram-se em latim.

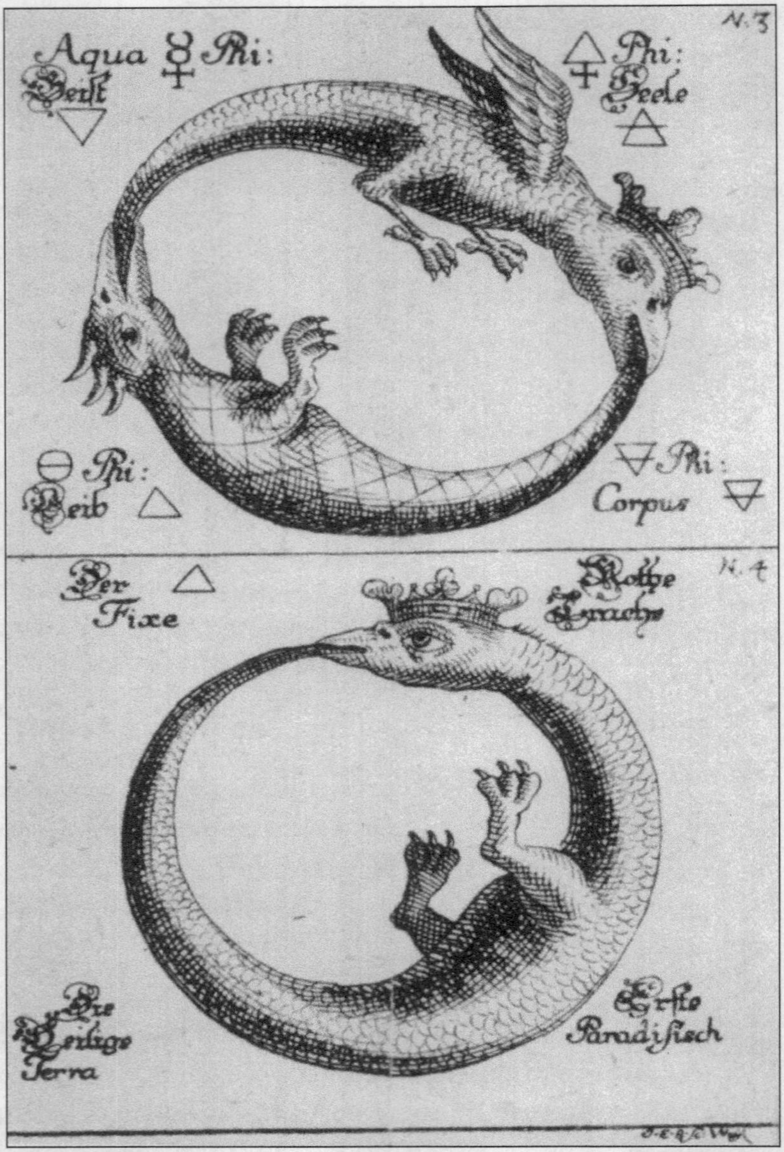

Figura 17.5
Acima: união entre espírito, alma e corpo.
Embaixo: o dragão vermelho de fogo.
Extraída de Abraão Eleazar, *Uraltes Chymisches Werck*.

divina com um fogo coagulado, a fim de obter a quinta-essência. Essa quinta-essência é

> um bálsamo sagrado e também um veneno, (נלא) [בלא] סיעתא דאלהיא לא
> יהני וגרים (מהית) [מיתה] שאסיא כולה[22] Ele é toda a poção [e] sem a ajuda de Deus é sem frutos, mata e destrói [...]. Esse é o grande segredo dos antepassados, é o que Deus deu a eles como consolo e eles o usavam quando estavam em má situação e na adversidade: caso contrário, eles não o usavam, porque estavam satisfeitos com o Supremo e com pouco. Essa era a obra-prima dos mestres sábios, com a qual preparavam todo o necessário que pertencia ao Templo (p. 11).

O segundo livro termina (na p. 87) com o seguinte comentário, evidentemente escrito por Abraão Eleazar:

> Havia muitas outras coisas importantes descritas no livro de Baruc e nas figuras das tábuas. Mas elas são incompreensíveis. Assim, descrevi e delineei para vocês apenas as coisas necessárias, das quais os Patriarcas fizeram uso com muitas consequências, para que o divino Criador fosse, por meio disso, louvado, exaltado e glorificado.

Há uma estrela de Davi impressa no final do livro.

Quando iniciei este capítulo dizendo que a *Werck* era o tratado alquímico "mais judaico" que eu conhecia, o que eu tinha em mente era o fervoroso espírito nacionalista-religioso que o permeia, fazendo dele uma obra tanto "sionista" quanto místico-alquímica. As passagens e análises acima mostram claramente que o objetivo de Abraão Eleazar, ao divulgar os segredos da alquimia para seus irmãos, era ajudá-los em seu infortúnio e opressão e capacitá-los a usar o conhecimento da

22 Essa frase em caracteres hebraicos contém dois erros de impressão, que coloco entre parênteses, com a correção entre colchetes. Sua tradução exata é: "Todo remédio, sem a ajuda de Deus, não serve de nada e causa morte". Essa deve ser a passagem em aramaico que Gustav Weil achou estar incorreta.

alquimia para aliviar seus sofrimentos. Ao mesmo tempo, ele repetidamente recorria à exortação paternal e os alertava, com inflexível insistência religiosa, a se arrepender de seus pecados e retornar ao Senhor, o qual, em Sua grande misericórdia, enviaria então o Messias, para conduzi-los de volta à terra de seus antepassados. Foi tendo em vista essa aguardada redenção e restauração messiânica que Abraão Eleazar ilustrou os acontecimentos, nas dimensões de um Armagedom, que ele esperava viriam a assolar o mundo não judaico num futuro não muito distante. Em suma, temos aqui a obra de um alquimista místico judeu, cuja finalidade era usar seus conhecimentos para ajudar seus irmãos.

Quanto ao período em que o autor viveu, há dois elementos no livro que permitem pelo menos uma conclusão provisória. Um deles é a referência à Peste Negra. O outro fator, que também aponta para a origem da *Werck* no século XIV, é a semelhança entre ela e o famoso *Livre des figures hieroglyphiques* de Flamel, que discutimos com alguns detalhes. A semelhança começa com o frontispício dos dois livros, que descrevem seus respectivos autores por meio de uma série de designações semelhantes demais para ser mera coincidência. Eles dizem:

Flamel	*Abraão Eleazar*
Abraão, o Judeu, príncipe, sacerdote, levita, astrólogo e filósofo da nação dos judeus [...].	Abraão Eleazar, o judeu, um príncipe, sacerdote e levita, astrólogo e filósofo, nascido da linhagem de Abraão, Isaac, Jacó e Judá [...].

Quando Flamel descreve o conteúdo do misterioso livro das *Figures hieroglyphiques*, ele o faz em termos que soam como um resumo das detalhadas e repetidas declarações contidas na *Werck*[23] de Abraão Eleazar. Além da estreita semelhança desse resumo com a detalhada apresentação da *Werck* e da presença, em ambos os livros, de palavras

23 Cf. supra, capítulo 15, nota 3.

místico-alquímicas como *azot*, a serpente Píton e termos semelhantes, há dois detalhes não especificamente alquimísticos que aparecem em ambos os livros e que merecem ser mencionados. Um deles é o uso da palavra "Maranatha". Abraão Eleazar emprega-a repetidamente, como se fosse autoevidente e trivial, sugerindo que o termo era bastante conhecido dele. Flamel, por outro lado, acha necessário explicar seu significado. Isso pode ser interpretado como indicação de que Flamel não estava familiarizado com a palavra até encontrá-la no texto das *Figures hieroglyphiques*, que ele resumiu e em cuja versão original essa palavra aparece sem comentários, da mesma forma que no texto de Abraão Eleazar.

O outro detalhe é a afirmação, feita em ambos os textos, de que o mestre alquimista, cujo trabalho é neles descrito, ensinou a seu povo métodos alquimísticos, a fim de dar-lhes meios de pagar os tributos ao imperador romano e também obter outros benefícios. Essa ideia é demasiado específica para aparecer independentemente em duas fontes diferentes e pode ser considerada como indicando uma conexão clara entre os dois livros.

Surge então a pergunta sobre qual dos livros teria influenciado o outro. É possível explicar a semelhança entre Flamel e Abraão Eleazar, presumindo que este último estava familiarizado com a obra de Flamel e a teria adotado como base para seu próprio tratado, discorrendo prolixamente sobre as concisas declarações nela contidas? Isso parece extremamente improvável, por uma série de razões. Primeiro, Abraão Eleazar fornece muitos detalhes sobre os quais não há referência alguma em Flamel. Esses detalhes são tantos e tão variados que excluem a possibilidade de o livro ser uma simples ampliação das concisas afirmações contidas em Flamel. Segundo, é bastante improvável que as rápidas referências presentes em Flamel fossem suficientes para estimular outro autor a escrever um livro, por assim dizer, em torno delas. Terceiro, o próprio Flamel declara explicitamente que apenas sumarizou o conteúdo das páginas dois a cinco do livro de Abraão, o

Judeu, isto é, ele tinha em mãos um texto muito mais longo, a partir do qual trabalhou. Quarto, o sentimento judaico profundamente nacionalista-religioso e o fervor semiprofético que caracterizam Abraão Eleazar dificilmente poderiam ser criados ou evocados numa reelaboração ampliando afirmações concisas e triviais.

Com isso resta apenas uma explicação plausível para as semelhanças: Flamel teria obtido de um vendedor judeu, cujo nome não é designado, um livro manuscrito e o teria sumarizado em seu *Livre des figures hieroglyphiques*. Esse livro pode ter existido em várias cópias manuscritas (e mesmo em várias línguas), constituindo, com toda probabilidade, diferentes versões. Uma outra cópia, ou versão, teria sido obtida na Alemanha pelo tradutor anônimo, que então teria elaborado uma versão alemã dele que, por sua vez, teria sido impressa por Gervasius. Em suma, é provável que a *Uraltes Chymisches Werck* de Abraão Eleazar remonte a um original do século XIV, escrito por um alquimista judeu.

18.

Themo Judaei

Themo Judaei (Iudaei) foi um astrônomo e alquimista francês de origem judaico-alemã, cuja obra principal sobreviveu na íntegra e cuja vida está relativamente bem documentada, mas sobre cujo judaísmo (ou origem judaica) nada se sabe, exceto que ele se autodenominava e era denominado por outros Themo Judaei, ou seja, Themo do Judeu, provavelmente significando Themo, filho do judeu. Uma variante de seu nome, na forma de Themo Judaeus, isto é, Themo, o Judeu, aparece na *Historia universitatis Parisiensis* (História da Universidade de Paris, Paris, 1665-1673) de César Egasse du Boulay (?-1678), que também designa Themo como *clericus* (clérigo, sacerdote), designação que foi subsequentemente traduzida por alguns autores como "rabi"[1]. Com base nessas indicações, Pierre Duhem concluiu que "se o pai de Thémon era judeu, ele próprio era cristão". Os detalhes conhecidos da vida de Themo também indicam que ele foi aceito como cristão e foi como tal que desempenhou um papel importante na vida da Universidade de Paris e de um mosteiro em Erfurt. Por outro lado, a corroboração do nome não pode ser rejeitada, sendo uma comprovação irrefutável do parentesco e nascimento judaico de Themo.

A data de nascimento de Themo é desconhecida, mas podemos presumir que ele nasceu por volta de 1325, pois em 1349 ele e seu irmão Nicolas, ambos identificados como provenientes de Münster, Vestfália,

1 Pierre Duhem, *Études sur Léonard de Vinci*. 1ª sér., 3v., Paris: Herman Éttils, 1906, p. 164.

e cognominados de "[filhos] do judeu", foram aprovados no exame de *déterminance* ou *baccalauréat*, conferido por Maître Henri de Herne, de Unna[2].

As condições específicas que vigoravam na Universidade de Paris no século XIV tornaram possível que detalhes sobre a vida inicial de Themo nessa instituição chegassem até nós. Na época, os professores e alunos provenientes de países estrangeiros formavam quatro "nações": alemã, escocesa (ou inglesa), dácia e sueca, cada uma delas chefiada por um *Procureur*, eleito por um mês, dentre os jovens mestres. Em 1353, a "Nação Inglesa" elegeu Themo para o cargo de Procureur, reelegendo-o em 1355 e, novamente, em 1356.

Ao que parece, o jovem Themo ou era bem suprido com fundos de seu pai judeu ou, então, ele próprio conseguia obter dinheiro enquanto vinculado à Universidade de Paris, pois os arquivos mostram que ele repetidamente financiava rodadas de bebida para os colegas e também os ajudava de outras formas. Em 1357 e, reiteradamente até 1361, foi eleito *Receveur*, um cargo de responsabilidade financeira na universidade e, em 1359, foi incumbido pela assembleia da "Nação Inglesa", com uma importante missão junto ao Papa Inocêncio VI[3].

Após sua partida de Paris, as notas históricas sobre Themo Judaei se tornam mais escassas, mas, alguns anos mais tarde, ele é citado como testemunha nos arquivos do mosteiro de Santo Agostinho em Erfurt, (juntamente com outros dois clérigos), sendo intitulado *magister Thymo de monasterio rector scolarium scole monasterii nostri* (Mestre Themo do mosteiro, reitor dos estudantes da escola de nosso mosteiro). Isso indica que provavelmente, logo após sua associação com a Faculdade de Humanidades da Universidade de Paris, ele foi para Erfurt, dirigir a escola do mosteiro beneditino escocês nessa

2 Idem, p. 164-165 e fontes aí encontradas.

3 Idem, p. 163-70.

cidade. Numa data posterior, ao que parece, ele voltou a Paris, onde lecionou na Sorbonne até 1371[4].

A vida e o trabalho de Themo são discutidos em vários estudos. Já no início do século XVIII, Johann Christoph Wolf, em sua notável *Bibliotheca Hebraica*, afirmava concisamente: "O Rabi Timon fez anotações nos livros Meteorológicos de Aristóteles e em livros sobre Geração e Concepção"[5]. Nos início do século XX, Pierre Duhem demonstrou que Leonardo da Vinci conhecia, utilizou e foi influenciado pela obra de Themo, que serviu a ele como guia em sua meditação[6]. Mais recentemente, Henri Huggonard-Roche discutiu com grande detalhamento a vida e obra de Themo e submeteu sua astronomia a uma análise científica completa[7].

Diversos manuscritos das obras de Themo chegaram até nós, estando disponíveis nas bibliotecas de Paris, Erfurt, Viena, Vaticano e em outros locais. Seu livro sobre astronomia, intitulado *Questiones in quatuor libros meteororum* [ou *meteorum*] *Aristotelis* (Questões nos Quatro Livros Meteorológicos de Aristóteles) está incluído nas *Questiones et decisiones physicales insignium virorum* (Questões Físicas e Decisões de Homens Ilustres), uma antologia publicada pelo escocês Mestre George Lockert em Veneza em duas edições, em 1516 e 1518, e depois novamente em 1522[8]. O *incipit* do tratado de Themo descreve-o como *doctissimus philosophiae professor Thimo* (o doutíssimo professor de filosofia Thimo) e é a única fonte que conheço que omite a denominação *Judaei* após o nome de Themo.

4 Henri Huggonard-Roche, *L'Oeuvre astronomique de Themon Juif, maistre parisien du XIVe siècle*, Genebra/Paris: Librarie Droz/ Libraire Minard, 1973, p. 13, 18, 22.

5 Johann Christoph Wolf, *Bibliotheca Hebraica*, 4 v., Hamburgo, 1715-1733, v. 1, p. 1257, n. 2.223.

6 Pierre Duhem, op. cit., p. 171 e s.

7 H. Huggonard-Roche, op. cit., p. 13, 18 e 22.

8 Fólios 155b-213b, na edição de 1516, e fólios 155b-214b, na de 1518. O livro também contém tratados de Alberto da Saxônia e Johannes Buridanus.

Embora fosse sobretudo um astrônomo, Themo era um homem com uma ampla gama de interesses e dedicou em seu tratado um capítulo aos problemas da alquimia. Ele cita o *De mineralibus* de Ibn Sīnā e o *Liber perfectionis*, atribuído a Jābir ibn Ḥayyān. Themo acreditava na possibilidade da transmutação dos metais. Sua abordagem dos problemas do mundo natural é expressa no epigrama *omne possibile est cognoscibile vel intellegibile* (toda coisa possível é conhecível ou inteligível). O que se segue é uma tradução da passagem extraída da parte final de seu capítulo sobre a alquimia, em que aparece essa sentença e que inclui os pontos de vista filosóficos de Themo sobre a natureza da alquimia:

> Tendo admitido essas coisas, podemos passar para a questão. E que a primeira conclusão seja esta: que, com a ajuda da arte [da alquimia] existente ou possível, metais podem ser produzidos, assim como arcos-íris ou auréolas [podem ser produzidos artificialmente]. Isso pode ser comprovado [como se segue]: se uma pessoa souber como usar [princípios] tanto passivos quanto ativos por meio da arte [da alquimia], da forma como eles são usados sob a terra, na natureza, então ela produzirá e causará efeitos semelhantes, exatamente como lá [na natureza]. A consequência é obvia e o antecedente também óbvio, pela seguinte razão: porque essas coisas nada requerem, além de ser aproximadas, para que atuem desimpedidas aqui [na terra], da mesma forma que sob a terra. [Isso é assim] porque observamos a mesma coisa com relação a outras coisas, de modo que o fogo queima aqui [na terra] assim como em sua própria esfera.
>
> A segunda conclusão é a seguinte: que é possível que essa arte [a alquimia] possa ser conhecida e compreendida. Isso está provado, porque essa operação, ou mistura de qualidades primárias, de fato existe; assim, pode ser conhecida. A consequência é obvia porque toda coisa possível é conhecível ou inteligível. Mas o antecedente é obvio porque todos os dias essas coisas são geradas e nascidas sob a terra. Portanto, tal mistura existe.

A terceira conclusão [é] que, embora seja possível, é todavia muito difícil e, por muitas razões, perigoso insistir no estudo dessa arte. Isso é provado pelo fato de que, às vezes, exemplares falsos são forjados em ouro e prata, com o quê regiões inteiras podem ser ludibriadas e quem o faz é um falsificador, se os usa como boa moeda corrente; ou ele pode fazê-lo, se não ele próprio, por meio de outros, até que alguém seja enganado.

Além disso, muitos com frequência incorrem em grandes gastos e os perdem, enquanto os que trabalham e os que persistem [nessas coisas] sofrem o mesmo tipo de tribulações. E, algumas vezes, se conseguem atingir a perfeição, eles são destruídos devido à inveja [e] não porque seu trabalho é inferior ao dos outros, porque, de acordo com Aristóteles no *Político*, o oleiro odeia o oleiro. E talvez os homens se orgulhem em fazer coisas como essas, mas eles cometem ações más. Portanto, é preferível abandonar [isso] e se empenhar [literalmente, "suar"] em outras boas artes[9].

9 Idem, 203b (ed. 1516) ou 202b (ed. 1518). A frase sobre os oleiros, referindo-se ao ciúme profissional, encontra-se em Aristóteles, *A Política,* 1312b 5, e em Hesíodo, *Os Trabalhos e os Dias,* 25. Agradeço essas referências a James W. Halporn, da Universidade de Indiana, assim como a transcrição da difícil edição em latim do texto original, e a Edward Grant, da Universidade de Indiana, pela tradução da passagem acima.

Parte 6

SÉCULO XV

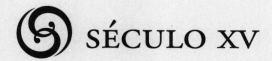

Introdução à Parte Seis

O número de alquimistas judeus cujos textos chegaram até nós, ou sobre cuja obra encontramos informações em tratados escritos por outros, é um pouco maior no século XV que no século XIV. Uma indicação interessante da posição de importância que a alquimia ocupava no pensamento judaico do século XV encontra-se num documento espanhol que mostra que alguns judeus acreditavam que o aguardado Messias seria uma espécie de alquimista. Esse documento faz um relato sobre uma ação judicial que teve lugar em 1491 contra um certo Fernando de Madri, um *converso* (judeu convertido) de Torrelaguna, na arquidiocese de Madri. Uma testemunha cristã afirmava que quinze anos antes (isto é, 1476), quando manifestamente era ainda um adepto da fé judaica, Fernando de Madri fizera uma predição sobre o Messias, que o documento designa como *el ante cristo*, isto é, o Anticristo. Ele predizia "que o Anticristo viria para a cidade de Palos e eles dizem que ele traria a pedra filosofal e que, se tocar com ela uma barra de ferro, ela se transformará em prata e, se tocar uma barra de aço, ela se transformará em ouro e o mar irá revelar seus tesouros para ele". A consequência do aparecimento desse "Anticristo" seria que os cristãos iriam segui-lo e deixariam de acreditar em Jesus Cristo. A ação judicial se encerrava com a condenação do acusado, que a essa altura já estava morto havia muito[1].

1 Cf. Fritz Baer, *Die Juden im christlichen Spanien*, p. 515, citando o Archivo Historico Nacional, Inq. To., leg. 164, n. 530. Traduzido para o inglês em tradução livre por Yitzhak Baer, *A History of the Jews in Christian Spain*, 2v., Philadelphia: The Jewish Publication Society, 1971, p. 351-352. Agradeço à sra. Joseph Adler pela tradução dessa passagem a partir do espanhol.

19.

Simão ben Tzemaḥ Duran

O Rabi Simão ben Tzemaḥ Duran (1361-1444) foi um estudioso judeu medieval, cuja posição sobre a alquimia era ambivalente. Nasceu em Maiorca, estudou em Palma na *ieschivá* de Efraim Vidal, quando a cidade era um centro da atividade alquimística judaica. Seu currículo incluía a matemática, astronomia, ciência, lógica e medicina. Após seguir seus estudos em Aragão, retornou a Palma e trabalhou como médico e cirurgião. No massacre de 1391, no qual seu mestre Efraim Vidal foi martirizado, Duran perdeu toda sua fortuna, mas conseguiu abandonar Maiorca junto com a família; estabeleceu-se na Argélia e assumiu o cargo de rabino. Em 1408 foi nomeado rabino-chefe da Argélia. Admirava Maimônides imensamente, mas se opunha a sua crença na astrologia, considerando-se primordialmente um discípulo dos cabalistas, que ele denominava "mestres da verdade" e citava com frequência em suas obras.

Duran foi um autor de múltiplas facetas. Seus escritos abarcam os campos da filosofia religiosa, da poesia religiosa hebraica, *responsa* que tratam de problemas religiosos e legais, bem como da gramática e filologia hebraicas, da exegese bíblica, da Cabala e de temas científicos das áreas de matemática e astronomia. Foi também polemista, atacando as doutrinas dos caraítas, polemizando com os cristãos e expressando-se criticamente sobre o *Alcorão*. Sua filosofia constitui a maior parte do que é talvez considerado seu livro mais importante, o *Magen Avot* ("escudo dos Pais", "dos antepassados"), uma obra enciclopédica que aborda a astronomia, as ciências naturais, a fisiologia e as patologias humana e animal, bem como a psicologia. É nesse livro que Duran manifesta seu amplo conhecimento da teoria alquimística e sua plena aceitação dela, ao mesmo tempo em que se expressa criticamente sobre a alegação dos alquimistas de ser capazes de transmutar metais comuns em preciosos. Eis o que ele diz sobre o tema:

> E já num livro especial, de autoria de Aristóteles, são encontradas as características de mais de quatrocentas pedras, pois algumas servem de sustento para os homens, como a prata e o ouro; algumas aprimoram seus alimentos, como o sal; algumas têm fogo nelas oculto e elas são de muitos tipos; algumas, se cai sobre elas um outro mineral, seu corpo fica reforçado, e trata-se do mercúrio; algumas, se água cai sobre elas, seu corpo fica reforçado, tal como o chumbo e seus análogos; e disso vem o erro das pessoas na obra da alquimia [que acreditam que podem] aprimorar o chumbo e o mercúrio com o remédio de outras misturas e creem que, dessa maneira, podem utilizar remédios para transformar outros metais em prata e ouro. Muitos se arruinaram por causa disso e seus dias se abreviaram, pois a natureza do desejo de acumular seduz os homens e nunca houve ninguém que tenha obtido êxito nisso.
>
> E há entre os metais os que, se caírem no fogo, estragam-se e derretem, como o mercúrio; e os que, se caírem no fogo, ficam mais fortes e adquirem brilho e lustro e bom aroma, [como] a pedra preciosa chamada *yāqūt* [ár., safira]. E há os que são água no ventre da terra e, ao sair para o ar, transformam-se em pedra. E há os que, pelo fogo, mudarão de uma forma para outra, como o chumbo, do qual fazem *zarqon* [ár., cinabre], e assim também é o ferro, pois o ferro é tirado do pó, e assim é o *zanzar* [ár., *zinjār*, azinhavre], que é feito de cobre, e o *ofidas*, que é feito de chumbo, e também o *zanzafur* [ár., *zunjufr*, zarcão, cinabre], a partir do mercúrio que surge pelo fogo num recipiente de vidro. E alguns dizem que a *marqaṣita*, quando derretida, faz com que o mercúrio congele [isto é, coagule], assim como a pedra do *alsalaq* [ár., *al-silaq*, líquido], e

esse é um erro dos alquimistas. E do chumbo [vem] o *al-martaq* [ár., litargírio, óxido de chumbo]. E há entre as pedras as que atraem o ferro, e são chamadas *magtinas* [magnitas], algumas das quais atraem o ferro, outras a carne, outras ainda o pelo, outras o ouro, algumas a prata, outras a palha e outras a água que está no ventre, *hidroqen* [hidropisia] e algumas atraem o veneno que mata ao ser ingerido, e elas são o topázio, que é chamado de *zmurda* [ár., *zumrud* ou *zumurrud*, esmeralda] (e, em La'az, *marqadi*), e outras são boas para quebrar as pedras [da bexiga] que estão numa pessoa, e algumas crescem como o coral, e outras nas quais se oculta o fogo e, se água as tocar, o fogo sairá e a conflagração [estará] a toda sua volta, à semelhança das *magtinas* [magnitas] e da pedra calcária, e há uma pedra, na qual se encontra outra pedra e que faz um ruído semelhante ao de um sino, e há uma pedra que faz a carne se contrair e grudar nos abcessos, e há uma pedra que faz adormecer e outra que produz insônia e há as que, se tocadas pelo fogo, [provocam] uma conflagração a seu redor, como o enxofre, e há outras que arrancam o pelo, como a cal e também o *zarnīkh* [ár., arsênico], e há as que são encontradas em animais, como a lagosta [ou o lagostim], e também no fel de boi e de homem, e outras que, se forem calcinadas no fogo, congelam [isto é, coagulam] e se transformam numa pedra como o *ṭabāschīr* [ár., giz], e há as que provêm da água como o cristal – e quem pode saber o número de pedras que existem, bem como todas as suas características, a não ser Deus, abençoado seja Ele, que as criou, além de todas as que se encontram nas diversas plantas e nos mais variados animais, cujas espécies são muito numerosas, conforme explicarei com a ajuda de Deus, quando falarmos sobre a alma. Entretanto: como foi que esses elementos se misturam até que essas substâncias passassem a existir? Pois o lugar de cada um dos elementos não é fixo, um acima do outro, sendo próprio de sua natureza não mudar de lugar e natureza? Contudo, sua mudança de lugar se dá pela compulsão, e o [fator] compulsivo é o movimento das esferas, devido ao qual uma parte dos elementos do fogo sai de seu lugar e penetra no ventre da terra, trazendo consigo uma parte do ar e da água, e aí eles se misturaram e se combinaram numa mescla maravilhosa com a ajuda de misturas das centelhas das estrelas que deixam vestígios na umidade e, do mesmo modo, as outras centelhas das estrelas, que deixam tais vestígios.

E em geral a luz e a escuridão são a causa de todos os seres, pois na luz se encontra o calor e, na escuridão, o frio e, por meio de sua combinação, todas as substâncias emergentes [*mithawim*] passam a existir e eis que a escuridão é uma característica substancial da terra, enquanto a luz é uma característica acidental da terra, atuando na escuridão. E, ao identificar os movimentos, os elementos saem de seu lugar e, devido ao mistério do [fator] compulsivo, desejam retornar a seu lugar natural e, ao sair da terra, as substâncias, de acordo com sua espécie, passam a existir.

E a questão de sua combinação está em que a água e o pó se misturam como lama, e uma parte do ar penetra neles, pois, se não fosse assim, todas as substâncias seriam pesadas como a água e o pó e, se não fosse pelo elemento do fogo, que as amadurece[1], todas as substâncias permaneceriam como o barro do oleiro, mas, devido ao elemento do fogo, elas se privam dessa forma e assumem [outras] formas, de acordo com a medida da mistura. E as formas que [elas] assumem é o mundo inferior.

Da combinação dos elementos resultam quatro [formas]. A primeira é a forma que se torna inanimada: as partes que são inanimadas [corpos] e os minerais, que são corpos mortos; eles não têm movimento, exceto pelo movimento de cima para baixo, quando saíram do seu lugar, devido a uma compulsão e quando, pelo mistério da [força] compulsiva, retornam a seu lugar natural, e essa é sua natureza, como escrevi acima. E na totalidade dessa forma todos os metais estão de acordo com suas espécies e todas as pedras, de acordo com suas espécies e todos concordam nessa forma e diferem [somente] em sua qualidade, segundo a mistura de seus elementos. E tudo isso foi criado no terceiro dia, quando a terra se revelou.

1 O texto traz *m'vaṭel* (anula), o que parece ser um erro de impressão, quando deveria estar grafado *m'vaschel* (amadurece).

> A segunda forma é a forma da vegetação, pois nela foi acrescentada, à primeira forma, a da germinação e crescimento e a da produção de sementes que nela permanece. Essa é a força vital de preservação das espécies e essa é a forma denominada alma, porque nela há movimentos que mudam, para baixo e para cima, pois as raízes se movem para baixo e os galhos para cima, e as raízes sentem a doçura da água e se movem em direção a ela, distanciando-se da água amarga.

Em seguida Duran fala, num mesmo estilo, sobre a "terceira forma", que é a dos animais, e então da "quarta forma", que é a "forma dos seres vivos falantes", isto é, o homem.

É evidente que a versão impressa da passagem citada que traduzi[2] está em alguns pontos corrompida (algumas afirmações estão duplicadas, algumas palavras, em árabe, transliteradas incorretamente etc.), porém trata-se de falhas menores, que não reduzem o valor da passagem como um todo, enquanto comprovação do extraordinário conhecimento que Duran tinha da química-alquimia, mineralogia e medicina de sua época. Também mostra até onde, na época de Duran, a medicina e a mineralogia estavam entrelaçadas e revela a aceitação acrítica de propriedades imaginárias dos minerais junto a propriedades reais (tipos de imãs que atraem o ferro, a carne, o pelo, o ouro, a prata, a palha, a água, o veneno etc.).

Duran menciona uma "pedra, na qual se encontra outra pedra e que faz um ruído semelhante ao de um sino". Trata-se sem dúvida da pedra chamada *aban e-re-e*, ou *aban a-la-di*, na antiga Assíria, *aetites*, na Roma antiga, e *even t'quma*, no *Talmud*, que também era conhecida pelos naturalistas árabes medievais Al-Bayṭār e Al-Qazwīnī (ambos do século XIII) e, no folclore europeu, era designada como "pedra de águia", "Adlerstein", "Klapperstein" etc. Em toda parte se

2 C. Simeon ben Ṣemaḥ Duran, *Magen Avot*, Livorno, 1785, 10a.

acreditava que, se uma mulher usasse essa pedra no pescoço quando grávida, estaria protegida contra abortos[3].

O "livro especial de Aristóteles", que Duran menciona na primeira linha da passagem citada, é o conhecido *Tratado das Pedras*, atribuído a Aristóteles, muito popular em meio aos círculos científicos árabes medievais. A obra foi publicada em 1912 por Julius Ruska, que discutiu as versões em árabe, hebraico e latim do livro ainda existentes, nas quais se encontram praticamente todos os termos e ideias que aparecem na passagem de Duran acima[4].

3 Comentei sobre essa pedra em meu livro *Adam va'Adamá*, Jerusalém: [s.n.], 1943, v. 2, p. 28-32.

4 Julius Ruska, *Das Steinbuch des Aristoteles*.

20.

Salomão Trismosin e seu Mestre Judeu

Um dos muitos alquimistas cristãos na Idade Média que relataram ter viajado para o sul ou para o leste e aí aprendido a "Grande Arte" com um ou mais alquimistas judeus foi Salomão Trismosin (grafias variantes: Trissmosin, Trismorin). Trismosin viveu no século XV, era alemão de nascimento e seu livro, intitulado *Aureum vellus*, ou "O Velocino de Ouro", tornou-se quase tão popular quanto o livro de Flamel sobre as figuras hieroglíficas.

O título da obra de Trismosin remonta à lenda grega da busca dos argonautas pelo velocino de ouro, à qual se acrescentou, por volta do século VII ou VIII, a fantástica característica de que o valor inestimável do velocino de ouro residia no fato de ele ser um velo no qual estavam inscritas instruções para a produção de ouro. O *Aureum vellus* de Trismosin foi publicado pela primeira vez em 1598-1599 em Rorschach am Bodensee. O frontispício da edição em alemão diz: *Aureum vellus ou Tesouro de Ouro e Câmara da Arte. Nele [estão] as Obras e Livros dos Mais Nobres, Excelentes, Seletos, Maravilhosos e Valorizados Autores, do Antigo Tesouro das Relíquias Preservadas, Ocultas e Conservadas e Monumentos dos Reis e Sábios dos Egípcios, Árabes, Caldeus e Assírios. De Autoria do Nobre, Sumamente Inspirado, Excelente e Fidedigno Filósofo Salomão Trismosin (Que Foi Preceptor do Grande Filósofo e Médico Teofrasto Paracelso), Organizado em Pequenos Tratados Específicos, Separados e Apresentados em Alemão* [...].

Poucos anos depois de sua publicação original, o *Aureum vellus* foi traduzido para o francês e impresso em Paris, em 1613. A versão francesa toma liberdades no frontispício e acrescenta que o livro, denominado *La Toyson d'or*, "trata sucinta e metodicamente da pedra filosofal", que ele é "enriquecido com figuras e cores adequadas" e que foi obtido a partir dos "mais importantes monumentos da Antiguidade, tais como os caldeus, os hebraicos, os egípcios, os árabes, os gregos e os latinos"[1].

Já na primeira página do *Aureum vellus*, Trismosin nos conta algo sobre sua juventude e os anos perambulando pela Europa. Ele relata que, desejando encontrar os segredos da alquimia,

> a partir do ano de 1473 me pus a caminho e vaguei para lá e para cá. Sempre que ouvia falar de um artista, não deixava de ir procurá-lo e passei um ano e meio assim, tendo conhecido todos os tipos de artes alquímicas, que não quero especificar, mas vi a verdade em vários *particularibus* [detalhes] e gastei 200 florins e não penso ainda em desistir.
>
> Pensei e me empenhei em levantar fundos junto a meus amigos e, na companhia de um estrangeiro, parti em viagem para Labach e de lá para Milão, onde fui para um mosteiro no qual trabalhei como amanuense e frequentei aulas durante um ano inteiro. Depois, andei por toda a Itália e conheci um comerciante italiano e um judeu que falavam o alemão. Eles sabiam como fazer o estanho inglês ficar com a aparência da mais fina prata, da qual vendiam grandes quantidades. Ofereci-me para servi-los, se isso os agradasse: o judeu persuadiu o comerciante a me tomar como auxiliar. Eu tinha de cuidar do fogo quando eles realizavam sua arte com o estanho. Eu era diligente, o que muito os agradava e, assim, eles nada

1 Paris, 1613. O livro na verdade estava disponível no mercado antes do final de 1612: a cópia da Biblioteca Nacional de Paris traz uma dedicatória datada de Paris, 25 de novembro de 1612. Um manuscrito alemão desse livro, intitulado *Splendor solis* (Esplendor do Sol) e datado de 1582, encontra-se na Biblioteca Britânica (Harley MS 3469). Seu texto é em grande parte idêntico ao da edição Rorschach de 1598-1599. Cf. John Reed, *Prelude to Chemistry: An Outline of Alchemy, Its Literature and Relationship*, Cambridge: MIT Press, 1966, p. 67 e s.

me ocultavam. Dessa forma aprendi também a arte que era realizada com coisas venenosas e permaneci com eles durante quatorze semanas.

Em seguida viajei com o judeu para Veneza [onde] ele vendeu quarenta libras de prata a um comerciante turco. Enquanto ele negociava com o comerciante, tomei seis lotes da prata e fui a um ourives, que tinha dois auxiliares diaristas. Ele sabia falar o latim, e pedi-lhe que avaliasse a prata. Ele me encaminhou para a Praça de São Marcos, para um avaliador que era muito imponente e rico. Ele tinha três avaliadores alemães que o auxiliavam. Eles examinaram o material rapidamente, usando objetos muito afiados, e depois o submeteram a teste, mas ele não resistiu em nenhum deles e tudo desapareceu no fogo. Eles me perguntaram secamente onde eu havia obtido a prata. Sugeri que queria avaliá-la, a fim de ver se ela resistiria como boa prata. Tendo verificado a fraude, não retornei ao judeu e deixei de dar atenção a essa arte, imaginando que eu me veria numa situação difícil com o judeu e a prata falsa. Então fui para uma escola em Veneza e pedi que me dessem alimento duas vezes por dia. O reitor me encaminhou a um refúgio onde havia vários alemães, que me deram muita comida; tinha sido fundado para todos os tipos de nações e estrangeiros.

Se Trismosin terminasse sua história nesse ponto, ficaríamos com a impressão de que seu companheiro judeu, ou professor de alquimia, era um charlatão comum, que tentava fazer com que um metal barato passasse por prata. A sequência da história, contudo, mostra que – fosse qual fosse a qualidade da prata que ele levou para ser analisada – depois desse episódio Trismosin passou a acreditar que de fato havia aprendido com o alquimista judeu a arte de transmutar metais comuns em ouro. Ele relata que o mesmo avaliador que trabalhava como auxiliar e que descobrira que a primeira amostra era prata falsa ofereceu-lhe trabalho num laboratório no dia seguinte, quando os dois voltaram a se encontrar. Trismosin não relata se aceitou ou não a oferta, mas informa seus leitores de que foi empregado num grande estabelecimento alquímico fora de Veneza, começou a trabalhar e, em dois dias, conseguiu produzir "três lotes de ouro de excelente qualidade". Evidentemente, ele aprendera bem a "Grande Arte" com o judeu.

Trismosin relata que continuou depois aperfeiçoando seu domínio dos segredos da alquimia. Ele escreve: "De Veneza, fui para um lugar melhor, onde me foram confiados livros cabalísticos e mágicos escritos na língua egípcia; tive de traduzi-los para o idioma grego e, dele, para o latim"[2]. Trismosin afirma ter aprendido com esses livros mágicos o segredo do preparo da pedra filosofal, do qual ele fornece a seguinte descrição:

> Sublimamos mercúrio com alume, salitre, sal de cozinha e, enquanto isso, comemos pão com uma grossa camada de manteiga, para que os vapores não nos causem dano. O sublimado deve ser destilado repetidas vezes com *spiritus* e o destilado, sempre despejado de volta, até que o sublimado fique bem destilado. Esse destilado é o mercúrio filosofal. A ele deve ser acrescentado ouro pulverizado, que nele se dissolve como gordura. Metade do ouro dissolvido deve ser macerado com álcool durante quinze dias, para que fique vermelho e se transforme em sangue de leão. Ele deve ser trocado pela outra metade do ouro dissolvido e essa mistura deve ser macerada num alambique bem vedado, para que se torne negra, cinza, branca, amarela, vermelha, uma cor após outra. A substância assim obtida, se nela for colocada mil vezes a mesma quantidade de ouro derretido ou mercúrio aquecido, os transmuta na verdadeira pedra filosofal, com a qual é possível enobrecer o estanho, o chumbo, o cobre e o ferro, em ouro de boa qualidade[3].

Pouco mais se sabe sobre a vida de Trismosin. Ele parece ter viajado do Ocidente para o Oriente, pois Paracelso relata que teria

2 *Aureum vellus*, Rorschach am Bodensee, 1598-1599, p. 4.

3 *Allgemeine Deutsche Biographie*, Leipzig: Duncker und Humblot, 1894; reimpressão: Berlin: Duncker und Humblot, 1971, v. 38, p., 625.

encontrado Trismosin em 1520, em Constantinopla, onde teria sido por ele instruído[4]. Trismosin afirma num de seus escritos que não só teria conseguido produzir a pedra filosofal, como também a teria utilizado para obter rejuvenescimento. Ele relata que, quando já estava extremamente velho e sofria de degeneração senil, conseguiu rejuvenescer usando meio grão da cobiçada pedra: sua pele enrugada e amarelecida se tornou novamente lisa e branca, suas faces, rosadas, seu cabelo grisalho, preto, seu corpo encurvado, ereto, e excitações juvenis começaram a despertar nele. Trismosin também afirma ter feito outras pessoas rejuvenescer: mulheres de setenta a noventa anos ficaram novamente tão jovens que deram à luz vários filhos. Ele poderia, assim afirmava, viver tanto quanto desejasse e, "não fosse isso contra a eterna sabedoria de Deus, seria possível manter-se com esse *arcano* [segredo] até o dia do Juízo Final".

4 Idem, citando Hermann Kopp, *Geschichte der Chemie*, 4 v., Braunschweig, 1843-1848, v. 2, p. 179, 228; idem, *Die Alchemie in älterer und neuerer Zeit*, Heidelberg, 1886, v. 1, p. 98, 242, v. 2, p. 229; idem, *Beiträge zur Geschichte der Chemie*, v. 1, p. 12.

21.

A *Cabala Mystica* de Abraão ben Simeon

A combinação entre misticismo e alquimia na mente dos pensadores judeus medievais está, como vimos, admiravelmente ilustrada nos escritos de Moisés de León. Não é possível citar nenhuma outra prova para corroborar a existência de uma combinação mental tão importante quanto essa entre a magia prática e a alquimia no pensamento de alguns autores judeus da Idade Média e de períodos posteriores. De fato, o autor que deixou o mais volumoso livro abordando juntas a magia e a alquimia é, de resto, desconhecido. Antes de discutir esse livro e seu autor, no entanto, são necessários alguns comentários sobre a relação entre a magia e a alquimia no pensamento medieval em geral.

Na segunda metade do século XIX, o famoso historiador francês Paul Lacroix (1806-1884) fez uma crítica contundente à bibliografia alquimística do século XIV ao século XVI. Em sua obra clássica, *Ciência e Literatura na Idade Média*, ele chamou essa bibliografia de "uma coleção caótica de absurdos", na qual "tudo que é magnífico ou misterioso é atribuído pelos alquimistas aos demônios que povoam o ar, o fogo e a água, às estrelas, que são superiores aos seres humanos, e à vontade divina, às misteriosas simpatias existentes entre o Criador e suas criaturas e às combinações híbridas entre substâncias minerais e vegetais"[1]. Embora Lacroix não mencione a palavra magia, o que ele tem em vista

1 Paul Lacroix, *Sciences et lettres au moyen âge et à l'époque de la Renaissance*, Paris: Filmin-Didot, 1877.

na primeira parte dessa declaração é manifestamente condenar a combinação de procedimentos alquímicos com práticas mágicas, às quais se recorria para conjurar e controlar os demônios. Sua condenação se justifica ainda mais na medida em que, em suas formas não adulteradas, existe um abismo intransponível entre a magia e a alquimia.

O mágico (termo com o qual designamos no presente contexto o praticante da magia que vive num ambiente religioso judaico, cristão ou muçulmano e acredita que sua magia possui um lugar legítimo no âmbito de sua religião) acredita que, ao recitar certas fórmulas secretas (encantamentos), e/ou executar determinados atos ou rituais igualmente secretos, pode forçar, ou pelo menos persuadir, as potências ou seres sobrenaturais (divinos ou demoníacos) a cumprir suas ordens. Essa crença, muito difundida na Europa medieval assim como no mundo muçulmano, sempre existiu em meio aos judeus desde os tempos bíblicos e vestígios dela podem ser encontrados, em especial entre as comunidades judaicas do Oriente Médio, mesmo nos dias atuais.

O alquimista, ao contrário, acredita que há na natureza certos processos, propriedades, forças e potências ocultas que o adepto pode reproduzir em seu laboratório e, desse modo, fazer em poucas semanas, dias, ou mesmo horas, o que a natureza exige anos ou mesmo eras para realizar. Se consegue aprender o procedimento correto e segue as instruções meticulosamente, ele é capaz de transmutar metais comuns em preciosos, produzir pedras preciosas e pérolas e preparar o ainda mais valioso elixir, a quinta-essência, ou a pedra filosofal, que dá força, saúde, juventude eterna e pode retardar a morte quase que indefinidamente; esse é o credo do alquimista.

No sistema de crenças e na ordem prática do verdadeiro alquimista não há lugar para a magia. Embora na aparência se mostre respeitoso com relação a Deus, cuja ajuda sente-se compelido a invocar, ele executa sua arte numa base puramente empírica, confiando exclusivamente na experiência acumulada e transmitida por seus predecessores, em geral ilustres e reverenciados, e em sua própria paciente e diligente experimentação. Ele não invoca demônios e espíritos, porque as forças espirituais sobrenaturais não têm lugar no esquema de suas atividades. Acredita somente na possibilidade de modificar as propriedades físicas que ele *sabe* ser características dos metais, dos minerais e dos elementos, e na de modificar os materiais contidos nos corpos das plantas, animais e homens, que podem todos ser submetidos a manipulação física, técnica, ao ser expostos à influência do calor e do frio, da secura e da umidade. Nesse aspecto é característico o fato de que mesmo os termos "alma" e "espírito" sejam empregados pelos alquimistas para designar determinados elementos ou substâncias materiais, não possuindo para eles a conotação corriqueira, com a qual estamos familiarizados, de um contraste habitual entre corpo e alma, entre carne e espírito.

Contudo, além dos devotos inflexivelmente puristas (ou deveríamos chamá-los de ortodoxos?) da magia, de um lado, e da alquimia, de outro, houve, em vários lugares e épocas, muitos outros de inclinação menos rigorosa, que não podiam resistir à promessa, oferecida pela magia ou pela alquimia, de romper os limites de uma existência física limitadora e muitas vezes dolorosa, recorrendo às técnicas de ambas, indiscriminada, alternadamente ou mesmo em combinação. É um homem desse tipo que nos fala nas páginas da *Cabala mystica*, também intitulada o *Livro da Magia Sagrada*.

O livro de Abraão ben Simeon chegou até nós em várias versões em hebraico, alemão e francês. O manuscrito em hebraico da Bodleian Library (Oxford MS Opp. 594) é fragmentário. Os manuscritos mais completos são o alemão, preservado na Sachsische Landesbibliothek, em Dresden (MS N. 161, Nr. 56), e o francês, encontrado na Biblioteca do Arsenal, em Paris (MS 2351). Ambos foram provavelmente escritos no século XVIII, mas são manifestamente cópias de originais mais antigos. Esses dois manuscritos servem como a principal base para nossa discussão.

O frontispício do manuscrito em alemão diz: "A Cabala Mística dos Egípcios e dos Patriarcas, que é o Livro da Verdadeira e Divina Magia

Antiga, Escrito por Abraão, Filho de Simão, para Seu Filho Mais Jovem Lamec".

O manuscrito em francês divide-se em três livros, cada qual com uma página de rosto à parte, a primeira das quais diz: "Primeiro livro da Sagrada Magia que Deus deu a Moisés Aarão David Salomão & a outros Santos Patriarcas & Profetas, que ensina a verdadeira sabedoria Divina, deixada por Abraão para Seu Filho Lamec traduzido do hebraico em 1458".

A formulação do título em francês sugere a pergunta sobre se o livro foi escrito por um autor judeu ou cristão. A listas de "santos" juntamente com patriarcas e profetas poderiam estar indicando um autor cristão, embora o termo "santos" em francês talvez designasse homens santos no sentido geral, e não santos canonizados pela Igreja; isso estaria de acordo com as tradições herméticas segundo as quais o conhecimento secreto da alquimia foi passado para os sábios e homens santos de todas as nações[2]. Por outro lado, o nome do autor e a afirmação de que o livro foi traduzido do hebraico claramente sugerem um autor judeu. Quem foi, então, o autor? Além disso, a data 1458 significa que o livro foi escrito nesse ano ou que 1458 é a data de sua tradução para o francês?

Abraão ben Simeon não é mencionado em nenhum outro documento histórico além desse livro, mas essa fonte contém uma série de indicações. Seu nome completo era Abraão ben Simeon ben Iehudá ben Simeon. Cresceu em Worms, na Alemanha, na casa de seu pai, um estudioso e cabalista judeu, e dele recebeu uma boa educação judaica que incluía uma introdução à Cabala. O livro é escrito na primeira pessoa e dirigido a Lamec, filho mais jovem do autor. O filho mais velho chama-se José e Abraão também tinha duas filhas.

O manuscrito em alemão afirma que no dia 6 do mês de Tevet de 1379 (o manuscrito em hebraico também traz essa data, mas o ano está

2 Devo esse comentário ao Professor Gerald Strauss.

ausente), quando Abraão tinha 20 anos, seu pai Simeon morreu. Isso nos dá o ano de 1359 como a data de nascimento de Abraão. Quatro anos mais tarde, ele partiu numa longa viagem de estudos, em busca do conhecimento da "verdadeira magia" e da "sabedoria divina". Foi primeiro para Mainz, onde por quatro anos estudou com um certo Rabi Moisés. Fez aí amizade com um jovem da Boêmia, de nome Samuel, e ambos decidiram ir para Constantinopla. Partiram no mês de Kislev de 1387 (de acordo com o manuscrito francês, 13 de fevereiro de 1397), atravessando a Alemanha, a Boêmia, a Áustria, a Hungria e a Grécia. Em Constantinopla os dois jovens estudiosos permaneceram dois anos, provavelmente estudando com mestres locais. A essa altura, Samuel adoeceu e morreu e Abraão continuou sozinho a jornada. Passou quatro anos viajando pelo Oriente Próximo e então, conforme escreve, "fui para a velha terra prometida, onde nada encontrei, exceto tristeza e miséria". No entanto, passou um ano na Palestina e depois, na companhia de um jovem cristão chamado Cristóvão, foi para a Arábia. Seu livro não contém uma palavra sequer sobre suas atividades durante todo esse tempo.

Tendo permanecido longe de sua casa por cinco anos*, Abraão sentiu que era hora de voltar. Ele relata numa única sentença que se separou de Cristóvão e retornou a Worms. Na sentença seguinte, lemos que ele partiu novamente para o Oriente, prosseguindo em sua busca. Passou outro ano na Arábia e então atravessou a Palestina, seguindo para o Egito. Permaneceu no Egito mais um ano – ele não menciona onde – e depois se estabeleceu numa pequena cidade chamada Arki (no manuscrito em hebraico, Arāqī, no manuscrito em francês, Arachi), próximo ao Nino (no manuscrito em hebraico, "rio Nilo"). Depois de ficar por seis meses na casa de um velho judeu chamado Aarão, queixou-se a seu anfitrião de sua dificuldade em encontrar o que seu coração almejava e Aarão o aconselhou então a procurar um homem velho e muito sábio de nome Abramelim, que vivia no deserto,

* De aordo com o original. A soma do tempo total da jornada especificada acima é muito maior (N. da E.)

não muito longe de Arki. Aarão deu a Abraão um guia e, um dia e meio após deixar Arki, chegaram a uma colina coberta de arbustos e árvores. O guia disse a Abraão que nessa colina vivia o sábio Abramelim, mas que ele próprio não queria prosseguir. Assim o guia retornou a Arki e Abraão, invocando a ajuda de Deus, subiu sozinho a colina.

Encontrou aí um velho homem, que o saudou na "língua caldaica" [no manuscrito hebraico, em "aramaico"] e lhe deu as boas vindas. Era Abramelim. Abraão novamente se cala sobre o que aconteceu depois, a não ser para declarar em termos gerais que finalmente encontrara o mestre pelo qual buscara a vida inteira. Permaneceu em companhia de Abramelim um ano inteiro, durante o qual o mestre lhe ensinou todos os grandes mistérios, secretos e divinos. Ele o instruiu oralmente e depois lhe deu dois pequenos livros para que os copiasse, o que Abraão fez. Esses dois livros tinham valor inestimável e Abraão, por sua vez, os deixou para seu filho mais jovem, Lamec[3].

Em contraposição ao silêncio com relação ao ano que passou como discípulo de Abramelim – o ano crucial durante o qual ele aprendeu tudo que mais tarde moldaria sua vida – Abraão descreve em detalhes a cena que teve lugar no dia em que deixou Abramelim, para voltar à Alemanha, citando as palavras exatas de seu estimado mestre. Traduzo abaixo o manuscrito em francês, que é mais detalhado nesse ponto.

> Apresentei-me a Abramelim, que [...] me levou a seus próprios aposentos, onde apanhei os dois pequenos manuscritos que eu havia copiado, e ele me perguntou se eu realmente almejava a divina magia, com toda sinceridade. Respondi que esse era o único objetivo e motivação que me compelia a empreender uma viagem tão longa e árdua, na esperança de receber do Senhor a Sua graça. "E eu", disse-me Abramelim, "confiante na misericórdia do Senhor, concedo a você essa ciência sagrada, que você

3 O sumário acima baseia-se sobretudo no manuscrito em hebraico sem título, que se encontra em Oxford. Gostaria de agradecer à Bodleian Library, por autorizar a publicação de algumas passagens em tradução minha para o inglês.

terá de adquirir da forma prescrita nesses pequenos livros, sem omitir a menor coisa imaginável de seu conteúdo e sem expandir o que poderia ser e o que não poderia ser. Porque o Artista que criou a Obra é o mesmo Deus que, do nada, criou tudo. Você não fará uso dessa ciência sagrada para ofender o grande Deus, nem para prejudicar seus semelhantes. Você não a transmitirá a ninguém vivo que você não conheça muito bem, por longo contato e conversa, examinando minuciosamente se essa pessoa tem a intenção de utilizá-la para o bem ou para o mal. Quando desejar transmiti-la a determinada pessoa, você deverá observar bem e com exatidão o estilo que utilizei com você. Se agir de outra maneira, aquele que a receber não extrairá disso nenhum proveito. Evite, como evitaria uma cobra, negociar essa ciência e transformá-la numa mercadoria, porque as graças do Senhor nos são ofertadas gratuitamente e não devem ser vendidas".

Depois de receber os dois pequenos livros, eu quis me atirar a seus pés, mas ele me repreendeu, dizendo que não se deve ajoelhar, a não ser diante de Deus. Quero que saiba que os dois livros foram escritos especificamente para que você, Lamec, meu filho, possa vê-los depois de minha morte e reconheça o apreço que tenho por você. É verdade que, antes de partir, eu os li e estudei cuidadosamente e, sempre que encontrei obscuridades difíceis, recorri a Abramelim que, com generosidade e paciência, as explicou para mim. Estando devidamente instruído, eu o deixei e, tendo recebido sua bênção paternal, o que é usual não só entre os cristãos mas também entre nossos antepassados, parti para Constantinopla; tão logo cheguei, adoeci e minha doença durou dois meses [de acordo com a versão em alemão: seis meses]. Mas o Senhor, em Sua misericórdia, me salvou dela e, pouco depois de recuperar as forças, tendo encontrado uma embarcação que zarpava para Veneza, nela embarquei e lá cheguei. Depois de descansar uns dias, parti para Trieste e, depois de desembarcar, segui a rota terrestre para a Dalmácia. Finalmente, cheguei à casa paterna, onde vivi entre meus parentes e irmãos[4].

4 Gostaria de agradecer à Biblioteca Nacional por autorizar a publicação de algumas passagens em tradução minha para o inglês.

O manuscrito em alemão fornece a data: Abraão chegou a sua casa, em "Wormbs" (Worms) no dia 12 de Elul. Desse dia em diante, até o final de sua vida, Abraão se sentiria em dívida com esse sábio judeu egípcio, por tudo que conhecia e era capaz de realizar com sua magia e, em seu livro, ele repetidamente menciona Abramelim com reconhecimento e reverência que beiram a adulação.

Depois de retornar a sua casa, Abraão seguiu uma carreira que hoje chamaríamos de mágico profissional e conselheiro espiritual e, como tal – assim ele nos informa –, ajudou príncipes, reis e papas, bem como um grande número de pessoas simples. Chegou a uma idade avançada: segundo a versão alemã de seu livro, tinha setenta e nove anos de idade quando o escreveu; de acordo com a francesa, noventa e seis. No livro ele aparece como um homem de grande devoção, que sempre aderiu aos mais altos princípios da moralidade e que alcançou êxito em seu trabalho como mago porque era profundamente religioso e sempre confiou na ajuda de Deus.

Antes de apresentar o aspecto alquimístico do livro de Abraão, é preciso examinar mais de perto a questão da identidade do autor, bem como outra questão a ela estreitamente associada, isto é, se o livro foi originalmente escrito em hebraico. Essas questões têm sido discutidas por diversos estudiosos desde o início do século XVIII. Suas opiniões divergem amplamente. Nem Johann Christoph Wolf nem A. Neubauer expressaram qualquer dúvida quanto a se o original fora escrito em hebraico[5]. Por essa razão, eles foram censurados por Moritz Steinschneider, que achava que a obra fora "evidentemente" escrita por um "trapaceiro" (*Betrüger*) cristão, que inventara ter viajado pelo mundo todo, e que estava repleta de "mentiras deslavadas". Sua avaliação final era de que "nenhuma palavra era verdadeira nesse livro"[6].

5 Johann Christoph Wolf, *Bibliotheca Hebraica*, v. 4, Hamburgo, 1733, p. 757-759. Adolf Neubauer, *Catalogi cod. MSS. Bibliothecae Bodleianae*, par. XII, Oxford, 1886-1906, n. 2051.

6 Moritz Steinschneider, *Die hebräischen Übersetzungen des Mittelalters und die Juden als Dolmetscher*, p. 381-382, 850.

Em 1927, Gershom Scholem fez uma análise crítica da obra de Abraão ben Simeon, chegando à conclusão de que o *Livro da Magia Sagrada* era "um dos mais importantes textos internacionalmente conhecidos", cuja "origem judaica não parece ser mera criação da imaginação". Scholem verificou que as interpolações cristãs eram poucas e presumiu que o livro havia sido escrito no século XV. Argumentou que o autor não podia ter sido um "impostor cristão", porque se assim fosse, ele devia possuir "um conhecimento surpreendentemente bom do hebraico"[7]. Entretanto, quarenta e cinco anos depois, quando abordou rapidamente o livro uma segunda vez, Scholem afirmou que "o livro fora sem dúvida escrito originalmente em alemão, embora o autor alegasse ser ele uma tradução do hebraico" e recuou de sua posição anterior, ao afirmar que

> a questão de sua autoria, judaica ou cristã, é objeto de controvérsia. O estilo geral do livro revela que o autor tinha conhecimento [não mais "um conhecimento surpreendentemente bom"] da língua hebraica. O livro bem poderia ter sido escrito por um judeu, com as passagens de conteúdo nitidamente cristão acrescentadas posteriormente. Mas poderia também ser obra de um cabalista cristão que tivesse lido os escritos de Pico della Mirandola e de Johann Reuchlin.

Scholem acrescenta ainda que "o livro teve grande influência em meio aos interessados no oculto, na Inglaterra e na França desde o final do século XIX", e conclui declarando que "o material mágico no livro é essencialmente de origem judaica e constitui um dos principais canais da influência judaica sobre a magia cristã ulterior"[8].

7 Gershom Scholem, *Kabbala: Quellen und Forschungen zur Geschichte der jüdischen Mystik* (Fontes e Pesquisas para a História da Mística Judaica), 2v. (v. 1, 1923; v. 2, 1927), Leipzig, p. 2, nota 8.

8 Gershom Scholem, Abraham ben Simeon of Worms, em *EJ* (J), v. 2, p. 156.

Dois anos mais tarde Scholem mudou de opinião quanto à autoria do livro. Enquanto em 1972 ele considerava "objeto de controvérsia" se o autor era judeu ou cristão, em 1974 ele escrevia que o livro "de fato não fora escrito por um judeu". Ao mesmo tempo, ele retomava seu parecer de 1927 quanto ao domínio que o autor tinha do hebraico, voltando a considerá-lo não apenas "conhecimento", mas "domínio incomum"[9]. Essa hesitação de um estudioso que em geral é considerado como a grande autoridade moderna no tema do misticismo judaico serve apenas para aumentar nossa curiosidade acerca do autor da *Cabala mystica* e da língua original na qual ele a escreveu.

Para abordar a segunda questão, em primeiro lugar, temos de comparar os manuscritos em hebraico, alemão e francês disponíveis[10]. Ao fazê-lo, percebemos que o manuscrito fragmentário em hebraico é mais curto e sucinto que os manuscritos em alemão ou francês. Além disso, há no manuscrito em hebraico um grande número de hebraísmos, isto é, construções de frases típicas da escrita rabínica, e ele está repleto de referências bíblicas e talmúdicas, como seria de se esperar num autor judeu medieval totalmente familiarizado com a bibliografia

9 Gershom Scholem, Farben und ihre Symbolik in der jüdischen Überlieferung und Mystik, em *Eranos Jahrbuch*, 41, Leiden, 1974, p. 1-49.

10 O manuscrito em hebraico não foi até agora publicado. O manuscrito em francês foi publicado por Robert Ambelain, com o título *La Magie sacrée d'Abramelin le mage* (sem local ou data de publicação), por patrocínio da Ordem Cabalista da Rosacruz. O texto impresso está um pouco diferente do manuscrito, em termos de frases, expressões etc., e a grafia foi modernizada. Quanto ao manuscrito em alemão, algumas páginas (parte do livro um, capítulo oito) foram publicadas por Wolf em sua *Bibliotheca Hebraica*, cf. nota 5, supra. Uma versão bastante diferente do manuscrito em alemão foi publicada em Colônia por Peter Hammer, em 1725. Essa edição parece não estar disponível, mas foi reimpressa em 1900 (sem mencionar que se trata de uma reimpressão), sendo que um microfilme dessa edição, intitulado *Die egyptischen grossen offenbarungen...*, foi gentilmente colocado a minha disposição pela Biblioteca Estatal Bávara, de Munique. Uma outra edição em alemão foi publicada por Johann Richard Beecken, intitulada *Die heilige Magie des Abramelin: Die Überlieferung des Abraham von Worms*, Berlin: Schikowski, 1957. Uma tradução para o inglês foi publicada por S. L. MacGregor-Mathers, com o título *The Book of the Sacred Magic of Abra-Melin the Mage, as delivered by Abraham the Jew unto his son Lamech, A. D. 1458*, London, 1898. Em nenhuma dessas versões impressas, exceto pelo fragmento publicado por Wolf em 1733, pude encontrar algo que fosse útil para minha busca pela versão original do livro de Abraão.

judaica tradicional. Parece extremamente improvável que esse estilo pudesse ser encontrado num livro traduzido de uma língua europeia para o hebraico.

Em segundo lugar, o manuscrito em hebraico é muito mais modesto em seu relato dos tipos e quantidade de feitos miraculosos atribuídos a Abraão que os manuscritos em alemão ou francês. Voltaremos adiante a uma discussão do significado dessa característica.

Em terceiro lugar, um escrutínio dos quadrados mágicos que se encontram na seção de conclusão do manuscrito, nas versões em alemão e francês, fornece, acredito, informações importantes quanto à língua original do livro. Em geral, os textos mágicos em hebraico estão repletos de nomes e palavras mágicas não hebraicas utilizadas em conjurações, como podemos ver, por exemplo, no *Sefer Mafteakḥ Sch'lomo* (Livro da Chave de Salomão), publicado em fac-símile por Hermann Gollancz[11]. Também no livro de Abraão há muitas palavras mágicas não hebraicas inscritas nos quadrados, mas, por larga margem, o número maior dessas palavras está em hebraico, transliterado em letras latinas maiúsculas.

Esses quadrados mágicos consistem em geral numa palavra básica que aparece na primeira linha horizontal do quadrado, então a mesma palavra aparece escrita do lado esquerdo perpendicularmente à primeira letra; na parte inferior do quadrado a mesma palavra aparece escrita de trás para frente e, no lado direito, ela aparece escrita de baixo para cima. Por fim, os espaços que ficam entre essas quatro palavras são preenchidos com palavras também escritas de trás para frente, de frente para trás, de baixo para cima, de cima para baixo. A característica relevante para nossa abordagem é a de que na grande maioria dos quadrados (há centenas deles no livro) as palavras básicas são, nas versões em alemão e francês, palavras hebraicas transliteradas em letras latinas maiúsculas, em geral corretamente. Essas palavras hebraicas têm, em

11 Hermann Gollancz, *Sepher Maphteakh Schelomoh*, Oxford: [s.n.], 1914.

cada um dos casos, uma relação direta com o propósito ao qual está subordinado o quadrado mágico, conforme declara o manuscrito. Eis aqui alguns exemplos de palavras básicas, apresentadas precisamente da forma como elas aparecem no manuscrito em alemão (no manuscrito em francês, elas são, na maioria dos casos, idênticas), seguidas pela transliteração correta e pela tradução entre parênteses, bem como pelo propósito do quadrado mágico tal como declarado no manuscrito:

ALMANAH (*almaná*, viúva): para conquistar a amizade de uma viúva.
BASAR (*basar*, carne): para fazer com que os espíritos tragam carne.
CALLAH (*kalá*, noiva): para conquistar a amizade de uma noiva.
CATAN (*ḥatan*, noivo): para conquistar a amizade de um noivo.
DOBERAH (*dov'rah*, balsa): para fazer aparecer uma ponte.
EBENIEKARAH (*even y'qará*, pedra preciosa): para fazer com que os espíritos tragam pedras preciosas.
GARAGAR (*gargeret*, garganta): para fazer com que uma pessoa tenha dor de garganta.
GEBLINAS (*g'viná*, queijo, com a terminação "s" do espanhol, acrescentada para formação do plural): para fazer com que os espíritos tragam queijo.
IEDIDAH (*y'didá*, amiga): para conquistar a amizade de uma mulher.
MATBA (*maṭbe'a*, moeda): para obter moedas pequenas.
MELACAS (*m'lakhá*, trabalho ou obra, com a terminação "s" do espanhol, acrescentada para formação do plural): para conhecer obras secretas.
MILCHAMAH (*milḥamá*, guerra): para conhecer segredos da guerra.
PEGER (*peger*, cadáver): para fazer com que os cadáveres ressuscitem.
SEARAS (*s'arh*, tempestade, com a terminação "s" do espanhol, acrescentada para formação do plural): para provocar uma tempestade.
SITUK (*schituq*, paralisia): para curar um paralítico.

O conjunto do rico vocabulário hebraico que aparece nos quadrados mágicos atesta não só conhecimento pleno do hebraico tanto bíblico quanto pós-bíblico, mas também familiaridade com as nuances do hebraico vivo, tal como empregado pelos homens cultos das comunidades judaicas em livros, tratados, cartas e outras formas de expressão escrita.

Um outro elemento importante aparece a partir da seguinte consideração sobre essas palavras hebraicas transliteradas: tanto no manuscrito alemão quanto no francês, as palavras são transliteradas de acordo com a pronúncia sefardita do hebraico. Se tivesse escrito o texto originalmente em alemão, o autor teria transliterado as palavras hebraicas segundo a pronúncia asquenazita que prevalecia na Europa central e oriental a partir do século XIII. Nesse caso, o manuscrito em alemão traria *zoraas*, em vez de *tsaraat*; *scholaum*, *scholem* ou *schulaym*, em vez de *salom*; *choson*, em vez de *catan* (*ḥatan*) e assim por diante.

O acréscimo ocasional do "s" espanhol para formar o plural permite-nos concluir que a pessoa que traduziu o livro para o alemão a partir do manuscrito em hebraico era um judeu sefardita que transliterou as palavras hebraicas da forma como as pronunciava e, nos casos em que sentia que o plural era mais adequado que o singular, acrescentou a terminação do plural em espanhol. Após a expulsão da Espanha, a presença de judeus sefarditas em terras alemãs deixou de ser incomum.

Uma outra característica que reforça a tese de um original em hebraico é o estilo. O estilo dos manuscritos em alemão e francês se caracteriza por sentenças longas e texto contínuo, sem divisões em parágrafos, e pelo uso frequente de dois sinônimos ao expressar uma ideia. Características como essas são tão típicas do estilo hebraico no decorrer dos séculos que é supérfluo ilustrá-las. Gostaria, contudo, de apresentar um exemplo, para mostrar como essas peculiaridades aparecem no texto de Abraão em hebraico. A seguir, a tradução literal de parte de uma sentença do manuscrito em hebraico (Livro Um, capítulo 2), com as duplicações em itálico:

> Ele [o Rabi Abraão Elim] *conduziu-me por um caminho reto e levou-me à rota correta*, como vou contar abaixo, e o acima mencionado Abraão Elim estava entre os que me ajudaram a encontrar *graça e misericórdia* aos olhos de Deus, que é *o grande e supremo Deus*, que *me concedeu a graça de Sua misericórdia e aumentou minha compreensão dia a dia e abriu meus olhos para que eu pudesse ver a luz e alcançasse a sabedoria divina e eu passei a compreender e conhecer os grandes segredos sagrados e impressionantes*, com maior conhecimento a cada manhã, até que aprendi a reconhecer *os sagrados e puros anjos, a ser seu amigo e a falar com eles boca a boca* e foram eles que me revelaram no final a ciência da magia em sua própria essência e como subjugar os espíritos maus.

É preciso acrescentar que, no texto em hebraico, esse é um estilo perfeitamente aceitável, o que naturalmente não acontece numa língua europeia. Essa mesma sentença foi traduzida (ou melhor, parafraseada) para o francês da seguinte forma (as duplicações estão novamente em itálico):

> Abramelim, que me colocou no caminho verdadeiro, como relatarei mais tarde, e deu-me a melhor *instrução e doutrina* que todos os outros. Mas essa graça particular me foi concedida pelo Todo-Poderoso Pai de toda misericórdia, isto é, pelo Todo-Poderoso Deus, que *esclareceu minha compreensão, pouco a pouco, e abriu meus olhos, para que eu pudesse ver e admirar, contemplar e aprender* sua sabedoria divina, para que me fosse possível *entender e compreender mais e mais* do sagrado mistério por meio do qual fiquei conhecendo os anjos sagrados, desfrutando de *sua visão e de sua conversa sagrada*, com o quê, aprendi depois os fundamentos da verdadeira magia e como eu poderia *dominar e controlar* os espíritos maus.

A versão em alemão dessa passagem segue linhas bastante análogas. As versões francesa e alemã do original em hebraico tomam liberdades consideráveis, sendo que o manuscrito em francês contém ocasionalmente indicações de adulteração do texto, na forma de acréscimos cristológicos (que, naturalmente, podem ter sido feitos por um copista posterior e não pelo tradutor original). No início do Livro Dois, em que é apresentada a genealogia bíblica da "divina magia", estão incluídas figuras fundadoras de outras religiões: Deus concedeu a divina ciência

> a Noé e a seus filhos Jafé, Abraão e Ismael; foi essa a ciência que salvou Ló das chamas de Sodoma, Moisés aprendeu a mesma ciência com a sarça ardente no deserto e a ensinou a seu irmão Aarão, José, Samuel, Davi, Salomão, Elias e os apóstolos e São João, em particular (de quem há um excelente livro de profecias).

Quanto aos nomes mágicos e demoníacos invocados nas conjurações (cujo texto original em hebraico, como mencionado, não chegou até nós), grande número deles não é de origem judaica ou hebraica, inclusive Magot, Aviton, Lúcifer, Oriens e Paimon. Isso, porém, não é de surpreender, uma vez que esses nomes aparecem com bastante frequência em encantamentos e textos mágicos em hebraico. Uma olhada rápida no texto em hebraico do *Sefer Mafteakh Sch'lomó*, acima mencionado, mostrará que as antigas conjurações hebraicas nele contidas estão repletas de nomes mágicos não hebraicos, todos escritos em caracteres hebraicos, como Lúcifer, Mahel, Aglaut e o Tetragrama.

Este é o momento de buscar no livro as indicações de que seu autor, embora sem dúvida um praticante de conjurações mágicas (ele até mesmo se denominava um mago), era também um alquimista de grande perícia. A primeira dessas indicações se encontra no oitavo capítulo do Livro Um (manuscrito em francês), no qual Abraão relata que, durante sua permanência em Herbípolis (Würzburg), executou "a operação do oitavo capítulo do Terceiro Livro" e "lhe foi concedido (?) um tesouro muito antigo em ouro" e, depois, ele "transformou em pó e converteu esse ouro no mesmo peso em florins de ouro com os [a ajuda dos] espíritos" e conseguiu realizar isso em poucas horas. Como, no entanto, o capítulo oito do Livro Três trata dos meios mágicos para fazer surgir tempestades e provocar a queda de granizo, neve, chuva e trovão, é evidente que o autor, ou seu tradutor ou copista, cometeu um erro e sua intenção era referir-se ao capítulo sete desse livro, que fala das operações alquímicas. Esse capítulo aparece no manuscrito em alemão (em minha tradução literal) da seguinte forma:

CAPÍTULO 7

PARA FAZER COM QUE O ESPÍRITO REALIZE TODOS OS TIPOS DE OBRAS ALQUÍMICAS. 1. QUE OS ESPÍRITOS EXECUTEM TODOS OS TIPOS DE OBRAS ALQUÍMICAS. 2. QUE OS ESPÍRITOS PRODUZAM TODOS OS TIPOS DE METAIS E ARTES ALQUÍMICAS. 3. PARA APRENDER TODOS OS TIPOS DE ARTE ALQUÍMICA DOS ESPÍRITOS.

1	2	3
T A B B A T	M E T A H O	I N I H I N O
A R U U C A	E Z A T E H	N A M A M A N
B U I R U B	T A R A T A	I M A C O R I
B U R I U B	A T A R A T	H E L A L E H
A C U U R A	H E Z A T E	I R O C A M I
T A B B A T	O H A T E M	N A M A M A N
		O N I H I N I

Nessa versão, nem uma só palavra contida nos três quadrados mágicos tem um significado que possa ser reconhecido. Na versão em francês, contudo, a primeira palavra básica no quadrado 2 (que na versão em francês é o quadrado 1), é METALO, o substantivo comum "metal", de uso generalizado nos textos alquímicos medievais em hebraico. Além disso, na versão em francês do quadrado 3, a palavra central não é HELALEH, e sim MELACAH, que é a transliteração da palavra hebraica *m'lakhah*, que significa "obra" e era o termo também aplicado às operações alquímicas.

As três sentenças que definem os propósitos dos três quadrados mágicos mostram claramente que Abraão não só era um mago, mas também um alquimista. Se fosse apenas um mágico, ele se contentaria em exigir que os espíritos produzissem metais preciosos e realizassem operações alquímicas para ele. Sendo, no entanto, também um alquimista, que acreditava em sua capacidade de dobrar os espíritos a sua vontade, ele queria que eles lhe ensinassem os métodos de "todos os tipos de arte alquímica".

Uma outra prova de que Abraão era um alquimista encontra-se no segundo livro de sua *Cabala mystica*. Essa obra é uma espécie de manual de medicina e magia que oferece métodos de cura para todos os tipos de doenças, métodos para vencer os inimigos, para obter amizade, amor, fertilidade, para facilitar o parto, acalmar tempestades no mar, obter as boas graças de potentados e assim por diante. Nesse livro, no decorrer das instruções que ele dá a seu filho Lamec, ele menciona reiteradamente os elementos e os metais e, ao fazê-lo, emprega os sinais alquímicos comuns para a água, o ar, o ouro, a prata, o cobre, o ferro, o chumbo etc. Ao mesmo tempo, ele também revela considerável conhecimento e interesse pela astronomia e pela astrologia, empregando os sinais alquímicos que designam os metais para se referir aos planetas que a eles correspondem.

Para além da alquimia, uma das partes mais interessantes do livro de Abraão é o oitavo capítulo de seu Livro Um, no qual ele enumera rapidamente casos de ajuda miraculosa que ele era capaz de oferecer a imperadores, condes e papas, com sua arte mágica. Esse capítulo é o único no qual são mencionadas figuras históricas, todas elas de governantes que viveram no final do século XIV e início do século XV.

Uma vez que essa passagem contém uma série de detalhes concretos em termos de números, ela também pode servir de base para se abordar a questão da sequência temporal das várias versões em que o texto foi preservado. A tendência geral dos tradutores e copistas medievais e de períodos posteriores (que em geral tendiam a elaborar paráfrases) era melhorar o texto original, substituir os feitos relatados originalmente por façanhas maiores e mais extraordinárias e multiplicar, ou pelo menos aumentar, os números que figuravam na primeira versão. Assim podemos presumir que as variantes mais modestas seriam mais antigas que as mais extravagantes. Tendo isso em mente, começamos com a versão em hebraico:

> Para que você saiba como um homem deve se conduzir, com a ajuda de Deus, e como realizá-los [seus feitos] para honra de Deus e para que o bem se estabeleça sobre a Terra e também para que você saiba agradecer a Deus por Sua bondade e pela abundância de Sua misericórdia e caridade para com você, as quais Ele concedeu a você para ensinar-lhe essa maravilhosa sabedoria por meu intermédio, sem que você tenha qualquer dificuldade e esforço, farei agora com que você conheça rapidamente algumas das operações que realizei com fé evidente para todos os povos, com conhecimento adequado, como servo de Deus, e como aprendi a aumentar a honra de Deus e a fazer com que o bem se estabeleça sobre a Terra, para que a glória de Deus seja contada e sua sabedoria louvada. E todas as outras coisas que fiz e tentei com essa sabedoria, você descobrirá depois de minha morte, quando terá acesso a meu(s) livro(s) que escrevi e gravei com um estilo humano, para servir de memorial, desde o dia em que comecei a operar nessa ciência, até o presente. E eis que há umas quatro ou cinco pessoas que libertei do encantamento a elas imposto, além de muitos homens e mulheres, judeus e cristãos, que adoeceram por causa da magia lançada sobre eles, e eu os curei, além das outras doenças e enfermidades das quais não falarei neste livro.
>
> 1. Nosso senhor o imperador Zigmundus [Sigismundo], que seu esplendor seja exaltado, além de ter-lhe dado, como sua parcela, um dos espíritos que estão subordinados a mim, para que fosse seu servo, também o ajudei a se casar com sua esposa, a rainha.

2. O senhor conde Frederico e mil cavaleiros que com ele estavam, libertei do abismo do cativeiro, como instruí você a fazer na Quarta Parte. E caso não o tivesse feito, ele teria permanecido no cativeiro e em nações habitadas por estrangeiros.

3. O bispo de Wormiza [Worms]: revelei a ele que seus servos, em especial o duque da fortaleza de *Qerin*, trairiam seu segredo e, depois de passado meio ano, comprovou-se que o que eu dissera era verdade e correto, além de muitas outras coisas e operações que realizei para ele.

4. Quem foi que libertou seu tio Itzḫaq da prisão na qual ele se encontrava em Speyer, se não eu com a ajuda de Deus e de Sua sabedoria?

5. E porventura não ajudei o senhor duque e o papa, para que não fossem capturados?

6. O papa João XXIII* e o papa Martinho V pediram-me várias vezes, em segredo, que eu lhes revelasse o futuro e lhes dissesse o que aconteceria; e o que escrevi para eles realmente se passou e eles não encontraram falsidade e mentiras em nenhuma de minhas palavras.

7. Isso já é conhecido por você: quando viajei ao encontro do duque de Bayern [Baviera], enquanto estava a caminho, ladrões invadiram minha casa, entraram em meu pequeno quarto e levaram prata e ouro e coisas que valem dinheiro, na quantia de três mil peças de ouro [ducados]. E quando retornei a minha casa, os ladrões foram forçados a devolver as coisas roubadas até o último centavo.

8. Acredite quando digo que, cerca de meio ano antes da queda do imperador da Grécia na cidade de Constantina, eu lhe escrevi uma carta, dizendo que talvez ele pudesse ser poupado de todos os males que, eu estava preocupado, poderiam lhe suceder num curto período de tempo.

Há mais coisas como essas, sobre as quais não quero escrever, que consegui realizar com essa ciência, eu mesmo, sem a ajuda de mais

* Este papa citado no manuscrito é o "antipapa" João XXIII, um dos três papas simultâneos à época do Grande Cisma do Ocidente, encerrado pelo Concílio de Constança e não é reconhecido como papa pela Igeja Católica. Martinho V foi o primeiro papa eleito após o cisma. O papa João XXIII reconhecido pela Igreja Católica pontificou de 1958 a 1963 (N. da T.).

ninguém, e o fiel Deus sempre me ajudou, de modo que nunca fiquei exposto à vergonha e nada jamais deu errado, porque [obedeci] todos os Seus mandamentos e o conselho de Seus anjos, de acordo com o que o Rabi Abraão Elim me ensinara. Caminhei e observei e os executei, tanto quanto possível, sem me desviar à esquerda ou à direita para a ciência dos gentios e de seus ídolos, pois os caminhos do Senhor são retos, os devotos neles caminham e trilham em Sua sabedoria.

Uma versão em alemão desse capítulo foi impressa na grande *Bibliotheca Hebraea*, de Johann Christoph Wolf, a partir da qual elaborei a seguinte tradução:

Rapidamente agora, *inquit* [ele diz], para relatar a você várias das operações previamente mencionadas que, depois de minha partida deste mundo, serão encontradas descritas num livro, no qual está anotado como, desde que comecei a praticar essa arte, o que aconteceu no ano de 1409, até o dia em que, pela misericórdia divina, cheguei à idade de setenta e nove anos, curei e tornei sãs cerca de quarenta e cinco pessoas que tinham várias doenças e enfermidades, estavam enfeitiçadas e aleijadas, entre as quais havia tanto homens quanto mulheres, sem [mencionar] inumeráveis outras que, glória a Deus, recuperaram a saúde graças aos meus esforços.

Com o invencível imperador, nosso benevolente senhor, Sigismundo, não só discorri acerca de meus *spiritibus familiaribus* [espíritos familiares], mas também fiz com que, por meio de minha arte, ele pudesse possuir a imperatriz, sua esposa.

Por intermédio de minha arte equipei o conde Frederico com mil cavaleiros, pelo poder dos conteúdos do capítulo XXIX da última Parte deste livro, para livrá-lo das mãos de Leopoldo, duque da Saxônia, caso contrário teria sido por ele capturado e derrubado de sua posição.

Ao bispo dessa cidade, nosso senhor temporal, revelei e tornei conhecida, meio ano antes, a traição planejada por seu governador em Krauenburg, sem mencionar as muitas outras coisas particulares que lhe mostrei e por meio das quais pude servi-lo.

Além disso, libertei seu primo Isaac da prisão em Speyer.

Estive com aquele que ajudou o duque e o papa a fugir do Concílio de Constança, caso contrário ambos teriam sido capturados pelo imperador, seu inimigo.

Mandei chamar os papas João XXIII e Martinho V, para que viessem ao meu conselho secreto, e lá contei e mostrei a eles o que aconteceria no futuro, e eles nunca encontraram nenhuma fraude ou erro em minhas respostas.

Você sabe que, quando fui pela última vez para Regenspurg, ao encontro do Hertzog [duque] da Baviera, minha casa foi invadida e cerca de três mil florins em dinheiro, ouro e joias foram roubados. No entanto, tão logo voltei para casa, ele [o ladrão] foi forçado a restituir-me tudo.

Se o imperador grego tivesse dado crédito à carta que lhe escrevi seis meses antes, talvez sua vida não viesse a tomar um rumo tão ruim, como ele deve esperar dentro de poucos anos.

Tudo isso e muito mais, que não é oportuno descrever, meu caro filho, consegui unicamente por intermédio da arte descrita nas duas últimas partes deste livro e Deus ajudou-me todas as vezes, de modo que nunca estive, em nenhuma dessas minhas expectativas, exposto à vergonha e ao escárnio.

O manuscrito em alemão é, em grande parte, idêntico à versão acima, exceto nos seguintes pontos: no primeiro parágrafo ele não menciona quarenta e cinco, e sim quatrocentas e cinquenta pessoas a quem Abraão alega ter restituído a saúde, acrescentando que se tratava tanto de judeus quanto de cristãos; o conde Frederico teria recebido de Abraão não mil cavaleiros, mas um número indeterminado de cavaleiros *vorgekünstelten* (isto é, artificialmente produzidos); a quantia roubada da casa de Abraão em Regensburgo não teria sido três mil, e sim trezentos florins.

Há ainda outra versão em alemão, não mencionada até agora. Foi publicada por Johann Richard Beecken, que não declara em que manuscrito ele baseou sua edição[12]. Essa versão difere em vários aspectos das duas outras acima mencionadas. A divergência mais importante está em que a pessoa que Abraão alega ter libertado da prisão em Speyer era "um nobre, que redimi da prisão em Speyer, sem que ninguém percebesse".

No manuscrito em francês, os feitos heroicos de Abraão são consideravelmente ampliados em número e dimensões. Como de se esperar em uma reelaboração posterior, todos os números são modificados e aumentados. Nas versões em alemão, Abraão escreve seu livro aos setenta e nove anos, na versão em francês, aos noventa e seis. Os mil cavaleiros se transformam em "dois mil cavalos artificiais". Os trezentos ou três mil florins dele roubados são agora "oitenta e três mil *Hongres*" (peças de ouro húngaras). E não é o primo de seu filho, "*Vetter* [primo] Isaac", que ele liberta da prisão em Speyer, nem um nobre anônimo, mas "o conde de Varvick [Warwick?], da prisão na Inglaterra". Quanto às pessoas comuns cujas vidas Abraão afirma ter salvo, seu número não é um modesto quarenta e cinco ou quatrocentos e cinquenta, como nas versões em alemão, mas 8.413, e elas não estavam simplesmente doentes, mas enfeitiçadas: "Até o presente curei pessoas de todas as espécies, que estavam enfeitiçadas de morte, 8.413 de todos os tipos de religião, sem nenhuma exceção" (p. 65).

Como a versão em hebraico é mais concisa, simples e modesta em suas reivindicações de realizações mágicas que as versões em alemão e francês, é razoável supor que seja a mais antiga, na qual teriam se baseado as versões em alemão e francês, como traduções ou paráfrases melhoradas e aumentadas. Isso, naturalmente, não significa que o manuscrito em hebraico da Bodleian Library que chegou até nós seja a versão original do livro. Ao contrário: ele é fragmentário e a grafia cursiva asquenazita na qual está escrito mostra que se trata de uma cópia de período posterior (do século XVII ou XVIII).

12 Cf. supra, nota 10.

Quanto às personagens históricas, todas do final do século XIV e início do século XV, elas podem ser facilmente identificadas. O governante ao qual Abraão se refere (na versão hebraica) como "nosso senhor o imperador Zigmundus, seja seu esplendor exaltado", é o imperador Sigismundo do Sacro Império Romano-Germânico (1368-1437), o protetor do Concílio de Constança (1414-1418), que foi o principal responsável pela deposição do papa João XXIII (pontificado de 1410-1415) e pela ascensão de Martinho V (1417-1431) ao trono papal. O papa João teve de fugir de Constança em março de 1415 e recebeu a proteção do duque Frederico da Áustria (1382-1439). O duque e o papa se refugiaram na Suíça, na época um apanágio dos Habsburgo. É a essa fuga que Abraão se refere.

Abraão também menciona um outro Frederico, que ele chama de "conde Frederico". Pode se tratar de Frederico I (1369-1428), denominado *der Streitbare* (o guerreiro, belicoso), que se tornou duque e eleitor da Saxônia. No entanto, não houve um Leopoldo, duque da Saxônia e, evidentemente, nunca houve disputa entre Frederico e o inexistente Leopoldo. O "conde Frederico" de Abraão podia então ser uma referência a outro Frederico, o burgomestre de Nurembergue, que foi o primeiro margrave de Brandemburgo, por volta de 1415, mas nesse caso, o Leopoldo mencionado é incorretamente identificado por Abraão como duque da Saxônia: seria Leopoldo (Ludwig *im* Bart) de Baviera-Ingolstadt, com o qual Frederico, de fato, teve uma célebre e longa disputa.

A menção da permanência passageira de Abraão em Regensburgo, com o duque da Baviera, ocasião em que seus aposentos foram invadidos, poderia se referir a uma das várias reuniões ocorridas nessa cidade, quando questões de máxima importância eram discutidas. Uma reunião especialmente importante teve lugar em 1422 e tinha uma certa relação com o Concílio de Constança[13].

O imperador grego ao qual Abraão alega ter enviado uma carta de advertência "meio ano antes" da queda de Constantinopla deve ter sido

13 O esboço acima das referências de Abraham a papas e príncipes se baseia na análise que Gerald Strauss faz do texto. Comunicação pessoal, 23 de fevereiro 1991.

Constantino XI Dragases* (reinado de 1449-1453), o último imperador bizantino, cuja capital, Constantinopla, caiu nas mãos do sultão Maomé II, em 29 de maio de 1453. O estilo dessa referência no livro de Abraão tem a clara finalidade de demonstrar duas coisas: que ele possuía a presciência e que escreveu seu livro (ou pelo menos essa passagem dele) antes da queda de Constantinopla. Se, como indica uma passagem numa parte anterior desse manuscrito, Abraão realmente nasceu em 1359 e ainda estava vivo em 1453, então ele devia ter na época noventa e quatro anos, uma idade que, por si só, teria sido considerada um sinal de poderes mágicos.

As referências históricas presentes no livro comprovam, ou pelo menos indicam, que ele foi realmente escrito em 1453 ou pouco depois dessa data? O medievalista Gerald Strauss, a quem consultei sobre essa questão, acredita que não. A seu ver, os indícios presentes no capítulo oito são "ambíguos como indicadores de familiaridade contemporânea. As referências ao imperador Sigismundo e ao Concílio de Constança certamente não são convincentes. Sigismundo e o Concílio foram os pontos centrais nas turbulências que envolveram a reforma que arrastou todo o século XV e boa parte do século XVI; todos sabiam sobre elas (a *Reformatio Sigismundi* foi o tratado de reforma de maior circulação durante todo o período da Reforma). Os problemas do império oriental eram sem dúvida amplamente conhecidos; referências ao cerco e à queda de Constantinopla eram corriqueiras na bibliografia de temas políticos e morais dessa época [...]. O autor parece ter confundido os papas [...]. Isso sugere falta de conhecimento direto dos acontecimentos. Um contemporâneo provavelmente não teria cometido um erro como esse. Suponho que o autor extraiu todas essas referências de alguma crônica, muito provavelmente a de Ulrich von Richental, cuja crônica sobre o Concílio de Constança (impressa em 1483 e 1536 em Augsburgo, e em 1575 em Frankfurt) servia como principal fonte de informações sobre o período". As inconsistências sobre Frederico e Leopoldo também

* Nome de família materno. Ele é também conhecido pelo nome de família paterno como Constantino XI Paleólogo (N. da E.)

"sugerem uma data posterior e uma fonte indireta das informações que serviram como material para esse capítulo". Quanto às palavras em hebraico nos quadrados mágicos, o professor Strauss assinala que, por volta do século XVI os magos cristãos tinham "acesso fácil a gramáticas e dicionários hebraicos, por exemplo, os publicados por Sebastian Munster na Basileia. Teria sido fácil selecionar a partir deles palavras e frases". Por conseguinte, as palavras hebraicas nos quadrados mágicos não significam necessariamente que os quadrados e o livro como um todo sejam a tradução de um original em hebraico. "No todo", conclui ele, "penso que o tratado é posterior ao século XV. Eu diria que é do século XVI, mas isso apenas porque, em minha opinião, a passagem é muito parecida com outros textos do mesmo tipo que encontrei".

Os pontos que o professor Strauss levanta são concretos e de peso (muito mais que, por exemplo, as concepções não fundamentadas de Gershom Scholem, mencionadas no início deste capítulo), porém acredito que eles podem ser contestados. Para começar, as palavras em hebraico nos quadrados mágicos: são tantas e revelam tanta familiaridade com o hebraico bíblico e pós-bíblico, inclusive nuances de significado, que parece muito improvável que pudessem ser obra de um mágico e hebraísta cristão. Quanto à atribuição do manuscrito a uma data posterior, há a questão de por que um autor que escreveu no século XVI selecionaria precisamente o período de 1359-1453 como contexto temporal de sua história, atribuiria datas nessas décadas a uma série de acontecimentos da vida de seu herói fictício por ele registrados e, então, se daria ao trabalho de ler crônicas dessa época, a fim de introduzir referências a personagens históricas que teriam atuado e acontecimentos que teriam ocorrido rigorosamente durante a vida adulta de seu herói e em nenhuma outra época, de modo a vinculá-lo a eles e com isso ilustrar seus extraordinários dotes mágicos? Isso indicaria preocupação com uma precisão erudita que não seria de se esperar em um autor que trabalhava com a magia no século XVI e que estava forjando uma história pseudoepigráfica ocorrida numa era passada.

Por outro lado, se supomos que o autor era realmente um mago e alquimista judeu que estava relatando sua própria história no livro e que ele de fato viveu na época em que dizia ter vivido, é fácil compreender que, ao tentar fornecer provas de seus poderes, ele citasse acontecimentos que tiveram lugar durante sua própria vida, se referisse a problemas que se sabia que as figuras históricas principais efetivamente tiveram e então apresentasse a alegação fictícia de ter sido ele próprio quem, em segredo, com sua magia, havia ajudado esses grandes homens e salvo suas vidas. Havia grandes chances de que se acreditasse em reivindicações de feitos como esses, uma vez que, como o próprio Professor Strauss assinala em sua carta, "os judeus tinham a reputação de ser os mais eficientes conjuradores e encantadores [...] [e] há muitos exemplos de judeus viajando pela Europa, a fim de oferecer seus conhecimentos das artes secretas para os que pudessem pagar".

Tampouco podem, acredito, os erros e confusões históricos que impregnam os relatos de Abraão sobre a obra mágica por ele realizada para papas e governantes seculares ser considerados como prova da origem dessas histórias num período posterior. Não se esperava de um mago judeu que vivia na Alemanha nos séculos XIV-XV, país que abrangia muitos principados que competiam e guerreavam entre si, um conhecimento preciso de acontecimentos da época, em especial se eles haviam ocorrido em regiões remotas das vastas terras alemãs. Rumores acerca de conflitos armados e os nomes dos chefes militares que neles combatiam atravessavam as fronteiras, mas a identificação precisa dos muitos imperadores, reis, príncipes e condes envolvidos era difícil, sobretudo na medida em que havia muitos deles que se chamavam Sigismundo, Frederico e Leopoldo.

Em suma, creio que há indicações suficientes na *Cabala mystica* de Abraão para atribuir sua autoria a um mago e alquimista judeu que viveu em Worms por volta de 1400, escreveu em hebraico e fingia (ou acreditava) ser favorecido por Deus.

22.

Isaac Hollandus e seu Filho João Isaac

A mesma lista crítica de alquimistas verdadeiros e falsos, que identifica Artéfio como um judeu converso, também dedica uma sentença aos "Hollandi", sobre os quais ela afirma: "Os *Hollandi* viveram não muito antes de Paracelso e são conhecidos por seus escritos, mas são muito obscuros e encobrem coisas por meio de sofismas"[1]. Embora essa fonte não o afirme, os dois Hollandus pertencem ao grupo de alquimistas que, segundo rumores, eram judeus. Isso foi explicitamente declarado por Karl Christoph Schmieder ("os dois Hollandus, que alguns consideram judeus")[2], que os cita como exemplos da predileção judaica pelo anonimato ou, como ele o coloca, pela *Verschwiegenheit* (discrição, reserva). Ele tem razão, pois apesar do grande número de obras suas que chegaram até nós, praticamente nada se conhece sobre esses dois homens. Mesmo seu sobrenome é desconhecido, sendo Hollandus meramente a designação do país onde nasceram. Contudo, Edmund O. von Lippmann, o meticuloso historiador da alquimia, afirma sem nenhuma hesitação que eles eram judeus[3]. Tomando-o como base, Bernard Suler declara, em seu artigo "Alquimia", na *Encyclopaedia Judaica* de 1972, que no século XV – segundo Lippmann, no século XVII –

1 Cf. *Fegfeuer der Chymisten...*, Amsterdã, 1702, n. 31.

2 K. C. Schmieder, *Geschichte der Alchemie*, p. 210.

3 Edmund O. von Lippmann, *Entstehung und Ausbreitung der Alchemie*, v. 2, Berlin: Spring Verlag, 1931.

dois judeus holandeses se tornaram famosos como alquimistas: Isaac e seu filho João Isaac, ambos denominados "Hollandus", pois seu verdadeiro sobrenome era desconhecido. O pai era um lapidador de diamantes e seu filho, médico. Levavam uma vida solitária e se tornaram famosos apenas postumamente, pelas obras que deixaram; alguns autores os consideram equiparáveis a Basilius Valentinus. Sabiam como preparar a "água régia" de nitrato e de sal marinho, bem como o "espírito da urina" (amônia), e produziam pedras preciosas artificiais.

Schmieder analisa com certo detalhe a obra dos dois Hollandus e apresenta seus argumentos para situá-los no primeiro quarto do século XV. Isaac, o pai, cita Arnaldo de Vilanova, o famoso autor do *Rosarium philosophorum* que sabemos ter vivido de 1245 a 1313, sendo que tanto Isaac quanto João Isaac são citados por autores do século XVI, em especial Paracelso (cerca de 1493-1541), que copiou passagens de suas obras, sem no entanto mencionar a fonte. Schmieder argumenta que, por um lado, não era de se esperar que estudiosos reclusos pudessem se familiarizar com a bibliografia mais recente num curto período de tempo e que, por outro, as obras de eruditos assim isolados deviam demorar para chamar a atenção de outros autores trabalhando com a alquimia. Por essas duas razões, diz Schmieder, os estudiosos da história da alquimia "concluíram que eles [os Hollandus] devem ser situados num período entre Arnaldo e Paracelso, isto é, por volta do ano de 1425". E acrescenta que, nesse aspecto, Torbern Bergmann está equivocado, ao situá-los no início do século XVII com base no fato de seus escritos somente ter sido publicados nessa época[4].

Schmieder prossegue citando a opinião de químicos importantes em meio a seus próprios contemporâneos, que elogiavam os Hollandus, sendo que um deles, Robert Boyle (1627-1691), chegou a submeter seus procedimentos a experimentos repetidos. Um outro, Kastner,

4 K. C. Schmieder, *Geschichte*, p. 211, citando Torbern Olof Bergman, *Historia chemiae medii aevi* (História da Química Medieval), Upsala, 1782, p. 112.

se referia a Isaac Hollandus em termos altamente elogiosos e era da opinião de que suas operações envolviam a decomposição de metais comuns em substâncias de capacidade calorífica desigual, submetendo--os a um tratamento desoxidante com carboidrato[5].

Pai e filho descrevem as transmutações com tal segurança que dá a impressão de que estavam se baseando em experiência efetiva. João Isaac declara, em sua obra *Opus Saturni*[6], que sua tintura era tão potente que, se parte dela fosse jogada sobre mil partes de chumbo ou prata derretidos, os metais ficariam excessivamente saturados. E somente depois, quando uma dessas mil partes fosse adicionada a dez partes de metal, é que esse metal seria transmutado em ouro, o melhor ouro que se poderia encontrar em toda a Terra. Isto é, os Hollandus não só teriam visto isso ser feito, mas alegavam que efetivamente o haviam feito diversas vezes, em experimentos variados, medidos com balanças e pesos.

Ao que aparece, os Hollandus queriam falar para a posteridade, sem nutrir no entanto nenhuma ambição. Sobre o preparo da pedra filosofal, ambos falam somente com grande reserva, embora deixando claro que ela deve ser composta de substâncias provenientes dos três reinos. Em seu livro *De triplici ordine elixiris et lapidis theoria* (Sobre a Ordem Tríplice do Elixir e a Teoria da Pedra)[7], Isaac menciona, pelo nome, quatro pedras: uma mineral, uma vegetal, uma animal e uma composta, sendo esta última claramente o produto das três primeiras.

Schmieder suspeita de que João Isaac fosse um médico praticante, pois nenhum outro alquimista antes dele escreveu com tantos detalhes sobre a utilização da tintura enquanto panaceia. Na *Opus Saturni* ele escreve:

5 K. C. Schmieder, *Geschichte*, p. 211.

6 Nurembergue, 1676.

7 Publicado em latim em Middelburg, Holanda, em 1600.

> Essa pedra transforma todos os leprosos em gente saudável, cura a pestilência e todas as doenças contagiosas. Tome dela a quantidade de um grão de trigo, ponha num bom vinho e dê ao paciente, para que beba. Ela rapidamente será levada ao coração, percorrerá todos os vasos sanguíneos e seguirá todos os humores. O paciente irá transpirar por todos os poros de seu corpo, mas não ficará cansado, ao contrário, irá se sentir mais animado, mais forte e mais leve. Pois a transpiração irá durar apenas até que todos os maus humores sejam expelidos, quando então irá cessar. No dia seguinte, deixe que o paciente beba a quantidade de um grão de trigo em vinho aquecido e vá ao banheiro. Isso não irá diminuir enquanto ele ainda tiver alguma coisa repulsiva no corpo, mas fará com que se sinta melhor. Se, no terceiro dia, ele tomar novamente a mesma quantidade de vinho, seu coração se fortalecerá. A pessoa se sente elevada acima da natureza humana, tão leves e ágeis ficam seus membros.

Essa mesma tintura também pode ser utilizada como profilaxia: "Deve-se tomar, como prevenção, a quantidade de um grão de trigo no vinho uma vez por semana, assim a pessoa permanecerá sempre saudável, até a derradeira hora sua vida, conforme o desígnio de Deus".

Na maioria dos escritos deixados pelos Hollandus, eles são explicitamente designados como os autores. Com base no estilo, na maneira de escrever e nas concepções expressas em alguns outros tratados publicados anonimamente, pode-se concluir que foram redigidos pelos dois. No entanto, como pai e filho tinham estilos e concepções muito parecidos, é impossível atribuir esses escritos com segurança a um ou outro. Schmieder afirma que seus livros devem ter sido escritos originalmente em holandês, mas os manuscritos holandeses que chegaram até nós deixam dúvidas quanto a esse ponto e é possível que os originais tenham sido redigidos em latim. A maior parte deles está incluída na coleção latina denominada *Isaaci et J. I. Hollandi Opera universalia et vegetabilia, sive de lapide philosophorum* (As Obras Universais e Vegetais de Isaac e J. I. Hollandus, ou sobre A Pedra Filosofal), publicada em 1617 em Arnheim[8].

Como exemplo da alquimia de João Isaac, apresento aqui a seção de conclusão de seu breve tratado sobre a urina, que contém instruções sobre como preparar a tão buscada quinta-essência. A primeira parte do tratado diz como submeter a urina "velha e pura" a uma série de procedimentos alquímicos, até se obter uma substância "inefavelmente sutil". Então, ele instrui o alquimista a tomar dessa substância

> seis partes, quatro partes de vinagre destilado, três partes de *aqua vita*, meia libra de sal, meia libra de cal viva comum, misturar tudo e finalmente dissolver em água limpa, da qual foram removidos os sedimentos. E você terá um excelente material, que reduz a mercúrio toda a cal dos corpos. Com essa água pode ser extraída a divina quinta-essência do antimônio e de todas as coisas que são brancas ou vermelhas [...].

8 Além das mencionadas acima, também as obras a seguir são atribuídas aos Hollandus: a Isaac Hollandus: *Opera vegetabilia* (Operações Vegetais), em latim, Amsterdã, 1659, elucidações das *Opera mineralia*; *De salibus et oleis metallorum* (Sobre os Sais e Óleos dos Metais), em latim, sem local de publicação, 1604; *Secreta revelatio operationis manualis pro universali opere et lapide sapientium, sicut filio suo Joanni Isaaco Hollando e Flandria paterno animo fidelissimo manu traduit* (A Revelação Secreta da Operação Manual de Toda a Obra e da Pedra Filosofal, tal como Ele a Transmitiu a Seu Filho João Isaac Hollandus de Flandres, com os mais Fortes Sentimentos de Fidelidade Paterna), relacionada na *Bibliotheca chemica* de Giovanni Aefonso Borelli (1608-1679).

Atribuídas a João Isaac Hollandus: *De urina* (Sobre a Urina), incluída no *Theatrum chemicum*, v. 6, Estrasburgo: Argentorati, 1661, n. 204, p. 566-568; *De lapide seu elixir philosophico* (Sobre a Pedra ou o Elixir Filosofal), em alemão, Frankfurt, 1669; *Manus philosophorum cum signaturis* (A Escrita dos Filósofos com seus Signos), publicada em alemão juntamente com o Opus *Saturni*, Frankfurt, 1667; *Rariores operationes chymiae* (As Mais Extraordinárias Operações Químicas), publicadas em alemão em *Cureusen und raren chymischen operationen*, Leipzig e Gardeleben, 1714; *Fragmenta chemica de opere philosophico* (Fragmentos Químicos da Obra Filosófica), em latim, *Theatrum chemicum*, Ursel, 1602, v. 2, n. 33.

O Modo de Extrair Todas as Tinturas com a Água Precedente

Tome enxofre, ou auripigmento, ou ocre, ou coisa semelhante, conforme a extração de tintura desejada, faça um pó bem fino e misture com vinagre até que fique como *smegma* [pasta]. Então ponha num recipiente grande e coloque sobre areia ou sobre cinzas num forno e borrife com a água ou urina pura acima mencionada, de modo que o recipiente fique cheio até a metade. Vede com uma rolha e agite com as mãos, para que seja bem absorvida. Tendo feito isso, coloque novamente sobre as cinzas ou a areia, a princípio em fogo brando, até que fique extremamente quente, e observe que a pasta ou tampa deve ser frequentemente removida, para que o ar passe por baixo, caso contrário o vidro explodirá, e [observe] que o material deve ser sempre agitado com as mãos, para que misture bem e o vinagre possa agir bem. Quando vir que o vinagre está saturado de cor, despeje-o, enquanto ainda quente e claro, mas tome cuidado para que os sedimentos não passem junto. Reserve o que você despejou bem vedado [...]. Tendo feito isso, você terá extraído toda a tintura, então jogue fora o sedimento, ou utilize para o que você desejar.

Ponha agora a tintura em um recipiente e evapore a umidade até que apareça uma película fina. Então, sem deixar esfriar, coloque o material sobre a película que está visível no frasco, bem vedado com seu alambique, e remova toda a umidade sobre as cinzas ou sobre a areia e no fundo irá restar uma tintura branca ou vermelha, condicionada pelo material que você aí colocou, que será a quinta-essência: se você tiver acrescentado material branco, sua V. ESS [quinta-essência] será branca como a neve, se, no entanto, você tiver acrescentado material vermelho, ficará vermelha como o ouro reluzente. Do mesmo modo, a quinta-essência do mercúrio pode ser extraída do vermelho ou do branco. O mesmo com a *limatura* [limalha] de Marte [isto é, ferro], ou o azinhavre, o cinabre, ou o cobre calcinado, e também com a cal do ouro e da prata, ou o cobre; em suma, com todas as coisas do mundo.

Observação. Para que a urina fique mais forte, se desejar, em vez de *salarmoniac* [sal amoníaco] e sal comum, acrescente um dracma de *ana* [?] e então extraia a tintura mais nobre.

Observação. Dessas tinturas extraídas é possível fazer cimentos com os quais você poderá cimentar, o que é uma certa arte secreta. Do mesmo modo, uma certa água-forte, vermelha e brilhante como um Rubinus [rubi?]. Com essa água pode-se realizar coisas milagrosas, o que, no entanto, não é permitido revelar.

Glória a Deus.

23.

Iokhanan Alemanno e Iossef Albo

Já encontramos Iokhanan Alemanno (ou Johanan Alemanno, 1435-c. 1504) em nossa discussão da alquimia de Abufalaḥ. Alemanno foi um estudioso, filósofo e cabalista judeu da Itália do século XV, com uma ampla gama de interesses no âmbito do oculto. Foi ele quem apresentou a Cabala a Pico della Mirandola (1463-1494), desempenhando assim um papel no surgimento da Cabala cristã. Da produção bibliográfica de Alemanno, dois livros foram impressos. Um deles é uma miscelânea cabalista intitulada *Sefer haLiquṭim* (Livro de Coletâneas) que cita Abufalaḥ; o outro, intitulado *Sefer Schaar haḤescheq* (O Livro da Porta do Desejo), foi impresso em Livorno, em 1790. Ele também deixou em manuscrito um comentário sobre a *Torá*, intitulado *ʿĒnē haʿĒdá* (Os Olhos da Comunidade), além de uma obra sem título sobre a Cabala[1].

O *Sefer Schaar haḤescheq* de Alemanno se caracteriza por ser dotado de um espírito profundamente religioso. Nele Alemanno explica que todas as ciências (entre as quais ele enumera a *geomanzia*, a astrologia e a música) têm o único propósito básico de capacitar o homem a servir melhor a Deus. Um dos pontos por ele enfatizados é o de que o conhecimento de outras nações, como o dos egípcios, baseava-se na experimentação, enquanto o rei Salomão possuía conhecimento "pelo

1 Paris MS 849. Cf. *Kiryat Sefer* 5 (1929): p. 273-277. Paris MS 849. Cf. *Kiryat Sefer* 5, 1929, p. 273-277.

espírito da sabedoria e pelo espírito sagrado que sobre ele pairavam" (f. 6b). No conjunto, o *Schaar haḤescheq* é um corajoso esforço de um homem de ciência profundamente religioso, empenhado em organizar todas as ciências num todo orgânico sob a égide da religião e da sabedoria divina que Deus concedeu ao rei Salomão.

Ao mesmo tempo, os escritos de Alemanno mostram que ele estava seriamente interessado na alquimia. Não fosse assim, ele certamente não teria incluído em sua *Coletânea* a narrativa de Abufalaḥ da conexão etíope do conhecimento do rei Salomão da pedra filosofal. Seu *Sefer Schaar haḤescheq* contém duas seções que revelam considerável familiaridade com a teoria alquimística da época. Uma delas aborda as relações entre os planetas e os metais:

> Vimos coisas terríveis nos livros dos antigos, coisas que eles fizeram em sua época, por causa da grandeza de seu desejo de criar uma imagem do mundo divino e seus milagres aqui embaixo na Terra. Disseram que Jafé, filho de Noé, construiu um palácio na terra de Sin, que está nos limites do Oriente, um palácio magnífico e o que está escrito entre nós é que nele havia sete janelas. Em cada janela havia uma imagem, de acordo com a forma de um dos sete planetas, e cada imagem era de uma pedra atribuída a esse planeta. E sua aparência era semelhante à do ouro para o sol, do branco para a lua, do negro para Saturno, do vermelho para Marte, do verde para Júpiter, do azul-celeste para Vênus, e uma combinação de cores para Mercúrio. E ele desenhou nesse palácio muitas figuras, a partir das quais qualquer sábio poderia compreender a natureza das figuras divinas e o modo como o divino é representado na forma física do que está abaixo, assim como tudo que emerge novamente delas em resultado de seus movimentos e influências e centelhas e outras indicações como essas. E com nossos próprios ouvidos, ouvimos um grego que fora de um canto a outro do mundo e que nem lera nem estudara e ele nos contou algo semelhante sobre a construção em Zim, onde estivera. E nós o interrogamos e o investigamos da forma apropriada, a fim de verificar em nosso coração as palavras dos sábios e seus dizeres obscuros que, à luz do

intelecto, parecem ser vaidade das vaidades, mas trata-se de sábios sensatos e palavras maravilhosas[2].

O que Alemanno faz nessa passagem é tomar a conhecida doutrina alquímica da conexão entre os sete planetas e os sete metais e atribuir sua invenção a uma figura bíblica, Jafé, filho de Noé. Ao afirmar que cada "pedra" era atribuída a um planeta, ele está simplesmente empregando a terminologia alquimística que era corriqueira em sua época, quando os metais com frequência eram designados como "pedras". Contudo, é importante observar que ele menciona pelo nome apenas um metal, o ouro, e substitui o nome dos outros seis metais por nomes de cores. Quanto à "terra de Sin", na qual Alemanno situa o seu místico palácio astrológico-alquimístico, o nome é, naturalmente, tirado do "deserto de Sin", localizado, de acordo com *Números* 34,1-4, nas fronteiras meridionais da Terra de Canaã.

A outra passagem mostra com clareza que Alemanno acreditava firmemente nas "coisas milagrosas" que poderiam ser realizadas pelos que conheciam os segredos da alquimia. Ele escreve:

> E, se conhecesse as relações entre os metais que se afetam mutuamente, você poderia transmutar o mundo inteiro em prata e ouro e pedras preciosas e pérolas. E, do mesmo modo, no que diz respeito às relações entre as coisas viventes e as plantas, você poderia realizar coisas milagrosas e nunca imaginadas pelos antigos. E se, além disso, você conhecesse a ciência das relações entre os astros e suas representações sobre a Terra e tudo que delas flui [isto é, emana] dia após dia, nada seria milagroso demais para você, quando fosse julgar o futuro e o passado e o presente e tudo que o Senhor criou, para encontrar sua solução nas [coisas] inanimadas, vegetativas, viventes e incapazes de falar e nas que estão vivas e têm o poder da fala. Quanto ao inanimado, observe que o ouro é caro em valor

2 *Sefer Schaar haḤescheq*, Livorno, 1790, 29a.

[e] é dotado de sete propriedades. A primeira é a de que, se [alguém] come [dele] como encantamento, isso o torna esperto como a água corrente, ou, se cozido com o alimento, eis que ele terá o poder de restituir à vida a alma do doente que está próximo da morte. A segunda é que, se a pessoa está acostumada a seu vinho no qual ele [o ouro] é mergulhado muitas vezes, então, eis que ele purifica o intelecto e aguça [a mente de] o homem que o utiliza. A terceira é que sua visão alegra as almas com a qualidade especial que nele se encontra, ainda mais ao comer e beber, quando se bebe de um recipiente de ouro. A quarta é que ele purifica e melhora enormemente a digestão, quando encontrado no estômago, assim como a dificulta, se é engolido inteiro, na forma de uma caveira. Eis que ele melhora a visão obscurecida pela má digestão, e não só a visão, mas também ilumina o rosto escurecido pela lepra ou pela umidade repulsiva. A quinta é que, mesmo se deixado por milhares de anos em cavernas ou em lugares úmidos debaixo da terra, ele não será afetado nem danificado, pois preserva sua verdade [isto é, a característica original] para sempre, uma vez que é impossível forjá-lo ou trocá-lo por outra coisa, embora os mestres da alquimia na verdade o forjem e façam uma liga de ouro que se assemelha a ele de tal forma que é tão difícil distinguir entre os dois quanto entre um rato de pó [isto é, nascido do pó] e o que nasceu de sua própria espécie. Quanto à verificação para que não seja falsificado, há uma característica nele preservada que não pode ser forjada por meio de encantamento, pois o ouro que é feito pelo trabalho [alquímico] produz bolhas ao calcinar, enquanto o ouro verdadeiro não produz bolhas. Isso faz parte um pouco da ciência natural. "E com o conhecimento enchem-se as câmaras" (Pr 24,4), "derramam-se sobre a terra" (Ecl 11,3) com a ciência da geometria e da mensuração. E sobre isso, o rabi, o autor, escreveu no livro *Ḥescheq Sch'lomo*: "Não há sabedoria maior que a da forma do mundo e sua função e, do mesmo modo, a mensuração dos astros em relação e valor"[3].

3 Idem, p. 55b-56a.

Essa passagem, enumerando as propriedades do ouro, oferece uma interessante visão de seu folclore relativo ao ouro, que constituía parte importante do sistema de crenças alquimísticas na Itália do século XV. Também merece ser mencionada a crença de que os alquimistas podiam produzir ouro artificial, que seria igual ao verdadeiro em todos os aspectos, exceto um: o ouro quente artificial que, se tocado*, produziria bolhas, enquanto o verdadeiro não o faria.

Além das duas passagens que acabamos de citar, há no *Schaar haḤescheq* uma seção mais longa, na qual a alquimia aparece combinada com a atribuição cabalista de um enorme poder secreto às letras do alfabeto hebraico. A base dessa combinação parece ser o duplo significado do verbo hebraico *l'ṣaref*, que significa tanto "refinar" quanto "combinar". A passagem em questão é demasiado complexa para ser aqui apresentada, pois exigiria uma longa explicação de praticamente cada frase. Mencionaremos apenas que ela se inicia declarando que Bezalel, o artífice bíblico caracterizado no livro do *Êxodo* como habilidoso no trabalho com o ouro e a prata (Ex 31,2 e s.; 35,30 e s.) e que na Idade Média se tornou o protótipo dos alquimistas, "sabia como combinar (*l'tzaref*) as letras com as quais o céu e a terra foram criados". Alemanno passa então a explicar que originalmente a *Torá* envolvia uma ordem totalmente diferente de letras, palavras e passagens, na qual havia um poder misterioso tão grande que, se os homens a conhecessem, poderiam ter curado os doentes e ressuscitado os mortos. Assim Deus alterou toda a ordem da *Torá* para o texto atual, que não pode ser utilizado para propósitos misteriosos. Somente algumas, poucas, das figuras mais eminentes na história judaica tiveram acesso a esse texto original sagrado e impressionante, como Abraão, sobre o qual Rabi Abraham ben David escreveu em seu comentário ao *Sefer Ietzirá* (O Livro da Criação), o mais antigo tratado místico hebraico, que "nosso pai Abraão olhou e viu e gravou e cortou e combinou e criou e pensou"[4].

* Em citação anterior deste mesmo trecho aparece: "ao calcinar" e não "se tocado". A discrepância é do original (N. da T.).

4 Idem, p. 36a.

Alemanno explica (citando livros de mistérios mais antigos) que o alfabeto hebraico contém quatro grupos de letras, cada qual derivado ou representando um dos quatro elementos: fogo, vento (isto é, ar), água e pó (isto é, terra). Sendo assim, o nome de cada pessoa indica seu caráter, pois as letras contidas em seu nome revelam os elementos que nela preponderam. O maior mestre dessa ciência, informa Alemanno, foi o Rabi Meir, "que pesaria o número dos elementos das letras no nome e, de acordo com os elementos que excediam os outros em peso, esse número dava[-lhe] indicações de retidão, honestidade ou maldade". Por fim, Alemanno se refere a uma passagem no *Zohar*, seção *B'schalaḥ*, que conta

> como eles salvaram um homem doente, no qual prevaleciam os elementos da água e o elemento do pó. Quando esses elementos prevalecem com relação aos elementos do fogo, a vida da pessoa está em perigo. Assim, ele [Rabi Meir] inverteu as letras [do nome da pessoa doente e converteu-as em letras] que indicam o fortalecimento do fogo com relação ao pó e à água

e, desse modo, conseguiu salvar sua vida[5].

As poucas passagens aqui citadas permitem vislumbrar o mundo mental desse estudioso judeu da Itália do século XV, que estava completamente familiarizado com a astrologia, a alquimia e todas as ciências, assim como com a Cabala, o poder das letras do alfabeto hebraico, e no entanto era uma pessoa profundamente religiosa, com inabalável fé em Deus, e também um estudioso sério que tinha na ponta da língua toda a bibliografia judaica do passado e de sua própria época. Não sabemos se ele foi um alquimista praticante, mas seus escritos deixam claro que ele conhecia a alquimia e acreditava em suas doutrinas e que ela lhe serviu como uma espécie de argila filosofal intelectual que selou os mais diversos elementos de sua compreensão mística e científica.

5 Idem, p. 36a-37a.

Para nossa investigação da história da alquimia judaica é instrutivo examinar as *haskamot* (aprovações) impressas no *Sefer Schaar haḤescheq* de Alemanno. Na publicação de livros judaicos, o costume estabelecido no decorrer de centenas de anos era de que os autores ou os editores de suas obras obtivessem a aprovação dos principais rabis e estudiosos da época. As *haskamot* típicas continham elogios ao autor e seu livro e expressavam a concordância dos signatários com as ideias nele apresentadas. Assim as aprovações eram uma garantia para o leitor de que as ideias expressas no livro se conformavam à visão que prevalecia em geral em meio à liderança religiosa e eram, portanto, ortodoxas. Elas eram o que mais se aproximava, no mundo do livro judaico, do que o *imprimatur* e o *nihil obstat* significavam para o público leitor católico.

As *haskamot* dos principais rabis de Livorno no século XVIII, quando foi publicado o *Schaar haḤescheq*, conformam-se a esse padrão. Elas designam Alemanno como "o sábio universal, o famoso filósofo" e elogiam copiosamente o autor e seu livro. Esses elogios deixam claro que o *establishment* religioso da Livorno do século XVIII se identificava completamente com as ideias alquimísticas expressas por Alemanno. Além disso, é razoável supor que se já não estivessem familiarizados ou não concordassem com a visão de mundo alquímica muito antes de ler sua apresentação no *Schaar haḤescheq*, os rabis não teriam dado ao livro sua aprovação.

Os signatários das *haskamot* são o Rabi David Mal'akh, S. Ṭ. (S'faradi Ṭahor, isto é, "sefardita puro"); Israel Serusi, S. Ṭ.; Raphael Benjamin Ḥaim Moreno, S. Ṭ.; Jacó ibn Naim, S. Ṭ.; e Iossef Azubib, S. Ṭ.; muitos dos quais têm a seu crédito livros de sua própria autoria. As aprovações são seguidas de uma longa introdução escrita por Jacó Barukh, o editor do livro. Nela, Barukh exalta a importância dos temas discutidos por Alemanno, entre os quais estão (de acordo com a transliteração de Barukh para caracteres hebraicos) a *geometria*, *astrometria*, *mekhaniqa*, *esoropiqa* (?), *perspeqtiva* e *algebra*. Ele cita o nome de vários dos grandes mestres dessas ciências – Ptolomeu e seu *Almagesto*, Arquimedes, Copérnico, Tigon (Tycho Brahe?) – e afirma que "o propósito das ciências é compreender a existência de Deus, sempre se apegar a Ele e não se separar dele em seu pensamento – e esse é também o propósito da *Torá*".

Iossef Albo

Iossef Albo foi um filósofo e polemista religioso sefardita do início do século XV, cuja fama duradoura se baseia num único livro, o *Sefer ha'Iqarim*, ou "Livro dos Princípios", publicado pela primeira vez em 1485. A obra foi depois reimpressa em muitas edições, várias das quais com comentários, alcançando grande popularidade em meio aos círculos judaicos. Albo tomou parte na famosa Disputa de Tortosa e San Mateo, em 1413-1414, como representante da comunidade judaica de Daroca (Província de Saragoça), e concluiu seu *Sefer ha'Iqarim* em 1425 em Sória, Castela. Foi discípulo de Ḥasdai Crescas e foi influenciado por sua obra, a *Or Adonai* (Luz de Deus,1410), e pela formulação de Simão ben Tzemaḥ Duran dos princípios da fé judaica contidos no comentário de Duran sobre Jó, redigido em 1405. Além de seu conhecimento da bibliografia rabínica e da filosofia judaica, Albo possuía amplo conhecimento da filosofia islâmica e da escolástica cristã latina, sendo versado em matemática e medicina.

No *Sefer ha'Iqarim*, Albo, seguindo Tomás de Aquino, distingue três tipos de lei: a lei natural, a lei convencional (*dat nimussit*) e a lei divina. Ao argumentar defendendo a superioridade da lei divina com relação à lei convencional, Albo revela sua familiaridade com a teoria e a prática alquímicas e, ao utilizar uma analogia alquimística, para tornar seu argumento mais fácil de se compreender, ele mostra que os procedimentos alquímicos eram bastante conhecidos do público judaico para o qual ele escrevia. Ele diz:

> A lei divina, sendo derivada da sabedoria divina, determina para todos os tempos o que é próprio e o que é impróprio. Por conseguinte, a aversão ao [que é] impróprio, que dela [a lei divina] se adquire, não admite mudança nem diminuição, porque está livre de toda impureza e resíduo. E por essa razão ela pode persistir para sempre, como a prata, que está livre de toda impureza, como diz o poeta: "as palavras do Senhor são palavras puras como a prata saindo da terra, sete vezes refinada" (Sl 12,7). Explicação: a prata falsificada produzida no trabalho da alquimia, se derretida uma vez, não revelará sua falsidade, mas se for derretida uma segunda vez, revelará sua falsidade, e há a que suporta ser derretida duas vezes e outras que suportam ser derretidas três, quatro ou cinco, mas que, no final, revelarão sua falsidade. E há a que não revelará sua falsidade mesmo se derretida num cadinho, mas, se derretida nas entranhas da terra, revelará sua falsidade. E a prata que é refinada nas entranhas da terra e purificada muitas vezes é pura de toda falsidade, impureza e resíduo e é impossível transformá-la depois, mesmo que derretida inúmeras vezes. E é por isso que o Poeta [isto é, o salmista] compara as palavras de Deus, que são puras, à mais pura prata, que é testada no cadinho da terra, um lugar descoberto nas entranhas da terra, purificada sete vezes, e não há suspeita de alguma falsificação nela. E do mesmo modo, a aversão ao impróprio que se adquire, que ocorre na *Torá*, "é pura, estável para sempre" (Sl 19,10), pois nenhuma mudança ou diminuição pode nela acontecer, como na lei convencional[6].

Albo e seus leitores estavam evidentemente familiarizados com a prata falsificada produzida pelos alquimistas e sabiam que, se derretida

6 Iossef Albo, *Sefer ha'Iqarim* (Livro dos Princípios), Itália, 1522 (N. da E.: A primeira edição da obra segundo dados do catálogo de títulos microfilmados, no British Museum, consta como sendo de Rimini, Sonsino (eds), 1485) , sem paginação. A passagem acima traduzida encontra-se no primeiro tratado, capítulo oito. Tradução minha, a partir do hebraico.

diversas vezes seguidas, o metal comum de que era feita acabaria aparecendo. Está claro que a passagem citada somente poderia ter sido escrita num ambiente e para um público que conhecia e concordava com a teoria alquímica da purificação gradual dos metais nas entranhas da terra. Se consideramos como alquimistas as pessoas que tinham conhecimento dessa teoria e a aceitavam como um fato da natureza, então Albo viveu numa sociedade alquimística e foi a ela que ele destinou sua *magnum opus*.

24.

Pseudo-Maimônides

Quando Maimônides (1135-1204) voltou o foco de seu gênio para a religião do povo que ele chamava de sabeus e que ele acreditava ser a sociedade na qual Abraão crescera, ele nada sentia além de desprezo por suas crenças mal orientadas, tolas e supersticiosas. Os sabeus acreditavam, escreve Maimônides em seu *Guia dos Perplexos* (3:29)[1], que o universo era eterno (isto é, não criado, como ensina a *Bíblia*) e que os astros eram divindades – na verdade, os únicos seres divinos. Eles "fabricavam histórias ridículas" sobre Adão, Set e Noé e "atribuíram os metais e o clima à influência dos planetas". Abraão fora o primeiro a reconhecer "o absurdo das lendas com as quais fora criado", havia sido adversário das teorias sabeias e proclamara "o nome do Senhor, Deus do Universo". Entre os livros a partir dos quais é possível obter uma ideia dos absurdos dos "Kasdim, caldeus e sabeus", Maimônides menciona a obra *Sobre a Agricultura Nabateia*, uma outra intitulada *Istimachis* (isto é, *Stoecheiomatikos*, ou *Astrólogo*), falsamente atribuída a Aristóteles (que Maimônides muito admirava) e vários outros livros, inclusive um atribuído a Hermes. Uma vez que, na bibliografia árabe, inúmeros livros de alquimia, magia e astrologia foram atribuídos a Hermes, não podemos ter certeza de a qual deles Maimônides se referia, mas sabemos que os livros

1 O *Guia dos Perplexos* foi publicado no original em árabe, em três traduções para o hebraico e em todas as principais línguas europeias.

de Hermes eram por ele considerados especialmente execráveis, pois, numa carta a seu tradutor Samuel ibn Tibon, Maimônides o advertia de que não perdesse tempo lendo-os. Sendo assim, há poucas dúvidas de que Maimônides era um ferrenho adversário da alquimia.

Quer os alquimistas judeus da Idade Média em geral conhecessem a posição de Maimônides contrária à alquimia, quer não, o fato é que alguns deles (seus nomes e identidades são desconhecidos) escreveram curtos tratados de alquimia e atribuíram sua autoria a Maimônides. Esses textos estão preservados na forma de diversos manuscritos, quatro dos quais pude examinar – os de Munique, Moscou, Jerusalém e Manchester.

O manuscrito de Munique encontra-se na Biblioteca Estatal Bávara[2]. Consiste em nove páginas (fólios 29b-33b) e está entre outros textos alquimísticos hebraicos, cuja autoria não foi atribuída a nenhum autor e que estão anotados numa caligafia diferente. O tratado do Pseudo-Maimônides leva a inscrição "Epístola de Segredos do Rambam [Maimônides] de Abençoada Memória" e é dirigido a um discípulo anônimo, provavelmente numa imitação do *Guia*, que é dedicado ao "caro aluno" de Maimônides, Iossef ibn Aknin. O tratado se inicia da seguinte forma:

> Em nome de Deus, o Auxiliador, vamos iniciar o livro da sabedoria do verdadeiro filósofo divino, o Rabi Moisés, de abençoada memória. Disse o filósofo: Deus [me] deu sabedoria e compreensão para reconhecer a honestidade de sua natureza e a bondade de suas qualidades e a força de sua mente, que anseia pela sabedoria [e] por ela abdica das preocupações mundanas. E vi que você precisa de dinheiro suficiente para as necessidades básicas, sem o qual é impossível que você se liberte para a sabedoria, pois o grau de riqueza é a escada para todos os graus e benefícios que Deus, Abençoado Seja, concede a Suas criaturas. Sem ele,

2 MS 14; a Biblioteca Estatal Bávara gentilmente colocou a minha disposição uma fotocópia do manuscrito.

> não se pode alcançar nenhum deles, em especial o grau da sabedoria, pois como é possível dedicar-se a ela se em sua casa não há roupas nem vestimenta e falta alimento? Já informei você no respeitado tratado *Guia dos Perplexos* – e dei a explicação disso no tratado sobre a *Ressurreição dos Mortos* – que Deus não muda a constância da natureza da existência, exceto num determinado momento, e que o homem não pode viver e se dedicar ao serviço de Deus sem alimento e bebida [...].
>
> Assim pensei ser apropriado, oh estimado discípulo, deixar que você conhecesse coisas realmente maravilhosas, como é grande seu benefício e como é maravilhoso acumular riquezas e propriedades e honra sem labuta indevida, sob a condição de que você não abandone o segredo [de] seu poder nem o divulgue a ninguém [...] (f. 29b).

Depois dessa introdução, que manifestamente tem como propósito estabelecer a base moral para seu envolvimento em operações alquímicas, o autor passa a tratar de instruções alquimísticas específicas:

> (f. 30a) Eis que inicio agora os segredos. Saiba que a pedra do *mahriah* [ár., *muhra*, concha], chamada *perla* [pérola] no idioma Laʿaz, é uma pedra preciosa de muito valor, cujas virtudes preciosas já revelei a você face a face. E quando é de tamanho grande, seu valor é maior que o do ouro, devido a sua raridade. E vou revelar a você como fazer, de um grande número de pérolas pequenas, uma pedra tão grande quanto você desejar, sem que ela perca suas virtudes ou mude de aparência. Tome o sumo do *saqlade* [nos manuscritos de Moscou e de Manchester: *asqalide*], *limone* [limão] no idioma Laʿaz, e o faça passar pelo recipiente que, no idioma Laʿaz, é denominado *anbiqi* [it., *alambicco*, alambique] e, em árabe, é denominado *al-baḥār* [plural do árabe *baḥra*, bacia; nos manuscritos de Moscou e de Manchester: *al-badwār*] e reserve e, depois, tome das pedras [isto é, pérolas], tantas quantas você desejar para fazer com elas uma grande [desse] tamanho e triture e faça passar por uma peneira a quantidade que você desejar e as coloque nessa água [isto é, sumo] e

deixe saturar por nove dias. Então, tome desse pó e você verá que está firmemente grudado. Então você poderá dar-lhe a forma que desejar e arredondá-lo até que tome a forma que você desejar. Então abra um peixe [observação à margem: o peixe chamado *r'ina* é o melhor para isso] e coloque a pedra dentro dele, de modo que não fique comprimida e perca sua forma arredondada, e coloque o peixe numa massa de farinha, como fazem as mulheres quando o preparam para comer, e o leve ao fogo ou ao forno até que asse e, assim que estiver assado, abra-o, remova a pedra e você verá que está um pouco dura, mas não de acordo com o costume natural, nem [usual] em sua aparência. Assim, dê agora a pedra para um galo comer e o abata imediatamente e você verá que ela está tão dura quanto é de sua natureza, com sua cor restaurada (cf. Figura 24.1).

Também quero que você saiba, para que possa ter êxito em sua sabedoria, uma coisa de elevado grau e de extraordinário benefício. Mas seu preparo é um pouco difícil. Tome [um pouco] do melhor ouro que puder encontrar, triture até ficar um pó finíssimo e, então, tome *aschinsa* [?] e casca seca de *ethrog* [cidra] e *alyazmīn* [ár., *yāsamīn*, jasmim] e *violas* [esp., violetas] e *alqaft*, que é *qust* [ár., *costus*, uma planta marinha medicinal], e *zarnīkh* [ár., arsênico], em quantidades iguais, e cobre, no peso de todos eles juntos, e triture bem, até se tornar um pó fino, e então misture com esse peso vinte *scheqels* da pedra mencionada e, depois, tome a farinha chamada *riza* [ár., *aruzz*, *ruzz*, arroz] e passe por uma peneira e misture a metade de um décimo do peso do composto e, então, tome *guma arabiqa* [goma arábica] e seiva de brotos de figueira, que é como leite, e misture tudo conforme os olhos de sua mente acharem adequado, até que você possa amassar e, depois de amassado, ponha para secar ao sol por quarenta dias, não menos, até que fique bem seco (f. 30b) e então tome sumo de limão e sumo de alume e sumo de *maribulas* [?], em quantidades iguais, e misture com eles, isto é, com essa água, um pouco de *ṭuṣiah* [ár., *ṭuṭia*, tútia, óxido de zinco não refinado] na quantidade que você desejar, pois, se for demais ou de menos, não ajudará nem prejudicará. Também as raspas de *qorale* [it., coral] – um pouco disso é muito bom – e coloque

Figura 24.1.
"Esses são os artífices que fazem as pérolas".
MS Ebr. 395, Biblioteca Apostolica Vaticana, Roma.

no sumo de limão e de alume, até engrossar um pouco, e então ponha aí o que está seco e deixe a mistura saturar por trinta dias até que fique fina e, depois, deixe engrossar e crescer e adicione a sua quantidade três vezes [a quantidade de] o que você colocou nela e irá purificar até ficar clara, ainda que não como a safira. Então coloque essa mistura em esterco de cavalo, bem escondida, e deixe ficar aí por três dias e, no quarto dia, se tiver endurecido como pedra, remova, caso contrário, deixe ficar mais um dia, porém não mais, pois então terá sem dúvida endurecido. E então retire daí, triture bem, tome dois pesos de cobre e a eles acrescente um peso dessa pedra e coloque tudo num cadinho, e tome para você a obra do segredo.

Tome cinzas de broto de vinha e passe por uma peneira e depois amasse em urina e acrescente um pouco de sal moído, tendo cuidado em colocar apenas um pouco de urina, para poder amassar as cinzas e fazer delas o que você quiser e faça isso num cadinho e coloque dentro todo o cobre e a pedra mencionada e derreta em fogo alto, com uma grande chama. Você obterá ouro sete vezes purificado e refinado, que resistirá a mil fundições sem perder sua natureza e cor. Deixo você conhecer essas coisas que são de grande benefício e pouco trabalho, para que você possa alcançar a sabedoria.

Além disso, vou deixar você conhecer um segredo cujo benefício não é tão grande quanto o das coisas precedentes, mas dá menos trabalho ainda, e o benefício não é tão pequeno para quem entende e é bem sucedido. Tome enxofre bem moído e ponha [um pouco] dele sobre qualquer metal que você escolher, em toda sua superfície, e então [coloque] sobre o fogo e deixe calcinar, até que todo o enxofre seja consumido, e tenha cuidado para que não reste enxofre sobre o metal quando você o remover, depois que a chama se apagar. E você poderá descascar toda a superfície do metal com que o enxofre tiver entrado em contato. No entanto, conforme a medida de enxofre que você tiver colocado sobre o metal, será a medida das cascas que você poderá retirar: se você colocar muito, será muita e, se pouco, será pouca. E se o metal for cobre, você não terá de purificar, para poder derretê-lo, mas, para a prata e o ouro, você terá de (f. 31a) colocar as cascas em sumo de limão ou em sumo de *atages* [manuscrito de Moscou: *aranges*, manuscrito de Manchester: *naranjas*, laranjas], caso não haja limões disponíveis, mas se houver, a virtude de sua água é maravilhosa, pois a força de seu sumo é grande e, por sua natureza e virtude, purifica a prata e o ouro. E ele não tem somente essa virtude.

Mas vamos retornar ao ponto em que estávamos, depois de mergulhar as cascas no sumo de limão por um dia ou mais, retire e coloque no cadinho cujo funcionamento mencionei em relação à produção do ouro. E deixe aí, antes de acender o fogo e colocar o cadinho com as cascas dentro. Mas depois que as cascas começarem a derreter, deverá haver a metade de seu peso em chumbo já preparada, que será acrescentada ao cadinho com as cascas. Mas é importante que você tenha muito cuidado em não acrescentar o chumbo até que a prata ou o ouro comecem a derreter. A razão disso é que o chumbo é trabalhado com muito mais facilidade que a prata e o ouro e, se você o puser no cadinho no mesmo momento em que colocar esses dois metais, ele irá derreter muito antes e tudo estará perdido e todo seu trabalho terá sido em vão. Portanto, é suficiente você o acrescentar quando eles começarem a derreter e você verá que o chumbo vai cobrir a prata ou o ouro e desprender fumaça, até que todo o chumbo seja consumido e, quando estiver consumido, a fumaça cessará e a prata ou o ouro permanecerão puros e refinados.

Quero, porém, acrescentar e lembrar e advertir você de que se deve ser muito cuidadoso em remover todo o enxofre, antes de colocá-los no cadinho, porque se restar algum enxofre neles, tudo estará perdido. E não deixe isso ofuscar sua visão, pois se fizer isso com sabedoria e humildade, você se beneficiará muito em pouco tempo e sem muito esforço. E assim é porque a operação é muito fácil de realizar e não exige muito trabalho, enquanto o trabalho com os outros é grande e sua execução difícil.

Entretanto, [uma outra] questão conhecida por alguns dos sábios na obra da alquimia é de grande benefício, contudo é necessário ser um especialista na Obra e bem versado. E agora vou contar a você como é sua Obra, pois este é o lugar apropriado para falar sobre isso. E não é fácil, tampouco as coisas que mencionei são fáceis. E deixo este tratado para seu benefício, oh discípulo estimado, pois desejo que você tenha êxito em todos os casos e em todas as negociações e em todas as compras e vendas. E a razão para isso é que vimos que nada faltava à seleção que você fez e ao desejo que você teve e abraçou (f. 31b), a não ser finalização, e se este livro estiver com você como pretendo, você completará a condição [sabendo] o que aconteceu comigo explicitamente e o que aconteceu comigo justamente e você se elevará e alcançará o supremo grau e ordem dos sábios. E, em verdade, foi sua boa sorte que fez com que você chegasse a nós. E direi que os sábios dessa Obra tomam a tútia e a calcinam no fogo e a mergulham na água e depois a pesam, tomam alume e o colocam sozinho numa vasilha sobre o fogo, até que derreta. Então acrescentam a ele o pó da tútia e misturam tudo e retiram do fogo e tomam sangue humano calcinado numa vasilha, até que fique preto, e tomam raspas do sangue gorduroso e do alume e da tútia misturados e sal, em quantidades iguais, e misturam tudo e tomam cobre e prata na mesma quantidade e os derretem juntos e acrescentam à mistura [um pouco] do pó mencionado, e fica uma prata dourada.

Esse procedimento é famoso entre os mestres dessa Obra, que dividem a questão de sua sabedoria em dois tipos. E, se são tratados [aqui] sob um único tópico, é porque não há diferença entre eles, exceto pelo nome. E os dois tipos são a prata e o ouro. E vou explicar a você a famosa diferença entre eles, que é a seguinte. Essa obra que mencionei foi testada e, quanto ao esforço, seu valor faz com que seja fácil. Mas quero que você saiba o que eu mesmo testei e vi: que é suprema, e seu benefício mais vasto, e que é do tipo do ouro. E tome estanho na quantidade que desejar e derreta e, depois de derreter, coloque imediatamente em sumo de limão ou cidra. Depois ponha em gordura derretida e então em água fria e então em sumo de cebola e então em sumo de alho e então na água em que *faisoles* [esp., *frisoles*, feijões] foram aferventados. E então derreta uma vez mais com um peso de incenso e você obterá excelente ouro dourado. Essa questão é maravilhosa em seus benefícios, mais que tudo [mais] que mencionei acerca dessa Obra. E, como quero que você se beneficie e minha alma deseja que você se beneficie, para que você seja levado à perfeição humana, além da qual não existe outra perfeição, também não havendo atrás dela outro benefício como esse, assim,

Quero que você saiba o que está em meu coração e vou informá-lo sobre as virtudes de meus segredos e vou revelar a você ainda outra questão, cujo grau e benefício são grandes – e é sobre essa Obra, a obra da alquimia. E não discorrerei em seu louvor, pois conheço muito bem a imensidão de sua virtude – e é isso.

Tome *lauţon* (it. ou esp., *laton*, latão) e derreta quatro vezes e, a cada vez, coloque no cadinho vidro pulverizado com o latão, a mesma [manuscrito de Moscou: meia] parte de seu peso. E o mesmo de tútia e, depois de derreter, derreta em *lanțisqole* [it., *lentisk*, lentisco], no qual foi mergulhada a tútia calcinada. Disso você obterá ouro bom e belo, em aparência e em todos os aspectos. E, se parecer a seus olhos que é preciso mais purificação, tome bílis de boi e *zāʿfrān* [açafrão], misture e acrescente, até que fiquem quentes, e coloque o mencionado sobre ele e você obterá ouro bom. Eis que essa questão é maravilhosa em seus benefícios e sua obra é leve, em comparação à grandeza do benefício, e já foi testada por mim (f. 32a-b).

Além disso, quero que você saiba sobre algo com que Deus iluminou os olhos de meu coração. Se você encher seus barris com água pura, limpa e clara e neles puser um *scheqel* de *muḥibb al-mulūkh* [o amante, ou o bem-amado, dos reis], que no idioma Laʿaz é denominado *grāna* [it., grãos], em um cento da água, e a mesma proporção de uma parte de açafrão e duas partes de *mal ms balasān* [ár., ... bálsamo], que é *qarpo balsamo*, assim como duas partes de canela e também cem partes de laranjas descascadas e, na proporção mencionada acima, quatro *liṭras* [libras] de *suqo reqolișia* [?] e a mesma proporção de alho e, na mesma proporção, uma parte e meia da árvore de *alume* [alume] e deixar tudo no barril por trinta dias inteiros – você verá que essa água terá ficado colorida, em sua aparência semelhante ao vinho, e também com sabor um tanto pronunciado e semelhante ao vinho, em seu perfume. E, para completar a enorme obra, acrescente à proporção acima mencionada a metade de uma sexta parte de *galanga* [ár., *juljulān*, semente de coentro, gergelim] e a metade da metade de uma oitava parte de *basbās* [ár., funcho, arruda, noz-moscada] e duas partes de cascas de romã e a mesma quantidade de seus caroços e quatro pesos do mais puro vinho que você puder encontrar, que seja forte no aroma e no sabor e tenha sobrevivido a toda mudança na aparência e a todos os acidentes e permanecido inalterado, e coloque tudo no barril no qual está a água acima mencionada e deixe descansar aí por oito dias e você verá que o vinho passa a ferver [efervescer], isto é, o vinho se transforma em vinho verdadeiro, ele vai ferver e, em sua superfície, vai aparecer uma grande espuma e todo o resíduo do que você aí colocou ficará em cima, como resíduo na superfície do vinho. Limpe esse resíduo, removendo tudo que aí se encontra, para que não embolore, nem estrague, e tudo se perca. Então deixe repousar por três dias e você obterá vinho bom e caro, sem outro igual em (f. 32b) sabor, aroma e tempero. E essa é a poção que dou aos que sofrem de epilepsia e de *ḥolī hara'asch* [heb., a doença do tremor] e aos paralíticos e aos melancólicos, devido a seu efeito sobre eles, isto é, essa poção escura, quando eles [os pacientes] estão prestes a sofrer dano físico ou ser acometidos pela loucura, pois a virtude dessa poção é maravilhosa, sem que sejam encontradas [nela] as propriedades do verdadeiro vinho. E a regra geral é que ela ajuda em todas as enfermidades, fortalece o coração, purifica as passagens do [palavra ilegível] e do fígado, reduz a febre não natural, aumenta o calor natural, irriga o cérebro e o estômago e a cabeça, purifica os sentimentos e aguça a mente.

E você, meu irmão, sabe que se essa poção fosse conhecida da maioria dos médicos, eles a venderiam por duas vezes seu peso em ouro, se pudesse ser encontrada nas mãos deles e eles conhecessem seu valor e suas características. E eu já a testei e verifiquei que age rapidamente. Essa poção está constantemente comigo, como me foi ordenado pelo

Honrado [o príncipe], que Deus prolongue sua paz, para estar pronta para ser-lhe enviada.

Tenho também um outro remédio que protege contra venenos letais. Todo aquele que o ingerir e depois tomar um veneno letal, esse veneno não o prejudicará de forma alguma. E isso eu mesmo testei quando os médicos me deram certa vez um veneno letal para beber. E se veneno letal tiver sido dado para alguém beber – e o sinal disso é que quando o alimento chega ao estômago, a pessoa é acometida por dores de estômago e sua visão obscurece – então será necessário dar-lhe rapidamente um pouco desse vinho para beber e ele induzirá diarreia e fará com que todo o veneno letal seja eliminado na diarreia, sem deixar qualquer parte dele no estômago ou nos membros. E, quando informei o Honrado Príncipe, que Deus prolongue sua paz, sobre esse assunto, essa foi a razão de eu encontrar estima a seus olhos, de eu ser capaz de me abrigar à sombra de sua benevolência e poder contar sobre a glória de seu reino. E essa poção está sempre em meu poder, com a descrição de outro medicamento maravilhoso, [para que] a pessoa que o beber [possa] ser salva de venenos amargos e letais – e é necessário que todo rei a tenha, quando existe alguém que deseja matá-lo. Ele deve tomar duas partes de sementes de *lawres* [lat., *laurus*, loureiro] e duas partes de *terra sigillata* [argila fina], amassar tudo com azeite de oliva e a tomada [isto é, a dosagem] deve ser do tamanho de uma amêndoa, com um terço de uma onça de hidromel. Faça com que ele beba e, mesmo que depois ingira um veneno letal, ele ficará em seu lugar [isto é, isso o salvará]. E se depois (f. 33a) ele ingerir um veneno letal, a *qambasa* [?] será renovada e o veneno terá de sair no vômito, devido a seu poder purgativo.

O texto de página e meia que se segue trata de questões mágico--astrológicas, que incluem a adivinhação com a ajuda de um homúnculo criado por meio do derretimento de certos metais, numa hora determinada em termos astrológicos, além de métodos para obtenção de honras, riquezas, felicidade e assim por diante. Ele se encerra com a seguinte nota pessoal:

> Não deixe que ninguém, além de você, oh estimado discípulo, tome conhecimento disso. Que Deus o abençoe com o caminho bom e equilibrado que eu mesmo percorri ao sair da caverna na qual me escondia e essa é a razão de eu ter chegado tão alto e a razão da grandeza de minha sabedoria e do respeito que as pessoas têm por mim. Aconselho você a fazer um [homúnculo mágico] para si mesmo e sempre o levar consigo, escondido, e você obterá êxito em todos os seus assuntos, com a ajuda de Deus.

Essa conclusão, acrescentada ao conteúdo restante do *Ig(u)eret haSodot*, deixa claro que o tratado não pode ter sido escrito por Maimônides. Quem foi, então, seu autor? Ele é anônimo, mas podemos fazer uma conjetura bem fundamentada quanto ao lugar em que viveu. Ele emprega termos árabes e os traduz para o La'az, isto é, para o espanhol ou o italiano – em geral, é difícil distinguir entre os dois na transliteração para o hebraico. Por exemplo, ele repetidamente emprega o termo árabe para óxido de zinco e outras substâncias químicas, que no árabe original é *tutiyah*, mas na maioria dos casos ele grafa como *ţuṣiah*, que reflete a forma espanhola da palavra, *tucia*. Isso, juntamente com outras palavras que ele cita em La'az, indica que o autor era um judeu sefardita que estava familiarizado com a terminologia alquimística tanto árabe quanto espanhola. Provavelmente viveu na Espanha cristã ou num dos países de língua árabe em que os exilados sefarditas encontraram refúgio após ser expulsos da Espanha, em 1492.

A versão do tratado no manuscrito de Moscou[3] não é identificada como atribuída a Maimônides, provavelmente porque falta o início, mas as primeiras linhas do texto que chegou até nós (assim como no

3 Pude examinar o manuscrito de Moscou, fólios 87a-91b do MS Günzburg 315 da Biblioteca Estadual Lênin, em Moscou, graças à cortesia de Benjamin Richler do Instituto de Manuscritos Hebraicos Microfilmados da Universidade Hebraica de Jerusalém, que gentilmente colocou uma fotocópia dele a minha disposição. Assim que comecei a decifrar o manuscrito, ficou evidente que se tratava de mais uma versão do MS 14 de Munique, acima discutido. Faltam nele algumas partes contidas no manuscrito de Munique, mas trata-se de um manuscrito muito mais rico, por abrigar um número maior de páginas de texto.

manuscrito de Munique) afirmam: "Já o informei no estimado tratado *Guia dos Perplexos*" e assim por diante. O que se segue é uma tradução ou descrição das partes dos manuscritos de Moscou que não estão incluídas na versão de Munique.

(F. 87b) Outra coisa. Para fazer *aljawhar* [ár., pérolas], muitas em número, grandes em tamanho. Tome as pérolas e triture até que virem pó, num almofariz de vidro ou de metal, e acrescente esse pó ao sumo de limões *almustaqtir* [ár., destilador] numa *qarʿah* [ár., *qaʿran*, tigela] e num alambique e deixe que aí descansem por nove dias e, depois, tome dessa massa e dê-lhe uma forma arredondada, conforme desejar, deixe [repousar ou absorver] *fī ṣadaf al-baḥr* [ár., numa concha marinha] no peso de três *pelras* [*perlas*, esp., pérolas] e no sumo de dois *limones* [esp., limões] e coloque num recipiente de vidro ao sol e, então, arredonde-a e perfure com o pelo de um porco, e [ponha] nela o pelo de um cavalo e seque bem à sombra e, então, coloque no dorso de um peixe chamado *dintul* ou *diltabah* em Laʿaz (cujo dorso você deverá abrir e, então, colocá-la aí) ou num pedaço de carne de boi velha e corte em dois, e faça furos no meio da parte cortada de ambos os lados, para que as pedras caiam cada uma num buraco, e amarre com um fio de cobre ou algum outro fio, bem forte, para que não abra, e coloque na massa e asse e leve ao forno, ao anoitecer, e aí deverá ficar a noite toda e, de manhã, retire e deixe esfriar e, depois de assar e esfriar, você as [as pérolas] encontrará duras como pedra. Envolva-as num tecido com farelo de cevada e, se ainda não estiverem claras, dê para um galo ou um pombo comer e o abata em seguida e você verá que as pedras estarão claras *tārām* [?]. Envolva-as num tecido com farelo de cevada e observe que esse procedimento é muito bom. FAÇA ISSO E VOCÊ TERÁ ÊXITO! E seja muito cuidadoso no que diz respeito a sua pureza no momento de triturar e amassar e assar, para que a poeira ou o pó ou alguma outra coisa não embacem seu brilho. E, numa outra versão, descobri que se deve deixá-las em seu [da ave] ventre por dois ou três dias, ou por um dia e meia noite. E, se você não as encontrar nas fezes, abata então a ave e a experiência mostrará a verdade.

(F. 88a) Uma outra. Tome as pérolas pequenas que são chamadas *lūlū* [ár., pérola] e coloque num frasco pequeno e pendure dentro de um barril de vinagre forte por quinze dias e deixe o frasco ficar dois dedos acima do vinagre. E, no fim dos quinze dias, você verá que todas elas se transformaram numa espécie de massa. Quebre o frasco e retire a massa e dê a ela formas arredondadas, como você desejar, e grude-as e perfure-as com o pelo de um porco e coloque à sombra, num lugar limpo, por três dias, até que estejam totalmente secas, e então coloque dentro de um peixe, numa massa de cevada, e asse no forno, como apropriado, e retire e reserve, até a massa secar, e depois retire-as: elas estarão fortes e duras, porém não claras. Dê para um galo ou um pombo comer, deixe a ave em jejum por dois dias e depois abata, retire-as e lave em água de arroz e envolva num tecido com farelo de cevada e, então, estarão puras, limpas e claras.

O corte do cristal. Triture o cristal completamente e então mergulhe na água azeda de *ethrog* [cidra] e num pouco de *tinkār* [ár., crisocola, silicato de cobre] e, depois, derreta e a mistura vai ficar como levedura e enrole nos intestinos de um peixe marinho e perfure com o pelo de um porco e, então, ponha no ventre do peixe e coloque numa massa e leve ao forno e, então, retire e eis que está terminado.

(f. 89a) Outra questão. Tome a quantidade de latão que desejar, derreta e, depois de derreter, coloque imediatamente no sumo de limões ou no sumo de cidra azeda, então coloque em gordura derretida e, depois, em água fria, então, no sumo de cebolas, depois no sumo de alho e, então, em água na qual foi cozido o fruto do *allabi* [?], então derreta mais uma vez com seu próprio peso em lua [isto é, prata] e ficará um amarelo muito bom [isto é, ouro].

A longa seção contida no manuscrito de Moscou, fólios 89b-91a, é idêntica (exceto por pequenas variantes) ao texto da alquimia de Abufalaḥ, fólios 8b-10a, que apresentamos acima, no capítulo 7. A inclusão dessa seção num tratado atribuído a Maimônides é um exemplo da despreocupação com que autores alquimistas na Idade Média manipulavam o material de suas fontes, ignorando sua autoria original e atribuindo-a a autores mais famosos e, por conseguinte, de maior prestígio. As instruções alquímicas escritas pelo relativamente desconhecido Abufalaḥ não eram de grande relevância: se essas mesmas instruções fossem apresentadas como de autoria do grande Maimônides, elas ganhariam enormemente em valor e importância.

O autor desconhecido prossegue então:

(f. 91a) Saiba, meu irmão, que assim como existe e é conhecida a virtude da pedra preciosa na transmutação de todos os tipos de metais numa espécie de ouro, também existe a virtude por meio da qual eles podem ser transmutados numa espécie de prata, se em sua composição for colocada prata, em vez de ouro, e você deve seguir todas as regras da operação como mencionado, mas, a cada vez, coloque prata, em vez de ouro. Mas execute todo o [palavra ilegível] mencionado somente com mercúrio e *salamoniaq* [sal amoníaco] como mencionado nessa operação e você não precisará acrescentar mais nada. E essa foi a operação que o rei Alexandre realizou durante muito tempo, até que as operações da água da alma, da água de cabelo e das cinzas da víbora e outras foram por ele verificadas e, então, ele retornou à prática da Obra dessa pedra preciosa.

E eis aqui outras descrições, também na operação de congelamento do mercúrio, como estipulado, e trata-se de uma operação respeitada e importante e o tipo acima mencionado foi usado para realizá-la e eu a extraí do livro de Baraḥia, o Indiano. Tome uma magnetita e coloque num novo recipiente, então coloque [uma mistura] de pedra de cal viva e pó de *zarnīkh* [arsênico] em cima e embaixo, até que esteja bem coberta, e então vede bem o bocal, e coloque em fogo brando por seis dias, removendo durante as noites; depois de esfriar, abra e você verá um pó e, se ainda não tiver se transformado em pó, retorne ao fogo, até que se transforme num pó ao esfriar, e então tome [um pouco] do mercúrio e aqueça ao fogo num cadinho e acrescente uma parte do pó para seis partes do mercúrio e agite sobre o fogo, até misturar bem, e ficará duro como pedra, e você poderá realizar com ela toda a Obra, como com a boa prata.

(f. 91b) Uma outra descrição. Este era o costume de nosso amigo. Tome a água de mercúrio e o sal amoníaco cuja obra na operação de pedras preciosas é conhecida, dezoito partes, e combine com cinco partes de prata boa e em pó e coloque tudo num recipiente de vidro sobre o fogo num recipiente com óleo e cozinhe bem no recipiente com óleo e a mistura ficará congelada. Se você colocar uma parte dela em cinquenta partes de mercúrio, ela irá se transformar em prata boa.

Uma outra descrição, também dele. Tome sumo de raízes de *zarāwand* [per., ár., aristolóquia] e *sūsī* [*sūsan*, ár., lírio] e acrescente [um pouco] do mercúrio e a mistura irá engrossar um pouco e, então, sublime no recipiente conhecido, de acordo com o método conhecido, e depois coloque em água fervente, cuja ação já é conhecida entre os médicos especialistas e não se deve discorrer em detalhes sobre sua Obra, e aí a mistura também vai endurecer; então coloque no cadinho e derreta e despeje na água acima mencionada e ficará muito dura e servirá para toda Obra.

Uma outra, e está entre os segredos da estimada f[lor] do deserto, *hāl'albīn* [nota à margem: outra versão: *hāl'alkan*], de sua variedade redonda, pois há duas, uma longa e outra redonda. Tome dessa flor e seque e misture com um terço de seu peso de *'aqarqarha* [ár., *'āqarqarḥā*, *artemísia*, píretro] e amasse com sumo de aristolóquia e lírio, seque e faça um pó. Se você acrescentar a um pouco de mercúrio num cadinho, irá congelar em uma hora e a mistura ficará dura como boa prata, para realizar toda e qualquer obra.

Aqui termina o texto do tratado alquímico do Pseudo-Maimônides incluído no manuscrito de Moscou. Ele é seguido de quatro páginas escritas por outra pessoa, contendo curtas prescrições médicas e alquímicas (fólios 91b-93a), uma das quais atribuída ao "Rabi

Mosche Zaqen", isto é, Rabi Moisés, o Velho. A última parte é interessante: uma conjuração na qual as palavras de encantamento a ser recitadas são apresentadas primeiro em alemão, depois em hebraico e depois em La'az, isto é, italiano.

No manuscrito de Moscou está incluída uma receita para a multiplicação do açafrão, que é um exemplo dos esforços empreendidos por alguns alquimistas judeus em busca de aumentar o suprimento de certas plantas valiosas e, assim, muito procuradas para operações alquímicas, mas nem sempre disponíveis com facilidade. O texto se encontra no fólio 210a do manuscrito de Moscou 315. Está espremido entre duas passagens não relacionadas, a primeira abordando a magia agrícola, a segunda, uma discussão filosófica sobre o caráter e os atributos de Deus. O texto é o seguinte:

> Tome sessenta *onqias* [onças] de *karkom* [heb., açafrão], que é a mais bela das flores, e esse número sessenta corresponde ao número das rainhas que teve o rei Salomão, o escolhido dentre os ungidos. E [tome], de acordo com o valor, isto é, o peso, óleo de açafrão e mel, isto é, trinta onças de óleo e trinta onças de mel. E o óleo deve ser bem claro [...]. Tome onze onças do melhor vinho tinto e sete onças de *amiro* [?] e uma onça de *guma rabiqa* [goma arábica] e uma onça e dois terços de *alume satiqo* [ou *patiqo*, ?], que é o melhor dos amargos. Misture todas essas coisas e acrescente às sessenta onças de açafrão. Deixe secar e exponha ao sol ou ao vento e irão se transformar em noventa onças. E faça sempre assim, de acordo com as quantidades. Eis que você ganhará trinta onças.
>
> No entanto, um bom conselho é que você tome a metade do peso de todas essas coisas que mencionamos e acrescente às sessenta onças de açafrão e, então, ganhará quinze onças e faça isso sempre de acordo com o peso. E essa é sua descrição: tome cinco *litras* [libras], isto é, sessenta onças de açafrão, e quinze onças de óleo e quinze onças de mel, oito onças e meia de vinho tinto e três onças e meia de *amiro* [?], meia onça de goma arábica, dois terços e meio de *roza* [?], uma onça de alume,

> que é perto de três quartos. Triture o que couber num almofariz e então misture tudo com as sessenta onças de açafrão, misture bem e exponha ao sol ou ao vento sul, para que seque. Então tudo será transmutado generosamente e você ganhará quinze onças.

O açafrão (*Crocus sativa*), cultivado nas regiões mediterrâneas desde tempos antigos, era utilizado como agente corante e aromático para alimentos e remédios, e valorizado como droga antiespasmódica. A receita acima mostra que na época, assim como hoje, tratava-se de uma substância cara, o que fazia com que valesse a pena para os alquimistas dar-se ao trabalho de aumentar seu peso em 50 por cento, ou mesmo apenas 25 por cento. Além disso, o açafrão era dotado de considerável valor simbólico: de fato, sua cor amarela era considerada como a cor do sol e, como tal, tinha estreita afinidade com o ouro. Uma vez que boa parte da produção alquímica de ouro se concentrava em dar a metais comuns uma coloração amarelo-dourada, o tom amarelo natural do vegetal era considerado, por si só, de grande valor. O amarelamento (no grego, *xanthosis*) era um dos quatro processos de coloração – os outros três eram o enegrecimento (*melanosis*), o branqueamento (*leukosis*) e o avermelhamento (*iosis*) – partes essenciais da transmutação de metais comuns em ouro.

O terceiro manuscrito (de Jerusalém) contendo textos atribuídos a Maimônides[4] inclui grande parte do material encontrado nos manuscritos de Munique e Moscou (com pequenas variantes), identifica o autor como "o Rambam, de abençoada memória", e declara explicitamente que Maimônides "enviou esta versão a seu importante discípulo". O principal valor desse manuscrito está no material lexicográfico adicional nele contido. Assim, o *aschinsa* do manuscrito de Munique (aqui grafado *ansinas*) é identificado como *lubān* (ár., benzoína). O termo hebraico para casca de *ethrog* é traduzido para

4 Pude consultar esse manuscrito também graças à cortesia de Benjamin Richler.

o árabe como *qischr utrunj* (casca de cidra); a palavra italiana ou espanhola *violas* é traduzida para o árabe como *banafsaj* (violeta); o hebraico para "farinha de arroz" é explicado pelo árabe *ris* (isto é, *ruzz* ou *aruzz*, arroz); o *guma arabica*, do italiano ou espanhol, é traduzido para o árabe como *ṣamgh al'arab* (goma arábica); o alume é explicado como *schabb* (o termo árabe para alume ou vitríolo); o *maribulas* do manuscrito de Munique figura aqui como *mirabulanos qibulas* e assim por diante.

Duas passagens do tratado alquímico do Pseudo-Maimônides encontram-se em um outro manuscrito, preservado na Biblioteca da Universidade John Rylands, em Manchester[5]. O manuscrito é alquimístico em sua íntegra e será descrito no capítulo 31. Aqui são relevantes duas passagens que abordam o tratado do Pseudo-Maimônides.

A primeira se encontra no fólio 15a e se inicia da seguinte forma: "Para sol. A versão do Rambam [Maimônides], de abençoada memória, que ele enviou a seu importante discípulo: deixarei que você saiba e o esclarecerei, para que você possa ser bem sucedido em sua sabedoria, uma coisa de elevado grau [...]". O restante da passagem é praticamente idêntico ao texto do manuscrito Munique acima apresentado, exceto pelo acréscimo de umas poucas explicações.

A segunda passagem se encontra no fólio 16a e começa com uma introdução quase idêntica à do manuscrito de Munique: "Disse o divino filósofo, a quem Deus concedeu sabedoria e compreensão, nosso rabi e mestre, filho do Rabi Maimon, de abençoada memória: como conheço a honestidade de sua natureza e a bondade de suas qualidades e a força de sua mente que anseia pela sabedoria [...]".

A passagem termina no fólio 16b com as palavras: "até aqui, do Rabi Moisés". Embora não acrescente nada de novo, esse manuscrito completa o quadro em um aspecto: um manuscrito do qual chegaram

5 MS Gaster 1435.

até nós quatro versões deve ter sido popular e copiado com frequência. Em termos mais gerais, pode-se dizer que a existência desse tratado em tantas versões, algumas completas, algumas parciais, é outra indicação do interesse pela alquimia por parte de estudiosos judeus no final da Idade Média.

25.

Três Comentadores do *Kuzari*

Nos séculos XV e XVI, diversos estudiosos judeus redigiram comentários sobre o *Kuzari*, de Iehudá Halevi (cf. capítulo 11), e ao tratar das passagens em que Halevi fala dos alquimistas, eles não só explicaram suas doutrinas mas também registraram seu próprio conhecimento e expressaram suas próprias opiniões acerca da alquimia.

Salomão Vivas e Netanel Kaspi

Um dos primeiros desses comentadores foi Salomão ben Iehudá, de Lunel (1411-?), também conhecido como Salomão Vivas, um filósofo da Provença. Salomão foi uma criança prodígio que, aos treze anos, compôs seu comentário do *Kuzari* intitulado *Ḥescheq Sch'lomo* (Desejo de Salomão), que chegou até nós na forma de um manuscrito disponível hoje em dia na Bodleian Library[1]. Boa parte da obra se fundamenta nas explicações orais de Salomão ben Menaḥem (Frat Maimon), de quem Salomão ben Iehudá foi discípulo. Um outro comentário do *Kuzari* se baseia nas mesmas explicações orais, escritas por um segundo discípulo do Frat Maimon, Netanel ben Nehemia Kaspi,

1 Bodleian Library, Op. Ad. 114; Moritz Steinschneider, *Hebräische Bibliographie*, v. 16, 1876; reimpressão: New York: [s.n.], 1972, p. 127.

concluído em 1424 e preservado num manuscrito que se encontra em Parma[2]. As passagens que tratam da visão de Halevi da alquimia estão anexadas ao *Kuzari* 3:53, sendo praticamente idênticas nos dois comentários. O texto é o seguinte (em minha tradução a partir do hebraico):

> E, da ciência natural, está igualmente separada a ciência da refinação, denominada alquimia, conhecida pela produção do ouro e da prata a partir do que na verdade não é ouro nem prata – e também outros metais – e isso porque se admite que a existência dos metais não se deve a algo acidental, mas cada coisa se desenvolve a partir de um material que a ela está relacionado e que foi preparado, no que concerne a seu efeito e impulso especial, para receber essa forma. E se admite que os materiais associados aos metais são os minerais e constituem sua origem. E os estudiosos dessa Obra – ele [Halevi] se refere à obra da química – estão sempre em busca das coisas que são os materiais vinculados a cada um dos metais e querem que eles sejam os sais e [querem] induzi-los a produzir os metais, seja pela combinação de muitas coisas seja pela produção de certas águas, cais e pós conhecidos. E eles concluem essas operações com o fogo que, na Obra humana, está no lugar do sol na obra da natureza e, para isso, precisam de muitos recipientes diferentes, de aparência variada, como fornos e fornalhas e outros, sem número e de aparência diversificada.
>
> E, sobre esses assuntos, eles têm livros que dividem a ciência e a Obra em duas partes e, na verdade, essa ciência é o estudo que busca estabelecer os primórdios dessa Obra e seus fundamentos, bem como estabelecer as causas e razões da transmutação dos materiais, de uma forma em outra, pois o maravilhoso nessas questões é que eles podem transmutar todo material que desejam em qualquer outro material que desejam, privando-o de sua forma e fazendo com que assuma uma outra que está próxima ou distante [isto é, é semelhante ou diferente]. E a prova disso é que eles fazem prata e ouro a partir do leite, do sangue e do cérebro do crânio, da gema

2 Moritz Steinschneider, *Die hebräischen Übersetzungen des Mittelalters und die Juden als Dolmetscher*, p. 404, 427.

de ovos, da urina e do chifre de animais, da raiz de diversas ervas e coisas assim. E, sobre isso, eles discorreram longamente e [citaram] provas por analogia e provas extraídas por dedução, em razão de ter sido verificadas muitas vezes por experimentação.

E a segunda parte é a descrição das Obras e valores das misturas e produção de águas-fortes que dissolverão tudo e dos cadinhos e das ceras e do sal e dos excrementos conhecidos, que são renovados, e da *habaṭa* [? talvez *hanaḥa*, colocação] das misturas sobre o fogo e do cálculo de sua permanência sobre o fogo ou de todos os outros recipientes a que eles deram nome e da descrição dos recipientes que são utilizados nessa Obra, sejam fornos sejam fornalhas sejam alambiques, bem como a descrição dos fornos que queimam sozinhos e dos outros fornos e fornalhas, que são diferentes, e de toda e qualquer coisa [ou pó] de que são feitos e de muitas outras coisas semelhantes[3].

Em outra passagem, os mesmos comentadores discutem a relação entre a alquimia e a astrologia:

Abū Naṣr escreveu no livro acima mencionado que se deve prestar atenção no fato de existirem recursos naturais comuns à ciência dos astros – como a obra das formas [geometria] e das *ṣ'lamim* [imagens] e das *talasmaot* [ár., *tilasm* (sing.), talismã], que se baseiam na relação especial entre certos metais, ou certos minerais, pedras ou resinas [ou sumos] ou ervas – e determinados planetas ou constelações. E os estudiosos dessa obra os misturam, juntando seus poderes e, assim, observam que esses astros devem estar em lugares limitados – seria possível dizer, como exemplo, em suas casas ou na casa de sua honra – nos quais se encontrará uma conjunção sob tais e tais condições, devido a observações e a uma compreensão dos poderes do mal e a muitas outras coisas semelhantes.

3 Steinschneider também se refere à Encykl. Cod. Ascher 11 = Cod. Munich B1 63b. Cf. seu Alfarabi (Alfarrábio) des arabischen Philosophen Leben und Schriften, em *Memoires de l'Academie Imperiale de St.-Petersbourg*, 7 Série, v. 13, n. 4, 1869, p. 244-245.

> E, quando se der uma conjunção sob essas condições, isso irá produzir tal [e tal] efeito sobre a conclusão da Obra, com a queima de incenso e fumigações e aspersões, e tal coisa acontecerá com a influência da espiritualidade, numa determinada forma conhecida, irá pressagiar o futuro e, em outras formas, impedirá danos e irá curar certas doenças. E [algumas de] essas operações na agricultura irão acelerar o surgimento de frutos e os modos de enxertar e as formas de plantar, com recursos ou ações estranhas, em dados momentos, e esses atos são em demasia para poder ser contados[4].

Comentários como esses revelam uma grande familiaridade tanto com a teoria quanto com a prática da alquimia e da astrologia e, apesar de sua intenção declarada, que é explicar e elucidar o ceticismo de Halevi com relação à alquimia, eles se baseiam numa aceitação em geral das premissas que estão por trás da obra alquimística de sua época.

Judá Moscato

Cerca de um século depois dos dois autores acima mencionados, viveu Judá ben Iossef Moscato (c. 1530-c.1593), que estava entre os mais importantes rabis, autores e pregadores do Renascimento italiano. Uma de suas ideias favoritas, que ele repetidamente expõe em suas principais obras, é a de que todos os grandes filósofos foram discípulos dos antigos reis e profetas hebraicos e que a filosofia e também outras artes e ciências, como a música, faziam parte da antiga cultura de Israel, perdida durante o longo período de exílio e preservada apenas nas obras dos discípulos não judeus de mestres judeus. Moscato

4 Idem, p. 245.

estava completamente à vontade no que diz respeito às ciências seculares de sua época e, ao mesmo tempo, era um adepto da Cabala. Deixou duas grandes obras: um livro de sermões denominado *N'futzot I'huda* (A Dispersão de Judá)[5] e um comentário sobre o *Kuzari* de Iehudá Halevi, intitulado *Qol I'huda* (A Voz de Judá)[6]. Nesta última obra, ao discutir as afirmações de Halevi sobre a alquimia, Moscato se revela ao mesmo tempo familiarizado com a alquimia e um crítico dela:

> Os mestres da alquimia e da espiritualidade não sabiam que o que eles tinham em mente eram ambições de falsidade e vaidade. Pois eis que os mestres da alquimia pensavam que podiam realizar o cálculo do calor do fogo numa balança e equilíbrio preciso, até que um tipo de metal pudesse ser transmutado para eles em outro metal e, em vez de cobre, eles obteriam ouro, assim como o calor natural pode transmutar alimento em carne e sangue. E o que os induziu ao erro foi ter visto uma espécie se desenvolver a partir de outra, como as abelhas vindo à existência a partir da carne do gado, e os insetos, do vinho. E seu coração os instigou a fazer o mesmo com seus encantamentos, pois eles disseram: "Porventura não vimos com nossos próprios olhos a transmutação de uma substância em outra por meio do calor natural calculado? Também nós faremos fogo a partir do ordinário e o calcularemos de tal forma que o processo de transmutação de substâncias deverá se completar por seu intermédio". E por meio dessa semelhança, eles assinalavam a viabilidade de sua obra[7].

À segunda passagem, na qual Iehudá Halevi discute a alquimia, Moscato acrescenta os seguintes comentários:

> Os mestres da alquimia [...] acreditam que, com o uso de calor calculado, são capazes de trazer à existência o que quer que eles desejem e que

5 Impresso em Veneza, 1589.

6 Impresso em Veneza, 1594.

7 Iehudá Halevi, *Sefer haKuzari*, com o comentário de Iehudá Moscato, Veneza, 1594, 160a.

esse fogo calculado pode transmutar para eles a substância do cobre na substância do ouro, ou que esse fogo lhes pode trazer o que desejarem e que há o fogo macho e o fogo fêmea. E eles se esforçam por encontrar esse fogo, mas suas operações são inúteis, pois nunca podem calculá-lo suficientemente para suas finalidades. E eles foram induzidos ao erro pelos experimentos que encontraram etc. Isso se refere aos mestres que são mencionados aí, na seção 23, relativa à origem das abelhas a partir da carne do gado e de outros, que vêm à existência a partir da putrefação, o que não tem relevância, pois apenas o calor calculado [com precisão] faz com que venham a existir. E seu coração os incitou a fazer o mesmo e eles não compreenderam que, embora soubessem da existência de algo, não conheciam sua causa, como calculá-lo de uma forma que conduzisse dele a uma inovação, nem conseguiram depois extrair disso uma prova de que era possível produzir algo desse tipo com o trabalho de suas próprias mãos. Isto é, eles descobriram [esses resultados] por acaso e não por cálculo e isso se denomina experimento fortuito, quando não se conhece seu cálculo e sua forma de regeneração por meio do cálculo de seu grau de calor. E ele [Iehudá Halevi] diz que isso não se parece com o que descobrimos com relação à origem do homem por meio da colocação do sêmen no útero, pois nessa questão o ser humano não tem absolutamente nenhum *pissul* [papel formativo?], exceto pela aproximação do ativo com relação ao passivo, mas o cálculo de sua relação e seu valor na forma apropriada para a formação do embrião em material pronto – tudo isso está oculto aos olhos de todo [ser] vivente e o homem nada pode aprender com isso para aplicar a sua obra de transmutação de uma substância em outra. E somente Deus pode dispor dessas proporções ao conceber seu valor, assim ele conclui sua explicação na seção mencionada[8].

8 Idem, fólio 184a.

Parte Sete

SÉCULO XVI

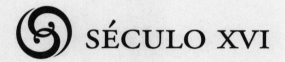

Introdução à Parte Sete

Que o século XVI tenha sido uma época de realizações especiais para a alquimia judaica se deve sobretudo a dois importantes tratados alquímicos escritos em hebraico nesse período. O primeiro, de autor anônimo e denominado *Esch M'tzaref*, O Fogo do Refinador, uma citação de Malaquias 3,2, é o exemplo mais completo a chegar até nós da combinação entre alquimia, interpretação alquimística de passagens bíblicas, Cabala, *guemátria* e utilização dos quadrados mágicos para finalidades alquímicas. O tratado deve ter sido mais popular em meio aos gentios que entre os judeus, pois, embora seu original em hebraico tenha se perdido, a obra foi preservada em traduções para o italiano e o latim elaboradas no século XVII e numa versão para o inglês elaborada no início do século XVIII.

O segundo tratado alquímico escrito em hebraico no século XVI é importante por duas razões. Em primeiro lugar, porque é o primeiro compêndio alquimístico em hebraico com as dimensões de um livro cuja autoria é conhecida e, em segundo, porque seu autor era nada menos que o famoso mestre cabalista de Safed, Ḥaim Vital, cujos escritos volumosos são praticamente a única fonte a partir da qual se conhece as doutrinas cabalistas de Isaac Luria e devido à qual Luria veio a ocupar liderança incontestável na Cabala, a partir do século XVI. Nos círculos intelectuais judaicos há muito se sabe que Vital se interessava pela alquimia, mas, nos trabalhos de história do misticismo judaico, ele foi reduzido a simples notas de rodapé. O profundo envolvimento de Vital com a alquimia, sua obra de valor permanente nesse campo, sua experimentação sistemática com a alquimia, sua insistência em que esse procedimento deveria poder ser reproduzido, para ser aceito como correto, e sua descrição precisa e detalhada de processos alquímicos – tudo isso era desconhecido até recentemente e é apresentado no capítulo 28 pela primeira vez de forma tão completa quanto possível com base no próprio manuscrito de Vital.

Menos importante, mas ainda merecedora de menção, é a contribuição para a alquimia de cinco estudiosos judeus conhecidos, assim como a de vários autores anônimos, cuja obra chegou até nós em manuscritos de autoria desconhecida. Todas juntas, essas obras de alquimia fazem do século XVI um dos períodos mais originais da história da alquimia judaica.

26.

Esch M'tzaref: um Tratado Alquímico e Cabalístico

Os fundamentos metafísicos, teosóficos e cabalísticos da alquimia judaica medieval estão apresentados em sua forma mais completa num tratado intitulado *Esch M'tzaref* (O Fogo do Refinador), escrito originalmente em hebraico ou aramaico, provavelmente no século XVI. O texto original está perdido[1], mas Christian Knorr von Rosenroth (1636-1689) conhecia uma tradução do texto para o italiano e incluiu partes importantes dela em sua obra em latim intitulada *Kabbala denudata seu doctrina Hebraeorum transcendentalis et metaphysica atque theologica* (A Cabala Revelada, ou A Doutrina Transcendental e Metafísica, assim como Teológica, dos Hebreus). Os três volumes dessa obra foram impressos em Sulzbach, por Abraham Lichtenthaler em 1677, 1678 e 1684, respectivamente. Minha tradução se baseia no texto em latim de Von Rosenroth, incluído no volume 1 da *Kabbala denudata* (doravante designada por *Kab. den.*)[2].

A curta passagem introdutória faz referência a várias tradições e conceitos alquímicos importantes. O profeta Eliseu é apresentado como

1 Cf. Gershom Scholem, em *EJ* (J), verbete "Knorr von Rosenroth". De acordo com ele, o original perdido do *Esch M'tzaref* foi escrito em hebraico.

2 Em minha tradução, substituí as formas usuais em inglês dos nomes bíblicos pelos nomes dados em alemão na *Kabbala denudata*. Em 1714 uma tradução relativamente precária de suas seções que citavam *Esch M'tzaref* foi impressa por um certo "Lover of Philalethes" [Admirador de Filaleto], a qual, por sua vez, foi reimpressa em 1894 pela Theosophical Publishing Society de Londres, com prefácio, notas e explicações de "Sapere Aude". Uma outra tradução, um tanto inexata, foi publicada por W. W. Westcott e reimpressa em 1991 pela Sure Fire Press, em Edmonds, Wa.

um "exemplar da sabedoria natural", afirmação para a qual não há fundamento algum, quer na *Bíblia* quer no rico *corpus* da literatura mítica judaica, mas que era um dogma comumente defendido em meio aos alquimistas[3]. O que é mais significativo, o verdadeiro alquimista – que é equiparado a Eliseu, o Curador – é designado como "o verdadeiro médico dos metais impuros", de acordo com a visão alquímica geral de que a impureza dos metais seria algo como uma doença da qual o adepto pode curá-los. A primeira pessoa a afirmar essa doutrina foi Maria, a Judia, que, como vimos, é citada por Zózimo em referência à ideia de que metais poderiam ser transmutados pela aplicação de um remédio ou medicamento. A analogia entre o processo alquímico e a cura do corpo humano aparece com frequência na bibliografia alquímística; o que é novidade e tipicamente judaico, nessa afirmação introdutória do *Esch M'tzaref*, é a noção de que "o verdadeiro médico", isto é, o alquimista perito, deve ser uma pessoa que despreza a riqueza tanto quanto o profeta Eliseu. Em minha tradução, que se segue, retive os nomes e palavras que aparecem no original em caracteres hebraicos, mas substituí as palavras que aparecem no original em caracteres latinos por sua transliteração habitual em nossa língua.

CAPÍTULO 1 (COMO CITADO NA KAB. DEN. 1:116-18)

> [Eliseu] foi um notável profeta, um exemplo de sabedoria natural que desprezava os bens terrenos, como mostra a história de Naamã[4], 2Rs 5,6, e que foi, portanto, realmente rico, de acordo com o que é dito no *Pirkei Avot*, cap. 4: "Quem é rico? Aquele que se regozija com sua porção". Pois assim, o verdadeiro médico dos metais impuros não exibe riquezas externas, mas se assemelha mais com o תהו [*tohu*], de natureza primitiva, oco e vazio.

3 Cf. Louis Ginzberg, *The Legends of the Jews*, v.7, p. 7, Índice, em Elischa. Cf. capítulo 2, supra.

4 Em seu capítulo 6, o autor explica que Naamã representa a "matéria do remédio metálico que deve ser purificada sete vezes".

Essa palavra tem o mesmo valor numérico que אלישא [Eliseu], isto é, 411[5]. Porque é um ditado muitíssimo verdadeiro no *Baba Qama* 71b que "A coisa que traz riquezas (como a sabedoria natural) está no lugar das riquezas"[6].

Aprenda, portanto, a purificar Naamã, que vem do norte, da Síria, e reconheça os poderes do Jordão, que é, por assim dizer, יאר דין [*I'or din*], o Rio do Julgamento, que escoa do norte.

Depois de uma citação de *B. Baba Batra* 25b, afirmando que o sul é o local da sabedoria, enquanto o norte é o das riquezas, o autor faz um notável paralelo entre a alquimia e as *sefirot* cabalísticas:

Mas saiba que os mistérios dessa sabedoria [isto é, a alquimia] não diferem dos mistérios supernos da Cabala. Pois, da mesma forma que há um reflexo das predicações na santidade, assim também há na impureza. E as sefirot que estão na Atzilut [Emanação, o mundo mais elevado da Cabala] também estão na Assiá [Ação, o mundo mais baixo da Cabala], sim, mesmo nesse reino que é comumente denominado Mineral, embora no plano divino sua excelência seja sempre maior. Assim, o lugar de Keter [Coroa, a primeira e mais elevada das *sefiro*t] é aqui [no reino mineral], ocupado pela Raiz Metálica, que possui uma natureza oculta, envolvida em grande obscuridade, e na qual todos os metais têm sua origem. Ainda assim, a natureza de Keter está oculta e dela emanam todas as outras sefirot.

O chumbo tem o lugar de Ḥokhmá [Sabedoria, a segunda das *sefirot*] e assim como Ḥokhmá está junto a Keter, assim também o chumbo procede imediatamente da raiz metálica e é chamado, em analogias enigmáticas, "o pai das naturezas subsequentes".

O estanho ocupa o lugar de Biná [Inteligência, a terceira das *sefirot*], demonstrando idade, por seu acinzentado, e severidade obscurecedora e rigor no julgamento, por sua crepitação.

5 Para uma explicação do método exegético denominado *guemátria*, cf. supra, capítulo 12.

6 Essa afirmação não se encontra em *B. Bab. Qam.* 71b.

A prata é colocada por todos os mestres da Cabala sob a categoria de Ḥessed [Clemência, a quarta das *sefirot*], devido a sua cor e uso. Até aqui, as naturezas brancas. Seguem-se agora as vermelhas.

O ouro, de acordo com a opinião mais comum entre os cabalistas, é colocado sob G'vura [Guevurá. Poder, a quinta das *sefirót*]. Jó 37,22 também atribui o ouro ao norte, não somente devido a sua cor, mas também devido a seu calor e enxofre[7].

O ferro se refere a Tif'eret [Beleza, a sexta *sefirá*], porque é como um homem da guerra, de acordo com Ex 15,2, e tem o nome de Zʿir Anpin [O Impaciente], devido a sua cólera súbita[8], de acordo com o Sl 2, último verso.

Netzaḥ [Netzá, Persistência Duradoura] e Hod [Majestade, as sétima e oitava *sefirot*], os dois locais medianos do corpo[9] e os receptáculos seminais, são os locais do latão de natureza andrógina. Da mesma forma, os dois pilares no Templo de Salomão, referindo-se a esses dois modos, eram feitos de latão, de acordo com 1Rs 7,15.

Y'ssod [Iessod, Fundação, a nona *sefirá*] é o mercúrio, porque ele, de forma característica, recebe o nome de "vivente"[10]. E essa água viva é à fundação de toda a natureza e da arte do metal.

Mas a Malkhut [Reino, a décima e mais baixa das *sefirot*] é atribuída à verdadeira medicina dos metais, por muitas razões. Porque representa o resto das naturezas sob a metamorfose, tanto do ouro quanto da prata, direita e esquerda, julgamento e misericórdia. Sobre tudo isso, mais será dito em outra parte.

7 Cf. *B. Bab. Bat.* 25b: "o Rabi Yiţẓḥaq dizia: 'Aquele que quer ser sábio deve se voltar para o sul (Raschi acrescenta, "enquanto reza"); aquele que quer ser rico deve se voltar para o norte'".

8 Aqui o autor do *Esch M'tzaref* antecipa G. Scholem em uns quatro séculos, ao explicar o termo *zʿir anpin* como "O Impaciente". Scholem parece não ter percebido isso: cf. sua obra *Major Trends in Jewish Mysticism*, New York: Schocken, 1961, p. 270. Edição brasileira: *As Grandes Correntes da Mística Judaica*, 3. ed., J. Guinsburg, Dora Ruhman, Fany Kon, Jeanete Meiches e Renato Mezan (trads.), São Paulo: Perspectiva, 1995, p. 302-303.

9 As dez *sefirót* muitas vezes são representadas na forma de um corpo humano.

10 *Argentum vivum*, em latim, *kessef ḥay*, em hebraico.

Assim, entreguei a você a chave para destrancar muitos portões fechados e abri a porta aos segredos mais íntimos da natureza. Mas, se alguém colocou essas [coisas] numa ordem diferente, não discutirei com ele, porque todas elas tendem a uma verdade.

Pois também se pode dizer que as três [das *sefirot]* divinas são as três fontes das coisas metálicas. A água espessa é Keter, o sal, Ḥokhmá, o enxofre, Biná, por razões conhecidas. E, do mesmo modo, as sete [das *sefirot]* inferiores representam sete metais, isto é, G'dula e G'vura, a prata e o ouro, Tif'eret, o ferro, Netzaḥ e Hod, o estanho e o cobre, Iessod, o chumbo, e Malkhut será a mulher metálica e a Luna do Sábio e o campo no qual devem ser lançadas as sementes dos minerais secretos, isto é, a água de ouro, como esse nome ocorre em Gn 36,39.

Mas saiba, meu filho[11], que esses mistérios estão ocultos nessas coisas como nenhuma língua humana pode exprimir. Portanto, não ofenderei mais com minha língua, mas manterei minha boca fechada, de Sl 39,2.

CAPÍTULO I (CONTINUAÇÃO NA *KAB. DEN.* I:235-36)

גיחזי, Gehazi, o servo de Eliseu, é como os estudantes da natureza do tipo comum, que se põem a contemplar os vales e profundezas da natureza, mas não descem até seus segredos, portanto trabalham em vão e permanecem servos para sempre. Eles aconselham sobre a busca do filho do sábio, cuja geração é impossível por natureza, 2Rs 4,14. Mas eles em nada podem contribuir com essa geração (para a qual é necessário um homem como Elias). Pois a natureza não revela seus segredos a eles, cf. o versículo 26, ela os despreza, versículo 30, e o ressuscitar dos mortos para a vida é impossível para eles, versículo 31. Eles são ambiciosos, 5,20, mentirosos e enganadores, versículos 22, 25, e tagarelas, narradores das ações alheias, 2Rs 8,4, 5, e em vez de riquezas eles adquirem lepra, isto é, doença, desprezo e pobreza, 5,27. Porque a palavra גיחזי [*Gehazi*] e a palavra חול [*ḥol*], profano, comum, têm ambas o mesmo valor numérico.

11 Dirigir um tratado ao próprio filho era uma convenção literária amplamente disseminada.

O Capítulo 2 da *Kab. den.* começa em 1:227-28 e contém uma longa discussão sobre os vários tipos de ouro e uma analogia entre eles e as dez *sefirót*. O mesmo tema continua sendo discutido em *Kab. den.* 1:302-3. Em seguida, nas páginas 303-5, é discutido o ofício do médico:

> Eu, o insignificante[12], escrevo estas coisas de acordo com a limitação de meu conhecimento, tendo diligentemente pesquisado o oculto, para a cura das criaturas. No entanto, o que me persuadiu foi o que é transmitido no *Zohar Haazinu*, fólio 145, capítulo 580[13], sobre o ofício do médico: que não devo desistir do caminho bom e certo, enquanto não encontrar o melhor remédio. As palavras aí são as seguintes: "Está escrito no Dt 32,10: 'Ele o encontrou numa terra deserta e, numa solidão erma e desolada, levou-o a encontrar as causas e o fez compreender etc.' Exatamente assim, porque obrigou todas as cascas* a servi-lo. Até aqui estava escrito no *Livro de Kartaneus* [Qartana], o médico. Ele então extraiu desse texto várias observações, necessárias ao médico sábio, sobre a cura do paciente, deitado na câmara da enfermidade, onde os prisioneiros do rei (Gn 39,20) podem adorar o Senhor do Mundo. Porque quando um médico prudente vai até ele, ele o encontra numa terra deserta e no ermo de uma solidão desolada, que são as doenças que o afligem, e ele o encontra no cativeiro do rei.
>
> "Aqui se pode objetar que, uma vez que o Divino, abençoado seja Ele, ordenou que ele fosse pego [pela doença], não é permitido ao homem curá-lo. Mas não é assim. Porque Davi diz no Sl 41,2: 'Bem-aventurado é aquele que compreende o fraco'. E fraco é aquele que se encontra na casa da enfermidade. E, se o médico for sábio, o Divino, abençoado seja Ele, irá acumular suas bênçãos sobre ele, em relação àquele que ele cura. Esse médico o encontra na terra deserta, isto é, no lugar da morte, onde ele está. E no deserto, de solidão desolada, quais são as doenças que o afligem? O que deve

12 Tradução do hebraico *ani haqaṭan*.

13 A passagem citada encontra-se no *Zohar*, 3:299a, nas edições que seguem o padrão.

* Em hebraico, *kelipót*, as "cascas" ou "fragmentos" que na Cabala luriânica aprisionam as centelhas divinas exiladas pela ruptura dos vasos espíritos ou entidades do mal (N. da T.).

ser feito por ele? etc.[14]. O Rabi El'azar disse: 'Até agora, não soubemos nada sobre esse médico, nem sobre seu livro. Exceto que uma vez um certo comerciante me contou que soube por seu pai que, em sua época, havia um certo médico que, tendo visto um homem doente, imediatamente disse 'Este viverá, aquele morrerá' e que lhe contaram que ele era um homem justo e sincero, que temia o pecado e que, se alguém fosse incapaz de adquirir as coisas de que precisava, ele próprio as obteria e as forneceria do que era seu. E dizia-se que, no mundo inteiro, não havia homem sábio como ele e que ele conseguia mais com suas orações que com suas mãos. E quando presumimos que esse homem era justamente o mesmo médico, o comerciante respondeu: 'Certamente, seu livro está em meu poder, tendo-o obtido pela herança de meu pai. E tudo que é dito nesse livro está oculto no mistério da Lei. E nele encontramos segredos profundos e muitos remédios, cuja aplicação não é permitida, exceto naqueles que temem o pecado etc.'"[15].

"O Rabi El'azar disse: 'Se esse livro está em seu poder, empreste para mim'. Ele respondeu: 'Emprestarei, para mostrar a você o poder da luz sagrada'. E soubemos que o Rabi El'azar disse: 'Esse livro esteve em minhas mãos por doze meses e encontramos nele luzes sublimes e preciosas etc.'. E encontramos nele muitos tipos de remédios, receitados de acordo com os requisitos da Lei e segredos profundos etc. e dissemos: 'Abençoado seja o Misericordioso, que concede sabedoria aos homens pela sabedoria divina etc.'. Até aqui a esse respeito"[16].

Isso me levou a procurar livros bons e secretos como esse e, com a boa mão de Deus sobre mim, encontrei o que vou ensinar a você agora. E o *camea*[17] desse metal é mesmo maravilhoso, porque consiste em seis vezes seis seções de reticulado, mostrando em toda parte a virtude admirável da

14 Aqui, novamente, nosso texto omite cerca de dezessete linhas da passagem do *Zohar*.

15 Aqui, mais uma vez, são omitidas cinco linhas do *Zohar*.

16 Final da citação do *Zohar*.

17 Camea (heb., *q'me'a*, amuleto). Aqui e no que se segue a palavra é empregada no sentido de um quadrado mágico de números. Nosso autor atribui um *camea* a cada um dos metais.

letra *vav*[18], vinculada a Tif'eret [Beleza]. E todas as colunas e linhas, tanto de baixo até o topo quanto da direita para a esquerda e de um canto para o outro, dão a mesma soma total e vocês podem variar essas colunas e linhas *ad infinitum*. E os vários totais sempre mantêm a posição em que seu número menor[19] é sempre ou 3, ou 9, ou 6 e novamente 3, 9, 6 e assim por diante. Agora vou apresentar um exemplo cuja soma representa o número 216 [que é o valor numérico de] אריה [*arie*], nosso maravilhoso leão, 14 vezes, que é o valor numérico de זהב [*zahav*], ouro [cf. Figura 26.1].

11	63	5	67	69	1
13	21	53	55	15	59
37	27	31	29	45	47
35	33	43	41	33	25
49	57	19	17	51	23
71	9	65	7	3	61

Figura 26.1
Quadrado mágico para o ouro: "Calcule e fique rico!"

CAPÍTULO 3 (EM *KAB. DEN.* 1:483-485)

כסף[Kesef], a prata, está sob G'dula, devido à brancura, que denota compaixão. E o *Raia Mehemna*[20] diz que por cinquenta [peças] de prata, Dt 22,29 etc., deve-se compreender Biná, porque se inclina para o lado de G'dula [Prata] em cinquenta portas, *Pard. Rim.*, trat. 23, cap. 11[21].

18 A letra *vav*, a sexta letra do alfabeto, representa o número seis.

19 Número inferior ou menor significa a soma dos dígitos incluídos num número. Assim, o número menor de 216 (2+1+6) é 9.

20 *Raia Mehemna* (aramaico, O Pastor Fiel) é uma parte do *Zohar*.

21 Nosso autor frequentemente cita Moisés Cordovero (1522-1570), um importante Cabalista de Safed, cuja principal obra é *Pardes Rimonim* (heb., O Pomar de Romãs). Assim, o *Esch M'tzaref* não pode ter sido escrito antes da primeira metade do século XVI.

Sobre as coisas metálicas, o Rabi Mordekhai[22] escreveu: tome o mineral vermelho da prata, faça com que seja moído muito fino, então acrescente a seis onças desse pó, uma onça e meia de calx [cal] de Luna [prata]. Faça colocar essa mistura em banho de areia num frasco lacrado. Deixe receber fogo brando pelos primeiros oito dias, para que sua umidade radical calcine. Na segunda semana, um grau mais forte e, na terceira, ainda mais forte; e na quarta [ainda mais forte], para que a areia não fique em brasas, e quando água for pingada em cima, deverá assobiar. Então, na parte superior do vidro, você terá uma matéria branca, que é a matéria prima, o arsênico corante[23], a água viva dos metais, que todos os filósofos chamam de [água] seca, e seu vinagre. É assim que ele é purificado: R_x [tome um pouco] dessa [matéria] pura, cristalina e sublimada. Faça com que seja moída no mármore com cal de Luna em partes iguais. Faça ser colocada num frasco lacrado, novamente em areia, nas primeiras duas horas com fogo brando, na segunda, com um mais forte, na terceira, com um mais forte ainda e aumentando até que a areia assobie: e nosso arsênico será novamente sublimado, com raios luminosos sendo emitidos. E uma vez que uma grande quantidade dele é necessária, faça com que aumente da seguinte forma: R_x dele, seis onças, e da mais pura limalha de Luna, uma onça e meia, e deixe que se torne um aaa. [amálgama] e deixe macerar em um frasco vedado, em cinzas quentes, até que toda a Luna esteja dissolvida e convertida em água de arsênico. Tome uma onça e meia desse espírito preparado, coloque num frasco com cinzas quentes, vedado, e ele irá subir e descer; o calor deve continuar, até que não mais exsude, mas fique no fundo, assumindo a cor das cinzas. Assim a matéria se dissolve e decompõe. Tome uma parte dessa matéria cinérea e meia parte da água acima mencionada, misture e deixe exsudar num vidro, como antes, o que acontecerá em cerca de oito dias. Quando, depois disso, as cinzas começarem a

22 É possível que esse Mordekhai fosse o filho do mesmo nome de Leone de Módena, que tentou transmutar chumbo em prata e morreu em resultado de seus experimentos; cf. capítulo 32, infra. Se assim for, o *Esch M'tzaref* não pode ter sido escrito antes do início do século XVII.

23 O termo também pode significar orpimento, auripigmento, ou sublimado corrosivo.

branquear, remova-as e as mergulhe em cinco lavagens de sua água lunar e deixe macerar como antes. Faça embeber uma terceira vez com cinco onças da mesma água e deixem coagular como antes por oito dias. Para embeber uma quarta vez, são necessárias sete onças de água lunar e, uma vez a exsudação terminada, esse preparo estará completo.

Agora, quanto à obra branca. Tome vinte e uma dracmas dessa cinza branqueada. De água lunar, catorze dracmas. De calx da mais pura Luna, dez dracmas. Faça com que sejam misturados sobre o mármore e submetidos a coagulação, até que endureçam. Embeba com três partes de sua própria água, até que tenham absorvido essa poção, e repita o procedimento até que a mistura flua sem fumaça sobre uma chapa de cobre incandescente. Então você terá uma tintura para o branco, que você pode aumentar da maneira acima mencionada. Para [a tintura do] vermelho, calx de sol [isto é, ouro], um fogo mais forte tem de ser empregado. E essa é uma obra de mais ou menos quatro meses. Assim [diz] ele[24]. Isso se compara aos escritos do filósofo árabe[25], nos quais ele descreve com mais detalhes o material arsênico.

O capítulo 3 continua na *Kab. den.* 1:359, que contém outras citações bíblicas, visando provar a correspondência entre as *sefirót* e a prata. O texto recebe então continuidade em *Kab. den.* 1:206-8, que se inicia com referências bíblicas, com a finalidade de provar a correspondência entre as *sefirót* e o ferro. E então prossegue:

Nas ciências naturais esse metal [o ferro] é a linha média, alcançando de um extremo ao outro. Esse é o varão e noivo, sem o qual a virgem não é fecundada. Esse é o Sol do sábio, sem o qual a Lua estaria em perpétua escuridão. Aquele que conhece seus raios trabalha de dia. Os outros andam às apalpadelas à noite. פרזלא [*Parzʿla*, ferro em aramaico], cujo número menor é 12, tem o mesmo valor do nome daquele animal sedento

24 O Rabi Mordekhai, acima mencionado.

25 Refere-se provavelmente ao alquimista árabe mais famoso, Jābir ibn Ḥayyān.

de sangue דב [*dov*], o urso, cujo número também é 12. E essa é a coisa mística sobre qual está escrito em Dn 7,5[26]: "Eis que um segundo animal, semelhante ao urso, se levantou de um lado e [havia] três costelas entre seus dentes e assim foi-lhe dito: Levante-se, devore muita carne!". O significado é que, a fim de constituir o reino metálico, o ferro deve ser colocado no segundo lugar em cuja boca ou abertura, em que venha a passar uma tigela de barro, uma escória tripla se projete do interior de sua natureza esbranquiçada. Deixem que consuma בשר [*basar*], a carne, cujo menor numero é 7, isto é, פוך [*pukh*], *stibium* (antimônio), cujo menor número é o mesmo 7. E, na verdade, muita carne, porque sua proporção é maior que a do outro e, de fato, a mesma proporção que a do פוך, isto é, 106, para ברזל [*barzel*], isto é, 239, assim será o ferro para o *pukh*.

Nosso texto continua nesse tom e passa a explicar Dn 7,6; 7, 11, nos termos da alquimia. Segue-se então a conclusão do capítulo 3.

CAPÍTULO 3, CONCLUSÃO (EM *KAB. DEN.* 1: 683-84)

A história de Fineias faz parte da história das naturezas metálicas, Nm 25,7, onde por fornicadores se entende o enxofre [arsenioso] masculino e a água seca[27], inapropriadamente misturada com o mineral. Mas a lança de Fineias significa a força do ferro agindo sobre a matéria, para expurgá-la das impurezas. Com o quê, o ferro não só é esse [enxofre arsenioso] masculino, completamente morto, mas também a própria mulher é completamente abatida. De modo que o milagre de Fineias pode ser, não inadequadamente, aplicado a isso. Vejam o *Targum*, *ad loc*. [Nm 25,7]. Pois a natureza do ferro é maravilhosa, o que também é demonstrado por seu *camea*, que é como se segue [cf. Figura 26:2], no qual o número ה [5] e seu quadrado כ"ה [25] denotam a natureza feminina, que é corrigida por esse metal.

26 Segue-se uma explicação alquimística detalhada da visão da fera por Daniel.

27 Água, *aqua*, pertence em latim ao gênero feminino.

CAPÍTULO 4 (EM *KAB. DEN.* 1:185-186)

בדיל [*B'dil*] estanho. Na ciência natural esse metal não é muito usado. Pois, uma vez que é derivado por separação, sua matéria permanece separada do remédio universal. Dentre os planetas, Tzedeq [Júpiter] é atribuído a ele, um planeta errante, esbranquiçado, ao qual os gentios davam um nome idólatra cuja menção é proibida, Ex 23,13, [e para o qual] uma grande extirpação está prometida, Os 2,15; Zc 13,2. Dentre os animais, nenhuma alegoria é mais bem aplicada que essa, pois, devido

11	24	7	20	3
4	12	25	8	16
17	5	13	21	9
10	18	1	14	22
23	6	19	2	15

Figura 26.2.
Quadrado mágico para o ferro.

a sua crepitação, devia ser chamado de חזיר מיער [*ḥazir miya'ar*], um javali fora da floresta, Sl 80,14, cujas [letras dão o] número 545, que não só é produzido por cinco vezes 109, mas cujo número menor mostra um quinário, assim como o nome [*tzedeq*], 194, cujos números, se somados, dão 14, sendo que estes últimos [se somados] dão 5. Por sua vez, este último, tomado duas vezes, é 10, o menor número da palavra בדיל [*b'dil*], pela soma [dos dois dígitos] de 46. Mas cinco vezes dez mostra as cinquenta portas de Biná e a primeira letra da *sefirá* Netza¬, que são as classes das *sefirót* às quais esse metal é referido.

Na transmutação específica de sua natureza sulfurosa isso não se manifesta, mas com outros enxofres, em especial os dos metais vermelhos, a água espessa devidamente terrificada em ouro, ou também em prata, se reduz, se o metal for introduzido em água rala de natureza sutil pelo mercúrio que, entre outras coisas, se torna bom pelo estanho. Mas sua natureza viscosa e aquosa pode ser melhorada na de ouro, se ele for pulverizado com calx de ouro por dez dias, passando por todas as intensidades de fogo e, se for colocado em ouro líquido na forma de pequenos glóbulos, gradualmente, o que foi-me ensinado, deve ser feito também com água. Mas nenhum homem é sábio, a menos que tenha a experiência como mestra.

Nada mais acrescento. Aquele que é sábio pode corrigir as naturezas e onde elas são deficientes, ajudar com experimentos.

CAPÍTULO 4, CONTINUAÇÃO (EM *KAB. DEN.* 1:676)

קסטרא [*Qastra* ou qassitera], estanho. Cf. בדיל [*b'dil*]. Seu *camea*[28] é o seguinte [cf. Figura 26:3]:

4	14	15	1
9	7	6	12
5	11	10	8
16	2	3	13

Figura 26.3.
Quadrado mágico para o estanho.

O número resultante de cada lado é ד"ל [*dal*, 34], representando o caráter rarefeito e vil desse metal[29] em operações metálicas.

CAPÍTULO 5 (EM *KAB. DEN.* 1:271-273)

הוד [Hod, Majestade] na sabedoria da natureza pertence à classe do latão. Pois sua cor expressa a natureza de G'vura [Poder] que tem essa *sefirá*.

28 "Sapere Aude", em sua tradução para o inglês, enfatiza aqui que "Esse é o verdadeiro quadrado mágico de Júpiter".

29 Na verdade, a palavra hebraica *dal* significa "pobre".

E o uso do latão não era estranho aos instrumentos de louvor e música, 1Cr 15,19. E na guerra, eram usados arcos de latão, 2Sm 17,5, 6, 38.

Mas, assim como Hod é cingido pela serpente, assim também o nome נחשת [*n'ḥoschet*], latão, se refere, em sua raiz, a נחש [*naḥasch*], serpente.

Os setenta talentos de latão da oferenda, Ex 38,29, representam setenta príncipes. Pois o poder das cascas [espíritos malignos ou entidades] é máximo em torno desse lugar. Consequentemente, Hod é um grau de representação profética, uma vez que da raiz נחש [*nḥsch*] derivam נחשים [*n'ḥaschim*] encantamentos, Nm 23,23; 24,1. Mas aquele que deseja ser cauteloso vai descobrir que Hod tem sua década especial e, da mesma forma, na história do latão, ele pode facilmente reunir uma década da lei. Pois, de forma geral, não pode essa oferenda do latão, do qual subsequentemente foram feitos recipientes para o Tabernáculo, Ex 38,39, ser atribuída a Keter, uma vez que todos os outros graus se originam dele? Não se refere à pia de latão, Ex 30,18, à natureza de Ḥokhmá [sabedoria], da qual um fluxo é enviado para todos os inferiores? Mas sua base, que também era latão, é Biná [Inteligência], pois é nela que Ḥokhmá reside.

No que se segue, nosso autor continua discutindo, no mesmo tom, o significado do latão, sua relação com as *sefirót* e sua correspondência com o planeta Vênus. A conclusão do capítulo 5 se encontra em *Kab. Den.* 1:570.

CAPÍTULO 6 (EM *KAB. DEN.* 1:345-46 E 625-26)

Na doutrina metálica, Ḥokhmá é o grau do chumbo, ou o sal primordial no qual o chumbo dos sábios está escondido. Mas como pode esse lugar sublime ser atribuído ao chumbo, que é um metal tão ignóbil? E que as Escrituras tão raramente mencionam?

Mas aqui se encontra a Sabedoria! Seus dois graus são mantidos bem ocultos, por isso muito pouca menção é feita a ele. Contudo, não faltará o número de *sefirot* específicas. Pois o que é denominado, em Zc 5,7, "um talento de chumbo erguido" e é trazido das profundezas não poderia representar o grau de Keter? E o que é denominado, em Zc 5,8, "pedra de chumbo" põe diante de si a letra Yud, que se encontra em Ḥokhmá[30]. Então em Ez 27,12 o chumbo é remetido ao lugar da congregação, cuja contrapartida é Biná E, em Am 7:7, אנך [*anokh*], um prumo de chumbo, denota o fio de Ḥessed. Pois אנך [*anokh*] com a palavra inteira[31] dá 72, o número de Ḥessed. Mas, em Nm 31,22, o chumbo é enumerado entre as coisas que podem permanecer no fogo, [ele] será G'vura. Mas, em Jó 19,24, o chumbo e uma pena de ferro se unem, de onde você tem Tif'eret, um escritor[32]. Mais uma vez, em Ez 22,18, 20, há o forno de ensaio, ou da graça, e o forno do juízo, em que também existe chumbo. Daí, Netzaḥ e Hod, pois é disso que deve fluir um rio de prata[33].

E Jr 6,29 [se refere ao] forno de ensaio, do qual, por meio do chumbo, se espera prata boa. Não é o homem justo, assim como aquele que justifica, a Iessod [Fundação]?[34] Mas se procura o fundo do mar, contemple a passagem, em Ex 15,10, na qual aparece a noção de Malkhut. Trata-se do Mar Vermelho, do qual se pode extrair o Sal da Sabedoria e através do qual os navios de Salomão buscavam ouro.

A continuação do capítulo 6, contendo outras explicações cabalísticas e alquimísticas sobre o significado do chumbo, é encontrada em *Kab. den.* 1:625-626, que não traduzimos aqui. A isso se seguem, nas páginas 151-152, explicações cabalísticas e alquimísticas das várias denominações hebraicas para leão, também omitidas aqui, exceto pelos comentários de nosso autor sobre o termo *k'fir*:

30 Refere-se à letra *yod* no tetragrama YHWH, que os cabalistas interpretavam como representando Ḥokhmá, Sabedoria. Cf. Raphael Patai, *The Hebrew Goddess*, p. 116.

31 Uma forma de calcular o valor numérico de uma palavra é contar a própria palavra como um e acrescentar a esse número a soma total do valor de suas letras. Assim a palavra ANKH (*anokh*) recebe o valor 72: a palavra (1) + alef (1) + *nun* (50) + *kaf* (20) = 72.

32 Não consegui determinar o significado dessa sentença.

33 Novamente, significado obscuro.

34 Referência a Pr 10, 25, "O justo tem fundamentos eternos".

Além disso, as palavras כפיר [*k'fir*], leão jovem, e ירק [*iereq*], verdor, têm ambas o valor numérico de 310. E sabe-se, nos mistérios metálicos, que logo no início aparece o enigma do leão do crescimento verde, que chamamos de o Leão Verde[35], que, peço, não suponha que é assim chamado por alguma outra razão além de sua cor. Pois, a menos que sua matéria seja verde, não apenas nesse estado imediato antes de ser reduzida a água, mas também depois de água de ouro ser feita dela, você deve se lembrar de que precisa assim aperfeiçoar seu processo universal de secagem.

CAPÍTULO 7 (EM *KAB. DEN.* 1:455)

ירדן [*Iarden*, Jordão] denota uma água mineral útil para a limpeza de metais e minerais leprosos. Essa água brota de duas fontes, uma das quais é denominada יאר [*i'or*], isto é, fluida, tendo a natureza do correto e benigno. A outra é denominada דן [*dan*], isto é, rígida e de natureza tosca[36]. Mas flui pelo Mar de Sal, o que deve ser notado, e, por fim, acredita-se que está misturada ao Mar Vermelho[37], que é uma matéria sulfurosa, masculina, e é conhecida de todos os verdadeiros artistas[38]. [...] Mas saiba que o nome זכו [*zakhu*][39], pureza, multiplicado por 8, o [menor] número de Iessod [Fundação: 33], produz o número de סדר [*seder*], ordem, 264. Número que também está contido na palavra ירדן [*iarden*], para que você se lembre de que pelo menos oito ordens de purificação são necessárias para que resulte pureza verdadeira.

35 Sobre o Leão Verde na alquimia, cf. Betty Jo Teeter Dobbs, *The Foundations of Newton's Alchemy or The Hunting of Green Lion*, Cambridge: Cambridge University Press, 1975.

36 Há aí talvez um tênue eco da distinção de Fílon das duas naturezas da divindade, uma gentil e benévola, a outra soberana e punitiva, e do conceito rabínico dos dois tronos de Deus, um da misericórdia, o outro da justiça. Cf. R. Patai, *The Hebrew Goddess*, p. 76, 78.

37 A noção de que o rio Jordão corre do Mar Morto para o Mar Vermelho é talmúdica.

38 Isto é, alquimistas que se consideravam mestres da Grande Arte.

39 Essa é uma das grandes formas aramaicas da palavra *z'khuta*.

CAPÍTULO 7, CONTINUAÇÃO (EM *KAB. DEN.* 1:441-443)

Y'ssod, nas coisas naturais, contém sob si o mercúrio, porque ele é a base de toda a arte da transmutação. E, assim como o nome אל [El, Deus] indica a natureza da prata, pois ambos pertencem à classe de Ḥessed (mas aqui o Ḥessed inferior, Iessod), assim também o nome אל חי [El Ḥay, o Deus Vivo] é, de certo modo, o mesmo que כסף חי [*kessef ḥay*], prata viva [isto é, mercúrio]. E assim também כוכב [*kokhav*, Mercúrio], estrela, o nome do planeta sob o qual se encontra esse material, dá, junto com a palavra inteira, 49, que é o número de אל חי [El Ḥay].

Mas lembre-se de que nem todos os mercúrios são úteis a sua obra, porque eles diferem assim como o linho e o cânhamo ou a seda [diferem] e seria em vão que você iria preparar o linho para se igualar em fineza e esplendor ao bisso [tecido de linho fino].

E há também os que pensam que é um sinal da água legítima ela borbulhar imediatamente, ao ser misturada com ouro. No entanto, a solução de mercúrio comum, precipitado por chumbo, revela isso; e o que ele irá produzir? Na verdade, digo a você que não há outro sinal do mercúrio verdadeiro, a não ser este: que, se aquecido de forma apropriada, ele se envolve com uma crosta que é o mais puro do ouro refinado – e isso em muito pouco tempo, na verdade, em uma noite. Isso é o que, não sem mistério, se denomina כוכב [*kokhav*], estrela, e do qual, de acordo com a Cabala natural, Nm 24,17, "Uma estrela procederá de Jacó" ou, em termos claros: levante os contornos das hastes e ramos e dessa estrela fluirá a influência de que falamos.

Esse mercúrio é denominado em Gemara, tratado Gittin, capítulo 7, fólio 69b, אספירכא [*ispirkha*][40], isto é, *aqua spherica* [água esférica], porque flui da esfera mundana. E, em Gn 36,39, ele é denominado אל־מהיטב [Meetabel], isto é, מֵי הַטְּבָלָא [*me hat'vula*], água de imersão, por uma transposição de letras, porque nela o rei é imerso, para ser purificado; ou, por assim dizer, מי אל הטוב [*me el hatov*], por uma modificação análoga: "a água do bom Deus", ou prata viva, porque a vida e o bem

40 Corretamente *isfdikha*, chumbo branco; cf. o árabe *isfidāj*.

têm poder igual, assim como o têm a morte e o mal. Essa água é denominada "A filha de מטרד [Matred]", isto é, como ensina o Targum, aquela que produz o ouro, trabalhando com assídua exaustão[41].

Pois essa água não jorra da terra, nem sai das minas, mas é produzida e aperfeiçoada por meio de grande trabalho e muita diligência. Essa esposa é chamada de מי זהב [Me Zahav], água de ouro, ou a água que emite ouro. Se o artista for seu noivo, ele procriará uma filha que será a água do banho real. Embora outros considerem essa noiva como águas feitas de ouro, os homens pobres, no entanto, a abandonam para ser desposada por magnatas.

O marido de Meetabel é esse rei edomita e [rei] da vermelhidão[42], que é denominado הדר [Adar], esplendor, isto é, o esplendor do reino metálico (Dn 11:20), que é o ouro. Ou seja, o [ouro] que pode ser atribuído a Tif'eret, pois הדר [Adar] representa 209, número que é obtido também do Tetragrama, multiplicado por 8, que é o número [do dia] da circuncisão e de Y'ssod, se a palavra inteira for acrescentada.

Mas, para que você possa saber que o que é compreendido é Tif'eret do grau de G'vura, saiba que o mesmo número adicionado ao todo também está contido em יצחק [Iitzḥaq], que, da mesma forma, é da classe do ouro.

A cidade desse rei é denominada פָּעוּ [Pa'u], de esplendor, de acordo com Dt 33,2. Tanto esse nome quanto o nome יוסף [Iossef], pelo qual Y'ssod é designado, têm o número 156, de modo que vocês devem saber que o mercúrio é necessário para a obra e que, fora dessa cidade esplêndida, a glória real não reside.

Cabe aqui uma outra designação, אלהים חיים [*Elohim ḥaim*, Deus Vivo], como se fosse denominado "ouro vivo", pois Elohim e ouro denotam a mesma medida. Mas essa água é assim chamada porque é mãe e princípio do ouro vivo. Pois acredita-se que todos os outros tipos de ouro estão mortos, com exceção apenas desse.

41 O Targum traduz as palavras "a filha de Mē-Zahav" como "a filha de um (ou do) refinador de ouro", empregando a palavra *m'tzaref*, que aparece no título de nosso tratado.

42 O termo *edom* é interpretado como *adom*, vermelho.

Nem você errará, ao atribuir a ele uma outra designação, pois ele pode ser chamado מקור מים חיים [*m'qor maim ḥaim*], fonte das águas vivas. Pois, por meio dessa água, o rei torna a viver, para poder dar vida a todos os metais e coisas vivas. O *camea*[43] dessa água é, evidentemente, maravilhoso e exibe, da mesma forma, o número חי [*ḥai*], viva, [por produzir] dezoito vezes a mesma soma num quadrado de 64 números, que é a soma do nome מי זהב [*Me Zahav*], água de ouro, em variação infinita, dessa maneira [cf. Figura 26.4][44].

8	58	59	5	4	62	63	1
49	15	14	52	53	11	10	56
41	23	22	44	45	19	18	48
32	34	35	29	28	38	39	25
40	26	27	37	36	30	31	33
17	47	46	20	21	43	42	24
9	55	54	12	13	51	50	16
64	2	3	61	60	6	7	57

Figura 26.4.
Quadrado mágico para a *mē-zahav*, água de ouro.

Aqui vocês têm a soma total de 260, de baixo para cima, da direita para a esquerda e diagonalmente. Da qual o número menor é 8, o número de Iessod. Além disso, a raiz de todo o quadrado é 8. O símbolo da primeira soma é 260, que é סר [*sar*], [significando] retornou, porque, ao avançar, a soma sempre volta para trás, através das unidades. Por exemplo, se vocês começarem com 2, a soma será 268, que pode ser decomposta em 7. Começando com 3, será 276, soma que pode ser

43 Aqui a palavra é grafada como *kamea*.

44 Sapere Aude observa: "Essa é a forma habitual do quadrado mágico de 8 vinculado a Mercúrio".

decomposta em 6 e assim por diante, em todo o restante[45]. E, da mesma forma, quando o número de purificações aumenta, o peso de suas águas diminui.

CAPÍTULO 8 (EM KAB. DEN. 1:430)

Dentre os enigmas das coisas naturais [está o fato de que] o nome de um Pombo nunca é aplicado aos metais, mas [apenas] à administração e preparo da natureza. Aquele que compreende aqui a natureza da oferenda que se queima não pegará tartarugas, mas dois jovens pombos machos, Lv 1,14; 12,8; 14,22. Mas contem a palavra בני [*b'nei*, filhos de], 62, e um par de pombos, de onde a palavra נוגה [*nogá*, esplendor de Vênus], 64, que é o nome do quinto planeta, e vocês estarão seguindo o caminho certo. Ou então, "trabalhem, não para enriquecer, por sua própria sabedoria, parem. Vocês farão com que seus olhos agora a discirnam? Não será assim. Mas [o discípulo dos sábios] faz asas para si e voa como a águia [para obter os minerais da estrela] para o céu". Pr 23,4-5[46].

CAPÍTULO 8, CONTINUAÇÃO (EM *KAB. DEN.* 1:456)

ירח [*Iareaḥ*], lua. Essa é a Schekhiná [...].

Na história das coisas naturais, Luna é denominada o remédio para o branco, porque recebeu seu esplendor branqueador do sol que, por um brilho semelhante, ilumina e converte em sua própria natureza a terra inteira, isto é, os metais impuros. E a partir disso se pode entender, de forma mística, a passagem em Is 30,26, porque, a obra estando concluída, ela [a lua] terá adquirido esplendor solar e, nesse estado, a passagem em Ct 6:9 se refere a ela.

Pelo mesmo nome é designado o material da Obra e, assim, de fato, é como a lua em forma de foice, no primeiro estado de consistência, e

45 Isto é, na primeira coluna da direita, em vez de 1, 56, 48 etc., escreve-se 2, 57, 49 etc.

46 Isto é, ele volatiliza os metais, os representantes terrenos das estrelas. A tradução acima da passagem dos *Provérbios* segue o latim do autor.

como a lua cheia, no último estado de fluidez e pureza. Pois as palavras ירח [*iareaḥ*], lua, e רזיא [*razaia*], segredos, têm na *guemátria* os mesmos números, assim como רבוי [*ribui*], multiplicidade, porque nesse material se encontram os segredos da multiplicação.

CAPÍTULO 8, CONTINUAÇÃO (EM *KAB. DEN.* I: 241-242)

גפרית [*Gofrit*], enxofre. Na ciência dos minerais, esse princípio é atribuído a Biná, à esquerda, devido a sua cor: e a esse lado também o ouro é, em geral, atribuído. E חרוץ [*ḥarutz*, literalmente, sulcado] é uma espécie de ouro atribuído a Biná, tendo o menor número 7, que corresponde a [o de] גופריתא [*gufrita*, enxofre, em aramaico]. Assim, o ouro da sabedoria natural deve ser *ḥarutz*, escavado, ou equivalente, não fundido. E esse é o enxofre que dá uma cor ígnea, é penetrante e altera as terras impuras. Isto é, enxofre com sal, Dt 29,22; enxofre com fogo, chovendo sobre os ímpios, isto é, metais impuros, Sl 11,6. Esse enxofre, você deve escavar. E ele deve ser escavado da água, para que você possa ter fogo proveniente da água e, se seu caminho for certo diante de Deus, seu ferro irá nadar sobre a água, 2Rs 6,6. Vá, então, em seu caminho para o Jordão, com Eliseu, 2Rs 6,4. Mas quem deverá anunciar as G'vurot do Senhor, Sl 106,2. Muitos buscam outros enxofres e aquele que entrou na casa de veredas particulares irá entender, Pr 8,2. Pois a extração dos enxofres do ouro e do ferro, que é ensinada por muitos, é fácil. Também a do ouro, do ferro e do latão; também a do ouro, do ferro, do cobre e do antimônio; que são reunidos após a fulminação pelo vinagre da lixívia (*lixivium*), são transformados em azeite vermelho com *hydrargyrum* [mercúrio preparado artificialmente] úmido e tingem a prata. Mas óleo e um tesouro desejável são encontrados na habitação do sábio, Pr 21,20.

Com essa nota moralista termina o *Esch M'tzaref*. Seu texto deixa evidente que o autor era bem versado nas línguas hebraica e aramaica, na *Bíblia*, no *Targum* e no *Talmud*, na Cabala e em métodos de *guemátria*, assim como na teoria e prática da alquimia. Seu tratado pode ser considerado uma tentativa de unificar essas diferentes disciplinas. De acordo com ele, tanto a Cabala quanto a alquimia contêm os mesmos "mistérios da sabedoria", sendo que a transmutação dos metais, sugerida pelas correspondências da *guemátria*, é análoga à cura dos doentes.

A importância do tratado está sobretudo no fato de que ele tipifica uma tendência na alquimia, especificamente judaica e orientada para a Cabala, que diferia consideravelmente da metodologia alquimística praticada pela maioria dos alquimistas muçulmanos e cristãos. Encontramos, em sua apresentação da teoria e método, um vínculo orgânico entre a alquimia, de um lado, e a tradição bíblica, talmúdica e cabalística, de outro. Ao interpretar passagens bíblicas em termos alquímicos, nosso autor, de forma autenticamente alquimística, transmutou a *Bíblia* em um livro de fontes alquímicas. Em sua opinião, um verdadeiro mestre da alquimia devia ter familiaridade, não somente com as mitologias, teorias sobre a natureza e técnicas alquímicas básicas, mas também com a tradição judaica – e, sobretudo, devia ser um judeu virtuoso, pio e temente a Deus.

Um último ponto merece ser mencionado. Quando lemos esse texto, sentimos que seu autor estava interessado em produzir ouro apenas de modo circunstancial, se é que estava de fato interessado. Em vão procuramos no *Esch M'tzaref* receitas alquímicas como a da diplose do ouro, atribuída a Moisés pelos alquimistas de Alexandria. Ao contrário, a atenção de nosso autor se concentra em decifrar os segredos da natureza com a ajuda da *guemátria*, que revela conexões insuspeitadas entre as estrelas e os metais e entre vários metais, apontando assim para o maior de todos os mistérios, o da unidade da natureza criada por Deus.

27.

Taitazak e Provençali

Iossef Taitazak foi um importante talmudista, cabalista e estudioso da *Bíblia*, que viveu em Salônica nos séculos XV e XVI. As datas exatas de seu nascimento e morte não foram definitivamente estabelecidas, mas em 1520 ele era reconhecido como um estudioso de renome e uma autoridade haláKhica em Salônica e, numa carta a ele, Iossef Caro o denominou "a luz e o santo de Israel, a coroa da Diáspora". Taitazak deixou vários comentários bíblicos e obras haláKhicas, foi o líder de um círculo cabalista em Salônica e o primeiro a desenvolver e utilizar o conceito do *maguid*, uma voz divina personalizada, da qual vários cabalistas subsequentemente alegariam ter recebido comunicações.

Em um de seus manuscritos ainda não publicados, Taitazak dá uma explicação alquímico-cabalística do "mistério do ouro e da prata". Ele afirma que o mistério da escada de Jacó (*Gn* 28,10 e s.) explicará

> também coisas grandes e terríveis: como vocês podem ascender no mistério da escada e esse é um mistério [...]. E assim se explicará a eles o mistério dos sete [metais] no mistério da subida e descida [...]. E assim se explicará a eles o mistério do ouro e prata divinos e o mistério do ouro e prata inferiores: como vocês podem produzi-los eficazmente na natureza, a partir de todos os tipos dos sete metais. E essa é a real ciência natural e toda ela está mergulhada no mistério da escada.

Em seguida, Taitazak afirma que Jacó e Moisés conheciam esse mistério e, em um contexto posterior, ele retorna à mesma ideia, expandindo-a:

> E vocês conhecerão e compreenderão imediatamente todo o mistério do mundo inferior e o mistério do divino e da prata e ouro inferiores. De fato, se compreenderem essa grande sabedoria, vocês imediatamente saberão como produzir, no mundo inferior e com facilidade, cada um dos sete tipos de metal. E essa é a ciência da alquimia e é a ciência divina, como vocês entenderão melhor, quando a alcançarem. E aquele que não conhecer antes a sabedoria do mundo superior não será capaz de consegui-lo. [Mas aquele que a conhece] será capaz de fazer rapidamente cada um de todos os sete tipos de metal e mercúrio[1].

Ao discutir essa passagem, Scholem lamenta que não tenha sido preservada a parte do manuscrito em que Taitazak promete tratar dos mistérios da alquimia e explica que Taitazak sugere que o "ouro seleto da Cabala verdadeira é a *sefirá* de Biná (compreensão) e o mistério da purificação do ouro está ancorado no mistério da natureza divina de Deus. O cadinho do alquimista, no qual os metais são purificados, é, portanto, apenas um modelo natural do cadinho no qual se chega ao mistério da divindade de Deus, na purificação dos nomes sagrados"[2].

Um estudo das referências alquimísticas nos escritos de Taitazak, que parece ser o único estudioso judeu a designar a alquimia como "a ciência divina", é uma das aspirações da história da alquimia judaica.

1 Minha tradução a partir do hebraico, publicada por G. Scholem em seu artigo The Maggid of R. Joseph Taitazaq, *Sefunot* 11 (1971-1978), p. 86, 107a.

2 Idem, p. 87.

Jacó (Iakóv) ben David Provençali

A correspondência entre dois rabis italianos do final do século XV nos dá uma ideia do interesse pela alquimia entre os judeus italianos desse período. Essa correspondência foi iniciada por David ben Iehudá Messer Leon (1470/72 – 1526?), que serviu como rabi em Florença, Salônica e Valona, na Albânia – um homem de vasta erudição em questões judaicas, além de dotado de interesse nas ciências naturais. Em busca de informações sobre essas ciências, Messer Leon (como era geralmente chamado) pediu ao Rabi Jacó (ou Iacóv) Provençali informações sobre "as opiniões dos sábios talmúdicos relativas ao estudo das ciências naturais, lógica, filosofia e medicina". Jacó ben David Provençali (datas de nascimento e morte desconhecidas) foi um estudioso que residiu primeiro em Marselha, onde trabalhou com o comércio marítimo, tendo se mudado mais tarde para Nápoles, onde, por volta de 1480, foi um dos rabis. Sua resposta a Messer Leon foi escrita de Nápoles, em 1490, e nela ele fala sobre a alquimia:

> Que nossa *Torá* inteira não seja como a conversa vazia deles [os gentios], pois não se deve acreditar nela, mas apenas [no que eles dizem sobre] a natureza das coisas e os experimentos naturais, como os experimentos com venenos e ervas e com os poderes e misturas em que a mão dos filósofos é boa e confiável, uma vez que eles roubaram isso tudo dos livros de Salomão, que a paz esteja com ele, o qual, como se sabe, escreveu um livro notável chamado *Livro do Mistério da Natureza*. E ele escreveu esse livro antes do *Livro dos Remédios* [...]. E nossos antepassados [...], os sábios da Babilônia, eram mais versados nas ciências naturais que todos os outros sábios [...] e eles elogiaram muito essa ciência, quero dizer, a ciência dos mistérios da natureza, que chega ao ponto em que alguns dos sábios dão uma nova mistura ao mercúrio, para que se

> transforme em prata verdadeira, ou repetidamente fazem ouro bom por meio de uma operação, como é dito no [*Talmud* de] Jerusalém, no final do capítulo [?], no verso "E a sabedoria mantém seus mestres vivos" (Ec 7:12): o Rabi El'azar disse, Assim como os homens ricos da Casa dos Marqo'aya, que eram especialistas na natureza da solidificação do ouro e no estrépito [isto é, remoção] do refugo da prata. Até aí, sua linguagem. E essas importantes afirmações são explicadas pelo Rabi Ascher, em seu comentário sobre o *Talmud* de Jerusalém: a família de Marqo'in era conhecedora da ciência da alquimia e fez com que os sumos de certas ervas solidificassem e produziu ouro com eles. E uma outra ciência que estava nas mãos deles era sua capacidade de facilmente separar o refugo da prata e essa ciência é conhecida e famosa nos dias de hoje. Mas não queriam revelar as ervas que eles solidificavam e que se tornavam ouro. Até aí, a linguagem do mestre. Daí a conclusão de tudo que tem sido dito é que a ciência natural não é de forma alguma conhecida hoje em seus segredos. Pois o que as pessoas chamam hoje de ciência natural é apenas uma ciência inventada [isto é, falsa] e conversa vazia, pois essas [pessoas] não conhecem nenhum mistério natural verdadeiro, mas [somente] uma expressão linguística e formas de disputa, nas quais não há substância para os que conhecem e que não são desejadas pelos instruídos. Mas a ciência que é oculta hoje foi louvada entre nossos sábios de abençoada memória, pois ela deu sustento a seus mestres com grande honra, porque, por meio dela, o homem conquista grandes riquezas em curtíssimo tempo e, quando se torna rico, o homem alcança o nível da sabedoria[3].

Essa passagem é enigmática, por mais de uma razão. Em primeiro lugar, os dois livros que Jacó Provençali menciona como tendo sido escritos pelo rei Salomão são desconhecidos, embora outros livros mágicos atribuídos a ele, como o *Livro da Chave de Salomão*[4], fossem

3 Cf. Eliezer Ashkenazi de Tunis (org.), *Divre Ḥakhamim*, Metz, 1849, p. 63-75.

4 Hermann Gollancz (org.), *Sepher Maphteaḥ Schelomoh*.

bastante conhecidos e frequentemente mencionados. Em segundo lugar, o *Talmud* de Jerusalém não contém as afirmações que Provençali cita como emitidas pelo Rabi El'azar. Em terceiro lugar, não se conhece nenhum comentário de Rabi Ascher (Ascher ben Yeḥiel, cerca de 1250-1327) sobre o *Talmud* de Jerusalém e, dessa forma, sua explicação da afirmação sobre a Casa dos Marqo'aya (ou Marqo'in) também não pode ser localizada[5]. Uma vez que Provençali incluiu essas referências em um escrito dirigido a um outro estudioso, é quase impossível imaginar que ele simplesmente as tenha inventado: ele teria se exposto a uma crítica e repreensão imediata da parte de David Messer Leon. Seria possível então que Provençali tivesse em seu poder, ou pelo menos conhecesse, dois livros atribuídos ao rei Salomão, assim como um texto diferente do *Talmud* de Jerusalém e um comentário de Rabi Ascher sobre ele que não chegaram até nós?

Deixando de lado essas questões, uma coisa é clara: Jacó Provençali tinha conhecimento de uma tradição relativa à existência, no período talmúdico, de um saber alquimístico que estava na posse de algumas famílias e dos sábios em geral.

Para concluir esta curta seção, eu gostaria de citar o que Immanuel Löw tinha a dizer sobre essa questão em sua obra *Die Flora der Juden*[6]. Após se referir à passagem do *Talmud* de Jerusalém citada por Provençali como "inventada" e ao comentário de Rabi Ascher citado por ele, como "alegado", Löw relata que teria escrito ao famoso historiador da alquimia Edmundo O. von Lippmann, perguntando o que ele pensava do método de fazer ouro por meio da solidificação do sumo de plantas. Lippmann respondeu dizendo que suspeitava de que a passagem se referia à "teoria da marca", que afirmava que o sumo das plantas amarelas se solidifica em ouro, o das brancas, em prata

5 Sobre o comentário perdido de Rabi Ascher, cf. Nissan Meir Feivel Zacks, *Massekhet Sch'qalim 'im Perusch haROSch*, Jerusalém: [s.n.], 1943, p. 10. Gostaria de agradecer a Tuvia Preschel, por ter chamado minha atenção para o livro de Zacks.

6 Immanuel Löw, *Die Flora der Juden*, v. 4, p. 40.

e assim por diante. “Naturalmente”, escrevia Lippmann, “essa teoria remete a Dioscórides, mas esteve em voga no século XV numa forma desenvolvida especialmente por Paracelso e um autor, escrevendo por volta de 1490, bem poderia tê-la extraído desse tipo de escrito”.

28.

Ḥaim Vital, Alquimista

Depois de Moisés de León, a grande figura da história do misticismo judaico foi Isaac Luria (1534-1572). Enquanto De León escreveu muitos livros importantes, Luria não deixou praticamente nenhuma obra escrita por ele próprio e seu impacto sobre a Cabala e o reconhecimento de seu estatuto como pensador místico extremamente original se devem quase exclusivamente à apresentação de seus ensinamentos nos volumosos escritos de seu principal discípulo Ḥaim Vital, que sem dúvida desempenhou o papel de Platão para o "Sócrates" Luria.

Ḥaim Vital (1542-1620) nasceu em Safed, na Palestina, e era filho do copista José Vital Calabrese, que, como indica o nome, emigrara da Calábria, no sul da Itália, para *Eretz*, Israel. Em suas anotações autobiográficas, Ḥaim Vital relata que, quando tinha doze anos, um praticante da quiromancia havia predito que, na idade de vinte e quatro anos, ele abandonaria por dois anos seus estudos da *Torá*, após os quais teria de escolher entre o caminho do Paraíso e o caminho do Inferno[1]. O vaticínio se realizou no sentido que, após estudar com vários místicos em Safed, Vital dedicou os dois anos de 1566-1567 ao estudo e prática da alquimia. Em 1570, quando Luria chegou a Safed provindo

1 Meir Benayahu, Questões Médicas num Manuscrito Desconhecido de Haim Vital (em hebraico), *Koroth: A Bulletin Devoted to the History of Medicine and Science*, Jerusalem, 34:3-4, primavera de 1984, p. 3-17; idem, Collectanea from the Book of Medicines and S'gullot of R. Ḥayyim Vital, idem 35:5-6, primavera de 1987, p. 91-112.

do Egito, Vital se tornou seu principal discípulo e permaneceu estreitamente associado a ele durante os dois últimos anos da vida de Luria, antes de sua morte em 1572, com a idade de trinta e oito anos. Após a morte de Luria, Vital ciosamente alegou ser o único, ou pelo menos o mais autêntico e confiável, depositário dos ensinamentos de Luria e dedicou a maior parte dos quarenta e oito anos restantes de sua vida passando para o papel o que ouvira Luria dizer durante esses curtos dois anos, elaborando as ideias de Luria, relatando o que conhecia de sua vida e desenvolvendo, em seus volumosos escritos, uma imagem de Luria que viria a garantir a seu mestre lugar de honra, não só entre os cabalistas de Safed do século XVI, em cujo círculo estavam muitos outros personagens célebres, mas também na história do misticismo judaico em geral. A certa altura, durante esses dois anos, Luria o aconselhou a abandonar a alquimia, mas pouco depois da morte de seu mestre Vital retornou a ela e, poucos anos depois, escrevia seu volumoso livro sem título, que trata da alquimia e da "cabala prática" e que constitui o tema do presente capítulo.

De 1577 a 1585, Vital foi rabi e diretor de uma *ieschivá* em Jerusalém. De 1586 a 1592, ele voltou a viver em Safed. Em 1593, retornou a Jerusalém uma segunda vez e, em 1598, vamos encontrá-lo em Damasco, onde serviu por algum tempo como rabi da comunidade siciliana e onde permaneceu até sua morte. No entanto, em todos os lugares em que residiu e enquanto desempenhava várias funções oficiais como rabi, sua principal preocupação se manteve voltada para seus escritos teóricos, a maior parte dos quais dedicados à Cabala de Luria. Nesses livros não é fácil distinguir entre os ensinamentos originais de Luria e a interpretação, apresentação e reinterpretação de Vital, de modo que, em última análise, é difícil decidir se Vital se apoiou nos ombros de Luria ou Luria, nos de Vital. Mas uma coisa sobre o lugar de Vital na história do misticismo judaico é certa: ele indiscutivelmente foi o autor mais influente do círculo de Safed e os ensinamentos do "Sagrado ARI" ("Leão", como Luria vem sendo designado, agora por quatrocentos anos, referente às iniciais de seu nome, *Aschkenazi Rabi Itzhaq* [Rabi Asquenazita Yiṭẓḥaq]), que estão no centro do misticismo judaico desde sua morte, tiveram seu impacto na forma em que Vital os apresentou.

O interesse de Vital pela magia e pela alquimia tem sido subestimado pelos historiadores do misticismo judaico, a ponto de termos a impressão de que eles se sentiam constrangidos pelo fato de esse notável cabalista dedicar tanta atenção a temas como esses. Típica nesse aspecto é a longa biografia de Vital escrita por Gershom Scholem para a *Encyclopaedia Judaica*, na qual Scholem discute detalhadamente cada um dos livros e manuscritos de Vital. No entanto, tudo que ele achou necessário dizer sobre a alquimia de Vital foi: "Ele [...] passou dois anos (1563-65) exercendo a prática da alquimia, do que mais tarde se arrependeu". A afirmação de Scholem de que Vital "mais tarde se arrependeu" de ter dedicado seu tempo à alquimia se baseia numa passagem do *Sefer haḤezyonot* (Livro das Visões) de Vital, em que ele afirma:

> [Luria] também me contou que viu escrito em minha testa o verso 'para inventar obras artísticas, para trabalhar em ouro e em prata' (*Ex* 35,32), aludindo aos dois anos e meio durante os quais desisti do estudo da *Torá* e trabalhei com a ciência da alquimia[2].

No entanto, Vital está aqui citando a opinião de seu mestre Luria, sem expressar sua própria atitude com relação à alquimia, que continuaria sendo de interesse positivo e envolvimento atuante. Ele pode ter interrompido seu trabalho com a alquimia e outros trabalhos práticos durante os dois anos em que foi discípulo de Luria, mas depois da morte do mestre ele retornou à alquimia, à medicina e ao estudo de procedimentos técnicos, como mostra o manuscrito que vamos discutir neste capítulo.

O artigo de Scholem foi escrito em 1971. Quinze anos mais tarde, Meir Benayahu, da Universidade de Tel-Aviv, discutiu o manuscrito

2 *Schivḥe R. Ḥaim Vital*, Ostrog, 1826; Ḥaim Vital, *Sefer haḤezyonot*, Jerusalém, 1866.

de Vital em um artigo intitulado "Questões Médicas em um Manuscrito Desconhecido de Ḥaim Vital"[3], no qual ele comenta que o manuscrito também contém material alquimístico. Por alguma razão, Benayahu chegou à conclusão de que o manuscrito foi escrito por Vital, em sua velhice, na cidade de Damasco. No entanto, na parte superior do fólio 110a do manuscrito, encontramos as seguintes palavras: "Eu, o jovem, Ḥaim Vital, discípulo de nosso mestre, o ARI de abençoada memória [...]". Essa passagem, escrita na mesma caligafia do texto da página inteira, mostra que o manuscrito provavelmente foi escrito pouco depois da morte de Luria, quando Vital estava no início de sua trigésima década de vida. Também mostra que, pouco depois da morte de Luria, Vital interrompeu por algum tempo seus estudos da Cabala, para escrever esse livro volumoso, que contém mais de 1.500 receitas médicas, alquímicas, mágicas, para procedimentos técnicos e outras.

Este é o momento de examinar mais de perto o manuscrito propriamente dito, cujo original se encontra na Coleção Moussaieff, em Jerusalém[4]. O manuscrito consiste em 7 + 153 fólios, medindo cerca de 18 por 26 centímetros. Ele se inicia com sete fólios (numerados 2-5 e 7-9) contendo anotações variadas numa caligrafia que não é a de Vital e que, evidentemente, é de origem posterior. As anotações são difíceis de decifrar, mas a maioria tem conteúdo alquimístico. A primeira diz: "*Alanbīqī* [alambique]. Em Laʿaz: *aqua ardenţe* [esp., água fervente, isto é, ácido nítrico], um recipiente de água fervida [...] alume branco [...], em árabe *schāb* [vitríolo]". A isso se seguem vinte anotações semelhantes, dando os nomes das substâncias alquímicas em espanhol, árabe e, ocasionalmente, em hebraico. Evidentemente, trata-se

3 Cf. nota 1, supra.

4 Uma cópia dele em microfilme encontra-se no Institute of Microfilmed Hebrew Manuscripts da Universidade Hebraica de Jerusalém, que gentilmente colocou a minha disposição uma fotocópia ampliada no tamanho do original. Gostaria de agradecer aqui a meu irmão Saul Patai, da Universidade Hebraica, que localizou o microfilme, e a Benjamin Richler do Instituto, que providenciou o preparo da cópia para mim, bem como à Coleção Moussaieff, pela autorização para descrevê-lo e citá-lo em minha própria tradução para o inglês.

de uma tentativa de compilar um glossário dos termos que aparecem no manuscrito de Vital. Essas anotações também incluem remédios mágicos e quadrados mágicos para encantamentos, denominados *qameʿot*, amuletos, com nomes divinos e de anjos e assim por diante.

Esses sete primeiros fólios são seguidos por fólios enumerados em números alfabéticos hebraicos, começando por *bet*. Os primeiros contêm um novo léxico, além de figuras, receitas e quadrados mágicos, em duas ou três caligrafias diferentes. Duas dessas receitas fornecem instruções para o preparo de tinta para escrever os rolos da *Torá* e para a escrita sobre papel (f. 6a).

No fólio 7a tem início o texto claro e esmerado, em duas colunas, escrito de próprio punho por Vital. Estão faltando os seis fólios que o antecedem, como se pode concluir pelo índice preparado pelo filho de Vital, Samuel, que vem em anexo no final do volume. Esse índice também nos informa que o título perdido dessa primeira parte do livro era "Operações realizadas com nomes sagrados ou com permutações, que são os nomes externos, ou com selos, ou com encantamentos". As receitas contidas nessa parte são médicas (remédios para a cura de várias dores e doenças) ou mágicas (interpretações de sonhos, como falar com os mortos, o uso mágico da erva *santa* [?] e assim por diante).

No fólio 10a se inicia a segunda parte, intitulada "Sobre operações que são realizadas por meio da natureza e sobre medicamentos e operações que são realizadas sem a natureza, que são as chamadas de *s'gullot* [heb., feitiços]". Essa parte contém uma grande variedade de receitas como, por exemplo, fritar ovos ou peixes em uma frigideira feita de papel de modo que o papel não se queime, como expelir fumaça de um aposento, como fazer formigas desaparecer de uma casa, como fazer mel de uvas e de passas, como fazer leite coalhado e como tingir tecidos de lã. Também contém um grande número de instruções para o preparo de remédios práticos, como unguentos, cosméticos para os olhos e assim por diante. Embora Vital não separe, nas próprias anotações, as operações "naturais" das "não naturais", isto é, mágicas, o título da seção deixa claro que ele estava bastante ciente das diferenças entre as duas categorias. Além disso, os detalhes fornecidos nessas instruções e descrições mostram que Vital não somente escrevia sobre a medicina e era um ávido colecionador do que outros médicos antes dele haviam dito e escrito, mas também efetivamente exercia as práticas de farmacêutico e médico e tinha muitos pacientes, tratando-os, quando necessário, durante dias e semanas. No entanto, a apresentação que se segue irá se limitar à alquimia de Vital, que constitui cerca de um quarto do manuscrito.

Um aspecto realmente notável da alquimia de Vital é sua natureza puramente fatual e técnica. Vital, como se sabe, era um grande cabalista, um homem que formulava doutrinas místicas, examinava exaustivamente os grandes segredos da relação entre o Superior e o Inferior, estava dolorosamente consciente da feroz e contínua luta entre os poderes do Bem e do Mal no mundo e no homem – e, ainda assim, de tudo isso, nenhuma palavra é encontrada em seus escritos alquímicos. Isso é ainda mais notável, na medida em que a maioria dos alquimistas cabalistas judeus na Idade Média e no Renascimento tinha especial predileção por dar um sabor místico a suas anotações alquímicas, insistindo repetidamente em que essa ou aquela observação ou descoberta era "um grande segredo" – e foi precisamente por fazer isso que eles chegaram a uma fusão ou, pelo menos, uma combinação entre a alquimia e a Cabala. Nada disso tudo pode ser encontrado nas longas receitas alquimísticas de Vital, apresentadas com meticuloso detalhe. O texto nos dá a nítida impressão de que Vital era capaz de compartimentalizar seu pensamento e sua escrita em categorias: quando refletia e escrevia sobre a Cabala, ele era um místico. Quando descrevia remédios mágicos, *s'gullot, qame'ot*, encantamentos, invocações e quadrados mágicos, ele era um crente convicto em anjos e demônios. Mas quando trabalhava, pensava e escrevia sobre a alquimia, ele era apenas um cientista da natureza, que observava com perspicácia o que ocorria no curso de suas experiências e o descrevia com grande atenção aos detalhes – nessas ocasiões, o mundo do espírito simplesmente não existia para ele.

Vital foi também um homem de considerável versatilidade linguística. Embora tenha escrito seu livro em hebraico, em algumas partes secundárias dele, Vital passava para o árabe (transcrito em caracteres hebraicos), tendo traduzido para o árabe muitos dos termos alquímicos, médicos e botânicos. Seu conhecimento do árabe chegava a uma familiaridade com as diferenças entre os dialetos urbanos e beduínos. Em uma receita, por exemplo, ele escreve: "Para o sangramento do nariz. Tome pó da erva chamada *ghalqa* [um arbusto amargo ou venenoso], na língua dos árabes que habitam o deserto, e aplique na narina que estiver sangrando [...]" (f. 24b). Da mesma forma, ele traduz palavras para o turco, persa, latim, italiano, espanhol, português e alemão. Na continuação da receita acima ele escreve: "E, se ainda sangrar um pouco, tome sumo de *ḥarulim* [heb., urtigas] e em La'az *urtigas* [esp., *urticas*] e na língua dos asquenazitas [isto é, alemães] *urtias* e aplique três gotas na narina que está sangrando e faça a pessoa recostar". Na mesma página temos o seguinte exemplo de virtuosismo linguístico:

> Para matar os piolhos que crescem na cabeça de uma mulher. Tome a planta chamada em árabe *mio bazaj*, que em latim é chamada *estafiza agrias* [esp., *agriaz*, cinamomo] e, na língua Ajami [persa], *vazjibāl jayāl*, e tome *bola* da Armênia, que em árabe é chamada *ṭīn Armīnī* [argila da Armênia], e tome enxofre e *sirdisinqi* [?] e *minio* [zarcão], em português, que é *azargon* [*azarcón*] em espanhol. De cada uma dessas cinco coisas, tome um *dirham* e triture tudo bem.

Quanto às operações alquimísticas propriamente ditas, Vital distingue cuidadosamente entre as operações sobre as quais ele leu ou ouviu falar, as que ele testou sem êxito algum e as que ele testou com êxito ocasional – ele agrupa as operações por ele descritas sob esses três títulos. Curiosamente, não há uma categoria de operações que ele tivesse executado com êxito consistente.

O fólio 34a tem o seguinte título: "A TERCEIRA PARTE das operações da *qimiya* [alquimia] nas questões dos sete metais e devo começar com a produção do cadinho para fundição". A primeira das seções numeradas que se seguem descreve com detalhamento meticuloso como fazer o cadinho, o que é um bom exemplo do interesse e perícia de Vital nos procedimentos técnicos:

> 1. Para fazer um cadinho para derretimento do ouro e da prata, saiba que existe um pó mineral especial, do qual é feito o cadinho, mas há dele vários tipos, pois a terra em um determinado país é mais forte que a de outro [...]. E vamos contar sobre isso de várias maneiras. Eis que, se tiver [um pouco] da terra com a qual os cadinhos são feitos, você deve fazer o seguinte: tome duas partes dessa terra e uma parte de algodão cru e, se for algodão velho, será melhor e, se forem restos de linho, será melhor. E rasgue o algodão em pedaços muito pequenos, finos e espalhados e, depois, coloque a terra sobre um piso liso de mármore e ponha nela um pouco do algodão cru, espalhado e em pedaços, como mencionado, e coloque em cima duas ou três gotas de água e triture com uma marreta etc., de modo que todo o algodão seja absorvido e também seja triturado e pulverizado totalmente, até que não possa ser reconhecido e se torne, com a terra, uma espécie de pasta viscosa. E essa é a essência de toda a obra. E você deve ter pronta a fôrma de um cadinho em madeira e deve pressionar [essa pasta viscosa] sobre ela e fazer o cadinho que você quiser, ou você pode dar a forma com suas mãos e usando os dedos. E, para que não fique mole [demais] em suas mãos enquanto você trabalha, espalhe cinzas sobre ele aos poucos, enquanto o prepara e, assim, não se tornará mole em suas mãos enquanto você trabalha. E afine aos poucos entre suas mãos, até concluir a operação. E cuidado para que não haja rachaduras e fissuras nele. E depois não o coloque nem ao sol nem à sombra, mas sobre cinzas um pouco aquecidas, que são chamadas brasas, e o calor deve ser bem moderado, ou coloque sob o forno, sob o local no

qual se coloca o recipiente de cozinhar, e deixe aí, até que fique bem seco. E depois de secar completamente, coloque sobre brasas e fogo e ventile com o fole, até queimar e se tornar vermelho como carvão em brasas, e então retire e coloque uma segunda vez sobre cinzas quentes. E todas essas coisas são feitas para que o cadinho não rache quando se funde nele.

No que se segue, Vital descreve métodos alternativos para a produção de cadinhos, como consertá-los, caso necessário, e como preservá-los. Em seguida, ele passa a descrever os vários métodos para a produção da *ṭiṭ haḥokhmah* [heb., argila da sabedoria], isto é, argila filosofal, e para a preservação e uso de frascos de vidro (f. 34a-b). Os onze fólios subsequentes (34b-45b) constituem um verdadeiro manual de alquimia, contendo quase cem receitas, que cobrem um grande número de aspectos do tratamento dos metais, transmutações, separação de ligas e muito mais. Entre outras coisas, ele discute "como limpar uma pedra de toque, chamada em La'az *toqe* [esp., *piedra de toque*], do ouro e da prata que aderem a ela" (f. 34b, nr. 11). Interessante, do ponto de vista das informações sobre a cultura material do mundo de Vital, é sua receita para a convalescença, por meio da queima de fios de ouro e prata usados na decoração de roupas de gala (f. 34 b, nr. 15) – evidentemente, a sociedade na qual ele vivia incluía gente rica que podia pagar por roupas assim caras. Sem dúvida, essas páginas contêm grande parte do vocabulário alquimístico padrão empregado por Vital e, na verdade, a julgar por outros autores alquimísticos da Idade Média e do Renascimento, derivadas sobretudo do espanhol, árabe e persa. Eis aqui uma amostra (f. 37a, nr. 43):

> Esta é a melhor operação, na qual tive maior êxito que tudo mais que tentei até agora. É uma operação para melhorar a cor do ouro que é de quinze *qīraṭ* [ár., *qīrāṭ*, quilate] e torná-lo de vinte quilates em sua cor e seu matiz, diante da pedra de toque e diante dos olhos, e ele é brando sob o martelo e bom e belo. Prepare três operações. A primeira consiste em juntar uma

combinação de metais e, a segunda, em tipos de pó – e elas são feitas da seguinte forma: 1. a combinação de metais é a seguinte: tome dezesseis quilates de ouro purificado, no valor de vinte e quatro quilates, como se sabe. E cinco quilates de prata refinada com chumbo, como se sabe. E três quilates de cobre. E primeiro você deve purificar o cobre da seguinte forma: tome cobre vermelho novo ou [cobre] no qual nada de outros metais foi misturado, nem mesmo o cheiro de estanho para aquecimento, como se sabe. E derreta cinco vezes e, a cada vez, apague [mergulhe] em óleo de linhaça. E, se for necessário, aqueça o cobre no fogo, até que se torne vermelho como brasa, e mergulhe em óleo de linhaça doze vezes, mas, se você derreter como mencionado, ficará muito melhor. E derreta os três metais juntos em um cadinho de barro novo e despeje no *ḥarītz* [heb., fôrma] de ferro e seu peso será de um *mithqāl* [ár., um peso equivalente a vinte e quatro quilates] e reserve. Então prepare os dois tipos de pó. Um deles é de prata preparada e *rasukhṭ* [ár., original per., antimônio] e o segundo pó é somente de antimônio preparado. E eis sua matéria: o primeiro pó é assim: tome *sal nitri* [esp., *sal de nitro*, salitre] e enxofre, em partes iguais, e triture bem e coloque em um recipiente de barro novo, que de forma alguma pode ser vitrificado, e coloque em fogo brando, de modo que o enxofre fique incandescente, mas somente até o ponto de liquefação. E quando começar a derreter, misture bem com uma vara de madeira, e não de ferro. E quando essa mistura estiver derretida e bem misturada, derrame em uma chapa de madeira, para esfriar. E depois tome dessa mistura, uma parte, e *jinjufr* [ár., *zunjufr*, zarcão ou cinabre], uma parte, e *zunjār* [ár., *zinjār*, azinhavre], em La'az, verdete [esp., verdigris], uma parte, e *vitriol Romano*, que é branco por fora, mas por dentro é como a pureza do vidro que tende para a cor do céu azul e a cor do alho-porro, e tome dele uma parte, e uma parte de *bol Armeniqo* [esp., argila da Armênia, argila vermelha] que, se você quebrar, deve ser vermelha por dentro, não devendo haver nela nenhuma negrura, e *nischādir* [ár., per., amônia], uma parte, que deve ser a mais limpa e branca que existir, e uma parte de *alum yamini* [ár.-heb., alume iemenita], que é como o alume com o qual se tingem as roupas e se chama *alum de roqa* [esp., *alum de roca*, alume de rocha], e há nele partes brancas, sem nada de vermelho, que são quase como o *qristal* [esp., *cristal*, cristal] e isso se chama *alum yamini*. De modo que, no total, há oito substâncias: de seis delas deve haver uma parte e, das duas primeiras, o enxofre e o salitre, deve haver apenas meia parte de cada. E triture bem todo o mencionado até ficar muito, muito fino. Esse é o pó que se chama o pó dos oito ingredientes. E depois tome duas partes desse pó e oito partes de argila vermelha e duas partes de *sforea de qana* [esp., ... *de caña*, ... de cana], que em árabe se chama *samg ʿarabī* [ár., *samgh ʿarabī*, goma arábica], que quer dizer goma de amêndoas. E triture bem, cada uma delas em separado, e então misture novamente, muito, muito bem. E esse pó se chama o pó no qual há o *spodio* [?]. E tome uma parte do pó de prata calcinado, que vamos explicar abaixo, com a ajuda de Deus, no n. 45, que foi calcinado com o enxofre e a argila vermelha e não o calcine por nenhum outro método, mas exatamente dessa maneira. E tome também uma parte de antimônio bom e de alta qualidade e triture os dois juntos muito bem e misture-os juntos e tome dessa mistura apenas uma parte separadamente e quatro partes separadamente do pó no qual está o *spodio* e tome uma parte da mistura da prata calcinada e do antimônio e amarre num pano de linho fino e faça uma bola redonda e corte a parte do pano que ficar fora da bola, bem raso, tanto quanto você puder para que nada permaneça além da própria bola. E tome as quatro partes do pó e divida e coloque metade em um pote de barro e faça no meio um tipo de buraco e mergulhe a bola em urina, isto é, água dos pés, completamente, até que fique bem umedecida. E quando estiver umedecida, coloque imediatamente no buraco e jogue sobre ela metade do pó que sobrou e pressione bem e aperte fortemente com os dedos sobre a pedra, até que fique muito bem moída e, depois, coloque o cadinho em fogo brando feito com carvão e cubra ao redor com carvão escuro que ainda não tenha sido queimado e o fogo ficará sob o cadinho, e não ao redor, até se espalhar ao redor por si só, sem que você tenha de ventilar, e ele pegará fogo lentamente. E quando vir fumaça saindo do cadinho, remova o carvão que estiver ao redor e descubra um pouco e despeje urina nele, de modo que o pó fique bem úmido e, depois, cubra novamente, como no início. E, meia hora depois, despeje novamente um pouco de urina dentro dele, como antes, de modo que fique bem úmido e faça isso três vezes, a cada meia hora. E tome cuidado, para que o cadinho não fique vermelho no fogo, pois se ficar vermelho, ele perderá tudo que está dentro. E esse é o motivo por que eu disse a vocês que tem de ser umedecido com urina a cada hora, como mencionado. E quando as três vezes se esgotarem, como mencionado, aumente o fogo um pouco. E então tire o cadinho do fogo e deixe esfriar e você descobrirá que a prata e o antimônio permaneceram no local em que você os colocou, no meio do pó, e descobrirá que se tornaram um pouco duros, como uma pequena bola que está um tanto dura. E tome essa bola e limpe bem do pó que aderir a ela e então triture muito bem e então lave em água três ou quatro vezes, até a água sair limpa e pura. E então coloque esse pó em um recipiente de barro novo ou de ferro e leve ao fogo, até secar, e então retire de lá. E esse pó se chama o pó da mistura da prata e antimônio preparados. Com isso, está explicada a questão do primeiro pó.

O segundo pó. Tome uma parte de antimônio, o melhor e mais seleto que puder encontrar, e tome duas partes do pó de *spodio*, acima mencionado, e coloque em um pote de barro, depois de o amarrar numa bola e mergulhar em urina três vezes, tudo exatamente como foi feito com a primeira bola da mistura de prata e antimônio preparados. No entanto, não é necessário que você calcine esse antimônio com enxofre, como fez com a prata. Mas todas as outras coisas permanecem as mesmas, em todos os detalhes. E eis que isso se chama o pó do antimônio preparado. E saiba que, se deixar essa mistura no fogo por vinte e quatro horas e a mergulhar a cada hora em urina, como mencionado, então, quando você puser o peso de um quilate dela em um *mithqāl* de ouro derretido no fogo, ele ficará com a cor e a qualidade de três quilates. E, se você deixar a mistura três dias e noites no fogo, ela dará a cor e qualidade de seis quilates, o que quer dizer que, se você jogar um quilate dela em um *mithqāl* de ouro de dezoito quilates derretido, ela o aperfeiçoará, para se tornar vinte e dois quilates. Contudo, ele não resistirá ser fundido mais de três ou quatro vezes, o quer dizer que, se você derreter esse ouro três ou quatro vezes, ele perderá essa alta qualidade que recebeu. Mas se o fizer, isso não acrescentará ouro a cada *mithqāl*, mas [dará] apenas uma melhora de um único quilate e permanecerá assim para sempre.

E agora vou explicar a conclusão de suas combinações. Eis uma que é o pó da mistura da prata e do antimônio preparados. Tome deles um quilate e tome *ṭīnqār* [ár., *tankār*, álcali, bórax] muito bom e seleto, que não deve estar úmido e que é chamado *boraz* [bórax] bom e é também chamado *bora*, e calcine em um recipiente sobre carvão até desaparecer a umidade e cessar a fumaça e se tornar muito seco e sua cor se tornar negra, como é a prática dos refinadores. E tome desse bórax negro, três quilates, e misture com um quilate do pó de prata e *rasukhṭ* preparado, acima mencionado, e triture bem e misture muito bem. E derreta os três metais mencionados no início desta operação e, depois que estiverem bem derretidos, jogue neles a mistura acima mencionada. E então tome do antimônio preparado somente um quilate, e triture e misture bem com um quilate do bórax calcinado e lance sobre os três metais restantes, como mencionado. E então despeje na fôrma de ferro conhecida e depois teste com a pedra de toque, que se chama *toqe*, e você verificará que é ouro de vinte quilates, belo e bom e brando. E se descobrirá que há nele apenas dezesseis quilates de ouro refinado e que tem agora o peso de ouro de vinte e cinco ou vinte e seis quilates, aproximadamente vinte quilates para o *mithqāl*. E quanto aos dois pós acima mencionados, que são o pó da mistura da prata e antimônio preparados e o pó do antimônio preparado em si mesmo, esses dois pós, se você os misturar com o bórax calcinado, como mencionado, não sobreviverão por muito tempo, mas consumirão um ao outro. E, portanto, se desejar que sobrevivam por longo tempo, tome esses dois pós, depois que estiverem bem lavados, como mencionado, e a água sairá pura e eles estarão bem secos. Tome deles cem partes e do bórax calcinado, cinco partes, e misture bem e separe, para ser preservados, e eles sobreviverão por até dez anos. E se desejar operar com eles, então tome essas 105 partes e lave muito bem e seque os metais no fogo e, novamente, misture com eles bórax novo calcinado, tanto quando for apropriado para seu trabalho, como acima, e ficará bom. Mas quanto ao pó das oito substâncias, inclusive o primeiro pó da mistura de prata e antimônio preparados, você pode fazer isso uma vez e permanecerá bom por dez anos.

E eis que, pelos atos acima mencionados, a cor do ouro tenderá um pouco para o vermelho, como a cor do cobre. E, portanto, [seguindo] o que vou explicar agora, sua cor será muito superior, tendendo para a cor esverdeada [isto é, amarelada] do ouro e para o vermelho do cobre e, mesmo com a própria pedra de toque, essa mudança poderá ser percebida. E essa cor ficará nele para sempre, mesmo que você o aqueça ao fogo, exceto se você o derreter.

Tome um recipiente de barro ou ferro e coloque nele o pó das oito substâncias, como mencionado, e aqueça o ouro acima mencionado, depois de dar-lhe uma forma semelhante a uma vara longa, ou depois de transformá-lo num ornamento bem acabado. E, assim que se tornar quente e vermelho no fogo, mergulhe nos pós no recipiente mencionado e cubra bem o ouro ao redor e em cima com esses pós e, em seguida, coloque o recipiente de barro em fogo brando, até que os pós sejam quase consumidos e derretidos. E então jogue o ouro imediatamente em urina para abrandar o calor. E esse procedimento vai melhorar bastante sua cor e sua tonalidade interior e exterior e também acrescentará algum peso.

E, a seguir, se quiser dar a ele um melhor tom exterior, mas não um interior, como o mencionado, faça o seguinte: aqueça bem o ouro ao fogo até que fique vermelho e então coloque imediatamente em grão triturado, ou farelo de trigo, ou serragem fina, que se desprende quando tábuas e toros novos são serrados, e cubra bem com o que foi mencionado, a toda volta, e deixe repousar, até que esfrie por si só. E repita o procedimento mais uma vez e então a cor ficará bem vermelha. E então dê a cor que é usualmente conseguida pelos refinadores de sal e alume e amoníaco e salitre, como descrito acima no n. 36. E faça isso duas vezes e sua cor ficará muito superior. Mas esta última cor, semelhante ao farelo, não irá permanecer para sempre, pois quando você colocar no fogo, ela desaparecerá; mas é uma cor muito bonita e é mais valorizada que todas as outras cores exteriores que tenho visto e também é duradoura, desde que não seja exposta ao fogo. E essa cor é útil para todo ouro inferior, para fazer sua cor como a do bom ouro refinado, e ela permanece, como mencionado. Mas a cor anteriormente mencionada é boa para todo ouro no qual houver cobre misturado, que tende, por essa razão, para o vermelho e, por meio dele, terá a cor do ouro realmente verde [amarelo], mesmo para a pedra de toque e mesmo que você o aqueça ao fogo, exceto se você o derreter, como mencionado.

Saiba também que todo ouro, se você desejar intensificar sua cor e peso em quatro quilates para cada *mithqāl*, você pode fazê-lo da maneira acima. Por exemplo, se tiver um *mithqāl* de ouro de vinte quilates por *mithqāl* e, depois de derretê-lo, você colocar nele um quilate do pó da mistura da prata e antimônio preparados, como mencionado, depois de misturá-lo com três quilates de bórax como mencionado, então, eis que isso acrescentará um quilate ao peso do ouro. E se você tomar um quilate somente do antimônio preparado, como mencionado, depois de misturar com um quilate de bórax calcinado, como mencionado, e colocar em ouro derretido, isso acrescentará mais um quilate ao peso do ouro. E também aumentará a qualidade do ouro, ou seja, irá intensificar sua cor em um ou mais quilates acima do que era. De modo que acrescentará dois quilates a seu peso e um quilate à intensificação da cor do ouro, ou um total de três quilates. E, se você preparar a cor em um recipiente de barro com o pó dos oito ingredientes, isso irá aprimorar a cor do ouro em um quilate. Isto é, acrescentará dois quilates ao peso do ouro e dois quilates à intensificação de sua cor, aumentando seu peso total em quatro quilates adicionais. E saiba que, com relação a esses quatro quilates adicionais, vi escrito que não há neles nenhuma imperfeição, nem falsificação alguma, mas é uma coisa natural que, mesmo que o ouro seja derretido muitas vezes e mesmo que você aplique nele a conhecida água-forte [isto é, *aquafortis*], ele não perderá o que foi adicionado a ele. E agora:

44. Vou explicar a prática das operações acima e, a partir delas, você pode extrair conclusões com relação a todas as outras operações na *kīmīya* [alquimia]. Saiba que cada [produto da] alquimia, que consiste numa mistura de metais entre si, e em especial se há nele alguma mistura de antimônio, é muito duro e nada brando ao martelo. E, portanto, o mais importante é ser muito cuidadoso, para que o ouro resulte brando e bom e belo, pela execução de todas as operações num cadinho novo, no qual jamais tenha entrado qualquer resíduo. Além disso, todas as substâncias devem ser selecionadas, para que, de acordo com sua alta qualidade, elas aumentem a qualidade da obra. Também triture as substâncias somente sobre uma pedra de mármore e não em um pilão de cobre e, se o pilão puder ser de prata, será muito melhor. Pois um pilão de cobre e, em particular, se for *al-mabrī* [ár., talhado, ranhurado], isto é, um pilão em que areia e outros metais, como chumbo e estanho e outros, tenham sido misturados, provocará duas coisas ruins: 1. ele tornará o ouro, no qual são colocadas as substâncias que serão trituradas no mencionado pilão, muito duro sob o martelo; e também [2.] um pilão assim atrai e retira toda a força e potência da substância que está sendo triturada nele. E muito cuidado com isso. E saiba também que, quando se mistura ouro derretido no fogo, ou prata, de forma alguma se deve misturá-lo usando um ferro, mas sim um bastão de madeira ou um [pedaço] comprido de carvão, seguro por uma tenaz, misturando com ele o ouro derretido no cadinho (f. 38a).

No fólio 38b, sob o n. 47, Vital escreve:

Todas as pessoas que trabalham com a obra alquímica devem tomar cuidado com os muitos tipos de substâncias fortes que são misturadas com a prata e o ouro, quando eles estão sendo derretidos no fogo, e devem procurar ficar longe do vapor. Além disso, elas devem tomar cuidado com o cheiro e a fumaça da água-forte [*aquafortis*], que separa a prata do ouro, como se sabe. E, sobretudo, deve-se tomar cuidado com o vapor emitido pelo mercúrio quando ele está no fogo, pois é o próprio mercúrio que se transforma em vapor e sobe ao ar e é um perigo, quando penetra no nariz, porque o mercúrio é um veneno mortal, pois é dele que é feito o *soliman* [esp. ou ár., *sulayman*, cloreto de mercúrio, sublimado corrosivo]. Assim, seja extremamente cuidadoso com o cheiro de todas as coisas que são de mercúrio quando estiverem no fogo, como o cloreto de mercúrio e o cinabre e equivalentes, ou quando colocar no fogo o próprio mercúrio com outras substâncias.

Os itens que se seguem tratam dos seguintes assuntos:

48. Como refinar o ouro de todas as suas impurezas.
49. Como separar o ouro que está misturado com estanho, chumbo, ou *alatun* [esp., *laton*, cobre].
50. (f. 39a.) Como abrandar ouro duro.
51. Como liquefazer o cloreto de mercúrio.
52. O que fazer para que o ouro misturado com outros metais "resista ao martelo". Também, "Como abrandar todos os metais duros ou toda *alqīmīya* dura". Evidentemente, Vital usa aqui o termo "alquimia" para designar toda substância produzida por meio da alquimia. Ele descreve cinco métodos alternativos.

53. (f. 39b) Para purificar prata ou ouro misturados numa liga com cobre. Não encontrei esse procedimento por escrito, mas eu mesmo tive êxito com ele, ao testá-lo. Para começar, faça uma estimativa em sua mente de quanto cobre há na liga e, então, derreta o ouro ou a prata e, quando o metal estiver completamente derretido, coloque nele um pouco de salitre, tanto quanto for a medida do cobre, e despeje nele aos poucos e, em seguida, coloque na fôrma de ferro e você descobrirá que, na ponta do bastão, ficará somente a prata purificada e na outra ponta estará o cobre calcinado, algo parecido

com o antimônio, e ele irá se dissolver como poeira e, então, bata no metal com um martelo e o restante da prata permanecerá e o cobre saltará e se dissolverá como poeira. E você deve ser muito preciso quanto à medida do cobre, de modo a não colocar mais salitre que seu peso, pois, nesse caso, ele irá consumir também [parte] da própria prata. E, se for menos que o peso do cobre, a prata não ficará completamente purificada.

54. Como abrandar a prata quebradiça.
55. Como fazer com que o ouro e a prata derretam mais depressa.
56. Como derreter prata ou ouro que se encontram na forma de filamentos finos.
57. A melhor maneira de refinar prata e ouro.
58. (f. 40a) Como fazer dois pedaços de ouro colar "e, em La'az, *soldar* [esp., soldar]".
59. Como remover crostas do ouro, prata ou cobre.
60. Como calcinar o cobre, para que se torne um tipo de antimônio.
61. Como calcinar estanho ou chumbo, "em La'az, *qalṣinar* [esp., *calcinar*, calcinar]".
62-64. (f. 40b). Vários métodos de purificação e tratamento do estanho e do chumbo.
65. (f. 41a) Como transformar o sal não comestível em comestível.
66. Como purificar e endurecer o chumbo.
67. Como transmutar ouro, prata, estanho ou chumbo em poeira negra.
68. Como purificar o cobre.
69. As diferenças entre o estanho e o chumbo, de um lado, e outros metais, de outro, e as diferenças entre o estanho e o chumbo entre si.
70. (f. 41b) Sobre os vários usos do arsênico, *tutia hindia* [ár., óxido de zinco indiano], arsênico, enxofre, azinhavre, vitríolo etc.
71. Como "matar" o mercúrio.
72. Como aumentar o peso de um dinar de ouro em um ou dois grãos.
73. Como raspar moedas de ouro de modo que não se perceba.
74. Como fazer uma moeda nova parecer velha.

75. (f. 42a) Operações com o *ṭarṭīr* (ár., tártaro).

76. Como falsificar qualquer lacre, "mesmo que esteja sobre cera". Como falsificar moedas ou lacres forjados em metal duro.

77. (f. 42b) Como gravar e escrever sobre ferro, "mesmo que seja *aziro tinfilado* [esp., *acero* ..., aço]" e como fazer moldes para estampar lacres e moedas. Este é um item bastante longo (mais de cinco colunas em escrita cerrada, com dois desenhos ilustrativos), que deve ser resultado de extensa pesquisa.

78. (43b) As virtudes da "água chamada *soliman verdete* [esp., sublimado de azinhavre], com a qual, se misturada com sumo de limão, pode-se alvejar moedas de cobre, de modo que elas fiquem semelhantes à prata".

79. Como derreter chumbo ou estanho, de modo que não reste nenhuma escória.

80. Como separar o ouro do estanho, chumbo ou cobre a ele misturados.

81. "Para todos os ferimentos, devido a queda, golpe de espada, *postema* [esp., abcesso] e a todos os tipos de excrescência e *geranqo* [?]. Dois tipos de *inguintes* [esp., *unguentos*, unguentos] [...]". Essas receitas médicas são aqui incluídas porque os medicamentos prescritos são de natureza alquímica (ou melhor, química): antimônio, *mordisenqe* etc.

82-83. (ff. 44a-b) Receitas para gravar letras sobre ferro e para purificar ouro.

Os fólios 45a-b contêm um longo item não numerado, que discute os usos da "água-forte", isto é, *aquafortis*.

A Parte Três continua no fólio 48, mas com um novo título, que diz o seguinte: "E estas são as operações que tentei e algumas vezes elas deram certo, porém não foram verificadas por mim um número suficiente de vezes". Quase todas as receitas nessa parte – numeradas novamente a partir do 1 – são médicas. No fólio 50b, que se inicia no item n. 43, Vital retorna à alquimia.

43. Como eliminar o *schibur* (fragilidade) do estanho.
44. Receita para fazer ouro.
45. Receita para fazer prata.
46. Como endurecer o mercúrio.
47. Como escrever letras em relevo sobre pedra branda.
48. Como fazer uma vela subir.
49. "Congelar [isto é coalhar] leite sem um estômago".
50. (f. 51a) Como tingir folhas de papel na cor verde "e, em Laʿaz, *verde* [esp.]".
51. Como remover manchas de óleo de uma roupa de seda.
52. Como remover manchas de sumo de uva, limão ou vinagre de uma roupa de seda.
53. Como remover manchas de vinho de uma roupa de linho.
54. Como remover manchas de tinta de uma roupa de lã ou linho.
55. Este item está riscado.
56. Como limpar vidros e lamparinas.
57. Receita para o bocejo.
58. Como tornar branca uma rosa vermelha.
59. Como proteger a água de uma cisterna contra vermes, sanguessugas e mau cheiro: "jogue nela asfalto em pó, ou melhor ainda, piche".

Depois desse item, de forma bastante inapropriada, aparecem três itens mágico-religiosos:

60. "Ouvi dizer e também vi comprovado, em certa medida, que aquele que reza a oração *Nʿīlá* [oração de encerramento] em voz alta, ao servir como guia de oração no Iom Kipur, estará em perigo, Deus não permita, nesse ano. Portanto, ele deve ser o líder de oração também numa outra oração, como a oração de *mussaf*, ou de *minḥa*, ou de *schaḥarit* no Iom Kipur".

61-62. (f. 51a-b) Perigos análogos associados a outras funções religiosas.

63-64. Receitas para proteção contra pulgas e piolhos.
65. Para saber se o leite foi diluído em água.
66. "Para quem repentinamente perdeu algo e acontece às vezes que os demônios brincam com uma pessoa e levam suas coisas". A introdução de itens "supersticiosos" como esse entre as receitas alquímicas, instruções técnicas e médicas de Vital ocorre em vários pontos do livro.
67-75. (f. 51a-52a) Receitas médicas.
76. "Para que vermes não proliferem no queijo".
77. (f. 52b) Para uma galinha que foi machucada ou que não bota ovos.
78. Extensas instruções sobre o que fazer por ocasião de uma epidemia.
79. (f. 53b) Instruções gerais para a preservação da saúde.
80. "Para a doença da *azma* [esp., *asma*, asma]".
81-88. (f. 53b-54a) Receitas para várias doenças.
89. (f. 54a) "Para o fogo estranho que é chamado de *ḥumra* [ár., carbúnculo, erisipela, fogo de Sto. Antônio]". Essa receita é, mais uma vez, incomum, porque prescreve tratamento por meio de um encantamento em espanhol, cujo texto, em caracteres hebraicos, toma dez linhas do manuscrito.
90-92. Mais encantamentos para várias doenças.
93-102. (f. 54a-b). Mais receitas para várias doenças.
103. Outro encantamento em espanhol para uma doença.
104. Para proteção contra Lilith.

No fólio 55a, ainda continuando a Parte Três, aparece um novo título: "E estas são as operações que eu mesmo não tentei, mas fiquei sabendo delas por pessoas que falam a verdade. E eu as dividirei em duas partes: a primeira trata das que encontrei escritas em livros e que foram testadas pelos autores desses livros, a segunda trata das que fiquei conhecendo e recebi da boca de pessoas que falam a verdade". O material da primeira parte é médico e foi extraído de vários autores médicos judeus e não judeus, com os quais não precisamos nos preocupar, exceto para mencionar que as citações de Galeno, Aristeias, Dioscórides, Ṭabarī e assim por diante (f. 55b-58a) são um eloquente testemunho da vasta erudição e familiaridade de Vital com a bibliografia médica grega e árabe de seu tempo.

No fólio 58b tem início "A segunda parte sobre *s'gullot* [feitiços] e experimentos que recebi da boca de pessoas que falam a verdade, que os testaram e comprovaram". Essa parte novamente contém receitas alquimísticas, médicas e mágicas.

1. Esfregue o *qoral* que é chamado de *almogim* [heb., coral] com nozes moídas e elas tornarão amarelada sua cor vermelha.
2. Como restaurar a cor verde da *turqiza* [esp., *turquesa*, turquesa].
3. Como "matar" o mercúrio.
4. Como purificar e endurecer o estanho.
5. Como tornar uma *perla* [esp., pérola] que perdeu sua cor brilhante outra vez.
6. Como usar "água-forte".
7. Como fazer chumbo de *mordisenqe* [?]
8. Como derreter cobre rapidamente.
9. Remédio para mordida de escorpião.
10. O que fazer se alguém engolir veneno letal.
11. "Um veneno mortal para matar um homem".
12. Para diferenciar entre uma virgem e uma mulher casada.
13. "Coloque a língua de um sapo nas roupas de uma pessoa adormecida e ela responderá a tudo que você perguntar".
14. Como remover manchas de óleo da roupa.

15-53. (f. 59a-60b) Em sua maioria, receitas médicas e mágicas. Entre elas estão receitas para e contra a gravidez, contra o aborto, para impedir que um cachorro cresça, que galos briguem, que vinho azede, para proteger uma pessoa contra mau-olhado, aumentar o leite de uma mãe lactante, saber se o príncipe está inclinado favoravelmente em relação a você, escapar de uma pessoa que persegue você com uma espada desembainhada, forçar o demônio a deixar o corpo de uma pessoa e assim por diante. Após essa excursão pelo reino da magia, Vital retorna à alquimia.

54-56. (f. 60a-b) Métodos para endurecer o mercúrio, o uso da *tutia* indiana (óxido de zinco) e outras questões puramente técnicas. É fascinante observar que, no momento em que fala sobre a alquimia, Vital se torna o cientista crítico, cuja precisão e argúcia não deixam espaço nem para boas influências espirituais nem para más influências demoníacas. A seguinte passagem pode servir como exemplo complementar:

57. (f. 60b) Para fazer antimônio. Providencie um forno e coloque nele carvão em brasas e coloque sobre o carvão duas pedras ou dois tijolos, dos dois lados do forno, como mostrado aqui [figura 28.1 infra] e, novamente, coloque outros pedaços longos de carvão, que devem ficar sobre as duas pedras como traves, deixando um espaço entre as duas pedras e também entre os pedaços de carvão de cima e de baixo. E tome um prato de cobre vermelho com abas e espalhe sobre ele pó de enxofre, de modo que o prato fique bem coberto por cima e, com as abas, coloque o prato no espaço entre os pedaços de carvão, até que a fumaça do enxofre se extinga e, a seguir, retire-o e mergulhe em vinagre forte e repita a operação três ou quatro vezes, até que desapareça, tornando-se antimônio. E seu sinal é que, se você bater nesse prato com um martelo, ele quebrará como vidro. E saiba que, se o fogo for forte, você deve colocar nele muito enxofre, para que seja feito rapidamente. E mesmo que o prato de cobre seja muito grosso, cerca de uma mão de espessura, não [deve haver] nenhuma apreensão. Mas se o fogo for brando, coloque só um pouco de enxofre, apenas o suficiente para cobrir a superfície do cobre.

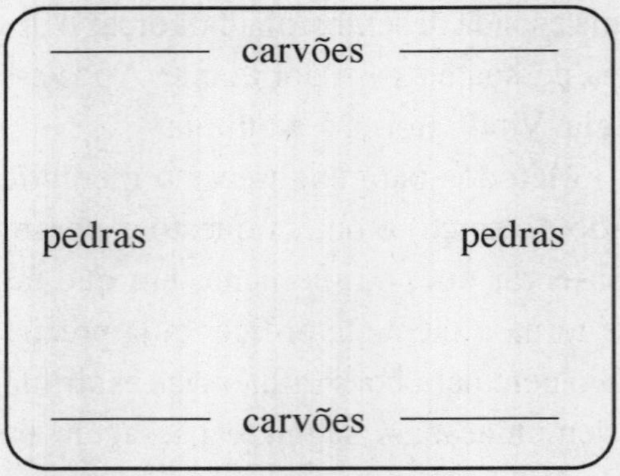

Figura 28.1.
Esquema do forno para produzir antimônio.

58. (f. 60b) Instruções detalhadas e complexas para transmutar cobre num metal semelhante à prata.

Tome *rahj* [ár., pó] branco, que é o rejalgar [ár., *rahj al-ghār*, pó-de--caverna, de onde o termo realgar em latim, sulfeto de arsênico], e amasse como feijões ou amêndoas. E tome sete ovos e vinte e cinco *dirhams* [dracmas] de azeite de oliva, vinte e cinco dracmas de manteiga envelhecida e misture bem os ovos e o azeite e a manteiga, até que fiquem como uma massa. Depois tome vinte dracmas de tártaro e amasse bem e, então, misture muito bem com a massa mencionada e se tornará uma massa dura. E divida em duas partes e faça com ela dois bolos. E providencie uma panela de barro nova, com uma camada de cinzas no fundo, e coloque um dos bolos nela e alise sobre ela o realgar, borrifado sobre o bolo. E deixe penetrar nele um pouco e ele irá grudar. E, em seguida, coloque o segundo bolo sobre o realgar e já foi dito acima que esses bolos devem ser como massa um pouco dura. E se verificará que vai sobrar [um pouco] da massa que não irá se misturar com as duas substâncias mencionadas e, assim, despeje o que sobrou da massa sobre esse bolo que você fez e coloque a panela em fogo brando, somente sob ela, e deixe descansar no telhado, porque um cheiro forte de realgar vai se desprender e as pessoas perceberão o que está sendo preparado. E deixe aí, até que o bolo de cima seque um pouco, como fazem as mulheres quando assam bolo de ovos em azeite sobre o fogo. E ele não deve chegar a calcinar, mas apenas ficar um pouco duro. E você encontrará o realgar entre os dois bolos, como queijo branco e úmido. E retire-o e jogue fora todo o pó que estiver preso a ele. E tome oito dracmas de bom cobre vermelho e modele em folhas finas como papel e calcine em fogo abastecido com carvão e coloque em uma mistura de *nischādir* [ár., sal amoníaco] e alho pulverizado e vinagre forte, até sete vezes, e ficará purificado, como mencionado na seção [falta uma palavra]. E, a seguir, derreta esse cobre e coloque sobre ele duas dracmas do realgar mencionado, após ter derretido completamente, e espere um pouco até engrossar e se misturar ao cobre. E, então, jogue nele uma dracma de tártaro e uma dracma de alume bem triturado e coloque para calcinar e, então, quando a operação estiver concluída, despeje o cobre em uma fôrma de ferro, em azeite de oliva, e sairá branco como meia prata e melhor.

59. (f. 60b) O preparo e uso do *sal alqali* [esp., sal alcalino].
60. Como "matar" o mercúrio.
61. (f. 61a) Como melhorar a qualidade do ouro.
62. Como preparar o cloreto de mercúrio.
63. Como derreter o cobre facilmente.
64. Como identificar o enxofre branco de alta qualidade.
65. Como identificar o cinabre preparado.
66. Como tornar o mercúrio resistente ao fogo.
67. Como melhorar a cor do ouro inferior.
68. Como eliminar o *schibur* [heb., fragilidade] do estanho.
69. Como preparar o ouro e a prata para operações alquímicas.
69 (bis). Como "matar" o mercúrio e endurecê-lo.
70. O tratamento do mercúrio com *aquafortis*.
71. Mais sobre o mercúrio.
72. Como endurecer o chumbo.

73. Uma operação com antimônio, enxofre e cinabre.
74. (f. 61b) Como *sublimar* [esp., sublimar] substâncias.
75. O preparo do sal e seu uso alquímico.
76. Como tornar o ouro mais pesado.
77. Como endurecer o enxofre.
78. Uma operação com a prata e o antimônio purificados.
79. Como fazer ouro com cinabre, antimônio, limalha de ferro, limalha de cobre etc.
80. Como fazer salitre.
81. Como preparar *blanqet* [cerusa].
82. Como "dar *ținfila* forte ao ferro, para que corte".
83. Como identificar o valor verdadeiro de uma liga de ouro e outros metais.
84. Como preparar um *solver* [?] na bexiga de um animal.
85. Como preparar uma bexiga para a operação acima.
86. Como extrair sal da urina.
87. Como extrair prata ou ouro de minério.
88. O verdadeiro procedimento para refinar o ouro.
89-159. (f. 63a-66b). Encantamentos, procedimentos mágicos, alguns remédios. No entanto, mesmo aqui, Vital não consegue negar ser um alquimista, como se pode observar, por exemplo, com as seguintes receitas, que revelam seu uso da alquimia para fins domésticos:
160. Para fazer o espeto de assar girar por si mesmo. Coloque mercúrio entre a pele e a carne da galinha que é assada no fogo e costure o local de modo que o mercúrio não escape.
161. Para fazer o peixe pular e saltar da frigideira, ou do fogo, coloque mercúrio dentro de sua barriga.
162. Para fazer o vinho sair do barril, coloque o peso de dois *zuz* [heb., uma moeda de prata] de mercúrio e também um pouco de enxofre e o vinho sairá [por si só].
163-164. Mais duas receitas do mesmo tipo.
165-170. Receitas médicas.

171. Para se lembrar de um sonho.

172. Como livrar um homem de seu vício de jogar dados.

173. Como fazer com que uma moeda que você gastou retorne a seu bolso.

174. Do *Sefer haRimon* [Livro da Romãzeira] pelo Rabi Sa'adia ben Sa'id[5]: "Aquele que é mordido [*naschukh*] por uma cobra [*naḥasch*], se ele olhar para o cobre [*n'ḥoschet*], morrerá instantaneamente".

175. Como evitar que a tinta fique suja.

176-181. (f. 67a) Mais receitas médicas.

182. Um experimento com um *diamanṭ* [esp., *diamante*, diamante].

183. Um experimento com cloreto de mercúrio.

184-187. Mais receitas médicas.

188-192. Mais receitas mágicas.

193-196. Receitas médicas novamente.

197. Sobre o uso da *aquafortis*, "da boca de um perito confiável".

198. (f. 68a). "Da mesma pessoa", como refinar ouro.

199. Como limpar o cadinho da escória que permanece nele.

200. "Consegui esta com a pessoa acima mencionada". Como melhorar a cor do ouro inferior.

201. "Também da mesma pessoa". Como identificar óleo de *afars'mon* [heb., bálsamo].

202. "Consegui esta da pessoa acima mencionada". As virtudes do óleo de bálsamo.

203. (f. 68b) Da mesma pessoa: como branquear pedras de cristal que estão negras, ao sair da mina, e safiras que são azul-celestes e todas as outras pedras preciosas, exceto o rubi.

204. Receita para a dor de dente.

205. Como limpar um recipiente de cobre do estanho que adere a ele.

206. "Testado. Sem nenhuma dúvida". Como purificar a prata.

5 Parece tratar-se de um manuscrito não publicado.

207-208. Receitas médicas.

209. "Um método infalível para matar o mercúrio".

210-395. (f. 68b-77b). Várias receitas médicas, mágicas e prognósticos (divinatórios), com menção ocasional da fonte, como o Rabi Sch. Sidlit, ou o Rabi David ben Rosch, ou "do livro *Kaf Q'ṭoret*" (Concha de Incenso), ou um comentário bíblico intitulado *Mar'ot haTzov'ot*, e assim por diante. Dispersas entre elas encontram-se receitas cosméticas, como a receita (324, no f. 74a) "para avermelhar o cabelo, a fim de torná-lo dourado", em que fica manifesto o conhecimento químico e alquimístico de Vital. Mais adiante, no fólio 79a, há outra receita de tintura para tingir de preto uma barba branca. Manifestamente, uma aparência atraente era importante no círculo de Vital.

396-397. (f. 77b). Novamente, receitas alquímicas para endurecer o mercúrio.

398-435. (f. 77b-78b). Em sua maioria, receitas médicas e mágicas, entremeadas com ocasionais receitas químicas ou alquímicas. Assim, a receita 427 é uma receita para o endurecimento do ferro. De interesse especial nesse grupo, é a receita 359 (f. 75b), para fortalecer dentes frouxos por meio de magia: "a palavra-de-poder" empregada por Vital é *tetragran-matan*, isto é, *tetragramaton*, o que mostra que ele estava familiarizado, pelo menos até certo ponto, com a magia de tradição não judaica na qual essa palavra era frequentemente utilizada.

O fólio 79a traz o sobrescrito: Parte Quatro, Subparte Três. Nele está escrito: "Estas Cem *Segulot* [Feitiços] Testadas Foram Copiadas do Livro do *Sod I'scharim* [Segredo dos Justos]". A numeração dos itens recomeça com 1 e vai até 111. As receitas constituem uma miscelânea da magia prática, que inclui itens que estão mais próximos do campo da prestidigitação que da magia. Por exemplo, a n. 12 (f. 79a): "Para fazer um ovo voar no ar. De manhã, antes do nascer do sol, colha orvalho e encha um ovo com ele e vede bem o buraco e coloque contra o sol e ele voará no ar". Ou, n. 48 (f. 80a): "Para mostrar uma cobra correndo pela casa. Encha o intestino de um animal ou pássaro com mercúrio e amarre bem em ambas as extremidades e coloque em banho ou num lugar quente e correrá como uma cobra".

A numeração fólio 81 aparece por engano em dois fólios, um após o outro. O fólio 81a bis traz dois grandes círculos mágicos e o texto que os acompanha explica que sua finalidade é prognosticar se uma pessoa doente viverá ou morrerá. O fólio 81b bis traz um novo sobrescrito: "Copiei isto de um livro trazido da cidade de Fez". O texto se inicia da seguinte forma: "Isto é do manuscrito de nosso avô, o notável Rabi Moisés, filho do grande rabi, o pio Rabi Levi, de abençoada memória, e esta é sua linguagem: Este procedimento está de acordo com o que meu amigo, o Rabi Abraão, filho de Levi Almadaʿ afirmou diante de mim". O procedimento em si é uma oração mágica pelo êxito (no fólio 84a, Vital cita novamente o "Rabi Abraão Halevi, que escreveu um livro"). Os itens que se seguem estão mais uma vez numerados, começando com 1 e chegando a 282 (f. 81b-101a). Novamente o material é, em sua maior parte, mágico e médico, com umas poucas receitas alquimísticas interpoladas. Um dos últimos, o n. 80 (f. 86a, que se perdeu), recebeu o título, de acordo com o índice de Samuel Vital, "*Qīmīya* para fazer prata do estanho". Entre as autoridades citadas nessa parte estão: "No comentário às orações do Rabi Iossef Tzīaḥ, de abençoada memória, encontrei [...]"; "Eu soube da boca da pessoa que experimentou [...]"; "O Rabi M. haTzarfatī escreveu-me [...]" (todas essas citações encontram-se no f. 88a); "Uma tradição que vem do Rabi Iehuda haḤassid [...]" (f. 89a); "Recebi esse nome da forma como ele foi transmitido a meu professor e mestre, a paz esteja com ele [Isaac Luria], da boca do G'vura [poder divino] [...]" (f. 90b). Entre as receitas médicas e mágicas, aparecem também duas receitas alquímicas para o "congelamento" do mercúrio (f. 92a, nrs. 178-179). A segunda, após as três linhas introdutórias, passa do hebraico para o árabe, escrito, como era comum entre os judeus, em caracteres hebraicos, e continua nessa língua por quinze linhas, descrevendo um método para produzir ouro, incidentalmente fornecendo uma prova de que Vital tinha bom domínio da língua árabe. De fato, nessas receitas em árabe, Vital usa relativamente mais termos alquimísticos do que é seu costume quando escreve sobre a alquimia em hebraico, de modo que se tem a impressão de que, quando escrevia sobre a alquimia, ele era mais fluente em árabe que no hebraico em que escreveu todas as suas obras cabalistas. Um detalhe interessante vinculado a isso é o fato de que, quando escreve em hebraico, ele nunca usa as palavras *schemesch* (sol), o nome de disfarce para o ouro que era o preferido em meio aos alquimistas, nem *levaná* (lua) para prata, mas, nessa passagem em árabe, ele designa o ouro como *schams* (sol) e a prata como *qamar* (lua), como faziam os alquimistas árabes em geral.

No fólio 93b há uma receita para fazer tinta de escrever e uma outra, muito longa, para fazer ouro de vinte e quatro quilates, seguida, no fólio 94a, por instruções para o preparo do arsênico. Ainda no fólio 94a segue-se a receita n. 193, que revela até onde os alquimistas que escreviam em hebraico eram dependentes do espanhol e do árabe. Vital escreve:

193. O método do *taḥmīr al-ʿabd* [ár., avermelhamento do "escravo"], isto é, o mercúrio. Tome o *ʿabd wayadhabuhu bil-bid* ["escravo" e doure-o com ovos] e, então, *yuṣaʿʿiduhu* [volatize-o]. A seguir, tome cal, um *roṭl*, e quatro *roṭl* de água e um *roṭl* de sal alqali [sal de kali, isto é, potassa] e quatro *roṭl* de água e deixe de molho por dois dias e a água se tornará límpida e, então, retire e acrescente novamente um *roṭl* de potassa a ela [...].

A mesma observação pode ser feita com relação ao nr. 194 (f. 94b), que trata da fabricação do ouro:

194. Tome cinabre e *zāj* [ár., vitríolo] e azinhavre e arsênico vermelho e enxofre e antimônio e *zaʿfrān ḥadīd* [ár., açafrão de ferro] e, em Laʿaz, qroqos feri

[esp., *croco de fierro*, óxido de ferro], uma parte de cada um desses sete. Óxido de zinco indiano e *dam al-akhawayn* [ár., sangue de dragão, uma substância vermelha resinosa, obtida de uma planta] e sal amoníaco, de cada um desses três meia parte, e triture todos juntos muito bem. E tome dez ovos cozidos e, de sua gema, retire uma parte e de mel de abelhas, duas partes, e amasse os pós mencionados neles e derreta no *alanbiqi* [ár., *al-inbiq*, alambique], uma vez, e tome o resíduo que restar e triture bem e misture com a água que escorrer e coloque em um frasco de vidro vedado com argila filosofal e coloque seu gargalo para baixo e seu fundo para cima e vede sua boca com algodão ou algodão cru e aplique fogo forte ao fundo [do frasco] e coloque a boca do frasco em uma bacia, que deve receber a água que flui da boca do frasco e deixe repousar por um dia e uma noite. E, novamente, tome o resíduo que restar no frasco e triture e mergulhe na água que escorrer, como mencionado. Faça assim até que toda a água fique vermelha. E tome uma parte do ouro e coloque no cadinho sobre o fogo por pouco tempo, como fazem os ourives quando derretem o ouro com o qual eles douram a prata. E coloque nele três partes de mercúrio, até que se misturem como uma *m'lugma* [ár., *malgham*, unguento amaciante, de onde o termo amálgama] e retire e coloque em um recipiente de ferro sobre fogo brando e acrescente [um pouco] da água vermelha e deixe cozinhar lentamente.

Por alguma razão, essas duas detalhadas receitas alquimísticas, assim como a que se segue, que aborda o tratamento dos fios delgados de prata usados para bordar trajes de gala, são omitidas no índice de Samuel Vital, que especifica para o fólio 94b somente a recomendação mágico-religiosa, em quatro linhas, para se acalmar um mar tempestuoso pela recitação de um salmo e do nome mágico *Adiriron*, que surge nesse salmo. Incidentalmente, esse feitiço se encerra com a seguintes palavras: "Experimentado e testado várias vezes pelo autor". É difícil acreditar que essas linhas tenham sido escritas pelo mesmo homem que, nessa mesma página, prescreve procedimentos detalhados e precisos nos quais não há espaço algum para poderes mágicos, espirituais e religiosos.

Essa receita mágica relativa ao mar é seguida no fólio 95a, n. 195, por uma citação "Do Rabi Netanel, o astrônomo", que discute métodos para lidar com demônios, que esse astrônomo atribuía a um certo Assaf ben Berekhia, autor do *Livro do Rei*. No folclore muçulmano, Assaf ibn Barakhya era o vizir do rei Salomão. As receitas de numeração 196-200 (f. 95a-b) também tratam do controle de demônios e anjos. As de numeração 201-238 (f. 96a-97a) são uma mistura de receitas médicas e mágicas. Essas receitas são seguidas por uma das pouquíssimas declarações de Vital sobre os princípios gerais da alquimia:

239. (f. 97a-b). Importante regra na ciência da alquimia para produzir ouro ou prata. Saiba que há o corpo, que são os metais, e há a alma, que é o mercúrio, e o espírito, que são todas as substâncias que se consomem no fogo e esvoaçam e se tornam espírito e não se preservam, e elas são o *rahj* [ár., pó], que é chamado *rejalgar*, e o enxofre e o sal amoníaco e o cinabre e o arsênico e o vitríolo e seus semelhantes. E primeiro se prepara [ou melhora] o espírito, que são as substâncias acima mencionadas, até que elas se preservem no fogo e sejam removidas suas impurezas, que fazem com que sejam consumidas pelo fogo. E então se prepara a alma, que é o mercúrio, removendo suas impurezas, para que possa ser preservada no fogo e, então, prepara-se o corpo, que são os metais, como ouro, ou prata, ou cobre, ou estanho, ou chumbo, ou ferro e semelhantes. E depois de preparados, todos os três devem ser derretidos e misturados e isso se chama levedura e *īqsīr* [ár., elixir]. E, em seguida, se você puser um pouco dessa levedura em um pouco de massa, como ouro, ou prata, ou cobre etc., ela se transformará no que você quiser.

De fato, há dois tipos de preparo [ou melhoramento]. O primeiro é para o branco e é para fazer prata e o outro é para o vermelho e é para fazer ouro e esses dois tipos de preparo estão em [ou: duplicam com] todos os três, corpo e alma e espírito, mencionados e, dessa forma, a natureza de [todos] os espíritos não é a mesma, pois uma é do tipo que beneficia o branco, enquanto a outra, o vermelho. Exemplos disso são o vitríolo e o enxofre e o cinabre e o arsênico vermelho e semelhantes, que são para o ouro, e o realgar e o arsênico branco e semelhantes, que são para a prata. Há ainda um quarto aspecto, que são outros tipos de substâncias, por meio das quais o corpo e a alma e o espírito mencionados são preparados [ou melhorados], da forma como suas operações se encontram descritas em livros. E agora vou explicar algumas operações e preparados que experimentei.

Fiel a sua promessa, Vital dedica vários dos itens que se seguem a operações alquímicas, que são as seguintes:

240-241. (f. 97b) Como purificar o estanho.
243. Como purificar o antimônio.
244. O uso do óleo feito da gema de ovo.
245. O preparo do sal *armoniaq*, que é chamado de *nischādir* [sal amoníaco]".
246. Como preparar o óleo de sal amoníaco.
247. "O preparo de enxofre e realgar e tártaro, como branqueá-los e torná-los resistentes ao fogo".
248. "Como purificar o enxofre de sua oleosidade e extinguir seu fogo".
249. "Como preparar o sal amoníaco".
250. (f. 98a) "A produção de raspas de ferro que em árabe são chamadas de *zaʿfrān al-ḥadīd* [açafrão de ferro] e em Laʿaz de *qroqos ferī*".
251. Como calcinar folhas de ouro finas.
252. Como transformar mercúrio em um líquido branco, mergulhando-o em uma decocção de *schinān* [ár., *uschnān*, salicórnia], que é uma erva da qual se faz o *qalyi* [álcali, carbonato de sódio].
253. O preparo do cinabre.
254-255. Como dar a cor dourada à prata e aumentar seu peso.
256. Como branquear o cobre.
257-258. Como transmutar o cobre em prata.
259. (f. 98b) Neste item Vital descreve como ele próprio fez experiências com uma liga:

Tome duas dracmas de prata boa e derreta e, depois de derretida, coloque nela duas dracmas de estanho purificado e deixe tudo como cal esmigalhada e triture bem e tome quinze dracmas de mercúrio. Testei o procedimento sem triturar a mistura de prata e estanho: em vez disso, tomei quinze dracmas de mercúrio e coloquei em um cadinho e despejei em cima dois dedos de azeite de oliva e aqueci um pouco e, a seguir, coloquei a prata e o estanho misturados, quando estavam bem derretidos, em outro cadinho e despejei no cadinho com o azeite e o mercúrio e eles se misturaram imediatamente. E então tomei desse *m'lugma* [amálgama], quatro dracmas, e oito dracmas de realgar branco e oito dracmas de salitre e triturei bem e amassei com clara de ovo, até o suficiente, e fiz com essa mistura pequenas bolas redondas e derreti trinta e seis dracmas de cobre purificado e, depois de derretido, joguei nele essas bolas, uma por uma, até que todas se consumiram e despejei o cobre e, a seguir, misturei com um terço de seu peso em prata purificada e ele saiu branco e bom para todos os testes.

Essa descrição e outras do mesmo tipo nos permitem concluir que Vital não apenas mantinha um laboratório alquímico bem equipado, mas também realizava experiências com métodos nunca testados antes – isto é, que ele era um verdadeiro alquimista.

260-265.(f. 98b-99a). Receitas alquímicas para a fabricação da prata.
266. Como endurecer o mercúrio.
267. Como "branquear" uma liga que é metade prata e metade cobre.
268. Como fazer moedas novas parecer velhas.
269. (f. 99b) Remédio para diarreia hemorrágica e para hemorroidas.
270. "A pedra em árabe chamada de *ḥajar al-ḥayy*, isto é, pedra-de--serpente", encontrada nas cabeças de velhas serpentes da terra e do mar – protege contra mordidas de serpente.
271 e s. (números ilegíveis; f. 99b-101b) Receitas médicas.

O fólio 102a traz o sobrescrito: "Estas são as coisas que ouvi de pessoas que falam a verdade com plena experiência". A numeração mais uma vez recomeça a partir do 1.

1-193. (f. 102a-109). Receitas mágicas e médicas.

O fólio 110a traz o sobrescrito: "Eu, o jovem Ḥaim Vital, discípulo de nosso mestre o ARI [Isaac Luria], de abençoada memória". O restante do fólio 110a está riscado e sobre ele está escrito, "Este *drusch* [sermão] não pertence a esta parte". Ele é seguido por um fólio novamente numerado 110, que traz o sobrescrito: "Estas são as operações de medicamentos que encontrei escritas em livros". Elas estão numeradas de 194-247 (f. 110a-111a) e contêm receitas mágicas e médicas. Os fólios 111b-113b contêm mais receitas mágicas, amuletos e textos de conjurações, com "nomes" e desenhos. Esses itens não estão numerados e esses fólios são ignorados no índice de Samuel Vital.

O fólio 114a traz o seguinte sobrescrito: "Estas são as operações que testei entre as que encontrei escritas em livros e elas não foram verificadas em minhas mãos e não tive êxito ao executar suas operações". Os itens especificados estão numerados de 1 a 27 (f. 114a-115b) e são, em sua maior parte, alquimísticos. Eles são, em geral, variantes de materiais incluídos em seções anteriores do manuscrito. Embora Vital afirme no título que experimentou essas operações sem êxito, não obstante ele as apresenta no estilo de "tome isto e isto...", isto é, na forma de instruções para operações efetivas. Além dessa peculiaridade estilística, esses itens são uma comprovação adicional de que Vital foi de fato um alquimista experimental que, como as "pessoas que falam a verdade", relatava seus fracassos tão francamente quanto seus êxitos.

O número 10 do fólio 114b é interessante, porque cita uma receita alquímica atribuída a Maimônides:

10. Para fazer ouro do estanho, do Rambam [Maimônides], de abençoada memória, para seu discípulo. E esta é sua linguagem: transmito a você o que testei e verifiquei que era o melhor e suas vantagens são enormes e é um tipo de ouro. E tome do estanho e derreta e, depois de derretido, coloque imediatamente em sumo de *ethrog* [cidra] ou em *alsqolde*, que é limão, então coloque em sebo derretido, depois em água fria. A seguir, em sumo de cebola e, então, em sumo de alho. Depois na água em que *frijolas* [esp., *frijoles*, feijões], que são *ginaros el birgunes* [?], foram cozidos. Outra versão: *faisaules*. A seguir, derreta mais uma vez com seu próprio peso em *levoná* [heb., incenso] e será bom ouro amarelo. Uma outra versão termina da seguinte forma: E são necessários sal amoníaco e *saljimana* [esp., sal de gema, sal-gema], um junto ao outro, misturados antes do derretimento com o estanho, e você deve calciná-los juntos até que nada reste deles.

Como vimos, uma receita alquimística análoga se encontra entre os tratados do Pseudo-Maimônides.

O fólio 115b (n. 19-27) contém receitas mágicas e médicas. O fólio 116a traz o sobrescrito: "Também tentei estas tradições práticas e não obtive êxito". Sob esse título estão vinte e dois itens (f. 116a-117b), todos de receitas mágicas e médicas.

Os fólios 118a-123b contêm novamente tópicos de magia. De interesse especial, são os n. 9 e 10, porque contêm palavras escritas em árabe, inclusive o nome Alá três vezes. Disso podemos concluir que Vital era tão eclético em seus procedimentos para oferecer ajuda mágica quanto o era na coleta e apresentação de receitas alquimísticas.

Os fólios 124a-129b estão faltando no manuscrito. No fólio 130a tem início o índice que Samuel Vital preparou para o livro, que prossegue até o fólio 153b. O número total de itens (receitas) contidos no manuscrito é de mais de 1.500, abrangendo uma espantosa variedade de assuntos mágicos, médicos e alquímicos. A variação da escrita mostra, inequivocamente, que o livro não foi escrito por Vital em um só período, mas em épocas diferentes, provavelmente com longos hiatos entre elas. Isso, por sua vez, indica que ele manteve seu interesse por essas questões durante longo tempo, provavelmente vários anos. O teor de muitos desses itens também mostra que ele foi um alquimista praticante, além de médico e mágico (isto é, um fornecedor de amuletos mágicos e métodos de cura e ajuda), durante muitos anos.

Isso é o que podemos aprender sobre Ḥaim Vital, o alquimista, a partir do manuscrito da Coleção Moussaieff. Um retrato de Vital, o médico, para o qual existe amplo material nesse mesmo manuscrito, aguarda a atenção de um estudioso da história da medicina que seja fluente no hebraico.

29.

Uma Miscelânea Alquímica

O Manuscrito do Vaticano

A Biblioteca do Vaticano possui um manuscrito em hebraico datado do século XVI e possivelmente escrito na Itália. Seus fólios 65-72 contêm receitas alquímicas para a produção de ouro, prata e assim por diante[1]. O manuscrito se encontra em más condições e seu deciframento é difícil. No que se segue, apresento algumas passagens que ilustram isso.

> (f. 1). Para fazer sal amoníaco [it., *armeniaca*, amoníaco] *fisso* [it., fixo] para a Obra. Tome sal amoníaco, como desejar, e *solima* [it., sublime], a seguir triture e misture com a mesma quantidade de cal e coloque tudo em um pote de barro e aplique fogo e aqueça por duas ou três horas, então coloque tudo em água pura, a seguir, *distila* [it., *distilla*, destile] em um *filtro* [it., filtro]. E então misture os sedimentos em água pura mais uma vez e destile em um filtro e faça assim até que se torne água doce. E coloque toda essa água em um pote de louça vitrificada e ferva em fogo puro e brando, até que a água evapore quase toda e você encontrará amoníaco fixo na água. Coloque em um recipiente de vidro e deixe secar,

1 MS ebr. 375. Uma cópia foi colocada a minha disposição pelo Institute of Hebrew Manuscripts da Universidade Hebraica de Jerusalém e a Biblioteca do Vaticano autorizou sua apresentação.

coloque em uma pedra de mármore para dissolver e, em uma noite, irá se tornar água do sal amoníaco, estável para a Obra mencionada [...].

(f. 4) Lua [prata]. Tome uma parte de prata purificada e derreta e combine com ela a mesma quantidade de chumbo e misture e jogue em um *gar'ine* [grânulos?]. A seguir, tome uma parte de *borase* [it., *borace*, bórax] bom e puro e uma parte de sal amoníaco e uma parte de enxofre vivo e duas partes de *sinabario* [it., *cinabro*, cinabre] e um quarto [parte] de *limatura* [it., limalhas] de cobre e um quarto de teias de aranha, que são encontradas nas casas dos moleiros, e faça de tudo isso um pó fino e, desses pós, *simento* [it., *cimentare*, cimentar] o *gar'ine* da prata com o chumbo em um *farmakos* [recipiente] e enterre em cinzas no *qapelo* [*coppella*] no forno e aplique fogo brando, no início, e depois fogo médio por doze horas, então deixe esfriar e retire e coloque para ser refinado na *coppella* e faça isso três vezes e se tornará uma massa e suportará o teste da água-forte [*aquafortis*].

Esta água é boa para colorir a prata acima mencionada. Tome *vitriole Romano* [vitríolo romano], sal, *nitro* [natro, natrão], *alum daroqo* [it., *allume di rocca*, alume de rocha, isto é, alume comum], uma *liṭra* [libra] de cada, *ṣinabarion*, uma onça, *verdoramo* [it., *verde rame*, azinhavre], quatro onças. Tome quatro onças do vitríolo acima mencionado e quatro onças do alume acima mencionado e coloque-os, triturados, sobre carvão em brasas em um recipiente e pó do qual toda a umidade foi evaporada, a seguir [misture] todas as coisas juntas e coloque para destilar em um recipiente bem vedado. Faça água-forte e, então, tome metade do sedimento da água acima mencionada e triture e tome outros, novos pós, como você fez no início, e coloque em uma *buṣa* [recipiente] e coloque sobre eles a água-forte acima mencionada e vede o recipiente e deixe-o repousar assim, por um dia, a seguir coloque para destilar como da primeira vez, então, *purga* [purifique] como necessário e combine o *peso* prata com seu peso em prata refinada, que não é *peso*, e coloque em uma parte e suficiente [para aquele que compreende] [...].

(f. 6) *Água mais preciosa que ouro puro*. Tome sal amoníaco, sal *niṭro* [salitre], sal *qomuno* [comum], três libras de cada, mel cozido e batido, cinco onças, [denominado] *siro* em La'az. De leite, que deve ser azedo e liquefeito cinco vezes, quatro onças. Urina de meninos de doze anos, quinze onças. Misture tudo junto e coloque para dissolver em um recipiente de vidro, em estrume quente e úmido, por oito dias. A seguir, coloque para dissolver em estrume quente por três dias e preserve essa água, pois ela congela o mercúrio sem *solimaşione* [it., sublimação] e sem outra mortificação. Coloque somente o mercúrio *'oreg* [?] em um cadinho, sobre carvão em brasas, e quando começar a levantar vapor, coloque três gotas dessa água no cadinho e ela irá coagular o mercúrio em *elissire* [it., elixir], isto é, o sabor desse *elosir* [elixir] transformará o cobre em prata sem limitação. E, da mesma forma, ela transforma todos os metais em prata e faz com que os espíritos não se soltem pelo poder de sua força e fornece um meio de entrada e dissolução e refinação de todos os [elementos] salgados nos metais e eles são bons para a prata e o ouro [...].

A obra da lua permanente [prata]. Tome vitríolo romano verde, quatro *liţras*. Você pode torná-lo vermelho da seguinte forma: tome um recipiente de barro não *viţriato* [vitrificado] e coloque nele uma libra do vitríolo mencionado e coloque o recipiente sobre carvão até você perceber (f. 7) que quase se transformou em água. Acrescente no recipiente meia libra do vitríolo mencionado, que também se transformou em água, e faça assim até terminar de colocar todo ele no recipiente. Deixe repousar sobre carvão em brasas até que seque e preste atenção para que não levante bolhas nem faça barulho. Retire o recipiente do fogo e deixe esfriar. A seguir, retire o vitríolo do recipiente com ferro e triture até ficar fino e coloque em outro recipiente e tome cuidado para que o recipiente não esteja cheio, mas apenas até a metade, e coloque esse recipiente sobre carvão em brasas até ele se tornar vermelho, durante seis horas, e revolva ocasionalmente o interior do recipiente com um ferro, para que o que está no fundo venha à tona, então, retire do fogo e deixe esfriar e reserve para quando for necessário.

Perperaşione [it., *preparazione*, preparo] do vinagre. Tome dez libras de vinagre branco muito forte, deixe ferver em um recipiente de barro, a seguir, tome duas libras de cal viva nova, divida essas duas libras em duas partes, coloque uma parte em um pote vitrificado novo e a outra parte coloque em outro recipiente. E coloque metade do vinagre mencionado fervido em outro recipiente e a outra metade em outro recipiente e revolva com um bastão e deixe repousar assim por três horas, então destile três vezes com um filtro.

Como se pode observar pelos exemplos acima, o interesse do autor do manuscrito do Vaticano ia além da manipulação de metais e incluía questões como a produção de vinagre doméstico.

A linguagem dessa obra, como muitos outros manuscritos alquimísticos da Idade Média e do Renascimento, se caracteriza pelo uso frequente de terminologia italiana em transliteração hebraica. Como o *bet* hebraico pode valer tanto para o *b* quanto para o *v* do italiano, o *pe* hebraico, para o *p* ou o *f* italiano, o *tzadi* hebraico, para o *z* ou o *c* brando do italiano, o *vav* hebraico, para o *o* ou o *u* italiano, o *yud* hebraico, para o *e* ou o *i* italiano e, na transliteração hebraica não vocalizada, o *a* italiano não é nem reproduzido nem indicado pela inserção de um *alef*, às vezes fica difícil reconhecer o italiano original tal como reproduzido em hebraico. Além disso, com frequência, mesmo dentro desses parâmetros, a transliteração não é precisa. Tome-se, por exemplo, uma palavra que aparece bem na primeira página do manuscrito: na transliteração precisa de suas letras hebraicas para o latim, ela se escreve *pyrpyraṣi'ony*, mas evidentemente ela se refere a *preparazione*. Igualmente, *pwlyy'tw* é a transcrição em hebraico do termo *foliato*; *qwmwny*, a transcrição do termo *commone*. Às vezes o autor (ou copista) não é consistente em sua transliteração: o termo italiano *coppella* aparece como *qwpylyw*, *qwpyl'* ou *qwpyl*; *elissire* aparece uma vez como *'ylisiri* e, na linha seguinte, como *'ylosir*; o termo italiano *cementa* aparece uma vez como *ṣymyt* e, na mesma página, uma segunda vez, como *ṣymnth*, uma terceira vez, como *ṣymynth*, uma quarta vez, como *ṣymntw*, uma quinta, como *ṣymyntw*; *alambic* aparece uma vez como *'lnbyqw*, uma vez como *'lbyqw* e, uma terceira vez, *'byqw*; *amalgama* em italiano se torna *mlgm'* e *mlgma*. Apesar dessas dificuldades, na maioria dos casos, foi possível identificar a origem dos termos estrangeiros que aparecem em transliteração hebraica.

O Manuscrito do Jewish Theological Seminary

Na coleção de manuscritos do Jewish Theological Seminary (Seminário de Teologia Judaica), em Nova York, há um pequeno volume (n. 2.556) contendo uma miscelânea de textos em árabe e hebraico, vários deles de interesse para nós no presente contexto. O volume inclui quarenta e sete fólios *in-quarto** pequeno, é escrito com esmero numa caligrafia sefardita antiga e parece ser do século XVI.

O volume se inicia com um tratado intitulado *Livro dos Minerais*, escrito em árabe, em caracteres hebraicos. Um catalogador do manuscrito identificou na obra passagens do livro, bastante conhecido, *Flores de Pensamentos sobre as Pedras Preciosas*[2], de Aḥmad ibn Yūsuf al-Tīfāschī (?-1253). Como está escrito em caracteres hebraicos, é evidente que o manuscrito era dirigido a leitores judeus, sendo, dessa forma, uma indicação do interesse pela mineralogia em meio aos judeus. O livro dedica um curto capítulo, ou um pequeno parágrafo (f. 2b-8b), a cada um dos minerais, que, graças aos estudos de Alfred Siggel, podem ser identificados sem problemas[3].

O fólio 9a traz o título hebraico "A Porta para a Compreensão de Vários Tipos de Conhecimento e Acontecimentos".

O fólio 10a é intitulado em hebraico como "A Porta da Grande Ciência das Chuvas".

* *In-quarto*: assim é chamada a folha de impressão dobrada duas vezes, resultando num caderno com quatro folhas ou oito páginas. Cf. *Dicionários Houaiss* (N. da E.).

2 Aḥmad ibn Yūsuf al-Tīfāschī, *Kitāb Azhār al-Afkār fī Jawāhir al-Asjār* (em italiano, *Fior di-pensieri sulle pietre preziose di Ahmed Teifascite.*), traduzido por A. Raineri Biscia, 2. ed, Bolonha: [s.n.], 1906, p. 53-54. Gostaria de agradecer à Biblioteca do Seminário Teológico Judaico, em Nova York, por autorizar a publicação de passagens extraídas desse manuscrito.

3 Alfred Siggel, *Arabisch-Deutsches Wöterbuch der Stoffe aus den drei Naturreichen...*, Berlin: [s.n.], 1950.

O fólio 11a é intitulado em árabe "O Tratado da Ciência das Ervas que são Úteis na Ciência do Bem-Estar". Esse título em árabe é seguido por um subtítulo em hebraico: "Inclui *Segulot* [feitiços] em Hebraico e Árabe com Conjurações e Encantamentos e Amuletos e Remédios e Interpretações de Sonhos do RAB'D [Rabi Abraão ben David, cerca de 1125-1198], de memória abençoada".

No fólio 12a tem início "A Porta da Ciência dos Tipos de Metais" (em hebraico, com algumas notas em árabe).

Os fólios 14a-23b contêm receitas médicas.

O fólio 24a oferece uma receita mágica para se tornar invisível (em hebraico) e um tratado médico em árabe.

Os fólios 25a-45b discutem a interpretação de sonhos, mágicas e presságios.

Os fólios 46a-47a tratam das estações do ano.

Uns poucos resumos ilustrativos são apresentados em minha tradução de passagens do manuscrito em hebraico e em árabe.

(f. 8a: ár.) A vigésima-quarta Porta sobre o Cristal. A origem de sua formação está em sua mina. Galeno afirmou no *Livro das Causas e Efeitos* que o cristal é uma pedra branca e brilhante [palavra ilegível], que se encontra nela [na mina] e sua origem é a safira. Assim como o brilho da prata é a origem e formação do ouro, assim também o cristal; há nele umidade misturada com secura.

(f. 11b: ár.) Descrição da erva chamada algodão cru, que é semelhante ao algodão, exceto que suas fibras são amarelas. Quando a encontrar, tire suas folhas e esprema sua água e, a seguir, mergulhe a prata nela e troque [a água] seis vezes e eis que ela se tornará puro ouro. E lacre essa mistura.

(f. 11b: heb.) Tome enxofre e derreta e despeje em mel com sua cera e faça assim até cem vezes e tome prata purificada e derreta e coloque esse enxofre no cadinho e sairá negro. E tome disso uma parte e duas partes de ouro e os *dibs* [ár., mel] juntos e sairá muito bom. Terminado.

Para abrandar a prata, tome *ḥiltit* [heb., assa-fétida] e jogue na prata purificada e seque e ela se tornará branda.

(f. 12a: heb.) *O Meio da Ciência dos Tipos de Metais*.

Saiba que, se tomar um pedaço de chumbo e o colocar em mercúrio, em um recipiente fechado, por vinte e quatro horas, esse pedaço inteiro será transmutado em mercúrio.

Tome *allatūn* [esp., *laton*, cobre, latão] e derreta quatro vezes e, a cada vez, acrescente vidro triturado na metade do peso do *allatūn* e, do mesmo modo, *tūtia* [ár., tútia, óxido de zinco] e, depois de derretido, mergulhe em óleo *buṭm* [ár., terebinto] ou em óleo de linhaça. Então, ele se tornará pesado e espesso e, depois disso, sairá o sol [ouro], bom sob todos os aspectos e formas. E, se você achar que ele precisa de mais purificação, tome bílis de boi com *za'frān* [ár., açafrão] e misture junto e coloque no fogo até que esteja quente e acrescente o acima mencionado e se tornará sol puro.

Para acrescentar peso ao ouro, tome *salmoniaqo* [sal amoníaco] e raspe e coloque sobre o ouro e, então, mergulhe em vinagre forte por cerca de um dia e meio e se tornará mais pesado em nove partes. Também: tome o ouro e aqueça até que se torne como fogo e mergulhe em sumo de *balqa* [ár. *baqla*, couve rábano] e ele irá aumentar seu peso. Uma outra: aqueça como mencionado e mergulhe no sumo de *verdolāga* [esp., beldroega], que se chama em árabe *baqla al-ḥamqa*. Assim ouvi.

(ár.) Ouro. Calcifique em esterco de rato como é calcificado em chumbo [...]. E se o ouro for misturado ou impuro, ficará de ótima qualidade. E se *marqaṣita* [marcassita] for espalhada sobre ele durante o derretimento, ele se tornará enxofre, que protege o corpo de males. A *dahnaj* [malaquita] abranda o ouro e remove sua dureza e torna-o leve, se for derretida nele. E se *tinkar* [crisocola] for misturada com ele, isso apressará seu derretimento e água de hena será expelida dele. Se o ouro impuro for repetidamente aquecido e mergulhado nele, ele se tornará muito brando. E o sal aumenta enormemente o tom vermelho do ouro. E a prata escurece no enxofre e pode ser tratada com sal. E *lāzward* [lápis lazúli], se misturado com o ouro, aumenta sua beleza.

(ár.) Regra. Tome de pó branco 2, tártaro 2, bórax 2, alume 2, sal amoníaco 1, casca de ovo branca 2, antimônio 12. Aqueça todos juntos e misture em clara de ovo e coloque em um cadinho pequeno e, em cima de tudo, vidro, e derreta e misture em hena e acrescente [palavra ilegível] um terço de lua e se Deus glorioso quiser.

(heb.) Se você tomar as raízes de repolho do deserto e retirar sua água em um *al-anbiq* [ár., alambique], ela irá congelar o mercúrio e irá branquear o rosto das mulheres se elas o lavarem com ela.

(heb.) Para tornar as pérolas brancas. Coloque *trementīna* [esp., terebentina] e sal, em partes iguais, num *al-anbīqī* [ár., alambique], leve ao fogo brando e sairá deles algo que se assemelha a óleo. Se colocar a pérola nesse óleo pelo tempo necessário para contar até cem na maior [?], ela se tornará branca.

(heb.) Para acrescentar peso ao ouro. Tome pó de chumbo e coloque em um alambique e coloque o ouro na água que sai dele e deixe descansar por cerca de uma hora. E também, se fezes humanas forem colocadas nessa água no alambique e se o ouro for mergulhado nessa água, isso ajudará, como mencionado. Uma outra questão: tome *nuschādir* [ár., sal amoníaco] e triture bem e coloque sobre o ouro e, a seguir, mergulhe-o com o sal amoníaco em vinagre forte e deixe descansar no vinagre por cerca de meio dia. Para aumentar o peso do ouro: espalhe sobre ele o miolo da espinha de um carneiro e jogue no fogo. Isso fará aumentar seu peso.

O fólio 13a está novamente em árabe e traz o sobrescrito: "Tratado sobre a Obra dos Tipos de Cor de Tinta". Ele inclui oito receitas para a produção de vários tipos de tinta, a sétima delas sendo atribuída a "Ezra [Esdras], o Escriba". Embora a receita esteja, assim como as demais, em árabe, essas palavras estão em hebraico, o que nos faz suspeitar de que temos aqui o trabalho de um alquimista judeu, e não meramente a cópia em caracteres hebraicos de um texto em árabe, escrito por um árabe muçulmano. O texto é o seguinte:

A descrição da tinta de *'Ezra haSofer, 'alav haschalom* [Ezra, o Escriba, a paz esteja com ele]. E ela é: tome uma parte de folhas de murta, uma parte de folhas de oliveira, elas devem ser verdes, e meia parte de nozes de galha e uma parte de casca de romã e uma parte das folhas da casca de nogueira verde. Cozinhe tudo em água, o mais completamente possível, e retire do fogo e deixe descansar por um dia e uma noite e, depois disso, ficarão purificadas e coloque sobre elas meia parte de nozes de Chipre e escreva. E nunca houve uma tinta como essa.

O Manuscrito de Oxford

Na Bodleian Library encontra-se preservado um fragmento em árabe do fólio 13 do manuscrito de Geniza, que contém três receitas alquímicas para avermelhar e purificar o ouro. Está escrito em caracteres hebraicos, em caligrafia cursiva temanita[4]. Uma carta em caligrafia muito parecida se encontra na Biblioteca da Universidade de Cambridge (T.-S.20.173) e ela é datada de 1133, o que indica ser possível que o manuscrito de Oxford também date aproximadamente desse período, embora seu conteúdo e estilo sugiram o século XVI.

A Porta para Avermelhar o Ouro. Tome uma parte de *qalaqant* [colocíntida] e duas partes de sal e uma parte de *zinjar* [azinhavre] e uma parte de *zunjufr* [cinabre] e meia parte de *za'frān* [açafrão] vermelho. Pulverize tudo e [coloque] no fogo por uma hora. A seguir, seque e asse em seu *qarur* [?], em fogo de esterco por uma noite e retire do fogo. Se desejar, use-o, tome dele a quantidade que quiser e deixe derreter no fogo, tinja o

4 MS Ox. Hebr. c. 55, cat 2659.5. Gostaria de agradecer à Bodleian Library, por autorizar a publicação da tradução do manuscrito, ao Institute of Microfilmed Hebrew Manuscripts de Jerusalém, por me enviar uma fotocópia dele, e a Moshe Sokolow, da Yeshiva University, por decifrá-lo e traduzi-lo.

ouro com ele e coloque-o no fogo até aquecer. A seguir, deixe descansar até que esfrie e, então, dê polimento. Se estiver satisfeito com sua cor [ótimo]; se não, tinja novamente, até chegar a ela. Se pulverizar esse preparado no fogo por [vários] dias, ele será melhorado, Deus querendo.

A Porta para purificar o ouro. Tome cinabre e açafrão e colocíntida e *martaq* [ár., *martak*, litargírio] e fel e triture tudo junto e acrescente o ouro e coloque em um cadinho de boca estreita ou uma *sirag* [ár., *siraj*, lamparina] nova e vede sua boca e enterre em cinzas durante toda a noite. Quando remover pela manhã, a mistura estará purificada.

A Porta para avermelhar bem o ouro. Tome colocíntida e cânhamo e azinhavre e *zig* [ár. *zaj*, vitríolo] e cobre calcinado e sal, uma parte de cada; alume iemenita, uma parte e meia. Triture bem e peneire. Coloque em um pequeno *ajājah* [frasco?], na urina de meninos jovens, e coloque ao sol por três dias e deixe exposto à luz. Seque três vezes, pulverize e recolha.

Escritos Judaicos no *Theatrum Chemicum*

O *Theatrum Chemicum*[5] – a maior dentre as primeiras coletâneas alquimísticas – e a *Bibliotheca chemica curiosa*[6], de Manget, contêm, além dos tratados de Khālid ibn Yazīd, Artéfio, Themo Judaei e dos Hollandus, textos de vários outros alquimistas cuja judaicidade é indicada, ou sugerida, de alguma forma.

Um deles é atribuído a Zadith filius Hamuel, também denominado Senior Zadith ou, abreviadamente, Senior, sendo que o título de seu tratado é *Senioris antiquissimi philosophi libellus*, isto é, "O Livro de

5 *Theatrum chemicum*, Estrasburgo: Argentorati, várias edições no século XVII.

6 Joannes Jacobus Manget (org.), *Bibliotheca chemica curiosa*, Genebra, 1702.

Senior, o Filósofo Antiquíssimo". Seu incipit é: *Dixit Senior Zadith filius Hamuel*[7]. Nada se conhece sobre um autor com esse nome, mas Berthelot, que comenta o livro em seu trabalho sobre a alquimia medieval, afirma categoricamente que "esse é um escrito judaico". Ele o descreve como cheio de parábolas e "comentários sobre figuras místicas", inclusive os nomes de Maria, a Judia, Khālid ibn Yazīd, Aros, o Platão alquimista, Salomão e Hermes. Ele também menciona Marcos (que Berthelot identifica a Marcus Gracus), conversando com o rei Teodoro, Rosinus (isto é, Zózimo) e, finalmente, Averróis (Ibn Ruschd) e Avicena (Ibn Sīnā). No entanto, nenhuma autoridade mais recente é mencionada na obra. Berthelot também encontra no *Libellus* de Senior Zadith várias expressões características da tradição alquimística greco-helenística, tais como, "Nosso cobre é como o homem – ele possui um espírito, uma alma e um corpo"; "Três e três são um e tudo resulta da unidade"; e assim por diante[8].

Na falta de dados complementares, a judaicidade desse alquimista não pode ser considerada como estabelecida, embora seu nome, Zadith ben Hamuel, soe como um nome judaico: Hamuel é um nome bíblico (Hamuel [Jamuel], 1Cr 4,26 etc.) e Zadith poderia ser uma distorção de Zabade (1Cr 2,36 etc.) ou Zadoque (Ṣadoc, 2Sm 15,24 etc.).

Um outro tratado contido no *Theatrum Chemicum* (4:114 e s., 5:101-90 e no Manuscrito de Paris 6514, f. 88-101) e considerado por Berthelot "uma obra judaica", é intitulado *Platonis libri quatuorum cum commento Hebuae habes Hamed* [...]. A palavra *habes* poderia ser a grafia incorreta de *aben*, isto é, *ibn*, de modo que o que temos aqui seria Hebua ibn Hamed como o nome do autor dos comentários. No entanto, uma leitura variante do nome é Hebuhabes Hamed, filho de Gahar. Ao que parece, Berthelot estabeleceu a judaicidade do autor exclusivamente com base na expressão *Aron Noster* (nosso Aarão), que aparece no

7 *Theatrum chemicum*, v. 5, p. 215.

8 Berthelot, *La Chimie au moyen âge*, v. 1, p. 248-249.

tratado[9]. A passagem em questão se encontra no diálogo entre Hamed e Thebed. Thebed diz: "Eu atesto que existe um só Deus vivo, porque meu fervor não é um fervor que se possa censurar". Em um momento posterior do diálogo, Hamed diz: "Quando Aarão diz que o preparo do corpo, do início ao fim, é bastante fácil, isso também é mais defensável que uma outra [proposição]. Nosso Aarão [disse]: "Porque uma coisa jamais é livre de alterações, como mencionamos anteriormente. Como, no entanto, a matéria é assim, o corpo sempre tem em si, por força natural e em composição radical, aquilo que está em um membro". Mais adiante Hamed afirma:

> Saiba que a ciência dos antigos, nos quais ciências e virtudes foram encontradas, é que a substância da qual provêm as substâncias é o Deus invisível e inalterável, por cuja vontade foi estabelecida a inteligência e por cuja vontade o espírito da inteligência é simples. Existe um Deus, cuja qualidade não pode ser compreendida[10].

Embora as palavras de Hamed e Thebed tenham um sabor judaico, é importante nos abster de um julgamento quanto à autoria judaica do tratado. Berthelot também era de opinião de que a *Turba philosophorum* (*Bibliotheca chemica curiosa* 1:445-79) fora originalmente escrita em grego e depois traduzida ou para o árabe ou para o hebraico e, dessa língua, para o latim[11]. Uma investigação sobre os conteúdos e referências judaicas em antigas coletâneas alquimísticas clássicas como o *Theatrum chemicum* e a *Bibliotheca chemica curiosa* deve ser uma tarefa primordial de trabalhos futuros sobre a história da alquimia judaica.

9 Idem. Gostaria de acrescentar que os nomes Hebua, Hamed e Thebed poderiam ser corruptelas de nomes hebraicos bíblicos. Hebua poderia ser Ḥubba, Haba (1Cr 7,34) ou Ḥavaya (Esd 2,61); Hamed, poderia ser Hamedata (Est 3,1) ou Ḥemdan (Gn 36,26); e Thebed, poderia ser Ṭafat (1Rs 4,11).

10 *Theatrum chemicum*, p. 5 (edição de 1622), p. 114, 120, 145. Gostaria de agradecer a Leon Feldmann pela tradução dessas passagens.

11 Cf. Berthelot, *Moyen âge*, v. 1, p. 250.

Manuscrito 2238 do Instituto Ben Zvi

Esse manuscrito iemenita do século XVII, escrito numa bela caligrafia maschaíta temânica, está em parte em hebraico e em parte em judeo-árabe[12]. Quatro páginas dele (f. 29a-70b) contêm receitas alquímicas em judeo-árabe e, a seguir, apresento minha tradução de sua primeira página, que é intitulada "O Caminho do Sufi" e trata do "ouro filosofal".

> O caminho do sufi. Providencie a pedra mineral, vegetal e animal e [providencie para que] seja lavada em água corrente e, depois, com argila quente e que sua água e óleo sejam destilados e metade da água posta de lado, para ser destilada por si só, até que apareçam nela pelo menos três destilações e em sete de seu meio (?) e onde você quiser e, à medida que você a aumentar, você também aumentará o benefício. E faça o óleo ser misturado com a mesma quantidade de água e esses são os dois chumbos. E [disso] despeje o branco sobre o cinza e também purifique ambos, até que se unam. E quando estiverem unidos [e] misturados, eles se tornarão muito claros. A seguir, retire a tintura da pedra e [faça] isso colocando a água pura e límpida em seu quádruplo e cozinhando em fogo brando, até que a água se torne vermelha. Então destile a água da tintura e reserve e esse é o ouro filosofal e seu fogo e seu sol e a resina vermelha. E, depois disso, eis que o solo a tornará morta, negra [e] macia. Continue [despejando] sobre ela a água doce, cozinhando e purificando lentamente, num fogo mais forte que no início, até que toda a negrura desapareça e ela se torne branca [e] branda e é a semente da terra de prata. A seguir, retorne à água e coloque nela um sexto de seu peso *nuschadir* [sal amoníaco] da pedra, e coloque em

12 Gostaria de agradecer ao Instituto Ben Zvi, por autorizar a publicação da tradução dessa passagem.

um destilador coberto e enterre em esterco por três dias e ficará áspera [isto é, ácida]. E tome a terra branca e cere com a água áspera, embeba e ferva, até que derreta com a ceração e, desta vez, ela se tornará o amálgama da terra e essa terra é a semente do ouro. E quanto mais você a embeber e ferver, mais você aumentará a ceração e a coloração. E quando você a diluir e condensar, ela se tornará o elixir de prata. E quando desejar, tome esse elixir argênteo, ou de amálgama da terra, juntamente com a mesma quantidade da resina vermelha, e a mistura se tornará cobre e esse é o corpo. E cere com a água reservada no início, que é o chumbo e embeba e ferva, até que se dissolva completamente na ceração. A seguir, embeba com os dois chumbos e aqueça com três vezes sua quantidade e embeba e aqueça sete vezes.

Antes de concluir este capítulo, gostaria de mencionar rapidamente mais alguns manuscritos alquimísticos em hebraico, cujas cópias xerocadas foram gentilmente colocadas a minha disposição pelo Instituto de Manuscritos Hebraicos Microfilmados de Jerusalém.

A Universidade Hebraica possui um manuscrito iemenita judeo-árabe (MS 47434) de sessenta páginas, que inclui uma rica miscelânea de textos alquimísticos. O manuscrito cita Harmas rayyis al-Ḥukamā, isto é, "Hermes, mestre dos sábios" (p. 20; cf. também p. 26), Aflaṭūn (Platão, p. 19), Arasṭaṭilis (Aristóteles, p. 18, 19), Farfīrus (Porfírio? p. 19), Al-Rāzī (p. 18), Jābir ibn Ḥayyān (p. 36), Masīḥ ibn Ḥakīm (p. 2), Muḥammad ibn Yūnis de Bukhara (p. 18), ʿAlī al-Kandī (p. 18), Muḥammad ibn Līth al-Rasā'ilī (p. 18) e ʿAlī al-Aṭlāqī (p. 19). Além do sortimento habitual de receitas alquimísticas, esse manuscrito contém (na p. 14) duas tabelas, relacionando os sete metais, seus "reis", ou "regentes", isto é, os planetas associados a eles, e duas avaliações diferentes classificando suas qualidades. Ao traduzir essas tabelas (cf. figuras 29.1, 29.2 supra), substituí os números hebraicos A, B, G, D, H, W, Z por nossos numerais usuais de 1 a 7 e traduzi os nomes dos planetas que aparecem em árabe no original.

As Naturezas	Quente	Úmida	Fria	Seca	Os Reis	Esta é a tabela da associação dos números e da associação dos minerais concluída, completada com a ajuda de Alá exaltada a argumentação
Os minerais	As naturezas					
Zībaq (mercúrio)	1	7	7	1	Mercúrio	
Usrub (chumbo)	2	6	6	2	Saturno	
Dhahab (ouro)	3	3	5	5	Sol	
Ḥadīd (ferro)	4	1	4	7	Marte	
Fiḍḍa (prata)	5	2	3	6	Lua	
Nuḥās (cobre)	6	4	2	4	Vênus	
Al-Qastīr (estanho)	7	5	1	3	Júpiter	

Figura 29.1

Tabela apresentando os sete metais e seus regentes.

	As Naturezas				
Os Reis	Quente	Úmida	Fria	Seca	Os Minerais
Zuḥal (Saturno)	1	7	7	1	Chumbo: seco e frio
Muschtarī (Júpiter)	2	6	6	2	Estanho: [...] dos naturais
Mirrīkh (Marte)	3	3	5	5	Ferro : seco e frio
Schams (Sol)	4	1	4	7	Ouro: seco e quente
Zuhra (Vênus)	5	2	3	6	Cobre: o mais temperado dos quatro
Uṭārid (Mercúrio)	6	4	2	4	Mercúrio: úmido e frio
Qamar (Lua)	7	5	1	3	Prata: úmido frio

Figura 29.2.

Tabela apresentando os planetas regentes e os metais a eles associados.

O manuscrito de Günzburg (Moscou) 315, que contém uma das versões conhecidas do tratado alquímico do Pseudo-Maimônides (cf. acima, capítulo 24), contém também uma miscelânea de receitas alquímicas em várias caligrafias. No fólio 93a há um feitiço que é de interesse do ponto de vista linguístico: ele apresenta as palavras do feitiço primeiro em *l'schon Aschkenaz*, isto é, "a língua da Alemanha", e depois as traduz para *l'schon haqodesch,* "a língua sagrada", isto é, o hebraico, e depois também para *l'schon la'az*, "a língua estrangeira", isto é, o ladino. A ele se segue uma receita para tingir de dourado qualquer substância branca. No fólio 210a, o manuscrito traz uma citação de "O Livro da Fruta", por "Talmai [Ptolomeu], o sábio", e uma receita para aumentar o peso, ou volume, do *karkom* (heb., açafrão), que apresentamos acima, no capítulo 24.

O manuscrito MS Or. 9861, na Biblioteca Britânica, em Londres, contém, em seus fólios 58b-59a, receitas alquímicas em hebraico para acrescentar peso ao ouro, para preparar óleo *lantisqole* [it., *lentisk*, lentisco] e para separar o ouro da prata.

O manuscrito MS Ogp. 204, na Bodleian Library, Oxford, traz duas páginas de receitas alquimísticas, inclusive uma em ladino, para trabalhar com arsênico, e uma em hebraico, para dar cor de ouro à prata.

Na Biblioteca de Medicina de Countway, Boston (MS Heb. 12), e na Biblioteca Pública Saltykov, São Petersburgo (MS Ebr.-Arab. II. 2349), encontram-se alguns tratados alquímicos em hebraico.

30.

Labī, Ḥamawī e Portaleone

As principais obras a que esses três homens dedicaram suas vidas, tinham pouco em comum. O primeiro deles era um rabi marroquino-tripolitano, cabalista, filósofo e poeta, o segundo, um antologista da Cabala que se dedicava à operação de milagres e o terceiro, um médico da corte italiana que escrevia com igual facilidade em latim e em hebraico. O que eles tinham em comum era o interesse pela alquimia, tanto em seu aspecto teórico (Labī) quanto em sua técnica de produção do ouro (Ḥamawī), ou ainda em sua promessa de atender à busca milenar pela misteriosa quinta-essência, o elixir da vida (Portaleone).

As referências desses três homens à alquimia que chegaram até nós, ainda que escassas, nos revelam que, no século XVI, os estudiosos judeus na região da bacia do Mediterrâneo, com os mais variados interesses, estavam familiarizados com a teoria ou com a prática da alquimia, ou com ambas. Eles não punham em dúvida a verdade das alegações dos alquimistas; eles próprios lidavam, pelo menos ocasionalmente, com a alquimia e a consideravam importante o suficiente para incluir em seus escritos passagens que tratavam dela, ou mesmo para dedicar a ela tratados especiais. Assim, as três pequenas vinhetas do presente capítulo completam o quadro que emerge de nosso panorama da alquimia judaica dos séculos XIII ao XVII, revelando que esse meio milênio foi um período em que a alquimia constituiu uma preocupação importante da elite intelectual judaica.

Simão Labī

Simão (Simeon) Labī (1580 ou 1585) foi um cabalista, filólogo e poeta litúrgico do norte da África, que acreditava na alquimia e estava familiarizado com ela. De origem espanhola, Labī cresceu em Fez, Marrocos, e partiu em 1549 com destino à terra de Israel, mas quando, a caminho, alcançou Trípoli, decidiu aí permanecer e se tornar um professor na comunidade judaica local. Sua obra mais importante é um comentário detalhado ao livro do *Zohar*, intitulado *Ketem Paz* (Fino Ouro), do qual somente o volume que aborda o livro do *Gênesis* foi publicado. De interesse particular é seu *Bi'ur Milot Zarot scheb'Sefer haZohar* (Explicação das Palavras Estrangeiras no *Livro do Zohar*), que foi publicado na coleção *Yad Ne'eman* (Mão Fiel), de Abraão Miranda, em Salônica, em 1804. Seu texto mais popular é um poema místico em homenagem ao Rabi Simão bar Iohai, o professor da Palestina do século II que se acreditava ser o autor do *Zohar*. Esse poema, intitulado *Bar Yoḥai nimschaḥta aschrekha* (Bar Ioḥai, você foi ungido, feliz de você), é cantado até hoje por judeus do Oriente Médio, na noite do *Schabat*, junto ao túmulo de Simão bar Iohai , em Merom, na Galileia.

Na passagem seguinte, Labī apresenta a conhecida teoria alquimística da origem dos metais na terra, em combinação com algumas ideias místicas e cabalistas:

> Saiba que a natureza da origem da prata e do ouro, sua base e seu minério, é uma só. E não dê atenção aos que dizem que esses metais são duas substâncias separadas, pois eles veem que há um mineral [do qual se] origina a prata e que há um mineral [do qual se] origina o ouro e eles dizem que há uma diferença entre ambos. Mas não é assim, pois não há diferença entre eles, exceto pela cor, pois a essência do ouro é no início a prata. E há [vários] metais presentes, de acordo com os

lugares em que se origina a prata. E pelo poder do sol e seu brilho, que é forte, eles se tornam vermelhos, no decurso de muitos dias, e ele se transforma em ouro, pois o calor aumenta sobre ele e sua cor branca muda para a cor vermelha, como você pode ver acontecer nos frutos das árvores, cujo lado que se volta em direção ao sol fica vermelho e o lado que não se volta para o sol permanece branco ou verde, pois é da natureza do sol tornar tudo vermelho, de acordo com o preparo de seu material, ou torná-lo negro ou branco e, da mesma forma, nos minerais [...].

Assim você vai descobrir que os sábios entre os mestres da alquimia não lidam com outros metais, nem realizam nenhuma obra com eles, mas somente com a prata, para torná-la vermelha, porque esses dois minerais existem em si mesmos e têm uma origem em comum, pois fomos informados pelos homens da verdade que vieram de Ofir que eles encontraram um mineral que era metade ouro e metade prata, porque não amadurecera suficientemente na terra, sob o calor do sol, e eles o purificam e extraem o ouro separadamente e a prata separadamente. E escrevi isto, para que vocês conheçam a sabedoria deles, pois nada se mantinha oculto a eles [...]. Pois também os mestres da Cabala chamaram o ouro de sol e a prata de lua [...].

Devido à força do sol sobre esse pó, em outras palavras, sobre esse mineral, ele o torna vermelho e o transforma em ouro e, de suas palavras, ele faz saber os versados que o sol e a lua inferiores, os que estão sobre nossas cabeças, são influenciados pelo poder do sol e da lua superiores, que são almas para eles [...]. O pó de prata, que está relacionado com a lua, é o lado do julgamento[1].

1 Schimeʿon Labī, *Ketem Paz*, Livorno, 1795, v. 2, p. 445a-b.

Abraão Ḥamawī

Conhece-se tão pouco sobre o cabalista e alquimista do século XVI a ser abordado agora, que até a pronúncia de seu nome é objeto de dúvida. Em hebraico, ele se escreve Ḥmwy, uma grafia que Gershom Scholem interpreta, em seus artigos na *Encyclopaedia Judaica*, uma vez como "Ḥamoy" e outra como "Ḥammawi (ou Ḥamoj)"[2], sendo que não há um verbete com seu nome nessa que é a mais moderna e completa enciclopédia judaica. Uma vez que existiram vários autores e personalidades árabes com o sobrenome Al-Ḥamawī, parece-me que podemos supor que essa fosse a forma também do nome de nosso autor.

Seu nome completo era, então, Abraão Schalom Ḥay Ḥamawī. Ele viveu no Marrocos onde, como diversos outros rabis , tinha a reputação de ser capaz de fazer cessar a seca e provocar a chuva com suas orações[3]. Ḥamawī foi um autor bastante fértil: escreveu nada menos de quarenta e cinco livros[4], sendo a maioria deles antologias de preces cabalistas. Um de seus livros contém diversos tratados cabalistas, inclusive um sobre a quiromancia. De toda essa produção bibliográfica, somente dois livros chegaram até nós: o *Nifla'īm Maʿasekha* e o *Sefer Abīʿ a Ḥidōt* (O Livro de "Eu Proferirei Declarações Tenebrosas")[5]. É neste último (f. 7a), que encontramos a seguinte receita alquímica:

> Existe também uma erva denominada, na língua sagrada, *yarḥī* e, em árabe, *al-hilālīlī* [corretamente, *al-hilālī*, ambas significando "da lua"]. E sua altura é de cerca de um cúbito e seu talo é verde como o espinafre.

2 *EJ* (J), v. 5, p. 479, e v. 10, p. 641.

3 Abraham Ḥamawī, *Niflaim Maʿasekha* (Maravilhosas são as Tuas Obras), Livorno, 1881, 4b. O título é extraído de Sl 139,14.

4 Idem, *Approbatio*.

5 *Abi ʿa Ḥidot*, Livorno, 1879. O título é extraído de Sl 78,2. Cf. também nota 3, supra.

E o talo é dividido em oito partes iguais e tem apenas três folhas em sua ponta. Colha-a e seque, não ao sol, mas à sombra, e faça com ela um pó e tome chumbo e derreta e coloque nele [um pouco] do pó acima mencionado e você verá que espuma se desprenderá do chumbo e jogue-a fora. E coloque também um pouco de mercúrio [nele] até que toda a espuma desapareça e a mistura vai se transformar [...] e será prata verdadeira. E [essa é] uma coisa testada. Assim eu a encontrei em um livro manuscrito. E veja no livro sagrado *Ger Haītī* [Eu era um Desconhecido], na seção 4.

Em seu *Nifla'īm Ma'asekha* (f. 24a-25a), Ḥamawī apresenta uma receita para produzir ouro, que contém elementos com que estamos familiarizados devido à receita de Abufalaḥ das miraculosas "cinzas do basilisco":

Ouro. Eis o que encontrei em um manuscrito. Está escrito como se segue: uma receita (*s'gulah*) para fazer ouro a partir do cobre – e abençoado é aquele que sabe se as palavras são verdadeiras. E essa é sua descrição: tome nove ovos de galinha e coloque em cal e cubra bem com a cal e cubra com esterco e deixe permanecer aí por trinta dias ou mais. Então tome os ovos e abra e você encontrará um verme em cada um deles. Coloque tudo em outro pote e cubra e os vermes crescerão e comerão as outras coisas. E então eles comerão uns aos outros, até que reste somente um grande verme. Então torre esse verme no pote, [mas] você deve permanecer longe, devido a seu mau cheiro, que é como um veneno mortal. E restará dele pó torrado. E tome esse pó e reserve. E tome cobre puro e o derreta e coloque um pouco do pó nele, após estar derretido, e se transformará em ouro.

A passagem subsequente contém uma citação que repete, quase literalmente, o que Jacó Provençali disse na Casa de Marqo'aya (cf. acima, capítulo 27). As sentenças duplicadas estão em itálico:

> E eis que, quando era jovem, me dediquei a conhecer a ciência da alquimia: sobre o que estão firmados os seus pilares? Ou seja, como, por meio de ervas, o estanho e o chumbo podem se tornar ouro? E essa erva é chamada, em árabe, de *ḥaschīschat al-dhahab* [erva do ouro]. E vi essa erva [descrita] por nosso mestre e professor, o Rabi Ḥaim Vital no capítulo sobre o Espírito Sagrado e *no Talmud de Jerusalém, tratado* Sch'qalim, *no final do capítulo, no verso "E a sabedoria mantém os seus mestres vivos" (Ec 7,13): o Rabi El'azar disse, Como os homens ricos da Casa de Marqo'aya, que eram peritos na natureza do congelamento do ouro e no pelamento [remoção] das impurezas da prata. Até aqui sua linguagem. E essa linguagem foi citada pelo Rabi Ascher, em seu comentário sobre o Talmud de Jerusalém, e ele escreveu sobre o mesmo, como se segue: essa família de Marqo'in era versada na ciência da alquimia e eles congelavam sumos de certas ervas e faziam ouro com eles. E [conheciam] também uma outra ciência: eles sabiam como separar facilmente o refugo da prata. E essa ciência é conhecida e famosa. Mas não queriam revelar quais as ervas cujo sumo eles faziam congelar de forma que se tornasse ouro. Até aqui sua linguagem.* Assim, está estabelecido que essa erva não existe no mundo. E os verdadeiros cientistas naturais conquistaram [a habilidade] de fazer prata verdadeira a partir do mercúrio. E veja no livro sagrado *Abi'a Ḥidot*, seção *'ayin*, par. 4, na íntegra.

O interessante sobre a passagem acima está em que Ḥamawī nega acreditar na receita para a produção de ouro. Isso indica um certo ceticismo, bastante raro em meio aos intelectuais de sua época. Não obstante, Ḥamawī identifica a erva que teria sido usada pela família talmúdica Marqo'aya (ou Marqo'in) com a erva conhecida por ele por seu nome tanto em hebraico quanto em árabe e que, provavelmente, lhe era familiar devido às crenças populares arabo-judaicas comuns em seu ambiente no norte da África.

Abraão Portaleone

Os Portaleone, que tinham esse nome em razão da área de Roma de onde se originaram, Portaleone (Porta do Leão), foram uma famosa família judaica italiana que, a partir do século XIV, produziu mais de uma dezena de rabis, médicos, autores e poetas de renome. Um deles foi Abraão ben David Portaleone (1542-1612), um médico e enciclopedista, que em 1573 se tornou médico pessoal da casa ducal de Mântua, recebeu em 1591 autorização papal para tratar de pacientes gentios, apesar das restrições oficiais, e escreveu vários livros importantes em latim e em hebraico. Plenamente versado nas ciências seculares, Portaleone permaneceu, todavia, um judeu tradicional e depois de sofrer um derrame que o paralisou parcialmente em 1605, dedicou seu tempo a escrever seu *opus magnum, Schilṭē haGiborīm* (Escudos dos Poderosos, publicado em Mântua, 1612), que ele compôs para seus filhos e no qual ele incluiu tudo que considerava que um judeu devia saber para poder viver uma vida judaica plena.

A pedido do duque de Mântua, Portaleone escreveu vários livros em latim, dos quais dois chegaram até nós: um deles é um livro de orientação médica (*consilio medica*), o outro se intitula *De auro dialogi tres*[6]. Esse livro nos interessa no presente contexto, porque contém, como indica o título, não apenas uma apresentação do uso médico do ouro, mas também uma série de outros assuntos que pertencem ao domínio da alquimia. A obra está escrita na forma de um diálogo entre Achryuasmus e Dynachrysus e não contém referências diretas às crenças judaicas do autor, mas está interpolada com invocações frequentes

6 Seu subtítulo é: *in quibus non solum de auri in re medica facultate, verum etiam de specifica eius, & caeterarum rerum forma, ac duplici potestate, qua mixtis in omnibus illa operatur, copiose disputatur*, Veneza, 1584. O autor é identificado como *Abrahamo et Porta Leonis Mantuano Medico Hebraeo Auctore*; o livro, publicado *cum licentia sanctae inquisitionis & illustrissimi senatus Veneti*, é dedicado a Guilelmo Gonzaga, duque de Mântua.

ao "melhor e supremo Deus" e "O Deus imortal". O livro também faz frequentes referências à *ars spagirica* que foi, durante séculos, um termo usado para designar a arte da alquimia.

Dentre os temas alquimísticos discutidos no livro estão o *aurum potabile* (ouro potável, 9, 42-43, 97) e a *quinta essentia* (quinta-essência, ou elixir, 42-43). Portaleone também fala do bezerro de ouro e do ouro do Templo de Jerusalém (81-82) e sobre a combinação do ouro com o *hydrargyrus* (mercúrio, 121). Um índice detalhado (179-204) facilita o uso do livro. É, portanto, evidente que Portaleone pertencia ao grupo de médicos alquimistas medievais e renascentistas que conseguiam combinar e harmonizar as doutrinas, experiências e práticas de ambas as disciplinas.

31.

O Manuscrito de Manchester (John Rylands)

Um manuscrito alquimístico[1], numerado 1435, na Biblioteca da Universidade John Rylands em Manchester, pertenceu outrora a Moses Gaster, o famoso folclorista sefardita britânico. Está escrito em uma caligrafia sefardita facilmente legível, provavelmente do século XVI ou XVII. O texto traz indicações que sugerem ter sido copiado de manuscritos mais antigos, escritos na Espanha e em Veneza. Ele cita vários livros e autoridades e suas receitas, inclusive (o Pseudo-) Aristóteles, (o Pseudo-) Maimônides, o Rabi Ya'qov Alqasṭila, Mestre Ventura, Miguel, Sobola, *Sefer haMaor* (O Livro da Luz), *Sefer haLo'azim* (Livro das Expressões Estrangeiras), o *uman* (artista), Almoli, "uma mulher perita", e "um velho livro".

A maioria das receitas contidas no manuscrito são muito curtas, algumas páginas chegando a conter até dezessete receitas. Suas quarenta e oito páginas contêm um total de 374 receitas individuais. A linguagem hebraica do manuscrito é gramaticalmente mais correta que a de muitos outros escritos alquimísticos, mas o texto compartilha com eles do uso de um grande número de termos técnicos estrangeiros provenientes do espanhol, italiano, árabe, turco e mesmo do alemão.

1 O manuscrito consiste em 48 páginas, paginadas em números hebraicos que se iniciam com *bet/a*, isto é, 2, até o fólio *waw/a*, isto é, 6, e então continua com *het/b*, isto é, 8, até *kaf-waw/b*, isto é, 26. Uma paginação posterior, indo de 1 a 24, foi acrescentada em numeração hindu-arábica. No que se segue, emprego a paginação original.

Com frequência, o significado desses termos vem explicado por sua tradução para alguma outra língua.

As 374 receitas abrangem todo o campo da alquimia e fornecem um raro exemplo dos muitos interesses, esforços e propósitos do trabalho dos alquimistas – raramente igualado em outros manuscritos alquímicos hebraicos (ou mesmo não hebraicos) – e uma lista e descrição completas de seus conteúdos serão fornecidas aqui. Identifico a maioria das receitas meramente pelo *incipit* de cada uma, ou pela explicitação de seus conteúdos em minhas próprias palavras. Alguns dos mais interessantes deles são apresentados na íntegra e eu incluí a tradução dos termos técnicos, sempre que foi possível determiná-la.

Fólio 2a: 1. Como tingir o ferro na cor do ouro; 2. Como escrever letras de ouro sobre o ferro; 3-4. Como dourar o ferro; 5. Como dourar o ferro ou o cobre; 6. Como tingir a lua [prata]; 7. Cor *bertolo* [?].

Fólio 2b: 8. Como melhorar a prata; 9. A flexibilidade dos metais [apenas fragmentos].

Fólio 3a: 10. Como fazer *presto* [?] de lua; 11. Como colorir *Saturno* [isto é, chumbo]; 12-13. Como tingir a prata; 14. Como tingir *bertolo*.

Fólio 3b: 15. Como dar cor verde à prata; 16-17. Como fazer a prata pesar tanto quanto o ouro; 18. Como transmutar chumbo em ouro; 19. Como reduzir o peso de um dinar e revertê-lo a seu peso original, de modo que, de cada cinquenta ducados, deve sobrar uma onça; 20. Como acumular ouro; 21. Como tingir a prata.

Fólio 4a: 22. Como tingir o chumbo ou a prata na cor do ouro; 23. Como aumentar o ouro pela metade: "Tome *sal nitri* [nitrato de sódio] e sal *armoniaq* [sal amoníaco] e *vidriol* [vitríolo] romano, de cada, uma *unsa* [onça], *verde ramo* [azinhavre], seis *oqias* [onças], e triture tudo bem. E tome o ouro e triture e o coloque em um cadinho *matza'* [heb., de tamanho médio], como mencionado, e vede com argila filosofal e aplique o fogo apropriado e vai se revelar"; 24. Como fazer argila filosofal; 25. *Lega presta* [it., liga rápida]; 26. Como purificar e melhorar o ouro; 27. *Liga* [liga] para o ouro.

Fólio 4b: 28-30. Como extrair ouro de um recipiente de prata dourado sem arruiná-lo; 31-32. Como aumentar o peso do ouro; 33. Como separar o ouro de um recipiente dourado; 34-37. Como aumentar o peso do ouro.

Fólio 5a: 38-44. Como aumentar o peso do ouro; 45. Como tornar ducados mais pesados; 46. Como separar o ouro do chumbo, "da boca do rabi Ya'aqov Alqastila"; 47. Como separar o ferro do estanho; 48. Como purificar um filamento de ouro; 49. Como purificar uma corrente de ouro; 50-51. Como acrescentar peso a qualquer metal; 52-53. Como acrescentar peso ao ouro.

Fólio 5b: 54-55. Como acrescentar peso ao ouro [a segunda receita termina da seguinte forma:] "Da boca de Sobola e lembre-se do que Miguel[2] disse, que é necessário primeiro purificar bem o ouro"; 56. Como acrescentar peso ao ouro; 57-58. Como acrescentar peso à prata; 59. Para o ouro que não se obtém com o martelo [isto é, como abrandar o ouro]; 60. Para o ouro no qual há uma mistura de *alaṭon* [latão] [como separá-los]; 61-63. Para o ouro misturado com cobre e prata ou estanho [como separá-los]; 64. Como remover o cobre; 65. Como separar o ouro de recipientes dourados.

Fólio 6a: 66. Como remover o ouro da prata; 67. Para o trabalho de douração no qual há mercúrio misturado; 68. Como separar o ouro de um recipiente dourado; 69. Como extrair ouro da prata e do mercúrio; 70. Como extrair ouro de um recipiente de prata; 71-72. Como extrair ouro de um outro recipiente; 73-74. Como remover o ouro de um recipiente dourado; 75. Como remover o ouro de um recipiente de ferro.

2 Houve dois alquimistas famosos cujo primeiro nome era Miguel, ou Michael, e cujos livros foram impressos no início do século XVII: Michael Maier e Miguel Sendivogius. A referência de nosso manuscrito poderia ser a qualquer um dos dois, ou a algum outro alquimista do mesmo nome.

Fólio 6b:

76. Sol [ouro] e lua [prata]. Tome a erva que é chamada *ilarino* [?], que faz suas folhas crescer nem muito longas nem muito largas, e elas são como grama e sua haste fica do tamanho de um palmo e, em alguns lugares, um pouco mais longa, de acordo com o solo em que ela cresce. E da haste crescem tipos de nós e, em cada nó, ela produz uma flor cuja cor é verde e *mulada* [?] e é feita como um *lirio* [?], exceto em sua cor, e há dela um macho e uma fêmea. O macho produz uma cabeça e a fêmea, três cabeças, ou quatro, como *zaʿfrān* [açafrão]. E é encontrada nas montanhas de Jaqa e no caminho para Marselha e em Mônaco e nas florestas da Segóvia, próximo a Rastafariah. Tome da que produz cabeças flexíveis e elas são boas para a lua [prata]. E as outras são boas para o sol [ouro]. E cubra-as e triture bem e guarde seu pó. E tome *merqurio* [mercúrio] preparado e purificado e coloque em cinzas quentes numa taça de vidro ou revestida com vidro. E quando estiver aquecido e quiser escapar, coloque nele tanto pó quando desejar e revolva com um bastão e depois cubra pela duração de uma hora, então jogue nele um pouco de vinagre branco. E quando o vinagre estiver completamente absorvido, retire-o e você vai encontrá-lo completo e bom. E alguns dizem que deve secar em pão, no forno; 77. Ouro. A erva chamada *borisa*, que se assemelha à *mangorana* [?], suas folhas são da cor do sol [ouro] e essa erva brota sem folhas e, no primeiro dia do mês, gera uma folha e o mesmo todos os dias, até ficar cheia de folhas e então suas folhas caem, uma por dia, e ela novamente se torna nua como era no início e pode ser encontrada à beira-mar e nas margens dos rios e nas montanhas. Suas folhas são redondas como o dinar e sua cor é vermelha e sua flor é negra. Sua fragrância é como a do almíscar, seu leite é *sitrina* [como o limão]. Tome o sumo dessa erva e jogue no mercúrio e ferva no fogo e ficará semelhante a uma pedra vermelha. E dele coloque um peso sobre cem e se tornará ouro. E se você puser o sumo acima mencionado sobre a lua [prata], ela se tornará ouro. Ponha desse sol [ouro] sobre chumbo e ele se tornará ouro. E essa erva é também chamada de *benedita* [abençoada].

78-79. Como fazer ouro ou prata; 80. Como fazer *sal preparado* [sal preparado].

[O fólio 7 está faltando].

Fólio 8a. [erroneamente paginado 9a]: 81. Como fazer prata; 82. Prata: "Em Guadalcanal e em outros lugares, cresce uma erva chamada *flamosa* ou *sintilia* [it., *scintilla*, brilho]" [...]. Descrição do uso dessa erva para fazer prata pura; 83. Como fazer prata; 84. Abrandamento – ferver ouro em pó em óleo *tartaro* [creme de tártaro, bitartarato de potássio?]; 85. Água-forte [*aquafortis*] para a obra acima mencionada.

Fólio 8b.: 86. *Blanqimento* [alvejamento]. [A receita termina com:] "Alguns dizem que se deve jogar nele enxofre calcinado e outros dizem que não é necessário e você deve testar ambos os métodos"; 87. Como fazer prata; 88. Cola para a operação acima; 89. Como fazer prata.

Fólio 9a: 90. Como endurecer o mercúrio, "da boca de Mestre Ventura"; 91. Como aumentar o ouro; 92. Como purificar o ouro; 93-94. Como alvejar Vênus [cobre]; 95-96. Como alvejar qualquer coisa que você cobrir com ele; 97. Como alvejar qualquer coisa que você quiser; 98. Como melhorar, purificar e alvejar o cobre.

Fólio 9b: 99. Como pratear qualquer recipiente de cobre; 100. Como pratear o cobre; 101. Como pratear latão ou cobre; 102. Como alvejar latão ou cobre e, para prata falsa ou ruim, de modo que não pareça revestida com chumbo; 103. Como tingir cobre como prata; 104. Como dourar; 105. Como dourar uma travessa de prata; 106-107. Como fazer escrita com aparência de ouro.

Fólio 10a: 108. Como escrever em cor de ouro; 109. Como dourar; 110. Letras coloridas: "Tome uma pedra de corais, que é uma pedra verde com a qual se afiam lâminas e triture até que fique toda *niato* [?] e misture esse pó com água de rosas na qual deve haver *guma* [goma] e escreva com ela e as letras serão verdes e, quando as letras secarem, esfregue-as com um anel de ouro, prata ou cobre puro"; 111. Como fazer com que as letras adquiram a cor do ouro ou da prata, ou de qualquer outro metal; 112. Como escrever em letras como ouro ou prata; 113. Como fazer tinta de ouro; 114. Como fazer escrita prateada; 115. Como fazer tinta de ouro.

Fólio 10b: 116-18. Para letras douradas; 119. Como escrever como estanho ou chumbo; 120-21. Como escrever como ouro; 122. Como dar cor ao ouro; 123-24. Como dourar; 125. Como escrever e a escrita deve ficar da cor de qualquer metal que você desejar; 126. Como derreter o ouro *waraq* [folha]; 127. Como escrever ou desenhar sobre couro e o desenho deve permanecer dourado; 128. "Saiba que todos os metais não são puros para adquirir cor, até que sejam purificados pela calcinação e seu mergulho em água viva. Do *Sefer haMaor* [Livro da Luz]"[3]; 129. Como alvejar; 130. Como dourar com ouro em folha.

Fólio 11a: 131: "Agora perguntamos qual a diferença em dourar com ouro em folha? É que, em vez de ir para um, vai para três"; 132. Como identificar se um objeto de prata foi dourado com ouro em folha ou com ouro; 133. Como consertar um recipiente de cobre quebrado.

134. Tome três partes de *oropimento* [orpimento] e uma parte de mercúrio e triture com *guma arabiqa* [goma arábica] e escreva com eles e ficará bonito como marfim. 135. Uma boa cola, isto é, *soldadora* [esp., solda]. Tome limalha de *Iovis* [Júpiter, isto é, estanho] e triture *sulfar* [enxofre], que é *razina* [?], e *ḥarṣ*, que é alcatrão, e misture e espalhe gordura sobre os metais *schafut* [heb., no pote] e borrife o pó por cima e aqueça por baixo os [metais] no pote com uma vela, até que o pó em cima derreta e então irá aderir

3 *Sefer haMaor*: pelo menos seis livros com esse título são conhecidos na bibliografia hebraica, o mais antigo sendo o do espanhol adepto da Halakhá, Zerahiah ben Yitzhaq haLevi (cerca de 1125-1186). No entanto, nenhum deles inclui conteúdos alquimísticos, de modo que devemos supor que nosso manuscrito se refere a um *Sefer haMaor* que não chegou até nós.

aos [metais] no pote. Isso é para Vênus [cobre], mas para o estanho e o chumbo não coloque enxofre e não aqueça com uma vela, mas com carvão e se apresse em retirar do fogo.

136. Como melhorar o mercúrio; 137. Uma operação para calcinar o mercúrio; 138. A argila filosofal [dois métodos para seu preparo]; 139. Explicação de alguns nomes: *armoniaqo anosanire*; *alqali salitri qe* é *suza*; *antron* é a sobra do vidro; *atinkar boras* [bórax][4], *obin ablutos* [it., lavado] é óleo lavado muitas vezes e que se tornou branco; *azarniqos* é *asirniqo* [arsênico] e *oro pimento* [orpimento]; *alume yaminos* é *alume de paloma*; *agrimino verde* [*agrimonia* verde, agrimônia] *azingar* taça de *soliman*; *vitrioles azij* ou pó de *skolia*; *alfano de sirizuelo, azair,* pó de *skolia*; *al saralige alfur ser pirizuelo*; *afas blanqo* [it., *blanco*, branco] *alume botiso*; 140. "Como melhorar o ouro inferior, o que se chama *astraimento de oro* [atramento do ouro] [...]. Da boca de Mestre Ventura".

Fólio 11b: 141. Boa tintura para ouro inferior; 142. Como dourar ou pratear qualquer metal; 143. Como fazer água de *nischādīr* [sal amoníaco]; 144. Como fazer óleo de amoníaco; 145. Como fazer óleo *ṭarṭaro* [creme de tártaro?], que é chamado de *razuras* [it., *rasura,* raspas, aparas] e esse óleo é como água; 146. Óleo *ṭarṭaro* de um outro modo.

Fólio 12a: 147. Como fazer o óleo *ṭarṭaro* que preserva todos os espíritos, e todos os corpos que são cal se tornarão água; 148. Como fazer *azij* [?] água de *atramento* [?] ou cinzas de *savilia* [?], que são todos um; 149. Como fazer água-forte [*aquafortis*]; 150. Como

4 O termo alquímico árabe *tinkar* tem muitos significados: uma pedra da classe dos sais, cf. Julius Ruska, *Das Steinbuch des Aristoteles*, p. 11; alcaloide ou bórax, cf. Ernst Darmstaedter, *Die Alchemie des Geber*, Berlin: edição de Julius Spinger, 1922, índice; um sal calcário do qual é feito o vidro, cf. Martin Levey, *Early Arabic Pharmacology*: *An Introduction Based on Ancient and Medieval Sources*, Leiden: E. J. Brill, 1973, p. 112. Os múltiplos significados de termos como esse constituem um dos problemas mais difíceis quando se busca interpretar as receitas alquímicas.

fazer óleo de escorpião, que é enxofre: "Da boca do *uman* [heb., artista]"; 151. Como fazer óleo para dar *ingres* [it., *ingresso*, entrada] a todos os medicamentos.

152. Como fazer óleo de enxofre. Vire um *orinal* [frasco] com o bocal para baixo e coloque sob ele uma tigela na qual você deve recolher o óleo e ponha carvão em brasas em uma tigela e coloque o enxofre sobre o carvão de modo que o frasco receba seus vapores e o óleo escorra na bacia sob ele. Da boca de Almoli. E será melhor se você puser um frasco de vidro largo, com sua boca virada para baixo. 153. Como fazer óleo de enxofre. Pulverize bem enxofre vivo e coloque em um frasco de vidro e vede com ele um outro frasco, boca-a-boca [cf. Figura 31.1 infra] [...] e coloque-os desse modo em estrume quente de cavalo e deixe repousar assim por quinze dias e o óleo de enxofre passará para o frasco vazio.

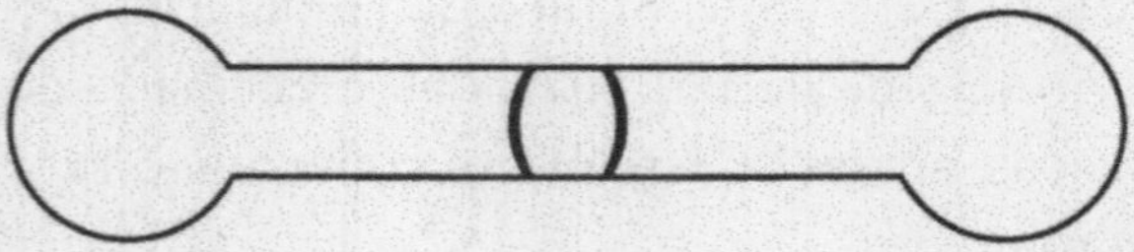

Figura 31.1
Desenho dos dois frascos vedados.

154. Como fazer óleo de escorpião, que é enxofre.

Fólio 112b: 155-156. Como alvejar o escorpião [enxofre]; 157. Como fazer água do *qafar* [ou *qafrah*?]; 158. Como fazer água-forte [*aquafortis*]; 159. Água para preservar todos os espíritos; 160. Como fazer água de mercúrio e *luna* [lua, isto é, prata] juntos; 161. Como *fisar* [fixar] o enxofre; 162. Como tornar o enxofre branco.

Fólio 13a:

163. Cola de ouro. Tome duas onças de sal amoníaco, meia onça de *pirite de Espania* [it., pirita, ouro dos tolos, da Espanha], meia onça de *vitriol Romano rubifiqato* [vitríolo romano avermelhado], isto é, coloque o vitríolo no fogo em um pequeno pote coberto até que fique vermelho e então retire. Isso se chama vitríolo avermelhado. Uma outra versão exata: o vitríolo não ficará avermelhado. Triture bem tudo isso e coloque em um frasco de vidro e vede até sua meia [marca], ou menos, com argila filosofal e coloque o frasco, como você sabe, em um forno com fogo para *asuplimar* [sublimar] e deixe no fogo por dez horas e, então, deixe esfriar e coloque o frasco de vidro sobre o fogo e deixe esfriar e, a seguir, use um quarto de onça desse medicamento em duas onças de prata refinada, *qopelia* [it., *coppella*, copela, taça], em La'az, e derreta primeiro a prata e, quando estiver derretida, jogue o medicamento acima mencionado nela e assim três vezes e, então, jogue como mencionado e em seguida tome uma parte dessa liga e uma parte de ouro bom e você o achará bom. Da boca de Mestre Ventura.

164. Óleo de *atutia* [*ṭuṭia*, tútia, óxido de zinco]; 165. Um outro óleo de tútia, chamado *tusia*; 166. *Sa'dun*: "Tome dois frascos, boca-a-boca e cobertos. E coloque enxofre em um deles e vede e coloque sobre o fogo *lutada* [it., lutado]. E a fumaça de um deve ir para o outro. E esse é o espírito de *zinjifra* [ár., *zunjufr*, cinabre], o espírito de *ṭuṭia zinjar* [ár., tútia de azinhavre]"; 167-168. Como fazer espírito de enxofre; 169. Uma cor de vinte quilates, uma para trinta de lua [prata].

Fólio 13b: 170. Cor para prata de vinte e dois quilates; 171. Cor para *qalsina* [calcinar] a tútia; 172. Cor feita de folhas finas de ouro; 173. Como purificar o chumbo e colorir de dourado.

174. Ouro. Tome latão de Ferrara, uma *uns* [onça] de enxofre e uma onça de orpimento, metade de sal *alqali* [alcalino], triturado, e misture e coloque para ferver em fogo brando em um pouco de leite de cabra, por meia hora,

e retire do fogo e deixe os pós acima mencionados secar ao sol e, a seguir, tome prata copelada e faça com ela uma *matzaʿ* [heb., base], quatro vezes seis horas em cinzas e, a seguir, *aqopilalo* [refine] e coloque em água-forte [*aquafortis*] e ficará forte e permanecerá de ouro.

175. Como aumentar o peso do ouro; 176. "A obra de *zilata* [?]. Coloque *merqurio qonzilato* [?], uma *liṭra* [libra], com três onças de folha de cobre [...]"; 177. Uma outra.

Fólio 14a: 178. Sol [ouro]: Como preparar uma liga de ouro para que se transforme em ouro de vinte e dois quilates; 179. Como fazer *fizar* [fixação] para lua [prata]; 180. Como fixar lua; 181. Lua; 182. Como purificar o cobre; 183. *Purifiqar* [purificar] o azinhavre; 184. *Qalsinar* [calcinar]; 185. *Suplimar* [sublimar]; 186. *Banio Maria* [*bain-marie*, banho-maria].

Fólio 14b: 187. Lua; 188. Sol: "Tome uma parte de prata e uma parte de ouro [essas palavras se encontram em árabe] e derreta juntos [...]"; 190. Como congelar [solidificar] mercúrio; 191. *Fizasion* [fixação]; 192. Como fazer cal de ouro; 193. Para o ouro; 194. Como congelar [solidificar]; 195. Sol e lua; 196. Como fazer *zirnikh* [arsênico] permanente.

Fólio 15a: 197. "Um bom *alizīr* [elixir]. Tome arsênico sublimado, que não enegrece a prata e coloque, camada sobre camada, com a prata e calcine juntos e coloque sobre essa mistura uma outra camada de arsênico e calcine como da primeira vez. Faça isso várias vezes, até que ela esteja consumida e derretida como cera [...]. E junte com mercúrio e esse é um bom elixir"; 198. Para lua [prata]; 199. Para sol [ouro]: "A versão do Rambam [Maimônides] [...]"[5].

Fólio 15b: 200 [Continuação do acima com o acréscimo da seguinte nota pessoal:] "E se parecer aos olhos de seu cérebro que precisa ser mais purificado, não encontrei mais, eu o escritor"; 201. "Cor

5 Essa longa receita, assim como a que se segue (n. 200), são praticamente idênticas às receitas traduzidas supra, no capítulo 24.

para a prata, da boca de Mestre Ventura. Tome a cor *tarab* [ár., *turab*, pó, terra], que se chama na língua veneziana *habatasan samrias* [?] de Veneșia [Veneza] [...]"; 202. Cor [palavra ilegível].

Fólio 16a: 203-204. Como separar o ouro da prata; 205. "Disse o divino filósofo [...]"[6].

Fólio 16b: 206. "No livro de Sadidi[7]. *Qāl Arisṭuṭalis* [...]" [uma citação de Aristóteles em judeo-árabe]; 207. Como fazer *perlas* [pérolas]; 208. Como fazer pérolas grandes de pérolas pequenas.

Fólio 17a: 209-212. Como fazer pérolas grandes de pérolas pequenas.

Fólio 17b: 213-217. Como fazer uma pérola de várias pérolas.

Fólio 18a: 218-222. Como branquear pérolas; 223-224. Como purificar pérolas. 225; Como branquear pérolas; 226. Como dar boa cor às pérolas; 227. Como branquear pérolas.

Fólio 18b: 228. Como limpar e purificar pérolas; 229. Como branquear pérolas.

230. E essa é a obra do verdadeiro cristal. Tome dele a quantidade que você quiser e coloque junto à parede do meio do forno até que esteja calcinado, branco como a neve, e isso acontecerá em uma hora ou menos. Então retire e reserve e coloque [um pouco] dele em um *albūt* [ár., *būṭa*, cadinho] feito de argila filosofal e coloque nele um quarto ou um quinto de *ḥūṣa* [ár., *ḥaṣan*, seixos]. E irá dissolver instantaneamente e ficará como vidro verdadeiro sob todos os aspectos. E aqui mostro a você o formato do forno, para que você não erre ao fazê-lo [Figura 31.2 infra]. E ele também deve ser feito de argila filosofal, para que fique forte, e aplique fogo de lenha grossa. E há muitos tipos. O tipo de cristal, que se quebra facilmente, chama-se em La'az *franjibile* [it., *frangibile*, quebrável]. E para isso você precisará misturar aos seixos um pouco de *ladasqos* [?], para que derreta e escorra imediatamente.

6 Essa é uma outra versão das instruções alquimísticas do Pseudo-Maimônides que incluem os procedimentos com pérolas, apresentados supra no capítulo 24.

7 Não pude identificar o *Livro de Sadidi*.

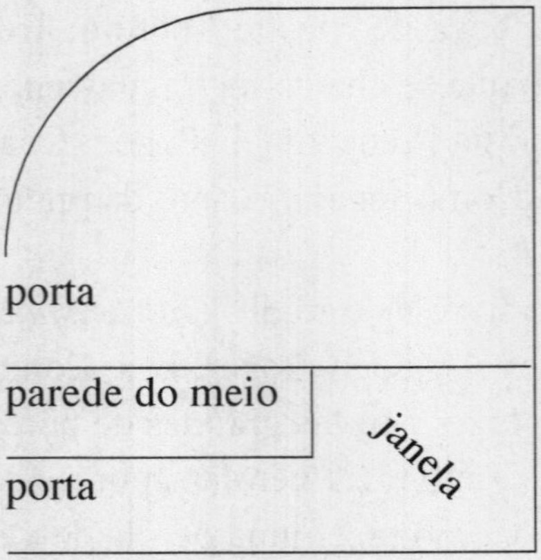

Figura 31.2
Seção transversal de um forno

231. Como separar a água do alume da água do cristal; 232. Como abrandar o cristal; 233. Como tingir cristal e fazer com ele pedras preciosas; 234. Como abrandar um chifre; 235. Como abrandar pedras como cera.

Fólio 19a: 236. Como abrandar o cristal; 237-239. Como derreter o cristal; 240. Como fazer *esmeralda*, "da boca de Mestre Ventura"; 241. Como derreter o cristal; 242. Como tingir cristal da cor azul celeste.

243. Como tingir cristal da cor de *margada* [G. *maragdos*, esmeralda]. Tome *alum de pluma* [?], uma parte, cristal triturado, puro e branco, uma parte, misture tudo sete dias e, no sétimo dia, tome um terço de uma parte de arsênico e cozinhe tudo em um recipiente de ferro e essa sopa com *za'ra*, isto é, *ayara* [?], que é *verdete* [verde] em La'az, limpo e puro e derreta e coloque em qualquer fôrma que você desejar. A erva *darganah* [?] derrete o cristal.

244. Como abrandar o cristal.

Fólio 19b: 245. Como derreter o cristal; 246. "Para tingir cristal da cor de *qrizolitos* [it., *crisolito*, crisólita]. Tome cristal e coloque em água de alume doze dias e cozinhe em *arseniq* [arsênico] ou orpimento e ficará esverdeado como a crisólita. E se o cozinhar em *sfangasron* [?] ficará como *smaraq* [esmeralda]. *Sfansagron* [*sic*], isto é, *qolitia* ou *verderis*, isto é, *verdet*, que é *qalame jinjir* ou *azmar* [ár., *asmar*, marrom]"; 247. Como abrandar o cristal; 248. "Como tingir o cristal, ou outra pedra dura, ou como gravar sobre ele. Tome sumo de *milfolio* [it., *millefoglio*, mil-folhas, *Achillea millefolium*] e coloque onde quer que você queira gravar e, a seguir, exponha ao sol e você poderá estampar o que quiser"; 249. Como fazer cristal artificial; 250. Como abrandar o cristal; 251. Como tingir cristal da cor de *rubin* [rubi]; 253. Como tingir cristal como *granata* [it., granada]; 254. Como fazer esmeraldas; 255. Como tingir vidro da cor que você quiser; 256. Cor. Como fazer vidraças, copos e frascos de vidro da cor que você quiser.

Fólio 20a: 257. Como tingir o acima mencionado da cor do ouro.

> 258. Como abrandar pedras preciosas ou vidro como massa. Tome sangue de dragão [uma substância resinosa obtida de plantas tropicais] e sangue de *irizo*, que é um animal com espinhos [porco-espinho?] e sangue de ganso do deserto [isto é, selvagem] ou doméstico e sedimentos de vinho e vinagre forte, em partes iguais. Eles devem ser cozidos todos juntos em fogo brando e, depois de seu cozimento, coloque as pedras neles e elas abrandarão como cera, de modo que você poderá estampar nelas qualquer marca que desejar. De um velho livro.

259. Como abrandar o vidro, para que fique maleável como cera; 260. Como purificar *qorales* [corais]; 261. Como tornar o coral brilhante depois de seco; 262. Como fazer corais e outras coisas *moldasas* [?]; 263. Como abrandar corais; 264. Como ligar corais quebradiços; 265. Como abrandar pedras pequenas.

Fólio 20b: 266. Como abrandar ossos; 267. Como derreter ossos e marfim; 268. Como despejar um chifre em um molde; 269. Como abrandar todo e qualquer chifre; 270. Como tingir ossos ou madeira de vermelho; 271. Como tingir de verde; 272. Como tingir um osso de verde; 273. Como tingir um osso de *rozāṭo* [rosa]; 274. Como tingir um osso de verde; 275. Como dar cor negra a pentes, se forem feitos de chifre; 276. Como fazer *almārjīn* [ár., *marjan*, pérolas pequenas]; 277. Como abrandar os ossos de um elefante; 278. Como tingir ossos de verde ou rosa; 279. Como tingir *mārfīl* [it., *marfilo*, presa de elefante], ou outro osso de cor-de-rosa; 280. Como tingir a escrita ou qualquer outra coisa.

Fólio 21a: 281. Como tingir qualquer objeto de preto; 282. Como tingir *sapir* [safira] de branco; 283. Como dar a uma pedra a cor da safira; 284. "*Rubis*. Tome coral vermelho e sangue de dragão [uma espécie de resina] e *laqa* [it., *lacca*, laca] pura, em partes iguais, e triture tudo muito bem e amasse em clara de ovo e faça suas pedras e as exponha por nove dias ao sol forte, para que sequem"; 285. *Matista* [?] [...] para fazer contas de vidro; 286. "Como fazer *maistobanio* e é como safira branca, mas é um pouco esverdeado. Se quiser fazê-lo como um diamante [...]"; 287. Cor negra; 288-289. Como branquear a safira; 290. Como fazer ouro e puro *azūl* [lápis lazúli].

Fólio 21b: 291-293. Como fazer *lāzuward* [ár., lápis lazúli]; 294. Como tingir *turqiza* [turquesa]; 295. Como revelar a cor da turquesa; 296-298. Como tingir a turquesa, "da boca do artista"; 299. Como fazer *aṭuṭia qalamina* [it., *tuzia calamina*, calamina, minério de zinco]. "Foi assim que a encontrei, eu o autor".

Fólio 22a: 300. Como fazer *ṭuṭia Alisandrina* [tútia alexandrina, óxido de zinco], "da boca de Mestre Ventura"; 301. Como fazer espírito de tútia.

Fólio 22b: 302. "Como remover crostas. Tome *sālmoniaq* [sal amoníaco], *reagal* [it., realgar], *maṣṭiq* [it., *mastica*, lentisco], em partes iguais, e água de *boras* [it., *borace*, bórax] e coloque-os juntos em um cadinho, até que derretam, e deixe secar e se tornarão um pó. E coloque esse pó sobre a crosta e leve ao fogo, até que o pó derreta e a crosta se separe"; 303. Como remover a crosta da lua [prata]; 304. Para crostas; 305. Como remover a crosta da prata e do ouro; 306. Como remover a crosta da prata; 307. "Como retirar a crosta de qualquer moeda de prata e também de ouro. Primeiro, mergulhe em água e, a seguir, coloque sobre ela cal viva e queijo velho, em partes iguais, e aqueça em fogo brando, ou fogo de cera, até que o pó que está sobre a moeda seja consumido e a crosta se separe. E, se quiser, branqueie depois, porque ficará negra devido ao fogo"; 308. Como remover a crosta da prata; 309. Como acrescentar peso ao ouro; 310. Como remover a crosta do ouro; 311-312. Como remover a crosta da flor do ouro; 313. "Como remover a crosta de um recipiente, de qualquer metal que você queira, de sua superfície inteira. A versão do divino filósofo, o Rambam [Maimônides], de abençoada memória [...]"[8].

Fólio 23a: 313. Continuação; 314. "Como purificar as crostas acima mencionadas [...]. Tudo isso da boca de Mestre Ventura"; 315. Tratamento das crostas da prata; 316. Se você quiser derreter as crostas; 317. "Ouvi isso de uma perita".

Fólio 23b: [317, continuação:] "na Obra em que você deve derreter as crostas, quando estão em um cadinho, e mexa sempre com um espeto de ferro [heb., *schipuda*] e não é preciso um pote de ferro, nem pedaços de *aziro* [?], nem qualquer outra coisa"; 318. Como remover a crosta da prata ou de uma moeda de prata. 319-320. Como purificar as crostas acima mencionadas; 321. Para o ouro: como torná-lo melhor do que é; 322. Como dar cor a um recipiente, do qual uma parte é dourada; 323. Se você quiser dourar parte de um recipiente de prata; 324. Como dourar anéis de ferro ou chumbo.

325. Como melhorar a avaliação do ouro. Derreta o ouro e despeje em um tubo e deve haver um cadinho preparado. Quando você puser sal amoníaco

8 Essas instruções do Pseudo-Maimônides também são em grande parte idênticas às que se encontram no manuscrito MS 14 de Munique, apresentadas supra no capítulo 24.

nele. Triture duas partes e uma parte de sal *niţro* [salitre], tudo bem triturado. E tome o ouro que você despejou no tubo enquanto estiver ainda quente e coloque nesse cadinho com os pós acima mencionados e cubra a boca do cadinho com uma tábua de madeira ou outra coisa e não faça nada mais, mas agite o cadinho com tudo que se encontra nele e coloque para avaliação. E você verá uma maravilha. Tudo isso, da boca de Mestre Ventura.

326. Como tingir um anel de ferro.

Fólio 24a: 327. Como *asmaltar* [it., *smaltar*, esmaltar] *de Jovis* [Júpiter, isto é, estanho]; 328. Como fundir 329; Como fazer cor; 330. Como fazer *nieil* [it., *niello*, um esmalte negro]; 331. "Como remover o *istrido* [it., *strido*, guincho, crepitação] e a maleabilidade de Júpiter [estanho] e torná-lo puro. Tome duas partes de enxofre e uma de *laton Morisqo* [latão mourisco] e derreta primeiro o latão e jogue em água de *andimonia* [antimônio]"; 332. "Como melhorar o estanho. Tome Iovis, isto é, estanho, e derreta em vinagre no qual haja mercúrio e ficará bonito e duro e emitirá uma voz"; 333-335. Como fazer bórax, que é *atinkar* [ár., *tinkar*, um sal calcário].

Fólio 24b: 336-338. Mais três receitas para fazer bórax; 339. Como fazer *vermilian* [it., *vermiglio*, vermelhão], que é cinabre; 340. Como fazer o mesmo de uma outra forma; 341. Como fazer cinabre, que é vermelhão 342. *Figasion* [fixação] de *sinabra*, isto é, cinabre.

Fólio 25a: 343-345. Como fazer sal alcalino; 346. Como fazer *azarqon* [ár., *zarqūn*, cinabre], que é *soligin* na língua Togar [turca]; 347-349. Como fazer *algalia* [= *alqali*?]; 350. "Tome *ardij* [?], na língua Togar, dez dracmas; *qitran* [ár., alcatrão, piche], cinco dracmas; e faça uma poção de mel com água de rosas e coloque para ferver no fogo e remova a escória e tome disso dez dracmas e uma dracma de *algalia* pura e misture tudo junto e será boa *algalia*"; 351. Como fazer *musq* [ár., *misk*, almíscar].

Fólio 25b: 252-54. Mais três receitas para fazer almíscar; 355. Para o *musqo* [almíscar] que perdeu sua fragrância; 356. Para experimentar o almíscar; 357-359. Como identificar o *balsamo* [bálsamo], se é bom e puro; 360. Como preparar *balsamo rubarbaro* [it., *balsamo reubarbaro*, bálsamo de ruibarbo].

361. No *Sefer haMaor* [heb., O Livro da Luz][9], parágrafo 30: como fazer *ambar* [ár., *ʿanbar*, âmbar]. Tome clara de ovo e derreta em goma arábica e um pouco de açafrão bom e derreta ao sol. Ficará como vidro e será âmbar". 362. No *Sefer haMaor*, parágrafo SNT [ou SKT?]: para fazer açafrão, cozinhe a carne de um boi e seque ao sol, ou peixes secos que são chamados *stoq fisch* [al., *Stockfisch*, bacalhau, bacalhau seco] e triture bem e tome açafrão bom e derreta em água de rosas. Umedeça o peixe com essa água, até que fique vermelho. Veja no *Sefer haLoʿazim*[10], página 39".

363. Como purificar o açafrão; 364. Como acrescentar peso ao açafrão; 365. Como aumentar o açafrão.

Fólio 26a: 366-367. Mais duas receitas para aumentar o peso do açafrão; 368-369. Como aumentar a cera; 370. Como fazer de *qwintas* [quintos?] de âmbar uma *libra* [libra]; 371. Como fazer âmbar.

Fólio 26b: 372. *Quintas* quebradiças, para poder ser besuntadas; 373. "O segredo da água aromática, superior em finalidade, e suas vantagens são muitas e ela foi experimentada por mim".

374. Como fazer *būkhūr* [ár., *bakhūr*, incenso] *swai* [?]. Água de rosas, uma onça, *kinjia*, isto é, *ḥaṣīl* [heb., berinjela] *kinṭ* [?], três dracmas, *asturq*, vinte e cinco dracmas, *sandalos* [ár., *sandal*, sândalo] branco, uma dracma, *lingalia* [?], uma dracma. Triture tudo e cozinhe em um recipiente chamado *paila* [it., *palla*, frasco; ou *pala*, balde], em Laʿaz, e cubra bem com massa, de modo que seu vapor e odor não escapem e deixe cozinhar até ver que cheira bem. Isso é sinal de que está cozido. Remova a *paila* do fogo e deixe esfriar por um dia e, então, abra e jogue a água em frascos

9 Cf. nota 3, supra.

10 Não pude identificar o *Sefer haLoʿazim* (Livro das Expressões Estrangeiras).

pequenos. Retire os sedimentos que permanecerem no fundo do recipiente e coloque em fogo brando, em um *ṭāfsar* [?], e retire um pouco e faça [peças] como tijolos, chamados *askaros*, e se estiverem muito secos, coloque neles um pouco de água de rosas ou água de fonte. 375. Como fazer *mandragola* [it., *mandragola*, mandrágora]. Tome dois *lirio* [?] e desenhe a figura de um homem inteiro e enterre no jardim, até que cresçam folhas abundantes. E tome uma lâmina e prepare [palavra ilegível] e passe em todo ele, exceto em seus cílios e cabelos. E, em todos os lugares em que um homem tem pelos, cubra com folhas. E depois de ter deixado crescer, enterre por um dia, até que os *raidores* [?] se tornem lisos, isto é, o que é tirado deles. 376. Como deixar uma *blanqet* [cerusa] preparada para a obra, tome a cerusa [...].

Aqui o manuscrito se interrompe. Há quatro páginas (não numeradas) anexas a ele, escritas numa caligrafia diferente, em judeo-árabe, exceto por dois curtos parágrafos que estão em hebraico.

Parte Oito

Século XVII

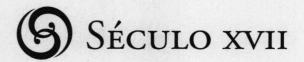

Introdução à Parte Oito

Enquanto no século XVI a maioria dos autores judeus que escreveram sobre a alquimia vivia em terras de língua árabe, não conhecemos um único autor alquimista judeu vivendo nessa parte do mundo a partir do século XVII. Embora esses autores do século XVII ainda fossem judeus sefarditas, todos eles viviam no Ocidente, num ambiente cristão – na Itália, Holanda, nordeste ou centro-norte da Europa.

Esse deslocamento geográfico reflete dois movimentos que tiveram lugar próximo ao final do século XVI. O primeiro foi um movimento interno ao judaísmo: a liderança intelectual que no século XVI ainda pertencia aos ramos do judaísmo sefardita que estavam nos países muçulmanos passou para os sefarditas do Ocidente que viviam na Itália, Holanda e áreas adjacentes e aos judeus asquenazitas que viviam na Europa oriental ou central. Um outro movimento ocorreu fora da órbita judaica, mas não podia deixar de influenciar a orientação intelectual judaica. Durante o Renascimento, o centro da atividade alquimística se deslocou do mundo muçulmano para a Europa ocidental cristã. No século XVII, esse deslocamento tinha como paralelo uma mudança correspondente na atividade, experimentação e escrita alquímica em meio aos judeus.

Essa atividade, realizada por judeus sefarditas na Europa cristã, era apenas uma manifestação da abertura dos sefarditas com relação à cultura gentia, sequer remotamente igualada por seus irmãos asquenazitas. Embora as posições predominantes na Halakhá e em meio à intelectualidade rabínica tivessem sido ocupadas pelos asquenazitas, eles manifestavam, com poucas exceções, uma atitude negativa com relação às ciências, artes e outras atividades culturais do ambiente cristão. Uma dessas atividades era a alquimia. Seria somente no século XVIII que essa situação começaria a mudar.

Uma clara indicação da abertura dos intelectuais judeus sefarditas na Europa ocidental às preocupações da cultura não judaica, inclusive a alquimia, pode se encontrar na vida de Barukh (Bento de) Spinoza (1632-1677), um dos maiores filósofos de todos os tempos. Pouca atenção foi dada ao fato de que Spinoza era extremamente interessado em questões da química e da física, em geral, e da alquimia, em particular. Em cartas, escritas a Heinrich Oldenburg, um estudioso alemão de Bremen que vivia em Londres, onde se tornou membro e subsequentemente secretário da Royal Society e editor de suas *Transactions*, Spinoza repetidamente discute os sais e o salitre[1]. Em 25 de março de 1667, Spinoza escreveu uma carta a Jarrigh (ou Jarrich) Jelles, um comerciante menonita de Amsterdã e amigo seu, cujos textos Spinoza traduziria para o holandês após a morte de Jelles[2]. A primeira parte dessa carta aborda a alquimia e, desde a sentença introdutória, fica claro que Spinoza e Jelles já haviam discutido os experimentos de Helvetius nela mencionados:

> Com relação a Helvetius, consultei Vossius, que (para não relacionar todos os conteúdos de nossa conversa) riu incontrolavelmente e se admirou de que eu perguntasse sobre essa ladainha (*nugis*). No entanto, sem me preocupar com isso, fui até o próprio ourives (*aurificem*), que avaliou o ouro, seu nome é Berchtolt (Berchtelt). Mas ele disse algo muito diferente

1 Cf. Hugo Ginsberg, *Der Briefwechsel des Spinoza*, Leipzig, 1876, cartas VI e IX, do original em latim; e J. Stern, *Spinozas Briefwechsel*, Leipzig: Reclam, 1904, tradução para o alemão.

2 Foram publicados em 1677. Jelles escreveu a introdução à *Ética* de Spinoza, também publicada em 1677. As biografias de Jelles se encontram em *Nieuw Nederlansch Biografisch Woordenboek*, 9, Leiden: [s.n.], 1933, p. 459, e J. P. de Bie e J. Loosjes, *Biographisch. Woordenboek van Protestantsche. Godgeleerden in Nederland*, sv. (1903-1943), S-Gravenhagen (Haia), M. Nijhoff, 1943, v. 4, p. 535.

do que disse o sr. Vossius. Ele afirmou que o peso do ouro aumentava entre o derretimento e a separação (*liquescendum et separandum*) e que ele se tornava mais pesado pelo peso da prata que ele jogava (*iniecerat*) no cadinho (*crucibulo*) com a finalidade de separação, de modo que ele acreditava firmemente que esse ouro, que transmutava sua prata em ouro, continha em si mesmo algo especial. Não apenas ele, mas também vários outros cavalheiros que estavam presentes, confirmaram que de fato era assim. Nesse ponto fui falar com o próprio Helvetius, que me mostrou tanto o ouro quanto o cadinho, cujas paredes internas ainda estavam douradas, e ele me disse que havia colocado menos de um quarto de sementes de cevada ou de mostarda no chumbo derretido. Ele acrescentou que logo publicaria toda a coisa por inteiro e também me informou que um homem (que ele considerava como o mesmo que estivera com ele) havia realizado essa mesma operação em Amsterdã, sobre o que você sem dúvida já deve ter ouvido falar. Isso foi o que pude descobrir sobre essa questão[3].

Helvetius, mencionado nessa carta como alguém que experimentava com a produção de ouro, foi um importante alquimista em Haia na segunda metade do século XVII. Seu nome original era Johan Frederick Schweitzer (1629-1709), mas ficou conhecido pela tradução para o latim de seu último nome, Helvetius. Escreveu diversos livros sobre a alquimia e, no ano em que contou a Spinoza sobre sua transmutação bem sucedida de chumbo em ouro, publicou o livro que mencionou na conversa com Spinoza. Nele Helvetius discute diversos temas alquimísticos, mas sem dúvida ele considerava essa transmutação em especial como o mais importante de todos esses temas e, assim, a descreveu no título do livro, que é o seguinte (em minha tradução do latim):

O Bezerro de Ouro que todo o mundo adora e ao qual faz preces, no qual é discutido o mais raro milagre da natureza na transmutação dos metais,

3 Cf. o texto em latim, em Ginsberg, *Briefwechsel*, carta XLV, p. 127 e s.

isto é, como a substância total do chumbo em um momento, com a mínima partícula da verdadeira pedra filosofal, foi transmutada em ouro puro em Hagae Comitis, Amsterdã, 1667.

O livro de Helvetius contém a explicação de por que Spinoza não menciona em sua carta que substância Helvetius jogara no chumbo derretido: Helvetius não divulgou seu segredo para ele. Isso fica claro pelo fato de que, mesmo em seu livro, Helvetius passa por esse ponto em silêncio. O que ele diz na Parte Três de seu livro é que havia sido visitado por um homem estranho e peculiarmente vestido, que se identificou como "Elias Artista". Reconhecemos sob esse nome o do profeta Elias, que os alquimistas consideravam o grande mestre de sua arte – motivo por que eles o chamavam de "Elias Artista" – e que, esperavam eles, revelaria em sua segunda vinda o segredo da pedra filosofal. Helvetius prossegue dizendo que Elias Artista lhe mostrou a pedra filosofal, que ele tinha em sua sacola, e que deu-lhe dela "a quantidade de uma semente de coentro" (quase as mesmas palavras de Spinoza), mas ele evita sequer mencionar em que consistia a pedra misteriosa. Assim, podemos presumir que também para Spinoza ele nada disse sobre ela.

O que Helvetius faz, em vez disso, é citar as palavras sagradas que Elias Artista escreveu para ele. São as seguintes: "Santo, santo, santo é o Senhor nosso Deus e todas as coisas estão cheias de Sua glória", que é uma tradução livre da oração *q'duschá* citada em *Isaías* 6,3. Em seguida Elias Artista escreve: "De Yehova da magnífica sabedoria que opera maravilhas no livro geral da natureza, eu sou feito [?] em 26 de agosto de 1666" – evidentemente a data de sua visita a Helvetius. A seguir ele escreve: "Magnífico é Deus, a natureza e a Arte Espagírica. Não faça nada gratuitamente. Acima de tudo santo espírito, Aleluia, Aleluia. Ufa ao Demônio! Sem luz, não fale de Deus. Amém". A designação "Arte Espagírica" é frequentemente empregada para a arte da alquimia. O capítulo 4 do tratado é um diálogo entre Elias Artista e um "Medicus", que é apresentado como um médico que busca conhecimento alquímico. As seções são precedidas na Parte Um por citações de vários autores alquimistas e descrições de experimentos na produção de ouro.

Isaac Vossius (1618-1689), a quem Spinoza se referia, era um historiador, filósofo e naturalista, que mudou de Haia para Windsor, onde se tornou *canonicus* em 1673[4]. Ele escreveu vários livros sobre as ciências naturais e, como podemos inferir da referência de Spinoza, era mais que cético quanto à possibilidade de transmutar metais comuns em ouro.

O segundo alquimista mencionado por Spinoza, o ourives Berchtolt (ou Berchtelt), não afirmava estar na posse da pedra filosofal e tinha um método diferente de produzir ouro. Ele jogava prata no cadinho, ostensivamente, para provocar a separação do ouro derretido de uma outra substância não designada, com o resultado de que o peso original do ouro era aumentado pelo peso da prata, isto é, a prata era transmutada em ouro. Essa operação, escreve Spinoza a Jelles, foi presenciada, e seu resultado confirmado, por vários homens.

Em sua carta, Spinoza não assume uma posição quer a favor quer contra a alquimia. No entanto, ele investiu um bom tempo tentando descobrir se havia algum fundamento de realidade na afirmação dos alquimistas de que podiam transmutar chumbo em ouro. Isso em si mesmo mostra que, apesar de seu conhecimento considerável das ciências e de sua argúcia crítica, Spinoza, um homem de sua época, considerava a transmutação pelo menos possível.

4 Para uma biografia de Isaac Vossius, cf. *Nieuw Nederlandsch Biografisch Woordenboek*, v. 1, Leiden, 1911, p. 1519-1526.

32.

Leone Módena, Delmedigo e Zeraḥ

Leone de Módena (também conhecido como Leone ou Leon da Módena,1571-1648) foi provavelmente a mais pitoresca personagem da história judaica. Nascido em Veneza, educado em Ferrara, ele foi uma criança prodígio, estudou hebraico, italiano e latim e se tornou rabi em Veneza, onde seus sermões (em italiano) atraíam grandes públicos de judeus e gentios. Escreveu com igual facilidade em hebraico e italiano, foi um brilhante polemista e atacou com igual incisividade Uriel da Costa, o *Zohar*, Isaac Luria e o cristianismo. Tinha amplo conhecimento rabínico e talmúdico, escreveu numerosas *responsa* de caráter liberal e também escreveu poesia e prosa em italiano e, ocasionalmente, em latim. Era viciado no jogo, do qual, apesar dos repetidos votos, não conseguia se afastar e, em consequência, estava quase sempre em grandes dificuldades financeiras. Tentou obter dinheiro por meio de uma grande variedade de ocupações; trabalhou algumas vezes como agente, tradutor, escritor de cartas, poemas e sermões para terceiros, autor de peças teatrais (escreveu pelo menos uma comédia italiana), como ator amador, agente matrimonial, escritor de amuletos e professor da arte de escrever amuletos; foi até mesmo *maestro di cappella* de uma academia de música estabelecida no gueto de Veneza em 1632, quando estava com 62 anos de idade.

Um interesse pela alquimia corria na família Módena. Sabemos disso a partir do relato que o próprio Leone fez de sua vida, que é a primeira autobiografia "franca" escrita em hebraico[1]. Nela, Leone conta a seu tio Schema'ya, que foi morto por causa de seu trabalho com a alquimia, fala sobre suas próprias tentativas de produzir ouro e sobre a morte de seu filho Mordekhai, em resultado de seu contínuo trabalho com a alquimia. Ao mesmo tempo, os relatos de Leone deixam claro que em sua época, na Itália, nem os médicos judeus nem os rabis e os sacerdotes cristãos costumavam se envolver com a experimentação alquímica.

Sobre seu tio, Schema'ya, Leone escreve o seguinte:

> Schema'ya vivia em Módena e era encarregado da administração de uma loja de empréstimo; seu coração tendia ao trabalho com a alquimia e um gentio o enganou, pois mostrou-lhe lucros falsos e o persuadiu a levar todo o ouro e a prata que estavam na loja para um pátio, dizendo-lhe que os derreteria e aumentaria em muitas vezes. Lá, ele enfiou-lhe uma espada na barriga e o matou, pegou todo o ouro e prata e fugiu. Isso aconteceu na véspera da retirada do pão fermentado [a véspera da Páscoa]. No dia seguinte, eles notaram o que acontecera e o encontraram e o enterraram. E três dias depois, o assassino foi preso com todo o ouro e prata, nada faltava e eles o esquartejaram[2].

Sobre seu próprio envolvimento com a alquimia, Leone relata resumidamente:

> No inverno de 5363 [1603, ele tinha 32 anos de idade na época] eu não tinha alunos e fui atrás de absurdos, o trabalho de alquimia, pois eu estava atraído pelo médico, o sábio Rabi Abraão di Cammeo da cidade de Roma, que na época era um homem jovem e estava aqui com seu pai e também investi nisso muito dinheiro.

1 Leone [da] Modena, *Sefer Haiei Iehudá* (A Vida de Judá, em ref. ao seu nome em hebraico, Arie Iehudá mi-Modena [N. da E.]), organizado por Abraham Kahana, Kiev: [s.n.], 1911.

2 Idem, p. 12.

Sabe-se que Abraão di Cammeo se tornaria rabi de Roma, quinze anos mais tarde, em 22 de abril de 1618[3].

A morte de Mordekhai Módena, em resultado de seu contínuo e incessante trabalho com a alquimia, foi um golpe terrível para o pai, que faz um relato detalhado dela:

> Aconteceu no décimo dia de Tischrei de 5375 [outono de 1614] que meu filho Mordekhai de abençoada memória viajou para o exterior, porque um homem impiedosamente mau nos oprimia e ele [Mordekhai] na época abandonou seus estudos com os estudantes da sociedade. E ele retornou no mês de Kislev [dezembro de 1614] e começou a se ocupar com o trabalho de alquimia com o padre José Grillo, um grande sábio, e se dedicou enormemente e se tornou bem versado nela, a ponto de todos os mestres dessa ciência, que se tornaram idosos e envelheceram nela, ficar maravilhados com o que um jovem como ele conhecia dela. Por fim, no mês de Iyar [primavera de 1615], ele montou por si próprio uma casa no *Ghetto Vecchio* [em Veneza] e fez todos os preparativos necessários para o trabalho e repetidamente realizava lá um procedimento que aprendera e experimentara na casa do padre, que consistia em fazer dez onças de prata refinada a partir de nove onças de chumbo e uma onça de prata. E eu vi e testei duas vezes quando ele fez isso, e eu próprio vendi a prata, seis libras e meia por onça, que ficou na copella [coletor], e eu sabia que era verdade, mesmo sendo uma questão de grande esforço e empenho, e eram necessários dois meses e meio cada vez. O final de tudo foi que [conseguimos] ganhar cerca de mil ducados num ano. Isso também não foi tudo, pois também eu passei a vida tentando compreender tais coisas e não teria me enganado, se o pecado não me levasse a isso. Durante a Festa de Sucot 5376 [outono de 1615], de repente uma grande quantidade de sangue correu de sua [Mordekhai] cabeça para a boca e, daí por diante, ele parou de executar esse trabalho, pois

3 Abraham Berliner, *Geschichte der juden in Rom*: *Geschichte der Juden in Ron von der ältesten Zeit Bis Zur Gegenwart (2050 Jahre)*, Frankfurt-am-Main: J. Kauffmann, 1893; reimpressão: Hildesheim/Zürich/New York: Georg Olms Verlag, 1987, v. 2, p. 54.

disseram que talvez os vapores e fumaças dos arsênicos e sais que entram nele danificassem sua cabeça. E ele ficou assim por mais dois anos, até sua morte, executando algumas tarefas fáceis.

Alguns parágrafos adiante, Leone descreve os sintomas da doença do filho e os medicamentos a ele administrados. Sua morte ocorreu devido a uma febre no nono dia de Ḥeschvan de 5378 (outubro de 1617), na idade de 26 anos. Nesse ponto, Leone menciona que estava escrevendo essas linhas três anos depois, isto é, em 1620.

Embora alguns detalhes no relato não estejam claros, o quadro que Leone descreve do envolvimento com a alquimia de seu filho Mordekhai, de seu tio Schemaʿya, do rabi e médico Abraão di Cammeo, e do padre José Grillo, assim como de seu próprio trabalho alquimístico, é inequivocamente o de uma sociedade na qual a alquimia era praticada, na qual as pessoas, inclusive o próprio Leone, acreditavam na realidade da transmutação alquímica dos metais comuns em metais preciosos e na qual os mestres cristãos da alquimia ensinavam a disciplina a jovens judeus. Uma característica interessante nesse quadro está na menção de leigos, isto é, não alquimistas, aceitando como real a chamada prata produzida pelos alquimistas com base num experimento precário, que permitia ao alquimista obter uma considerável fortuna num curto período de tempo.

Quanto à trágica morte de Mordekhai Módena em resultado dos "vapores e fumaças" produzidos em seus experimentos, episódios como esse parecem não ter sido incomuns na alquimia medieval. Isso pelo menos é o que podemos concluir da descrição da vida do alquimista formulada cinco séculos antes por Baḥia ibn Pakuda, que inclui a advertência de que "pode acontecer que o cheiro e a fumaça matem [o alquimista], devido ao trabalho constante e a quantidade de esforço que ele dedica a eles noite e dia"[4]. O fato de Mordekhai Módena morrer

4 Cf, supra, capítulo 2.

precisamente nessas circunstâncias mostra que, nesse aspecto, os riscos da alquimia não haviam diminuído desde os dias de Baḥia.

Delmedigo e seu Discípulo Zeraḥ

Um dos mais proeminentes estudiosos judeus do século XVII foi o polímata e autor enciclopédico Iossef Salomão Delmedigo (1591-1655). Como filho de Elias Delmedigo*, de Candia (Creta), do qual o famoso personagem do Renascimento, Pico della Mirandola, foi discípulo e patrono, Iossef recebeu uma educação judaica e clássica completa e, com a idade de quinze anos, foi admitido na Universidade de Pádua, onde estudou astronomia e matemática sob a orientação de Galileu. Ao mesmo tempo ele também estudava medicina, sendo influenciado por Leone Módena, rabi da adjacente Veneza, sobre cujo interesse pela alquimia ele ouvira falar pouco tempo antes.

Em 1613, com a idade de 22 anos, Delmedigo retornou a Creta e começou a praticar a medicina, mas pouco tempo depois partiu numa longa viagem, visitou o Egito e a Turquia e então se estabeleceu em Vilna, onde se tornou médico pessoal do príncipe Radziwill. Seus serviços eram muito procurados tanto por pacientes judeus quanto gentios, mas sua vida atarefada como médico não o impediu de produzir um número impressionante de obras importantes na aritmética, astronomia, geometria, geografia, química, mecânica, medicina, lógica, ética, metafísica, filosofia e na arte da Cabala. De sua produção colossal, apenas dois livros chegaram até nós, o *Sefer Elim* (Livro de Elim) e o *Taʿalumot Ḥokhmá* (Segredos da Sabedoria), ambos de interesse no presente contexto. Perto do final de sua vida, Delmedigo

* Conhecido também como Helias Cretensis (N. da E.).

mudou-se para Frankfurt e depois para Praga, onde morreu na idade de 64 anos.

Os antecedentes do *Sefer Elim* lançam luz sobre os contatos internacionais que Delmedigo manteve durante toda sua vida. Quando visitou o Egito e Constantinopla, Delmedigo fez amizade com líderes caraítas e, em 1620, seu discípulo Moisés Metz conheceu o estudioso caraíta Zeraḥ ben Nathan (nascimento: 1578), de Trakai, Lituânia. Estimulado pelos relatos entusiasmados sobre os conhecimentos de seu mestre, Zeraḥ começou, no mesmo ano, a escrever para Delmedigo cartas eruditas em hebraico, agrupando seus estudos sob os nomes das doze "fontes" e setenta "palmeiras", que, de acordo com o relato bíblico (*Ex* 15,27; *Nm* 33,9), os Filhos de Israel encontraram em Elim, uma das paradas durante sua passagem pelo deserto. As cartas de Zeraḥ abordam temas como a matemática, astronomia, a Cabala e o oculto, astrologia, alquimia, medicina, metafísica e teologia. Ele, evidentemente, era um homem culto com um vasto interesse, que buscava ampliar seu conhecimento em todas as ciências da época por intermédio de Delmedigo, que ele reconhecia como um mestre em todas elas.

Em 1623 Delmedigo respondeu essas cartas com enorme minúcia e, alguns anos mais tarde, incluiu o texto integral das cartas de Zeraḥ em seu *Sefer Elim*, que foi publicado em Amsterdã em 1629 por Manassé ben Israel[5]. Sob o título "A Oitava Fonte", Zeraḥ escreve sobre a alquimia da seguinte forma:

> A Oitava Fonte nas Obras de Hermes e seus medicamentos, bem como as regras dos segredos naturais. Foram impressos recentemente vários livros

5 A resposta de Delmedigo, intitulada *Igeret Aḥuz*, foi publicada por Abraham Geiger em *Melo Chofnajim* [*M'lo Ḥofnayim*], com notas e uma tradução para o alemão, Berlim, 1840. Uma outra edição do *Sefer Elim* foi publicada em Odessa (1864); cito a partir dessa edição. Nas páginas XXVII-LVI, Geiger traz uma biografia de Delmedigo. Curiosamente, em sua resposta, Delmedigo nunca menciona a alquimia.

nas línguas dos *goyin* [gentios] e neles estão coisas preciosas sobre todas as Obras, além de como escrever pergaminhos de segredos, como curar doenças estranhas, como cultivar a terra, bem como sobre os componentes úteis, sobre o funcionamento da alquimia e sobre a transmutação dos metais. E meu coração deseja saber se há algum uso para isso, em relação a seu grande custo e às dificuldades e perda de tempo em realizar uma coisa desejada. E eis que caiu em minhas mãos um livreto cheio de sabedoria, uma guirlanda de beleza, atribuído ao Rambam [Maimônides] de abençoada memória, que disse maravilhas nele, como ele costuma fazer em todas as ciências. Também os antigos gregos e árabes o tinham em alta conta, como Hermes e Geber e Ben Sina e Alberto e Tomaz e Baqon e milhares além deles. E nele estão todos os negócios das terras da China e do Japão e não há nação ou reino que sua fama não tenha alcançado e nem o mundo inteiro "corta juncos na campina"[6]. Pois se trata sem dúvida de uma ciência superior e meus ouvidos receberam apenas um pedacinho dela da boca dos mestres. Eles falam de sua honra [aqui é Zeraḥ escrevendo, dirigindo-se a Delmedigo], e os preparadores e comerciantes de especiarias falam das obras de suas mãos, pois você tem muitos segredos, todos experimentados e testados, a você são revelados todos os mistérios e a você os reis consultam e com você os príncipes procuram aconselhamento. E eis que esse meu desejo apenas recentemente despertou, pois nunca antes tive algo a ver com essas ciências e, em especial, com a alquimia. Ouvi apenas rumores sobre ela e a coloco como um selo sobre meu coração e agora ouvimos as notícias de seu discípulo [Moisés Metz] que você reina sobre todas as áreas dessa ciência e domina todas as suas propriedades e seus domínios. Ele também nos mostrou seus sinais, vários tipos de pedras de vidro coloridas, que você produziu, e ferro forte, que você fez de ferro fraco, e prata selecionada [que você fez] de tiras de *ṣinfario* [cinabre] e uma moeda metade prata e metade ouro e mercúrio, que você produziu a partir de vários metais, e óleo de *talqo* [talco ou mica], para deixar os rostos brilhando até uma idade madura, e

6 Trata-se de uma expressão do *Talmud*, que significa ignorante, ou sem instrução. Cf. *B. Schabat* 95a; *B. Sanhedrin* 33a.

um anel no qual há uma pedra que, se você mergulhar no vinho ou cerveja e der a bebida para um homem tomar, fará com que ele elimine [urine] sem dor, enquanto viver, assim como outras operações e obras sem preço. Ele encheu nossa barriga com manjares, você enriqueceu-nos com sua sabedoria, ele nos mostrou maravilhas, pois na verdade seus pensamentos são elevados acima dos pensamentos dos outros como a altura do céu e "um abismo chama para o abismo, à voz de Tuas cataratas" (Sl 42,8), "as águas ficam acima das montanhas" (Sl 104,6)[7].

Embora a carta esteja escrita num estilo efusivo e exagerado, a base fatual por trás dela deve ter sido que a fama de Delmedigo como alquimista praticante de êxito tinha alcançado Zeraḥ, além de que Moisés Metz não apenas lhe havia falado sobre as experiências de Delmedigo mas também lhe mostrara pedras artificiais e outros objetos produzidos por Delmedigo com sua alquimia. No entanto, sua carta revela mais sobre Zeraḥ e sua familiaridade com a bibliografia alquimística que sobre os conhecimentos alquímicos de Delmedigo.

Zeraḥ começa com uma referência à alquimia como "as Obras de Hermes", o que está de acordo com a tradição alquimística medieval e helenística, predominante em geral, de um Hermes mítico e criador da Grande Arte da Alquimia. O primeiro tratado alquímico mencionado por Zeraḥ é um "livreto" atribuído a Rambam, isto é, Maimônides; pode se referir ao tratado do Pseudo-Maimônides discutido acima, no capítulo 24. Em seguida, Zeraḥ menciona "Geber", que, naturalmente, é nada menos que Jābir ibn Ḥayyān, com quem estamos agora bastante familiarizados. "Ben Sina" é Ibn Sīnā (980-1037), conhecido no Ocidente como Avicena, um dos maiores estudiosos e cientistas da Idade Média árabe, e considerado pelos alquimistas como um grande guia. "Alberto" é Alberto Magno (*c*. 1206-1280), o filósofo e teólogo da escolástica alemã, uma outra grande luz da alquimia. "Tomaz" é Tomás de Aquino (1225-1274), outro

7 *Sefer Elim*, p. 24-25.

filósofo e teólogo católico, que se tornou uma grande autoridade para os alquimistas. "Baqon" é Roger Bacon (1214?-1292), o filósofo e cientista inglês, que também foi adotado pelos alquimistas como grande mestre da arte. Ao mencionar esses nomes ilustres, Zeraḥ está evocando as figuras mais prestigiadas da alquimia, mostrando que estava na verdade bem familiarizado com a bibliografia-padrão sobre o tema. Além disso, ao citar um ditado talmúdico que se refere aos ignorantes como aqueles que "cortam juncos na campina", Zeraḥ também mostra estar familiarizado com a bibliografia rabínica, algo que não era comum em meio aos caraítas. É interessante o relato que Zeraḥ fornece sobre os antecedentes que o levaram ao estudo da alquimia: no início, com dúvidas, ao ler o tratado de Maimônides, ele se convenceu de que a alquimia era uma grande ciência, com o quê ele começou a estudá-la, até se tornar um especialista.

Numa parte posterior do *Sefer Elim*, Delmedigo incluiu um texto escrito por seu discípulo Mosche Metz, que parece ser uma resposta à carta de Zeraḥ, acima:

> Você também me pediu para informá-lo sobre algumas coisas valiosas a respeito dos segredos naturais e das operações da alquimia que aprendi com meu mestre. E você me perguntou sobre a produção de mercúrio a partir de Schabtai [Saturno, chumbo] e lua [prata], sobre a transmutação de ferro em *stal* [alem.: *Stahl*, aço] e em cobre, *sinfario* [cinabre], em prata selecionada, como acrescentar cor ao ouro e peso a lua, sobre o congelamento de KTB [?; provavelmente, *kessef hay*, mercúrio], como separar metais que estão juntos, como podemos atrair um deles para o exterior, enquanto o outro deve permanecer no centro, como podemos colocar os metais preciosos, como ouro e prata, em recipientes, quando os derretemos até [a consistência do] óleo e [da] água, como podemos transportá-los a longa distância, de modo que os que olham não os notem, como amolecer o vidro como cera no fogo, bem como outras coisas sobre os medicamentos importantes que ajudam em doenças graves, como a cura de convulsões e da lassidão, da epilepsia, das doenças da pedra e semelhantes, da qual se orgulham os membros da seita de

> Hermes e sobre a qual você falou bastante, contando sobre seus méritos de acordo com o que você experimentou etc. Meu culto senhor, o domínio do segredo é uma coisa maravilhosa e é útil, mas não é conhecida pelo público, como se o senhor dissesse: converta água salgada em água doce e mantenha a pólvora, que mesmo quando o fogo a toca não queima, e preserve o vinho, de modo que ele não azede, e o sumo do limão, de modo que ele não se estrague, e faça um *borit* [saponária ou bórax] perfumado, que elimina os pelos como um barbeador quando usado para lavá-los com água, e remova manchas de todos os tipos de tecido e outras coisas sem fim, que são desconhecidas de todo o mundo, exceto para uns poucos, e são muito eficazes e, se fossem conhecidas das massas, seriam consideras como nada e quem ensinasse como fazê-las seria como aquele que ensina a cozinhar carne com cebolas, sobre o quê, Ben Roschd [Ibn Ruschd, Averróis] escreveu em seu compêndio... Vou contar a você desta vez sobre um escrito secreto escondido comigo, do Livro de Bosmat, que trata de disciplinas estranhas... [Assinado] Moisés Metz[8].

O Livro de Bosmat Bat Schlomo, acima mencionado, é uma obra enciclopédica de Delmedigo, não publicada[9]. Todo o teor dessa carta nos mostra que também Moisés Metz estava completamente à vontade no mundo da alquimia.

Simultaneamente ao *Sefer Elim*, parte do *Ta'alumot Ḥokhmá* de Delmedigo era publicada sob o título *Matzref laḤokhmá* (Cadinho da Sabedoria)[10]. Em seu capítulo 7, Delmedigo aclama a ciência experimental, sobretudo a alquimia, e deplora a discussão teórica abstrata. Ele escreve (48-49):

> Ouçam, Oh sábios artífices, o caminho que vocês seguem em sua pesquisa não é o caminho direto quanto aos modos de pesquisa. A [verdadeira] ciência

8 Idem, p. 73-74.

9 Cf. Isaac Barzilay, *Yoseph Shlomo Delmedigo* (Yashar of Candia), His Life, Works and Times. Leiden: E. J. Brill, , 1974, p. 49. Esse livro é importante pelo retrato que ele faz de Delmedigo.

10 *Matzref laḤokhmá*, Basileia, 1629; nova edição: Varsóvia, 1890; utilizei essa nova edição.

natural consiste em saber como criar uma criação ou uma formação, e não em desperdiçar tempo com discussões lógicas e filosóficas e em levantar mil perguntas sobre as asas das formigas se movendo ao acaso. Seus pensamentos são totalmente vazios, você vaga pelos começos da matéria e da forma e [reelabora] a tagarelice sem propósito acumulada por padres preguiçosos, cujos livros são amontoados de besteiras inúteis. Estando envolvidos nela durante todo o dia com seus discípulos, eles parecem capazes de responder toda e qualquer pergunta, mesmo que seja "terrível como um exército com bandeiras" [Ct. 6,4] [...]. Mas eu elogio os inventores de trabalhos tangíveis em benefício de muitos e as atividades dos que transmutam metais, os sábios entre os filósofos da alquimia, que mostram manifestamente a verdade de seu filosofar, assim como os [que trabalham] na navegação e na agricultura e nos mecanismos para extrair água e coisas semelhantes, que ajudam muitos nos tempos de paz e nos tempos de guerra, pois eles são realmente sábios consumados que inventaram maravilhas, e não os filósofos que escrevem palavras vazias [...]. Pois "ele que glorifique a glória nisso" [Jr 9,23] – que ele saiba como realizar uma coisa superior de grandes qualidades. Um homem assim pode enfrentar reis sozinho, e não aquele que faz grandes perguntas e escrutina palavras.

Em seguida, Delmedigo relata diversas histórias fantásticas, que ele conhece a partir de fontes judaicas talmúdicas e medievais, sobre sábios que teriam "criado" os animais e os seres humanos. Ele o faz, a fim de mostrar que, pela graça de Deus e com dedicação séria, o homem realmente pode fazer coisas maravilhosas. A apresentação dessas histórias por Delmedigo, logo após ele apresentar uma avaliação realista do valor das invenções tecnológicas na agricultura, no abastecimento de água e coisas semelhantes, nos dá uma notável percepção da mente dessa personagem do final do Renascimento: ele está plenamente consciente do valor da tecnologia para o desenvolvimento da condição humana, mas quando se trata de histórias transmitidas pelas autoridades judaicas de prestígio e acerca delas (ele cita o *Talmud*, o *Sefer*

Ietzirá, Saadia Gaon, Abraão ben David, Ibn Ezra e assim por diante), sua atitude é de suspensão da incredulidade sem hesitação, embora essas histórias contradigam tudo que ele conhece como estudante de medicina e das ciências naturais. Temos aqui o mesmo fenômeno que encontramos ao observar a personalidade de Ḥaim Vital, que viveu uma geração antes de Delmedigo: a combinação, numa única e mesma mente, de precisão, realismo, observação crítica e experimentação, de um lado, e uma fé inabalável na magia, em espíritos e demônios, em influências e poderes misteriosos, de outro.

Uma outra característica notável no caso de Delmedigo é sua atitude irônica com relação ao que ele chama de "tagarelice" dos "padres preguiçosos", os quais ele prudentemente não identifica, mas que ele caracteriza como perdendo seu tempo com discussões sobre "mil perguntas sobre as asas das formigas". Nós expressaríamos a mesma ideia dizendo que eles estavam discutindo quantos anjos podem dançar na cabeça de um alfinete. Quanto à visão sarcástica, Delmedigo elogia "as atividades dos que transmutam metais", nas quais ele vê uma manifestação específica da verdade da filosofia dos alquimistas, sobre a qual, lamentavelmente, ele não comenta mais nada. Em todo caso, a passagem citada nos mostra que, embora desdenhasse as discussões puramente teóricas de minúcias, Delmedigo de fato acreditava na possibilidade da transmutação. Manifestamente ele era um homem dotado de um vasto conhecimento, um polímata e cientista, mas, ao mesmo tempo, um filho de sua época.

33.

Quatro Manuscritos do Século XVII

O MS Orient. Oct. 514 de Berlim

Um dos mais importantes manuscritos hebraicos de alquimia preservados na Biblioteca Estatal de Berlim foi discutido no capítulo 8[1]. Ele consiste em noventa fólios de 10,16 cm. x 15,24 cm., escritos numa caligrafia sefardita nítida, provavelmente do século XVII. Pelas referências presentes no texto fica claro que o manuscrito é cópia de um outro mais antigo, na verdade, de um manuscrito tão antigo que partes dele não eram mais legíveis quando foi copiado. Assim, no fólio 62b, sob a inscrição "Esta é uma outra forma de limpar a pérola de *lazule* [it., ou esp., lápis-lazúli]", o copista inicia o texto da seguinte forma: "Não descobri a coisa explicada, pois o papel foi apagado e escrevi o que foi possível". E, na página seguinte (f. 63a), ele escreve novamente: "O que vou escrever aqui estava em parte apagado na cópia do papel, devido ao tempo, e escrevi o que encontrei". De fato, em várias páginas (por exemplo, f. 88a-90b), o copista deixou espaços vazios no meio das linhas, ou mesmo várias linhas em branco,

1 Uma fotocópia foi colocada a minha disposição pela biblioteca e pelo curador de seu Departamento Oriental, Hartmut-Ortwin Feistel. Moritz Steinschneider, em seu *Verzeichniss der Hebraeischen Handschriften (Die Handschriften-Verzeichnisse der Königlichen Bibliothek zu Berlin)*, Berlim, 1897, v. 2, p. 119-121, oferece uma curta descrição desse manuscrito, embora sua leitura do texto em hebraico seja ocasionalmente equivocada.

evidentemente porque não conseguiu decifrar a escrita no original. Além disso, está faltando o início do manuscrito e a cópia que chegou até nós se inicia no fólio 45a (numerado em hebraico), tendo sido renumerada depois por um usuário, a partir do número 1 em algarismos arábicos. A discussão a seguir utiliza a numeração mais recente.

O manuscrito é uma antologia alquimística, semelhante em finalidade e método ao manuscrito Gaster, maior e da mesma época, encontrado na Biblioteca Britânica (cf. adiante). Num ponto durante a história do manuscrito, um dos copistas (não necessariamente o último) acrescentou diversas notas suplementares, de sua própria autoria, explicando o que ele acreditava ser a intenção do autor, ou oferecendo alternativas às instruções dele, ou ainda, corrigindo-o. Assim o manuscrito em sua forma final é o produto de pelo menos dois alquimistas escrevendo em hebraico: o autor original e o revisor-copista. As adições são sempre introduzidas com a abreviação *n"l* em hebraico, representando as palavras *nir'eh li*, isto é, "parece-me", e estão ou escritas no próprio texto ou colocadas na margem.

O autor cita um grande número de autoridades, algumas conhecidas, outras desconhecidas, algumas numa mesma sentença, outras separadas por uma longa distância. Uma lista dessas referências nos dá uma ideia da familiaridade do autor com a história da alquimia e da grande variedade de temas alquímicos abrangidos em seu livro.

Na primeira página do manuscrito (f. 1a), ele escreve: "E fiquei sabendo pelo MNSH [Menasseh?] que é necessária a luz de uma vela [...]". O manuscrito não traz nenhuma indicação da identidade desse MNSH. Também no fólio 1a, ele escreve: "Nos Setenta Livros está escrito que o boraṣe [bórax] com o ferro é um segredo". *Os Setenta Livros* são um dos famosos tratados de alquimia atribuídos a Jābir ibn Ḥayyān. Na mesma página, nosso autor escreve: "No Livro dos Venenos está escrito que o ferro calcinado e também o cobre calcinado são venenos mortais". Sabe-se que um *Livro dos Venenos* escrito por Jābir foi publicado numa tradução alemã[2].

2 Cf. Alfred Siggel, *Das Buch der Gifte des Ǧābir ibn Ḥayyān*, Wiesbaden: [s.n.], 1958.

No fólio 1b: está escrito no primeiro item: "Mamysqrt. Vidro e enxofre congelado e *zarnikh* [arsênico] e *kokhav* [heb., o planeta Mercúrio, mercúrio] [...]". Seria por demais arriscado tentar adivinhar a identidade do alquimista mencionado.

Fólio 2b: "Byrrdo [Berardo?] me disse: cuidado quanto ao sal, prepare-o de modo que ele derreta como cera, pois você não conseguirá sem isso".

Fólio 3b: "Os filósofos disseram [...]".

Fólio 11a: "No *Livro das Correções de Yeber* [Jābir] está escrito: triture bem o enxofre branqueado com a mesma quantidade de *nischdera* [ár. *nuschādir*, sal de amoníaco]".

Fólio 11b: "Uma ação real experimentada por GSPNP [...]"[3].

Fólio 13a: "Lembre-se e não deixe afastar de seus olhos aquilo que é dito no *Livro QUPYRYTTE* [?] e no *Livro de K"Ḥ* da dissolução dos espíritos [...]". As letras *K"Ḥ* podem representar tanto o número 28 quanto *Kessef Ḥay*, mercúrio. Mais adiante, em 13a, está escrito: "Miriam [Maria, a Judia] disse: 'Torne o cobre branco e queime os livros'. Parece-me que é porque depois vai ficar amarelo [...]". Não tenho conhecimento de que Maria, a Judia, tenha dito isso, mas o estilo é sem dúvida o dela. A observação "parece-me" é um acréscimo do copista.

Fólio 13b: "Disse Yeber [Jābir] em seu livro, o *Livro da Lua*, que é o Livro trinta e oito dos setenta [...]. Disse RYSKR [?] [...]. "A ação de MAWRYLO [Aurélio?] que calcinou o cobre [...]".

Fólio 14a: "No *Livro da Ajuda*, que é o vinte e sete dos setenta, é dito [...]".

Fólio 16a: "No livro do *Tratado do Cobre*, que é o sessenta e oito dos setenta, é dito [...]".

Fólio 16b: "No Livro trinta e oito dos setenta, que é semelhante à Porta de Moisés [?] [...]".

3 Steinschneider enganou-se, ao ler a palavra como GSPWS, e supôs que significava Josephus (?).

Fólio 17a: "Sobre o sal composto que é chamado *sapon* [heb., sabão?] dos sábios, ver o *Livro de Arqilus* [...]". Na margem, foram acrescentadas as palavras "Rei Salomão".

Fólios 19b-36a: contêm uma visão em hebraico do famoso *Livro de Alumes e Sais*, que discutimos no capítulo 8.

Fólio 36a: traz um novo título no meio: "Flores das Explicações dos Homens Sábios, que eu selei [no sentido de copiei?] a partir desses livros com a ajuda de Deus". No mesmo fólio aparece uma citação: "Disse Hermos", isto é, Hermes.

Fólio 36b: cita "outras pessoas [...]".

Fólio 42a: novamente cita Yeber ben Ḥayyan, isto é, Jābir ibn Ḥayyān.

Fólio 46b: traz um título, "proveniente de um livro em latim", e cita Aristóteles.

Fólio 47a: "da boca do MSH [Messer?] Rinaldo de Villa Nova: para fazer sol [ouro] e sua água e, na língua dos *goyin* [gentios], *ana* [lido *aqua*] *solis* [lat., água do sol]". Arnaldo (Arnaldus) de Vilanova (1245-1313) foi um dos mais famosos alquimistas medievais.

Fólios 48a-b: contêm citações extraídas do *Livro de Elim*[4].

Fólio 52a: é identificado na margem como sendo "Proveniente do Hindī [língua falada na Índia] do Rabi Iehudá" e contém a descrição da operação realizada pelos "Hindī" e instruções fornecidas pelos mesmos "Hindī", todas fazendo parte da produção do que é denominado "ouro veneziano".

Fólios 52b-54a: "Proveniente de Ḥajjī Aḥmed [...]. Proveniente do Schaykh Nūr al-Dīn [...]. Proveniente do sultão BAZYT [Bayazit?] [...]. Proveniente de um Schaykh árabe [...]".

Fólio 85b: prescreve o uso do *ḥammam Miryam* [ár., *ḥammām M.*], isto é, o banho de Maria, o conhecido banho-maria, cuja invenção, como vimos no capítulo 5, foi atribuída a Maria, a Judia.

4 Steinschneider, *Verzeichniss*, p. 121, diz não poder explicar o título; evidentemente ele não tinha conhecimento do *Sefer Elim* de Delmedigo (cf. capítulo 32, supra).

O hebraico do manuscrito é típico da língua usada pela maioria dos alquimistas do Renascimento que escreviam em hebraico. Muitos deles cometiam erros na observação das regras da gramática hebraica, que exige que os adjetivos, pronomes e verbos concordem em número e gênero com o substantivo ao qual se referem. Em vez dessa concordância, eles (e nosso manuscrito entre eles) muitas vezes empregam um verbo, pronome ou adjetivo masculino com um substantivo feminino, ou um verbo, pronome ou adjetivo no singular com um substantivo no plural. Por exemplo, no parágrafo que cito abaixo, o texto hebraico usa a expressão *n'ḥoschet adom* [cobre vermelho], quando a gramática-padrão requer *n'ḥoschet adumá*, e emprega *haz'khukhit yehafekh* [o vidro se tornará], quando a forma correta seria *haz'khukhit tehafekh*. E, como vimos muitas vezes antes, as limitações no vocabulário técnico hebraico levam esses autores a simplesmente transliterar em caracteres hebraicos os termos estrangeiros com que estão familiarizados. No exemplo que se segue, extraído do fólio 85b de nosso manuscrito, as palavras que deixamos em itálico são todas árabes.

> *Usrub aḥmar* [chumbo vermelho]. Coloque no fundo do cadinho cinco *dirhams* [dracmas] de vidro *masḥūq* [moído] e, sobre ele, cinco *dirhams* de *rasukhṭ masḥūq* [antimônio triturado] e, sobre ele, uma *ṣaḥīfa* [folha] de chumbo – 4 *dirhams* – e, sobre ele, cinco *dirhams* de *rasukhṭ* e, sobre ele, cinco *dirhams* de vidro e vede a boca do cadinho e seque e ponha fogo nele com um fole e o *zuhal* [Saturno, chumbo] deve derreter como cobre vermelho. Isso é *usrub aḥmar* e o vidro vai ficar como *marjān* [pérola].

Evidentemente essa receita alquimística só era útil para o alquimista judeu que conhecesse tanto o hebraico quanto o árabe. Numa interessante passagem (f. 39b), nosso autor explica como ele fazia para traduzir os termos árabes e italianos para o hebraico:

> Parece-me [necessário] incluir para você a seguinte regra: em todos os livros que traduzi, em todos os lugares que você encontrar a expressão *taas'ūd* [ár., *taṣ'ūd* ou *taṣ'īd*, destilação], então é com *solimare* [it., sublimar] seco. E assim *ha'ala'á* [heb., sublimação] é também *solimare*. Mas se você encontrar *tas'ud* ou *ha'ala'á* no úmido, então ele quer dizer *destilare* [it., destilar] no fogo, sem os meios das cinzas e da água. E, onde [você encontrar] a expressão *diluf* [heb., escorrer], é *destilare*, isto é, como se faz água de rosas.

O estilo hebraico não é muito regular, mas o significado é claro. Com referência a isso, é preciso dizer que aproximadamente até a metade do manuscrito o autor utiliza sobretudo fontes europeias (italianas e espanholas) e, consequentemente, a maioria das palavras estrangeiras que ele usa são italianas ou espanholas; muitas vezes é difícil estabelecer qual das duas era a língua original reproduzida. Da metade do manuscrito em diante, o autor se apoia sobretudo em fontes árabes e, consequentemente, quase todas as palavras estrangeiras que ele emprega são árabes.

Agora alguns exemplos extraídos do manuscrito. Primeiro uma curta receita:

> (f. 4a) Argila filosofal. Muito importante. Tome as cinzas e peneire num tecido. E pegue sal e dissolva-o na água e misture com as cinzas e seque a mistura ao sol. Repita o procedimento duas vezes. Então triture a mistura num recipiente e, quando quiser retirá-la, molhe um pedaço de tecido e umedeça a argila no recipiente e lave e, quando precisar dela para vedação, amasse com a água do sal.

O passo seguinte é interessante, devido à limitação que ele impõe a sua divulgação; é acompanhado de uma nota à margem: "Encontrei isso num livro".

> (f. 12b) Esta operação é denominada Messias dos Justos e é proibido passá-la aos ignorantes. Tome enxofre verde e mercúrio e misture-os e

triture bem e ferva-os junto com água de rosas à noite, num recipiente de vidro, e o fogo deve ser brando e o recipiente deve estar com a boca vedada e, de manhã, leve a mistura para fora e triture e misture com vinagre forte e, então, coloque de volta no recipiente. Repita a operação seis vezes, até que o mercúrio desapareça. Pegue esses pós e triture bem e destile numa destilação e, de doze onças, vão restar três. Então tome uma parte de *sal armoniaqe* [sal amoníaco] e uma parte de óxido de ferro e *ʿubr* [ár., águia, sal amoníaco] e uma parte de óleo de linhaça e triture tudo e misture com o que você obteve na destilação e triture e misture bem e coloque esses pós num novo frasco de vidro e coloque num buraco cheio de esterco e cubra bem durante sete dias e, no final dos sete dias, você encontrará no frasco algo que se parece com um pedaço de metal e faça um pó e pegue o metal, seja ele qual for, e aqueça e coloque [parte] desse pó em cima e o [palavra ilegível] e, então, retire do chumbo uma parte e divida e coloque seu pó sobre duas partes de mercúrio e, quando vir a fumaça do mercúrio subir, coloque sobre ele [parte] desse pó e tome desse mercúrio misturado uma parte e uma parte de ouro e misture-os juntos e a mistura ficará com uma cor dourada que será boa para todos os testes e experimente. E aquele que entender disso estará certo e viverá até o fim dos dias.

A única pergunta com relação a essa receita alquímica trivial é por que ela recebe um nome extravagante como "Messias dos Justos".

(f. 13b) Disse RYSKR: combine o espírito com a alma e dissolva o corpo forte – parece-me: *qroqo di ferro* [it., *croco di ferro*, óxido de ferro], ou qualquer um dos corpos – e misture com eles e ele o limitará e o conquistará. Ou coloque a alma no corpo e então coloque o espírito. Ou dissolva ambos e os misture e os congele.

Óleo de enxofre, purificado, transmuta cobre calcinado em ouro.

Aconteceu a Maurilo [ou: Aurilo] que ele calcinou *nogá* [heb., Vênus, cobre] na mesma quantidade de enxofre vivo amarelo – parece-me que arsênico é melhor – e lavou-o em água e sal e *alume* e ficou branco. Ouvi dizer que, se você mistura com *sal niṭri* [nitrato de sódio], isto é, com o *nogá*, isso o tornará branco.

(F. 15A) EM NOME DE DEUS SERÁ. AMÉM.

Graças a Ele que se adorna com conhecimento, Que é o primeiro e o último etc. A ação da *kīmīyah* [alquimia] sobre a qual os filósofos disseram: aquele que observa meus mandamentos alcançará o que deseja. E se fizer o contrário, ele estará errando. E que ele comece quando o sol está em Áries em seu pico, infalivelmente. E, da mesma forma, ele diz: se você fizer isso, será necessário que a lua esteja em Touro. Tome a erva chamada de *moltobona rizinate*[?], sem mais nada. E a dilua em *viminie*[?] e lave bem e coloque num recipiente sem água. E coloque essa *ququrbita* [it., *cucurbita*, cabaça, recipiente em forma de cuia] num outro recipiente, no qual deve haver água com cinzas e misture com fogo brando e faça isso até que o óleo que se desprende esteja vermelho. Então faça um fogo forte embaixo. E a água que você encontrar no recipiente e que saiu da pedra, reserve num frasco de vidro. E faça assim com o óleo e preserve num outro lugar em *al-roṭībah* [ár., *ruṭubah*, umidade]. E nisso coloque fogo. E quando toda a água e o óleo se desprenderem e o sedimento ficar no recipiente seco e preto, guarde-os separadamente. Então tome a água e filtre até três vezes. E coloque esse recipiente num outro, no qual deve haver cinzas sem água. Então revolva e triture bem com sua água num *ṭablah* [ár., cadinho] de vidro. E guarde num recipiente de vidro coberto. E coloque sobre ele uma quantidade suficiente dessa água, de modo que ela o cubra [numa altura de] dois dedos. E vede bem a tampa. E enterre em esterco macio e quente. E a tampa deve ficar acima dele e deixe-o descansar catorze dias. E, a cada quatro dias, troque o esterco e, no décimo quinto dia, retire-o e filtre a água e guarde. E coloque a pedra numa *anpulah* [it., ampulla] de vidro, sob o sol. E sele sua boca e seque. E então triture com água. E coloque num recipiente vitrificado coberto com argila de todos os lados. Mas sua boca deve ficar destampada. E coloque em fogo brando durante seis horas. Novamente, triture bem e mergulhe na água acima mencionada, até que fique mole. Então coloque num recipiente de vidro e asse ao fogo, durante doze dias, e então vai ficar branco. E então tome o óleo e acrescente três partes de urina de um menino de doze anos e misture bem e deixe em repouso no recipiente e deixe descansar e vai ficar vermelho. E guarde o vermelho e jogue o resto. Então coloque no recipiente e coloque mais uma vez em esterco bem quente e vai ficar branco. E o que está no recipiente vai ficar vermelho. E guarde com cuidado num recipiente de vidro bem tampado. E essa é a raiz sobre à qual os filósofos recorriam e na qual eles confiavam. O vermelho é um medicamento para o sol [ouro] e o branco, para a lua [prata]. Coloque uma parte dessa mistura em mil e novecentas de Mercúrio. E se quiser deixar mais pura, coloque em mil e trezentas. E, se não tiver Mercúrio, coloque em Marte [ferro], uma onça em novecentas (f. 16a), e eu acredito que é o mesmo para o Sol e a Lua. E o artista Yeber [Jabir] ben Ḥayyan disse que pegou da coisa mencionada o peso de um *garah* [quilate?] e colocou em *qristalo* [cristal] de quatro dinares e derreteu e disso saiu um magnífico *yāqūt* [rubi ou safira].

(f. 49a) [Na margem: Do Ḥajji Muṣṭafa.] Tome dez *dra* [dracmas] de *ṭuṭia* [ár., tútia, óxido de zinco], dez *dracmas de zībak* [ár., mercúrio] e coloque a tútia para derreter e coloque no *ʿabd* [ár., escravo, mercúrio] e faça um *malgama* [ár., amálgama] e coloque em cinco *dracmas* de *zīrnīkh* [ár., *zarnīkh*, arsênico, realgar, auripigmento] sublimado e cinco *dracmas* de *sījān* [?] purificado branco e trinta *dracmas* de boa *burada ḥadīd* [ár., limalha de ferro], e trinta *dracmas* de folhas de cobre como *fārah* [?] e amasse com clara de ovo e coloque-os em dois recipientes de cobre e vede-os bem e coloque-os em esterco e faça sobre isso um fogo como o usado para se manter o *zīnjīfra* [cinabre] e remova do *dims* [recipiente] e coloque num cadinho e derreta-os em óleo de sésamo. Se resultar *taqlīs* [ár., *taklīs*, calcinação], coloque neles a mesma quantidade de cobre e misture com o que quiser.

(f. 50b) É assim que se extrai óleo das gemas de ovo. Tome as gemas, depois de cozidas, e as coloque num frasco, tudo bem vedado, e sele sua boca com [falta palavra] e coloque numa tigela de barro com um buraco no fundo, para o gargalo do frasco passar, e coloque (f. 51a) a tigela sobre um *istrivade* [?] e coloque o receptor sob ele e coloque o frasco com a boca para baixo, de modo que entre pelo buraco da tigela, e vede o buraco da tigela em torno do gargalo do frasco e, quando estiver seco, coloque-o na tigela com as cinzas chegando a quatro dedos e, sobre as cinzas, acenda fogo em torno do frasco numa distância de um ou dois dedos, pouco a pouco, e, com o calor do fogo, o óleo vai descer de onde está para o receptor e aqui está seu esboço [ver Figura 33.1, infra, parte superior]. E isso se chama *istanzal* [ár., receptor]. E há uma coisa que precisa de fogo mais forte, e eles fazem [para isso] o *istanzal* numa tigela e num frasco ainda mais vedado e eles colocam uma outra tigela como tampa, em cima da tigela, e o frasco fica inteiro sobre as cinzas e eles fazem o fogo em cima da tigela que é a tampa e, com seu calor, tudo que tem de descer descerá para o receptor. E aqui está seu esboço [Figura 33.1, parte inferior].

(f. 51b) Óleo de *scorpio* [enxofre]. Tome sete frascos pequenos que possam resistir ao fogo e encha-os com *scorpio* moído e vede-os bem e deixe a argila secar e acrescente mais argila e deixe secar e acrescente mais argila, de modo a ficar vedado três vezes, para que fique espesso, e seque bem e faça uma cavidade comprida, na qual haja espaço para os sete frascos, e os frascos devem ficar a uma distância de cerca de uma medida um do outro e tome areia e cubra-os levemente e coloque sob eles areia em quatro dedos [de profundidade] e, sobre essa areia, coloque os frascos, na distância mencionada, e preencha todo o buraco com a areia mencionada, até encher, e deve ficar quatro dedos acima dos frascos e a cavidade deve ficar bem cheia e acenda fogo em cima com esterco de gado, até que se torne cinzas, e quando esfriar pressione bem as cinzas com as duas mãos e, então, faça uma grande fogueira de madeira sobre as cinzas, durante cerca de quatro horas, e quando esfriar abra a areia. Se encontrar um frasco inteiro, deve ser suficiente para você.

(f. 52a) [À margem: Do Hindī do Rabi Iehudá.] Óleo de enxofre. Tome quatro dracmas de *ʿuqāb* [ár., águia, sal amoníaco] e triture e coloque num

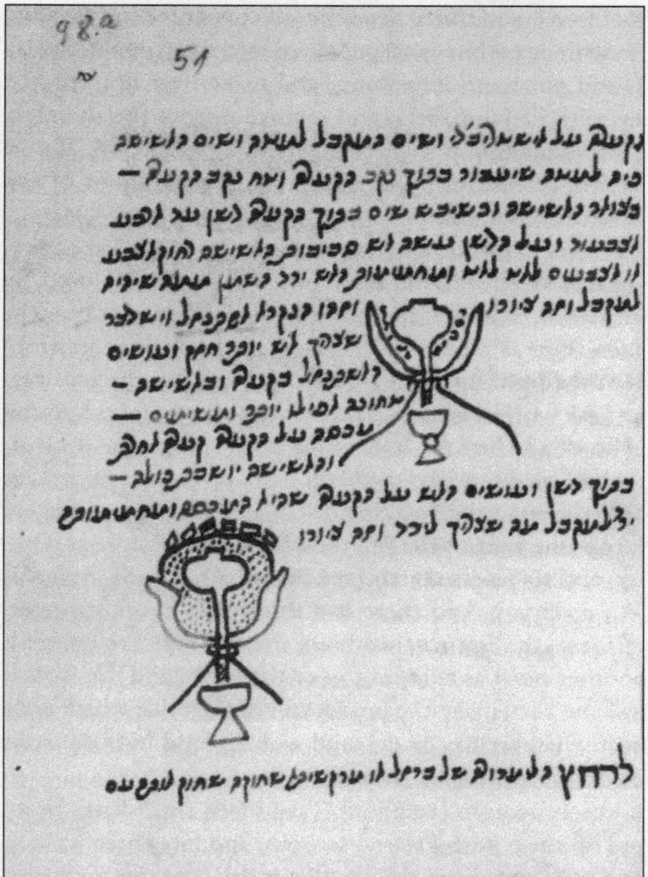

Figura 33.1.
Dois desenhos de *istanzals* (receptores), isto é, destiladores.

frasco separado e sublime e tome do que foi sublimado três dracmas e triture e triture quatro dracmas de enxofre verde e triture uma dracma e *saf* [ár., *sāf*, pedregulhos] e triture uma dracma de *nischisti* [?] e triture vinte e cinco dracmas de cal viva e misture todas as substâncias moídas e as coloque numa *storta* [it., retorta], que é um frasco torto, e coloque a retorta em cinzas peneiradas, num recipiente de barro que foi bem vedado, no forno e coloque sobre brasas e deixe descansar, até que fumaça branca suba de sua boca e você veja que vermelho sai de sua boca para o receptor, e então gotas com aparência de óleo e fumaça verde. Quando houver no receptor cerca de vinte ou quinze dracmas, remova-o do fogo e reserve o óleo. E então o hindu pegou cerca de vinte dracmas de *nogá* [heb., Vênus, cobre] e fez com elas uma folha fina e derreteu-a e fez com ela uma folha fina, até três vezes, e ele derreteu e jogou em cima, enquanto estava no cadinho, três gotas do óleo e jogou numa *verga* [?] e colocou a *verga* junto ao fogo e ficou inteiramente sol [ouro]. E o hindu também disse que esse sol não é íntegro, pois dura [apenas] até vinte anos e então retorna a sua raiz. E então ele pegou um quarto [uma moeda] de ouro, e o deixou fino, como fazem os ourives, e colocou no cadinho e, quando estava quase derretendo, ele jogou três gotas do óleo mencionado e tudo ficou (f. 52b) como cinzas e ele guardou. Então ele pegou vinte dracmas de *zuharah* [ár., Vênus, cobre] e derreteu uma vez sozinho e pegou um pouco das cinzas mencionadas e jogou no que a cabeça do *ilal* [?] podia aguentar e jogou numa *verga* e surgiu ouro veneziano e ele ornamentou com ele um anel de *ariento* [?].

(f. 63a) Tome três feijões vermelhos do tipo chamado feijão branco, dos quais existem com todos os tipos de olhos, tanto grandes quanto brilhantes, e os coloque num frasco e encha o frasco com sangue de burro e vede bem a boca do frasco e deixe descansar e irá produzir tipos de vermes e um vai comer o outro e, no final, vai restar um verme grande e, quando ele crescer, coloque-o num outro frasco e tome cuidado para que ele não morda você, pois é uma espécie de víbora, e dê sangue de burro para ele comer e, quando vir que ele ficou grande, deixe-o sem comer por dois dias, não

dê sangue a ele, de modo que sua força diminua, e pegue uma tesoura afiada e corte sua cabeça e recolha seu sangue e seque e reserve e coloque uma gota com qualquer metal que você queira e vai ficar sol [ouro].
(f. 69b) Argila filosofal. [Tome] vidro, se puder, o ferro conhecido, em quantidades iguais, triture-os bem e amasse com o sangue de um cordeiro e se tornará uma boa argila. Não há nada melhor que isso.
(f. 70a) Quando quiser operar com espíritos e almas, como o *zarnīkh* [arsênico] ou o *scorpio* [enxofre], você deverá diluí-lo da seguinte forma: cozinhe em fogo brando com óleo de sésamo, mas primeiro é preciso pulverizá-lo com sal de *qalia* [barrilheira] e, ao cozinhar, quando o óleo se tornar negro, removê-lo e lavar o que é cozido com água de *qalia* e cozinhar com óleo novo. Faça isso até que fique branco.
Saiba que, se cozinhar os espíritos ou as almas com óleo para purificá-los, caso tenha de purificá-los do óleo, não há outra forma a não ser cozinhá-los com água de limão e nada mais.

Este último exemplo do manuscrito mostra que o autor estava bastante consciente da natureza perigosa de alguns dos experimentos por ele descritos:

(f. 79b) Para fazer *mā zarīn*. Triture *bārūd* [ár., salitre] – dois, *'uqāb* sal amoníaco –, um, e coloque-os numa tigela e faça um buraco no fundo do forno e, nesse buraco, faça brasas e ajuste o *īnbīq* [ár., alambique] e não vede o receptor e, quando vir surgir algo semelhante a uma névoa branca, coloque rapidamente uma tampa de ferro sobre o buraco e coloque sobre o *anbīq* [alambique] a ponta de uma folha e você deve ficar à distância e verá que o receptor fica cheio com uma névoa branca como algodão. E, quando não houver ninguém vendo o alambique, fortaleça a vedação do alambique e sele o alambique com o receptor e, então, remova a tampa de ferro que está sobre a brasa e, de tempos em tempos, intensifique o fogo, até que surjam chamas, e você verá que a névoa que está no receptor vai se encolher no fundo do receptor e vai descer como óleo no receptor. E, quando cessar, retire e reserve. E, se você colocar sol [ouro] nele, vai se tornar água e vai passar para o receptor. E, quando tiver destilado três vezes, o ouro no fundo vai permanecer pó.

MS Orient. Qu. 543 de Berlim

As três páginas de um outro manuscrito hebraico que se encontra na Biblioteca Estatal de Berlim[5], escritas por um alquimista anônimo, apresentam um sumário da filosofia dos alquimistas, a afirmação dos alquimistas judeus de que eram os únicos herdeiros verdadeiros do conhecimento alquímico antigo e secreto, a concepção alquimística da natureza e das propriedades dos quatro elementos e a meta mais sublime de todo o esforço alquímico: a produção do elixir da vida. Está escrito num belo estilo maschaíta ievânico*, provavelmente do século XVII, sendo que seu autor tinha bom domínio do hebraico.

> Ouçam, meus filhos, prestem atenção. Vou revelar a vocês os segredos da ciência oculta pelos filósofos e vou revelar segredos, violando as ordens de meu mestre, pois considerei errado reter o que é bom dos que devem possuí-lo, para que essa ciência não se perca, mas pertença a todo aquele cujo coração o leve a se aproximar dela, ao homem que eleva a luz da ciência acima de sua cabeça e a protege e a envolve. Ele a descobrirá e a tomará em seu coração e poderá traduzir essas coisas ocultas da teoria para a prática, irá retirar água do poço profundo e, depois de alcançar os pináculos da ciência, descobrirá o que deseja e irá se orgulhar disso e irá

5 Uma fotocópia foi colocada a minha disposição pelo Instituto de Manuscritos Hebraicos Microfilmados da Universidade Hebraica de Jerusalém, com a gentil permissão da Biblioteca Estatal de Berlim.

* Ievânico, dialeto também conhecido como judeo-grego. Maschaita (ou iemenita) é um estilo de desenho das letras hebraicas mais cuidadoso e ornamentado (N. da E.).

mostrar aos tolos e ignorantes, que não viram a luz, as coisas que se deve revelar somente a um único adepto, [caso contrário] seria melhor ele ser um aborto e jamais ver a luz do dia, pois esse segredo é tão grande que os antigos deixaram de buscá-lo e jamais conseguiram alcançá-lo, pois os primeiros o esconderam profundamente e escreveram suas palavras em alusões e, depois deles, nenhum homem possuiu espírito suficiente para alcançá-lo, devido a sua profundidade. E essa ciência é um dom de Deus e nenhum homem pode alcançá-la, a não ser que tenha o espírito elevado e o coração puro, que Deus, abençoado seja, encheu de sabedoria e compreensão para conhecer todas as obras.

E essa ciência, nenhum homem pode negar, porque ela é verdadeira, pois os falsos estudiosos não a estudaram bem o suficiente e não aprenderam seu significado verdadeiro, de modo que suas palavras não têm valor, pois eles não compreenderam as palavras do grande estudioso Aristóteles. Mas nós, os jovens do grupo, seguimos os passos dos grandes sábios e nos esforçamos até captar o sentido do grande filósofo e até que nenhuma dúvida restasse em nós. E nessa ciência encontramos coisas cujas maravilhas das maravilhas os olhos não se cansarão de ver e os ouvidos, de ouvir. Abençoado aquele que conhece a coisa cujo valor nenhum homem conhece e feliz é o nascido-de-mulher que alcançou isso.

E agora, meu filho, vou abrir a você as portas da sabedoria, vou revelar um pouco e ocultar duas vezes mais e você irá compreender sua profundidade, numa hora abençoada, e irá retirar água com alegria e irá extrair os elementos da forma como sabe fazer e colocar cada elemento separadamente e protegê-lo do ar.

Até esse ponto as palavras de nosso autor não trazem dificuldades. O que se segue é mais problemático, pois se, de um lado, ele fala ostensivamente dos quatro elementos, o que de fato é discutido são os quatro medicamentos semimiraculosos que ele denomina água, óleo (que ele equipara ao ar), fogo e terra. Além disso, após despertar a curiosidade, afirmando ser herdeiro de uma grande sabedoria antiga e secreta que ele divulgará ao filho ao qual se dirige, ele não cumpre a promessa e tudo que faz é afirmar que existem esses elixires miraculosos e descrever, com considerável detalhe, seu uso médico, sem no entanto dizer praticamente nada sobre seu modo de preparo, exceto no caso do último, preparado com terra (pó):

> A água é útil para todas as doenças, tanto as frias quanto as quentes, porque está oculta em sua natureza, e é muito útil, para quem sofre de dor aguda no peito, e remove o veneno do coração e umedece os nervos e os fortalece e os revigora. Todas as doenças que afetam os pulmões, como umidade espessa [fleugma] que adere a eles e a fraqueza e os danos, ela os limpa e cura. Ela também limpa o sangue exaurido e sua umidade pútrida e, após a purificação natural, ela o protege, impedindo o enfraquecimento dos vasos respiratórios. E a pessoa que sofreu de uma doença por longo tempo e sua natureza cedeu, se ela conseguir beber água três ou quatro vezes, você verá seu efeito, e há esperança.
>
> O óleo é o ar e ajuda os lactantes e lhes dá saúde e beleza e os afasta de doenças, todos os dias de sua vida, e retarda o envelhecimento. E quem o toma deve ingerir uma quantidade pequena na sopa. E a razão é que ele preserva o sangue em sua saúde e também os humores brancos, de modo que não se tornem dominantes no sangue, e atenua os humores negros, de modo que não dominem a natureza [do corpo]. E preserva os humores vermelhos, de modo que não queimem nem produzam sedimentos. E aumenta o sangue e o sêmen e, devido a isso, os que estão acostumados a tomar a água e o óleo devem passar por sangria ocasionalmente e limpar o corpo, de acordo com o aconselhamento dos especialistas em medicina. E esse óleo abre as obstruções dos nervos e tendões e, quando um membro degenera, ele o cura e restabelece sua natureza. E isso foi experimentado. Se uma pessoa, enquanto cresce até a idade de vinte anos, perde a visão de um dos olhos, ou de ambos, ela deve colocar uma gota desse óleo diariamente no olho e deixá-lo impedido de todo trabalho e deixá-lo descansar por um mês. Além disso, se

um membro parecer enfraquecido devido ao excesso de esforço, isso irá curá-lo pela força de seu efeito.

O fogo é excelente para produzir grandes efeitos, pois ajuda em todas as espécies de [...] doenças, como o óleo e ainda mais. Seu efeito é tornar jovem o velho, porque limpa sua natureza e alegra seu humor e o leva de volta a seus dias de juventude. Mas não imagine que pode ressuscitar os mortos, pois essa chave não foi colocada nas mãos de nenhum homem, somente o Criador de Tudo tem o poder. Mas, para aquele que se encontra numa cama, sofrendo, e está perto da morte, dê-lhe uma gota para beber: ela vai penetrar nas cavidades do coração, vai alegrar seu humor e retornar-lhe a saúde e vai expelir rapidamente o veneno do coração e eliminar e remover todos os humores ruins e reviver a natureza e retorná-la a seu estado próprio. E se homens velhos se acostumarem a tomar esse óleo, na hora certa, e beber um gole da água acima mencionada, isso vai eliminar todas as doenças da velhice, como arroto e bocejo e digestão fraca e urina solta e fratura de [palavra ilegível], às vezes eles ficam constipados e às vezes sofrem de intestino solto e eczema e halitose [...]. E é por isso que se chama *elixir vitae*, pois da mesma forma que o fermento é bom para a massa, esse elixir é bom para o corpo, pois o torna saudável e restabelece a natureza numa base saudável.

E a terra também tem qualidades magníficas, se você a preparar e transformar em cal e a dissolver em água fervida e a destilar num *pito* [?] e, então, a congelar, ela ficará como sal e é assim que você deve prepará-la: sublime-a no alambique e o que permanecer no fundo do alambique será o sal. E esse sal pode congelar o mercúrio, de modo a torná-lo um outro corpo e fazê-lo não sublimar mais no fogo. E a água que você sublimou no alambique irá congelar todos os outros espíritos e torná-los resistentes ao fogo. E, se você tomar o fogo [provavelmente o sal] e o dissolver na água fervida, a água ficará vermelha e, se colocar o mercúrio que está *fiqs* [it., fixado] na água sobre uma pequena chama, então o mercúrio irá se dissolver instantaneamente na água e, quando estiver dissolvido, misture com ele um terço da água do *su'l* [?], sobre fogo fraco, e tudo vai se tornar instantaneamente um só corpo. E então acrescente um pouco de alume, então ele ficará duro e se transformará numa pedra vermelha. E essa pedra, se desejar prepará-la, trate-a com óleo de *mercurios* [mercúrio] e ela se tornará elixir para o mercúrio, e uma parte dele num milésimo de mercúrio.

Tendo concluído a discussão dos quatro elementos (ou, antes, dos elixires que ele designa com os nomes desses elementos), nosso autor passa para um novo tema e, sem qualquer introdução ou explicação, começa a falar sobre uma erva como se o leitor estivesse familiarizado com ela por uma discussão anterior. Ele também não diz nada que permita ao leitor identificar a erva ou saber como fazer para encontrá-la. No entanto, essa erva é o supremo elixir da vida e parece que tudo que ele disse anteriormente era apenas uma introdução a essa apresentação dessa substância médico-alquímica essencial[6]:

> Incline seu ouvido e compreenda que essa é a forma pela qual você pode encontrar essa erva facilmente. E que suas roupas sejam brancas, pois os antigos não queriam revelar esse trabalho, exceto para os restantes que Deus chama de os Fiéis do Espírito. E essa erva dá amor e fraternidade àquele que a conhece e suas cinzas são caras e queridas [...] e ela faz o coração se alegrar e o estimula a ser vitorioso sobre qualquer um que se oponha a ele e ele não recuará diante de ninguém. E há os adeptos que não sabem como separar os quatro elementos e eles colocam essa erva junto com sua flor na água fervida que foi borrifada doze vezes, em seus recipientes conhecidos, e essa água extrai a natureza da erva e a água se torna vermelha. Recolha dessa água a quantidade de cerca de uma avelã inteira e dê para que ele beba toda manhã com vinho. E todos os filósofos concordaram em que essa água ajuda em todas as doenças e, se você pegar uma pedra *magneta* [it., *magnete*, ímã] e envolvê-la nessa erva com essa flor e colocá-la num tecido branco limpo e carregá-la consigo, você será apreciado e preferido por reis e grandes homens e todos

6 Para a expressão "erva branca da montanha", cf. supra, capítulo 5.

> os que se levantam contra você não terão êxito e irão fugir de você, todos os espíritos e demônios e seres daninhos. E ninguém conseguiu encontrar uma sabedoria como essa em nenhum lugar na terra ou nos mares, pois ela é o início da medicina dos filósofos e a grande coroa de toda a sabedoria, pois a pessoa que a possui é transformada por ela numa outra pessoa, adornada com fios de adornos de ouro, e todos os que veem essa pessoa a reconhecem e essa sabedoria dá a ela domínio, dignidade e respeito e a eleva acima de todas as coisas. E ela assegura o corpo saudável de sua saúde, caso alguma coisa má aconteça com ele, e a pessoa habitará na habitação da paz. E se a doença retornar, ela irá curá-lo em um dia e, se a doença tiver persistido por um ano, ela irá curá-lo em doze dias e, se for uma doença antiga, ela irá curá-lo em um mês. E, dessa forma, esse remédio deve ser buscado acima de todos os outros, pois seu efeito é maior que o de todos os outros remédios produzidos pelos pesquisadores sábios.

Na conclusão do tratado, o autor introduz ainda um outro elixir mágico, o da "água de ouro". A busca do *aurum potabile*, ouro potável, foi uma das preocupações favoritas dos alquimistas durante eras, mas nosso autor fala dele como se fosse um remédio conhecido, do qual ele tivesse consigo um suprimento e sobre cujo preparo ele não precisasse desperdiçar uma única palavra.

> E agora vou revelar a você os segredos da água de ouro. E é preciso saber que quem toma dela é curado de todas as doenças que estão no corpo, mesmo a lepra absoluta. E ele dá gravidez à mulher estéril e fortalece a natureza daquele que é impotente e levanta sua vara e protege todos os corpos de todas as doenças, internas e externas, e limpa todas as manchas e máculas de todos os rostos. E ajuda nos casos de escurecimento da visão e fortalece a natureza e protege a saúde e a pessoa o tomar regularmente se alegrará e ficará feliz para sempre e a pele de seu rosto não mudará e seu sumo não secará, mas ela permanecerá em sua beleza, todos os seus dias, e ajuda no amarelão e elimina todos os humores ruins

do coração e protege o corpo contra venenos. E, como a água é mais pura e mais leve e mais conveniente de entrar em todos os membros do corpo que o pó, fizemos este composto. E feliz é aquele que compreende e sabe isso, e feliz é aquela que o deu à luz. Afinal, Deus é piedoso.

O espírito da sabedoria e compreensão
Terminado e completo

As últimas seis linhas da página contêm uma receita dada em nome de "Maester Arnalo Devila Nova" (Arnaldo de Vilanova), recomendando um medicamento composto de uma mistura de ervas, leite de cabra, água de rosas e o acréscimo de "sessenta ou setenta folhas de ouro". Uma vez que Vilanova – um dos mais famosos nomes nos anais da alquimia – viveu de 1245 a 1313, o manuscrito acima discutido não pode ter sido escrito antes do início do século XIV. Mas seu estilo e a terminologia empregada (inclusive a ausência de termos árabes), além da caligrafia, sugerem uma origem no século XVII, possivelmente na Itália.

O Manuscrito Gaster

Um importante manuscrito alquímico do século XVII, em hebraico, foi adquirido por Moses Gaster (1856-1939), rabi da comunidade sefardita inglesa, líder sionista e pioneiro nos estudos do folclore judaico. Em seu artigo sobre "Alquimia" na *Enciclopédia Judaica*, Gaster se referia a ele como "um manuscrito importante" e "uma *bibliotheca alchemica Judaica* tão completa quanto se podia desejar"[7].

7 *JE* 1:330. O manuscrito encontra-se na Biblioteca Britânica em Londres (MS Or. 10289); cópias dele encontram-se disponíveis no Instituto de Manuscritos Hebraicos Microfilmados da

O manuscrito, manifestamente uma cópia de um anterior, foi escrito em 1690. É constituído por 173 fólios e consiste em duas partes: a primeira aborda sobretudo o período greco-árabe, a segunda, o mundo latino. Ele se inicia com uma nota sobre a "lua" [prata] e receitas para a produção de ouro e a transmutação de cobre em prata (f. 2a-b). É seguido de uma receita para a transmutação de estanho em "lua e sol" (prata e ouro). Em todo ele, têm proeminência o arsênico, o álcali, o *zag* (ár., *Zāj*, vitríolo), o mercúrio, o estanho, o chumbo e o *metal* (esp., latão) (f. 2b-9b).

A seguir, vem o texto integral do tratado de "Ibn Aflaḥ" (= Abufalaḥ) de Siracusa (f. 3a-21a), apresentado acima, no capítulo 7, a partir de um manuscrito mais antigo. Várias das passagens subsequentes são designadas como "sem nome" "(f. 21b, 23b, 24b). No intervalo, aparecem receitas para a produção de ouro e prata a partir de metais inferiores (f. 14a-15a) e para "aumentar o peso do sol", isto é, multiplicar o ouro (f. 15b). O fólio 23a contém uma passagem extraída "do Livro de Yoḥanan ASPRMANTT", nome que, apesar das sugestões de Gaster, não pode ser satisfatoriamente identificado. No fólio 25a tem início o *Livro de Astutah* [ou *Astuto*], nome que, como suspeita Gaster, é provavelmente uma corruptela de Ostanes, o famoso alquimista da Antiguidade[8]. No fólio 2a encontra-se o desenho de um alambique.

O Livro Dois (f. 45a-52b) é atribuído a Aliberto Manyo, isto é, Alberto Magno (cerca de 1206-1280), o filósofo e teólogo da escolástica alemã, santificado pela Igreja, que escreveu prolificamente sobre uma grande variedade de temas e ao qual são atribuídos escritos alquimísticos[9]. O fólio 2a contém instruções para o preparo de *luna* (lua, prata) a partir de arsênico, *sid luna* (H.-L., "cal de prata") etc., moídos e misturados com água de sal amoníaco.

Universidade Hebraica de Jerusalém e na biblioteca do Jewish Theological Seminary em Nova York. A análise que se segue baseia-se nesta última cópia.

8 Cf. Berthelot, *La Chimie au Moyen Âge*, v. 3, p. 13, 116.

9 Idem, v. 1, p. 290 e s.

O Livro Três (f. 53b-58b) é denominado "O Livro de Spiros", a quem não consegui identificar. Ele é mencionado como tendo "realizado grandes obras", inclusive o preparo do elixir. Nesse Livro são citados o (Pseudo-)Demócrito e "Arquitinus" e são apresentadas diversas receitas para a produção de ouro e prata.

O Livro Quatro (f. 58b-64a) é "O Livro da Estrela Brilhante" e novamente se inicia com receitas para a transmutação de "metais em sol e lua".

O Livro Cinco (f. 64a-70a) é "O Livro de Aristóteles". Ele discute o uso do vitríolo, da tútia, do alume, do Saturno (chumbo), da urina de meninos abaixo de doze anos de idade, da água vermelha, da água branca e do "óleo filosofal branco".

O Livro Seis (f. 70a-76a) é "O Livro de Yeber", isto é, Jābir ibn Ḥayyān. Esse livro discute o orpimento, o atramento (pigmento preto), o elixir e o uso alquimístico dos sais. Inclui um "Livro da Grande Pedra", assim como uma discussão do *supostorio* (it. *suppositorio*?), do arsênico e assim por diante.

O Livro Sete (f. 76a-78b) é "O Livro de Arcturus".

O Livro Oito (f. 78b-82a) é "O Livro de Arkhilus [Arquelau]", que parece ter sido um alquimista bizantino. Ruska o identifica a Arquelau de Mileto, o discípulo de Anaxágoras[10], que é mencionado diversas vezes em tratados de alquimia. O livro também menciona o procedimento para *qagular* (*coagulare*, coagular).

O Livro Nove (f. 82b-90a) é o "Livro da Luz", um nome que evoca o título de muitos livros de alquimia, inclusive o *Liber lucis* de John Rupescissa, o conhecido alquimista do século XIV[11]. Entre os itens discutidos nele estão o antimônio, a tútia, o DRGNT (*dargent*, prata?), o sal, o ouro, a prata, o chumbo, o enxofre, o asfalto, o cinabre, o cobre,

10 Julius F. Ruska, *Turba philosophorum: Ein Beitrag zur Geschichte der Alchemie I*, Berlim: [s.n.], 1931, p. 23.

11 Cf. Johannes Jacobus Manget, *Bibliotheca chemica curiosa*, 2 v., Genebra, 1702, v. 2, p. 84-85; *Theatrum chemicum* 3, Estrasburgo: Argentorati, 1659, p. 284-292.

o bálsamo e outras substâncias, além de um método para solidificação do mercúrio.

O Livro Dez (f. 90b-94a) tem o título "O Livro de Maestro Irimans de Qostantina" que, talvez, seja nada menos que Morienus (variantes: Marianus, Morienes), o monge Bizantino (Qostantina = Constantinopla = Bizâncio), o lendário mestre da alquimia do príncipe Khālid ibn Yazīd da dinastia omíada (cf. capítulo 9). A Marianus é atribuído o tratado *Sermo de transmutatione metallorum*[12].

O Livro Onze (f. 94a-97a) é denominado "O Livro dos Trinta Caminhos", que pode se referir a partes dos famosos *Os Setenta Livros*, de Jābir ibn Ḥayyān. Após uma rápida apresentação dos trinta caminhos, recebemos mais informações sobre o orpimento e, depois, sobre o enxofre.

O Livro Doze (f. 97a-103a) é "O Livro de Avi Sina", isto é, Ibn Sīnā, conhecido no Ocidente como Avicena (980-1037). Embora Ibn Sīnā fosse na verdade bastante crítico com relação aos alquimistas – ele argumentava que a transmutação de metais inferiores em ouro era apenas uma questão de aparência, enquanto a substância dos metais inferiores permanecia inalterada – ele foi adotado por um cânone alquimístico, sendo que um tratado prático de alquimia em latim, do século XIV, tem seu nome[13]. O livro também discute o uso do bórax, alumes e pedras.

O Livro Treze (f. 103b-115a) é o "Livro de Razes". Razes, ou Muḥammad ibn Zakariyya al-Rāzī (cerca de 854-*c.* 925), foi um grande médico persa que praticava em Bagdá e cujos escritos foram durante séculos uma leitura necessária para os estudantes de medicina, tanto no mundo árabe quanto na Europa. Não menos influente na alquimia foi seu *Kitāb al-Asrār* (Livro dos Segredos)[14]. Esse livro, também incluído no

12 Reimpresso em *Artis auriferae quam chemiam vocant*, Basileia, 1593, v. 2, p. 7-54.

13 Berthelot, *Moyen Âge*, v. 1, p. 213.

14 Essa obra de Al-Rāzī era tão popular em meio aos judeus que, num manuscrito judeo-árabe iemenita, partes dele foram copiadas em caracteres hebraicos sob o título *Kitāb Sirr al-Asrār*

manuscrito Gaster, contém instruções relativas ao sal amoníaco, ao orpimento, a como calcinar; ele também menciona ḤRMS (provavelmente Hermes), o cádmio, a marcassita e a fabricação do ouro.

O Livro Catorze (f. 115b-118a) é o "Livro de Platão". Obras de alquimia escritas por – ou atribuídas a – Hermes, Platão, Jābir ibn Ḥayyān, Ibn Sīnā e Rāzī são um padrão na bibliografia alquimista.

Essa parte do manuscrito se encerra com um excelente glossário de palavras gregas e árabes, ainda à espera do estudo de um linguista familiarizado com ambas as línguas.

No fólio 118a tem início a segunda parte, denominada "Kolel Scheni", ou Segunda Coletânea, que contém extratos em hebraico de textos de alquimistas europeus cristãos. Nessa parte, aparecem com frequência termos italianos em transliteração para o hebraico. Inclui (f. 119b) passagens extraídas de Mestre Arnaldus, isto é, *Maestro* Arnaldo de Vilanova (cerca de 1300), o famoso alquimista, do qual muitas obras foram traduzidas para o hebraico[15].

Segue-se uma citação de Ioane Aschkenazi (f. 121b-122b), nome que, suspeita Gaster, pode ser uma tradução para o hebraico de "Teutônico", originalmente "Theodonicus", ou "Theotonicus", mencionado por Berthelot[16]. Então somos informados sobre a purgação (f. 121b), após a qual vem uma referência ao "homem famoso" (f. 123a) e várias menções da fixação (f. 123a, 123b, 125a). A seguir vem "o trabalho de acordo com *Messer* Piero Dabano" (f. 125a-b), que é Petrus Bonus, ou Pietro Antonio Boni, autor de *Margarita pretiosa*[17]. A isso se seguem algumas receitas curtas extraídas de vários autores alquimísticos: Niccolo di

(O Livro do Segredo dos Segredos), com o *incipit* "*Qāla* [disse] Abū Bakr Muḥammad ibn Zakariyya al-Rāzī...", Instituto de Manuscritos Hebraicos Microfilmados da Universidade Hebraica de Jerusalém, filme n. 47434, p. 18 e s.

15 Cf. Moritz Steinschneider, *Die hebräischen Übersetzungen des Mittelalters und die Juden als Dolmetscher*, Berlim, 1893; reimpressão: Graz, 1956, p. 778 e s., índice, verbete Arnaldus.

16 Berthelot, *Moyen Âge*, v. 1, p. 213.

17 Cf. J. J. Manget, *Bibliotheca chemica*, v. 2, p. 1-80.

Ingliterra (f. 125b-126b), *Mestero* Ermano da Normandia (f. 126b), *Messer* Andrea di Napoli (f. 127a-130a), Jacopo da Venesia (f. 127b), Bartolomeo d'Altenpio (f. 129a) e Giaspare (Gaspare) di Bologna (f. 130b).

Essas passagens são interrompidas por uma longa receita intitulada "Operação de acordo com o Abifior della Luna" (f. 130b-131a). "Abifior" (na grafia hebraica correta *apifiyor*) significa "papa"; "Pope della Luna" poderia talvez se referir ao antipapa Bento XII (pontificado de 1334-1342), nascido Pedro de Luna, de uma família nobre de Aragão[18].

Nos fólios 131b-133a aparece uma longa discussão (precedida da indicação "Abifior"), baseada nos ditos dos "antigos filósofos" sobre a correspondência entre o mercúrio nos metais e a alma no corpo humano, que está traduzida abaixo. Várias vezes o texto afirma que essas citações são extraídas da *Turba philosophorum* (Assembleia dos Filósofos), uma das mais famosas coletâneas medievais de discussões alquimísticas. O manuscrito Gaster cita muitos filósofos por seus nomes (transcritos para o hebraico como Pramenidas, Mugais, Furnias, Filipelino, Magrines, Mariares, Morienus, Astamus, Artabanus), dos quais apenas uns poucos podem ser identificados com os nomes que efetivamente aparecem na *Turba*[19].

Em seguida há referências a mais alquimistas: "Cristoforo de Abolonia, que operava em nossa casa" (f. 133b), *Messer* Joane Botrio (ff. 133b-134a), Frati Elia (ff. 134b-135a), *Messer* Simone (f. 135b), "Nico, que fez um traje branco de tecido" (ff. 135b-136a), Gulielmo da Monte Polaseno (f. 136a) e uma instrução "de acordo com o Romito que fala de *particulare*" (f. 136b-137a).

Essa parte do manuscrito se encerra no fólio 137b, com a seguinte anotação (em hebraico): "Concluídos e completados foram os livros de alquimia, hoje, 25 de Ṭevet, no ano *matay* (heb. quando, aqui no sentido de "em que") o Redentor virá. As letras da palavra *matay*, que

18 Sobre o antipapa Benedito XII, cf. *Cambridge Medieval History*, v. 7, Cambridge: Cambridge University Press, 1968, índice, cf. verbete.

19 Cf. J. J. Manget, *Bibliotheca chemica*, v. 1, p. 444-509; J. F. Ruska, *Turba*, p. 341-342, 345.

representa o ano, têm o valor numérico de 40, 400, 10, ou um total de 450, o que corresponde ao ano de 1690. O copista acrescentou: "Assim como mereci copiar tudo, também possa eu merecer alcançar a luz [isto é, o Messias] que esperamos todos os dias".

A conclusão do texto (f. 138a-140b) é seguida por desenhos de recipientes usados na alquimia (alambiques, retortas, fornos etc.), com explicações em hebraico (cf. Figuras 33.2-33.7 infra).

As seis páginas de figuras são seguidas por índices detalhados de nomes e assuntos (f. 143a-169a). Por fim (f. 170a-173b), aparecem quatro folhas em árabe, com muitas palavras escritas em letras não ligadas. Igualmente escrita com letras não ligadas aparece a invocação muçulmana do nome Deus, *Bismillahi l-raḥmāni l-raḥimi* (f. 172b), "Em nome de Alá, o clemente, o misericordioso". A última página do manuscrito (f. 173b) está novamente escrita em hebraico e aborda o mercúrio.

Seguem-se algumas passagens extraídas do manuscrito.

> (f. 55a) Para sol. Demócrito disse: "Tome *ṭuṭia* branca [arsênico] e *merqurio* [mercúrio] e alume vermelho e *ṭarṭarus* [tártaro] e coloque sobre estanho e sobre chumbo, que são preparados juntos.
>
> Para sol. Tome mercúrio e alume vermelho e *ṭuṭia* [tútia, óxido de zinco] e triture-os juntos em óleo vermelho de sangue, que se tornou vermelho pelo *sal armoniq* [sal amoníaco], e com outras coisas vermelhas e coloque em *luna* [prata] ou em Vênus [cobre], quatro vezes, e se tornará *sol* [ouro].
>
> (f. 128b) Para remover cabelo, de forma que não volte. Tome rãs verdes chamadas *raqno*, [it. ou esp., *rana*], três delas, e as coloque numa tigela na qual deve haver bom vinho e deixe descansar ao sol por dois meses, isto é, Yulio [julho] e Agusṭo [agosto], e então lave o rosto ou as raízes do cabelo e ele será removido e não retornará mais.
>
> Para deixar o cabelo preto. Tome folhas de figo e torre e faça com elas uma *lisia* [solução] e lave o cabelo com essa solução e ele ficará preto.
>
> Para a cor vermelha. Tome *qrisṭalo* [cristal], faça um pó fino e misture com vinagre dez vezes e seque. Então misture-o com vinagre do sumo

de maçãs *grānāṭe* [romãs], dez vezes. Então *rofīfīqa* [*rarifica*? rarefaça] *viṭriolo* [vitríolo] e coloque na urina de um menino, até que se liquefaça, e nessa água coloque sal amoníaco e o triture nele e, então, mergulhe o cristal dez vezes. Então coloque num lugar úmido e ele irá se liquefazer. Seque essa água e ela vai se tornar cristal de pedra. Coloque uma parte disso em quatro partes de estanho e vai se tornar da cor do ouro.

(f. 130b) A operação de acordo com o Abifior della Luna na pedra. Tome uma *liṭra* [libra] de cobre *limaṭo* [limado] e o transforme em *limaṭura* [limalha] pura, misture com quatro libras de mercúrio, coloque num *ṭorṭiro* [esp., *tortera*, forma de assar] com um pouco de sal e vinagre, até que se tornem *amalgamaṭe* [amalgamados] (f. 131a) juntos; quando estiverem bem misturados e agregados, coloque neles uma grande quantidade de mercúrio, coloque tudo isso no *orinale* [frasco], num frasco que deve estar sobre cinzas em fogo muito brando, que deve ser como o calor do sol, por um dia inteiro. Então retire do fogo e deixe esfriar; quando estiver frio, coloque num tecido de linho resistente e forte, esprema o mercúrio com força pelo tecido; o que sair do mercúrio e da limalha deve ser *desilaṭa* [*distillata*, destilada] como o mercúrio. Coloque num frasco e reserve. Tome também mais mercúrio e misture com a limalha acima mencionada, deixada no tecido de linho, coloque novamente em fogo brando por um dia inteiro como fez antes, então deixe esfriar e passe pelo tecido de linho tudo que derreteu da limalha no mercúrio, como feito antes, continue a fazer assim até toda a *limaṭura* derreter e se tornar mercúrio e todo ele passar pelo tecido de linho. Se tomar todo esse mercúrio com a limaṭura que se tornou mercúrio e colocar num recipiente *viṭriaṭo* [vitrificado] da forma apropriada, e colocar sobre fogo brando e cozer até ver sobre sua superfície uma certa negrura, e remover essa negrura o máximo que puder com um [palavra faltando] e continuar a fazer isso e remover a negrura, até que não se produza mais negrura, e fizer isso em fogo brando e, após o mercúrio ficar puro e limpo, então você terá preparado o elemento da terra e da água. E, após o mercúrio se tornar puro, tome toda essa *maṭeria* e a coloque num

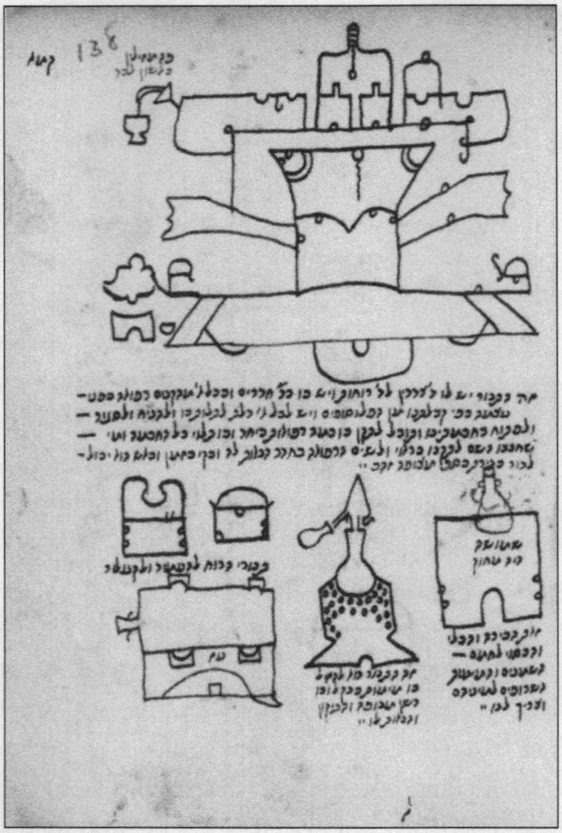

Figura 33.2.
Aparelho alquímico, Manuscrito Gaster, fólio 138a. Em cima, à esquerda: "Aqui eles fluem por uma língua para o vaso". No meio: "Esse forno tem quatro lados para os quatro ventos e há no interior vinte e quatro câmaras, em cada um dos tubos há um remédio separado, da forma como os recebemos dos filósofos, cada qual com uma porta para colocar e pendurar nele, para fechar e abrir, a nosso critério. Você pode colocar nele vários remédios juntos e disso depende toda a ciência e aquele a quem Deus favoreceu, abençoando-o propriamente e [deixando-o] colocar cada medicamento na câmara apropriada para ele, e aquele que é um especialista no tempo e no fogo pode residir numa moradia de prata recoberta de ouro". Embaixo à direita, interior da figura: "Seu uso foi apagado". Abaixo dela: "Estes são o forno, o recipiente e a tampa para aquecer os óleos e as águas, de acordo com seus tipos, e nós precisamos deles". Embaixo, no centro: "Esse é o forno para liquefazer as águas facilmente e nele estão as cinzas enfraquecidas e o preparo e o que é adequado para ele". Embaixo, à esquerda: "Os fornos de espírito para fazer assentar e coagular".

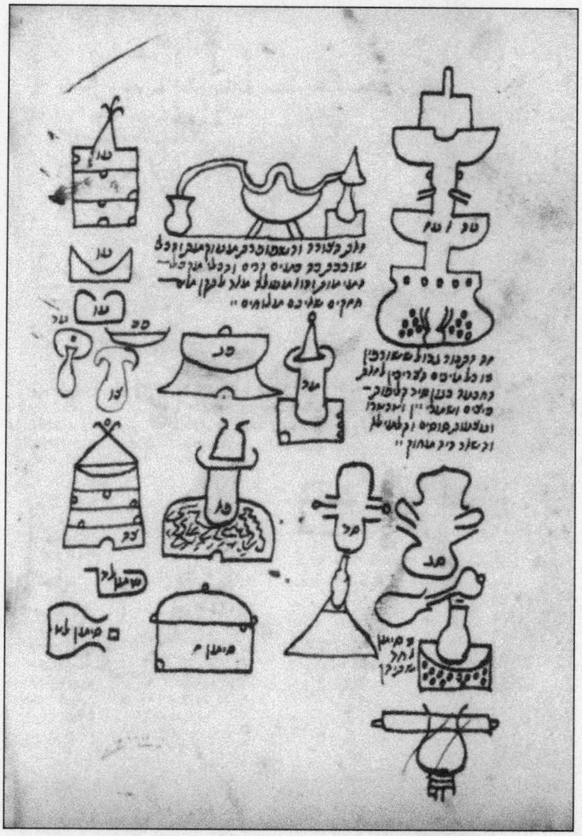

Figura 33.3.
Fólio 138b do Manuscrito Gaster. Em cima, à direta, interior da figura: ilegível, sob a figura: "Este é o grande forno no qual é aquecido tudo que é necessário para esta ciência, como o calcário das cascas de ovo e do sedimento do vinho, do tártaro, dos ossos dos cavalos e do calomel e o resto foi apagado". No meio, em cima: "Essa é a forma do tubo retorcido e o recipiente fica nele em água fria e o recipiente recebe a água e é muito superior para o preparo de água-forte que não é salobra". Embaixo à direta: "Há um sinal para ambos". Em cada figura há um número denominado "sinal".

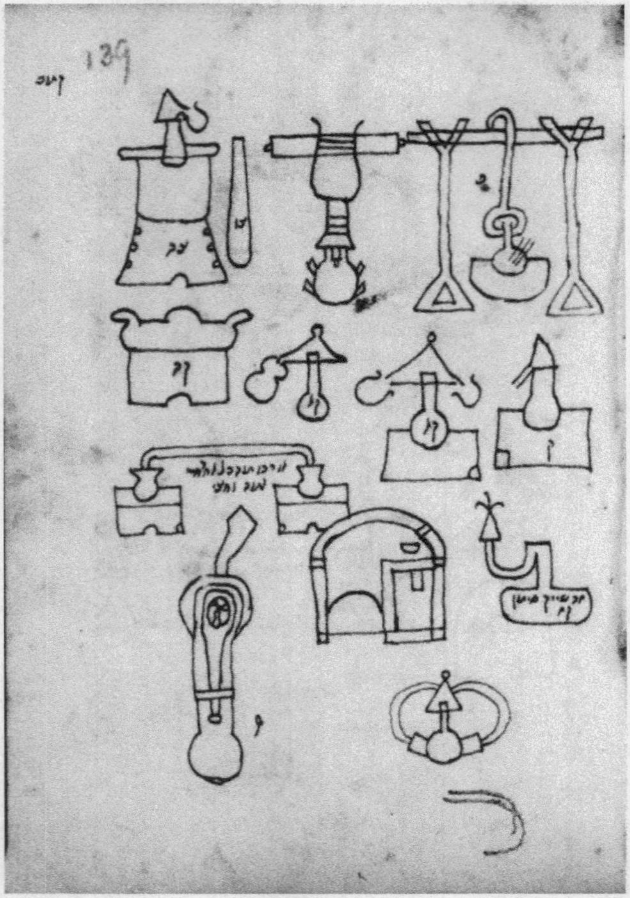

Figura 33.4.
Fólio 139a do Manuscrito Gaster. No meio, à direta: "Pertence ao sinal 107". No meio, à esquerda: "Seu comprimento total é um cúbito e meio".

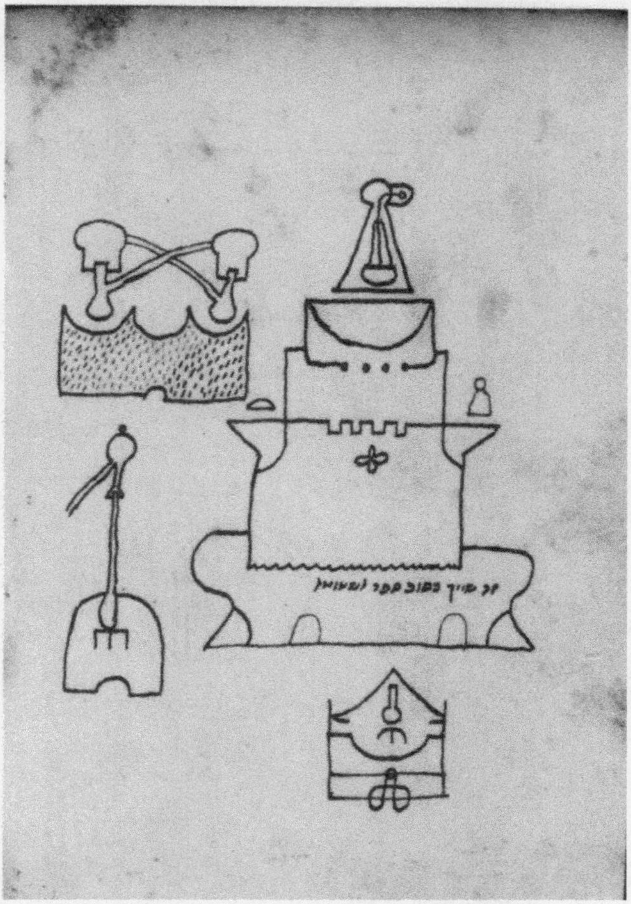

Figura 33.5.
Fólio 139b do Manuscrito Gaster. No meio: "Faz parte do final do Livro de Astuta".

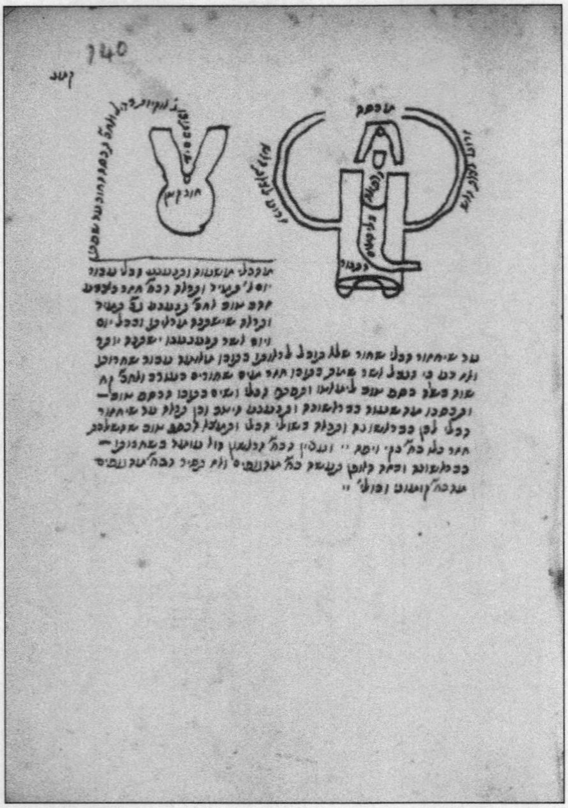

Figura 33.6.

Fólio 140a do Manuscrito Gaster. Em cima, direita (inscrição em torno da figura), braço direito: "braço para saída do fogo"; em cima: "tampa"; braço esquerdo: "braço para saída do fogo"; interior do recipiente: "o remédio; o recipiente de água; o forno". Em cima, figura à esquerda, no interior: "um furo pequeno"; descendo da parte superior do recipiente: "coloque uma peça de três onças de estanho, então ligue o furo com a boca do recipiente com cera e agite o recipiente sempre, uma vez por dia, e você verá o mercúrio ficar da cor de bom ouro. Então agite de novo constantemente e você verá que sua aparência mudou, a cada dia que você agitar, irá mudar mais, até o recipiente ficar preto e você não poder ver nada dentro dele, devido a sua escuridão, então saberá que o *nevel* [?] que você colocou nele se transformou em água negra como o corvo. E então tome quantidades iguais de boa limalha de prata e abra o recipiente, coloque nele a boa prata e cubra com cera inicialmente, olhe o fundo do recipiente e você verá que a boa prata que você jogou nele se tornou um puro e belo mercúrio. E o primeiro mercúrio ainda continuará escuro inicialmente; dessa maneira você fará mercúrio a partir dos corpos e então separará o mercúrio dos corpos do mercúrio comum etc".

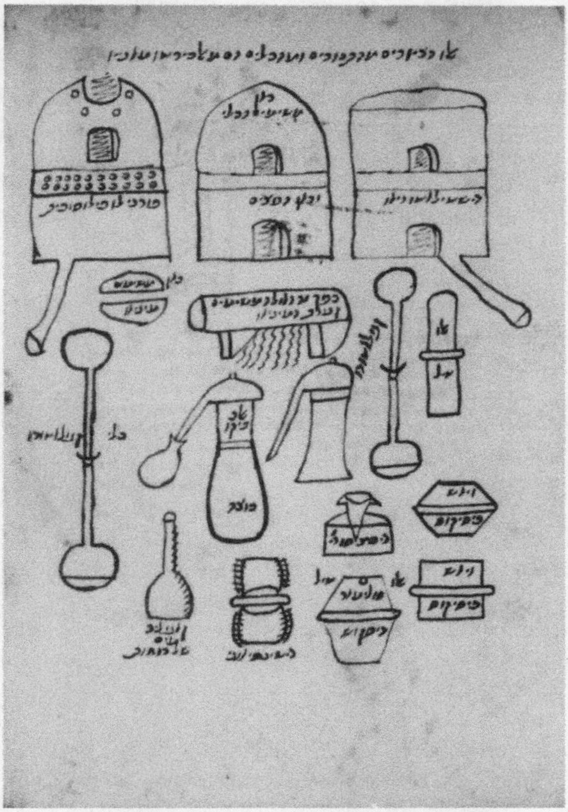

Figura 33.7.

Fólio 140b do Manuscrito Gaster. Em cima: "Essas figuras dos fornos e dos recipientes são de Manyo [Magno]". Dentro da figura superior, à direta: "Disțilațorio [aparelho de destilação]". Dentro da figura superior do meio: "aqui se coloca o recipiente e aqui a madeira". Dentro da figura superior à esquerda: "*fornillo filosofit* [pequeno forno filosofal]". Sob a figura superior do meio: "Nessa espira se coloca o cadinho de zarcão". A sua direta, junto à figura de gargalo comprido: ganelatūdo [na forma de bastão]". A sua esquerda: "Aqui eles colocam o zarcão". No meio, esquerda: "recipiente na forma de bastão". No meio, interior do recipiente, em cima: "alambique"; embaixo: "frasco". Embaixo, à direta, dentro dos dois recipientes: "vias fisiqos [... físicas]". A sua esquerda, dentro do recipiente de cima: "*disinsorio* [?]; dentro e em volta do recipiente de baixo: "aludel, para sublimar discos". Embaixo, centro: *resensione* [receptor?]. Embaixo, à esquerda: "*qagulir* [coagular] água de espíritos".

frasco e coloque sobre ela o mercúrio que flutua sobre ela, e cozinhe em fogo brando durante quatro dias inteiros. E coloque novamente mercúrio sobre eles e coza e faça isso, até a terra se tornar branca e clara, e foi isso o que o filósofo disse. Tome a terra com a água acima mencionada que deve ser *montrafiqata* [?], o que, se estiver puro dessa maneira, todo nosso trabalho estará feito. Então tome toda essa combinação e a coloque num frasco, coloque num *lamiqo* [?], destile tanto quanto puder em fogo forte, de modo que a [parte] seleta suba e a terra permaneça no fundo do recipiente *qalṣinaṭo* [calcinado].

Então tome quanto levedo quiser, na proporção de um terço de uma parte, isto é, se o corpo impuro tiver uma libra, tome meia libra de trigo [alma] do sol [ouro] ou da lua [prata] e não tome nenhum outro trigo a não ser de sol e lua e faça com esse trigo um *malgama* [amálgama] do sol ou da lua, preparado da forma acima mencionada, e cozinhe tudo junto por três dias inteiros. Então coloque sobre eles mercúrio, cozinhe como feito inicialmente e faça assim, até que esses dois corpos se combinem, e o sinal de que eles estão combinados é quando a cor retorna a eles. Então coloque sobre eles mais mercúrio, aos poucos e suavemente, até que se embebam dele tanto quanto possível, sempre adicionando mais mercúrio para que se embebam.

(f. 131b) E saiba que nessa combinação eles deixam os corpos de uma forma que o espírito se mistura com eles e forma uma unidade com os corpos, tornando-se com eles uma única natureza. E assim *luṣirme* [?], isto é, a substância que nascerá a partir dessas substâncias se tornará pura com os corpos, o que não podia acontecer antes que os corpos fossem purificados de seu [palavra ilegível] e de sua impureza e, assim, eles crescem e se multiplicam no número de *Vertigero* [?].

Na sequência dessa seção, nosso autor cita a visão de vários "filósofos" a partir do livro *Turba philosophorum* sobre os quatro elementos básicos da água, terra, ar e fogo, identifica a água com o mercúrio e dá instruções relativas à recriação dos elementos no trabalho de alquimia.

Ele coloca esses tópicos sob a designação "ditos", o primeiro dos quais refere-se à transmutação dos corpos impuros em mercúrio, o segundo, à fabricação de terra e o terceiro, à purificação da terra produzida. Então, no "quarto dito", ele passa a uma discussão da analogia entre a relação de corpo e alma no ser humano e nos elementos. Ao fazê-lo, ele emprega o termo "trigo" [heb., *ḥiṭṭah*] para designar a alma que anima tanto o corpo humano quanto o corpo dos elementos:

> O quarto dito é o de que a água pode *ababorare e solimaṣione e asènṣione* [it., *evaporare e solimazione e ascensione*, evaporar e sublimação e ascensão] e que a terra se tornará ar, pois inicialmente ela era densa, isto é, *sfisa* [it., fixa] com a terra e a água. E eis que mostrei a você a terra e a água e o ar e eis o que o filósofo Felipelino disse no Livro Turba: "Você deve sempre branquear isso com fogo seco até que saia dele o pó que você encontrar nele". E é o que é chamado [palavra ilegível] pelo filósofo ARMS [Hermes?]. E o filósofo NGRIDES [?] também disse que a terra calcinada vai ficar no fundo do recipiente que é da natureza do fogo. E dessa maneira teremos quatro elementos no trabalho mencionado e do pó mencionado, sobre o qual os filósofos e o filósofo Mariaris [Morienus] disseram: "Não bata nem desdenhe as cinzas que se encontram no fundo do recipiente, pois nelas está a coroa do coração, pois elas são as cinzas *firminaṭo* [it., solidificadas]". E, depois disso, coloque o trigo mencionado no pó mencionado, [que é] a alma dos filósofos, pois assim como o corpo humano sem sua alma é nada e é como escória, assim também o corpo impuro [de um elemento] sem seu trigo, que é chamado alma, é nada. E assim como a alma quando combinada com o corpo humano é sua vida substancial, assim também o trigo é preparado e pronto para o corpo [dos elementos], o qual ainda não é puro até que você combine um com o outro e o trigo o supra com sua vida substancial e o retire de sua natureza e o transmute para sua [própria] natureza.
>
> E saiba que não há nenhum outro trigo além do trigo do sol [ouro] ou da lua [prata], pois assim como o sol e a lua reinam sobre as outras estrelas,

assim também esses dois metais reinam sobre os outros e são melhores e mais nobres que os outros, sendo, dessa forma, chamados trigo.

Pois é necessário que o trigo, isto é, a alma, seja colocado no corpo de modo que o corpo seja capaz de se tornar puro e receber vitalidade; e foi isso que o filósofo Moranais [Morienus] disse: "Se você não purificar o corpo impuro para torná-lo branco, você não conseguirá colocar nele a alma de tal forma que a cor se torne branca e nada de seu trabalho se tornará purificado".

Pois é necessário que você combine o trigo, isto é, a alma, com o corpo puro e então o espírito vital irá se combinar com ele e se alegrará com eles [isto é, com a alma e o corpo], porque eles estão puros e limpos de sua natureza impura e agora estão brilhantes e refinados. E foi isso que o filósofo Astamus [Ostanes?] disse no Livro Turba: "O espírito não combinará com o corpo enquanto o corpo não se tornar puro de seu material turvo e ficar completamente purificado e despido de sua sujeira".

E saiba que, no momento de sua combinação, são vistas as maiores maravilhas que podem ocorrer no mundo. E então o corpo que é impuro recebe a cor da cor completa e permanente e isso é em benefício do trigo que é denominado alma. E a alma, isto é, o mercúrio, em favor do poder da alma, irá se combinar com o corpo e se unir com ele e a cor do trigo transmuta e se torna uma coisa combinada. Então, com o dito mencionado, todo homem sábio pode ver que os filósofos, com voz clara e fino discernimento, falaram a verdade e emitiram ditos profundos.

Em seguida nosso autor passa a discutir outros aspectos da relação entre o corpo e a alma, tal como eles incidem sobre as operações da alquimia:

(f. 132a) Os filósofos disseram que nossa pedra é de quatro elementos e a compararam com eles. E eis que mostrei a você que há nessa pedra quatro elementos, isto é, terra e água e ar e fogo. E assim eles disseram que nossa pedra é composta de corpo e alma e espírito e disseram a verdade sobre isso, pois é espírito. Eles compararam o corpo impuro com cinzas e água, enquanto o mercúrio eles compararam com o espírito do trigo. Disseram que é a alma, porque dá vida ao corpo impuro que é o cobre, que anteriormente não tinha vitalidade, e também o transmuta para uma forma boa. E outros filósofos disseram que, se você não transforma a coisa corpórea numa coisa não corpórea e o incorpóreo em algo corpóreo, você ainda não encontrou o caminho certo[20]. E sobre isso eles falaram a verdade, pois o corpo impuro, isto é, o cobre, irá inicialmente se transformar em água, isto é, em mercúrio e então se tornará incorpóreo e então, no momento da combinação com o espírito, isto é, com o mercúrio, irá se transformar em corpo. Há outros filósofos que disseram exatamente isso em outras palavras peculiares: Artabano [disse:] um para o outro, você descobrirá o que está buscando. E eles falaram a verdade, pois nosso trabalho é fazer da coisa densa uma [coisa] fina, isto é, do corpo, fazemos água que é mercúrio e, então, (f. 132b) nós a tornamos seca, isto é, da água que é mercúrio, nós fazemos terra. E também do mercúrio que é o [elemento] úmido fazemos o seco, que é terra, e dessa maneira fazemos e transmutamos a coisa corpórea numa espiritual e a espiritual numa corpórea, como dissemos. E nós também fazemos com que algo que é etéreo se transforme em algo que é inferior e vice-versa, isto é, que o espírito se torne corpo e corpo se torne espírito, e isso será, no início, por meio da *solimaşion* [it., sublimação] dos corpos impuros, [quando] eles se tornam mercúrio. Assim será visto que nossa pedra é de quatro elementos [e] de corpo e alma e espírito e essa pedra é feita de uma coisa. Eles falaram a verdade sobre isso, pois nós fazemos todo nosso trabalho a partir do mercúrio, que é chamado em geral por todos os filósofos de "abençoada água viva" que tem tal poder e virtude que dissolve todo metal e o transmuta em si mesmo.

20 Trata-se do conhecido e frequentemente citado axioma de Maria, a Judia.

E não acredite que ele dissolve os corpos *de solşione* [it., *de soluzione*, por dissolução] só um pouco, como os povos da terra [os ignorantes] acreditam, mas é uma *disolşione* [it., dissolução] natural e real e *qalşinare* [it., calcinar] e transforma as *qalşinas* [it., coisas calcinadas] em cinzas e as branqueia e purifica e, como o filósofo Bonays [?] disse, todos devem aquecer o mercúrio no fogo com o cobre, o que removerá a negrura e a escuridão do cobre e, então, combinar os dois corpos puros, da forma acima mencionada, e eles irão combinar em força e mistura de tal forma que nenhum poder do fogo conseguirá separá-los, nem poderá nenhum *azminaşione* [it., *azzimazione*, embelezamento] e *sţinţaşione* [it., coloração] separá-los um do outro, mas fará com que ele os proteja da queima e do chamuscado do fogo e que ele passe o poder da virtude de um para o outro de forma a não ser mais possível chamá-los de dois corpos, mas [eles serão] como um único corpo em forma e qualidade. E também *solima* [it., sublimar] os corpos, não na sublimação de que fala a maioria das pessoas; não estamos falando aqui da superioridade do recipiente, isto é, de tomar o mercúrio com *arseniqo* [it., arsênico] e sublimá-los com fogo rápido e forte. E eles disseram que dessa forma os corpos ficam puros e sublimados. E a verdade é que nisso eles estão em grande erro, pois os corpos irão ficar mais impuros que no início [e] então nosso trabalho não ficará no lugar mais alto, isto é, *solimare* [it., sublimar], mas será a sublimação que os filósofos denominam "*solimare* inferior". E isso significa mudar a coisa que é impura e fazer dela uma coisa que é etérea e pura e limpa e semelhante à safira [espiritual][21]. As pessoas dizem que "Esse homem é *solimaţo*", isto é, que ele ascendeu ao grau supremo a partir do primeiro, ou que ele tinha *dinaiţare* [cf. it., *renato*, renascido]. E assim dizemos em nosso Trabalho, quando os corpos são *solimaţe*, isto é, quando são *asoţilaţe* [it., *assottigliata*, rarefeitos] e são combinados com a natureza suprema, e da coisa impura eles se tornam não impuros, isto é, não *qoroţe* [it., *corrotte*, corrompido]. E, da

21 Essa sentença parece estar corrompida no original. O texto acima foi a melhor alternativa que encontrei.

mesma forma, isso fará da água viva uma água sagrada, isto é, mercúrio. E então muitas cores se tornarão visíveis antes de se tornar brancas e, no final, permanecerá a cor branca. Mas a combinação da água com o corpo será limpa e o trigo é chamado de muitas cores, mas sem propósito, não se pode contá-las. (f. 133a) Dessa forma, parecerá a você que nossa Obra é de uma coisa e é feita de uma coisa independente, isto é, a água sagrada, a água viva, e é o mercúrio e é de quatro coisas, água, terra, ar, fogo, como dissemos acima, e é de três coisas, isto é, corpo, espírito, alma, como mostrei a você acima na explicação.

O Manuscrito de Budapeste

Na Coleção Kaufmann de manuscritos hebraicos da Academia Húngara de Ciências há um manuscrito de alquimia em hebraico, de uma página (Kaufmann, 454), aparentemente de origem italiana, escrito no que provavelmente é uma caligrafia sefardita do século XVI ou XVII[22]. Ele contém três receitas: uma para produção de ouro a partir de prata, uma para a solidificação do mercúrio e a terceira descrevendo um método de "revivificação" por meio do azinhavre. Linguisticamente o manuscrito faz parte da categoria de textos alquimísticos hebraicos que empregam um grande número de termos estrangeiros para os materiais, operações e instrumentos alquímicos para os quais termos hebraicos não estavam disponíveis ou eram pelo menos desconhecidos do autor. Na tradução que se segue, todos os termos estrangeiros do original se encontram em italiano.

22 Gostaria de expressar meus agradecimentos à Academia Húngara de Ciências pela permissão para apresentar aqui a tradução desse manuscrito.

PARA PRODUZIR DE METADE OURO E METADE PRATA, DE *QŌPŪLA* [LIGAÇÃO] DE MODO QUE JUNTOS ELES SEJAM BOM OURO DE VINTE E DOIS *QARĀṬE* [QUILATES] DE OURO APROPRIADO PARA TODO TESTE

Primeiro faça *qalṣikalisone* [*calcinazione*, calcinação] da *luna* [prata], da seguinte forma: tome prata e passe por uma *lima*, de modo que toda ela se torne finamente *limaṭo* [limada], e tome três vezes tanto mercúrio quanto for o peso da boa prata e derreta os dois juntos e tome tanto enxofre quanto for o peso das duas pratas [juntas] acima mencionadas e tome sal *kalṣinaṭo* [calcinado] *qomuno* [comum], duas vezes o peso de todas as coisas acima mencionadas, e coloque tudo numa vasilha de barro bem coberta e coloque no fogo e, quando você colocar [para fora], não estará mais líquido. Faça com que ele tome o sal e enxofre e mercúrio e boa prata acima mencionados e coloque tudo num *al morṭaro* [almofariz] e triture tudo, até que fique fino, e coloque tudo num cadinho, que deve ser bem *luṭāṭo* [vedado] com argila, e aplique fogo alto, que não precise ser ventilado, e deixe no fogo, até que você veja que não faz mais chamas, e então remova do fogo e jogue num recipiente no qual haja água quente e, aí, eles vão se separar e a prata permanecerá como um pó no fundo do recipiente mencionado. E remova a água lentamente do recipiente mencionado e você encontrará tudo no fundo. E então coloque tudo num recipiente sobre fogo alto e, quando tudo estiver seco, tome enxofre duas vezes o peso de todas as coisas acima mencionadas e também a mesma quantidade de sal comum e repita duas vezes o que você fez antes, sem mercúrio. Depois deixe tudo que se desprender disso assentar no fundo, como foi escrito antes de nós sobre isso.

Para fazer o mercúrio assentar [isto é, coagular], tome uma mesma quantidade de ouro, mercúrio e *verde rāmo revifiqāṭo* [azinhavre revificado], uma parte de prata calcinada e a mesma quantidade de *salmoniaqo* [sal amoníaco] que o peso da prata, o azinhavre e o ouro; triture tudo muito bem numa pedra de mármore, de forma que tudo fique bem misturado, coloque tudo num *buṣa* [recipiente] de vidro com um gargalo comprido e grande o suficiente para receber três vezes todas as coisas acima mencionadas. Coloque o recipiente acima mencionado em fogo brando, mantenha o fogo aceso o tempo todo durante dois dias e, no final dos dois dias, acenda sob ele fogo alto e forte, aquecendo por duas horas, então remova o recipiente do fogo e o quebre, separe o pó que está no fundo das coisas acima mencionadas e então tome a mesma quantidade de prata e de ouro que o peso do pó acima mencionado e coloque num cadinho com o *boraso* [bórax, salitre] e, quando estiver derretido, faça com ele uma *verga* [vara, barra], triture com um malho sobre uma *inqorina* [?], de modo que fique fino como o *qarlino* [*carlino*, uma moeda], então tome *viṭriolo romano* [vitríolo romano, sulfato ferroso] e azinhavre em quantidades iguais, sal amoníaco pesando o mesmo que os dois juntos, *qroqonfero* [*croco di ferro*, óxido de ferro] e coloque o ferro em *limaṭura* [limalha] no mesmo peso de tudo isso, triture tudo junto na urina de um menino virgem, seque tudo em fogo brando, repita todo o processo quatro vezes. Então tome a prata *baṭuṭo* [*battuto*, batido] acima mencionada, corte em pequenos pedaços, coloque num cadinho os pedaços de prata e depois a *misṭura* acima mencionada, até que fique cheio, cubra então o cadinho com a *luṭa* [argila], deixe um pequeno buraco em cima e deixe em fogo brando por uma hora durante uma semana, até que a argila acima mencionada seque. Coloque então em fogo alto durante duas horas, para que derreta, retire o cadinho do fogo e faça com ele uma haste e isso será ouro de vinte e quatro *qaraṭo* [quilate] em qualquer teste.

MÉTODO DE *REVIFIQAṢIONE* [REVIVIFICAÇÃO]
COM *VERDIGRIS* [AZINHAVRE]

Tome azinhavre e o coloque num cadinho coberto com um tijolo, coloque em fogo alto por uma hora e ele deve se transformar em óxido de ferro. Tome limalhas de ferro e enxofre, coloque num cadinho, deixe no fogo até que desprenda fumaça e, quando a fumaça mencionada cessar, retire do fogo e coloque num outro cadinho, repetindo o procedimento três vezes. Então coloque tudo que está no cadinho num recipiente de vidro, coloque, no recipiente mencionado, vinagre forte suficiente para cobrir todas as coisas mencionadas por dois dedos, coloque em fogo forte e alto por duas horas, até ver que tudo está vermelho com a aparência de sangue. Então retire tudo do fogo e estará pronto.

34.

Benjamin Mussafia

Benjamin ben Immanuel Mussafia (1606-1675), descendente de marranos espanhóis, provavelmente nasceu na Espanha, mas viveu em Hamburgo, onde conquistou fama como médico e homem de vastos conhecimentos em hebraico, árabe, latim e grego. Tornou-se médico pessoal do rei Cristiano IV, da Dinamarca, tendo dedicado a ele um de seus livros, intitulado *Me halam* (Sobre o Mar), que tratava do fluxo das marés. O livro foi publicado em Amsterdã, em 1642.

Com a morte do rei, em 1648, Mussafia mudou-se para Amsterdã, onde se tornou um dos líderes intelectuais e administrativos da comunidade judaica. Assim como muitos outros judeus em Amsterdã, Mussafia era adepto de Sabatai Tzvi , o falso Messias, e em consequência foi atacado por Jacó Sasportas, um zeloso adversário dos sabataístas.

Sua obra mais importante é o *Mussaf he'Arukh* (Suplemento ao *'Arukh*). O *'Arukh*, escrito por Nathan ben Yeḥiel, de Roma (1035-*c*. 1110), é um léxico do *Talmud* e dos *midraschim*, com comentários sobre todas as palavras encontradas nesses textos que precisam de explicação. O suplemento de Mussafia, impresso em Amsterdã em 1655, corrigia as palavras gregas e latinas explicadas no *'Arukh*, em grande parte, com base no léxico de Johannes Buxtorf, o *Lexicon Chaldaicum Talmudicum*, de 1640. Esse livro, publicado em não menos de vinte edições, assegurou a Mussafia uma reputação mundial.

Entre as obras de Mussafia que têm especial interesse no presente contexto está um pequeno tratado em latim, com o título de *Mezahab epistola* (A Epístola *Mē-Zahav*), que foi publicado pela primeira vez em Hamburgo, em 1638. O livro é dirigido a um culto amigo do autor, que permanece desconhecido, e nele o jovem Mussafia (estava então com trinta anos de idade) apresenta um quadro geral de como o ouro aparece na *Bíblia* e um compêndio das explicações de estudiosos rabínicos, inclusive comentadores medievais, anexo às passagens bíblicas nas quais o ouro é mencionado. O principal valor do tratado de Mussafia para nós está no fato de que ele oferece um quadro confiável e detalhado das concepções judaicas de sua época sobre o papel que o ouro desempenhava na vida da antiga Israel, assim como das referências bíblicas à alquimia.

O nome do tratado, *Mezahab*, *Mē-Zahav* na grafia correta, é extraído de *Gênesis* 36,39 (= 1Cr 1,50), onde, na lista dos antigos reis de Edom, que "reinaram antes que reinasse rei sobre os Filhos de Israel", encontramos a afirmação: "E morreu Baalanã, filho de Acobor, e Adar reinou em seu lugar; e o nome de sua cidade era Faú; e o nome de sua esposa era Meetabel, filha de Matred, filha de Mē-Zahav". Os atuais estudiosos da *Bíblia* têm muito pouco a dizer sobre Mē-Zahav, nem mesmo podem dizer se é o nome de um homem ou de uma mulher. A tradução literal do nome é "água de ouro", ou "água dourada" (cf. capítulo 2, supra).

Os alquimistas tinham, evidentemente, muito mais a dizer sobre Mē-Zahav. Levianamente ignorando que a palavra aparece na *Bíblia* como nome de uma pessoa, eles a interpretavam como significando "água dourada" e, associando-o com a história do Êxodo na qual Moisés dava aos Filhos de Israel água para beber em que ele havia misturado pó do bezerro de ouro (*Ex* 32,20), eles extraíram a conclusão de que Moisés era um grande alquimista que conhecia o segredo do *aurum potabile*, uma das metas da alquimia jamais alcançadas. Era esse o tema que Mussafia abordava ao escrever a *Mezahab epistola*.

Após sua publicação em 1638, o tratado de Mussafia foi incluído em diversas coletâneas-padrão de alquimia, com comentários detalhados elaborados pelos compiladores das antologias. O texto em latim foi copiado com fidelidade de uma edição para a seguinte e os nomes e expressões em hebraico nele contidas também foram copiadas seguidamente, com exatamente as mesmas corruptelas, repetidas vez após vez.

Os comentários mais completos da *Mezahab epistola* de Mussafia encontram-se no monumental *Jüdische Merkwürdigkeiten*[1] de Johann Jakob Schudt. Schudt não tinha muita simpatia para com os judeus, mas era um infatigável coletor de informações, que ele apresentava objetivamente e com exatidão. No que se segue, está incluída a maior parte do material das páginas 327-339 do volume 3 da obra. O texto está dividido em três partes: as observações introdutórias de Schudt ao texto em alemão; o texto em latim da *Mezahab epistola*[2]; e outras explicações de Schudt em alemão. Os muitos nomes e palavras hebraicos erroneamente transliterados foram mantidos da forma como aparecem no texto de Schudt, seguidos de sua transliteração correta entre colchetes e com sua tradução, sempre que necessário.

UMA EPÍSTOLA JUDAICA DENOMINADA MESAHAB SOBRE A ALQUIMIA E A ARTE DE FAZER OURO

Uma vez que [...] prometemos apresentar uma explicação detalhada sobre como também os judeus se envolveram na alquimia e na arte de fazer ouro, entramos aqui na totalidade da epístola *Mesahab*, que não é conhecida dos estudiosos, sobretudo na medida em que há nela também algumas outras coisas curiosas e interessantes que fazem parte das curiosidades judaicas.

§1. Quando tratamos acima [...] de alguns avarentos ávidos por dinheiro e ouro e, nessa ocasião, mencionamos que também os judeus estavam envolvidos na fabricação de ouro por meio da alquimia e, ao mesmo tempo, prometemos – uma vez que a essa altura não queríamos

1 Publicado em 4 volumes em Frankfurt e Leipzig, 1714-1718.

2 Agradeço a Joseph Salemi pela tradução do texto em latim.

utilizar a oportunidade para inserir um discurso tão longo e imprimir toda uma epístola como um documento autenticamente curioso sobre essa questão – discuti-lo na Parte III, queremos agora manter a promessa feita. E não vamos entrar numa longa disputa com os alquimistas sobre se a fabricação de ouro é uma transmutação real (por meio do *lapis philosophorum* [pedra filosofal] ou da tintura de ouro) de uma substância em outra, isto é, chumbo e cobre em ouro e estanho em prata, sendo que os *theologi* dificilmente admitiriam que tal coisa é possível, porque transmutar uma entidade em outra é algo reservado unicamente à onipotência divina, como fez Cristo ao transmutar água essencialmente em vinho nas Bodas em Canaã, na Galileia, João 2,7 e s. Dessa forma, também não se concederá ao diabo que ele pode realmente transformar homens em lobos ou gatos, mas que isso se faz iludindo os olhos, de modo que eles vêm a si próprios e aos outros como se fossem lobos ou gatos; ou então isso [fabricação de ouro] é apenas uma *perfection* e completamento dos metais menos nobres, na qual, com a ajuda do fogo e de outras coisas, fazemos avançar em tempo menor os metais incompletos do chumbo, cobre e estanho até a perfeição maior do ouro, que o sol, juntamente com o calor do fogo subterrâneo, teria produzido em um número muito grande de anos. O melhor conselho foi dado pelo diabo a vários alquimistas que pediram seu conselho sobre como deveriam proceder com o processo que haviam iniciado, quando ele disse: *travaillez*, *travaillez*, trabalhem, trabalhem, pois essa é a ordem de Deus: nutrir-se pelo trabalho e obter a bênção de Deus, assim como ouro e dinheiro. Mas eles o compreenderam errado, que deviam zelosamente continuar com seu trabalho de alquimistas e foi o que fizeram e se tornaram com isso mendigos e conseguiram *pro thesauro carbones*, carvão em vez de ouro. No entanto, os alquimistas são tão teimosos (*verbast*) que mesmo o bom sr. Christian Eisenmenger[3]

3 O alquimista Christian Eisenmenger não deve ser confundido com Johann Andreas Eisenmenger (1654-1704), o autor antissemita do mal-afamado *Entdecktes Judentum* (Judaísmo Desmascarado), publicado em Königsberg, em 1711.

sacrificou sua vida a isso e se tornou um verdadeiro mártir da alquimia, como mencionamos anteriormente [...]. Outros, que sacrificaram a isso somente sua fortuna, escaparam de forma misericordiosa, mas numa situação pior estão os fraudulentos fazedores de ouro que têm de fazer o último teste – e a ele resistir – na prova da forca (*Galgen-Capell*).

§2. Até o presente, os estudiosos que possuíam uma velha epístola judaica sobre o ouro, em língua latina e denominada *Mesahab*, que em hebraico é chamada de זהב *Sahaf* ou *Sahab* [*zahav*], em que o *auctor* (cujo nome, época ou lugar em que viveu são tão pouco conhecidos quanto os da pessoa a quem ele escreveu), um bom alquimista, escreve para um amigo íntimo sobre a arte de fazer ouro. Essa epístola trazida à luz na língua latina pelo sr. Joh. Ludov. Hanneman, Médico, Doutor e Professor da Hollstein Academie, Kiel, *An.* 1694, em 8, em Frankfurt-am-Main, com muitas *Annotationibus* curiosas, sob o título *OVUM Hermetico-Paracelsico-Trismegistum, i. e., Commentarius Philosophico-Chemico-Medicus in quandam Epistolam MEZAHAB dictam de AURO*.

Apesar da afirmação de Schudt, a identidade do autor da *Epistola* é bem conhecida.

O texto em latim da *Mezahab epistola* está nas páginas 329-334 do *Jüdische Merkwürdigkeiten* de Schudt. Ele tem início com um título descritivo que diz:

EPÍSTOLA MEZAHAB

Sobre o Ouro Potável Extraído do Repertório da Literatura Sagrada e das Doutrinas dos Rabis, para Seu Mais Culto Amigo, Já Bem Conhecido em toda Europa, Cuidadosamente Escrito por um Certo Erudito Que Presentemente Prefere Permanecer Desconhecido.

O texto se inicia, como era o costume amplamente seguido na Idade Média, pelo cumprimento efusivo ao amigo anônimo do autor, por sua grande erudição e conhecimento. Então, como sumarizado por Schudt em seus comentários após o texto em latim, o autor cita exemplos para mostrar que os antigos hebreus já eram mestres de todas as artes e ciências que seus contemporâneos alegavam ter sido inventadas em sua época. Isso é seguido por uma discussão do tema central do tratado, isto é, as várias espécies de ouro conhecidas pelos antigos hebreus e as operações que eles podiam realizar com elas. Como essa parte não é abrangida pelo comentário de Schudt, apresento aqui sua tradução literal:

> As Sagradas Escrituras mencionam não apenas o ouro potável, mas também seis outras variedades de ouro, das quais duas não eram até agora conhecidas dos caçadores de segredos nem seus nomes tinham sido explorados, enquanto as outras quatro são mencionadas pelos iniciados na arte hermética, a primeira, o ouro purificado, a segunda, a cal de ouro, a terceira, a essência de ouro e a quarta, o ouro vegetativo – nomes que na verdade não são adequados a elas e aos quais vou agora me referir um a um.
>
> Primeiro: ouro potável, *mezahab*, obviamente denominado água de ouro, Gn 36,39.
>
> Segundo: denominado ouro purificado, *zahahme zucac* [*zahav m'zuqaq*], ouro purificado, 1Cr 28,18.
>
> Terceiro: claramente cal de ouro, *zahab saruf*, ouro calcinado, Ex 32.20.
>
> Quarto: isto é, a essência do ouro, *zahab tahor*, ouro limpo, 2Cr 9,16, 18.
>
> Quinto: isto é, ouro vegetativo, *zahab parvaim* [*zahav parvayim*], 2Cr 3,6, 8, e, na língua rabínica, *zahaf mothi peroth* [*zahav motzi perot*], ouro que produz frutos. Às vezes também [chamado] *zahab sehru haseh peroth* [*zahav schehu 'ose perot*], ouro que produz frutos, carrega frutos.
>
> Sexto: um ouro desconhecido dos iniciados na arte hermética, *zahab mufaz*, ouro forte, 1Rs 10,18. De acordo com os rabis, *dome legofrit mutsehet baes* [*domé l'gofrit mutzetet ha'esch*], semelhante a enxofre em chamas. Às vezes, no entanto, interpretado como significando *dome lapaz*, semelhante à pedra preciosa *spaz* [*paz*].

> Sétimo: também desconhecido dos iniciados na arte hermética, *zahab sachut* [*zahav schaḥuṭ*], ouro estirado, 1Rs 10,16, que os rabis dizem ser *zahab senitva cahut* [*zahav schenitvah kaḥuṭ*], ouro tecido como um fio. Às vezes, no entanto, denominado *seminsach que sa hava* [*schenimschakh k'scha'avá*], que pode ser estirado como a cera.

Em seguida Mussafia apresenta uma série de ricas fontes, explicações, opiniões e assim por diante, sobre cada um dos sete tipos de ouro, extraídas da *Bíblia*, da bibliografia talmúdica e midráschica e de textos dos exegetas medievais Abraão ibn Ezra, Moisés Gerondi e David Kimhi. Ele também se refere a Suidas, isto é, o *Suidae lexicon*, a grande enciclopédia literária e histórica compilada no século X.

Ele conclui sua *Epistola* (334) com uma referência, pouco habitual em fontes judaicas, à habilidade alquimista dos judeus no Egito helenístico:

> Os rabis, em *Sch'mot Rabá*, afirmam que esse ouro [estirável] era muito raro algum tempo depois da destruição do templo [de Jerusalém]. Pois eles dizem que na verdade ele agora não pode ser encontrado em parte alguma no mundo. Adrianus [Adriano] possuía uma porção desse ouro, do tamanho de um ovo; Diocleciano, na verdade, possuía o peso de um denário. Mas a raça dos romanos não tem nada disso em sua presença. A partir dessa afirmação concluo, não desmerecidamente, que os livros de *chymia*, nos locais em que foram coligidos e queimados por Diocleciano, como menciona Suidas, não pertenciam aos egípcios, mas aos hebreus. Pois muitas coisas são atribuídas nas histórias aos egípcios – sobretudo quando há uma discussão sobre as ciências – que, por mais fortes razões, estão ligadas aos hebreus, porque, acredito, a raça hebraica era invejada ou vista com desprezo, ou, o que acho mais gentil, porque os hebreus mais sábios, que na época moravam em Alexandria, eram chamados egípcios – isso é o que acho mais provável.

Tudo o que eu tinha em ouro ofereci de boa-vontade a vocês, não ouro comum, mas ouro tirado do Tesouro Sagrado, ao qual nenhum outro ouro pode se igualar. Jó 28,17. Adeus![4]

Como podemos observar nas passagens e no sumário acima, a erudição de Mussafia, que lhe permitiu escrever seu *Mussaf he'Arukh*, também fica evidente em sua *Epistola*. Mais interessante para a história da alquimia judaica é sua afirmação de que os alquimistas alexandrinos não eram egípcios, mas judeus cujos livros eram falsamente atribuídos a autores egípcios. Vimos acima, no capítulo 4, que essa visão se originara em meio aos próprios alquimistas helenísticos, que atribuíam a origem de sua arte aos adeptos judeus.

Imediatamente após sua apresentação do texto em latim da *Epístola* egípcia, Schudt passa a um comentário sobre ele em alemão, sem introduzir um subtítulo. Como apresentou toda a *Epístola* como parte de seu parágrafo 2, ele enumera o início de seu comentário como o parágrafo 3:

> §3. Este é um material que é do âmbito, exclusivamente ou pelo menos em grande parte, dos estudiosos, que sem dúvida entenderão o que quer dizer o autor a partir da própria língua latina e o assunto, por si só obscuro, se tornaria ainda mais obscuro se traduzíssemos essa epístola palavra por palavra para o alemão. Dessa forma, a fim de deixar a questão mais clara ao prezado leitor, apresentamos a seguir o conteúdo da carta.
>
> §4. No início da carta o autor elogia a habilidade, a excelência e o zelo do amigo ao qual ele escreve e promete responder a pergunta por ele feita: se os mestres judeus também conheciam o *auro potabili*, ou ouro líquido e potável, se sabiam dissolvê-lo de modo a obter alegria e prazer com ele. Então ele começa e diz que todas as artes e ciências que hoje são tidas como recentemente inventadas eram havia muito conhecidas e familiares aos antigos judeus. Como prova disso, ele menciona dois

4 Agradeço a Louis H. Feldman por sua ajuda na tradução dessa passagem.

exemplos: primeiro, a arte de imprimir, com relação à qual ele menciona as duas tábuas de pedras sobre as quais foi impresso o Decálogo, ou os Dez Mandamentos Sagrados, assim como o *efod* e o pequeno peitoral do sumo sacerdote do Antigo Testamento, sobre o qual foram gravados vários nomes e letras. Mas como as letras foram escritas sobre tábuas de pedra e sobre o *efod* e o pequeno peitoral do ofício sacerdotal pelo dedo de Deus, estou surpreso de que o sr. Hannemann nessas *Anotações*, p. 13, dê razão nessa questão aos *scribenten* [copistas] judeus, dizendo: *proinde ego huic Rabbino pollicem premo, quod & Judaeis isto tempore, ut & Salomoni, quaedam ars libros aeque celeriter imprimendi fuerit cognita*, isto é, "Dessa forma dou razão ao rabi na afirmação de que a arte de imprimir livros assim rapidamente era conhecida pelos judeus daquela época, assim como por Salomão". Não negamos que os chineses tinham, já antes de nós europeus, alguma arte de imprimir livros, mas ninguém até então havia sonhado isso com relação aos judeus antigos. As provas oferecidas pelo sr. Hannemann são: 1. Uma vez que, com a construção do Tabernáculo de Moisés e do Templo de Salomão, todas as ciências e artes se reuniram, por inspiração de Deus, nos corações dos grandes artesãos, assim, nada permaneceu oculto a eles, em especial, ao sapientíssimo Salomão, de tudo que a diligência humana pode inventar. Eu respondo: Deus ensinou-lhes as ciências e artes que eram necessárias à construção do Tabernáculo e do Templo, mas não as outras. É possível, afinal de contas, construir o mais belo palácio real sem a nobre arte da impressão. 2. Ele afirma que os chineses obtiveram dos judeus sua arte da impressão *per traditionem* [por tradição], mas não oferece provas disso; sem mencionar que os chineses já eram um povo famoso na época de Moisés e Salomão e tinham a impressão.

§5. Em segundo lugar, o rabi judeu, em sua epístola do ouro, também menciona a pólvora como prova de sua afirmação de que todas as artes inventadas recentemente já eram conhecidas dos antigos judeus; essa invenção é, por outro lado, atribuída a um monge alemão, Berthold Schwartz, que era um bom *chymicus*, An. 1378. O rabi, de forma totalmente incorreta, se refere às palavras de Moisés com as quais Deus faz ao povo desobediente de Israel a ameaça de queimar toda sua terra com enxofre e sal, de modo que nela não se poderia plantar, nem grama poderia nascer etc., Dt 29,23 [na *Bíblia* hebraica, Dt 29,22], no quê, o sr. Hannemann, p. 15, igualmente o considera correto, uma vez que, afinal de contas, a natureza do enxofre e do salitre não era desconhecida de Salomão e outros sábios do mundo antigo, embora eles não os utilizassem para a destruição de pessoas como fazemos hoje com a pólvora. No entanto, mesmo podendo não desconhecer sua natureza, eles ainda assim não compreendiam todos os efeitos deles.

§6. Agora ele continua e se aproxima de seu objetivo: Adão, embora não praticasse ele próprio a *chymie*, assim mesmo a ensinava e, com ele, Tubal-Caim aprendeu a metalurgia, sendo que Moisés, Davi e Salomão a praticaram.

§7. Ele não apenas descreve em detalhe seis diferentes espécies de ouro encontradas nas Sagradas Escrituras, mas também quer mostrar-nos nelas o *aurum potabile*, ou ouro líquido, referindo-se a Gn 36,39, em que aparece o nome Mesahab (do qual ele extrai o título de sua epístola). Agora, na língua hebraica, na qual a expressão é escrita em duas palavras separadas, a expressão é מֵי זָהָב, *aquae auri*, água de ouro. Agora, como os nomes hebraicos das Sagradas Escrituras não foram atribuídos ao acaso, mas deliberadamente, por referência a algum acontecimento importante, os judeus antigos queriam, então, fazer de Me-Zaabe um fundidor de ouro e alquimista que podia preparar o *aurum potabile*. Assim, nosso rabi se refere à tradução caldaica de Onkelos, que traduz a palavra por דְּהֲבָא מְצָרֵף, *conflator auri*, fundidor de ouro. Ele se refere ao *Targum Hierosolymitanum* [o *Targum de Jerusalém*] caldeu, que traduzia a expressão da mesma forma e acrescentava que, como podia transformar ouro *in liquorem* [em líquido] e outros metais em ouro, ele valorizava pouco a prata e o ouro e perguntava מָא הוּא כַּסְפָּא מָה הוּא דָהֲבָא: "O que é o ouro? O que é a prata?", da mesma forma que diríamos: O ouro é apenas terra vermelha, a terra não vale grande coisa. Também o Rabi Salomão Jarchi [Yarḥi, isto é, Raschi] afirma que a palavra Mesahab significa היה עשיר

ואין זהב חשוב בעיני לכלום מה הוא זהב?: O que é o ouro? Ele era rico e o ouro a seus olhos nada valia. Sobre a palavra מי זהב, o Rabi Aben Esra [Ibn Ezra] escreve, de forma mais judiciosa, o seguinte: ואחרים אמרו רמז לעושים זהב מנחשת ואלה דברי רוח כן שמו והגאון אמר צורף זהב, isto é, "Esse era seu nome (Mesahab) e o Rabi *Saadia Gaon* diz que ele era um ourives; outros dizem que ele descobriu como fazer ouro a partir de cobre; mas essas são palavras vazias". Pode ser que esse nome Mesahab não tenha surgido acidentalmente, mas deve então por isso significar o *aurum potabile*? E se tivesse encontrado ouro num rio ou na água e descobrisse um rio levando esse ouro, a ele então seria dado o epíteto Mesahab, rio de ouro, água de ouro? Mas afirmar que também os judeus produziam ouro desde os primeiros tempos faz-nos pensar que eles não puderam imaginar [a ideia de] que Salomão no *Cântico dos Cânticos* estava descrevendo a arte de fazer ouro em palavras alegóricas. De resto, também o sr. D. Hannemann quer afirmar que a maioria dos rabis era constituída por *adeptos*, ou por pessoas que podiam fazer ouro, e ele opina que eles apresentavam essa arte em palavras obscuras e em fábulas, ao escrever na página 12[5]: "O que faz parte dos escritos dos rabis, eles o transmitem, assim como muitas coisas notáveis, em todos os tipos de disciplinas; muitos deles parecem fábulas de mulheres velhas: mas neles oculta-se grande sabedoria que ninguém pode alcançar, a menos que esteja familiarizado com os segredos da filosofia mística. Muitos, portanto, leram os escritos dos rabis, ou por causa da filosofia, ou por curiosidade; mas, quando encontram alguma fábula, eles não procuram saber o que está oculto sob essa fábula. No entanto, para nós, está firmemente estabelecido que sob essas fábulas os rabis queriam ocultar outras coisas, cujo conhecimento eles não queriam transmitir a outros. E sabe-se que quase todos os antigos rabis eram adeptos da filosofia".

Os *chymici* costumavam apresentar sua alegada arte do ouro em palavras veladas, tais como, menciona ele na página 32, as palavras de

5 O texto em latim foi omitido.

Teofrasto Paracelso[6]: "Ele manda lançar o judeu vermelho no Mar Cáspio até que ele se dissolva nele e então queimá-lo até as cinzas, que primeiro ficarão brancas e depois vermelhas". Com esse enigma, ele descreve toda a arte etc. Para os homens sábios, essa e outras fórmulas semelhantes são todas *oracula* [oráculos] e véus de mistérios.

§8. Ele além disso quer apresentar dois exemplos de transmutação de metais, extraídos das *Sagradas Escrituras*, que efetivamente teriam ocorrido. Primeiro, o de que prata fora transmutada em ouro e, depois, também cobre fora transformado em ouro: *praedicti liquoris forsan appositione*, talvez pelo acréscimo do *liquor* [líquido] *do aurum potabile*, ou ouro líquido, acima mencionado. Que Davi transmutou prata em ouro deve portanto ser óbvio, caso contrário, o texto das Sagradas Escrituras não seria confirmado. Pois em 1Cr 30,4 [na verdade, 1Cr 29,4] lê-se que Davi deu 7 mil talentos de prata refinada, para com ela recobrir as paredes do Templo, mas em 2Cr 3,6.7.8, ficamos sabendo que Salomão recobriu as paredes da Casa com ouro. Assim, a prata destinada a ele por Davi deve ter sido transmutada em ouro, de acordo com a afirmação dos rabis. Que também latão era transformado em ouro, sobre isso ele opina ter encontrado uma boa base nas palavras de Esdras 8,27: E vinte taças de ouro, no valor de mil dáricos, e dois vasos de fino latão claro e brilhante, tão precioso quanto ouro. Então ele emite a opinião de que, uma vez que esses dois vasos de latão estavam entre tantos vasos de prata e ouro, eles sem dúvida deviam ter algo de muito especial, sobretudo na medida em que o texto afirma que eles de forma alguma eram menos valiosos que ouro. Dessa forma, deve-se supor que eles eram de latão que fora transmutado em ouro. Ele prova isso, primeiro com um fraco *argumentum grammaticale* [argumento gramatical]: porque a palavra נחשת, latão, é *generis foemin.* [do gênero feminino], mas o *epithetum* [adjetivo] מֻצְהָב, *fulgens* [brilhante] é construído *genere masculino* [no gênero masculino], o que reflete sua alusão secreta à palavra זהב, ouro, que é *generis mascul.*

6 O texto em latim foi omitido.

[do gênero masculino]. Isso, no entanto, pode ser facilmente rebatido, mostrando-se que se trata de *enallage generis mascul. pro foemin.* [uma mudança do gênero masculino para o feminino], que é bastante comum em *verbis nominibus* [palavras para nomes] e *participiis* [particípios] do hebraico, como observam aqui tanto o rabi Solomon Jarchi [Yarḥi, Raschi] quanto o Rabi Aben-Ezra [Ibn Ezra]. O outro argumento também é um *argumentum grammaticum*: quando se substitui o צ por um ז, o resultado é a palavra מְזָהָב , que significa "de ouro"; assim a expressão significa latão de ouro, isto é, ouro que antes era latão. Essa troca de letras se baseia na conhecida regra *literae unius ejusdemque organi facile inter se permutantur* do idioma hebraico: letras que representam o mesmo som são facilmente permutáveis entre si. Embora, em si mesma, essa regra seja muito boa e esteja suficientemente confirmada por exemplos das Sagradas Escrituras como צעק e זעק, chorar, ainda resta a questão de se determinar se essa permuta de letras ocorre também nessa palavra, pois não há nenhum exemplo disso nas Sagradas Escrituras, e sem um precedente não temos o direito de mudar uma letra sequer.

§9. Além disso, ele está falando de poeira ou pó de ouro, como podemos transformar ouro em poeira ou pó, e ele atribui essa arte a Moisés, pois em Ex 32,20 é dito sobre Moisés: "E ele tomou o bezerro que tinham feito e queimou-o no fogo; e, moendo-o até que se tornou em pó, o espargiu sobre a água, e deu-o a beber aos filhos de Israel". Muitos escreveram que Moisés tinha de ser um bom *chymicus*, muitos dos quais são citados pelo sr. D. Hannemann em *Annotat.* p. 42. Nós mesmos, em *Historia Jud.* L. I, Cap. IX, p. 86 *seq.*, após descrever a amplitude da sabedoria e ciência de Moisés, também comentamos[7] que "parece que ele também conhecia a *chymia*, na medida em que transformou o bezerro de ouro em pó, para que fosse possível bebê-lo".

Em *Borrichius de Ortu & Progressu Chemiae* p. 47, lê-se[8]: "Certamente ninguém, a não ser um excelente *chymicus* pode realizar isso que

7 O texto em latim foi omitido.

8 O texto em latim foi omitido.

as Sagradas Escrituras contam sobre Moisés [e o que] ele realizou, isto é, incinerar o bezerro de ouro no fogo, triturá-lo até se transformar em pó, espalhá-lo na água e dá-lo aos filhos de Israel para beber". Mas estavam indo longe demais os defensores da *chymia* que alegavam que Moisés escreveu um livro de *chymia*, como o sr. D. Hoh. Andreas Schmidius, preboste de Helmstadt, afirma no *Pseudo-Veteri Testamento*, p. 49.

§10. Quando o autor descreve todos os tipos de ouro, fica um tanto difícil acreditar que também exista um *aurum vegetativum* [ouro vegetativo], que tem seu sêmen, semente, dentro de si e, dessa forma, cresce. Ele cita a opinião dos rabis de que Salomão criou no Templo árvores desse tipo de ouro, árvores que produziam frutos de ouro em certas épocas. O sr. Hannemann, em *Annotat.* p. 63, concorda com ele, mas nós atribuímos isso à ficção judaica.

§11. O *autor* conclui, afirmando que os livros *chymical*, sobre o preparo do ouro e da prata, que o imperador Diocleciano, de acordo com o testemunho de Suidas, coligiu e queimou, não eram dos egípcios, como opina Suidas, mas dos judeus, que, como muitos deles residiam em Alexandria no Egito, eram muitas vezes chamados de egípcios, sobre o quê, o sr. D. Hannemann discorre extensamente em suas *Annotat.*, p. 116 *seq*.

§12. Se os antigos hebreus conheciam a arte de fazer ouro e prata, é muito estranho que seus descendentes, os judeus, tão vorazes por dinheiro e ouro, ignorassem essa arte de seus ancestrais e a deixassem se perder. Para concluir, queremos mencionar a melhor arte de fazer ouro, que consiste no arrependimento verdadeiro, na conversão e no temor a Deus, processo que o antigo *Philosophus* oriental Elifaz de Temã descreveu muito clara e belamente em Jó 22,21 *seq*.: "Reconcilia-te, pois, com Ele (Deus), e faz as pazes com ele, é assim que te será de novo dada a felicidade. Aceita a instrução de Sua boca e coração e põe Suas palavras em teu coração. Se te voltares humildemente para o Todo-Poderoso, serás fortalecido, se afastares a iniquidade de tua tenda. E o Todo-Poderoso será ouro para ti [no original: tesouro] e a prata se acumulará para ti".

35.

Benjamin Jesse

Como vimos, alguns alquimistas judeus permanecem anônimos, mesmo tendo deixado textos escritos; outros são conhecidos pelo nome porque são mencionados por autores alquimistas não judeus que discutem sua obra, mas nada conhecemos sobre suas vidas nem seus trabalhos chegaram até nós; outros ainda são mencionados de forma apenas incidental nas fontes disponíveis e nada conhecemos quer sobre sua obra quer sobre suas vidas, exceto por essa única referência frustrante. O homem Benjamin Jesse não pertence a nenhuma dessas categorias. Nenhuma de suas obras chegou até nós, ele é mencionado em uma única fonte apenas, que incidentalmente é de origem cristã, mas essa única fonte é um relato de alguém que o conheceu pessoalmente e contém mais informações sobre ele do que temos sobre qualquer outro alquimista judeu que tenha deixado volumosos tratados. Essa fonte única é uma carta escrita em 1730, pouco tempo depois da morte de Jesse, por um herdeiro e discípulo cristão (cujo nome e identidade são desconhecidos), da qual Schmieder publicaria passagens, cem anos mais tarde, em sua história da alquimia[1].

Schmieder apresenta a carta, afirmando que no início do século XVIII havia muitos alquimistas na Alemanha sobre os quais nada se conhecia durante sua vida e cujos próprios nomes se tornaram conhecidos somente após sua morte. Ele acrescenta:

1 K. C. Schmieder, *Geschichte der Alchemie*, p. 523-526.

É quase como se o voto de segredo incondicional fosse mais fácil para os judeus que para os cristãos; pois temos o primeiro exemplo no Abraão de Flamel, o segundo, nos dois Hollandus, que são considerados judeus por alguns, e um terceiro, sobre o qual vamos falar agora, que era também judeu e se chamava Benjamin Jesse, viveu por muito tempo em Hamburgo sem atrair a menor atenção. Nada conheceríamos sobre ele, mesmo após sua morte, se ele não tivesse um herdeiro cristão, cuja carta aqui se segue numa seleção de passagens.

Schmieder não diz a quem a carta era dirigida, quanto tempo após a morte de Benjamin Jesse ela foi escrita, nem como ela chegou a suas mãos.

Honrado Amigo!
Você queria notícias sobre a vida e morte daquele que foi meu mestre, Benjamin Jesse. De nascimento ele era judeu, mas de coração, um cristão; pois honrava nosso Salvador. Era uma pessoa gentil, ajudava muitos em segredo e curava doentes que ninguém mais podia curar. Quando eu tinha dez anos de idade, ele me tirou de um orfanato e me empregou como ajudante em seu laboratório. Ele me fez aprender latim, francês e italiano e também me ensinou o hebraico. Eu o servi com o melhor de mim durante vinte anos.

Uma manhã ele me chamou e disse que, estando com oitenta e oito anos, seu bálsamo da vida estava se acabando e seu fim estava próximo. Em seu testamento, disse ele, ele se lembrava de dois primos e de mim. Estava na mesa, em sua pequena sala de oração. Ele me levou até a porta. Cobriu a fechadura e as dobradiças (*fugen*) da porta com uma massa de vidro transparente, que ele amassou em suas mãos como cera, e imprimiu sobre ela seu selo dourado, que rapidamente endureceu. Ele colocou as chaves da porta numa caixa pequena, selou-a da mesma forma e deu-a para mim, com a instrução de dá-la somente a seus primos Abraão e Salomão, que na época viviam na Suíça. Depois disso, ele colocou seu selo num frasco de vidro cheio de água límpida, onde ele derreteu como gelo, enquanto um pó branco se acumulava no fundo e a água ficava vermelha como uma rosa. Ele selou o frasco com a massa de vidro e confiou-me a tarefa de entregá-la a seu primo Abraão.

Depois de fazer isso, ele se ajoelhou e rezou, recitando Salmos hebraicos, então se sentou em sua cadeira, bebeu um pouco de vinho malvasia, adormeceu placidamente e, uma hora depois, expirou em meus braços. Informei aos primos sobre sua morte e, muito mais cedo do que eu esperava, ambos chegaram. Quando expressei meu espanto com relação a isso, notei um leve sorriso no rosto de Abraão; mas o outro permaneceu com o rosto muito sério.

No dia seguinte, Abraão Jesse pegou o frasco com a água e o quebrou sobre um recipiente de porcelana, para reter a água. Com essa água, ele umedeceu os selos transparentes, que ficaram totalmente moles e puderam ser removidos com facilidade. Então ele abriu a pequena sala de oração. No meio estava uma mesa de ébano com uma bandeja de ouro. Sobre a bandeja estavam deitados e em pé vários diferentes e estranhos livros e instrumentos e, entre eles, havia uma caixa cheia com um importante pó escarlate. Dela, Abraão se encarregou sorridente, pois todas essas coisas haviam sido previamente legadas a ele no testamento.

Encontramos quatro grandes caixotes cheios de barras de ouro. Esses deviam ser herdados pelos primos em partes iguais e, deles, seis mil ducados deviam ser tirados e pagos a mim; mas eles me deram o dobro disso. Abraão renunciou à sua metade, pois ele conhecia a mesma arte que meu mestre possuíra e bem sabia que tinha recebido previamente mais que tudo isso. Ele a destinou como dotes para moças pobres. Como até então eu tivera que permanecer solteiro, eles me persuadiram a me casar com uma moça pobre, que então me traria uma parte do presente de Abraão. Salomão retornou com seu ouro para a Suíça; mas Abraão foi com sua parte da herança para as Índias Orientais.

Schmieder acrescenta que essa história é especialmente interessante porque dá uma clara ideia do famoso selo hermético, que é frequentemente mencionado pelos alquimistas. Quando os alquimistas nos ensinam que o *sigillum Hermetis* é na verdade vidro, isso parece indicar o fechamento da boca de um frasco de vidro por derretimento, mas essa não parece em absoluto uma descrição apropriada de operações para cuja realização são prescritas repetidas aberturas. A contradição, no entanto, fica bem explicada nessa descrição do autor da carta. Ela se caracteriza por uma franca sinceridade e, assim, merece credibilidade.

Schmieder prossegue, explicando que Jesse sem dúvida havia escrito a seus primos assim que percebera que o fim estava próximo e pediu-lhes que fossem para Hamburgo. A surpresa do ajudante com sua inesperada chegada pouco depois indicava-lhes a simplicidade do homem bem-intencionado e eles se divertiram fazendo os instrumentos que encontraram parecer maravilhas da magia. Essa observação nos sugere que a carta continha descrições de alguns feitos surpreendentes realizados por Abraão Jesse – que parece ter sido um iniciado – que deviam parecer ao ajudante obras de magia mas que Schmieder achou desnecessário reproduzir.

No final de seu relato Schmieder observa que nada se conhece sobre o herdeiro da arte de Jesse, seu primo Abraão, que deixou a Europa com seu tesouro, exceto que ele permaneceu solteiro e que, algum tempo depois, adotou o filho mais velho do ajudante de Jesse. Isto é, a arte não morreu com ele "e não se deve, portanto, achar estranho que, mais tarde, o Sul asiático viesse a fazer sua contribuição para a história da alquimia".

Um rápido comentário, para concluir. A história tal como relatada na carta do ajudante desconhecido é sem dúvida fascinante e parece ser verdadeira, apesar, ou talvez justamente por causa, das pequenas contradições que ela contém. A carta conta que o judeu Benjamin Jesse era de coração um cristão, mas que mantinha uma sala de oração judaica em sua casa e que, quando sentiu a morte se aproximar, recitou salmos hebraicos – o que mostra que ele permaneceu um judeu praticante. Também diz que seu primo Abraão teria dado metade do ouro, mas então afirma que ele foi para as Índias Orientais "com sua parte da herança". Mas esta última afirmação talvez se refira ao pó vermelho, que devia ser muito valioso: talvez fosse isso que Abraão levou consigo. Se Abraão adotou o filho mais velho do ajudante, depois de este último ter se casado com a moça pobre que se tornara rica por sua parte no ouro, então os dois devem ter permanecido em contato durante vários anos depois da ida de Abraão para as Índias Orientais. A carta também fazia referência a isso, nas partes que Schmieder optou por não reproduzir?

Em todo caso, temos aqui um relato único sobre um alquimista judeu, nascido pelo menos em 1642, que viveu em Hamburgo durante muitos anos em total anonimato, curando pessoas doentes que não podiam encontrar ajuda em outra parte, conhecedor do processo de como amolecer, endurecer e depois amolecer novamente materiais com propriedades do vidro, que sabia como derreter ouro num líquido com aparência de água, que produzia um "importante pó escarlate" (empregado na transmutação de metais comuns em ouro?) e mantinha um laboratório de alquimia bem equipado. Também ficamos sabendo que a Arte Hermética dominada por esse homem foi transmitida por ele a seu primo, que então a levou para as longínquas Índias Orientais.

Parte Nove

SÉCULO XVIII

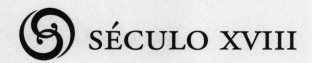

Introdução à Parte Nove

Por volta do final do século XVII ocorria uma notável mudança na identidade das pessoas envolvidas em atividades alquimísticas. Após Maria Hebraea, até cerca de 1700, quase todos os alquimistas foram homens. Uma das poucas exceções de que temos notícia foi uma judia anônima "especialista em seu trabalho", citada no manuscrito de Manchester, discutido supra no capítulo 31. No entanto, a partir do século XVII as mulheres começam a assumir seu lugar junto aos homens nos laboratórios de alquimia, como indicado, entre outras coisas, pelas ilustrações impressas em livros dessa época. Assim, no *Mutus liber*, incluído na *Bibliotheca chemica curiosa* (Genebra, 1702) de Johannes Jacobus Manget, muitas das ilustrações mostram um homem e uma mulher trabalhando juntos em atividades de alquimia. De fato, a alquimia se tornava uma espécie de passatempo da moda para mulheres das camadas mais altas da sociedade. Assim a amiga e tutora de Rousseau, Madame de Warens, "herdou o gosto do pai pela alquimia e a medicina empírica" e, em 1728-1731, trabalhou no preparo de "elixires, tinturas, bálsamos e magistérios", com a ajuda de todos os membros de sua família, e produziu drogas e medicamentos usando plantas; sua casa "nunca estava livre de charlatães, alquimistas e vendedores de toda espécie". Alguns anos mais tarde (1747-1749) o próprio Rousseau se interessaria pela química, que nessa época mal se distinguia da alquimia, e juntamente com seus amigos, preencheu "dúzias de folhas de papel com nossas garatujas sobre essa ciência"[1]. A popularidade da alquimia não podia deixar de se difundir em meio aos círculos judaicos.

O século XVIII foi um período de grande transformação na vida cultural, religiosa e social do povo judeu. Os asquenazitas se estabeleceram solidamente como o setor dominante em meio aos judeus, enquanto o elemento sefardita oriental recuou para uma insignificância relativa, tanto em termos numéricos quanto em termos culturais. No Leste europeu um novo desenvolvimento religioso judaico, o hassidismo, se tornou um fator vital e, quase simultaneamente na Europa central, os ventos revigorantes da Hascalá, o Iluminismo judaico, começaram a soprar. A Europa ocidental presenciou então os primeiros movimentos do que no século seguinte se tornaria a emancipação dos judeus.

Esses desenvolvimentos inevitavelmente deixaram sua marca na atividade da alquimia judaica. Até o século XVIII, os sefarditas tinham um virtual monopólio da alquimia em meio aos judeus, mas o esgotamento do vigor que caracterizara suas comunidades em geral foi acompanhado por uma diminuição da produtividade também nesse campo. Isso não significa que o interesse pela alquimia e por sua prática não continuasse em meio a eles, até mesmo nos séculos XIX e XX. Há indicações de que eles se ocuparam com a prática da alquimia e também produziram cópias de obras mais antigas da alquimia hebraica, acrescentaram anotações a elas, compilaram léxicos de alquimia e coisas do tipo. Mas tudo isso foi meramente um último lampejo da criatividade em alquimia que lhes havia garantido, durante séculos, sua posição de destaque na alquimia do mundo ocidental. Em minha busca por informações sobre o que significava a alquimia para os rabis sefarditas do século XVIII, encontrei apenas um autor que faz referências passageiras a ela: Ḥaim Iossef Azulai (1724-1806) – nascido em Jerusalém e autor de obras sobre os mais variados assuntos – que, em uma de suas obras

1 Jean Jacques Rousseau, *Confessions*, London: Overyman's Library ed., 1931, 1:43, 98, 161, 164, 314. (Ed. bras.: *Confissões*, São Paulo: Edipro, 2007.)

de menor porte, intitulada *Midbar Q'demot* (Deserto Primevo), menciona incidentalmente que Ḥaim Vital foi um mestre da alquimia.

Por outro lado, pela primeira vez na história milenar da alquimia judaica, os judeus asquenazitas aparecem em seus registros. Esse desenvolvimento sem dúvida teve lugar sob a influência da alquimia não judaica, que se tornou acessível a eles no momento em que alguns judeus na Europa central e ocidental começaram a se interessar pela cultura de seu ambiente não judaico, no século XVIII. Os dois alquimistas asquenazitas do século XVIII que serão examinados nesta parte representam um novo tipo de adepto judeu: o mágico, conjurador, alquimista e aventureiro, cujo trabalho estava voltado para as camadas mais altas do mundo não judaico, que conquistava as graças dos príncipes e governantes, impressionando-os com seu poder místico, para o qual a alquimia era apenas uma seta em sua aljava e cuja principal munição era sua habilidade de projetar uma personalidade imponente.

Um deles, Ḥaim Sch'muel Falck, exibia seu judaísmo nas cortes dos príncipes germânicos, discursando, na verdade criticando, para sua nobre plateia em língua alemã (o mero fato de conhecer o alemão prova que ele era um judeu assimilado) e alegando ser dotado de poderes sobrenaturais. O outro, o conde de Saint Germain, ao contrário, nunca admitiu publicamente sua origem judaica, reivindicava parentesco com a realeza, assim como uma existência milenar, e se tornou *persona grata* em muitas das cortes da nobreza e realeza europeia, sendo admirado por seu carisma, inteligência, conhecimento e, em grande parte, por seu conhecimento da alquimia.

Além dessas duas personagens notáveis, vamos discutir nesta parte o interesse pela alquimia de um rabi asquenazita que sofrera influência sefardita, bem como um manuscrito de alquimia, na maior parte em hebraico e parte no idioma ladino, escrito no século XVIII por um judeu sefardita que provavelmente vivia na Itália e cuja postura como discípulo se manifestava, entre outras coisas, em sua admissão de que copiara algumas das coisas que encontrara em outros manuscritos sem tê-las compreendido.

36.

Ḥaim Sch'muel Falck

Por volta de 1736, um mágico judeu, que mais tarde se tornaria famoso como alquimista em Londres, era hóspede no castelo de Alexandre Leopold Antoine, conde governante de Rantzow e conde do Sacro Império Romano-Germânico. Seu nome, como indicam as fontes da época, era Chaim Schmul Falck, e estava com vinte e oito anos de idade na época. Em suas *Mémoires*, o filho do conde governante, o conde George Louis Albert de Rantzow, deixou um relato detalhado de suas impressões sobre Falck e suas atividades no castelo[1].

> Essa personagem extraordinária está, na época em que escrevo, com vinte e sete anos e oito meses de idade. De estatura média, tem proporções adequadas para ser um homem agradável. Sem ser corpulento, ele não é magro. Tem um rosto amorenado, belos olhos grandes e escuros, puxados, mais que arredondados, e cheios de fogo, um nariz aquilino, uma boca de tamanho médio. Em sua aparência, que é muito nobre e imponente, a afabilidade predomina e sobrepuja o orgulho. Veste-se normalmente com uma túnica [*talard*] de cor roxa, a menos que tenha alguma razão para se vestir de outra forma. Ele tem toda aparência de virtude e probidade e, apesar de tudo isso, cuidado com sua astúcia diabólica![2]

1 George Louis Albert de Rantzow, *Mémoires du Comte de Rantzow, ou les heures de récréation à l'usage de la noblesse de l'Europe*, 2 v., Amsterdã, 1741, v. 1, p. 197 e s. Consultei a cópia desse livro raro na Biblioteca Nacional, Paris.

2 No original: *Sauve qui peut la Diablerie!* Idem, v. 1, p. 223.

Como podemos concluir dessas palavras, Falck era um homem de aparência e personalidade atraentes. As palavras de advertência com que o jovem Rantzow (ele tinha vinte e um anos de idade na época) conclui sua concisa descrição desse homem refletem sua reação ambivalente aos feitos excepcionais que ele vira Falck realizar. Rantzow presenciara esses feitos em companhia de sua família e amigos e ficara totalmente assombrado com eles, mas sendo também bom cristão, simplesmente não podia aceitar como fato que um "sacerdote" judeu fosse capaz de invocar poderes divinos e sagrados e fazê-los obedecer suas ordens. Sua descrição é valiosa, porque descreve em detalhes precisos a magia de Falck que, ao que parece, foi nesse estágio inicial de sua carreira sobretudo um mágico e conjurador – artes que podem ter-lhe servido como um bom preparo para seu domínio dos procedimentos alquimísticos que mais tarde iriam conquistar-lhe a fama de "o Baal Schem de Londres". Apesar da relutância de Rantzow em acreditar nos próprios olhos, ele deve ter ficado extremamente impressionado com a magia de Falck, uma vez que dedicou à sua descrição nada menos que vinte e sete páginas de suas *Mémoires*.

O jovem Rantzow nada nos conta sobre a origem ou a vida de Falck antes de sua estada no castelo do conde. No entanto, uma vez que Rantzow registrou suas observações entre 1736 e 1739, nelas afirmando que, na época, Falck tinha vinte e sete anos e oito meses de idade, podemos concluir que Falck nascera entre 1708 e 1711. Outras fontes nos indicam que o local de nascimento de Falck pode ter sido Furth, na Baviera, ou Podhajce, na região de Podólia. Como Rantzow afirma que Falck tinha "um rosto amorenado", é possível que seus ancestrais fossem judeus da região mediterrânea.

Rantzow inicia seu relato contando que, ao retornar de uma viagem, descobrira que seu pai abrigava secretamente "o famoso príncipe e Grão Sacerdote dos judeus, Ḥaim Schmul Falck", que afirmava descender do rei Davi. Rantzow descobriu que antes de ser acolhido por seu pai, Falck havia permanecido durante longo tempo em Geilberg, como

Figura 36.1
Ḥaim Sch'muel Falck. A partir de uma pintura de Copley.
Reproduzida com autorização de Mrs. Cecil Roth.

convidado do barão de Donop, conselheiro do império, uma pessoa de espírito e mérito e um homem que dificilmente se deixaria impressionar por aparências enganadoras. Antes disso, diz Rantzow, "esse judeu" havia sido banido de diversos estados alemães, porque "fazia coisas que estavam acima das maravilhas que se podem relatar". Ele acrescenta que "é preciso vê-lo com os próprios olhos", para melhor se convencer da realidade dos poderes de Falck, o que não é tão fácil por meio de um mero relato, e prossegue apresentando uma relação dos nobres e cidadãos para os quais Falck apresentara "mil espetáculos maravilhosos": "Será necessário relatar o que ele fez com o conde de Westerloh, o marquês Damis e o duque de Richelieu, na época embaixador na corte de Viena?". Em seguida, Rantzow relata um infeliz incidente:

Esses senhores, todos presentes quando o desafortunado criado do conde de Westerloh sofreu um acidente fatal, não puderam negar que ele [Falck] possuía uma diabólica astúcia cabalística. O pescoço torcido do pobre jovem que, estivesse ele vivo após o acidente que lhe tirou a vida, poderia olhar somente para trás, demonstrou muito bem que o Diabo perseguia o Grão Sacerdote e todos os que o admitiam em seu círculo próximo. Meu pai, que estava entre os que observavam o acontecido e que queria testar-me, aproximou-se de mim nesse momento e me levou até esse suposto príncipe dos judeus. Tanto por obediência às ordens de meu pai quanto pela curiosidade de que facilmente somos tomados diante da ideia de algo extraordinário, deixei-me levar até os aposentos do famoso cabalista.

Tendo eu lá chegado, esse novo pontífice começou por me dizer que sabia o que eu estava pensando. "O senhor", disse-me ele, "tem um sentimento de incredulidade com relação a nossos antigos judeus, sobre os quais Jesus Cristo disse: 'Essa raça nunca irá acreditar em mim, a menos que veja milagres e números; prometo mostrar tais coisas a quem não conseguir acreditar'". "O senhor fala", respondi, "do Novo Testamento como se fosse um cristão". Ele respondeu: "Muito possivelmente eu o li tanto quanto o senhor". Respondi: "Pode ser, mas nesse caso, fico surpreso de que ainda continue no erro".

"Estou tão pouco em erro", respondeu o judeu, "e tão pouco o erro me agrada que meu trabalho é libertar todos os meus irmãos dele. Eles estão esperando por alguém que os liberte da opressão e escravidão em que se encontram. A hora está chegando, mas não posso dizer mais nada sobre isso. Sua lei pressupõe", continuou o judeu, "que fomos rejeitados pelo povo eleito por Deus. Mas seria preciso provar para mim que Deus, que é imutável, pode mudar Seus decretos. Está bem claro que Ele não os mudou com relação a nosso povo, que estamos de fato sob Suas mãos, mãos que tocam nossas cabeças como as mãos de um pai que pune os filhos. Os cristãos desfrutam as glórias do mundo. Os judeus vivem na ignomínia, de modo que eles são, num sentido verdadeiro, os únicos cristãos. A morte de Jesus Cristo se deu para que fosse possível anunciar para nós um estado de humilhação, após o qual devemos encher a terra, até os confins do universo, com o clamor da magnificência de Deus e a glória da nação judaica. Essa nação resistiu às injustiças de todas as épocas, preservou seu nome, sua unidade, a despeito de todos os esforços das potências da terra. Incapazes de realizar imposturas e totalmente indiferentes à política secular, somente contamos com o trovejar dos céus que será desencadeado pelos ministros de Sua vingança. Ninguém deve dizer que somos cegos. Sempre vemos o dedo de Deus sobre nossas cabeças. Deixaria o senhor de reconhecer seu pai como seu pai, porque ele o pune? Não é o castigo o mais belo sinal que a ternura verdadeira de um pai pode oferecer? Quando todos os judeus forem humildes de coração, vestindo trajes de penitência, Ele responderá com sua libertação".

Supondo-se que Rantzow estava reproduzindo as palavras de Falck – e não há razão para duvidar disso – essas são afirmações provocativas e confiantes, vindas da boca de um judeu acolhido na casa de um nobre cristão. Nesse momento, é anunciada a chegada do barão de Donop. O jovem Rantzow deixa "o suposto libertador dos judeus com um levantar de ombros" e se apressa em encontrar o barão, para pedir informações sobre Falck. A resposta do barão de Donop mostra-nos que ele não duvidava dos poderes de Falck:

Eu o conhecia, tendo-o visto primeiro em Cassel, onde sua reputação estava acima de toda suspeita. Nessa época ele curou a filha do judeu da corte, que sofria de ataques de epilepsia quase diários. Ele a curou dessa doença com talismãs cabalísticos, sem fazê-la tomar nenhum remédio. E isso não é tudo. Numa ocasião, o judeu da corte teve de deixar a cidade a negócios e inadvertidamente levou consigo a chave de sua adega. O suposto Grão Sacerdote foi tomado de surpresa: achou que fosse uma brincadeira preparada por seu amigo. Quando se sentou à mesa e viu que não estava sendo servido vinho, levantou um canto do guardanapo, escreveu alguns símbolos nele e disse em voz alta: "Meu anfitrião ficará bem surpreso quando voltar". Quando o judeu da corte retornou e foi até a adega, viu que todos os barris de vinho estavam descansando sobre seu fundo. Ele voltou e viu que o suposto Grão Sacerdote ria às gargalhadas. Ele deu então a seu anfitrião alguns símbolos para ser pregados nos barris. O judeu voltou à adega, fez como lhe foi dito e viu que os barris instantaneamente retornaram a sua posição original.

O relato sobre esses incidentes não impressionou o jovem Rantzow, que comenta que "quanto mais o barão de Donop se empenhava em afirmar essas coisas, mais ele ria".

"O senhor está certo", respondeu o barão, "continue, ria. Eu também ria e era incrédulo, a ponto de querer provar a meus próprios olhos que esse não era um caso de fraude. Assim levei comigo até minha casa em Geilberg esse judeu, que não estava mais em segurança em Cassel, devido ao grande tumultuo provocado por seus prodígios".

Rantzow relata então as muitas maravilhas que o barão de Donop lhe contara haviam sido realizadas por Falck em Geilberg, o tempo todo reiterando sua própria desconfiança de que não passavam de impostura. Ele continuava:

Quanto maior minha repugnância em me aproximar desse homem, tão famoso, tanto mais eu me via impelido a ter alguma confiança nele. Aquiesci, cedendo ao impulso persistente ao qual eu estava sujeito. Fui ver o Grão Sacerdote em excelente companhia. Ele começou me dizendo que eu devia ir comprar uma folha de papel e marcá-la com um selo, para poder afastar todas as minhas suspeitas quanto ao que ele estava por fazer-me ver.

Nesse caso, eu tinha confiança somente em mim mesmo. Deixei o castelo, fui à cidade comprar o papel, suspeitando de tudo que ele tinha em sua casa. Retornei; dei minha folha de papel ao Grão Sacerdote, após colocar meu selo em seus quatro cantos. Ele não pôs os olhos sobre ela, exceto quando teve de escrever nela a palavra hebraica *Jehova*. Então devolveu-a a minhas mãos, dizendo-me que a prendesse com alfinetes à tapeçaria e que mantivesse os olhos sobre ela o tempo todo. Ele então fez um círculo com seu *magne*[3] e começou a cantar em hebraico. Após cerca de uma hora podiam-se ouvir três batidas, mais alto que tiros de canhão.

O castelo tremeu até suas fundações. Não se podia ver nem fogo nem fumaça; não se sentia nenhum cheiro, nem semelhança alguma entre esse barulho e o barulho de um canhão. Um momento depois, minha folha de papel, sobre a qual eu tinha os olhos fixos, pareceu-me estar cheia de coisas escritas: chamei a atenção do Grão Sacerdote para isso; ele caiu de joelhos e se prostrou. Um momento mais tarde, com os olhos mergulhados em lágrimas, ele levantou a cabeça e me disse que destacasse o papel, para poder ver o que estava escrito nele. Vi sob [a palavra] *Jehova* uma pessoa sentada numa poltrona e dois querubins cobrindo-a de cima com as asas. Sob essa figura, que me parecia ser uma pintura inimitável, li em letras verdes tudo de importante que me havia acontecido desde meu nascimento. Li também uma predição que eu veria se realizar palavra por palavra.

O Grão Sacerdote perguntou-me se eu tinha visto tudo e me disse que ainda havia mais. Depois o barão de Donop e meu pai me perguntaram o que eu achava do Grão Sacerdote e que ideias eu tinha sobre os fatos que eles haviam relatado. "Desculpem minha grosseria", respondi, "se não sou alguém que aceita facilmente o maravilhoso. Neste momento, condeno minha incredulidade, mas isso não me impede de duvidar de que tudo isso tenha sido feito por meios permitidos".

"Em outras palavras", disse o barão de Donop [voltando-se para meu pai], "anteontem, ele nos dizia que não acreditava em seus próprios olhos; hoje ele acredita, mas aparentemente sob a condição de creditá-lo ao Diabo".

3 A palavra *magne* evidentemente se refere ao rolo utilizado por Falck como vara mágica. Não consegui encontrar em nenhum dicionário da língua francesa qualquer menção a essa palavra num sentido que corresponda ao uso que Rantzow faz dela.

Após presenciar outra brilhante demonstração dos poderes de Falck, desta vez envolvendo o controle de espíritos angelicais, Rantzow via-se agora forçado a reconhecer que esse judeu recebia ajuda com aprovação divina. Isso fazia a religião judaica aparecer a seus olhos como legítima, algo que, como bom cristão, ele simplesmente não podia aceitar. Sentia que era um pecado testemunhar essa demonstração de poder místico judeu, que o que ele vira punha em perigo sua fé cristã, sua própria salvação. Ele se retirou para seus aposentos e despejou numa oração improvisada e cheia de emoção, não tanto o que ele acreditava quanto o que ele queria, ou sentia que devia, acreditar. Tendo assim acalmado seus escrúpulos de consciência e devidamente anotado as palavras de sua oração, ele continuou com seu relato sobre as realizações assombrosas de Falck:

> Não há nada no mundo que se deva temer tanto quanto o espírito do fanatismo. Que se envolva nisso quem o deseja. Quanto a mim, sejam quais forem os prodígios que esse famoso personagem pode realizar, vou deixar que ele os faça sem me afetar, porque eu firmemente decidi não me deixar ser encontrado novamente em seus espetáculos cabalísticos. Estive em um, isso é verdade, em excelente companhia. Presentes nesse espetáculo estavam o barão de Donop e seu filho mais novo, que é um oficial a serviço do rei da Suécia, a baronesa de Koening, o sr. Rincius, conselheiro da Regência, madame de Malhous e um de seus filhos, toda minha família e diversas outras pessoas de destaque.
>
> Enquanto durou, a demonstração foi realizada com tal seriedade misteriosa que todos perderam a vontade de rir das duas jovens e da senhora de alta posição. Curiosas como as mulheres em geral são, elas foram tomadas por um violento desejo de ver o Grão Sacerdote atuando. Chegaram um pouco tarde na casa, quase no momento em que o ato cabalístico estava para começar. Minha mãe falou com elas, aparentemente para avisá-las de que somente num estado de pureza se podia aproximar do lugar misterioso. A mãe e as duas filhas não ousaram se apresentar.

Em qualquer outro momento, eu teria dado rédeas soltas ao riso; mas me contentei em dizer-lhes, com expressão muito séria: "Sinto muito, senhoras, que não estejam de acordo com as ordens do pontífice".

Para compensá-las por não poder satisfazer sua curiosidade, quando esses surpreendentes mistérios foram concluídos, o barão de Donop e meu pais lhes mostraram as peças de prata que foram encontradas. Eram muitíssimas, da época dos triunviratos e de Oto I.

Depois disso, perguntei ao Grão Sacerdote como ele ousava afirmar que trabalhava com Deus, após o criado do conde de Westerloh ter o pescoço quebrado, quando realizava seu famoso sacrifício do bezerro negro no jardim do conde, na presença do duque de Richelieu.

Ele respondeu que esse infortúnio acontecera ao infeliz jovem, porque ele ousara comparecer ao sacrifício num estado de impureza do qual ele devia estar livre, como fora advertido [...].

Sei de fonte muito segura que esse judeu pedira a um grande príncipe que lhe desse refúgio e a liberdade de trabalhar em sua Cabala nos territórios do príncipe durante quarenta dias.

Embora o judeu sugerisse ao príncipe que fizesse seu trabalho ser examinado pelos teólogos que o príncipe julgasse confiáveis, para garantir que ele não faria nada que não tivesse a ajuda de Deus, o príncipe recusou-se a considerar essa proposta. O judeu ofereceu ao príncipe, como preço por sua cabeça, quatro milhões de *écus* no final dos quarenta dias. E que bela a resposta desse generoso príncipe: "Esse judeu", disse ele, "devia, em vez disso, multiplicar o pão dos pobres, se estava realizando milagres com a ajuda dos céus, e não se dirigir aos ricos, oferecendo-se para aumentar seus tesouros".

Embora toda a história somente relate as atividades de Falck como mágico e conjurador inspirado na religião, esse parágrafo parece indicar que, mesmo nesse estágio inicial de sua vida, ele também foi um alquimista. Sua oferta de enriquecer o tesouro do príncipe em quatro milhões de *écus* – uma enorme soma, qualquer que fosse o cálculo – e fazê-lo até o final de quarenta dias de "Obra" é perfeitamente compatível com o *modus operandi* de muitos alquimistas em sua época e nos séculos anteriores. Em alguns dos capítulos anteriores ficamos sabendo que os alquimistas judeus trabalhavam para os reis e príncipes da seguinte maneira: eles entravam num acordo pelo qual os governantes financiavam e autorizavam os trabalhos com a alquimia e, em troca, o alquimista se empenharia em entregar ao governante o metal precioso que fosse produzido. Ao que parece, era isso que Falck estava oferecendo ao príncipe, de nome não designado, embora não esteja claro se estava prometendo produzir os milhões de *écus* por um trabalho de alquimia ou de magia, de "cabalística". No entanto, dado que mais tarde Falck se tornaria famoso em Londres, não como conjurador "cabalístico", mas como alquimista, somos levados a supor que, ao buscar entrar nos territórios do príncipe alemão, ele estava se oferecendo para trabalhar com o método alquímico de produzir ouro.

O relato de Rantzow sobre essa fase inicial da vida de Falck se encerra com uma referência à emigração de Falck para a Inglaterra:

> O judeu recebeu ordens para deixar a casa de meus pais. Sua Majestade o duque de Brunswic e Lunebourg escreveu em termos fortes a minha família, que resolveu abandonar o famoso Haim-Schahul-Falck [sic], soberano pontífice dos judeus, descendente do rei Davi, se podemos acreditar nisso com base em um passaporte do *Grand Seigneur*.
>
> Ele partiu para a Inglaterra, onde os judeus portugueses da mais alta reputação lhe prestaram honras como seu príncipe e soberano pontífice.
>
> Um de meus amigos me informou, da Inglaterra, que o Parlamento fez com que o prendessem em Londres e que depois ele foi libertado, sob a condição de não mais praticar a Cabala.

O valor desse relato detalhado das ações e palavras do jovem Falck é acentuado pelo fato de que seu autor estava não somente predisposto, por suas convicções religiosas, a não acreditar no que quer que visse Falck realizar, mas, além disso, não tinha nenhuma simpatia pelo homem que ele chama, com manifesto sarcasmo, de "o Grão Sacerdote", "soberano pontífice dos judeus" e, mais frequentemente, simplesmente de "o judeu". Assim, não podemos duvidar de que o jovem conde cético realmente acreditava ter visto coisas prodigiosas realizadas por Falck e que o visse como um verdadeiro grande mestre da magia.

Cerca de quatro décadas mais tarde, um historiador e viajante sueco, Johann Wilhelm von Archenholz (1743-1812), visitou Londres e, enquanto estava lá, descobriu alguns detalhes sobre Falck. Em seu livro *England und Italien*[4], Archenholz descreve resumidamente as duas comunidades judaicas que ele encontrara em Londres, a portuguesa e a alemã. Ele fala sobre Falck da seguinte forma:

> Durante os últimos trinta anos viveu em meio a seu povo um homem peculiar, que é muito famoso nos anais dos cabalistas. Seu nome é Ḥaim Schmul Falck, mas ele é aqui conhecido por todos como doutor Falkon. Um certo conde de Ranzow, que morreu recentemente como Marechal de Campo no serviço francês, fornece em suas memórias impressas um relato das, assim denominadas, operações cabalísticas e operações mágicas, que ele supostamente viu sendo executadas por esse Falck no condado de Braunschweig [isto é, Brunswic], numa propriedade de seu pai e na presença de muitas pessoas respeitadas, todas designadas pelo nome em seu livro, que ele convida a contradizê-lo, caso ele não esteja falando a verdade. Se Falck fazia uso das artes do cobre, não sei; no entanto, esse homem vive em Londres sem jamais ter aí desempenhado publicamente o papel de cabalista. Ele ocupa uma enorme casa, esplendidamente decorada, na qual ninguém vive, exceto ele e alguns poucos servidores domésticos. Ele não trabalha com o comércio, vive muito modestamente e

4 Johann Wilhelm von Archenholz, *England und Italien*, Leipzig, 1785, nova edição: Carlsruhe, 1791. Esta última foi a edição que utilizei na Biblioteca Britânica, Londres. Uma tradução para o inglês foi publicada sob o título *A Picture of England*, Londres, 1797.

dá muitas esmolas aos pobres. Sai muito raramente e, quando isso acontece, usa uma longa túnica que lhe cai muito bem, com sua longa barba branca e seus traços faciais nobres. Ele tem agora cerca de setenta anos de idade. Não quero enumerar aqui as coisas maravilhosas que são contadas sobre ele. Parece-me muito provável que esse doutor Falkon seja um químico capaz, que possui nessa ciência um conhecimento muito pessoal que, no entanto, ele definitivamente não quer revelar a ninguém. Um príncipe real, que buscava a pedra filosofal com grande zelo, queria vê-lo alguns anos atrás; ele foi até a casa de Falkon, mas teve o desgosto de ter sua admissão negada[5].

O lapso de quarenta anos entre o retrato do jovem Falck em Braunschweig, feito por Rantzow, e o retrato do velho doutor Falkon em Londres, apresentado por Archenholz, é complementado apenas insatisfatoriamente pelos escritos deixados pelo próprio Falck e por seu fiel servidor Tzvi Hirsch de Kalisch. Falck mantinha um diário, uma espécie de caderno cabalístico de anotações, no qual registrava seus sonhos, suas doações de caridade e uma diversidade de outros itens, inclusive receitas de cozinha. Esse manuscrito, preservado na biblioteca da congregação Bet haMidrasch, da Sinagoga Unida de Londres, embora interessante para um estudo da personalidade de Falck, contém pouca ou nenhuma informação sobre suas atividades alquímicas.

5 A história da recusa de Falck em ver o príncipe britânico, cujo nome não é designado, é repetida por Cecil Roth em seu texto "The King and the Kabbalist", publicado em seus *Essays and Portraits in Anglo-Jewish History*, Filadélfia: [s.n.], 1962, p. 139-164. Roth também escreveu uma curta biografia de Falck (Falck, Samuel Jacob Ḥayyim), para a *EJ* (J), v. 2, p. 1159-1160, onde ele relata que Falck "por volta de 1742 foi para a Inglaterra". Uma vez que as *Mémoires* de Rantzow, publicadas em 1741, relatam a mudança de Falck para Londres, sua recepção nessa cidade pela comunidade judaica portuguesa, sua prisão e a subsequente libertação, é evidente que Falck deve ter chegado a Londres um bom tempo antes de 1742, provavelmente ainda no final da década de 1730. Sobre a vida de Falck em Londres, cf. Herman Adler, em *JE*, v. 5, p. 331.

37.

O *Comte** de Saint-Germain

O conde de Saint-Germain é uma das personagens mais fascinantes entre as que aparecem nos anais da alquimia e certamente a mais conhecida na Europa. Voltaire, que foi seu contemporâneo, se referiu a ele, com sua ironia típica – numa carta escrita, em 15 de abril de 1760, ao rei Frederico da Prússia –, como o único homem ao qual o duque de Choiseul, príncipe de Kaunitz, e William Pitt, confiavam seus segredos, "que no passado havia ceado na cidade de Trento com os Pais do Concílio [no século XVI] e que provavelmente terá a honra de se encontrar com Sua Majestade em cerca de cinquenta anos. Ele é um homem que não morre e que conhece tudo". Duas semanas mais tarde Frederico, que evidentemente soubera da reputação de Saint-Germain antes de receber a carta de Voltaire, respondeu comentando causticamente: "le Comte de Saint-Germain conte pour rire" (aproximadamente: "conta como piada")[1].

Em todo caso, a previsão de Voltaire se realizaria em parte, não em cinquenta anos, mas em apenas dezessete anos: em 1777 Saint-Germain enviaria a Frederico um memorando, oferecendo-lhe toda espécie

* Em francês no original (N. da E.).

1 Cf. *Oeuvres complètes de Voltaire*, nova edição, *Correspondance*, Paris, 1880, v. 8, p. 353, 376; *Nouvelle biographie générale*, Paris, 1864, p. 43:27. A *Biographie universelle (Michaud) ancienne et moderne*, Paris, Leipzig, cerca de 1860, v. 37, p. 324-325, equivocadamente atribui a data de 15 de 1758 à carta de Voltaire assim como atribui, também equivocadamente, a Voltaire o *bon mot* de Frederico II sobre Saint-Germain.

de serviços tecnológicos semimiraculosos. É notável que, poucos anos depois, Frederico mudasse completamente sua opinião sobre Saint--Germain e dissesse ao embaixador francês, o *comte* de Saint-Maurice, que todas as maravilhas que circulavam sobre Saint-Germain "não me impedem de ter por esse psicólogo da natureza humana uma fraqueza residual, que eu não admitiria para ele, mas que me leva a admirá-lo"[2].

Boa parte da segunda parte da vida de Saint-Germain teria lugar diante do olhar público e, assim, muita coisa é conhecida sobre ela. Ele foi, de 1745 até sua morte, em 1784, um alquimista famoso, diplomata, aventureiro, o confidente de reis e príncipes, uma personagem em geral considerada com respeito e mesmo adulação, um homem que se acreditava possuir conhecimentos e poderes misteriosos. Foi, além disso, dotado de grande erudição e também pintor, compositor e inovador da indústria. A primeira metade de sua vida, no entanto, permaneceu totalmente desconhecida, apesar dos prodigiosos esforços de diversos autores dos séculos XIX e XX, que escreveram volumosas biografias sobre Saint-Germain, tentando lançar luz sobre suas origens, infância e juventude[3]. Permanece o fato de que Saint-Germain foi tão bem sucedido em manter completamente oculto tudo que se relacionava com sua vida inicial, que mesmo seu nome original é até hoje desconhecido.

Em contraste com essa ausência de fatos, quando Saint-Germain ficou famoso começaram a abundar rumores sobre seu parentesco. Alguns deles são de origem anônima; outros foram considerados como

2 Pierre Lhermier, *Le Mystérieux Comte de Saint-Germain: rose-croix et diplomate*, Paris, 1943, p. 243, citando as memórias do conde de Saint-Maurice.

3 Cf. verbete "Comte de Saint-Germain", em *La Grande encyclopédie*, Paris, 1895-1902, v. 29, p. 168-169, e a bibliografia anterior incluída na bibliografia que aí se encontra; Paul Chacornac, *Le Comte de Saint-Germain*, Paris: Chacornac Frères, 1947; nova edição: Paris, 1989; Maurice Heim, *Le Vrai visage du Comte de Saint-Germain*, Paris: Gallimard, 1957; René Alleau (org.), *Comte de Saint-Germain, la très sainte trinosophie*, Paris: Denoël, 1971. Cf. também George B. Kauffman, The Comte de Saint-Germain, em *The Hexagon*, Iowa City, outono de 1979, p. 20-22, e a bibliografia que aí se encontra.

baseados em declarações feitas por personagens da nobreza que o conheceram; e pelo menos um ou dois afirmavam ter como base as palavras do próprio Saint-Germain. O mais fantástico é o relato ao qual Voltaire se refere: que Saint-Germain era um homem que não conhecia a morte, que ele estava de posse do famoso elixir da vida – a busca última de todos os alquimistas – e que tinha centenas, até mesmo milhares de anos de idade. Contava-se que ele havia conhecido pessoalmente Santa Ana, a avó de Jesus, e que muitos séculos mais tarde contribuiria no esforço de fazer com que o Concílio de Niceia (325 d.C.) aprovasse sua canonização. Também conhecia Jesus e teria intervindo em seu favor diante de Pilatos. Relata-se que ele assombrava seus interlocutores, conversando sobre Jesus com enorme familiaridade. "Eu o conhecia intimamente", teria ele dito, "ele era a melhor pessoa no mundo, mas era romântico e irrefletido. Muitas vezes eu lhe predisse que ele teria um triste fim"[4].

O próprio Saint-Germain – isso fica claro pelos relatos de um contemporâneo – ficava plenamente satisfeito com essas crenças e contribuía para sua existência. O barão de Gleichen, que o conhecia bem, relata que um dia Saint-Germain lhe teria dito: "Esses estúpidos parisienses acreditam que tenho quinhentos anos de idade; eu confirmo essa ideia, pois vejo que isso lhes dá muito prazer. No entanto, isso não significa que eu não seja infinitamente mais velho do que pareço"[5].

Pouco depois da morte de Saint-Germain, seu patrono, amigo e discípulo, o conde Carlos de Hessen (1744-1836), registrava em suas memórias que Saint-Germain lhe dissera que

> ele era filho do príncipe Ragozky [uma grafia equivocada de Rákóczi] da Transilvânia[6] e sua primeira mulher, uma Tékély [Thököly]. Estava

4 *Biographie universelle*, v. 37, p. 324.

5 Idem, ibidem.

6 O Rákóczi do qual Saint-Germain afirmava ser filho era Ferenc Rákóczi (1676-1735), que liderou uma revolta contra o governo Habsburgo na Hungria, em 1703, e foi derrotado pela Áustria, tendo se refugiado na Turquia, após a Paz de Satmar (1711).

sob a proteção do último dos Medici, que o fazia dormir como uma criança em seu próprio quarto. Quando ficou sabendo que seus dois irmãos, filhos da princesa d'Hesse-Rheinfels ou Rothenburg, se não estou enganado, se renderam ao imperador Carlos VI e receberam os nomes de St. Charles e St. Elisabeth, os mesmos nomes do imperador e da imperatriz, disse a si mesmo: "Bem, então vou me chamar Sanctus Germanus, ou santo irmão!". Não posso, na verdade, garantir seu nascimento; mas que ele era prodigiosamente protegido pelo último dos Medici, isso eu também ouvi de outra parte. Essa casa possuía, como se sabe, as ciências mais elevadas e não é de surpreender que ele derivasse dela seu primeiro conhecimento[7].

Temos de concordar com as dúvidas do conde; é quase impossível aceitar a afirmação de Saint-Germain de ser um Rákóczi. Entre outras coisas porque, embora Saint-Germain tivesse fama de saber falar muitas línguas, o húngaro não era uma delas. Por outro lado, ele tinha fama de falar o espanhol e o português "com perfeição", o italiano, "admiravelmente", o alemão e o inglês, "muito bem" e o francês, "com um leve sotaque piemontês"[8].

O conde de Kobenzl, o poderoso plenipotenciário de Maria Teresa* nas províncias austríacas da Holanda, amigo e admirador de Saint-Germain, disse uma vez ao principal estadista austríaco, o príncipe de Kaunitz:

Embora a história de sua [Saint-Germain] vida e de suas origens estejam ocultas numa misteriosa obscuridade, encontrei nele talentos notáveis para todas as ciências e artes. Ele é poeta, músico, escritor, médico, químico,

7 Carlos, príncipe de Hessen, *Mémoires de mon temps*, Copenhagem, 1861, p. 133-134.

8 Frederic Bulau, *Personnages énigmatiques:histoires mysterieuses*, tradução de W. Duckett, Paris, 1861, v. 1, p. 340 e s.

* Maria Theresia von Österreic, ou Maria Theresa da Áustria, 1717-1780, primeira e única mulher a chefiar a Casa de Habsburgo (N. da E.).

um mecânico, quando necessário, e um experiente conhecedor da pintura. Em resumo, é um homem de cultura universal como somente raramente se encontra em uma só pessoa; fala todas as línguas, tanto o hindustani como o italiano, o idiche, como o francês. Viajou por todo o mundo e, como é muito generoso com seu conhecimento, passei horas muito agradáveis de lazer em sua companhia. Posso reprovar a ele somente o fato de frequentemente se gabar de seus talentos e origens. Quando lhe perguntei sobre seus pais, respondeu-me enfaticamente: "Somente a Casa de Bourbon se iguala à minha em nascimento!"[9].

No século XVIII somente um judeu conheceria o ídiche, uma língua restrita exclusivamente aos judeus asquenazitas. Embora o hebraico fosse nessa época estudado por alguns especialistas gentios devido a seu interesse na *Bíblia*, um conhecimento do ídiche parece ser uma indicação *prima facie* de origem judaica. Como Saint-Germain estava determinado a manter ocultas suas origens, devemos supor que ele teria divulgado seu conhecimento do ídiche ao conde de Kobenzl num momento de distração.

O grande empenho de Saint-Germain em não deixar absolutamente nada conhecido de suas verdadeiras origens pode indicar somente uma coisa: ele tinha medo de que qualquer notícia sobre sua origem verdadeira lhe causasse prejuízos irreparáveis. Na Europa do século XVIII, antes da emancipação dos judeus, nada teria sido mais daninho, para um homem cuja existência inteira dependia da admiração pessoal que ele conseguia obter nos círculos da alta nobreza, que ser desmascarado como tendo origens judaicas. No entanto, apesar de todos os seus esforços por ocultar as circunstâncias de seu nascimento, era justamente a origem judaica que os rumores mais persistentemente atribuíam a ele.

Os que afirmavam ter conhecimento de detalhes sobre as origens de Saint-Germain diziam que ele era filho de um médico judeu de Estrasburgo

9 P. Lhermier, *Le Mystérieux Comte*, p. 217-218.

chamado Daniel Wolf; que seu nome real era Samuel Samer; que ele nascera em Frankfurt em 12 ou 13 de outubro de 1715 como filho ilegítimo de um judeu pobre e uma senhora da nobreza. O escritor Pierre-Jean Grosley, nascido na cidade de Troyes, relata que "um holandês lhe contara que era de conhecimento público na Holanda que o conde de Saint-Germain era filho de uma princesa refugiada em Baiona e um judeu de Bordeaux"[10]. Outros rumores relatavam que ele era descendente de judeus hispano-germânicos; que era filho de um judeu e uma princesa conhecida de Luís XV; que era filho natural da viúva de Carlos II da Espanha, a atraente e frívola Marie-Anne de Spals-Neubourg – de pai desconhecido.

Alguns de seus biógrafos mais recentes consideraram a possibilidade de Saint-Germain ser de origem judaica e a rejeitaram por razões bastante peculiares[11]. Mas, como veremos, além dos rumores persistentes, há também outras indicações que sugerem as origens judaicas de Saint-Germain. Este é o momento de recapitular rapidamente o que se conhece sobre a vida de Saint-Germain. Os primeiros dados concretos vêm de Londres, em 1745, quando diversas canções compostas por ele foram publicadas sob o nome de conde de Saint-Germain[12]. Em 9 de dezembro desse ano, Horace Walpole, conde de Oxford, escrevia a Sir Horace Mann:

> outro dia, eles prenderam um estranho homem, conhecido pelo nome de conde de Saint-Germain. Ele está aqui há dois anos e não diz quem é, nem de onde vem, mas professa não ser conhecido pelo nome certo. Ele canta, toca violino magnificamente, compõe, é maluco e não muito sensato. Diz-se dele que é italiano, espanhol, polonês, que se casou com uma grande fortuna no México e fugiu com as joias para Constantinopla, que é um

10 Como citado por P. Chacornac, *Le Comte de Saint-Germain*, p. 269.

11 Idem, p. 28, 86; M. Heim, *Le Vrai visage*, p. 49. Jean Robin, num livro recentemente publicado, apresenta diversas suposições adicionais não-fundamentadas sobre a origem de Saint-Germain numa linhagem de nobres espanhóis de ascendência marrana remota: *La Véritable mission du Comte de Saint-Germain*, Paris: Editions Trédaniel, 1986, p. 14-15, tomando como fontes sobretudo Jean Lombard, *La Face cachée de l'histoire moderne*, v. I, Madri: Saint-Rémi, 1984.

12 P. Chacornac, *Le Comte de Saint-Germain*, p. 39, 44, 46; M. Heim, *Le Vrai visage*, p. 63.

sacerdote, um trapaceiro, um nobre importante. O príncipe de Gales tem uma curiosidade insaciável com relação a ele, mas em vão. No entanto, nada se descobriu contra ele e ele foi libertado; e, o que me convence de que ele não é da nobreza, permanece aqui, e se fala dele como sendo um espião[13].

No início de 1746 Saint-Germain foi para a Alemanha e, em fevereiro de 1758, chegou a Paris[14]. O marechal Belle-Isle, que o conhecera na Alemanha, apresentou-o a madame de Pompadour que, por sua vez, o apresentou a Luís XV. O rei o achou tão divertido que o convidou para suas "pequenas ceias" – um grande e raro privilégio – e lhe cedeu um apartamento em Chambord. Durante algum tempo Saint-Germain foi o centro das atenções em Paris, tendo credibilidade inquestionável até mesmo em suas declarações mais fantásticas.

Como pôde Saint-Germain escapar ileso, mesmo numa época crédula como a metade do século XVIII, com afirmações tão extravagantes quanto a de ter vivido duzentos ou mais anos e a de possuir poderes quase que miraculosos? A *Nouvelle biographie générale*, publicada no final do século XIX, levanta a questão e apresenta dois fatores que podem ter contribuído para essa credibilidade. Um deles era que os *philosophes*,

> ao mergulhar Paris no ceticismo, não extinguiram a crença no maravilhoso que parece ser uma das condições essenciais da vida humana; e, substituindo a crença nos milagres da religião, surgia a crença em outros milagres e em um outro sobrenatural. Com isso, apareciam homens, vindo sabe-se lá de onde, que prometiam prodígios [...], eram ouvidos e generosamente remunerados, e viam a nata das pessoas se reunir em torno de seus espelhos mágicos. Ninguém estava mais na moda que o conde de Saint-Germain e logo não se falava em mais nada a não ser nele.

13 *Letters of Horace Walpole Earl of Oxford to Sir Horace Mann*, organizadas por Lord Dover, Nova York, 1833, v. 1, p. 383. Carta 145, datada de Arlington Street, 9 de dezembro de 1745.

14 P. Chacornac, *Le Comte de Saint-Germain*, p. 49.

O segundo fator era a personalidade extraordinária do próprio Saint-Germain. Nesse ponto, a *Nouvelle biographie* cita Friedrich Melchior Grimm, o famoso historiador da literatura francesa, contemporâneo de Saint-Germain:

> Saint-Germain parecia a todos os que o conheciam um homem de muito *esprit*. Ele tinha uma eloquência natural que é mais apropriada à sedução; conhecia muito de química e conhecia história como poucos. Tinha o talento de evocar na conversa os acontecimentos mais importantes da história antiga e de contá-los como se conta as anedotas do dia, com o mesmo detalhamento, o mesmo grau de interesse e vivacidade.

A isso, a *Nouvelle biographie* acrescenta que não era possível negar

> o domínio que Saint-Germain exercia, um domínio extraordinário, em especial se não buscamos uma razão oculta para ele. Pois, nesse caso, esse domínio só poderia ser atribuído à força de sua personalidade, isto é, à superioridade de sua inteligência ou à energia de sua vontade[15].

Com base em relatos de testemunhas como essas, complementados pelos estudos dos biógrafos modernos, podemos afirmar com segurança que Saint-Germain deve ter sido um homem não apenas dotado de um conhecimento extraordinariamente amplo e memória fenomenal, mas também de grande fascínio e maneiras distintas, capaz de conversa cativante, uma pessoa que induzia todos que o encontravam a apreciar e admirá-lo (Figura 37.1). Pessoas de educação avançada, príncipes, estadistas poderosos, nobres refinados, todos caíam sob seu

15 *Nouvelle biographie générale*, v. 43, p. 28-29. Cf. também o testemunho em Frederic Nicolai, *Description d'un voyage à travers l'Allemagne et la Suisse en 1781*, Berlim e Stettin, 1786, v. 7, p. 109, anexos conforme citado por P. Chacornac, *Le Comte de Saint-Germain*, p. 190. Cf. também o poema impresso na edição de janeiro de 1785 do *Berlinische Monatschrift*, sob o título "Le Comte de St. Germain célèbre alchimiste".

Figura 37.1.
O único retrato conhecido do conde de Saint-Germain. Gravura de N. Thomas, feita em 1783, inspirada na pintura de um artista desconhecido amigo do conde, que ele apresentou à madame d'Urfé.

fascínio e acreditavam que ele era dotado de poderes miraculosos. O que Heine diz sobre o trovador Bertrand de Born devia ser muito mais verdade com relação a Saint-Germain: ele tinha a capacidade de fazer o mundo acreditar no que quer que ele quisesse.

Ele também estava completamente à vontade no âmbito das ciências naturais, era um químico eminente e podia apoiar com experimentos verdadeiros sua afirmação de saber como fazer ouro e de ter descoberto a panaceia, o remédio universal. Por outro lado, seus atos e palavras indicam que ele acreditava na eternidade e unidade da substância, que sempre foi uma doutrina básica da alquimia. Ele próprio estava cercado de mitos e foi uma lenda em sua época[16].

Seu estilo de vida era uma curiosa combinação de ascetismo e grande opulência. Ele nunca comia nas casas em que era convidado e nunca convidava ninguém para refeições em sua casa. Sempre preparava suas refeições, comia com extrema frugalidade, em geral nada a não ser um caldo de vegetais, e nunca ingeria bebidas durante as refeições. Por outro lado, vestia-se com ostentação, amava joias e viajava com a pompa dos membros da nobreza. Seu modo de vida envolvia gastos consideráveis e, embora nada seja conhecido com certeza sobre as fontes de sua renda, alguns suspeitavam que ele recebia pagamentos generosos por atividades de espionagem, para as quais ele tinha ampla oportunidade em suas viagens por toda a Europa. Ele mesmo afirmava, ou havia rumores de que afirmava, que sua riqueza fora literalmente feita por ele próprio, no sentido de ser produzida – manufaturada por meio da alquimia – por ele: seu domínio da Grande Arte o teria capacitado a fazer tanto ouro e tantas pedras preciosas quanto quisesse[17].

Um fato bastante intrigante é o de que, embora os biógrafos e memorialistas que escreveram sobre ele nunca deixassem de mencionar seu fascínio sedutor, eles nunca davam informação alguma sobre suas

16 M. Heim, *Le Vrai visage*, p. 37-40.

17 Idem, p. 75-76; P. Lhermier, *Le Mystérieux Comte*, p. 71.

relações com as mulheres. Sabe-se que mulheres da alta aristocracia, como, por exemplo, madame de Pompadour e madame de Hausset em Paris, estavam enormemente impressionadas com ele, mas não chegou até nós nenhum boato sobre qualquer ligação amorosa que ele teria tido. Não se sabe sequer se era casado. O aspecto sexual de sua vida é um mistério tão grande quanto seu nome e origem verdadeira.

O que mais se conhece sobre Saint-Germain são suas atividades diplomáticas. É um fato documentado que em fevereiro de 1760 ele recebeu plenos poderes de Luís XV e uma autorização do marechal Belle-Isle, ministro da guerra, para ir para a Holanda e lá obter um empréstimo de trinta milhões de florins (uma quantia enorme na época) para a França. Ao chegar a Amsterdã, Saint-Germain se apresentou aos banqueiros judeus Thomas e Adrien Hope. Poderia parecer que os grandes banqueiros tanto em Amsterdã quanto em Haia sabiam, ou acreditavam, que Saint-Germain era de origem judaica (o filho de "Wolf"?) e era possivelmente devido a isso que ele tinha fácil acesso a eles. No entanto, a missão de Saint-Germain despertou a hostilidade do *duc* de Choiseul, que enviou instruções a seu representante em Amsterdã para fazer prender "o pretenso conde de Saint-Germain", como o duque se referia a ele, e enviá-lo para a França. Felizmente, para Saint-Germain, ele ficou sabendo da ordem a tempo e conseguiu obter um empréstimo pessoal de dois mil florins com Boas, um judeu que exercia a atividade de emprestar dinheiro, dando como garantia três opalas, e fugiu para a Inglaterra (em junho de 1760)[18]. Em Londres, Saint-Germain percebeu que também lá ele não era bem-vindo e seguiu para Haia e depois para Nimègues, próximo à fronteira com a Alemanha, onde adquiriu uma grande propriedade e se dedicou à pesquisa com tinturas.

Em abril de 1762 Saint-Germain recebeu, e aceitou, um convite do conde Pierre Rotari para ir para a Rússia[19]. Lá ele se tornou amigo

18 M. Heim, *Le Vrai visage*, p. 18, 124; Pierre Andremont, *Les Trois visages du Comte de Sain Germain*, Geneve: Editions Verndy, 1979, p. 89-90, 99-102, citando documentos oficiais holandeses.

19 P. Andremont, *Les Trois visages*, p. 104-107.

íntimo do conde Orlov e acredita-se que ele desempenhou um papel no golpe de estado contra Pedro III, levado a cabo pelos três irmãos Orlov. Depois disso nada mais se sabe sobre Saint-Germain até 1770, quando apareceu em Livorno no uniforme de um general russo.

O último capítulo da vida de Saint-Germain teve lugar na Alemanha. Ele tomou parte no movimento maçônico. Durante algum tempo ele assumiu domínio completo sobre o conde Carlos Alexandre de Anspach, que o levava aonde quer que fosse. Por fim, em 1779, tornou-se amigo íntimo do conde Carlos de Hessen, de quem ele já era anteriormente conhecido. O conde estava extremamente interessado na alquimia e ofereceu a Saint-Germain um laboratório e uma casa até o fim de sua vida. Saint-Germain se tornou não só um amigo do conde, mas também seu mentor na alquimia e em coisas do mundo espiritual. A história da relação entre Saint-Germain e o conde encontra-se mais bem relatada nas próprias palavras deste último:

> Ao retornar a Altona encontrei o famoso conde de Saint-Germain, que pareceu gostar de mim, em especial quando ficou sabendo que eu não era um caçador nem tinha outras paixões contrárias ao estudo da coisas elevadas da natureza. Ele me disse então: "Vou visitar você em Schleswig e você verá as grandes coisas que faremos juntos".
>
> Fiz com que ele compreendesse que eu tinha boas razões para não aceitar, no momento, o favor que ele queria me fazer. Ele respondeu: "Sei que tenho de ir até você e tenho de falar com você". Eu não tinha como evitar todas as explicações, a não ser lhe dizendo que o coronel Koeppern, que ficara para trás por estar doente, me seguiria em uns dois dias e que ele poderia falar com ele sobre isso. Então escrevi uma carta a Koeppern, pedindo-lhe que impedisse, se possível dissuadisse, o conde de Saint-Germain de vir para cá. Koeppern chegou a Altona e conversou com ele. Mas o conde respondeu: "Pode dizer o que quiser, tenho de ir para Schleswig e não vou mudar de ideia. O resto se resolverá por si. Você deve providenciar o preparo de minhas acomodações etc.".

Koeppern me falou sobre esses resultados de sua conversa, que eu não podia aprovar.

Reuni muitas informações sobre esse homem extraordinário do exército russo, quando tive ocasião de conversar sobre ele em particular com meu amigo, o coronel Frankenberg. Ele me disse: "Você pode estar certo de que ele não é um *trompeur* [charlatão] e que possui grande conhecimento. Ele estava em Dresden; eu estava lá com minha mulher. Ele foi atencioso conosco. Minha mulher queria vender um par de brincos. Um joalheiro ofereceu uma pequena soma por ele. Ela falou sobre isso em frente do conde, que lhe disse: 'Quer mostrá-las para mim?' – o que ela fez. Então ele disse: 'Pode confiá-las a mim por uns dois dias?'. Ele as devolveu, após tratá-las. O joalheiro, a quem minha mulher as mostrou novamente, disse: 'São belas pedras, diferem totalmente das que você me mostrou antes!' – e pagou mais que o dobro".

Saint-Germain chegou pouco depois a Schleswig. Ele me falou sobre as grandes coisas que queria fazer para o bem da humanidade etc. Eu não tinha desejo delas, mas então eu tinha escrúpulos quanto a rejeitar conhecimento, muito importante em todos os aspectos, devido a uma falsa ideia de sabedoria ou avareza e fiz-me seu discípulo. Falou muita coisa sobre o aprimoramento das cores, que não custava quase nada, sobre o aprimoramento de metais, acrescentando que não se devia em absoluto fazer ouro, mesmo quando se sabia como, e permaneceu absolutamente fiel a esse princípio. As pedras preciosas custavam caro, mas se sabemos como aprimorá-las, elas aumentam de valor infinitamente. Não há quase nada na natureza que ele não saiba como aprimorar e utilizar. Ele me confiou quase todo seu conhecimento da natureza, mas somente seu início, fazendo com que daí em diante eu próprio buscasse, por meio de experimentos, os meios de consegui-lo e ficava extremamente satisfeito com meu progresso. Esse conhecimento se relacionava com metais e pedras, mas quanto ao conhecimento das cores, ele o deu a mim completamente e também algum conhecimento mais importante. Fica-se talvez curioso em conhecer sua história e vou traçá-la com a máxima exatidão, de acordo com suas próprios palavras, acrescentando as explicações necessárias.

Ele me contou que tinha oitenta e oito anos de idade quando chegou aqui; tinha noventa e dois ou noventa e três quando morreu [...]. Afirmava ter adquirido seu conhecimento da natureza por sua própria dedicação e pesquisas. Conhecia integralmente as ervas e plantas e tinha inventado os medicamentos que ele usava continuamente; isso prolongou sua vida e saúde. Ainda tenho todas as suas receitas, mas os médicos se voltaram contra sua ciência após sua morte. Havia um certo dr. Lossau, que fora farmacêutico e ao qual eu dava 1200 escudos anualmente, para trabalhar nos remédios que o conde de Saint-Germain ditava a ele, entre outras coisas, e principalmente, o chá que as pessoas ricas compravam e que os pobres recebiam de graça – uma vez que também cuidavam desse doutor que curava muitas pessoas –, chá do qual, que eu saiba, nunca ninguém morreu. Mas, após a morte desse médico, irritado com os comentários que eu ouvia por toda parte, recolhi todas as receitas e não substituí Lossau.

Saint-Germain queria montar uma fábrica de tinturas em seu país. A fábrica do falecido Otte, em Eckernfoerde, estava vazia e abandonada. Assim tive a oportunidade de adquirir os edifícios da fábrica, perto da cidade, a um bom preço e a deixei sob a responsabilidade do conde de Saint-Germain. Comprei sedas, lãs etc. Foi necessário adquirir uma grande quantidade de utensílios para essa fábrica. Vi aí quinze libras de seda sendo tingidas num grande caldeirão, de acordo com o método que eu aprendera e executara eu próprio numa taça. Os êxito foi completo. Assim não se pode dizer que isso não era feito em larga escala.

Infelizmente, ao chegar a Eckernfoerde, o conde de Saint-Germain ficou num quarto úmido, onde contraiu um forte reumatismo, do qual, apesar de todos os seus remédios, nunca se recuperou completamente. Fui muitas vezes visitá-lo em Eckernfoerde e nunca ia embora sem novas instruções muito interessantes, muitas vezes tomando nota das perguntas que eu queria fazer-lhe. No final de sua vida, encontrei-o um dia muito doente e achei que estava para morrer. Ele estava emagrecendo a olhos vistos.

Após jantar em seu quarto, ele me fez sentar sozinho junto a sua cama e me falou então mais claramente sobre muitas coisas, fazendo muitas predições. Disse-me que retornasse assim que pudesse, o que eu fiz. Ao retornar, encontrei-o um pouco melhor, mas ele estava bastante quieto. Quando fui para Cassel, em 1783, ele me disse que, se morresse durante minha ausência, eu encontraria uma nota de seu punho selada, que deveria ser suficiente para mim. Mas essa nota não foi encontrada, tendo sido talvez confiada a mãos desleais. Muitas vezes eu o pressionei a me dar ainda em vida o que ele queria me deixar nessa nota. Isso o perturbava e ele me dizia: "Ah, como eu seria infeliz, meu caro Príncipe, se ousasse falar!".

Ele foi talvez um dos maiores filósofos que já viveram. Amigo da humanidade, desejando dinheiro apenas para dar aos pobres, amigo dos animais, seu coração se ocupava apenas com a felicidade dos outros. Acreditava que podia fazer o mundo feliz, oferecendo-lhe novos prazeres, cores mais bonitas, a preços melhores. Ele cobrava quase nada por suas magníficas cores. Jamais conheci alguém dotado de uma mente mais clara que ele e, com ela, uma erudição, em especial em história antiga, à qual raramente encontrei outra igual [...].

Ele viajou a todos os países da Europa e praticamente não conheço ninguém com quem ele não se demorasse em suas visitas. Ele os conheceu todos completamente. Esteve com frequência em Constantinopla e na Turquia. No entanto, a França parece ter sido o país que ele mais amava [...].

Seus princípios filosóficos na religião eram puro materialismo, mas ele sabia como apresentá-los com tal refinamento que era difícil rebatê-los com êxito por meio de argumentação. Ainda assim, eu muitas vezes consegui embaralhar suas concepções. Ele era o oposto de um adorador de Jesus Cristo e se permitia dizer coisas sobre ele que me eram bastante desagradáveis. Eu lhe disse: "Meu caro conde, depende de você o que você quer acreditar sobre Jesus Cristo, mas admito francamente que você me causa muita dor, ao fazer afirmações contra ele, de quem sou absolutamente devoto". Ele ficou pensando algum tempo e então respondeu: "Jesus Cristo não é nada, mas causar dor em você é algo. Assim prometo

> nunca mais falar sobre ele". Em seu leito de morte, durante minha ausência, ele pediu um dia a Lossau que me dissesse, quando eu retornasse a Cassel, que Deus lhe concedera a graça de fazê-lo novamente mudar de ideia antes da morte e acrescentou que sabia como isso iria me agradar e que eu ainda farei muito por sua felicidade no outro mundo[20].

Esse documento é extremamente importante como relato de uma testemunha autêntica dos cinco últimos minutos de vida de Saint-Germain. Ele mostra que, ao mesmo tempo em que ainda se envolvia na mistificação das pessoas que encontrava (como no incidente com as joias da mulher do coronel Frankenberg), ele se concentrava em métodos práticos para melhorar a produção tecnológica, o desenvolvimento de medicamentos, a fabricação e tingimento de materiais e coisas análogas. Mais surpreendente é o fato de que ele ousasse arriscar ofender a sensibilidade religiosa do conde, fazendo observações "bastante desagradáveis" sobre Jesus e dando livre expressão a sua descrença nele. Essas concepções não seriam talvez remanescentes de atitudes que ele absorvera décadas antes no seio de sua família judaica, concepções que agora, em uma idade extremamente avançada, ele não mais se sentia constrangido a ocultar?

O relato do conde é complementado pelo de uma outra testemunha. O médico da cidade de Hamburgo, dr. Kelemann, estava presente a uma conversa entre o conde e Saint-Germain. Ele teria ouvido Saint-Germain dizer: "Eu carrego o fardo de séculos. Vou morrer como todos os outros, pelo menos até onde as aparências vão, mas meu espírito vai ser reabsorvido no seio do Grande Todo (*Grand Tout*) que me inspira". Em seguida Saint-Germain teria expressado sua crença em que reencarnaria no corpo de um recém-nascido e teria então dito ao conde:

> Você duvida da existência de Satã. Mas ele realmente existe e é poderoso. Mas ele é o espírito do mal e no final sucumbirá. É devido à

20 Carlos, príncipe de Hessen, *Mémoires de mon temps*, p. 132-136.

influência maligna de Satã que o homem tem de existir da forma que existe. Duas correntes, uma boa, outra má, inevitavelmente entraram na constituição de seu ancestral. O Todo não desejava o homem. Foi a rebelião de Satã que levou à criação de Adão. Não alardeie isso, pois muitas pessoas não podem compreender essa verdade. Esse segredo, caso divulgado, não poderia ser admitido pelo orgulho humano.

O conde fez objeções a essa concepção da origem do homem, mas Saint-Germain respondeu: "Assim é, a vida surge da união dos sexos. Um deles é da ordem do diabólico, o outro da ordem do divino". Nesse ponto o conde perguntou por que ele não acreditava em Jesus, mas antes que Saint-Germain pudesse responder, o dr. Kelemann teve de deixar a sala e assim não pôde registrar sua resposta[21].

A concepção de Saint-Germain de uma origem mista, divina e diabólica, do homem tem semelhança com a conhecida doutrina midráschica sobre Caim ter sido gerado em Eva, não por Adão, mas por Satã – uma semelhança demais estreita para ser mera coincidência. Ao que parece, à medida que sua hora final se aproximava, Saint-Germain se lembrava das doutrinas midráschicas que ele teria talvez estudado, ou ouvido, como judeu em sua juventude.

Saint-Germain morreu em 27 de fevereiro de 1784, em Eckern-foerde, no ducado de Schleswig. Após a morte de Saint-Germain, o conde Carlos herdou todos os seus papéis, queimou-os todos e depois se recusou a dar informações sobre a misteriosa personagem.

A morte de Saint-Germain, longe de pôr um fim a sua lenda, acrescentou-lhe novos capítulos. Começaram a circular rumores de que ele não morrera e, cada vez mais, pessoas afirmavam tê-lo visto pessoalmente: ele foi visto em Paris, em 1835, e até mesmo em 1926. Para a Sociedade Teosófica, Saint-Germain se tornou um dos "iniciados imortais"; foi visto novamente em Paris, em 1934; acreditava-se

21 P. Lhermier, *Le Mystérieux Comte*, p. 248-251, citando o dr. Kelemann.

que ele reencarnaria, em dezembro de 1939, e que apareceria num distrito do Midi , em 1945, e retomaria suas atividades ocultistas[22].

Mais relevante para nosso presente interesse é o conhecimento alquímico que Saint-Germain afirmava possuir. O documento mais autêntico nesse sentido é a mensagem que ele enviou – assinando-se como "L.P.T.C. de Welldone", um nome que ele utilizou numa época – a M. d'Alvensleben, embaixador de Frederico II em Dresden. Nesse documento, abrangendo vinte e nove pontos, Saint-Germain se oferecia para montar operações técnicas, químicas e industriais que beneficiariam enormemente a economia do Estado prussiano. Entre eles estavam, dos pontos 19 a 29:

> 19. Diversos processos para metais preciosos, isto é, excluindo-se o ouro ou a prata, sendo de grande utilidade e grande economia, o que sem dúvida assombrará todo bom químico e também reduzirá os enormes preços dos artigos perecíveis de luxo.
> 20. O preparo de um metal totalmente novo, cujas qualidades são assombrosas.
> 21. Diversos processos para objetos preciosos que parecem absolutamente impossíveis.
> 22. O preparo de papel, penas, marfim, ossos e madeira tingidos em finas e magníficas cores.
> 23. Bons processos químicos para vários vinhos.
> 24. O preparo de licor Rossoli, utilizando-se caroços de frutas etc., de qualidade superior e preços vantajosos.
> 25. O Preparo de outras coisas úteis, sobre as quais mantenho silêncio.
> 26. Medidas preventivas contra doenças e todos os tipos de desconforto.
> 27. Purgantes verdadeiros, que removem do corpo apenas os elementos nocivos.
> 28. Cosméticos benéficos, seguros e verdadeiros.

22 M. Heim, *Le Vrai visage*, p. 226 e s., 237-238, 277. Cf. também Andremont e Jean Robin, que fornecem detalhes sobre os "avistamentos" póstumos de Saint-Germain.

29. Óleo de oliva extremamente fino, produzido na Alemanha em doze horas. O que é relativo à agronomia fica reservado para mais tarde.

L.P.T.C. de Welldone

Sobre um outro ponto, nada podemos falar aqui, por várias razões. É reservado etc.

A execução desse novo plano industrial pode servir à economia política no mais alto grau e introduzir uma união indissolúvel entre certas grandes nações.

De Welldone

Em 25 de junho de 1777, sua mensagem foi enviada a Frederico II por D'Alvensleben, que acrescentou: "Os procedimentos secretos sobre os quais ele não quer dar informações se relacionam à transmutação de pedras finas em pedras preciosas"[23]. Considerando-se o risco ao qual um indivíduo se exporia se desapontasse as expectativas de um autocrata como o rei da Prússia, o mínimo que podemos concluir desse documento é que Saint-Germain tinha absoluta confiança em sua capacidade de cumprir as promessas tecnológicas e alquimísticas que fazia nele.

Além da mensagem acima, inquestionavelmente escrita por Saint-Germain, existem dois outros manuscritos atribuídos a ele. Um deles é intitulado *La Magie sainte revelée à Moyse*, que é basicamente um manual de rituais cerimoniais mágicos, que inclui descrições de ritos com a finalidade de descobrir diversas coisas ocultas, como "minas de diamante, de ouro e prata, no seio da terra", o prolongamento da vida por mais de um século em plena saúde e força e assim por diante[24]. Nele se encontra a seguinte afirmação: "Moisés encontrou-o [o manuscrito] num monumento egípcio e o conservou fielmente na Ásia, recorrendo a um dragão alado". Uma

23 R. Alleau, *Comte de Saint-Germain*, p. 287.

24 P. Chacornac, *Le Comte de Saint-Germain*, p. 207-208.

característica notável desse manuscrito era sua forma triangular[25]. Como veremos, o triângulo (e o número três) exercia um fascínio especial sobre Saint-Germain.

O segundo manuscrito, preservado na Biblioteca Municipal de Troyes, França, é intitulado *La Très sainte trinosophie* e é basicamente a descrição de uma fantástica viagem empreendida pelo autor, em busca de segredos alquímicos e cabalistas. Quanto a sua autoria, não há unanimidade em meio aos pesquisadores que o estudaram, vários deles duvidando de que tenha sido efetivamente escrito por Saint-Germain[26]. O corpo do livro contém um fantástico e repetitivo relato de viagem. Escrito na primeira pessoa do singular, o relato tem uma característica deprimente e aterradora: o autor atravessa paisagens aterrorizadoras, se move para dentro e para fora de palácios bizarros e imaginários, descritos de forma vaga e muitas vezes designados por nomes repulsivos, encontra estranhos seres humanos que são descritos como encanecidos pela sabedoria dos tempos e, no entanto, o que eles dizem, ao ser citados, equivale a muito pouco. No decorrer de sua jornada fantástica, o autor é perseguido por chamas e águas perigosas, percorre desertos salgados e arenosos e lagos de putrefação, vê fantasmas, hidras e lâmias e uma diversidade de pássaros aterradores. Mas em tudo isso não há menção alguma quer à alquimia quer ao misticismo. Por outro lado, encontramos um grande número de palavras e expressões hebraico-aramaicas e

25 P. Lhermier, *Le Mystérieux Comte*, p. 254.

26 M. Heim, *Le Vrai visage*, p. 159; R. Alleau, *Comte de Saint-Germain*, p. 290. Não tive a oportunidade de examinar o manuscrito de Troyes, mas Mme A. Plassard, curadora da Biblioteca Municipal de Troyes, gentilmente me enviou fotocópias de diversas páginas dele, inclusive uma que traz o seguinte colofão: "Este manuscrito é a única cópia existente da famosa Trinosofia do Conde de St. Germain, que ele próprio destruiu em uma de suas viagens. [Assinado] J. B. C. Philotaume". O manuscrito foi publicado diversas vezes no francês original: nos *Annales maçoniques*, Paris, 1908, no *Le Voile d'Isis*, abril de 1932, p. 269-288, e por R. Alleau em *Le Comte de Saint-Germain*; também foi publicado em inglês numa edição com notas por Manly Hall, 3 ed., Los Angeles: [s.n.] 1949. Em todas essas edições, as palavras hebraicas contidas no texto são frequentemente lidas e traduzidas erroneamente.

um número um pouco menor de termos árabes, em parte anotados em seus caracteres originais. O texto do livro se inicia da seguinte forma:

> Era noite, a lua oculta por nuvens negras lançava apenas um brilho fugidio sobre certos blocos de lava que envolvem as solfataras [fontes de enxofre]. Com a cabeça coberta com um véu de linho, segurando na mão o bastão de ouro, avancei sem medo na direção do lugar em que recebi instruções para passar a noite. Andando na areia escaldante, a cada instante eu sentia que ela cedia sob meus pés. As nuvens se amontoavam sobre minha cabeça, os relâmpagos atravessando a noite e dando um colorido vermelho-sangue às chamas do vulcão [...]. Por fim eu chego, encontro um altar de ferro, coloco-o sobre a vara misteriosa [...]. Pronuncio as terríveis palavras [...]. Instantaneamente a terra treme sob meus pés, há o som de uma trovoada [...]. Os rugidos do Vesúvio respondem a seu ribombar redobrado, suas chamas se juntam às chamas do relâmpago. Os coros de espíritos se elevam no ar em aclamações ao Criador [...]. A vara consagrada que coloquei no altar triangular arrebenta em chamas; de repente uma fumaça densa me envolve, não posso ver mais nada. Mergulhado na escuridão, sinto que estou descendo num abismo. Não sei quanto tempo fiquei assim, mas quando abri os olhos, busquei diligentemente os objetos que estavam a minha volta pouco tempo antes. O altar, o Vesúvio, a área aberta de Nápoles haviam desaparecido de minha visão, eu estava num vasto reino subterrâneo, sozinho, afastado no mundo todo [...]. Junto a mim estava um longo traje branco; sua trama solta parecia ser composta de fio de linho; sobre um bloco de granito estava uma lamparina de cobre; no topo, uma placa negra inscrita com caracteres gregos indicava a rota que eu devia seguir.

Em seguida, o autor descreve seus esforços e atribulações, atravessando uma paisagem terrivelmente assustadora. Após uma "imensa caminhada", ele chega a uma praça quadrada. Atravessa o portal norte e então prossegue, atravessando terras ainda mais fantásticas.

Ele vê um barco e diz ao remador: *Bonum est sperare in domino quam confidere in principibus*, a tradução para o latim do Salmo 118,9: "é melhor se refugiar no Senhor que confiar nos príncipes". Chega então a um lago de chamas e, cruzando-o, encontra um salão sustentado por colunas de fogo. Ele vê toda espécie de fantasmas. A seção se encerra com um emblema em escrita hebraica pouco hábil, com as palavras *escha ḥolit*, isto é, "fogo arenoso" em letras aramaicas.

O livro está literalmente incrustado com palavras, expressões e nomes hebraicos e aramaicos que um autor não judeu muito provavelmente desconheceria e que seriam familiares apenas em meio a judeus com boa educação talmúdica. Somente uma parte dessas palavras hebraicas e aramaicas pode ser identificada, muitas delas sendo reproduzidas pela pessoa que preparou a cópia de Troyes do manuscrito de forma tão precária que é impossível reconhecer que palavras deviam ser. O mesmo vale para as palavras em hebraico que aparecem em transliteração para o francês.

Entre as ilustrações que aparecem no manuscrito de Troyes, há uma que mostra um pássaro, um altar e um suporte de lamparina sustentando uma vela (cf. Figura 37.2 infra). Acima da figura, está uma inscrição em hebraico: *kohen, rofe, aschaf*, "sacerdote, médico, mago (ou: mágico)". Uma vez que desses três substantivos o primeiro é bíblico e o segundo e terceiro são talmúdicos, seu uso mais uma vez indica a familiaridade do autor com o hebraico tanto bíblico quanto pós-bíblico.

Em contraste com a atmosfera sombria que atravessa todo o livro, ele termina num tom alegre, quase triunfante: "Tomei da espada e, atingindo o sol, reduzi-o a poeira. Então toquei nela e cada molécula se tornou um sol de ouro semelhante ao que eu tinha estilhaçado. 'A obra está concluída', soou imediatamente uma voz forte e melodiosa" (237). Uma vez que "sol" é o termo alquímico universal para ouro, essas palavras podem indicar que a viagem traumática relatada no livro era destinada a ser uma descrição mística e simbólica da Obra do alquimista, a de fazer ouro, que, no final, ele teria conseguido realizar.

Figura 37.2.
Ilustração de *La Très sainte trinosophie*, atribuída ao conde de Saint-Germain.
No topo, em hebraico: "sacerdote, médico, mago".

Figura 37.3.
Última página de *La Très sainte trinosophie*. As palavras em hebraico, a partir do topo, sentido horário: Círculo exterior: "*Adonay* [Senhor]. E o espírito de Deus. Mundo Celeste. Infinito". Círculo do meio: "Celeste. Meio. Mundo dos anjos. Infernal". Círculo interior: "*Ispirkha* [guia branco]. Flor. Enxofre". As palavras do francês no centro: "Réunion des principes. Unité. Création. Conservat[rice]. Génératrice [União de princípios. Unidade. Criação. Conservadora. Geratriz]". Não consegui decifrar as quatro linhas abaixo.

A última página da *Trinosophie* traz quatro linhas de sinais místicos no final e, acima delas, está um diagrama circular triplo contendo palavras hebraicas (cf. Figura 37.3 infra)[27].

O autor da *Trinosophie* evidentemente tinha mais que um conhecimento básico do hebraico bíblico, pós-bíblico e do aramaico talmúdico. O conhecimento deste último é evidenciado, por exemplo, em sua habilidade de encontrar nada menos que quatro sinônimos para "decomposição": *ṣaḥan*, *raqav*, *basch* e *ne'elaḥ*. Isso sugere um autor que tinha recebido uma educação talmúdica completa em sua juventude. Além disso, ele também tinha pelo menos alguma familiaridade com o árabe, inclusive com alguns termos alquimísticos do árabe, que ele pode ter adquirido numa idade mais avançada. Ele também deve ter adquirido conhecimento do ídiche na idade adulta, enquanto vivia em locais (como Estrasburgo) habitados por judeus asquenazitas que falavam o ídiche.

O que pode ser dito em conclusão à vida e obra do famoso, fabuloso e misterioso conde de Saint-Germain? Penso que os dados contêm provas suficientes de sua formação sefardita (hispano-portuguesa), de uma infância vivida em Piemonte (ele falava francês com sotaque piemontês) e de uma educação talmúdica. Sendo dotado de uma memória prodigiosa, o conhecimento que ele adquiriu mesmo em tenra idade permaneceu com ele durante toda a vida. Após fracassar sozinho e iniciar uma carreira de aventureiro internacional, ele achou essencial ocultar sua origem judaica. Assumiu diversas imagens e nomes, sempre se pretendendo um membro da nobreza, em geral um conde, e sempre usando formas de cumprimento de um país que não aquele em que ele incidentalmente se encontrava. Explorando a credulidade da época, ele afirmava – ou pelo menos estimulava os rumores nesse sentido – que tinha centenas ou mesmo milhares de anos de idade, que estava na posse do elixir da vida e que sabia como fazer ouro e pedras preciosas, numa palavra, que era mestre na Grande Arte da alquimia. E,

27 Agradeço a Mme A. Plassard por decifrar o francês nessa inscrição.

mais importante para seu êxito em ser admitido e admirado nos círculos mais altos da nobreza, um país após outro, ele tinha uma personalidade tão cativante que podia lançar seu fascínio sobre todos os que ele encontrava, inclusive príncipes e mesmo cabeças coroadas. Um outro lado de seus talentos estava em sua habilidade na diplomacia, nos negócios e na indústria, do que fizeram uso Luís XV, o conde Carlos e importantes estadistas franceses e, possivelmente, russos. Embora até o final de sua vida ele nunca tenha revelado suas origens judaicas, na velhice não fez segredo de não crer em Jesus nem de seu conhecimento (entre as muitas línguas que conhecia) das línguas judaicas do hebraico, aramaico e ídiche.

Quanto a sua alquimia e química, embora não tenha chegado até nós nenhum documento comentando se ele fez alguma contribuição original para esses conhecimentos, ele sem dúvida desempenhou um papel importante, ao manter viva a crença e o interesse na alquimia e possivelmente contribuiu para criar as bases do uso industrial da química.

38.

Jacó Emden; o Manuscrito de Bar-Ilan

Os dois alquimistas judeus do século XVIII discutidos até agora eram sobretudo mágicos e mistificadores profissionais, cuja orientação estava muito distante da mentalidade judaica tradicional anterior à Hascalá. O terceiro homem, que examinamos agora rapidamente, era, ao contrário, um rabi, uma autoridade na Halakhá e um cabalista, um dos estudiosos judeus de maior destaque em sua geração. Ele dedicou grande parte de sua vida ao combate daqueles seus correligionários que ainda eram adeptos do que era considerado como a perigosa heresia sabataísta, assim como dos que iniciaram em sua época o movimento frankista, igualmente herege. Era filho de Tzvi Hirsch Aschkenazi, conhecido como Ḥakham Tzvi, e, como o pai, era um homem de caráter intransigente, independente e tempestuoso.

Seu nome era Jacó Emden (1697-1776) e, o pouco que se conhece sobre sua vida sugere que ele era, sob muitos aspectos, uma personalidade excepcional no ambiente judaico do Norte europeu de sua época. Em primeiro lugar, apesar de seu grande conhecimento e vasta produção literária de grande erudição, ele ocupou uma posição como rabi na comunidade de Emden durante apenas um curto período de sua longa vida. Em segundo lugar, instalou uma prensa em Altona, garantindo para si uma certa independência intelectual e econômica que lhe permitia disseminar seus pontos de vista muitas vezes extremamente críticos das tradições e costumes sociais da comunidade judaica em que vivia. Envolveu-se em um grande número de controvérsias, das quais a mais acalorada foi a polêmica com o Rabi Jonathan Eybeschuetz, que se tornou rabi das "Três Comunidades" de Altona, Hamburgo e Wandsbeck em 1751 e era suspeito (por Emden assim como por outros) de ser adepto de Sabatai Tzvi, o falso Messias. O embate entre os dois gigantes rabínicos chegou a tal ponto que Emden foi forçado a fugir para Amsterdã, de onde, no entanto, continuou com seus ataques contra Eybeschuetz. Da polêmica com os seguidores de Tzvi, Emden passou à crítica do *Zohar*, o livro sagrado da Cabala, e até mesmo ousou questionar sua antiguidade (era considerado pelos cabalistas como a obra do sábio palestinense do século II, o Rabi [Simão bar Iohai] Schimʿon ben Yoḥai) e, em última análise, também sua santidade. Isso, naturalmente, provocou forte oposição e contribuiu para controvérsia em torno de Emden.

Além de suas obras sobre a Halakhá, seus comentários sobre as Escrituras e o livro de preces e seus escritos de polêmica, Emden escreveu uma autobiografia, que é um caso único no mundo rabínico. Além de tudo isso, estava interessado nas ciências naturais, na gramática da língua hebraica praticada e tinha familiaridade com o latim, o alemão e o holandês. Quanto à alquimia, embora não haja provas em sua vasta obra de que ele trabalhasse com a experimentação alquímica ou que acreditasse nas doutrinas e ensinamentos alquimísticos, uma de suas respostas nos revela que ele levava muito a sério as afirmações da alquimia e que, mais que isso, estava ansioso por obter informações sobre as suas doutrinas e realizações. Na grande coletânea de respostas de Emden, intitulada *Sch'elat Yaʿvetz* (impressa em Altona, 1738-1759), há uma longa carta que ele escreveu em resposta a uma pergunta que lhe fora feita por um certo Wolf Ginzburg, que queria saber se era permitido aprender as ciências e, em especial, a ciência médica, com os gentios. Em sua resposta (n. 41, f. 65a-74a), Emden insere uma pergunta formulada por ele próprio, na qual pede a Ginzburg informações sobre a alquimia em geral e sobre os escritos alquímicos hebraicos (ou judaicos), em particular. A seguir, minha tradução da passagem em questão (f. 73b-74a) do texto de Emden em hebraico. Ele não estava familiarizado com os termos hebraicos da alquimia, mas conseguia transmitir o que queria dizer empregando palavras hebraicas cujo significado básico estava próximo o suficiente dos termos de que ele não dispunha (essas palavras estão entre parênteses).

> Informe-me, por favor, se há alguém que tenha habilidade na análise (*nituaḥ*) dos elementos (*y'sodot*) e em sua extração a partir de compostos (*murkavim*) e na separação dos três pilares da alquimia e na ciência de sua combinação e mistura em todas as coisas baixas existentes até as plantas e as ervas e os metais e minerais. Eu gostaria de saber se essa ciência ainda existe e se coisas como a transmutação (*hischtanut*) das substâncias dos metais (*'atzme hamatakhot*) foram verificadas com plena certeza. E [se] a grandeza dos medicamentos, sobre os quais os mestres dessa seita (*kat*) entoaram louvores exagerados e contaram grandes maravilhas, é de fato o que dizem os rumores. E se há algo sobre ela em algum de nossos livros. E recentemente vi um livro impresso em língua estrangeira (La'az), de autoria de um dos antigos filhos de nosso povo, que é considerado entre eles [os gentios] de muito grande valor e eles dizem que têm vários autores judeus que foram grandes nessa ciência. E isso me faz refletir muito: se a coisa é realmente verdadeira, como é que sua lembrança desapareceu totalmente em meio a nós, ninguém sabe até onde, embora o autor dos *Deveres dos Corações* [de Baḥia ibn Pakuda] mencione as virtudes da alquimia no início de seu capítulo sobre a Confiança, deixando claro que ele verificou sua existência? Também o Rabi Abraão ibn Ezra parece admitir sua realidade. Mas o *Kuzari* fala delas em dois lugares e as menciona desaprovadoramente, ridicularizando-as. No entanto, jamais vi até agora nem ouvi falar que nossos antigos sábios teriam mencionado em algum lugar que conheciam algum livro escrito na língua sagrada dessa ciência. Assim, minha alma também anseia por saber se por acaso alguém entre nós ainda possui esse livro. Nas grandes casas de livros [bibliotecas] e nas coleções das casas de estudo [universidades] de prestígio, existem

[tais livros]. Minha alma apreciaria enormemente saber o que seus sábios pensam sobre esse problema. E de nossos antigos, possa sua lembrança ser uma benção, sabemos que não se deve, o céu proteja, deixar o estudo sagrado e precioso em benefício dele. Mas feliz é aquele que pode se prender a um sem abandonar o outro, para fazer como eles fazem. Mas seguir um longo caminho até suas casas de estudo não é, segundo penso, uma coisa que seja apropriado fazer. Embora isso não deva ser condenado da mesma forma que o estudo com um mago. Em todo caso, não se aproxime da porta de sua casa e não resida com eles em seus palácios, pátios e salas ornamentadas, para aprender seus costumes e modos.

Nessa passagem há vários pontos interessantes. O primeiro deles é que Emden tinha algum conhecimento geral das doutrinas básicas da alquimia, inclusive da afirmação da alquimia de poder transmutar metais, mas não tinha certeza sobre se essa "ciência" ainda existia em sua época. Em segundo lugar, ele estava familiarizado com as concepções dos filósofos judeus medievais sobre a alquimia e compreendia claramente que alguns deles acreditavam na alquimia, enquanto outros a rejeitavam. Em terceiro lugar, ele lera pelo menos um livro de alquimia numa língua estrangeira (Laʿaz), escrito por um judeu e muito valorizado pelos alquimistas gentios. Em quarto lugar, ele sabia que os alquimistas gentios possuíam e valorizavam diversos livros escritos por alquimistas judeus, que lhe eram desconhecidos. Em quinto lugar, ele estava intrigado quanto à possibilidade de esses antigos livros judaicos de alquimia ser desconhecidos dos estudiosos judeus e lamentava que assim fosse. Em sexto lugar, ele estava extremamente interessado em saber se esses livros de alquimia de autoria judaica ainda podiam ser encontrados em algum lugar. Em sétimo lugar, embora aconselhe seu interlocutor a não abandonar o estudo da *Torá* em benefício da alquimia, ele apresenta a opinião de que "feliz é aquele" que pode se dedicar a ambos os estudos simultaneamente.

Jacó Emden era uma figura excepcional em meio aos judeus asquenazitas do século XVIII. Enquanto os judeus sefarditas podiam nessa época olhar retrospectivamente para vários séculos de realizações em todos os campos das ciências (além da Halakhá, da filosofia, da poesia e da mística), de modo que o interesse pela alquimia era para eles, por assim dizer, um dado natural, os judeus asquenazitas (com muito poucas exceções) se concentravam exclusivamente no estudo da Halakhá e do *Talmud* e se voltariam para as novas tendências, como o hassidismo e o iluminismo, somente na última metade do século XVIII. Um judeu devotado à Halakhá nessa época e também interessado nas ciências, em especial na alquimia, era na verdade algo tão incomum que somos levados a buscar fatores especiais, para tentar explicá-lo.

No caso de Jacó Emden esses fatores especiais podem ser facilmente encontrados. Seu pai, Tzvi Hirsch Aschkenazi (1660-1718), embora pertencesse aos asquenazitas e tivesse vivido na Morávia durante a infância, foi enviado, com a idade de quinze anos, para a Salônica, com a finalidade de estudar na *ieschivá* do Rabi Elias Covo. Tzvi Hirsch permaneceu em Salônica durante cerca de doze anos e depois mais um ano em Belgrado. Durante esse tempo, ele adotou costumes, modos e aparência sefarditas e até mesmo assumiu o título sefardita *ḥakham*, em vez do equivalente asquenazita, rabi. Quanto ao sobrenome "Aschkenazi", ele era adotado ou atribuído a alguns judeus de ascendência asquenazita, que viviam em meios sefarditas (o mais famoso deles foi Isaac Luria Asquenaze, ou Aschkenazi Rabi Itzḥaq, daí o acrônimo "Sagrado ARI"). Subsequentemente, Ḥakham Tzvi foi nomeado *ḥakham* da comunidade sefardita de Sarajevo. Tinha quase trinta anos de idade quando retornou ao mundo asquenazita, aceitando a posição de *av bet din* (que pode ser traduzido por "rabi auxiliar") das "Três Comunidades" de Altona, Hamburgo e Wandsbeck. Em 1710 foi convidado para servir como rabi da comunidade asquenazita de Amsterdã, onde manteria relações estreitas com os sefarditas, tendo altíssima consideração por eles e suas tradições. Seu filho, Jacó Emden, foi bastante influenciado por ele e aprendeu com ele as concepções e atitudes sefarditas, assim como a abordagem sefardita positiva das ciências seculares. Esse é o pano de fundo que explica o interesse de Emden pelas ciências, pela medicina e pela alquimia.

O *responsum* citado acima nos oferece um rápido vislumbre do estatuto da alquimia em meio aos estudiosos rabínicos asquenazitas do século XVIII. O interesse do estudioso asquenazita normal estava nesse período restrito em grande parte aos "quatro cúbitos da Halakhá". Seu silêncio em geral com relação à alquimia indica que eles, muito provavelmente, desconheciam seu significado, alcance, doutrinas e a própria possibilidade de sua existência. Mesmo Jacó Emden, apesar de sua relação, muito mais ampla e influenciada pela tradição sefardita, com o mundo do empreendimento intelectual, tinha apenas uma vaga ideia do que significava a alquimia e o que ela buscava realizar e, embora soubesse da existência de tratados judaicos de alquimia, ele não tinha como identificar seus autores. Não é de admirar que, à medida que avançamos do século XVIII para o século XIX, encontramos os últimos alquimistas judaicos, não entre os judeus asquenazitas, mas entre os sefarditas. Resta apenas um manuscrito do século XVIII a ser discutido e também ele evidencia um certo interesse permanente pela alquimia em meio à comunidade sefardita.

O Manuscrito de Bar-Ilan 625

Esse manuscrito, encontrado na Coleção Margaliot da Universidade de Bar-Ilan, Ramat Gan, Israel, consiste em dez fólios, paginados de 4-6, e 8-14. Está em mau estado, com várias páginas em parte ilegíveis. Parece datar do século XVIII, embora seja sem dúvida apenas uma cópia de um manuscrito mais antigo. Dezenove de suas vinte páginas estão em hebraico; o fólio 6a e parte do fólio 7b estão no idioma ladino. A maior parte dos termos técnicos estrangeiros que nele aparecem está em italiano. Assim, é razoável presumir que seu autor era um judeu sefardita que viveu na Itália.

A parte mais interessante desse manuscrito é uma longa receita para o preparo de uma "pedra filosofal" líquida, que pode transmutar prata em ouro:

> (f. 8a). A fabricação de uma pedra preciosa que é chamada de pedra filosofal. Tome uma *liṭra* [libra] de água purificada e sal *armoniaqo* [amoníaco], no qual não deve haver nenhuma escuridão. Misture até ficar bem fino e passe por uma peneira bem fina. Então tome quinze ovos úmidos [frescos], com apenas um dia, e cozinhe em água até que fiquem bem duros, tome as claras e corte-as em pedaços pequenos, tome uma pedra de mármore e coloque sobre ela, camada (*'aliyá*) sobre camada, uma camada do sal amoníaco acima mencionado e uma camada das claras acima mencionadas, até terminar o sal e as claras acima mencionadas. Então coloque num receptor [até] todo o sal se transformar em água. Tome essa água e reserve. Então tome duas libras de mercúrio *sublimaṭo* [sublimado], que deve ser do melhor, e triture-o até se tornar um pó muito muito fino, tão fino que pode ser levado pelo vento, coloque o pó com a água acima mencionada num *orinal* [frasco] e introduza-o muito gradualmente e o tempo todo misture bem com [palavra faltando] de lenha e, quando estiver bem misturado, cubra o frasco imediatamente e vede bem as junções para que não vaze, então tome quatro ou dez claras cozidas até o endurecimento, como mencionado, e corte-as em pedaços pequenos, coloque-os na água que está misturada com o pó acima mencionado e misture bem. Cubra bem o frasco e o coloque em *bagno tineiro* [banho], até que fique completamente saturado com água e ele deve ficar [aí] durante quatro dias. E quando tudo estiver *resolvido* [dissolvido], despeje a água acima mencionada através de um tecido de *filṭro* [filtro] para purificar.

Em nome de Deus. Tome duas libras de bom *anțimonio* [antimônio], que não pode ser imitação, mas deve ter *samforot arutat* [?] e ele verá escrito algum *samforot zufiyot* [?] e triture as duas libras de *anțimonio* acima mencionadas sobre uma pedra de mármore, até ficar muito muito fino, então tome um frasco de vidro de gargalo longo e vede-o com a argila filosofal e deixe secar e coloque nele o antimônio triturado acima mencionado e sobre ele coloque a água acima mencionada e, instantaneamente, vede sua boca com cera feita com *asțize* [?], que deve fechar bem, de modo que os espíritos não se percam e coloque o frasco acima mencionado em seu forno sobre dois bastões de ferro, de modo que não possa se mover e, então, coloque nele o receptor como de costume e o receptor acima mencionado deve ter o maior tamanho possível e vede bem a junção com uma cola feita de cal viva e clara de ovo e farinha fina e faça isso de modo que não exsude e deixe repousar assim até que a cola endureça e, então, acenda o fogo no forno com dois pedaços de carvão [várias palavras ilegíveis], até que o forno e o frasco fiquem quentes e, então, aumente o fogo pouco a pouco durante três horas [palavras ilegíveis] água branca como leite, que, quando cai, [palavras ilegíveis] parece que congelou e, após passar quatro horas, [coloque?] no fogo com oito ou nove pedaços de carvão que não devem ser grandes, mas como maçãs pequenas, e você verá a figura da cor, ou *stanire* [?] ou *verde* [verde *amordo*]. E você verá no receptor que uma nuvem negra aparece junto com outras cores e continue o fogo acima mencionado por mais quatro horas e, quando a dita nuvem desaparecer, você verá uma outra cor e saberá que uma gota vermelha como o sangue vai se desprender e então abasteça com mais fogo por outras quatro horas. Então você verá uma outra cor como ouro se desprender. Continue abastecendo com fogo por outras quatro horas e, depois que essas cores se tiverem misturado você verá que aparece uma outra cor negra como sangue calcinado, então por oito horas abasteça com fogo muito forte de lenha que produz uma chama forte e clara como a do *reverbero* [?] e, após essas oito horas, coloque pedaços de carvão acima do frasco, para que a subida do fogo seja forte e deixe assim até que se extinga por si. Quando vir que o fogo está fraco, tome o receptor acima mencionado com cuidado e cubra-o com algodão e cera ou algo semelhante, para que não exsude e cubra essa cera com cola feita com farinha e clara de ovo e cubra bem, pois essa é a chave das chaves e o segredo dos segredos. Então remova o barro que está sobre o frasco, até que fique puro e você possa ver nele uma árvore como uma árvore com frutos e flores e esse é um dos sinais de que a operação está indo bem – e, quando tudo estiver bom e puro, tome o que está nele e triture bem até se tornar um pó muito fino e coloque numa vasilha sem polimento e cubra com uma outra vasilha do mesmo tipo, boca a boca e amarre [?] com um fio de ferro e cubra com barro, de modo que não exsude e de modo que o barro tenha um dedo [de espessura]. E após secá-los, coloque-os num forno para [palavra ilegível] e faça um fogo leve durante uma hora. Então cubra essa vasilha com brasas [palavra ilegível] por cerca de quatro horas, de modo que os frutos fiquem bem cobertos e, após esse tempo, tome-os e deixe-os esfriar e, quando estiverem frios, abra e observe: se todo o pó estiver da cor vermelha, isto é, *melone* [?] em Laʿaz, bom; caso não, repita e cubra-o na vasilha, primeiro no fogo, durante doze horas, ou até que fique bem vermelho e, então, tome esse pó e triture muito fino, então, ponha sobre ele vinagre *desṭillaṭo* [destilado] forte e, ao liquefazê-lo, tome cuidado em colocar em cada libra de vinagre meia *onqia* [onça] de sal *armoniaqo preparaṭo* [amoníaco preparado]. Então coloque esse vinagre [sobre] esse pó, de modo a cobri-lo em dois dedos, e cubra tudo bem para que não exsude. Então coloque em esterco de cavalo ou num banho por cerca de quatro horas. Então tome o frasco e verá o vinagre vermelho. Esvazie-o com cuidado no outro recipiente e coloque sobre esse pó mais vinagre, liquefeito como acima mencionado, e coloque-o no esterco ou num banho por cerca de quatro horas e faça isso a cada vez, até que o pó acima mencionado se dissolva completamente no vinagre, colocando a cada vez vinagre suficiente para cobrir o pó e dois dedos [acima dele]. E quando vir que o vinagre não traz mais cor, tome todo o vinagre acima mencionado e o combine e o liquefaça como o óleo de antimônio acima mencionado e vede bem as junções. E saiba que inicialmente aparecerá

> água pura como a de chuva e, quando vir que ela começa a mudar de cor, que se tinge como ouro, então tome o receptor e por fim aplique fogo forte, quando vir que parou de fluir, aplique fogo muito forte e, quando tudo estiver reunido, tome-o e misture com o óleo do antimônio acima mencionado, o óleo das cores para o pó [e] reserve o acima mencionado e o preserve bem e você deve guardá-lo em grande segredo, pois esse é o precioso óleo de antimônio filosofal com o qual eles tingem a prata em bom ouro.

Embora esteja incluída num manuscrito hebraico do século XVIII, a receita acima manifestamente remonta a um original muito mais antigo, do qual foi copiada nesse século. Trata-se do gênero tradicional de instruções sobre como preparar a preciosa "pedra filosofal" (que, neste caso, não é uma pedra, mas um líquido), que pode ser usada para "tingir prata em bom ouro", isto é, ou transmutar prata em ouro ou, pelo menos, dar à prata a aparência de "bom ouro".

Apesar de algumas palavras ilegíveis e de uns poucos termos técnicos que não puderam ser identificados no manuscrito, essa receita é uma das mais completas e detalhadas na bibliografia alquimística hebraica para o preparo da substância secreta aqui designada como "o precioso óleo de antimônio filosofal" e, em diversos outros tratados, como "o elixir da vida". De interesse particular nessa receita são as instruções que exigem que o adepto passe um número exorbitante de horas cuidando do fogo, supervisionando os procedimentos, repetindo-os vezes seguidas. Tem-se a impressão de que a intenção do autor era deixar a operação extremamente difícil, de modo a tornar quase impossível ao alquimista comum realizá-la. Além disso, a complexidade da operação é tal que torna a possibilidade de se cometer erros algo quase inevitável. Ficamos imaginando quantos dos alquimistas que leram essa receita estavam realmente preparados para dar início a essa operação e quantos dos que o fizeram conseguiram realizá-la corretamente. Em todo caso, "o precioso óleo de antimônio" devia estar entre as substâncias mais raras já produzidas pelos alquimistas.

Parte Dez:

SÉCULO XIX

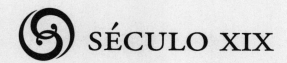

Introdução à Parte Dez

No século XIX, a prática da alquimia era em grande parte uma coisa do passado no mundo ocidental. A química, a triunfante herdeira e sucessora da alquimia, não deixou espaço nem para as teorias em que se acreditava nem para as operações realizadas pelos alquimistas desde o período helenístico – embora a dívida da química para com a alquimia seja um tema fascinante, até agora insuficientemente explorado. Nos raros casos em que trabalhos isolados de alquimia ainda tinham continuidade na Europa do século XIX, ela tinha se tornado um fenômeno bizarro e periférico.

O mesmo não se dava no Oriente Médio muçulmano, onde muitas antigas tradições conseguiram sobreviver ao século quase intatas, entre elas, o interesse e a prática da alquimia. A alquimia islâmica tem sido relativamente bem estudada, mas apenas em seu período clássico. Praticamente não foram feitas pesquisas sobre a alquimia islâmica do período posterior. No verbete *al-Kīmīya* da renomada *Encyclopedia of Islam* (5:110-15), publicado em 1979, não encontramos, após Ibn Khaldūn, que viveu no século XIV, uma palavra sobre o trabalho que os muçulmanos desenvolviam na alquimia, ou sobre o que os autores muçulmanos pensavam sobre ele. A *Encyclopedia of Religion*, publicada em 1987, também se encerra com esse século, em seu artigo "Islamic Alchemy" (1:196-99). Sendo isso verdade, o material que aqui apresento sobre a atividade judaica na alquimia no norte da África no século XIX também abre uma janela para a amplitude da alquimia muçulmana durante cinco séculos. A alquimia judaica não poderia ter sobrevivido nessa parte do mundo, mesmo na forma marginal em que ela efetivamente sobreviveu, se a alquimia não continuasse como uma parte constituinte da atmosfera cultural aí respirada tanto por judeus quanto por muçulmanos.

39.

Um Manuscrito Alquímico de Jerba

A ilha tunisiana de Jerba (Djerba), apesar de separada do continente africano, foi o lar de uma comunidade judaica que durou séculos, tendo sobrevivido às perseguições que ocorreram sob a dinastia almôada no século XII, sob domínio dos espanhóis, em 1519, e sob a invasão dos nazistas, em 1943. No século XII, Maimônides, numa carta a seu filho Abraão, expressava uma opinião muito baixa sobre os judeus de Jerba, chamando-os de "obtusos e de natureza rústica"[1]. No entanto, no século XIX, o período com que nos ocupamos no presente contexto, as *ieschivot* de Jerba geraram muitos rabis e escritores e forneceram líderes religiosos para as comunidades do norte da África. A comunidade judaica consistia em 4.900 membros em 1946, antes de a maior parte emigrar para Israel. O manuscrito que abordamos neste capítulo mostra que, além disso, alguns deles também estavam envolvidos no estudo e na prática da alquimia[2].

O manuscrito, escrito em 1865 em caracteres cursivos sefarditas, mede aproximadamente 15 cm. por 10 cm. e contém 145 fólios. A página de título, que traz a datação "Na ilha de Jerba, no ano de 625", que corresponde a 1865, está contornada por uma moldura decorativa primitiva e diz o seguinte:

1 Raphael Patai, *The Jewish Mind*, p. 464.

2 Recebi de meu amigo Benjamin Richler do Instituto de Manuscritos Hebraicos Microfilmados da Universidade Hebraica de Jerusalém uma fotocópia desse miraculosamente preservado manuscrito alquimista hebraico no tamanho de um livro (MS Jerusalem, M. Feldman 15).

Esta é a porta do Senhor, por ela entrará o justo [Salmo 118,20]

O LIVRO DA CIÊNCIA DE BKRṬNṬB[3]

Eis aqui diante de vocês ciências maravilhosas e preciosas, agradáveis e veneráveis, elas são muito muito corretas e são reveladas apenas aos sábios honestos, cujos corações são puros e superiores no temor de Deus e que nada revelam, pois essa ciência não deve ser explicada a todos, para que não destruam seu segredo e diversão e brilho e esplendor. Assim, ela é apresentada de uma forma muito oculta e de uma forma muito muito obscura e o que Deus concedeu em conhecimento e sabedoria a uma pessoa é apropriadamente mantido oculto. E que ele agradeça a Deus pelos benefícios que Ele lhe concedeu e por ter elevado sua trombeta [isto é, honra] e sorte e deixado que dedicasse todos os seus dias a Seu serviço e a Sua *Torá* e deixado que ele se segurasse na mão do [isto é, o apoio] sábio e do pobre e do indigente, para poder aprender a *Torá* de Deus e para servir a Ele e aumentar e exaltar a *Torá*, que é mais preciosa que pérolas, e escrever livros e imprimi-los e também os dos outros. E que ele faça da *Torá* a preocupação constante para o velho e para a criança, para o pequeno e para o jovem. E ao Senhor, ao Deus do céu e da terra, peço que Ele me salve de todo mal e adversidade e me permita alcançar essa ciência e me guie em Sua *Torá* pura e imaculada. E o que dispus acima, prometi e vou cumprir, com a ajuda d'Aquele que dá conhecimento e sabedoria. E então vou oferecer a Ele um canto e louvor e vou louvar a Ele, "nas congregações vou louvar o Senhor" [Salmo 26,12].

Escrito
na ilha de Jerba, que nossa cidade se reconstrua,
no ano de
625 [1865]

3 BKRṬNṬB é o criptograma de nosso autor para a palavra ALQIMIA, ao grafar o termo alquimia em hebraico. Ele chegou ao criptograma, colocando no lugar das letras hebraicas da palavra ALQIMIA, alternadamente, as letras que as seguem e as precedem no alfabeto hebraico.

Como podemos perceber nessa tradução literal, o autor não é um grande cultivador do estilo, mas ele compensa essa deficiência por uma devoção intensa e considera "essa ciência" (o termo que ele emprega é *ḥokhmá*, que também pode significar "sabedoria") como estreitamente vinculada à *Torá*.

O texto do livro tem início no verso da página de título. Os muitos termos técnicos não hebraicos, em sua maioria do italiano e do árabe, incluem palavras do dialeto árabe norte-africano local, não encontrados em dicionários da língua árabe.

> A ciência da alquimia. Em todas as partes da atividade de fundir metais e da natureza dos minerais, é necessário compreender o significado da construção do Santuário e do Tabernáculo, qual é para a prata e qual é para o ouro e qual é para o cobre e o ferro e o significado das pedras preciosas e suas virtudes e igualmente os segredos da natureza, *simpaṭiyah* e *anṭipiaiṭiya* [it., *simpatia* e *antipatia*] e é necessário conhecer para cada coisa qual o limite e a virtude de sua natureza e que não há nada nisso dos métodos do emorita* [isto é, elementos idólatras], e tudo que não faz parte das raízes dessa ciência pertence ao método do emorita.

As duas linhas seguintes remetem o leitor a uma parte posterior do livro, que trata da *purgaṣione* (purgação), então segue-se uma outra observação introdutória, de enorme interesse, devido a suas conotações cabalísticas. Ela se inicia com a identificação do autor (ou copista) como "o jovem Barukh Abraão HaKohen, S"Ṭ". O sobrenome HaKohen é o mesmo do autor do livro, mas isso não é uma indicação de parentesco, uma vez que a maioria dos judeus de Jerba eram de ascendência cohenita, isto é, sacerdotal. O S"Ṭ representa *S'faradi ṭahor*, significando "sefardita puro", a orgulhosa autoidentificação de

* Amorreus (N. da E.).

homens que se gabavam de ascendência sefardita pura, mesmo séculos depois da expulsão dos judeus sefarditas da Espanha, em 1492.

> Diz o autor, o jovem Barukh Abraão HaKohen, S"Ṭ: em minha humilde opinião, antes de começar a ler nessa venerável e preciosa ciência, vocês devem recitar a seguinte oração que compus. Em minha humilde opinião, será considerado aos olhos de meu Criador, abençoado seja Seu nome, amém, e exceto pelo que vocês encontrarão escrito nela, façam de forma que Deus favoreça a vocês com conhecimento e sabedoria, pois o Senhor nosso Deus é misericordioso e, assim, também seu estudo no qual vocês se envolverão e o abandono [do estudo da *Torá*] que ele requer contará para vocês como se tivessem estudado Sua sagrada *Torá*, pois o Santificado, louvado seja Ele, acrescenta o bom pensamento à ação. E este é o texto da oração, com a ajuda do céu:
>
> Para a unificação do Santificado, louvado seja Ele [com Sua Schekhiná], em temor e tremendo, para a união do nome *YaH* com *WeH* [e Yahweh] numa unidade completa em nome de toda Israel, eis que passo a estudar a ciência de TKDYMMT[4], de modo que, se o Senhor nosso Deus me conceder compreendê-la e conseguir trabalhar com ela, vou imprimir os livros de nossos irmãos, os justos e piedosos Filhos de Israel, e estudar a *Torá* do Senhor dia e noite, aprender e ensinar e fazer e elevar a trombeta [isto é, a glória] e a bandeira da *Torá* e fortalecer as mãos dos que se dedicam a ela e trabalhar a obra sagrada sem dificuldades, de pleno coração e sem voltar para nenhum outro lugar.

As primeiras linhas dessa oração consistem numa versão um tanto reduzida da conhecida fórmula *yiḥud*, cujo texto integral inclui as palavras "com Sua Schekhiná", entre colchetes, acima. Essa curta oração dedicatória foi instituída por Isaac Luria, o principal mestre

4 TKDYMMT é um outro criptograma para ALQIMIA no chamado código ATB"SCH, no qual *tav* é colocado no lugar de *alef*, *schin*, no lugar de *bet*, *resch*, no lugar de *g[u]imel* etc. Devo essa explicação a Benjamin Richler.

do conhecimento cabalista de Safed no século XVI, que é citado como tendo dito categoricamente: "Deve-se sempre ter o cuidado de dizer diante de tudo: 'Pela unificação do Nome do Santificado, louvado seja Ele, em temor e amor e respeito, em nome de toda Israel', pois deve-se sempre unir o masculino e o feminino". A influência de Luria foi tão grande que, desde sua época, a fórmula da unificação tem sido fielmente recitada pelos cabalistas tradicionais e por judeus hassídicos muitas vezes ao dia, no início de cada uma das orações diárias e antes da realização de todo ato religioso ou de alguma forma significativo. Por trás disso, está a convicção mística de que a destruição do templo de Jerusalém e o exílio do Povo de Israel criaram uma separação entre Deus, o Rei, e sua contrapartida, a Schekhiná (a Presença feminina de Deus), que, em resultado dessa cisão na natureza divina, o próprio Deus não estava completo e que, assim, era dever dos homens de fé dedicar tudo que fizessem ao grande propósito maior de ocasionar a unificação entre Deus e a Schekhiná[5]. A recomendação do autor de nosso livro de recitar o *yiḥud*, antes do início de um trabalho de alquimia, traz esse trabalho mais claramente para o âmbito da atividade religiosa lícita e, mais que isso, aprovada e valorizada. Entre as centenas de textos, manuscritos e impressos alquimísticos que examinei, esse manuscrito é o único no qual encontrei uma referência ao *yiḥud*.

Após mais algumas advertências religiosas e recomendações de orações, o autor (fólio 1a) identifica, em primeiro lugar, a origem de seu tratado:

> Esse importante livro, eu encontrei num manuscrito [...] de nosso mestre e professor e Rabi Moisés HaKohen, filho do grande Rabi Saul HaKohen de abençoada memória.
>
> Saibam que toda passagem sobre a qual vocês encontrarem uma meia lua foi escrita pelo acima mencionado Rabi Moisés Kohen e, onde vocês

5 Cf. os detalhes em Raphael Patai, *The Hebrew Goddess*, p. 161-201.

> [não] encontrarem uma meia lua, a passagem foi escrita por mim, eu, o jovem Abraão Kohen, S"Ṭ.

Em nenhuma parte do livro encontramos uma meia lua (ou qualquer outra marca de identificação). No entanto, dispersas pelo texto do manuscrito, encontramos outras indicações relativas à autoria do livro. No fólio 54b, introduzindo a terceira parte do livro, encontramos mais alguns detalhes sobre o modo como o copista, Barukh Abraão HaKohen, obteve o material que ele incluiu no livro:

> Diz o copista: após ter apresentado a vocês a primeira e segunda partes do livro acima mencionado, que encontrei num manuscrito [...] do venerado Rabi Moisés Kohen [...] filho do grande terebinto, mestre da terra, [...] Rabi Saul HaKohen de abençoada memória [...] autor do livro *Leḥem haBikurim* [Pão dos Primeiros Frutos] e outros livros, venho agora colocar diante de vocês algumas pérolas que encontrei num manuscrito de meu mestre e pai, que sua luz brilhe, e que não estão contidas no livro acima mencionado; e meu mestre e pai me disse que as havia copiado dos escritos do acima mencionados RM"K [Rabi Moisés Kohen].

Quando trabalhamos com um manuscrito de origem assim híbrida, é difícil determinar se certas afirmações específicas, feitas na primeira pessoa do singular, representam as palavras do autor ou do copista. Assim, por exemplo, no fólio 58a, encontramos uma receita para fazer "água-de-prata com a qual você pode escrever como com tinta", que é introduzida com as seguintes palavras: "encontrei escrita num manuscrito e essa é sua linguagem". Ficamos confusos ao tentar determinar se é o autor ou o copista que aqui fala. Se este último, então ele faz uso de fontes adicionais, acrescentadas ao manuscrito do Rabi Moisés HaKohen.

Uma outra referência a uma fonte externa, se podemos confiar nela, parece indicar que o autor, Moisés ben Saul HaKohen, viveu no século XVI, em Bolonha, Itália. No fólio 40b, encontramos a seguinte afirmação:

> Saibam que recebi de um sábio e seu nome é Paṭīsṭa, aqui, Bolonha, 9 de Marso [março], ano de 5308 [1548], *s'gulot* [heb., remédios] de duas ervas: a erva *ṭorah* [?] e a erva *anṭorah* [?]. E elas somente são encontradas nas montanhas da França. Uma delas é boa para enrijecer o ferro e a outra, para abrandá-lo. Também a erva *sfera qaṣwalo* [?] é boa para quebrar e esmagar todos os recipientes de ferro e todo cobre e é encontrada somente em Napoli [Nápoles].

Essa é uma passagem bastante intrigante. Não consegui identificar nenhum alquimista bolonhês do século XVI chamado Paṭīsṭa (provavelmente Batista) nem encontrei registros de um Moisés ben Saul HaKohen, ou de seu livro, *Leḥem haBikurim*. No entanto, por volta de 1500, um dos judeus expulsos da Espanha, Abraão ben Moisés HaKohen, foi nomeado rabi de Bolonha e é possível que nosso Moisés ben Saul HaKohen fosse da mesma família. Em 1568, os judeus foram banidos de Bolonha e pode ter sido nessa época que Moisés ben Saul se mudou para Jerba. Uma vez que quase todos os termos alquímicos empregados no manuscrito são italianos, é mais que provável que seu autor fosse um judeu italiano.

O texto de alquimia propriamente dito começa no mesmo fólio 1a do manuscrito:

> E ESSE É MEU DESEJO COM A AJUDA
> DO SENHOR MINHA ROCHA E SALVADOR
>
> As espécies de sal são muitas, mas todos eles são de três tipos: natural, celestial e artificial.
>
> O natural vem das montanhas e parte dele é escura e parte é pura como o ônix e é denominada *sal gemma*, isto é, sal cujo brilho cintila como pedra preciosa. E há dele um tipo de mineral que é denominado *sal indi*, isto é, que vem da Índia. E há um outro mineral, um que é denominado *sal natiqo* [?]. E HÁ ainda um outro mineral, denominado *sal nitro* [salitre], que vem do Egito e suas fronteiras. E há um outro

mineral, perfumado e cheiroso, que vem do *l-Yaman* [Iêmem]. E há um outro, cuja cor é negra. E há um outro, branco como o vidro e, com pedaços dele, podemos ver o rosto de um homem e é, assim, denominado sal *speculare* [it., espelho]. E há um tipo que é vermelho, de uma vermelhidão essencial, semelhante à *qarma* [granada]. E há um tipo dele, cuja vermelhidão é clara como a da rosa. E há [uma espécie] dele que é amarela como o açafrão.

O celestial é o sal de Sodoma, que caiu do céu e é amargo e muito salgado. Ele queima facilmente e seus grãos não estouram no fogo, como acontece com os outros sais.

O artificial: parte dele vem do solo e é denominado *sal misitro* [it., *sal mastro*, sal salitroso] e é dele que se faz *polvere* [it., pólvora] para as armas. E há um que é feito da água do mar, como na Sicília e na Itália. E há um que é feito do sangue de animais domésticos e selvagens. E há um que é feito de ouro. E há um que é feito de prata. E há um feito de mel. E o feito do sedimento do vinho denominado *ṭartaro* [ṭártaro]. E o feito de azeitonas calcinadas. E o feito do *lipio santo* [?]. E o feito da árvore do *ienpiro* [it., *giunipero*, ou junípero, zimbro]. E o feito de raízes de artemísia]. E o feito da árvore do *absinsio* [it., *absintina*, absinto, artemísia]. E assim ele pode ser feito de todas as frutas e plantas e o sal de cada coisa é bom para doenças específicas, de acordo com a natureza da fruta ou da planta da qual for feito. E há o feito de urina. E de *saraṭānes* [ár., *saraṭan*, lagosta]. E consultem o livro SchLH"G[6] detalhadamente.

As duas últimas linhas do fólio 1a são legíveis apenas em parte, mas elas tratam de "um pó retirado debaixo da areia [...] pedras grandes e é denominado *salarmoniaqo* [sal amoníaco], isto é, sal que se encontra sob a areia".

6 A abreviação schLH"G designa o livro *Schilṭe haG[u]iborim* (Escudos dos Heróis) de Abraão Portaleone, impresso em Mântua em 1612. Abordamos as obras de Portaleone no capítulo 30. A referência a essa obra mostra que nosso autor mais novo estava na posse de livros raros e os examinou, tendo extraído passagens deles.

O fólio 1b contém uma tabela de conteúdos, relacionando os quarenta e um capítulos do livro, cada qual com seu número de página. Os termos estrangeiros são do italiano, na primeira parte (números 7 a 16), então seguem-se diversos termos do hebraico (números 17 a 25) e, por fim (números 26 a 39), termos do árabe. Deixei os termos em italiano e em árabe em itálico e acrescentei minhas traduções e explicações entre colchetes.

ÍNDICES DO LIVRO EM TERMOS GERAIS,
COM A AJUDA DE DEUS EXALTADO EM ORAÇÕES

1. Tipos de sal, 1a
2. Explicação de algumas coisas, 2a, 8a
3. Introdução ao livro, 4a
4. Procedimentos de redução, 5b
5. As águas, 9a
6. Os óleos, 11b
7. *Solimaṣione* [it., sublimações], 13a
8. *Asolimāre* [it., sublimar], 13b
9. As *fisaṣione* [it., fixações], 13b
10. *Afisāre* [it., fixar], 15a
11. *Purgaṣione* [it., purgações], 15b
12. *Apurgāre* [it., purgar], 16a
13. Os *preparaṣione* [it., preparados], 16b
14. *Aprepārāre* [it., preparar], 16b
15. A *qalṣinasione* [it., calcinação], 17b
16. O *qalṣināre* [it., calcinar], 18a
17. *Has'arah* [heb. sublimação], 18b
18. O preparo [ou aprimoramento] de algumas coisas, 19a
19. A purificação dos metais, 20b
20. Congelamento, 21a
21. Branqueamento, 25a

22. Coloração em vermelho e tingimento, 28b
23. Os procedimentos longos, 31b
24. Procedimentos isolados, 41b, 55b
25. A ação das pérolas, 45a, 55b
26. A *taṭhīr* [ár., purificação], 49a, 55a
27. O *taḥmīr* [ár., coloração em vermelho], 50a
28. O *tabyīḍ* [ár., branqueamento], 50a, 55a
29. O *tathbīt* [ár., fixação], 51a, 54b
30. *Thabāt* [ár., fixação] para o *ʿabd* [ár., escravo, isto é, mercúrio], 51b
31. O *tarṣīṣ* [ár., revestimento de chumbo ou zinco], 5a
32. O *taḥṣīn* [ár., cimentação ou solidificação], 52b
33. Expressão particular, 52b, 55a
34. O *taqṭīr* [ár., destilação ou filtragem], 53a
35. A *taklīs* [ár., calcificação], 53a
36. O *tarzīn* [ár., explicado como *libbun* [heb.], branqueamento], 53a
37. O *tarṭīb* [ár., umedecimento], 53b
38. Por *ḥal* [ár., dissolução], 53b
39. *Hajrān wal ʿaqd* [ár., expansão e liga, isto é, a fixação dos espíritos], 54a
40. O trabalho de escrever, 55b
41. Procedimentos isolados, 55b

Essa lista abrange a maior parte dos procedimentos-padrão da alquimia, indicando que o autor estava totalmente familiarizado com todos os aspectos dela. As quatro páginas seguintes (fólios 2a-3b) contêm explicações dos termos alquimistas, em sua grande maioria palavras italianas traduzidas para o hebraico com elucidações complementares. O material contido nesse pequeno glossário está incluído no glossário geral do manuscrito Jerba, no Apêndice.

Após esse pequeno glossário, nosso manuscrito apresenta (fólio 3b) algumas informações técnicas sobre pesos e medidas, extraídas do livro *Otzar haḤaim* (Tesouro da Vida), uma obra enciclopédica escrita por Jacó ben Isaac Tzahalon (1630-1693), que foi publicada em

Veneza, em 1683. Tzahalon pretendia escrever uma enciclopédia geral de todas as ciências, mas somente essa parte (a terceira), tratando da medicina, foi publicada. Uma vez que Tzahalon viveu mais de um século após Moisés ben Saul, é evidente que esse material foi acrescentado pelo copista. Nele se lê:

> A ordem das proporções copiada do livro *Otzar haḤaim*, páginas 43b e 44a: Uma *litra* [libra] em doze *onqias* [onças]. A onça é dividida em oito *drāme* [dracmas] e uma *ottava* [it., oitavo]. Uma dracma se divide em três *scrupalo* [it., *scrupolo*, um vinte e quatro avos de uma onça]. O *scrupalo* equivale a vinte e quatro trigos [sementes]. Até este ponto e veja ali.

O copista prossegue então, acrescentando seu próprio material:

> E encontrei num manuscrito os nomes dos pesos, como se segue: *drakhma*, *dirhām*, *grāno*, *qimḥa*, *scrupalo*, vinte e quatro trigos [sementes]. Uma *riṭla* – doze onças; uma onça – oito *dirhām*; um *dirhām* – três *scrupalo*. Até este ponto. A regra de como você deve se comportar com todos os materiais congelados. Veja sua descrição na parte um, no Congelamento, parágrafo 10. Lembre-se e não se esqueça.
>
> *Ṣīnērāṣio*. ʿAMSCh"L [acrônimo hebr.: "veja o que escrevi acima"]. E para QʿAD"N [acrônimo hebr.: "a estreiteza da pobreza de minha mente, parece"] que *S"D* [acrônimo hebr.: "o fim da questão é"] que não está fechado, pois as próprias *ramāṣ* [ár., leia-se *ramaḍ*, cinzas quentes] do forno são *taṣfīya'* [ár., purificação] se você o transforma numa espécie de *aljūja* [?] e muitas pessoas, em lugares em que não há *zakhs* [?] para fazer com ele uma combinação, fazem um lugar para alimentar o forno, mas dizem que as cinzas quentes do forno engolem boa parte da prata, no entanto, a pedra *zakhs* é melhor [...].
>
> Nossa ordem de medidas na ilha de Jerba, YʿI"A [abreviatura do hebraico para "Possa nossa cidade ser reconstruída, Amém"]: o *qintār* [ár.,

kantar] é uma centena de *raṭl* e o *raṭl* são quinze *onqiot* [onças] e a onça são oito *tas* e o *tas* são vinte sementes de alfarroba e a semente de alfarroba são dois trigos [sementes]. O *mithqāl* são vinte e quatro sementes de alfarroba. O *dirhām* são quinze sementes de alfarroba. Dizemos que o *grāno* é meio trigo [semente], tem o peso de um *pruṭah* [heb., tostão] de RZ"L [nossos mestres de sagrada memória].

Agora o copista está por fim preparado para dar início ao texto de alquimia propriamente dito, de seu livro. Palavras em italiano e em árabe são transliteradas, em sua primeira ocorrência, e depois traduzidas, sempre que possível.

B'E"H [COM A AJUDA DE DEUS]. PREFÁCIO QUE CONTÉM AS REGRAS DESSA CIÊNCIA PRECIOSA

1. No início todos os que entram nessa obra devem conhecer os quatro espíritos, que é a *prēpāraṣione*, e o preparado com os sete corpos, isto é, os sete metais conhecidos.

2. E os quatro espíritos são *sālarmoniāqo* [sal amoníaco], *k"ḥ* [heb., abreviação para o mercúrio], enxofre, *arsēnīqo* [arsênico] e eles são chamados de espíritos porque não toleram o fogo, mas escapam para o ar como vapor e vento, a menos que estejam misturados sábia e cuidadosamente, pois deve-se sublimá-los em recipientes especiais de vidro e argila, que são denominados *solimaṭore*, pois se não os sublimar, você não poderá purificá-los de sua umidade.

3. E os sete metais, se não fossem transformados em cal, que é *qālṣināre* [calcinar], e se você não extraísse deles sua umidade e, então, os encharcasse sobre um mármore em água ácida e, então, os transformasse novamente em água, seu procedimento não valeria nada, pois no início deve-se fazer cal a partir deles e, então, transformá-los em água e, então, eles se elevarão como os espíritos acima mencionados e, então, deve-se misturar a água dos metais, junto com as águas dos espíritos acima mencionados e, então, deve-se transformá-los em um corpo e, então, em

água e, dessa forma, seus procedimentos ficarão completos e bons e esse é o grande segredo nessa obra e não há nada superior a ela e os filósofos a ocultaram e a prova é que você não pode misturar duas coisas bem, mesmo que você as triture. Além disso, se você misturar duas águas, ou se elas ficarem mais coloridas [...] quando esse remédio for acrescentado a elas, pois sua primeira natureza já saiu delas e elas adquiriram uma natureza diferente, e elas terão um magnífico efeito sobre o metal, se você colocar o remédio preparado sobre ele, da forma acima mencionada. E não se surpreenda com o modo como o metal é transmutado numa outra natureza, pois, veja, mesmo o vidro foi originalmente erva e então se transformou em vidro e, exceto por isso, também muitas outras coisas mudam, mas seria muito demorado descrevê-las. E os melhores espíritos e corpos devem ser preparados, isto é, *prēpāraṣione*, e então conectados e transformados em um corpo. E para que você conheça a sublimação e o preparo dos quatro espíritos e dos sete metais facilmente, eis que eu os registrei para você B"H [com a ajuda de Deus] e eles são descritos acima, cada qual em seu lugar, ao modo da sublimação e do preparo.

4. E o preparo dos sete metais pode ser feito de quatro formas. Um é calcinar, isto é, sua transformação em cal; o segundo, *inṣeraṣione*, que consiste em encharcá-los e misturá-los sobre o mármore, de modo que se unam bem; o terceiro, *risolaṣione* [it., *risoluzione*, dissolução], isto é, transformá-los em água; o quarto [*qonyelaṣione*], congelar a água e transformá-la em pedra. E aquele que não conhecer isso não poderá operar de forma completa nessa ciência.

5. E os encharcamentos e a forma de fazê-los, que é denominada *inkikirāmenṭo*. O modo de fazê-los: tome qualquer espírito ou metal que você queira e encharque sobre uma pedra de mármore, triture e encharque continuamente com a melhor água ácida, como o vinagre e a urina de *wenirame* [?], sal amoníaco, e saiba que esse será um procedimento superior e funcionará melhor.

6. E saiba que os filósofos têm uma excelente máxima, muito *singolāre* [it., singular, isto é, excelente]. Eles diziam: todos os corpos de metal

podem *arorifiqare* [it., *rarefare*, rarefazer] com água *ziya*, que é *witriolo* [vitríolo], mas você deve acrescentar algo mais fino e mais nobre.

7. O enxofre *minerale* é uma gordura da terra e o enxofre mineral dos filósofos é (fólio 4b) *eksṭeraso* [extraído] de todo seu *soriṣe* [?] e de todas as coisas que são *qorumpionaṭe* [cf. it., *corrompere*, corromper, estragar].

8. E O K"Ḥ [mercúrio] *minerale* é para os filósofos água *wiskosa* [it., *viscosa*], que se encontra nas entranhas da terra, e o mercúrio filosofal é extraído das coisas impuras e de todas as coisas corrompidas.

9. E saiba que se você fizer cal a partir da prata e então transformá-la num corpo, ela não se estragará mais e, então, o enxofre, se você colocá-lo [...].

10. Chumbo é composto de mercúrio e enxofre *inṭuoso* [?] e o mercúrio é escuro e não puro e fica fraco ao ser aquecido e também enfraquece em combinação e, assim, deve-se extrair dele a negrura e a impureza e ele ficará *reisaṭo* [?] dessa maneira. Derreta o mercúrio e então retire do fogo e jogue sobre ele [nota marginal: um quarto dele] mercúrio *purgaṭo* [purificado] e, então, triture sobre uma pedra de mármore e triture junto com ele seu próprio peso de sal *qomano* [it., *comuno*, comum] granulado, até que deixe de estourar ao fogo e triture tudo junto até que o sal fique preto e, então, remova o sal com água quente e faça assim seis vezes e, então, coloque sobre ele seu próprio peso em sal e triture bem e cozinhe em vinagre forte e cozinhe durante um dia inteiro e a negrura vai sair e ficará purificado de sua negrura e de seu enxofre e, então, remova o sal com a água e se transformará num pó de chumbo e mercúrio, que ficará branco e *repuraṭo* [it., *ripurgaṭo*, purificado] de uma forma *miraoqare* [it., *miracoloso*, milagrosa]. Volte a triturar e cozinhar como no início, até que esse chumbo se revele branco e puro e o que quer que você queira fazer assim ficará muito bem purificado e bom.

11. Estanho é um corpo composto de mercúrio, que foi purificado de uma forma miraculosa, e impuro, branco e fraco, devido ao aquecimento do enxofre, assim como outros metais *wwari* [it., *vario*, variados], e seco e menos *poroso* [it., poroso]. Assim, derreta-o com um quarto

de seu peso em mercúrio purificado, que reduzirá seu *stridore* [it., barulho, crepitação] *tiri'i* [?], isso porque ele é purificado como *muḥraq* [ár., calcinado] para *qontriṣione* [it., *contração*] com sal comum calcinado, isto é, *riqoṭo* [it., calcinado], devido ao cozimento com o sal e o vinagre. Então deixe-o descansar um longo tempo com o óleo *reṭifiqaṭo* [it., *reṭificaṭo*, retificado], até que fique muito *omitato* [?]. Quando não houver [mais] barulho nele, ou mergulhe-o em gordura de porco, que é *asukia*, e mergulhe-o nela até que receba a umidade que está nela [...] de modo a diminuir sua secura e a abrir sua *porosiṭaṭe* [it., porosidade], que foi reduzida devido a isso, até que fique *pransibile* [it., *prendibile*, capturável], que é *misustosia porisma* [?], que decompõe todos os metais, por sua secura, e reduz sua viscosidade. Dessa forma, compreenda e trabalhe, pois se não for *separato* [it., separado] bem, ele decomporá todos os outros metais, exceto o chumbo, pois ele [o chumbo] é *fisimo* [?] e *inifiṭo* [?], o que é chamado, na ciência da alquimia, de *leproso* [it., *lebbroso*, leproso] e, se for bem purificado, ele aceitará o remédio e ficará muito bom.

12. Inqallare [it., *incollare*, ligar, colar] o *yuntore* [?] dos recipientes. Tome ovos de *greqa* [?] e triture e coloque num *qasa* [ár., *kuza*, frasco], para derreter ao fogo, e coloque nele um pouco de *matone* [it., *mattone*, tijolo] finamente triturado, até que a mistura fique como uma pasta *liqwida* [líquida] e triture com ela o *yuntore* dos recipientes quando estiver quente e está bom.

13. Derreter os quatro espíritos e os sete metais, o que é denominado *solimēnṭo*. Tome água de sal amoníaco e encharque com ela toda água que quiser, isto é, dos quatro espíritos e dos sete metais, e encharque (fólio 5a) três vezes e seque três vezes ao sol ou em fogo brando e, na última vez em que você encharcar, coloque-a como estiver, úmida, num frasco e vede sua abertura e coloque em esterco durante quarenta dias ou mais, se necessário, e no final veja: se tudo se transformou em água, ótimo; se não, coloque novamente no esterco por mais sete dias e mais sete dias e deixe aí até que fique *resolaṭo* [it., dissolvido]. Dessa forma,

você pode transformar toda a cal em água e esse é um grande segredo nessa Obra. E se quiser operar nessa Obra, tome as duas águas, isto é, a água do espírito e a água da cal que foi feita com o metal e misture e coloque num frasco e vede sua boca com argila filosofal e coloque o frasco numa chaleira na qual haja cinzas e coloque no forno em fogo brando, até que a água no frasco congele e se torne uma pedra, então seu trabalho é bom e superior. E se persistir em fazer água com essa pedra e, então, congelá-la para torná-la novamente pedra, da forma acima mencionada, ficará melhor e funcionará de forma apropriada: todo metal que você colocar aí se transformará em pó e, se espalhar [um pouco] desse pó sobre placas quentes, ele se tornará lua [prata]. E se colocar [um pouco] desse pó sobre qualquer metal quando esse metal estiver derretido, você verá cores magníficas que o metal assumirá. E saiba que a cal de ouro é feita da forma acima mencionada e é, então, transformada em água com o espírito e, então, transformada em pedra e terra. Se colocar um pouco dela sobre um dos sete metais, ele irá colorir muito e transmutar em sua própria qualidade e cor. E assim você pode fazer com a cal de prata o mesmo que fez com a cal de ouro com um dos espíritos.

14. Se tomar uma onça de *alume* [it., *allume*, alume] e uma onça de sal amoníaco e extrair deles a água no *alambiqo* [it., *alambicco*, alambique, destilador] e colocar nessa água prata *solimaṭo* [sublimada], ela derreterá e se transformará em água. E se congelar a água e der-lhe a forma de uma pedra e triturar e colocar uma onça do pó acima mencionado sobre estanho ou mercúrio, ele operará maravilhas [...].

15. Para derreter sal comum, de modo que derreta como cera e se torne *fisibile* [it., *fissibile*, fixável] e bom para abrandar tudo que se pode pegar, e de modo que congele mercúrio, tome sal comum e *ṣementa* [cimento] com cal viva e coloque a mistura no forno por doze horas e, então, retire-a e coloque sobre ela água e *disṭila* [destile] a água e seque e, então, retorne-a com outra cal nova e leve novamente ao fogo uma segunda vez e uma terceira e tudo como da primeira vez, até ver que, se a colocar sobre uma *lamina* [placa fina], ela derreterá como cera e,

se colocar sobre ela mercúrio num cadinho ou *alutilo* [it., aludel], ela congelará e, se lançar sobre ela alguma coisa que se pode pegar, ela a abrandará definitivamente. Este é o final do prefácio, B'E"H [com a ajuda de Deus], "que pendura a terra sobre o nada" [Jó 26,7].

Isso é seguido, no final do fólio 5a, por um acréscimo de um período manifestamente posterior, que constitui uma espécie de índice, com vários números de página, após cada item.
O fólio 5b se inicia com um novo título:

B'E"H PROCEDIMENTOS E RESUMOS

1. Tome prata sublimada e sal preparado, em partes iguais, e os sublime juntos e faça assim cinco vezes e, a cada vez, coloque mais sal e tome essa sublimação com a mesma quantidade de sal amoníaco, sublime com *pomise* [it., *pomice*, pedra-pomes] (uma outra versão: *pumize*) e deixe a sublimação ficar branca. Então tome ambos e triture bem e sublime o que tiver se elevado com o *pise* [ou *fise*?] (que é o *larsie* [?] mencionado entre as Águas, parágrafo 17 [...] e também nos Óleos e triture e sublime, até que o mercúrio fique *fisso* [it., fixo] (assim aprendemos que a prata mencionada no início é mercúrio, e não prata, e vemos sua descrição em *Solimaṣione*, parágrafo 4, e em *Solimare*). Então tome vinagre *disṭilāṭo* [destilado] e coloque sobre o mercúrio fino fixado e ele vai derreter no vinagre. Então congele em fogo brando e, quando estiver congelado, deixe esfriar e, então, triture bem e coloque num lugar úmido durante trinta dias e, quando tiver se transformado em água, tome dessa água uma *riṭla* [12 onças] e quatro onças de prata *foliaṭo* [folheada] e coloque em esterco quente durante um [?] dia e, então, congele em fogo brando e, então, triture e coloque para derreter e congele, faça assim dez vezes e você terá mais riquezas do que se pode imaginar, pois uma parte disso em trinta partes de mercúrio *purga* [purificado], colocado no cadinho para ser aquecido, vai endurecê-lo tanto que ele se elevará na *qupela* [copela].

2. Uma outra questão de congelamento superior. Tome tijolos, os mais antigos que puder encontrar, e aqueça ao fogo, até se tornar vermelhos, e deixe esfriar e, então, granule-os até o tamanho de feijões e coloque numa vasilha que não pode ser *wiṭriaṭa* [vitrificada] e coloque sobre três [palavra ilegível] e abasteça com fogo até que fiquem quentes, mas não vermelhos, e agite bem como fazem os perfumistas com os *'aṭarye'a* [erudito: ár., *'iṭriyāt*, perfumes]. E quando estiverem quentes, jogue-os numa *lanila* [ou: *lawila* ?] vitrificada, na qual deve haver tanto óleo envelhecido quanto você puder encontrar e deixe esfriar e ponha *adisṭilāre* [para destilar] (está escrito *asṭilāre* e parece-me ser um *ṭ"s* [ṭ'ut sofer, hebr., erro de transcrição]) num *orināle* [frasco] com fogo brando, primeiro durante quatro horas (e então aumente o fogo), e o que emana inicialmente não é bom e tome o último, que é óleo selecionado. E há os que fazem desse óleo que emanou duas onças com uma onça de óleo *ṭarṭaro* [tártaro], porque é mais *arisṭino* [?]. Então [tome] mercúrio purificado e encha com ele um *kuza luṭa* [frasco vedado], até a metade, e coloque sobre o mercúrio óleo suficiente para cobri-lo [numa altura de] dois dedos e coloque no fogo com uma vela acesa, que você deve colocar no fundo do frasco, durante oito dias, e assegure-se de que a vela nunca apague e deixe esfriar e você encontrará seu desejo congelado e cheio [...] (e deve-se repetir e escrever isso da forma como está escrito lá e não como está escrito aqui).

3. Tome *lamine* [folhas] de cobre muito finas e deixe-as vermelhas [quentes] e cubra-as num *morṭaro* [almofariz], no qual haja sal tártaro e urina e vinagre forte e faça isso dez vezes e, então, tome essas folhas e cubra-as com óleo de oliva, e envolva-as em pó de *iropimento* [?], então grude essas folhas numa vasilha com sal comum e vede a boca da vasilha com uma tampa e coloque num forno *rewerbero* [?] durante quatro horas, então tome esse cobre calcinado e vede bem e lave com água quente tantas vezes quanto [necessário], até que a cal fique pura e, então, seque ao sol ou no fogo numa concha, então tome uma *riṭla* desse cobre e uma onça de salitre e uma onça de cal de cascas de ovo, e uma

onça de tártaro calcinado e misture tudo junto com clara de ovo, até que fique como uma massa e coloque para derreter através de um *foṭos* [ou: *poṭos*] [numa outra versão: *foṭos barbuṭos*] [...] *barbāṭos* [?] e sairá uma excelente *lege* [ou: *lego*, it., liga].

4. Tome as claras de ovos cozidos bem duros e triture bem, então coloque num lugar úmido para umedecer e, então, coloque num recipiente de barro durante quinze dias, em um lugar úmido, então misture com cal de cascas de ovo [nota marginal: (lá está escrito: para fazer um óleo *fisso*, tome etc.)] (fólio 6a) e coloque num frasco vedado com esterco quente durante quinze dias e, então, *disṭila* água *fiso* [destilar água fixada?] e, assim, você pode fazer uso das gemas para tingir de vermelho [isto é, amarelo] e então tome sal *fusibile* [it., *fissibile*, fixável] geral e coloque nessa água, num frasco de gargalo longo, e coloque nele o mercúrio para cozinhar, até acabar a água, e seque e você encontrará prata muito boa.

5. Tome sublimação e esmague-a sobre uma pedra de mármore com óleo tártaro como a *salsa qlara* [it., *salsa clara*, tempero claro] e coloque a mistura num frasco de gargalo longo e coloque o frasco em esterco no forno e destile em fogo muito brando e, quando o frasco estiver quente, aumente o fogo um pouco e seque seu remédio com o frasco aberto e deixe esfriar e quebre o frasco e você encontrará uma pedra dura. Então tome-a e triture-a com óleo *ṭarṭaro*, como da primeira vez, sobre o mármore, e coloque num frasco e seque, como no início, e faça assim sete vezes e, no último frasco, tome-o e coloque em esterco quente durante vinte e cinco dias e o conteúdo se transformará em água. Então coloque o frasco para congelar em fogo muito brando e vai se transformar espírito fixado e transforme-o em pó e, desse pó, coloque uma parte [espaço em branco] e uma parte dele em sessenta partes de *rãe qālṣinato* [it., *rame calcinato*, cobre calcinado] irá transmutá-lo em prata para todos os testes.

6. Tome água de *sālarmoniaq fisso* [sal amoníaco fixado], três onças, e uma onça de prata sublimada e triture bem sobre mármore cinco vezes e encharque com a água acima mencionada, tanto quanto puder, e coloque sobre o *marmaro* [mármore] e irá se tornar água e você terá a

água de mercúrio (assim compreende-se que a água sublimada é mercúrio e não prata *mukallas* [ár., calcinada; ou *mukhlas*: ár., não adulterada] e isso é indicado acima, parágrafo 1) e a água de sal amoníaco juntas e faça isso de modo que toda a água de sal amoníaco tome três onças de prata sublimada, para encharcar juntas e se transformar em água. E então tome, para cada onça de prata sublimada, dois *dirhāms* de boa prata e a prata será bem *limaṭura* [it., limalha] e coloque no frasco com a água acima mencionada e coloque em esterco quente durante oito dias e você terá três águas: a água de mercúrio e a água de sal amoníaco e a água de boa prata e, então, congele essas águas e dissolva e congele muitas vezes e, então, uma parte sobre três (uma outra versão: cinquenta) partes de mercúrio [irá se transmutar em prata verdadeira].

7. Tome sal preparado e triture e coloque numa vasilha de barro *fisiqa* suspensa em vinagre forte e ele irá dissolver em água e congele e dissolva e congele muitas vezes até que escorra sobre o ferro e coloque [um pouco] disso sobre o mercúrio e irá transformá-lo em lua [prata] boa para todo teste.

8. Tome *olibāno serafino sarqāqula* [?], sal preparado comum e triture bem e amasse bem em água tartárica, assim como em alume *suqarino* [it., *allume zuccherino*, alume açucarado] (uma outra versão: *saquṭrino* [?]), e faça com eles uma tampa e um cadinho e encha-o com mercúrio de *luton* [latão] e parece-me que ele queria dizer lavado e morto com *rogririo* [?] e *sināpe* [it., mostarda] e vinagre e cubra bem e coloque sobre cinzas quentes, seis horas, e vai congelar de novo e, no mercúrio, faça *riqone* [?] de cal viva e de cal de ovos e o cadinho deve ser perfeitamente vedado com argila filosofal e a argila deve ser feita de cinzas e sal e água e seque bem e deverá ser colocado com o mercúrio no cadinho. E veja abaixo, parágrafo 34, algo próximo disso.

9. Tome (no início está escrito: vou contar a vocês segredos de sabedoria etc.) mercúrio sublimado, três vezes, e faça com ele onças de *água de arseniqo solima* [arsênico sublimado] três vezes onças e, se ficar estável, melhor. E faça disso também água de *sālqali prepāra* [sal

alcalino preparado], duas onças, e faça disso água de sal amoníaco sublimado, três vezes, e faça disso água, duas onças, prata *solimato qalsinato* [sublimada calcinada], uma onça, e misture todas as águas junto e, com elas, amasse e triture bem a boa prata sobre mármore e, se souber como fazer água com essa mistura também, melhor, e então misture todas as águas juntas e isso deve ser suficiente para você. Então coloque todas essas águas em esterco, três ou quatro dias, e então destile num *banio Maria* [it., *bagno Maria*, banho-maria] e, então, destile no fogo, seque como de costume e tome o que se encontrar no fundo do recipiente e deixe de lado e retorne a (fólio 6b) água que saiu e destile uma segunda vez e, então, tome o que restou no fundo do frasco e coloque em água-forte feita de vitríolo e sal nitroso e *alume di rosa* [ou *rocea*, alume de rocha] em partes iguais, numa quantidade em que todo o remédio se separe bem da força da água e destile depois disso como de costume, em fogo brando, e então aumente o fogo e retorne a água que sai uma segunda vez sobre o remédio e, se o triturar, ficará melhor e, quando estiver destilado duas vezes, tome o remédio que for encontrado no fundo e triture e encharque com óleo tártaro e, então, seque três vezes e, então, encharque com a água de clara de ovo, três vezes, e então seque e, então, você terá um excelente remédio, cujo efeito não se pode imaginar, e se lançar uma parte dele sobre trinta partes de *rāme* [it., cobre] puro, como é apropriado, quando estiver derretido, e se colocar o remédio em cobre, coloque-o preso em cera fresca e dele se desprenderá uma coisa que fará seu coração rejubilar. E, se colocar [parte] desse remédio sobre mercúrio, quando estiver quente sobre o fogo, parece-me que irá congelá-lo de uma boa forma e o experimento irá prová-lo.

10. Tome arsênico sublimado, sal amoníaco sublimado, uma parte de cada, e triture-os separadamente e depois misture-os juntos e, então, sublime tudo com uma boa quantidade de limalha de cobre, duas vezes, e então ferva durante um dia em água feita de clara de ovo líquida no alambique, em fogo brando como o calor do sol, então, ferva durante um dia em vinagre de *pasṭela* [it., *pastella*, massa], em fogo brando, então, misture

com seu próprio peso em limalhas de prata e combine tudo junto sobre mármore com óleo tártaro e, então, deixe-o *arisensoria* [?] e surgirá para você uma pequena e boa pedra filosofal. Uma onça dela em quarenta onças de *rāme purga* [it., cobre purificado] se transformará em lua [prata] boa para todo teste. Do *galá* [heb., sacerdote ou monge].

11. Para fazer o *d* [abreviação de *dahab*: ár., *dhahab*, ouro] de catorze quilates, tome enxofre permanente vivo, três onças, mercúrio *rubifiqa* [it., avermelhado] (cf. sua abreviação em Vermelho, parágrafo 3), quatro onças, *verde rāme* [it., azinhavre] sublimado com cal, uma onça, sal amoníaco permanente, três onças, *tutia Alessandrina purga* [it., tútia alexandrina purificada], duas onças, *qroqo ferro* [it., *croco di ferro*, óxido de ferro], três onças, ouro dissolvido em água, três onças, e sublime todas essas coisas juntas e sempre triture junto com seus sedimentos, três vezes. E então tome duas vezes a quantidade de água de vitríolo romano e encharque essas coisas até que toda essa água seque nelas e, então, tome esse remédio e sublime-o mais uma vez e, então, ponha para *apoṭrifaṣione* [?] e, então, dissolva sobre uma pedra de mármore e congele e dissolva quatro vezes e uma parte desse remédio em doze partes de Schabtai [heb., Saturno, chumbo] fará maravilhas e agradeça a Deus e não ensine a nenhuma criatura, a não ser a seus filhos. Do *gallaḥ* de Prato [ou: Frato].

12. Tome água-forte comum [água-forte] [nota marginal: (essa é a explicação da água-forte comum, cf. em Cor, 8, e leia cuidadosamente)], duas onças, e uma onça de mercúrio e dissolva no sumo acima mencionado e, depois que essa mistura estiver encharcada, deixe *ewaporare* [it., *evaporare*, evaporar] (parece-me que ele quer dizer ferver da forma como mencionada em Branqueamento, parágrafo 15) sobre cinzas quentes até que a água desapareça e, então, tome um cadinho e coloque nele o mercúrio e aplique nele fogo temperado até ficar vermelho e, então, está terminado. E reserve-o para a Obra que você conhece (parece-me que ele deveria lançá-lo sobre lua [prata], uma para seis partes, como abaixo) e saiba que, depois disso, encontrei um homem que me disse que seu *qomosāre* [?] deu-lhe essa *pratiqa* [it., *pratica*, prática] e ele jurou-me que isso é verdadeiro

e bom, mas é feito em seis partes, isto é, uma parte para seis, na segunda vez, uma para doze, na terceira vez, uma para vinte e quatro e, assim, você pode multiplicar até uma centena. E então quero revelar a você um grande segredo: que, se tomar uma folha de prata e torná-la vermelha sobre fogo intenso e mergulhá-la em seu composto (parece-me que deve ser dissolvida antes de congelar), isso vai colori-la [em ouro] de vinte e quatro *qirate* [quilates] e ele fez isso várias vezes e não quis revelar a ninguém.

13. Tome metade de uma *riṭla* de enxofre vivo e meia *riṭla* de arsênico vermelho e triture sobre uma pedra de mármore com vinagre forte e, então, tome metade de um oitavo de sal amoníaco e metade de um oitavo de sal comum e misture tudo e seque e transforme num pó e coloque no alambique e faça água como a água feita para separar ouro de prata e preserve essa água como um tesouro e, quando quiser realizar uma operação, coloque mercúrio bem lavado nessa água e a água deve cobrir o mercúrio em dois dedos e ferva em fogo brando até que a água seque e o mercúrio irá congelar e endurecer e isso é verdadeiro e claro, com a ajuda de Deus.

14. Para fazer de Z"K [?] um Z"K puro e essa é uma obra honrada, tome uma onça de mercúrio e lave várias vezes (está escrito uma vez e uma segunda vez e, assim, na segunda estrela mencionada depois disso) e, a cada vez, passe por uma *qomoṣa* [peneira?] e então tome uma onça de prata purificada e pura, que deve ser limada bem fina e misture com o mercúrio e faça um *malgama* [amálgama] e, novamente, lave duas vezes (está escrito uma vez e uma segunda vez etc., como mencionado) com água pura e, então, tome uma onça de sal amoníaco e uma onça de salitre e uma onça de vidro e triture tudo bem fino e misture muito bem com o amálgama acima mencionado, de modo que tudo se torne um único corpo. E então coloque tudo num frasco sobre o forno que estiver preparado da forma que você sabe e acenda sob ele um fogo brando, isto é, acenda uma vela sob o frasco e deixe a vela queimar durante trinta dias e, no final dos trinta dias, retire o frasco e raspe, para remover o que estiver nele, e reserve. E, quando quiser realizar uma operação, tome uma *riṭla*

de mercúrio puro e lavado e coloque no cadinho e coloque um quarto de onça do remédio que você preservou, com um pouco de papel, e coloque sobre ele um pouco de cera derretida e então cubra o cadinho com argila filosofal e coloque sobre fogo para derreter e comece com fogo brando e, então, aumente o fogo um pouco e, então, aplique fogo para derreter e jogue no *qānāl* [it., *canale*, tubo] e dele surgirá para você lua [prata] purificada de *carlina* [it., uma moeda].

15. Tome cera e faça com ela uma bola redonda e cubra com argila filosofal e deixe secar e faça para ela uma cobertura adicional e faça isso com quatro camadas de argila e, então, faça um furo pequeno e coloque junto ao fogo, para que a cera derreta e escorra e a argila deve ficar oca e, então, coloque nela, através do buraco, óleo de linhaça com sumo de *totomilo* [it., *titimaglia*, planta do gênero Euphorbia] e coloque nela mercúrio e vede bem o buraco com argila filosofal e, então, coloque sobre carvão em brasas até ver que está completamente calcinada e, então, vai ficar dura como pedra.

16. Tome um *roṭl* de sal amoníaco e dois *roṭls* de cal viva e misture tudo junto em água pura e ferva no fogo, até se reduzir a um terço e deixe secar e coloque essa água pura num *kāṣīn* [?] e coloque mais água pura sobre os sedimentos e deixe ferver, como da primeira vez, e deixe secar e coloque no *kāṣīn* e faça isso até que o sal se desprenda dos sedimentos e os sedimentos fiquem puros. E então tome todas essas águas e coloque nelas dois *roṭla* de cal viva e faça como da primeira vez (assim, repita quatro vezes, isto é, até colocar para cada *roṭl*) sal amoníaco oito *rotls* de cal viva e, então, tome todas essas águas e destile num *filṭro* [it., filtro] e, então, congele e ficará como uma pedra que ficará fixa como óleo e, então, tome um *dirhām* de bom ouro e quatro *dirhāms* de mercúrio e faça um amálgama na vasilha sobre fogo brando e mexa sempre com uma vara de ferro e calcine o ouro como de costume e, então, tome essa cal de ouro e triture sobre um mármore com o óleo acima mencionado e coloque num frasco e coloque do óleo tanto quanto necessário para cobrir a cal e cubra e *luṭ* [it., *luto*, vedação, selador] bem e coloque em esterco quente, dez dias, então remova e

vai descobrir que a cal se transmutou em mercúrio. (fólio 7b) Então tome desse mercúrio do ouro [?], um *dirhām*, e do outro mercúrio purificado, três *dirhām*, e amalgame tudo junto e coloque num *orinale* [frasco], em cinzas quentes em fogo brando, durante sete dias, e no final intensifique o fogo durante seis horas e o amálgama ficará congelado, então, imediatamente restaure-o para se tornar um corpo com o cadinho e sal amoníaco e *salpeṭro* [salitre] em partes iguais, pulverizado e dissolvido em vinho branco e faça os sais se tornar duas partes e o corpo, uma parte, e coloque sobre um mármore e encharque tudo junto e faça com que retorne a um corpo num cadinho e se tornará sol [ouro] magnífico e é um amálgama valioso.

17. Tome *sālarmoniāq* [nota marginal: (uma outra versão: sal *armoniāqo* e significa o mesmo)] sublimado três vezes sete vezes (parece-me que ele fez de propósito e escreveu assim: três vezes sete vezes, a fim de satisfazer o leitor, e sem dúvida são necessárias sete vezes, ou ele queria dizer, entre eles, vinte e uma vezes), com a mesma quantidade de sal comum e, então, triture e coloque sobre um mármore, até que desprenda água, e tome dessa água quatro onças e coloque nela um quarto de uma onça *ia probio* [?; nota marginal: (uma outra versão: *oprobia*)] e coloque no *banio Maria adisṭila* [destilador de banho-maria; nota marginal: (*adisṭilāre*)] e tome a água acima mencionada e reserve e tome mercúrio e aqueça-o no cadinho e, enquanto estiver quente, jogue-o sete vezes na água acima mencionada e irá congelar. E então jogue-o sete vezes em óleo, cuja descrição é a seguinte: tome três onças de óleo de linhaça e meia onça de *oprobio* de folhas (*asin*) [?] e passe pelo alambique no banho-maria e reserve o óleo acima mencionado e jogue nele sete vezes o mercúrio congelado, enquanto está quente do cadinho, e irá congelar e endurecer e, então, coloque no óleo acima mencionado, uma terceira vez, e ficará bom para tudo, para o martelo e para derretimento somente para copela e o recebi [sob a condição] de não contar a ninguém.

18. Tome uma onça de boa prata e três onças de mercúrio e faça um amálgama e, então, coloque em um *riṭla* de óleo de oliva e três onças de *oprobio* e ferva tudo junto, até que o óleo seque e a mistura fique congelada.

19. Tome *gumma arabica* [goma arábica], *gumma derengānte* [?], *orpimeto* [orpimento], em partes iguais, e transforme-os em água e coloque no mercúrio durante três dias inteiros e, então, tome sal de *nitro* [salitre], sal comum, *salyemma* [it., *salgemma*, sal gema], cal, *werde rāme* [it., *verderame*, azinhavre], em partes iguais, e faça deles um pó e coloque na coisa acima mencionada e ficará muito duro. E saiba que o sumo da *werbena* [it., verbena] congela o mercúrio, por experiência.

20. Tome mercúrio sublimado, sete vezes três onças, e triture com três onças de sal amoníaco e sublime três vezes, então, dissolva em musgo e nessa *resolāṣione* [solução] coloque uma onça de lua [prata] calcinada e uma onça de *arseniqo solimāṭo* [arsênico sublimado] e meia onça de *alume yāmāni preparāṭo* [it., alume iemenita preparado] e triture tudo e ponha *arisolvere* [para dissolver] em água-forte [aquafortis] feita de sal nítrico e *alume diroṣa* [it., *allume di rocca*, alume de rocha]. Então congele a mistura e depois dissolva e congele novamente. Faça assim três vezes e, então, uma parte para uma centena de mercúrio quente no cadinho vai congelá-la e, se [você colocar] uma parte dela em dez *rāme purga* [it., cobre purificado], ele se tornará prata melhor que a veneziana.

Segue-se aqui um outro curto glossário de termos árabes e italianos que foram incluídos no Apêndice.

No fólio 9a tem início uma discussão detalhada de cada tópico, na ordem relacionada no índice no fólio 1b, começando pelo capítulo 5, "As Águas". Cada capítulo está subdividido em seções numeradas. Essas seções contêm receitas, em sua maior parte, isto é, instruções para procedimentos alquimísticos envolvendo as substâncias ou os procedimentos que aparecem no título da seção. Assim o capítulo sobre “As Águas”, por exemplo, contém trinta e seis seções, a maioria das quais descrevendo métodos de “transformação em água”, isto é, liquefação, de substâncias como arsênico, mercúrio, prata, sal amoníaco, vitríolo, chumbo, leite de virgem, talco, “tudo”, todo e qualquer sal e assim por diante. O que falta nessas receitas (e em todas as receitas contidas no manuscrito) é uma explicitação dos propósitos a que servem essas liquefações e outros procedimentos alquímicos. Por exemplo, a receita número 25, no fólio 11a:

> Água dos *qosmim* [heb., mágicos], isto é, água de *revenāṣione* [it., ?]. Tome claras de ovo cozidas em água, de modo que a água cubra as claras, uma parte, [e] cal viva, duas partes, e misture-as juntas e coloque num *kuza* [ár., frasco] bem selado e sua boca vedada e coloque em esterco quente, até que fique como barro mofado, e então deixe gotejando num alambique e tome a água que goteja e, então, remova o sedimento do fundo do recipiente e tome mais cal viva e misture com a água acima mencionada e deixe a mistura gotejando num alambique e, então, coloque na água um pouco de cal de casca de ovo e coloque num frasco vedado e coloque em esterco quente ou no *banyo Maria* [banho-maria], nove dias, então deixe gotejando no alambique, como mencionado, e faça assim três vezes e, então, a água dos mágicos está concluída e os filósofos a denominam *rosa ṣeleste* [it., rosa celeste] e aquele que revela o segredo dessa água é chamado de ladrão.

A seção sobre "Congelamentos" (fólios 21a-25a) contém nada menos que setenta e seis receitas, algumas delas intituladas *reseṭṭah ṭovah* [it.-heb., boa receita], ou *reseṭṭah nikhb'dah* [it.-heb., receita honrada].

Embora a maior parte do manuscrito esteja em hebraico, há partes importantes escritas em árabe, mais precisamente no judeo-árabe do noroeste da África, a área cultural e linguística à qual pertence a ilha de Jerba. Os fólios 49a-55a estão escritos nessa língua, assim como partes dos fólios subsequentes. No fólio 72a, por exemplo, há uma receita em árabe para a transmutação de cobre em ouro com o acréscimo de mercúrio. Essas páginas abordam sobretudo procedimentos alquímicos como a purificação de metais, procedimentos para o tingimento em vermelho, branco e assim por diante, bem como para o tratamento de mercúrio, chumbo, calcinação e assim por diante.

Uns poucos exemplos de passagens em árabe contidas no fólio 51a do manuscrito mostram que expressões em hebraico frequentemente aparecem misturadas com o texto em árabe:

A fixação do *ʻuqāb* [ár., águia, sal amoníaco]. Tome dele um *roṭl* e, como ele, [a mesma quantidade] de sal salitre e triture-os e calcine bem em fogo suficiente e retire do fogo e encha-os e o *ʻuqāb* que for reduzido acrescente a eles e faça assim até o peso do *ʻuqāb* se tornar fixo.

ʻAyin alef [heb., abreviação de *ʻOd aḥeret*, "um outro"]. Sua fixação e mutação para amarelo. Tome duas [quantidades] de *ʻuqāb* e uma de *assad* [ár., leão, pode significar *al-assad al-barri*, "o leão selvagem", sal amoníaco, ou *al-assad al-akhḍar*, "o leão verde", cobre] e um quarto de *zāj* [ár., vitríolo] avermelhado e purifique bem e coloque numa assadeira e vede e coloque no fogo. E antes de vedar, você será cuidadoso em trabalhar bem esses ingredientes, até que sejam consumidos no fogo, até que você saiba que é sua hora. E AH"K [heb., abreviação de *w'aḥar kakh*: "e então"] jogue-os para baixo e diminua o fogo e leve novamente ao fogo. Faça assim sete vezes [essas palavras estão em hebraico], até que a obra se eleve amarelada e nela esteja a cor vermelha. [Então] saiba que está fixada.

ʻAyin alef [heb., um outro]. Tome sal de cozinha e deixe repousar [durante uma noite] e após as estrelas e, de manhã, tome o que sobrou na *hassefel* [heb., taça] e seque e espalhe e mergulhe no *uqāb* e deixe repousar [...]. E repita isso *kaniz' d"p* [heb., como mencionado, quatro vezes]. Ficará fixo.

Várias dessas seções são intituladas com termos técnicos (em árabe) que não aparecem nos glossários.

Uma vez que o manuscrito de Jerba, como mencionado anteriormente, é uma obra composta por dois autores, não podemos ter certeza de que características nele reveladas pertençam ao primeiro ou ao segundo. No entanto, ao que parece, os dois autores eram profundamente religiosos – um traço compartilhado pelos judeus de Jerba em geral, cuja devoção excessiva era observada e comentada por Maimônides no século XII. Ambos os autores consideravam o estudo e o trabalho com a alquimia como formas de servir a Deus e de exaltar a *Torá*. Além disso, o autor mais jovem era também um cabalista, seguidor da Cabala de Luria.

Ainda um outro traço é compartilhado pelos dois autores. O copista orgulhosamente identifica tanto a si próprio quanto o autor mais velho como "sefarditas puros", isto é, homens de ascendência judaico-espanhola pura. Há poucas dúvidas de que o autor mais velho, assim como outros Kohen da Bolonha do século XVI, ou era ele próprio nascido na Espanha ou era filho de um imigrante proveniente da Espanha, o que significa que ele muito provavelmente falava o espanhol. Da mesma forma, seria de se esperar que o autor mais novo, um "sefardita puro" que vivia em Jerba no século XIX, empregasse o espanhol (ladino) em seu cotidiano. E, no entanto, em todo o manuscrito (escrito em hebraico), que está repleto de termos técnicos do italiano e do árabe, os traços encontrados do espanhol são muito poucos e inconclusivos (como a terminação do espanhol para o plural). Evidentemente ambos os autores adquiriram seu conhecimento de alquimia a partir de uma bibliografia alquimística árabe e italiana, e não de obras em espanhol. Isso fica claro em especial nos glossários incluídos no manuscrito (cf. Apêndice). Que eles tinham um conhecimento do italiano não apenas para leitura, mas também falavam a língua, pode ser inferido da forma como transliteram as palavra italianas em caracteres hebraicos: sua transliteração invariavelmente reflete a pronúncia, e não a forma como os termos italianos são soletrados. Por exemplo, o termo italiano *bagno*, eles soletram como *banyo* em hebraico, *congelazione*, como *conyelaşi'one* e assim por diante.

O uso frequente e habilidoso do árabe no manuscrito nos leva a suspeitar de que a parcela de contribuição do autor mais novo é maior do que ele próprio afirma. O autor mais velho, mesmo que tivesse se estabelecido em Jerba imediatamente após a expulsão dos judeus de Bolonha (1568), época em que ele já era um homem idoso, muito dificilmente teria adquirido conhecimento do árabe amplo e rápido o suficiente para ser capaz de traduzir para essa língua e explicar nela as centenas de termos alquímicos em italiano que aparecem no livro. Somos, assim, levados a supor que a tradução para o árabe e a explicação desses termos em árabe é, ao contrário, o trabalho do autor mais jovem, que nasceu em Jerba e cuja língua materna era o judeo-árabe falado em sua comunidade. Essa suposição é reforçada pelas passagens no livro (por exemplo, nos fólios 51a, 71a-72b) em árabe, que sugerem uma igual facilidade no uso de ambas as línguas. Além disso, num grande número de passagens, o autor não traduz para outra língua os termos técnicos em árabe que ele menciona, mas, ao contrário, apresenta seus sinônimos em árabe ou simplesmente emprega o termo árabe, sem nenhuma tradução ou explicação. É o que acontece, em especial, no caso de termos que denotam procedimentos alquimistas; termos como *taṭhīr* (purificação), *taḥmīr* (avermelhamento), *tabyīḍ* (branqueamento) etc., que ele apenas emprega em árabe, apesar do fato de que esses procedimentos eram amplamente indicados pela terminologia alquimística derivada do latim.

Excetuando-se essas línguas (o hebraico, o árabe e o italiano), os autores (ou um deles) conheciam, ou afirmavam conhecer, o "latim e as línguas dos antigos", como mencionado no título que precede um dos glossários.

Além de alquimistas, cabalistas e poliglotas, nossos autores também se dedicavam ao estudo da natureza, revelando-se completamente à vontade nos campos da mineralogia e da botânica. Isso fica manifesto quando eles falam dos três grupos de sal (natural, celestial e artificial) e enumeram e definem dez espécies de sal que fazem parte do primeiro grupo e mais de vinte que fazem parte do terceiro, ou quando se referem a várias espécies de plantas raras.

Por fim, nossos autores também se dedicavam ao estudo da história da alquimia e da medicina e estavam familiarizados com a bibliografia em hebraico e árabe dedicada a esses dois temas. A referência de suas fontes nem sempre pode ser identificada. Por exemplo, o autor mais velho menciona Batista de Bolonha e o padre Prato, personagens que não consegui identificar. Mas ele também se refere a obras de algumas personagens bem conhecidas na história da alquimia, como Ibn Sīnā, Iossef Kimḥi, Ḥaim Yisr'eli, Simão ben Tzemaḥ Duran e Jacó Anatoli. O autor mais jovem menciona tratados de Abraão Portaleone e Jacó Tzahalon. Uma vez que, no século XVI, ou mesmo no século XIX, livros ou manuscritos de autores como esses não eram fáceis de se encontrar em qualquer lugar e, em especial, não num lugar relativamente isolado como a ilha de Jerba, devemos concluir que nossos autores tinham contato com fontes dispersas pela região do Mediterrâneo que podiam supri-los com cópias e que eles tinham dinheiro para pagar por elas.

Tudo considerado, podemos concluir dizendo que esse livro é um último fruto valioso de quase dois milênios de trabalhos e textos da alquimia judaica.

40.

Mordekhai Abi Serour

Existem provas de que o copista do *Livro da Sabedoria* discutido no capítulo anterior não foi o último judeu do norte da África a se interessar intensamente pela alquimia. São fornecidas por Charles de Foucauld (1858-1916), o oficial francês, explorador e mais tarde missionário, que concentrou grande parte de seu trabalho no Marrocos. Foucauld se tornou oficial dos hussardos em tenra idade e foi enviado, para o Marrocos, com a missão de coletar informações sobre as condições locais. Essa coleta de informações era considerada importante pela França, que na época se empenhava no fortalecimento de sua influência no Marrocos, em competição com outras potências europeias. Como seria extremamente perigoso para Foucauld aparecer no Marrocos como oficial francês, isto é, como cristão, decidiu-se que ele adotaria o disfarce de rabi judeu. Os judeus, embora uma comunidade *declassé* no Marrocos, podiam se deslocar com relativa liberdade. Foucauld empregou um guia judeu e assim pôde visitar muitos locais no país. Essa primeira viagem de Foucauld ocorreu em 1883. Ele estava então com vinte e cinco anos de idade e as informações que ele coletou sobre o país quase completamente desconhecido se revelaram muito úteis para sua penetração pelos franceses. Subsequentemente Foucauld se tornou missionário e se estabeleceu em Tamanrasset, no Saara central, onde mais tarde seria assassinado pelos tuaregues das montanhas de Hoggar.

O guia de Foucauld nessa primeira viagem ao Marrocos foi Mordekhai Abi Serour, um judeu marroquino nascido por volta de 1830, no oásis de Aqqa, no sul do Marrocos, e residente na Argélia, onde praticava a alquimia, embora não com muito êxito. Ele provavelmente concordou em se colocar a serviço de Foucauld e penetrar com ele nas profundezas da região rural do Marrocos porque precisava do dinheiro que Foucauld estava disposto a pagar. A relação entre os dois homens era tensa, como podemos facilmente imaginar, ao considerar que o judeu de cinquenta e quatro anos de idade, que era o guia e seguro de vida para o francês de vinte e cinco anos, pode facilmente ter-se sentido infeliz por estar subordinado a um homem quase trinta anos mais jovem que ele. Após uma última desavença, eles se separaram e Mordekhai voltou para a família na Argélia.

Uma vez de volta ao lar, Mordekhai retomou os experimentos de alquimia, interrompidos por sua viagem ao Marrocos. Com o dinheiro que recebeu de Foucauld, ele adquiriu mercúrio, um ingrediente essencial para seus procedimentos de transmutação de metais comuns em ouro. O que aconteceu depois disso foi uma repetição do padrão de que temos conhecimento por meio da biografia de diversos alquimistas. Nas palavras de René Bazin, o biógrafo de Foucauld, "como ele [Mordekhai] permanecia o dia inteiro curvado sobre seus recipientes, os vapores do mercúrio, em muito pouco tempo, acabaram envenenando esse último dos alquimistas"[1].

Duvido que Mordekhai Abi Serour tenha sido verdadeiramente o último dos alquimistas. O Marrocos, em particular, permaneceu um país de crenças populares e rituais folclóricos amplamente disseminados; não é de admirar que Edward Westermarck o escolhesse como tema de seu clássico *Ritual and Belief in Morocco*. Devido a limitações auto-impostas, Westermarck não fala da alquimia nesse estudo excepcionalmente abrangente, mas a obra traz ainda assim indicações sobre o interesse e crença na possibilidade de se produzir ouro. Assim, ele menciona que em Fez foi-lhe contado que

1 Cf. René Bazin, *Charles de Foucauld: explorateur du Maroc*, ermile au Sahara, Paris: Librarie Plon, 1921, p. 30-43.

> quando os *jnūn* [gênios] fazem com que o abastecimento de água numa casa cesse durante a noite, ocorre uma esplêndida oportunidade de enriquecer para qualquer um que o nota: ele se levanta e coloca num recipiente [...] um objeto de prata ou ouro, com o resultado de que a água aí se transforma no mesmo metal. Muitas pessoas fizeram fortuna dessa forma, pela bondade do *jnūn*[2].

O procedimento descrito por Westermarck é apenas uma variante do amplamente difundido procedimento alquímico de multiplicar o ouro ou a prata colocando-se um pouco desses metais numa outra substância.

Ainda na década de 1940, durante meus próprios estudos dos costumes populares judaicos no Marrocos, uma idosa judia marroquina em Jerusalém me contou que, em raras ocasiões, se podia encontrar um objeto ou excrescência chamado *wars* na bílis de uma vaca que tivesse comido uma espécie de grama chamada *qamia* e que a *qamia* podia ser usada para fazer ouro. Como *wars* é um termo do árabe para o açafrão e *qamia* parece ser uma distorção do termo árabe *kameh*, que significa "camafeu", ou pedra preciosa, parece que minha informante inadvertidamente trocou os dois termos e que o que ela queria dizer era que, se uma vaca come uma planta chamada *wars*, pode-se encontrar em sua bílis uma pedra preciosa[3]. Em todo caso, a crença, de que ela se lembrava dos dias de sua juventude em Fez, mostra que o interesse em fazer ouro e a ideia de que era possível fazê-lo ainda estavam vivos no Marrocos na década de 1920.

Com a penetração da cultura europeia moderna nas comunidades judaicas da Europa central e ocidental, o declínio das crenças e práticas alquimísticas que ocorreu por volta do final do século XVIII teve como correlato um desenvolvimento análogo em meio aos judeus.

2 Edward Westermarck, *Ritual and Belief in Morocco*, 2 v., Londres: [s.n.], 1926, v. 1, p. 363.

3 Raphael Patai, *On Jewish Folklore*, p. 375 e as notas da p. 427.

No entanto, somente os ecos mais tênues do Iluminismo europeu tinham alcançado as comunidades muçulmanas no século XIX e suas comunidades judaicas permaneceram praticamente intocadas pela Hascalá e continuaram com suas crenças e práticas religiosas ancestrais. Em meio aos judeus do Marrocos, talvez mais que entre seus correligionários em outros países muçulmanos, a fé na eficácia dos amuletos, por exemplo, era disseminada e muitos rabis se preocuparam em escrever *qameʿot* (amuletos) que eram usados praticamente por todos. Os amuletos eram em geral pequenos pedaços de papel ou pergaminho, ou então pequenas placas de metal, sempre trazendo uma inscrição com nomes e fórmulas mágicas. Após a imigração em massa dos judeus do Oriente Médio para Israel, à medida que os jovens entre eles começaram a assimilar a predominante atmosfera não religiosa (ou mesmo antirreligiosa) israelense, eles passaram a vender esses amuletos aos milhares a negociantes de antiguidades nos mercados de pulga de Tel Aviv e Jafa, sendo possível comprá-los por relativamente muito pouco dinheiro.

Sabemos por meio de nossa abordagem histórica do trabalho de alquimistas judeus que, em muitos casos, eles também se envolveram no fornecimento de amuletos aos quais se atribuía a propriedade de servir a todas as espécies de necessidades apotropaicas, como a proteção contra perigos e doenças, e do lado positivo, a de garantir êxito em todos os tipos possíveis de busca – a mesma diversidade de propósitos que era atendida pelos amuletos que passam pelas mãos dos negociantes nos mercados de pulgas de Tel Aviv. O melhor exemplo ilustrando essa combinação entre a alquimia e os amuletos é o manuscrito do grande cabalista do século XVI-XVI, Ḥaim Vital. Sendo assim, é razoável supor que pelo menos alguns dos rabis que produziram a grande profusão de amuletos das comunidades judaicas do Oriente Médio que apareceram em Israel também deviam estar trabalhando com a alquimia e que essa atividade, no entanto, não deixou traços tão tangíveis como aconteceu com os amuletos.

Juntando esse argumento com a história do caso de Mordekhai Abi Serour e o testemunho do volumoso manuscrito de alquimia discutido no capítulo precedente, acredito que podemos supor com segurança que, enquanto as comunidades judaicas do Oriente Médio permaneceram vivendo em seus ambientes tradicionais de origem, a persistência em meio a eles do uso e da fé nos amuletos indica a sobrevivência de práticas alquimísticas entre alguns deles[4].

4 Essa suposição nasceu de uma pesquisa sobre o alquimista marroquino-argelino, o Rabi Makhluf Amsallam (1837-1927), que esteve por algum tempo empregado com o sultão do Marrocos, Mulay Al-Hasan (reinado: 1873-1894). Cf. Joseph Yinon (Fenton), Rabbi Makhluf Amsallam, em *Pe'amim:* Studies in Oriental Jewry (edição trimestral), Jerusalém, primavera de 1993.

Conclusão:

Um Perfil da Alquimia Judaica

Tendo chegado ao final de nossa jornada através de dezoito séculos, nos defrontamos com a tarefa que enfrentam todos os viajantes conscienciosos ao concluir sua viagem – eles devem tentar responder à pergunta: o que aprenderam no decorrer de suas explorações. O que os registros nos ensinaram sobre os muitos homens judeus e uma ou duas mulheres judias que seguiram a busca alquímica? Eles realmente acreditavam na viabilidade da transmutação de metais comuns em ouro? Essas transmutações eram a principal, ou, pelo menos, uma das principais metas de seu trabalho com a alquimia? Quais eram as bases teóricas de seus trabalhos na Grande Arte, que era tanto uma filosofia quanto uma tecnologia, tanto uma concepção de mundo semirreligiosa quanto uma habilidade que requeria precisão e destreza manuais? A busca da pedra filosofal (também conhecida como elixir da vida) era mais um de seus principais interesses? Eles estavam entre os muitos alquimistas que, desde a antiguidade, persistiam na busca das equívocas metas faustianas de reconquista da juventude, restabelecimento da saúde, obtenção da longa vida e o encontro da felicidade? Eles meramente seguiam as teorias e práticas alquímicas criadas pelos adeptos gentios, ou foram desbravadores de caminhos e inventores em um ou ambos os campos? Se esta última alternativa for verdadeira, eles conseguiram avançar de forma significava as bases teóricas da alquimia e as técnicas utilizadas em seus procedimentos? E, excluindo-se a questão da inovação e originalidade, havia diferenças essenciais entre a alquimia praticada pelos gentios, de um lado, e a praticada pelo judeus, de outro; em outras palavras, teria existido algo que podemos denominar alquimia *judaica*?

Vamos começar com a última pergunta. Ao perguntar se teria existido algo que podemos denominar alquimia judaica, queremos dizer: podemos falar de alquimia judaica no mesmo sentido em que é possível distinguir entre a filosofia judaica e a filosofia produzida pelos muçulmanos e pelos cristãos, porque a filosofia judaica, estando completamente embebida em ideias religiosas judaicas, tinha um caráter inconfundivelmente judaico? Ou, ao contrário, a alquimia praticada pelos judeus se equiparava à medicina, à qual os médicos judeus fizeram importantes contribuições tanto como praticantes quanto como teorizadores, mas que, nas mãos dos judeus era uma arte despida de todo e qualquer componente especificamente judaico?

Parece-me que, nesse aspecto, a alquimia ocupava uma posição intermediária entre a filosofia e a medicina. Ela se assemelhava à medicina no sentido de que as concepções alquimísticas básicas da composição e evolução das substâncias, os aparelhos utilizados, os procedimentos empregados e as metas perseguidas eram compartilhadas por judeus e gentios. Nisso tudo, a filiação ou o compromisso em termos religiosos e de nação, quer gentios quer judaicos, não desempenhavam papel algum. Por outro lado, a alquimia se assemelhava à filosofia na medida em que uma rede complexa de conexões conceituais corria entre ela e as estruturas religiosas e teóricas que, até o Iluminismo, constituiriam os componentes mais importantes em todos os ambientes culturais – quer muçulmanos, quer cristãos, quer judaicos. Os alquimistas judeus, que como praticamente todos os judeus até o século XIX praticavam a observância religiosa, viam na alquimia uma dádiva concedida por Deus e, assim, consideravam a prática da alquimia uma atividade religiosa que agradava a Deus. Como corolário dessa atitude, alguns alquimistas judeus sentiam que suas realizações na Grande Arte não deviam ir além dos limites do povo judeu – uma das primeiras representantes dessa postura, como vimos, foi Maria, a Judia. Outros, embora não chegando a esse ponto, estavam convencidos de que os judeus, sendo herdeiros de uma tradição cultural e religiosa ancestral – da qual a alquimia era uma parte e que incluía a familiaridade com a língua hebraica, a *Bíblia* e sua exegese, os preceitos morais e rituais judaicos e, a partir da Idade Média tardia, também a Cabala –, estavam muito mais bem equipados para se tornar mestres alquimistas que os gentios, que não dispunham dessa base essencial. Como vimos em diversos capítulos deste livro, dessa visão compartilhavam muitos alquimistas gentios, que estavam, dessa forma, dispostos a aprender o hebraico, estudar a *Bíblia* e investigar os mistérios da Cabala e da *guemátria*, assim como a procurar mentores judeus com os quais pudessem alcançar os verdadeiros e plenos padrões do domínio da alquimia.

Vinculada a esse aspecto, está uma outra característica de todos os alquimistas judeus: eles consideravam sua arte uma especialização estreitamente entrelaçada com a observância religiosa. Não temos conhecimento de nenhum judeu que fosse exclusivamente alquimista: todos os alquimistas judeus também estavam envolvidos em outros trabalhos – na maioria dos casos, trabalhos que eram ou diretamente religiosos ou eram sancionados pela tradição religiosa. Assim, muitos alquimistas judeus eram rabis, professores ou estudantes de religião, ou então médicos (provavelmente a maioria), ou líderes de comunidades, ou exerciam a atividade de emprestar dinheiro.

Ao abordar o trabalho dos judeus na alquimia, ficamos sabendo, por meio de algumas fontes, que alguns deles eram empreendedores independentes que se envolviam com a alquimia, para satisfazer a suas aspirações pessoais por conhecimento e exploração, ou em busca de fama, reconhecimento e riquezas; outros estavam empregados a serviço de reis, príncipes e governantes e os serviam extraoficialmente como alquimistas, em casa ou na corte. Nosso livro traz diversos exemplos de ambas as espécies de alquimistas judeus, alguns dos quais desfrutando posições de considerável influência nas cortes reais e junto à nobreza, ou se refugiando na proteção dos poderosos da Igreja. De interesse particular são os registros ou relatos que falam dos acordos contratuais que a realeza estabelecia com alquimistas judeus, por meio dos quais os governantes lhes concediam todos os tipos de privilégio e assumiam o financiamento de suas atividades, em troca do quê, esperava-se que os alquimistas fizessem ouro para abastecer o tesouro da realeza. O caso mais interessante que encontramos foi o de um certo Raymund, que estipulou em seu contrato com Eduardo III, que o rei usaria o ouro que ele, produziria para financiar uma expedição militar contra os turcos.

Um curioso subproduto do prestígio de que desfrutavam a alquimia judaica e os alquimistas judeus está na atribuição de autoria judaica a tratados de alquimia que na verdade foram escritos por adeptos não judeus. Essa atribuição era uma variante da prática mais frequentemente exercida com relação a escritos da Antiguidade, Idade Média ou Renascimento, cujos autores verdadeiros se ocultavam sob nomes pseudoepigráficos de autoridades famosas. Quando um autor gentio e anônimo de uma obra de alquimia afirmava que seu tratado fora escrito por, digamos, Raimundo Lúlio, ou quando um autor judeu anônimo de um tratado de alquimia atribuía sua obra a Maimônides, isso era manifestamente feito com o objetivo de garantir uma recepção favorável para a obra, fazendo-a ser aceita como produzida por um autor de grande renome. Da mesma forma, quando um conhecido autor alquimista não judeu era, muito depois de sua morte, declarado um judeu, isso era feito porque, ao transmutá-lo num judeu, sua posição de renome na comunidade de alquimistas era fortalecida e, assim, seus tratados podiam reivindicar maior prestígio, maior autenticidade e maior credibilidade. Ao mesmo tempo, a própria existência dessas transmutações pseudoepigráficas do gentio para o judaico são uma comprovação eloquente da posição de renome da alquimia judaica, no topo do sistema de valores da alquimia. Não tenho conhecimento de transmutações no sentido contrário, de autores alquimistas judeus em gentios.

As fontes nos permitem extrair alguma conclusão definitiva quanto a se os alquimistas judeus acreditavam ou não na autenticidade da Arte? No decorrer do estudo das fontes, repetidamente me fiz essa pergunta e a conclusão a que cheguei foi a de que eles sinceramente acreditavam que as receitas que eles apresentavam em seus tratados como "testadas e verdadeiras" eram de fato descrições precisas de procedimentos que levavam ao resultado prometido. Essa conclusão se baseia nos próprios textos hebraicos de alquimia que, de um lado, ocasionalmente incluem reservas expressas com franqueza quanto à confiabilidade das receitas, enquanto, de outro, apresentam as mais complexas receitas para a transmutação de metais comuns em ouro no mesmo estilo simples e direto com o qual oferecem instruções mais simples para fazer, por exemplo, várias espécies de tinturas ou preparados cosméticos.

O exame da vida, obra e personalidade dos poucos autores da alquimia hebraica sobre os quais temos informações nos leva à mesma conclusão. Para mencionar apenas um exemplo – o mais notável deles – é quase impossível imaginar que um homem da estatura e probidade de Ḥaim Vital, uma das principais figuras da escola cabalista de Safed, pudesse descrever procedimentos de alquimia com detalhamento meticuloso, afirmar que ele próprio os executara e que os resultados haviam sido em alguns casos satisfatórios, em outros não, e fazer tudo isso com a intenção fraudulenta de enganar seus leitores. Além disso, há um outro importante fator geral que praticamente atesta em favor da honestidade dos tratados de alquimia judaicos: para alguns religiosos, escrever algo que eles soubessem ser não-verdadeiro teria sido uma grave transgressão que – era o que acreditavam firmemente – provocaria severas punições na vida após a morte.

Nessa perspectiva, devemos comentar, mesmo que apenas rapidamente, uma pergunta que é frequentemente feita com relação à alquimia como um todo, mas que nunca é satisfatoriamente respondida: deixando de lado a questão de se os próprios alquimistas acreditavam na viabilidade da transmutação de metais comuns em ouro, como era possível que os milhares de seus clientes, entre eles pessoas cultas e ligadas ao poder, continuassem acreditando que era possível fabricar ouro em retortas, alambiques e cadinhos, quando o fato simples (e para nós facilmente verificável) é que tal coisa está fora do domínio do possível?

Entre as explicações, a maioria das quais soam como desculpas para a credulidade humana, estão: durante muitos séculos, muitos alquimistas e a maioria de seus clientes não conseguiam distinguir entre o ouro e outros metais que tinham a cor do ouro, isto é, que pareciam com ouro; devido à terminologia frouxa, todo metal que se parecesse com ouro era chamado de ouro; havia centenas de desculpas prontas para o fracasso dos procedimentos de produção do ouro, que permitiam ao adepto manter a esperança de que, na próxima vez que tentasse, teria êxito; o fracasso em um tipo particular de experimento não necessariamente se traduzia na perda de confiança na capacidade do alquimista de realizar outros tipos de procedimentos; esses outros tipos de procedimentos e, em especial, a busca da pedra filosofal (a misteriosa substância composta que se acreditava ser o elixir da vida) eram metas pelo menos igualmente tão importantes no domínio geral da Grande Arte quanto a produção do ouro.

Mas deixemos de lado o problema insolúvel da verificação alquímística e voltemos ao perfil da alquimia judaica, retomando a questão da pedra filosofal. A impressão geral que temos, ao comparar os textos de alquimia judaicos com os textos gentios, é a de que nos textos judaicos a busca da pedra filosofal estava mais estreitamente associada ao objetivo humanitário de curar os doentes. Os textos alquimistas hebraicos, em geral, dedicam mais atenção e, assim, mais espaço ao uso médico de substâncias produzidas alquimicamente que aos métodos e procedimentos de produção desses unguentos, pós ou líquidos curativos. Os exemplos apresentados neste livro mostram com muita clareza que o adepto judeu era, em muitos casos, tanto um médico quanto um alquimista e que seu maior objetivo, ao confiar suas receitas à escrita, era permitir a seus discípulos utilizar o conhecimento acumulado em seus esforços de curar os doentes. O exemplo mais eloquente desse procedimento pode ser, mais uma vez, encontrado no tratado de Ḥaim Vital.

Com relação a isso, é preciso mencionar ainda uma outra característica dos escritos hebraicos de alquimia. O adepto judeu, em geral, não distinguia entre procedimentos destinados à transmutação de substâncias e outros procedimentos baseados no que sabemos ser efeitos físicos ou químicos experimentalmente apropriados e válidos. Em outras palavras, eles não faziam distinção entre a alquimia propriamente dita e o que hoje incluiríamos sob a designação "química". Na mesma página de um típico manuscrito de alquimia hebraico, encontramos receitas que fazem parte da categoria "alquimia", alternando com receitas que pertenceriam à categoria "química" – e, além disso, um terceiro tipo, que consistia em encantos, mágicas, feitiços, conjurações e adivinhações. Sendo assim, o âmbito da atividade do alquimista judeu incluía praticamente toda a gama de necessidades humanas, quer físicas, quer econômicas, políticas, sociais, culturais, psicológicas ou religiosas. Em vista desse interesse global que o adepto judeu manifesta por todos os aspectos do bem-estar dos seres humanos e em vista dos muitos e variados métodos que ele emprega e propõe para evitar perigos, aliviar o sofrimento e a ansiedade e oferecer alívio a estados dolorosos do corpo e da alma, podemos afirmar, em termos gerais, que, para o adepto judeu, a alquimia era apenas um dos diversos caminhos que ele seguia em sua preocupação extremamente ampla com o ser humano e em sua dedicação a traduzir em ação, de todas as formas e maneiras possíveis, o mais básico de todos os mandamentos bíblicos: "Amarás a teu próximo como a ti mesmo".

Quanto à relação entre a teoria e a prática na obra dos alquimistas judeus, as fontes que chegaram até nós parecem indicar que sua tendência era dar precedência a esta última. Os alquimistas judeus estavam, naturalmente, interessados na teoria alquimística e estavam familiarizados com ela. Apenas pelos textos que chegaram até nós, podemos reconstruir facilmente um quadro amplo das teorias alquímicas, da concepção alquímica de mundo e da compreensão alquimística da natureza da natureza e dos processos naturais, ordenados divinamente, que resultaram na configuração atual dos reinos mineral, vegetal e animal. Mas, ao ler o que eles tinham a dizer sobre esses temas, temos a impressão de que não estavam intrinsecamente interessados nessas questões. Eles falavam delas somente porque sentiam que alguma teoria era necessária para oferecer sustentação às instruções técnicas encontradas nas centenas de receitas com que preenchiam seus tratados.

Sendo assim, não é de se esperar que os alquimistas judeus tenham feito contribuições importantes para as teorias alquimísticas. De fato, praticamente tudo que eles têm a dizer em termos de teoria provém de fontes gregas antigas e de fontes árabes medievais. Digo "praticamente", porque há uma área em que os alquimistas judeus efetivamente deram uma importante contribuição e que estava no campo que podemos denominar "misticização". Esse processo e a influência da *guemátria* cabalista sobre os alquimistas gentios foram abordados no capítulo 12, ao qual quero acrescentar aqui apenas uma observação: sob o impacto da Cabala e sua *guemátria*, a tradição alquimística medieval passou por uma manifesta mudança e se tornou, durante o Renascimento, uma disciplina com maior orientação mística e religiosa.

Quanto às instruções técnicas contidas nos tratados de alquimia hebraicos, elas são, em geral, de altíssima qualidade, no sentido de que são precisas e detalhadas. Isso, naturalmente, não significa que sejam fáceis de seguir. Em primeiro lugar, em muitos casos, não podemos ter certeza quanto ao significado exato dos termos técnicos empregados nos textos de alquimia hebraicos para designar substâncias, aparelhos, processos e procedimentos. Muitos deles aparecem em línguas estrangeiras (em especial, o árabe, o espanhol e o italiano), transliterados para o hebraico, o que não ajuda muito, porque o significado exato dos termos é incerto também nessas línguas. A precisão terminológica nunca foi um ponto forte da alquimia em geral, tanto na Antiguidade quanto na Idade Média e Renascimento. Mesmo os termos mais frequentemente empregados, cujos derivados ainda são usados nas línguas europeias modernas, não têm necessariamente, nos textos alquímicos, o mesmo significado com que os empregamos hoje. Em segundo lugar, muitas substâncias são designadas, não por seus próprios nomes, mas por uma obscura variedade de codinomes: ouro é chamado de "sol", prata, de "lua", mercúrio, de "escravo", enxofre, de "scorpio" e assim por diante. Dificuldades análogas surgem com relação a termos empregados para designar aparelhos, medidas e procedimentos alquímicos. Isto é, um antigo texto de alquimia hebraico, mesmo nos poucos casos em que não é difícil de se decifrar, não pode ser simplesmente lido: ele tem de ser cuidadosa e, muitas vezes, arduamente interpretado. Mas, uma vez o trabalho feito, o que surge é uma receita contendo instruções precisas e detalhadas.

Também é característica frequente dos tratados de alquimia hebraicos afirmar que eles próprios inventaram um determinado procedimento, ou que realizaram uma determinada receita não exatamente como prescrito, mas com certas modificações, e eles não hesitam em mencionar se, ao executar um procedimento, tiveram êxito ou não. De fato, alguns chegam mesmo a afirmar que tiveram êxito com um determinado procedimento apenas ocasionalmente. Detalhes desse tipo indicam o início de uma atitude característica do cientista experimental moderno, que sabe que o principal critério de validade de uma descoberta é a reprodutibilidade do procedimento.

Este livro tirou da obscuridade, penso eu, um campo da atividade cultural judaica que, embora não inteiramente desconhecido, tem sido em grande parte negligenciado. Sua importância tem sido persistentemente negada, ou pelo menos subestimada, pelos poucos historiadores judeus que se dignaram a comentá-lo em suas obras. Em vista dessa situação, não se pode criticar os autores que escrevem sobre a história geral da alquimia por não ter dado atenção à alquimia judaica, apresentando a história da alquimia como incluindo apenas os ramos chinês, indiano, grego, helenístico, árabe e europeu-cristão. Este livro, no entanto, mostra – até onde foi possível com base num conjunto de fontes ainda insuficientemente exploradas – que a alquimia foi, no decorrer dos séculos, uma importante especialidade com que se ocuparam os judeus, equiparável ao trabalho judaico na medicina. Os alquimistas judeus trabalharam com a experimentação, introduziram novos aparelhos, técnicas e procedimentos, eram empregados como alquimistas da corte e desfrutavam de uma excelente reputação nas sociedades dos mundos muçulmano e cristão em que a alquimia era praticada.

Este livro também mostra que a alquimia era um campo singular de atividade no qual os judeus podiam entrar em contato com os gentios em pé de igualdade e, ocasionalmente pelo menos, ocupar uma posição mais alta que seus colegas gentios, atuando como professores e mestres de adeptos gentios aspirantes. Nesse aspecto, seria de imenso interesse examinar a questão de se, nos países em que a alquimia era uma especialidade judaica reconhecida, a posição dos judeus em geral era melhor que nos países em que isso não acontecia. Minha hipótese é a de que uma correlação assim positiva seria na verdade encontrada.

Por fim, no mundo moderno, os judeus têm ocupado uma posição importante na química, na qual, como coloca a *Encyclopaedia Judaica*, "a porcentagem de judeus alcançando proeminência tem sido alta, em comparação a seu número na população em geral". A *Encyclopaedia Judaica* não traz um artigo geral sobre o papel dos judeus na química, apenas apresentando uma lista dos químicos judeus, com algumas linhas de notas biográficas (verbete *Chemistry*), assim ela não fornece qualquer base para a reflexão sobre as raízes do intenso interesse judaico no campo. Uma vez que, como se reconhece em geral, a alquimia foi a mãe da química, é razoável supor que a atenção que os judeus dedicaram à alquimia no decorrer dos séculos se tornou a herança cultural que levou um número relativamente maior de judeus que de gentios à especialização na ciência que sucedeu a atividade que por muitos séculos foi considerada e denominada a Grande Arte.

Apêndice:

Um Glossário Alquímico de Jerba

A parte mais importante do manuscrito de Jerba, discutido no capítulo 39, é o glossário alquímico nele encontrado. De fato, o manuscrito contém nada menos que três glossários: um pequeno, nos fólios 2a-3b; um segundo, também curto, nos fólios 8a-b; e um longo, nos fólios 136a-144a, que contém a maioria dos itens incluídos nos dois primeiros, embora não todos.

A finalidade dos glossários é explicitada em termos quase idênticos no título que encabeça cada um deles. O primeiro título (fólio 2a) diz: BIN"U ʻAM"I ʻAS"U: Explicações Específicas sobre Algumas Coisas que Fazem Parte da Obra. As três primeiras palavras são acrósticos do hebraico *b'schem adonay naʻassé w'natzliaḥ–ʻezri meʻim adonay–ʻosse schamayim wa'aretz*, isto é, "Em nome de Deus, faremos e conseguiremos, minha ajuda vem de Deus o criador do céu e da terra". O segundo glossário é intitulado da seguinte forma: "Explicação de alguns nomes em latim e nas línguas dos antigos". O terceiro: "BIN"U ʻAM"I AS"U: Explicação de Algumas [Palavras] Difíceis de Compreender".

A maior parte das palavras explicadas nos glossários estão ou em italiano ou em árabe. Umas poucas, a julgar pelo acréscimo do -s do plural, estão em espanhol. Algumas (muito poucas) estão em hebraico. Apesar do título do segundo glossário, nenhuma das palavras incluídas nele pode ser claramente identificada como pertencendo ao latim. Todas as palavras, seja qual for a língua a que pertencem, recebem uma transliteração para o hebraico. As palavras em árabe são ocasionalmente transliteradas de acordo com sua pronúncia (ocidental) judeo-árabe do Magrebe: *sams* (sol, ouro), em vez do árabe erudito *schams*; *qāṣiḥ* (espesso), para *qāshiḥ*; o artigo *al-* é abreviado para *l-*; e assim por diante.

A língua para a qual são traduzidas as "palavras difíceis" é, em quase todos os casos, o árabe. Às vezes um termo do árabe é traduzido (ou antes, explicado) simplesmente por um sinônimo. Em uns poucos casos, a tradução-explicação é apresentada tanto em árabe quanto em italiano; por exemplo: "*anṭūn*: *nuḥās* [ár.], isto é, *rāme* [it.]", ambos significando cobre. Em umas poucas ocasiões, a explicação é dada em hebraico ou no que parece ser latim ou grego. Algumas vezes, no entanto, uma palavra em árabe é traduzida para o italiano (por exemplo, *bīlār* [em árabe erudito, *bilawr*]: *qrisṭalo* [it., *cristallo*]). Ocasionalmente, ao traduzir uma palavra em árabe para o italiano, o autor afirma que ela está em La'az, empregando o termo hebraico tradicional para "língua estrangeira".

As explicações ou traduções ocasionalmente são bilíngues: o autor utiliza expressões compostas por termos árabes e hebraicos. Por exemplo, ele explica a expressão italiana *alūmē diroqa* [it., *allume di rocca*] como *schabb maḥṣavī* [ár.- heb., vitríolo mineral]. Ou então emprega uma palavra do árabe ou do italiano com o artigo hebraico *ha-*: *ha-nār* (o fogo), ou *ha-numero* (o número).

Numas poucas ocasiões, o autor não se satisfaz em simplesmente oferecer o equivalente da palavra a ser explicada em árabe (ou em outra língua), mas, ao contrário, acrescenta uma frase explicando em detalhe o significado da palavra. Essas frases estão ou em hebraico ou em árabe, ou numa mescla das duas línguas. Por exemplo, no verbete "*Barbīna* [lat., *verbena officialis*]: *'esev qanyī ya'sir yusayyib hadam* [uma gramínea que interrompe o fluxo do sangue]", as duas primeiras palavras em hebraico são seguidas por duas palavras em árabe e então a última palavra aparece novamente em hebraico.

A transliteração em hebraico das palavras em árabe, italiano e outras línguas em geral é adequada, embora não de modo uniforme.

Por exemplo, a palavra árabe *zuwaq* (mercúrio) é transliterada como *zwq*, *zāwāq*, *zāwwāq*; a palavra italiana *salgemma* (sal gema), como *salgemah*, *saljemah*, *salyemah* e assim por diante. Essa dificuldade na transliteração do *g* brando do italiano se assemelha muito ao problema que o autor teve na transliteração do *z* italiano: ele vacila entre os termos hebraicos *zayin*, *samekh* e *tzade*.

Uma característica interessante dos glossários é a relação de *Decknamen** (pseudônimos). O uso de *Decknamen* para designação de substâncias na alquimia é muito comum no árabe e nosso autor emprega muitos deles, por exemplo, *schams* (sol), para ouro, *qamar* (lua), para prata, *zuhrā* (Vênus), para cobre, e assim por diante. O emprego de equivalentes desses nomes em hebraico não é incomum na bibliografia alquimística hebraica, na qual encontramos *schemesch* (sol), *l'vaná* (lua) e *nogá* (Vênus), para esses três metais. Incomum e original, no entanto, é o emprego ocasional que nosso autor faz de *Decknamen* em hebraico que aparentemente não ocorrem em outros textos de alquimia em hebraico. Assim, para *zuwaq* (mercúrio), ele emprega a expressão *'of haporeaḥ ba'awīr* (pássaro que voa no ar); para sal amoníaco, a expressão *'of haqam b'vehalá* (pássaro que voa em terror); para estanho, *qazdīr* em árabe, ele emprega tanto o *Deckname* hebraico *m'tzora'*, leproso, quanto o *Deckname* árabe *mustarī*, leão (o planeta Júpiter). Ele também inclui o termo em árabe *zabad al-baḥr* (espuma do mar) e o explica apenas como *isquma maris* (isto é, *scuma maris*), que significa o mesmo, sem uma tradução complementar.

Uma característica interessante dos glossários está em que o autor frequentemente descreve as substâncias apresentadas como sendo "quentes e secas no terceiro grau", ou "frias e úmidas no segundo grau" e assim por diante, empregando (na segunda metade do século XIX) a classificação das substâncias de acordo com os graus de calor e secura, ou frio e umidade, estabelecida por Galeno, o famoso médico

* Em al.: codinome (N. da E.

grego do século II. Por outro lado, nosso autor estava atualizado em relação à divisão do mundo em um domínio cristão e um domínio muçulmano, como podemos inferir pelo comentário que ele faz, explicando a palavra *'onqi'ah* como uma medida de peso que, "nas cidades de Edom" (isto é, no mundo cristão), divide-se em oito dracmas, enquanto, "nas cidades de Ismael" (isto é, no mundo muçulmano), em dez. A única autoridade que nosso autor cita frequentemente é Ibn Sīnā (980-1037), ao qual ele se refere ou pelo nome ou então como "o Médico", cujo *Kānūn* ele parece ter conhecido bem.

Os verbetes do glossário que se segue estão dispostos da seguinte maneira: as palavras dos verbetes aparecem em ordem alfabética e na transliteração cuidadosa com as letras do hebraico nas quais elas aparecem no manuscrito. Nos casos em que consegui identificar a língua original de uma palavra, essa língua aparece indicada numa abreviação entre colchetes após a palavra; em seguida, sempre que necessário, acrescentei em *itálico* a grafia original da palavra ou minha transliteração dela; em seguida, minha tradução da palavra. Essa tradução é seguida por um travessão, após o qual vem em *itálico* a tradução da palavra tal como apresentada no manuscrito. Em seguida, entre colchetes, minha identificação da língua da tradução e a tradução da palavra (ou palavras) em questão. Quando o manuscrito apresenta, além da tradução da palavra, uma explicação dela (que sempre aparece em hebraico), eu apresento essa explicação em minha tradução. Isto é, todo o material contido no manuscrito do glossário é apresentado fora de colchetes; tudo que aparece entre colchetes é sempre tradução ou explicação minha. Em muitos casos, tive de deixar as palavras sem identificação ou explicação. Tenho consciência de que este glossário é apenas uma primeira tentativa de apresentação desse material multilíngue bastante complexo, cuja abordagem mais completa fica à espera da atenção de futuros pesquisadores.

a'awrum [lat., *aurum*, ouro]: *dahab* [ár., *dhahab*, ouro].

'abd [ár., escravo, *Deckname* para o mercúrio]: *zawaq* [ár., *zuwaq*, mercúrio].

abrū'ol: *antimonio* [it., antimônio], *kuḥl* [ár., antimônio].

adraṣogane: *'unṣul* [ár., cebola silvestre, alho-porro].

affināṭo [it.]: isto é, refinado.

afroniṭum [it., *afronitro*, espuma de salitre, *spuma nitri*, salitre]: *burāqas*, ou *nītrī*.

al'abar, al'ahbar [ár., *al-ābār*, chumbo].

'alam: *zarnīkh* [ár., arsênico].

alambiqo [it., *alambicco*, alambique]: chaleira na qual se extrai água fervida.

al'anaq [ár., *al'anuk, al'anaq*, estanho]: *qazdīr* [ár., estanho].

al'anūq albar'i [ár.,. *al-burā'ī*, limalha de estanho]: *b'dil w'oferet* [heb., estanho e chumbo].

al'asirāngē: *limarura plombo* [it., limalha de chumbo].

alaṭqad, al'aṭqī: *antimonio* [it., antimônio], *kuḥl* [ár.,, antimônio].

albūno: *scheten* [heb., urina].

alīga [it., *aliga, alga*, erva marinha]: isto é, concha de pérola. Refinar como mencionado no *libun* [heb., branqueamento].

alīqālī: *vitriolo* [it., *zāj* [ár., vitríolo].

alīzmārīr: *schenāder* [ár., cf. *nuschādir*].

almārqaschīṭā [ár., marcassita]: *litarigiri'o* [it., *litargirio*, litargírio].

almiṣādīr [it., *almizadir, almicadir, almisadir*]: *schenāder* [cf. *nuschādir*]; *salarmoni'aqo* [it., sal amoníaco] e, igualmente, *alīzmārīr* [cf. acima].

alqālṣinārē [it., *calcinare*, calcinar, com o artigo ár., *al-*]: isto é, que deve ficar como cal.

alqāsīdēs [ár., *al-qasid*, quebrado]: *'oferet* [heb., chumbo] *qrispus* [lat., crespo, torcido], *raṣāṣ* [ár., chumbo].

alqībrīṭ [ár., *al-kibrīt*; ou it., *alcubrith*, enxofre]: enxofre branco.

alqūsūr [ár., *al-qaswar*, o antigo, leão, *Deckname*?]: *antimonio* [it., antimônio].

alrā'ī: *nitrozisqo*.

alrāsīs: *schenāder* [cf. *nuschādir*]; *salarmoniaqo* [it., sal amoníaco].

alṣērārē [it., *cerare*, artigo ár., cerar, encerar]: significa derreter o objeto sólido que não tem capacidade de ser derretido e, quando se torna *liqwido* [it., líquido], ele é denominado *igtarāto*, ou *inṣērāto*.

alṭālīq [ár., o separado ou o brando]: *sal* [it., sal] e, ao que parece, é o *talq* [ár., talco].

alūmē [it., *allume*, alume]: *schabb* [ár., vitríolo].

alūmē difiūma [it., *allume di fiume*, alume do rio?]: *schabb yamanī* [ár., vitríolo iemenita].

alūmē diplūma [uma outra grafia para a expressão acima].

alūmē diroqa [it., *allume di rocca*, alume comum]: *schabb* [ár., vitríolo] *maḥṭzavī* [heb., mineral].

alūmīn [it., *allumina*, óxido de alumínio]: *zarnīkh* [ár., arsênico]; *orpimento* [it., orpimento].

al'unon: *qazdīr* [ár., estanho].

alwānās, salarmoniqo, schenāder [cf. *nuschādir*].

alyas [ár., leão, um *Deckname*?]: *melaḥ* [heb., sal].

amīr lmilḥ [ár., *amīr a-milḥ*]: *melaḥ* [heb., sal], *milḥ nu'ās* [ár., sal adormecido (?)].

amrūn [ár., *al-amrān*, as duas coisas mais amargas, aloé e mostarda]: *aschrah baqarā'* [ár., *schara*, *ascharr*, o pior, colocíntida, melancia silvestre], quente e seco no terceiro [grau].

andadān [cf. *angira'*].

anfiyum [ár., *afyūn*, ópio]: *tusmirat*.

angira': *urtiga* [lat., *urtica*, urtiga], ela e suas sementes estão secas.

angīrā [ár., *anjudān*, assa-fétida]: *waraq alḥiltīt* [ár., folha de assa-fétida], quente e seca no terceiro [grau].

anī'odīn: *waraq alḥiltīt* [ár., folha de assa-fétida].

anṭīmonī: parece-me ser o que é chamado de *antimonio*, é *atmad* [ár., *ithmad*], que é *kuḥl* [ár., antimônio].

anṭīmonīo [it.]: isto é, uma espécie de metal chamado em árabe de magnīṭiā e, em lat[im], de *dīmībūzan* [anotação à margem:] *dimirkuzan*. E, no *Kānūn*, ele [Ibn Sīnā] escreveu que é semelhante à *marqaschīṭa* [ár., marcassita].

anṭron: é *schuman zkhukhit* [heb., parafina, azeite de lamparina].

anṭūm: *nuḥās* [ár., cobre], que é *rāme* [it., cobre].

anverga: *schabīkah* [ár., rede].

aposārē: isto é, *rīposārē* [it., repousar], isto é, *yirtāḥ* [ár., *yirtakh*, descansar].

apoṭrīpāṣione: isto é, um recipiente *yakhmur waya'ban* [ár., selado e grande].

aqālṣīnārē [it., *calcinare*, calcinar]: isto é, que deve ficar como cal.

'aqrab [ár., Scorpio, *Deckname* para o enxofre]: *bukhārah* [ár., vapor].

arēsolvārē [it., dissolver]: isto é, *ḥulhum* [ár., erro para *maḥlūl*, dissolvido].

argenṭos vivos [it.-esp.]: *zībaq* [ár., mercúrio].

arinṭano vivos [it., *argentovivo*, mercúrio]: *zauwāq* [ár., *zuwaq*, mercúrio].

armanos: *niṭros*.

armīkh: *qarfa* [ár., *qirf*, pele, crosta, casca de árvore].

armoniaqo [it., *ammoniaco*, amônia]: *ūṣaq* [ár., *uschschaq*, amoníaco].

aroni'āqos [esp.]: *schenādir* [cf. *nuschādir*].

aropniqārē: isto é, *taḥrīk* [ár., encorajamento, tocante]; ou *taḥrīq* [ár., escaldante].

arsēnīqo(s) [it., *arsenico*]: *zarnīkh* [ár., arsênico].

arṭīfīqārē [it., *artificiare*, trabalhar com artifício]: isto é, *ṣafiyy* [ár., puro].

'arubīsqārē [it., *arrubinare*, tornar vermelho]: isto é, *taḥrīq*, [ár., escaldante].

āsa fāṭīda [it., *assafatida*]: *ḥiltīt* [heb. e ár., assa-fétida].

asad [ár., leão, um *Deckname*]: *rahj* [ár., pó].

aṣē'ēy [assim pronunciado, it., *azey*]: *vitriol schāṭār* [it.-ár. *v. schaṭr*, semivitríolo].

asenṣio [it., *ascensione*, ascensão]: *sujrat Maryam* [ár., bacia de Maria, isto é, banho-maria].

aṣēto [it., *aceto*, vinagre]: *khall* [ár., vinagre], *zāj waḍīf* [ár., vitríolo líquido].

aseṭum [it., *acetum*, vinagre]: *khall* [ár., vinagre].

asfīnārē: *bāhuq* ou *bāhnaq*.

asfōdē, asfōdium [it., *asfodelo*, asfódelo]: *ṭabāschīr* [ár., a substância dura no bambu, giz].

aspōne [it., *asabon*, *sapone*, sabão]: *ṣābūn* [ár., sabão].

ass: *ḥiltīt* [ár. e heb., assa-fétida].

aṣṭuraq: *qālāmīṭa* [it., *calamita*, uma planta fóssil], quente e seca no terceiro [grau].

'aṭ [ár.]: parece que é *zāwāq* [ár., *zuwaq*, mercúrio].

aṭaq: *ūṣaq* [ou *usaq*; ár. *wuschschaq*, amoníaco], quente no final do terceiro [grau].

'aṭārd: *zāwāk* [ár., *zuwaq*, mercúrio].

atmad [ár., *ithmad*, antimônio]: *kuḥl* [ár., antimônio], *anṭimonio* [it., antimônio].

aṭrāmēnṭūm [ou *aṭrāmēntōs*; lat. ou it.]: *zāj* [ár., vitríolo], isto é, vitríolo em La'az.

aṭrāmēnṭūm soṭorium [it., *a. sotorio*, sulfato de cobre ou de ferro].

awwis: *qazdīr* [ár., estanho].

ayres [it., *aeris*, cobre]: *n'ḥoschet sarūf* [heb., cobre calcinado].

azāfāran: *zaʻfarān* [ár., açafrão].

azarīqon: *zārqūn* [ár., cinabre].

azīg, ou azīq [it., *azec*, vitríolo]: *zāj* [ár., vitríolo].

azimar [it., zarcão, chumbo vermelho, cobre]: alguns dizem que é *zinjār* [ár., azinhavre], que é *sqāliya* [it., escamas (lâminas)] de cobre, outros pensam que é *sqāliya* de ferro [it., *scaglie di ferro*].

azīq [cf. *azīg*].

azōg [cf. *zāg*].

azwar [leia-se *azwaq*; ár. *zuwaq*, mercúrio]: *kessef ḥay* [heb., mercúrio].

bālbaḥ anqarde: quente e seco no quarto [grau].

banyo arēna [it., *bagno arena*, banho de areia]: isto é, *yaḥūṭ ha-raml fī burma wayaḥūṭ liklī fawq ha-raml wayaʻṭi ha-nār taḥt l-burma* [jud.-ár.: jogar a areia numa chaleira e jogar num recipiente sobre a areia e aplicar fogo sob a chaleira].

banyo Maria [it., *bagno Maria*]: como se sabe...

barbīna [it., *verbena*]: uma gramínea que bloqueia o *yusayyib* [ár., fluxo] do sangue.

batzal haʻakhbar [heb., cebola de rato]: *ʻunṣul* [ár., cebola silvestre, alho porro].

basbā'īg [ár., *basbā'īj, e. polypodium (Filice)*] *solifāre*: quente no terceiro [grau] e magnífico em sua secura.

basīrāg, basīrāj: *schemen schumsch'min* [heb., óleo de sésamo].

baure: *ṣurqi* ou *ṣudqi*.

bi'aqa [it., leia-se *bianca*, branca]: *bārūq* [ár., chumbo branco, cerusa].

bīlār [ár., *bilawr*, cristal]: *qrisṭalo* [it., *cristallo*].

blānqēṭ [it., *bianchetto*, cerusa, pigmento de dióxido de estanho]: *bārūq* [ár., chumbo branco, cerusa].

bōl armīnī [ár., argila da Armênia].

dam tanīn [heb., sangue de dragão]: *damm lakhwa* [ár., *d. al-akhawayn*, sangue de dragão, o sumo da *dracaena draco*].

damm alkhawīn [ár., variante do precedente].

dī'ai mīdīli: *b'dil o qali'á* [heb., estanho ou potássio].

disōlūṣione [it., *dissoluzione*, dissolução]: significa transformar em água alguma coisa que se tornou cal [foi calcinado].

dīstīla in rēsqonṭaro [it., *distilla in* ...]: isto é, entre o *lambiq* [ár., *al-anbīq*, alambique] e o *qābilah* [ár., receptor], como conhecido.

disṭilaṣione [it., *distillazione*] ou *haṭafá* [heb., destilação]: fazer desprender os vapores das coisas que estão no recipiente, recolhê-los num outro recipiente.

esch meha-grado ha-bet [heb.-it., fogo do segundo grau]: isto é, *taḥūṭ* [ár., colocar] o recipiente *qurbī* [ár., próximo] *ha-nār* [heb.-ár., o fogo], *watashūf* [ár., e você verá] *ha-numero* [heb.-it., o número].

ewaporare [it., *evaporare*, evaporar]: isto é, você deve deixá-lo ferver lentamente até que toda umidade desapareça e a coisa fique seca.

ferrum [lat., ferro]: *ḥadid* [ár., ferro].
filṭro [it., filtro]: é um pedaço de tecido de lã; isto é, o *anbīq* [ár., alambique] e eles perfuram nele uma *pūma sīqa* [aramaico, corretamente *sika*, "boca de um alfinete" isto é, pequeno furo].
fisaṣione [it., *fissazione*, fixação]: significa juntar a coisa que escapa do fogo e não resiste ao calor e eles o mantêm *per artifiṣio* [it., por um artifício], também por aquele que escapa da água-forte.
fiṣṣe [it., *fisso*, fixo]: *haschmarim* [heb., sedimentos]; são os sedimentos em La'az.
fi'umah [cf. *pli'umá*].
flor da'irim [do lat., *flos aeris*, óxido de cobre, azinhavre]: *nuḥās* [ár., cobre].
fornello [it., fornalha]: *matzref* [heb., cadinho] e significa *kur* [heb., cadinho], isto é, cadinho para ouro.
friṭa [it., *fritas*, a mistura parcialmente derretida de areia e os fluxos de areia com que se faz o vidro]; em La'az significa azeite de lamparina.
friṭo di Aspania [it., *fritas* (material usado na produção de vidro) da Espanha].

gale, galos [it., *galla*, noz de galha]: 'afṣ [ár., noz de galha].
gandaba dasṭar [ár., *jundbadastar*, óleo de mamona]: *qāsṭūr* [lat., *castoreum*], quente no final do quarto e seco no terceiro [grau].
ganti'anah [lat., *gentiana*, genciana]: *nasi'anah*. Quente no terceiro e seco no segundo [grau].
garīr, ṭartaro, ṭarṭār [ár., *ṭarṭīr*, tártaro].
gāschīr [ár., *jaschar*, ervas da primavera]: *apoponago*, quente e seco no terceiro [grau].
gawzbō [ár., *jawz bawwa*, noz moscada]: *nusse musqade* [it., *noce moscado*, árvore da noz moscada], quente e seco no terceiro [grau].
gīrārāsīro: *gofrit ḥay* [heb., enxofre vivo], *qībrītē* [ár., *kibrīt*, enxofre].
gisos [it., *gisisun*, uma espécie de resina]: *jāsū*.
gofrit [heb., enxofre] é de cinco tipos: verde, vermelho, preto, branco, *zinjārī barṭi*.
goma [it., *gomma*]: *tzemeg* [heb., borracha], isto é, *s'raf* [heb., resina].
goma arabiqa [it., *gomma arabica*]: *tzemeg 'aravi* [heb., goma arábica].
goma rossa [it., *gomma rossa*, resina vermelha]: *lūkh* ou *lūk*.

Ḥadīdah lkalwiya [ár., explicação ilegível].
hawīrmaṣe ou **huwirnīse:** é feita de óleo de linhaça e cal virgem derretidos juntos.
Ḥōm [heb., calor] *ṭemperāṭo* [it., moderado, temperado].

i'adrosero, idrosero: *kessef ferro* [heb.-it., prata de ferro], *iqtra'iros*, *fuzrah* [ár., *fiḍḍah*, prata].
idrogorias [it., *idrargirio*, mercúrio]: *zawaq* [ár., *zuwaq*, mercúrio].
il'asṭīrob [cf. per. e ár., *usrub*, chumbo]: *'oferet sale* [heb., *'oferet*, chumbo, it., *sale*, de sal].
imunqabi 'al: *zanzafūr* [ár., *zunjufr*, cinabre], *zinafario* [it., *cinnabrio*, cinabre].
in esso [it., em si mesmo ou nele mesmo]: e, parece-me, *fīhī* [ár., nele].
infaṭānṭa: isto é, *banyo di Maria* [it., *bagno di Maria*, banho-maria].
ingresso [it.?]: isto é, *schaḥrut* [heb., negrura].
īnoq: *zāwāq* [ár., *zuwaq*, mercúrio].

īnos [gr., *oenos*, vinho]: *scharāb* [ár., uma bebida].
inpola [it., *ampolla*, ampola]: *kūza* [ár., frasco com gargalo estreito], isto é, um recipiente como uma *ṭāṣa* [ár., *ṭassa*, ou it., *tazza*, taça, cálice].
inqolare [it., *incollare*, cimentar, colar]: isto é, *taṣʿīd* [ár., sublimação ou destilação].
insenṣio, inṣīnaṣio [it., *incensario*, pulicária, uma espécie de genciana]: *lūbān* [ár., *labūn, lubān*, zimbro, benjoim].
inṣērāṣione [it., *incerazione*, ceração, ceramento]: isto é, encharcar e misturar sobre um mármore até que se agreguem.
inṣēre sālis [it., *essere salis*?]: *salyema* [it., *salgemma*, sal gema].
insūlīṭos [esp.]: *ṭarṭaro* [it., tártaro, ou ár., *tartir*, tártaro].
i'owuṣīsṭon: *damm lkhawā'* [ár., *damm al-akhawayn*, sangue de dragão], *dam tanin* [heb., sangue de dragão].
iqtrā'iros [esp.]: *fuzrah* [ár., leia-se *fiḍḍah*, prata; cf. *i'adrosero*].
is [lat., *aes*, metal, cobre]: *nuḥās* [ár., cobre].
ʿīsá [heb., massa]: *liqwida* [it., *liquido*, líquido], isto é, branda, isto é, *jāriwah* [ár., corretamente, *jārīyah*, líquida].
isfīdāg [ár., *isfīdāj*, chumbo branco, cerusa]: *bārūq* [ár., chumbo branco, cerusa].
isīrī salis [it., *essere salis*?]: *saleyma* [isto é, *salyema*, it., *salgemma*, sal gema].
iṣīṣīṣī– zāj [ár., vitríolo].
isqīl, isqoalla [ár., *isqīl*, cebola-do-mar, *scilla maritima*]: *ʿunṣul* [ár., cebola silvestre, alho porro].
isṭīs [cf. lat. *aes ustum*, cobre calcinado]: *zāj* [ár., vitríolo].

kāṣīn: um recipiente.
kessef foliaṭo [heb., *kessef*, prata, it., *foliato*, folheado]: isto é, *waraqī* [ár., na forma de folha].
kessef fitto [heb., *kessef*, prata, it., *fitto*, forjado]: é prata permanente, isto é, *marzan*.
kessef Ḥay [heb., mercúrio]: que foi passado pelo couro, sendo que um tecido de linho é bom no lugar do couro.
kessef Ḥay sōlīma [heb., *kessef ḥay*, mercúrio, it., *solima*, sublimado]: isto é, que se fez desprender [isto é, sublimado].
kessef qupēlah [heb., *kessef*, prata, it., *coppella*, copelada]: isto é, pura, purificada.
kessef qupēllāṭo [heb., *kessef*, prata, it., copelada]: isto é, *waraqah* [ár., folha].
kessef sōlīma [heb., *kessef*, prata, it., *solima*, sublimada]: isto é, inerte e possivelmente ele queria dizer mercúrio inerte.
kessef sōlīmāṭo [heb., *kessef*, prata, sublimada]: é a *kessef sōlīma*.
kuḥl [ár., antimônio].
kurqomah [it., *curcuma*, curcuma]: *nuḥās* [ár., cobre].
kūza [per. e ár., *kūz*, recipiente, jarro]: vi algumas vezes que ele chama de *batlis igfula*.

labgīn: *fuzrah* [ár., leia-se *fiḍḍah*, prata].
lamine [it., *lamina*, camada fina, lâmina]: *ṣafā'iḥ* [ár., folhas].
lane ou li'ane, li'one [it., *lana*, lã, e *leone*, leão]: *schemen pischtan* [heb., óleo de linhaça].
lapis [lat., pedra]: *ḥajar* [ár., pedra].
lapis al'āgi'us [lat.-ár.]: *ḥajar lʿāj* [ár., *ḥajar al-ʿaj*, pedra de marfim].
lapis ametitis [lat., *l. amethystus*, pedra ametista]: *ḥajrat almas* [ár., pedra de diamante].

lapis antimoni [lat.-it., pedra de antimônio]: *kuḥl* [ár., antimônio].

lapis apodogi'on [lat.-gr.] *ḥajar alqadūḥī* [ár., *ḥajar al-qaddāḥī*, pedra de fogo].

lapis aqwa'iṭor [lat.-it., *acquatura*, pedra que verte água]: *ḥajar almisann* [ár., pedra úmida].

lapis arminos [lat.-it., *armeno*, pedra da Armênia]: *ḥajar aromīnī* [ár., pedra da Armênia].

lapis guda'iqan [lat.-it., *giudaicon*, pedra judaica, isto é, carbonato de cálcio].

lapis lūne [lat.-it., pedra da lua]: *ḥajar lqamar* [ár., *ḥajar al-qamar*, pedra da lua].

lapis molades [lat.-it., *molaris*? Pedra de moinho]: *ḥajar haraḥah* [ár., *ḥajar*, pedra, heb., cheiro].

lapis nigrorum [lat., pedra dos negros]: *ḥajar lḥabas* [ár., *h. al-ḥabasch*, pedra da Abissínia (ônix)].

lapis serpentos [lat. ou lat.-esp., pedra serpente]: *ḥajar (a)lḥayyah* [ár., pedra serpente].

lapis y'hūdīt [lat., pedra, heb., judia]: *ḥajar alyahūd wahuwa ḥab haranḍ* [ár., pedra judia e também um grão de arroz].

lasērābā [ár., *al- usrub*, chumbo]: *ʿoferet* [heb., chumbo], *raṣāṣ* [ár., chumbo, estanho], *martero* [it., batido].

lima, limaṭo [it., limado, polido]: *madwūk* [ár., moído, triturado], para se transformar em água.

liminios [it., *limone*, limão]: *limon* [heb., limão].

liqwide [it., *liquido*, líquido]: *ʿisl* [ár., mel, sumo].

lunah [it., *luna*, lua]: *fuzrah* [ár., leia-se *fiḍḍah*, prata; um *Deckname*], *l'vaná* [heb., lua, *Deckname* para prata].

luṭa [it., vedado]: *sadda* [ár., vedar], isto é, *satum* [heb., vedado].

luṭāṭah [it., *lutata*, vedado]: isto é, *muṭaynah* [ár., vedado, revestido com argila].

lutēmētālium, limasinas, orpimento: *zarnīkh* [ár., arsênico].

luṭōn [it., cobre]: *nuḥās* [ár., cobre].

luṭum absoluṭe.

luṭum arminum [lat., *lutum armenicum*, argila da Armênia].

luṭum sigillaṭum [lat., *terra sigillata*, terra vedada, isto é, argila fina].

mā' ʿabd [ár., água de mercúrio]: *mā'ḥalyu* [ár., *mā'ḥulla*, água derretida].

ma'adīm [heb., planeta Marte, ferro]: *ḥadīd* [ár., ferro].

mābūr [ár., furado, perfurado]: *fazra* [ár., *fiḍḍah*, prata], *kessef* [heb., prata].

mah schahayta [ár., o que você deseja]: isto é, *mah schetirtzeḥ* [heb., o que você deseja].

malfa, mu'allafa [ár., composto, um *Deckname* para chumbo]: *khābīza*

maliar: *zanzār* [ár., *zinjār*, azinhavre].

maroqurio [it., *mercurio*]: *zawaq* [ár., *zuwaq*, mercúrio].

marrīkh [ár., planeta Marte, ferro]: *ḥadīd* [ár., ferro].

masālaṭu: *abra*.

māschīt [cf. *mah schahayta*].

māsqīṭ nos [it., *moscato noce*, noz moscada]: *maṣṭari* [ár., *mustarī*, planeta Júpiter, estanho].

masṭīṣe [it., *mastice*, uma resina vegetal]: *maskatah*.

mayim Ḥazaqim [heb., água forte, isto é, *aquafortis*]: *mafartire* [?].

mayyit Ḥay [ár., *mā' al-ḥayāt*, água viva, ou *mā al-ḥayya*, água serpente, *Deckname* para mercúrio]: *mā' yaṭīrsī min hanār walākin bāqī ḥay yutaharraq* [explicação: o que é retirado do fogo e, assim, permanece ativo (e) escaldante].

melaḥ klali [heb., sal comum]: parece-me que é o *milḥ ṭaʿām* [ár., sal de cozinha].

melaḥ petra [heb., *melaḥ*, sal, lat., *petra*, pedra: sal gema]: é o *milḥ yema* [ár.-it., *m. gemma*, sal gema].

melaḥ prēparāṭo [heb.-it., sal preparado]: cf. *bārukhes* [?].

mīlbūraq [ár., *mā' al-būraq*, água boricada]: *sālīma* [it., solução] *milḥ qardam* [ár., sal de cardamomo].

milḥ alqālīy [ár., sal alcalino].

milqa lqālīy [ár., *milḥ al-qālīy*, sal alcalino]: *sāl qālīy* [it., sal alcalino].

minio [it., zarcão]: *zārqūn* [ár., *zarqūn*, cinabre].

mīra [ár., *murr*, amargo]: *mar* [heb., amargo].

mōlībārōn: está calcinado.

mōlifiqārē [it., *mollificare*, amolecer]: isto é, *rākhaf* [ár., *rakhif*, fino e aquoso].

morṭario, morṭaro [it., almofariz]: *māhrāz* [ár., *mihrās*, almofariz].

morṭaro b'porfiro morṭaro: isto é, *miḥrās* [ár., almofariz] e *porfiro* [it., *porfire*, mármore], isto é, o mais fino estanho. E em La'az *morṭaro*.

mqoroqorio [it., *mercurio*]: *zawwaq* [ár., *zuwaq*, mercúrio].

m'tzorae [heb., leproso]: *qazdīr* [ár., estanho., um *Deckname*].

muṣīnṣībar: cf. *nuscha'idira* [*nuschādir*].

mustarī [ár., leão, *Deckname* para o planeta Júpiter, estanho]: *qazdīr* [ár., estanho].

naqar: *fuzrah* [ár., *fiḍḍah*, prata].

nās [ár., contração de *nuḥās*] [ár., cobre].

naschdār [ár., coloquial para *nuschādir*, que veem].

nāṭrōn [it., *natron*; ár., *natrūn*, salitre]: *būraq* [ár., bórax, salitre].

niṭro: *niṭrum* [it., soda, natro, natrão].

nobile [it., nobre]: *nikhbad* [heb., pessoa honrada].

nogá [heb., planeta Vênus, *Deckname* para cobre]: *nuḥās* [ár., cobre].

nūnsōmāṭo

nūra [ár., *nūrā'*, depilatório]: *jayr* [ár., cal viva].

nuschādir [ár., sal amoníaco, muitas vezes escrito como *schenāder*].

nuschī'ādīra: *schenāder* [ár., *nuschādir*, sal amoníaco].

nuṣīnṣībar, nuschdār, salarmoniaq [sinônimos de *nuschādir*, sal amoníaco].

ōda fāsa ou **ōra fāsa– zabīb** [ár., uvas-passas].

'of haporeaḥ ba'awir [heb., pássaro que voa no ar]: *zāwāq* [ár., *zuwaq*, mercúrio].

'of haqam b'vehalah [heb., pássaro que voa em terror]: *schenāder* [cf. *nuschādir*].

oli'oṭodos: é prata e ouro misturados.

onqi'ah: uma medida de peso das cidades de Edom [isto é, Roma, o mundo cristão], que se divide em oito *drame* [dracmas] e, nas cidades de Ismael [o mundo árabe], em dez *drahes* [dracmas].

origano [it., *origan*, manjerona]: *ṣa'tar* [ár., tomilho].

orinale [it.]: isto é, um recipiente de vidro como uma *ṭāṣā* [ár., *ṭassa*, taça], ou *qandīl tawīl* [ár., lamparina longa].

orpimento [it., orpimento]: *zarnīkh* [ár., arsênico].

osṭrāqum [gr., *'ostrakion*, lat., *ostracium*, ostra]: *tzedef* [heb., concha marinha].

pelosā'irim: *nuḥās* [ár., cobre].
peripiṭah, perpeṭa: isto é, *naḍif* [ár., impuro], ou *waḍif* [ár., rápido].
pīla [it., *pila*, vasilha, fonte; cf. *pīwa*].
pīlūle [lat., *pilula*, glóbulo]: *ḥubūb* [ár., calo, a ferida de uma doença], isto é, *ḥarābes*.
pīrīṭo dī aspania [it., pirita da Espanha]: de acordo com o Médico [Ibn Sīnā] *khuyūṭ nuḥās* [ár., fios de cobre].
pīṣe [it., *pece*]: *zefet* [heb., piche, asfalto].
pīwa [it., leia-se *pila*, vasilha, fonte]: isto é, *ma'ūn* [ár., pote]. *Qāl* [ár., ele disse] que isso deve ser lido como *pīla*, isto é, um recipiente.
pīwa luṭāṭah [it., *pila lutata*, recipiente vedado]: isto é, *ma'ūn muṭayyan* [ár., vasilha vedada] e, de acordo com suas [de Ibn Sīnā] palavras, é uma *ṭass* [ár., pires, bandeja] e deve ser lido *pīla*.
pli'umah: deve se dito *fi'umah* [cf. it., *fumo*, fumaça], significa *dūkhān* [ár., fumaça, vapor] ou *dunaṣ* [ár., *danaṣ*, impureza].
polmone [it., pulmão].
porfiro [it., porfirítica]: isto é, o mais fino possível.
prānṣībīle [it., *prendibile*, prendível]: *qāṣiḥ* [ár., *qāṣhiḥ*, denso], isto é, duro.
prēṣiaso [it., *prezioso*, precioso, caro].
p'tīlá [heb., mecha].
purga [it., purificado]: isto é, *tzarūf* [heb., refinado].
purgaṣi'one [it., *purgazione*]: isto é, *naḍif* [ár., leia-se *naẓif*, limpo], isto é, limpar e, assim, refinar.
purgāṭo [it., purificado]: isto é, *naḍif* [ár., *naẓif*, limpo], isto é, purificado.
puro [it., puro]: isto é, *naḍif* [ár., como acima].

qālami'onah, qālamīṭa [it., *calamita*, imã]: *ḥajarat alamas* [ár., *ḥajarat al-mass*, pedra-de-toque].
qāldīr– não sei se é uma repetição de *sālqalīy*.
qal'i [ár., *qal'iyy*, estanho indiano]: *qazdīr* [ár., estanho].
qalīmasṭīqā: *lītarīgiros* [it., *lithargiro*], também *qrīsīsos*.
qālqadīs, qalqanṭum, isīsīsī, ru'anīj, īstīq: *zāj*, vitríolo [evidentemente sinônimos].
qalqanṭum, qālkānte, qālkāntos: *zāj* [vitríolo; grafia alternativa].
qālsināṣi'one, qalṣinaṣi'one [it., *calcinazione*, calcinação]: é *siyud* [heb., engessamento, calcificação] e parece-me que transmuta em cal e é para pulverizar a coisa e remover a umidade dela e da coisa que você quer calcificar.
qālsīṭrān: *salqaliy* [cf. *saleqaliy*].
qālṭīqrī'on: um recipiente de vidro... [ilegível].
qamar, qamarah [ár., lua, prata]: *fuzrah* [ár., *fiḍḍah*, prata].
qāmfōrah [it., *camfore*]: *kāfūr* [ár., cânfora].
qānābar [gr., *kinnabari*, cinabre]: *minio* [it., zarcão], *zarqūn* [ár., cinabre].
qapīṭīlan, qapīṭīlo [it., *capitello*, ou *capitellum*, solução de sabão aquosa, soda cáustica]: é *līsa'ah* [it., *lisi*, solução] feita de cal viva e cinzas de *ṭarṭaro*, sedimento do vinho.
qāreṭūre: *dahab* [ár., *dhahab*, ouro].
qārīnā', qīrīnā' [leia-se *qārūre*, it., *carure*, garrafa de vidro, urinol]: *orinale* [it., frasco].
qāṭīmī'a: *ṭuṣī'ah* [it., *tútia*, tútia, arsênico branco].
qawqo: *zawak* [ár., *zuwaq*, mercúrio], *kessef ḥay* [heb., mercúrio].
qīlīqīmī'āre: *purgāmenṭo* [it. ?, agente purificante].

qonyelaṣione [it., *congelatione*, congelamento]: é tornar úmido após se tornar cal.
qonyelāṭo [it., *congelato*, congelado]: isto é, *yābis* [ár., seco] e, possivelmente, deve ser *consēlāṭo*.
qopēla [it., *copella*, copela]: *matzref* [heb., cadinho] e significa *jūja* [ár.].
qorālo [it., *corallo*, coral]: *marzān* ou *marwān* [ár.].
qori'o [it., *corio*, couro para curtir]: *zā'farān* [ár., açafrão], *karkom* [heb., açafrão].
qrīso jāled [gr., *chrysos*, ouro, ár. *jalīd*, congelado]: *zahav o 'iril* [heb., ouro ou...].
qrīsos [gr., *chrysos*, ouro]: *dahab* [ár., *dhahab*, ouro].
qrispus [lat., *crispus*, torcido, crespo]: *raṣāṣ* [ár., chumbo].
qroqos [it., *croco*]: *zā'farān* [ár., açafrão].
qwilasione [it., *acquilazione*, transformação em água]: após ter sido calcificado, para levá-lo a sua umidade.

rāme [it., cobre]: *nuḥās* [ár., cobre].
rāme purgāṭo [it., cobre purificado]: isto é, puro.
raroṭaq: *vērnīz* [it., *vernice*, verniz, brilho].
rāṣ hassabōn [ár.-heb., ... do sabão]: é o *liyān* [ár., brandura].
rāsah dī fīn ou rāsah mifīn: isto é, *qalafonia*.
rasās [ár., chumbo]: *raṣāṣ* [ár., chumbo].
rēmōlaṭo [it., *remollato*, reumedecido]: isto é, *maḥlūl* [ár., dissolvido].
remolwe: isto é, areia.
rē'oqīq: *ḥadīd* [ár., ferro].
rē'oqiq stomā'oqos– b'dil [heb., estanho].
rēsēnsorio [correção acima da linha: *reskonṭario*]: isto é, *yaḥuṭ burmah maqlūbah min qā'aha wayaḥūṭ 'alayha burmah thāniyah manqūbah g'k* [heb., abrev., *gam ken*] *min qā'aha w'aḥ"k* [heb., abr. *w'aḥar kakh*, e então] *yaḥūṭ 'alayha burmah g'* [heb., 3] *min gīd naqūb wayaschad liwaṣl bayna kulhum wayuṣ'ad* [ár., que ele coloque um recipiente de ponta cabeça em seu fundo e coloque sobre ele um outro recipiente com furos em seu fundo e, então, coloque sobre ele um terceiro recipiente com um longo gargalo perfurado e o amarre como uma ligação entre eles e deixe sublimar].
rēṣipi'ente [it., *recipiente*]: isto é, um recipiente no qual há um receptáculo.
rēṣipērazione: isto é, *ṭarian* no fogo, *yamschī filanir* [leia-se *fi'nār*, coloque-o no fogo], isto é, avive o fogo, deve ir ao fogo.
rēsolaṭo: isto é, *maḥlūl māh* [leia-se *mā'*, ár., dissolvido em água].
rēsolusione [it., *resoluzione*]: significa que todas as coisas que foram transformadas em cal devem ser transformadas em água novamente [isto é, liquefazer as substâncias calcinadas].
rēsolwamenṭo: é o *ḥalhūm* [ár., leia-se *maḥlūl*, dissolvido].
rēsolwe [it., *resolve*]: isto é, *ḥalhūm* [ár., leia-se *maḥlūl*, dissolvido].
rēwērbēro [it., *riverbero*], *rēwērbērāsione* [it., *reverberazione*]: isto é, próximo ao *nār muqābilathā mahuschi taḥt* ... [ilegível] [fogo oposto a ele].
rīqoṭo [it., *ricotto*, torrado]: isto é, *sarūf* [heb., torrado].
rīse taqazqilo.
ro'anig: *zāj* [ár., vitríolo].
ro'ārē palombah: *'oferet ub'dil* [heb., chumbo e estanho].
rubīfīqa [it., *rubifica*]: isto é, no fogo [ilegível], colocá-lo próximo ao fogo.

rukhifqa: isto é, no fogo *yawli nūr* [ár., *yawli nār*, colocar próximo ao fogo].
rumor [it., *rumore*, rumor, barulho]: *gaṭros rufi'os*.

sādārāqah [it., *sandracca*, realgar]: *sandarūs* [ár., sandáraca, arsênico vermelho].
sāfārāno [it., *zafferano*]: *za'farān* [ár., açafrão].
sal [it., *sale*, sal]: *melaḥ* [heb., sal].
sālāmoniāqo [it., *sale ammoniaco*, sal amoníaco]: é o sal encontrado sob a areia, grandes pedras, *schenāder* [cf. *nuschādir*].
saleqaliy [it.-ár., *sale kalīy*, sal alcalino].
salgemah ou salyemah [it., *salgemma*, sal gema]: é o verdadeiro *qomane* [it., *comune*, comum], *lākin ṣāfī mlīḥ* [ár., assim é muito puro] ... [uma outra definição:] sal que brilha como pedra preciosa.
saljema niṭrissima [it., *salgemma nitrissima*, sal gema muito nitrogenado]: *qāl* [ár., ele disse] que é *ṣāfī* [ár., puro].
salkomune ou **salqomune** [it., *sal comune*]: *milḥ ṭa'ām* [ár., sal de cozinha]; [outra definição:] aquele encontrado entre nós e vem da água ou do mar.
salmesṭro [it., *salmastro*, sal, salino]: *milḥ bārūd* [ár., sal em pó].
salmesṭro raffināṭo [it., *salmastro* refinado]: *milḥ bārūd* [ár., sal em pó].
salniṭro [it., *salnitro*, salitre]: *būraq* [ár., bórax, salitre]; [outra definição:] é do *pulvere* [it., pó].
samāq: *samgh 'arabī* [ár., goma arábica].
ṣamās: o mesmo que o precedente.
sams [ár., *schams*, o sol, ouro]: *dahab* [ár., *dhahab*, ouro].
sanbuqo [ilegível].
sāndaria, sāndariār, sāndariāre: orpimento ou arsênico calcinado.
sangi'os draqonis [lat., leia-se *sanguis draconis*, sangue de dragão]: *dam lkhiwwa* [ár., leia-se *damm al-akhawayn*, sangue de dragão, uma substância resinosa].
sango'is [it., *sangue*, sangue]: *dam* [ár. ou heb., sangue].
sangwe darqon [it., *sangue di drago*, sangue de dragão]: é uma espécie de resina que escorre de uma árvore que nasce em *Andi'ah* [Índia?], que é chamada *draqona* e é fria e seca. Isso é o que o *Oṣar Ḥayyim* escreveu e parece que é *dam al-khiwwa* e é a língua de Ibn Sīnā: *damm al-khawin*, em latim, *sanguis draqonis*, chamado *si'ān* (ou *schay'ān*), é uma espécie de vermelho e é conhecida.
ṣangwides [sem definição. Possivelmente variante escrita de *sango'is*].
saqīla: *'unṣul* [ár., cebola silvestre].
sarusah [it., *cerussa*, chumbo branco]: *bādūq* [ár., chumbo branco].
saṭīṣṭīrī'ah: *schab* [ár., vitríolo] *mal'akhuti* [heb., artificial].
sāwī'ah: *zawak* [ár., *zuwaq*, mercúrio].
sawi'ah unuq za'ikht, tresaron, 'idrogori'as.
sawres: *arseniqo sarūf* [it., *arsenico*, arsênico, heb., *sarūf*, calcinado].
sawṣīr: *b'dil* [heb., estanho], *qazdīr* [ár., estanho].
ṣemenṭa [it., *cementa*]: isto é, *faras* [ár., quebrar, triturar, esmagar].
sība marīna [lat., *caepa marina*, it., *cipolla marina*, grande cebola-do-mar]: *'unṣul* [ár., cebola silvestre, alho porro].
sībaseros, sibasiores [esp.]: *tusī'ās* [esp. ou lat., *tutias*, tútias, arsênicos brancos].

sīdrārāqī: *zawak* [ár., *zuwaq*, mercúrio].
sīhra [aramaico, lua]: *fuzrah* [ár., *fiḍḍah*, prata].
ṣīnābrio [it., *cinabrio*, *cinabro*]: *zanzafur* [ár., *zunjufr*, cinabre].
sīnapeo: *khardal* [ár., mostarda].
ṣīnērāṣio [it., *cinerazio*, incineração]: *ramāṣ* [ár., *ramaḍ*, incineração]. De acordo com o *Kānūn* de Ibn Sīnā. No entanto, parece que é *aljūma*, ou uma espécie de *taṣfīya* [ár., purificação].
sīra: *fuzrah* [ár., *fiḍḍah*, prata].
sīrā', 'idrosiro, 'iqṭara'iros: *kessef* [heb., prata].
sīrī'āre: *zawaq* [ár., *zuwaq*, mercúrio].
sīrī'āre sīdrāwāre: *kessef ḥay* [heb., mercúrio].
soliēnē, antimonio: *kuḥl* [ár., antimônio].
sōlīmāṣione [it., *sublimazione*, sublimação]: é *ha'ala'á* [heb., sublimação] das substâncias duras que aderem ao fundo do cadinho, devido ao calor do fogo e o fogo faz várias espécies se juntar, como é conhecido dos mestres da *sōlīmāṣione*. E de acordo com o Médico [Ibn Sīnā] é *taṣ'īd* [ár., sublimação].
spodium [lat., restos de metais, escória; it., negro de marfim, marfim calcinado]: *ṭabsīr* [ár.].
sqālia [it., *scaglia*, escama]: isto é, *qaschūr* [heb., atado], pois então *qasqesset* [heb., escama de peixe] é *sqalia* em La'az e, de acordo com o Médico [Ibn Sīnā], pedaços de *ṣijād* [ár.].
sqālia di ferro [it., *scaglia di ferro*, escamas (lâminas) de ferro]: isto é, "atado", pois, da mesma forma, *qasqesset* [heb., escama de peixe] é *sqalia* em La'az.
sqālia di ramo [it., *scaglia di r.*, escamas (lâminas) de cobre].
sqrupalo [it., *scrupalo*]: uma das medidas de peso e há nela 24 grãos.
sṭanio [it., *stagno*, estanho]: *qazdīr* [ár., estanho].
sṭerqos [it., *sterco*, esterco]: *zevel* [heb., excremento].
sṭēsosīrī'o: *'oferet* [heb., chumbo] *figutos*.
sṭomawqos [it., *stomaco*, estômago]: *ḥadīd* [ár., ferro].
sūbāres: *kuḥl* [ár., antimônio].
sūkar alfar [ár., *sukkar al-fa'r*, açúcar de rato]: *rāqiz* [ár., saltando?].
sūlfo [it., *zolfo*, enxofre]: *sublimaṣio fī hasfīsīriya wahuwa 'awdi mayin* [it.-ár., sublimação do ... e é transformação em água].
sūlfūr [it.]: *gofrit* [heb., enxofre].
surmīṭāse: *kuḥl* [ár., antimônio].

talq [ár.]: *milḥ ta'ām* [ár., sal de cozinha].
ṭarminṭanah [it., *trementina*, aguarrás]: *tamartinah* [it., aguarrás].
ṭaron: *ṭarmah* [ár., *tarm* (?), manteiga, mel].
ṭarq: *salyema* [it., *salyemma*, sal gema], quente e seco no segundo [grau].
ṭāso barbāso [it., *tasso barbato*, teixo barbado, possivelmente o verbasco de folhas aveludadas]: é uma erva ... é uma espécie do *totomalio* [it., *titimaglia*, leiteira, eufórbia] e é encontrada nas palavras do Médico [Ibn Sīnā].
ṭāso werbāso [it., *verbasco*, leiteira]: de acordo com o Médico [Ibn Sīnā] é o grande *totomalio*, cujas folhas são largas; mas as folhas do pequeno são longas, como se sabe. No entanto, a partir do *purgāṣione*, parágrafo 2, que ele escreveu, parece que o *ṭāso* não é uma erva.
ṭemperāṭo [it., temperado]: cf. *ḥōm ṭemperāṭo*.

tiqun [heb., conserto]: sempre que diz consertar uma coisa, significa purificá-la, isto é, em *rēpāraṣio* [it., *reparazione*, conserto].

ṭīnṭūra bilṭīn [it., *tintura*, tintura, ár., *bi'ltin*, com argila; ou *biLatin*, em latim]: isto é, *ṣabāgh* [ár., tingimento] e, de acordo com o Médico [Ibn Sīnā], é um remédio.

ṭoṭomalio [it., *titimaglia*, leiteira, eufórbia]: cf. *ṭāso barbāso* e *ṭāso werbāso*.

ṭrīsāron: *zawaq* [ár., *zuwaq*, mercúrio].

ṭora [it., *torà*, *tora*, *bubalis tora*]: é *laʿaná* [heb., artemísia], como Ibn Sīnā escreveu nos venenos vegetais, seção 2, capítulo 8.

ṭuṣī'ah alessandrina [ár.-it., *tutiyah* alexandrina, tútia]: *tutiyah zarqah* [ár., tútia azul].

ṭuṭiyah [ár.]: tútia, arsênico branco.

tzedeq [heb., planeta Júpiter, estanho]: *qazdīr* [ár., estanho].

ubar fāso: *zabib* [ár., uvas-passas].

unsilāṭos: *ʿarʿār* [ár., *ʿarʿar*, zimbro; ou *ʿarʿarah*, tampa, rolha].

uqab [ár., sal amoníaco]: *schenāder* [ár., *nuschādir*, sal amoníaco].

uranginṭos wiwos [it.-lat.? ... *vivos*]: *zawaq* [ár., *zuwaq*, mercúrio].

uraniaqos: *schenāder* [ár., *nuschādir*, sal amoníaco].

urīna [it., *urina*, urina]: *scheten* [heb., urina].

urṭīnas: *ʿafṣ* [ár., noz de galha].

urṭīqa [it., *urtica*, urtiga]: *ḥārīq* [ár., queimando, brilhando].

uschaq: *waṣq* [per. e ár., *uschschaq*, amoníaco].

usrub [ár., chumbo]: *raṣāṣ* [ár., chumbo].

ustu: *raṣāṣ* [ár., chumbo].

uzīfur: *zanzafur* [ár., *zunjufr*, cinabre].

werde [it., *verde*]: nome da cor.

werderāme [it., *verderame*, azinhavre]: *zinzār* [ár., *zinjār*, azinhavre].

werga ou wirga [it., *verga*, *virga*, vara, bastão]: parece ser o *rāt* [ár., junco].

wermilion ou wermilon [it., *vemiglio*, chumbo vermelho]: *zanzafur* [ár., *zunjufr*, cinabre], *sinā̄faro* [it., *cinabro*, cinabre, chumbo vermelho].

wiṭrī'āṭa, wiṭrīāṭo [it., *vitreo*, vítreo]: *metaliya* [it., *metalia*, metálico?] *metali*.

wiṭri'olo [it., *vitríolo*]: *zāj* [ár., vitríolo].

wiṭri'olo romāno [it., vitríolo romano]: *zāj naṣīf* [ár., leia-se *naẓīf*, vitríolo purificado], isto é, puro, e eu também ouvi que significa que vem de Roma.

yanās [provavelmente Vênus, isto é, cobre]: *nuḥās* [ár., cobre].

yasāsīṭiri'on: *kularminio* [ár., *khall armīnī*, vinagre da Armênia].

yowis [Iovis, Júpiter, isto é, estanho]: *yazdīr* [ár., estanho].

yenāli'ār: *zanzafur* [ár., *zunjufr*, cinabre], *sinabārio* [it., *cinabro*, cinabre].

zabad lbaḥr [ár., *zabad al-baḥr*, espuma do mar], *isqoma maris scuma* [al. *schaum*, espuma] *maris* [lat., do mar: *Deckname* para mercúrio], quente e seco no terceiro [grau].

zāfārāno [it., *zafferano*, açafrão, *crocus*]: *zāʿfarān* [ár., açafrão].

zāg [ár., *zāj*, vitríolo], *wiṭriolo* [it., vitríolo] e, igualmente, *azīq* e *azōg*.

zāhāfāran [it., *zafferano*, açafrão, *crocus*]: *zaʻfarān* [ár., açafrão].
zahara [ár., *zuhrah*, o planeta Vênus, cobre]: *nuḥās* [ár., cobre].
zarāwand [ár., *aristolochia*, aristolóquia]: *aristoligia* [lat.-it., *aristolochia*, aristolóquia], quente no terceiro e seco no segundo [grau].
zarī– *pinpinella* [it., *pimpinella*, uma planta da família da prímula], quente e seco no terceiro [grau].
zarī'ūn– *zārqūn* [ár., *zarqūn*, cinabre], *minio* [it., zarcão].
zarnīkh [ár., arsênico]: *orpimento* [it., orpimento], quente e seco no terceiro [grau].
zarnīkh sarūf [ár.-heb., arsênico calcinado]: *orpimento sarūf* [it.-heb., orpimento calcinado].
zarqūn [ár., cinabre; cf. *zarī'ūn*].
zawaq [ár., *zuwaq*, mercúrio].
zayqaṭ: *zawaq* [ár., *zuwaq*, mercúrio].
zāzag [ár., *zajāj*, vidro]: *zkhukhit* [heb., vidro].
zībaq [ár., mercúrio]: *zawaq* [ár., *zuwaq*, mercúrio], frio e úmido no terceiro [grau].
zili'ar: *zanzār* [ár., *zinjār*, azinhavre].
zīnyār: *zinzār* [ár., *zinjār*, azinhavre].
zīya: é *vitriolo* [it.], *zāj* [ár., vitríolo].
zuwaq [ár.,]: mercúrio.

Índice Remissivo

As formas das palavras não hebraicas que aparecem nos textos hebraicos de alquimia e são aqui reproduzidas diferem das formas dessas palavras nas línguas originais. Essas línguas são identificadas por meio de abreviações (cf. Abreviações, p. 24) após a indicação da palavra. Os nomes e palavras em árabe que se iniciam pelo artigo *al-* aparecem sob a primeira letra depois do artigo. Cf. também as palavras que se encontram no vocabulário incluído no Apêndice e que não foram aqui incluídas para evitar duplicação.

Aarão 49, 61, 76, 77, 80, 144, 463, 599, 600
Aba, bar R. Buna, Rabi 93, 273
Abadia de São Benedito, Paris 306
ʿ*abd* (ár.), escravo, codinome para o mercúrio 580, 659, 780
Abiram 405
Aboazar 114
aborto natural 442, 572, 665
Abraão 52, 57, 76, 80, 112, 134, 221, 263, 273, 274, 384, 403, 463, 487, 493
Abraão, o Judeu 369-371, 379-381, 389, 418
"Abraão, raça de" 102
Abraão ben David 594, 650
Abraão ben Moisés HaKohen 777
Abraão ben Simeon de Worms 80, 449-474
Abraão Eleazar 397-426
Abraão Elim, Abramelim 453-456, 462, 468
Abrasatim, espírito 421
absintina (it.), artemísia 778
Abū Artūsch, alquimista 201
Abū Naṣr 515
Abufalaḥ de Siracusa 64, 174, 190n, 483, 484, 609, 671; alquimia de 179-208, 506
Abulafia, Meir 257
Academia Húngara de Ciências 689
açafrão 196, 208, 509, 510, 597, 598, 604, 629. Cf. também *zaʿfra*
acero (esp.), aço 569
ácido hidroclorídrico 85
ácido sulfúrico 85
açúcar 356
acures, recipiente 410, 421
adadores (esp.), piolhos 350
adamá (heb.), terra 278
Adão 32, 39, 49, 51-53, 58, 81, 108, 176, 242, 326, 410, 493, 702; explicação do nome 106-107; *Livro de* 279 ; pecado de 384
Adar, rei de Edom 256, 540, 694
Ade e Zethet 139
Adiriron, nome mágico 581
adivinhação 815
Adler, Sra. Joseph 435n

Adlerstein (al.) 441
AdMah Booz. Cf. Birkholz, Michael
Adonai, *Adonay* (heb.), Deus 383, 384
Adriano 93, 699
aerugo, vermelho (óxido de cobre) 75
aetites (lat.) 441
ʿafar (heb.), poeira 278
afars'mon (heb.), bálsamo 577
Afonso X de Castela 298
África 32, 313
Agatodemon 54, 75, 77, 155, 157, 166, 168
agricultura 516, 645, 649
Agricultura Nabateia 493
agrimonia, erva 356
Agripa, Cornélio 263
agritas, erva 354
água 67, 225, 227, 232-234, 274, 275, 439-441, 796, 797; como medicamento 665, 666; de enxofre 154-157; de ouro 59, 203, 208, 527, 694, 698, 702; de vida 51; destilada 232; doce e amarga 441; mistério da 282; viva 526. *Cf. também* banho-maria
água de fogo 67
água de rosas 206, 208, 353, 617, 656, 657
água-forte, *aquafortis* 481, 565-567, 569, 572, 575, 577, 590, 617, 619, 620, 791, 792, 796
água sagrada (mercúrio) 689
água seca 533
Águas Superiores 67
água viscosa 784
águia. *Cf.* sal amoníaco
aipo 355, 356
akheronto 358
Alá 144, 586
alabazus, copela de areia 410
Alcorão 137, 437
alambique 195, 224, 232, 356, 480, 495, 505, 515, 554, 581, 596, 663, 667, 671, 786, 791, 793, 795, 797
al butm (ár.), terebinto 359, 360
albaon 414
Alberto Magno 325n, 390, 646, 671, 683
Albo, Iossef 490-492
Albumazar (Jaʿfar ibn Muḥammad ibn ʿUmar Abū Maʿschar al-Balkhī) 114-116
álcali 195; pedra 231; sal 621
álcool 446
Alemanha: terras da 474; cortes dos príncipes da 717; povo da 445, 452-454, 707, 737, 741, 742, 758, 474
Alemanno, Iokhanan 64, 65, 182, 483-490
alemão 40, 46, 451, 456, 457, 557, 613, 648, 695, 700, 717, 734
Alexandre 57, 63, 201, 507
Alexandre Natalis 310
Alexandria 42, 49, 91, 117, 699, 706
alexandrina, tútia 626, 792
álgebra 489
algodão 594
algodão cru 558, 581, 663
alho 501, 575; sumo de 500, 506, 580
aljama, comunidade judaica 394
allatun, cobre verde 278 *Cf. também* latão
allume di rocca (it.), alume de rocha 561, 590. *Cf. também* alume
alma 439, 441; alquímica 155, 451, 657; dos filósofos 685; na substância 582, 583; nos corpos 685; universal e particular 193, 194
alma, água da 203, 507
Almadaʿ, Rabi Abraão 579
Almagesto (Ptolomeu) 490
almíscar 196, 197, 202, 203, 628, 629
almogim (heb.), corais 572. *Cf. também* coral
almôada 771
almofariz 566
Almoli, alquimista 613, 620
almustaqtir (ár.), destilador 505
Alqasṭila, Rabi Yaʿqov 613, 615
alquimia: árabe 173; Cabala e 556; cabalista 264, 544, 816; chinesa 32; codinomes na 817; como ciência divina 546; como dádiva de Deus 665; conhecimento da 78; dos muçulmanos 128, 402, 769-770; espíritos da 451, 663, 782, 783; experimentos da 251; indiana 28-29; instrumento da 224; macho e fêmea na 125-126, 129, 143, 166; mulheres na 715; na medicina 233, 234, 781, 791, 814; no período helenístico 32, 38, 91, 99, 101; operações e procedimentos 779-780, 796-797; plantas utilizadas na 328-329; receitas 404; recipientes 676-679, 682, 683; Renascimento 44; segredos 404, 406; teoria e práticas 490-492, 544, 605, 815-816. *Cf. também* Todo, Tudo, o; fixação alquímica
Alquimista, O (Ben Jonson) 52
alquimistas 39, 40, 127, 264, 266, 402, 614; alexandrinos 700; cabalistas 556;

marroquinos 606; do período helenístico 54, 114, 699, 700; posição social dos 247
alsalaq, *al-silaq* (ár.), líquido 438
altar, triangular 751
Altona 742, 757, 758, 761
aludel 224, 787
alum Iamini (heb.), alume iemenita 212, 213, 560, 561, 598, 796
alume 72, 159, 160, 329, 446, 496, 498, 500, 501, 509, 564, 575, 590, 658, 672, 673, 786, 790, 822; água de 195. *Cf. também allume di rocca*
alvejamento, branqueamento 222
amalgama (amálgama) 531, 659, 584, 793-795
âmbar 629
Ami, Rabi 93
amlaj (ár.), *Myrobalan amilegum* 364
amônia, amoníaco 564
amoníaco, sal 589, 590, 763, 765
Amphitheatrum sapientiae (Khunrath) 265
ampulla, ampola 212, 658
Amsallam, Rabi Makhluf 807n
Amsterdã 634, 635, 644, 693, 741, 758, 761
amuletos 555, 585, 806, 807. *Cf. também* talismãs
Anael, anjo 383
Anatoli, Jacó 801
Anatólia 303
Anaxágoras 672
'and 360
Andrea di Napoli 675
anjos, nomes de 265
anjos 54, 55, 419, 556, 582
Animae transmutationis, obra do Pseudo-Lúlio 298
animais 253, 439, 441
Anselmo, mestre 373, 374
Anspach, conde Carlos Alexandre de 742
antídotos 342, 343, 351, 355
antimônio 245, 543, 560-569, 576, 628, 655, 672, 762-766; produção do 573-574; purificação do 583
antimônio saturnino 245
antipatia (it.) 773
antissemitas, autores 42
Apilis, filho de Gagios 66
Apolo 159
apoplexia 332, 335
apóstolos 463
apsantin (gr.), artemísia 365
'āqarqarḥā (ár.), píretro 508
Aqqa, oásis de 804
aqua ardens (lat.), ácido nítrico 327, 554
aqua spherica (lat.) 539
aqua vita (lat.) 360, 479
Aqueronte, Mundo Inferior 334
ar 227, 439, 440
árabe(s) 45, 46, 78, 80, 114, 174, 175, 209-211, 217, 220, 397, 403, 418, 420, 441, 442, 504, 554, 559, 580, 613, 645, 655, 656, 751, 755, 773, 779, 798-800, 821-823; alquimia dos 173; bibliografia 493, 572; cultura dos 237; fontes 816; lendas dos 61; terras dos 633; traduções 247
Arábia 453
Aragão 321, 437
aramaico 46, 271, 370, 454, 543, 750, 752, 755, 756
Aranicus, Jacobus 238
Arāqī, Arki, cidade no Egito 453-454
Arca da Aliança 81
arcano, segredo 447
Archenholz, Johann Wilhelm von 729-730
arco-íris 430
areia 80, 200, 480, 531, 660
Argélia 437, 804
argila. *Cf.* filosofal, argila
argonautas 443
arhertal (sânsc.), sulfureto de arsênico 364
Áries 207
Aristeias 572
Aristo 201
Aristóteles 80, 113, 252, 261, 429, 431, 493, 602, 613, 623, 665; Livro de 438, 442, 672
Armênia 182
Armênia, *bola* (argila) da 557
Arnheim 479
Aros 131, 144, 146, 599; *Diálogo de Maria e* 136-141
Arquelau de Mileto 672
Arquimedes 490
arrependimento 424
arruda 354, 356
arsênico 72, 74, 105, 199, 200, 531, 532, 568, 580, 581, 622, 653, 688, 782; água de 531; preparo de 200, 580; verde 195; vermelho 188, 793; sublimado 790, 791, 796; trióxido 105n.

Artabanos, Artápano 74, 84, 687
arte cabalística 382
Arte Espagírica, *ars spagirica* (alquimia) 612, 636
artemísia 778
Artéfio 241-245, 368, 475, 598
artemisa 359
ʿArukh 693
ascocia, resina da acácia 79
Ascher, Rabi 548, 549, 558, 559, 610
asem, uma liga 102n
asfalto 570, 672
Ashmole, Elias 64, 301, 304
Ashmolean Museum, Oxford 53
asma 571
asquenazita, pronúncia 461
asquenazitas, judeus 37, 45, 46, 633, 716, 717, 755, 761, 762
assa-fétida, *asafoetida* 329, 595
Assad (ár.), leão, codinome do sal amoníaco, ou cobre 798
Assaf ben Berekhia 582
Assiá (heb.), ação 525
Assíria 412, 441
Assuero 76
astrologia 114, 253, 255, 263, 483, 488, 503, 515, 516, 644
astrometria 489
astronomia 207, 255, 257, 582, 643, 644
Astruc Dapiera 317
atinkar (esp.), bórax 364
al-Aṭlāqī, ʿAlī 602
atramento, *atramentum*, vitríolo 210, 211, 619
Atzilut, emanação 525
ʿatzme hamatakhot (heb.), metais 759
Augsburgo 472
Aureum vellus (Trismosin) 443, 444
aurichalkos 66
auripigmento 79, 480
aurum potabile (lat.), ouro potável 59, 77, 256, 612, 669, 694, 702-704
Áustria 453, 471
avaliação 88, 445
avermelhamento 223, 780, 800
Averróis 599. *Cf. também* Ibn Ruschd
avestruzes 93, 94, 189
avhal (ár.), zimbro, *Juniperus sabina* 357
Avicena 48, 174-176, 340, 599, 646, 673
Avignon 309, 324, 340
avir (heb.), ar 278
azarcón (esp.), zarcão 557, 683
Azazel ou Azael 54
azinhavre 195, 202, 480, 560, 569, 580, 590, 614, 621, 622, 689-691, 792, 796
azot, azinhavre 222, 245, 405, 425
Azubib, Iossef 489
Azulai, Ḥaim Iossef 716

Baal Schem de Londres 720. *Cf. também* Falck, Ḥaim Sch'muel
Baalanã 694
Baaras 230
Babilônia, sábios da 547; Cativeiro na 403
baço 332, 333
Bacon, Roger 243, 244, 293, 645, 647
badrang buya (persa), bálsamo da montanha 350
Bagdá 114, 673
al-baḥār, *baḥra* (ár.), bacia 495
Baḥia ibn Pakuda 238, 248-251, 642, 759
bahritas, mamelucos, dinastia dos 304
Baiona 736
Bálcãs 303
Balkh, Khurāsān 114
balneum Mariae. *Cf.* banho-maria, *bain-marie*, *banio Maria*
bálsamo 423, 501, 577, 629, 673
banafsaj (ár.), violeta 511
Bang, autor alquimista 268
banho-maria, *bain-marie, banio Maria* 119, 120, 170, 245, 622, 654, 791, 795, 797
baqla (ár.), couve rábano 595
Bar-Ilan, manuscrito de 762-766
Baraḥia, o Indiano 507
barba, tingimento da 578
Barcelona 309, 315-319, 322, 324, 332, 394
barosnat, espinhas, vermelhidão 361
barro do oleiro 440
Bartolocci, Giulio 313, 314
Bartolomeo d'Altenpio 675
Baruc 49
bārūd (ár.), salitre 663
Barukh, Jacó 489
Barukh Abraão HaKohen 773, 774, 776
basbās (ár.), funcho, arruda 502
Basileia 473
basilisco 194, 206, 207, 609
Basilius Valentinus 476
Basnage 84
Batista de Bolonha 777, 801

Bauzan, filósofo grego 231
Bávara, Biblioteca Estatal 494
Baviera 467, 469, 720
Bayazit, sultão 654
al-Bayṭār 441
Bazin, René 804
bazr qaṭuna (ár.), semente do algodão 349
bdélio 277
Beauvais, Vincent de 51, 56, 238
Becher, Johann Joachim 64
Belgrado 761
Belle-Isle, marechal 737, 741
Ben Zvi, Manuscrito do Instituto 601-602
Benayahu, Meir 553, 554
beneditina, ordem 299
Benjamin Jesse 707-711
Bento XII, papa 675
Berardo 653
Berger, David 145n
Bergmann, Torbern 476
berinjela 629
Berlim: MS Orient. Oct. 216, 217, 651-654; MS Orient. Qu. 664-670
Berlim, Biblioteca Estatal de 209, 651, 664
Berthelot, Marcellin 41, 115, 117, 126, 176, 599, 600, 674
Betel 58
betume 192
bexiga 357, 362, 363, 439, 576
Bezalel 49, 71, 77, 487
bezerro, estômago de 355
Bíblia 39, 49, 82, 83, 87, 88, 91, 336, 493, 524, 543, 544, 694, 699, 811
bíblicas, figuras 32, 39, 49-86
Biblioteca Britânica, Londres 604
Biblioteca do Arsenal, Paris 451
Biblioteca Nacional, Paris 113, 114n, 176
Bibliotheca chemica curiosa (Manget) 81, 220, 241, 598, 600, 715
Bibliotheca Graeca (Fabrício) 57
Bibliotheca Hebraica (*Hebraea*) (Wolf) 243, 429
Bibliotheca hispana vetus (Hispalensis) 293
Bibliotheca magna rabbinica (Bartolocci) 313
Bibliothèque des philosophes alchimiques 302, 304
Biblische Legenden der Musulmänner (Gustav Weil) 400
bílis 595; dos animais 111
Biná, inteligência 525, 527, 534, 536, 537, 543
Birkholz, Michael 59
bis, *bisch* (sânsc.), planta do lótus 364
bizantino, imperador 472
blanqet, cerusa 576
Boas, de Amsterdã 741
bocejo 570
Bodleian Library, Oxford 451, 513, 597, 604
Boêmia 453
boi, bílis de 595
boi, língua de (*boraja*) 354
bol Armeniqo, argila vermelha 560
Bolonha 375, 378, 776, 777, 799-801
Bonays, filósofo 688
boraja (esp.), *borago* (lat.) 353
bórax 195, 204, 563-565, 590, 619, 626, 648, 652, 673, 691
Bordeaux 736
Borgonha 288
Borrichius, Olaus 82, 705
botânica 800
Botella, Francisco 322
Botrio, Joane 675
Boulay, César Egasse du 427
Boyle, Robert 476
branco, chumbo 72
branco, humor 353, 361
branqueamento 510, 779, 780, 792, 800
Braunschweig (Brunswic) 729, 730
Bremen 634
Bréscia 214
Buber, Martin 33
Bucara 175
Buchetis, Arnaldus de 309, 318
Budapeste 33
Budapeste, Manuscrito de 689-692
burro, sangue de 662
Bursa, Turquia 385
būṣa (ár.), recipiente 690
būṭa (ár.). *Cf.* cadinho
Buxtorf, Johannes 693
Bzovius (Abraão Bzowski) 312

Cabala mineralis (Simeon ben Cantara) 266
Cabala mystica (Abraão ben Simeon) 449-474
Cabala 33-35, 44, 259-284, 371, 383, 384, 390, 437, 452, 483, 488, 517, 521, 525, 526, 543, 544, 546, 551, 552, 554, 607,

643, 644, 758, 799, 816; cristã 238; e a alquimia 556; natural 539
cabala prática 552
cabalistas 238, 437, 521, 800, 813
cabelo 630, 676
cabelo, água de 205
cadinho 196, 197, 199, 203, 491, 498, 508, 546, 558-562, 577, 581, 584, 594, 598, 614, 623, 627, 628, 635, 637, 659, 662, 690-692, 787, 790, 792, 794-796
cádmio 72
caduceu, bastão 371
Caim 747
cal 580, 589, 609, 662, 782-784, 786, 788, 789, 794, 795; de ouro 786; de prata 671, 786; viva 479, 507, 627, 764, 790, 794, 797
Calabrese, José Vital 551
Calábria 551
calamina 626
calcinação 31, 84, 170, 328, 568, 622, 659, 684, 690, 779, 783, 794
caldaica, língua 397, 403, 418, 454
caldeu(s) 106, 115, 443, 444, 493
Calid Hebraeus 39, 220. *Cf. também* Khālid ibn Yazīd
calor 226, 227, 517, 518
calx (lat., cal) 531, 532, 535
Cam (Cã), filho de Noé 55, 56, 76
Cam 55, 56
Cambridge, Biblioteca da Universidade de 69, 596
camea 529, 533, 535, 541. *Cf. também* quadrados mágicos
Cammeo, Rabi Abraão di 640-642
cânfora 330
Canaã, Galileia 696
Canaã, Terra de 485
canale (it.), tubo 794
câncer 332, 356, 358, 361
Canches, Mestre 375, 376, 379, 389, 391
canela 501
canela (esp.), casca de árvore 358
cannellatudo, semelhante à canela 45
Cântico dos Cânticos 63, 703
Caracosa, Samuel 391, 394-396
caraíta(s) 644, 647
Cardano (Girolamo Cardano) 243
carfunkel, carbúnculo 421
Caribe 32
carlina, *carlino* (it.), uma moeda 691, 794
Carlos I de Navarra 305
Carlos II da Espanha 736
Carlos IV, "le Bel", da França 305
Carlos VI, imperador 734
Carlos de Hessen, conde 733, 742
Carlos Magno, Charlemagne 404
Caro, Iossef 545
carro 247, 248
carvão 573
Cáspio, Mar 704
Cassel 723, 724, 745, 746
Castela 490
Castrensis, Robertus 135
catarata 348
catarro 357
Chambord 737
celestial, água 421
centaurea maior 333
cera 358
ceração 31, 211, 602
cerusa, chumbo branco 105n, 192, 630
Cervera 315, 317
céu 420
chalcosolario 232
Chave de Moisés, um livro 75
Chema (Khema), alquimia 55, 111
Chemes (Chimes) 55, 127, 157, 159
Chemnitz 67
Chevallerie, Pierre Arnauld de la 368
Chevreul, M. 244
China 32, 645, 701
Choiseul, duque de 731, 741
chumbo 71, 72, 74, 82, 124, 125, 163, 164, 190-192, 214, 215, 233, 234, 283, 438, 439, 446, 477, 499, 527, 536, 537, 566-569, 575, 590, 595, 596, 602, 627, 657, 784, 785; dos sábios 536; moedas 288; negro 164, 165, 410; transmutado em ouro 635; vermelho 655;
chuva, ciência da 593
ciática 332
cicuta 330
Ciência dos Metais
cinabre 163, 164, 233, 480, 575, 576, 580-583, 590, 598, 621, 628, 645, 647, 659, 672
cinzas 656, 658, 660, 662, 685, 687, 786, 790, 792, 795; banho de 124
cimentação 780, 786
circuncisão 540

cirurgia 332
cisterna 570
Clavis majoris sapientiae (Artéfio) 243
Cleópatra 42, 147
clibano, massa, argila 327
clibanus, recipiente para assar 224
cobre 30, 31, 71, 72, 124, 125, 154, 155, 158, 159, 211, 212, 214, 234, 250, 256, 274, 280, 283, 438, 446, 480, 496, 498, 500, 517, 518, 527, 543, 559, 560, 567, 568, 572-577, 583, 584, 602, 615, 647, 653, 671, 672; calcinado 161, 162, 788, 789; codinome para o 798; de Calais 74; de Chipre 66, 72; e o homem, comparados 599; folhas de 659, 788; limalhas de 212, 590, 677; moedas de 569; pedra 204; purificado 792, 796; recipiente de 577; refinamento de 157; tábuas de 418; transmutação do 195-198, 591, 609. *Cf. também* Vênus
Codicillus (Raimundo Lúlio) 294
Coll, José M. 315-317
colocíntida 597, 598
coloração 72, 125, 195, 797
Compendium animae transmutationis artis metallorum 306
concepção 364-365
Concílio de Constança 469-472
Concílio de Niceia 733
Concílio de Trento 731
Concílio de Vienne 292
congelamento 31, 222, 223, 227, 230, 779, 781, 788, 791, 793, 795, 797
conjunção 515-516
conjunctio, casamento alquímico 270
conjurações 585
Conring, Hermann 81
Constantino XI Dragases 472
Constantinopla 447, 453, 455, 471, 472, 644, 745
Constantinus, Robertus 304
constelações 205, 253, 254
contração 785
copela 590, 621, 787, 795
Copérnico 490
coppella (it.) 590, 621, 787, 795
coptas 183, 202
coral 197, 439, 496, 572, 617, 625, 626
Cordovero, Moisés 264
Coré 60, 61, 77, 78, 405
corpo, alma e espírito na alquimia 223, 685, 687
corpo humano 29, 125, 159, 344, 345, 524, 685
corpos inanimados 440, 485;
corpóreos e incorpóreos 130, 687
costus (ár.), uma planta 197
Countway, Biblioteca de Medicina, Boston 604
Covo, Rabi Elias 761
cravo 356
Cremer, abade de Westminster 298-301, 306, 309, 315
Crescas, Ḥasdai 490
Creta 643
Criador 237, 409, 449. *Cf. também* Deus
crisocola 160, 164
crisólita 624, 625
cristal 362, 439, 506, 561, 577, 594, 623-625, 659, 676, 677
cristãos 722, 723; Cabala dos 483; cabalistas 283, 457; como alquimistas 40, 128, 264-266, 402; escolasticismo dos 490; hebraístas 473; lendas dos 142; mágica dos 457; mundo dos 818, 824; na Espanha 504; na Europa 80, 114, 633
cristianismo 311, 369
Cristiano 123, 127
Cristiano IV da Dinamarca 693
Cristo 28, 108, 141, 311-314, 326, 327, 383, 384, 696, 722, 745
Cristologia 383, 384, 463
Cristoforo de Abolonia 675
croco di fierro (esp.), *croco di ferro* (it.) 580, 581, 583, 657, 792. *Cf. também* ferro, óxido de
cucúrbita 50, 224, 232, 658
cura de doentes 814
Cúria Romana 320
Curieuse Untersuchung 403
Çurita, Geronymo (Jerônimo) 393
Custurer, Jaime 312

Da Costa, Uriel 639
Dadã, reino de 183
dahnaj (ár.), malaquita 595
Dalmácia 455
D'Alvensleben, M. 748, 749
dam al-akhawayn (ár.), *Dracaena draco*, sangue de dragão 329, 581, 625, 626
Damasco 554

Damis, marquês 721
Daniel 49, 69, 419
dār (ár.), casa, recipiente 365
dárico, uma moeda 704
Daroca, uma cidade 490
darsini (ár.), canela da China, casca de canela 365
daruru (ár.), significado incerto 354
Datan 405
Davi 49, 58, 61, 62, 80, 242, 261, 272, 279, 347, 463, 528, 702, 704
Davi, Estrela de 67, 384, 423
David ben Rosch, Rabi 578
De 24 experimentis 294, 295, 298, 300
De alchimia et metallorum metamorphosi (Raimundo de Tárrega) 315, 322
De auro dialogi tres (Portaleone) 611
De civitate Dei (Santo Agostinho) 268
De incertitudine (Cornélio Agripa) 263
De invocatione daemonum (Raimundo de Tárrega) 309-311, 318, 321, 336
De medicinis secretissimis (Lúlio) 339-342
De mercuriis 295
De Pauw, Cornelius 37, 42, 43
De occulta philosophia (Cornélio Agripa) 263
De secretis naturae sive quinta essentia 291-295, 302, 304-306, 315, 322-342
Decknamen 823
decocção 226-227
Della Luna, papa 675, 677
Della Tramutazione Metallica (Nazari) 214
Delmedigo, Elias 643-650
Demócrito 75, 77, 79, 109, 143, 157, 162, 163, 168, 242, 676. *Cf. também* Pseudo-Demócrito
demônios 63, 65, 66, 229, 332-336, 449-451, 556, 571, 582, 669; adoração de 311; exorcismo de 573; ferimentos pelos 350.
Denham Smith, J. 85
dentes 578
depressão 347
derretimento 491
des Périers, Bonaventure 136
destilação 34, 446, 601, 602, 656, 657, 780, 786-789, 791; recipiente de 345, 357, 358, 683
destilador 120-122, 153n, 602, 795
Deus 28, 32, 134-136, 140, 161, 220, 232, 234, 252, 262, 310-312, 325, 327, 328, 334-336, 347, 351, 353-355, 363, 365, 397, 398, 404, 405, 418, 421, 439, 454, 455, 466-468, 478, 487, 488, 490, 494, 495, 600, 772; fé em 249; como metal precioso 280-281; o Filho 311, 336; o Pai 311, 336; o Rei 269. *Cf. também* Jeová
Deuteronômio 382
Dez Mandamentos 265, 701
dez *sefirot* (heb). *Cf.* sefirot
Dia do Juízo 334, 379
diabo 310, 695, 725
diamant (esp.), diamante 577, 627
Diana, codinome para a prata 406, 415. *Cf. também Luna*
diargyros 102n
diarreia 358, 363, 503, 584
diáspora judaica 34
dibs (ár.), mel 594
digestão 31, 357, 358
Dilúvio de Noé 55, 56
Dilúvio, geração do 54-57
Al-Dimaschqī 53
dims (ár.), recipiente 659
Diocleciano 699, 706
Dioscórides 550, 572
Dióspolis 42
diplose, duplicação de metais 74n, 158, 167, 170, 544; de Maria 124; de Moisés 73, 74
Directorium inquisitorum (Eymeric) 309-312, 321
dirhām (ár.), dracma 557
disputas 490
dissolução 31, 222-224, 227, 230, 780, 783
divina, água 104n, 111, 118, 119, 123, 125, 156-159, 161
divinos, mistério do ouro e prata 545
doenças, cura de 647
dominicana, ordem 314, 319
Donop, barão de 721, 723-727
dor de cabeça 357, 358
dor de dente 361, 577
Dorn, Gerhard 50, 268
dragão(ões) 410, 411, 413, 421; sangue de 329, 581, 625, 626
Dresden 451, 743, 784
Drosa, Rabi 93
drusch (heb.), homilia 585
Du Fresnoy, Nicolas Lenglet 56, 83, 84
Duhem, Pierre 427, 429
Duque de Brunswic e Lunebourg 728

Duran, Simão ben Ṭzemaḥ 437-442, 490, 801

ébano 330
Eckernfoerde 744, 747
Éden, Jardim do; Paraíso 283, 326, 346, 419
Edom 694, 824
Eduardo I 296, 297
Eduardo II 305
Eduardo III 297, 301-303
Egito 56, 60, 72, 74; no período helenístico 49, 70, 91, 99, 103, 104, 109, 117, 699
egípcios 41, 42, 83-85, 103, 111, 444, 451, 483, 699, 700, 446
efod (heb.) 284, 701
Eisenmenger, Christian 696
Eisenmenger, Johann Andreas 402, 696n
Eisenstein, Judah David 36
Eisler, Robert 279
El, Deus 539
El Schadai, Deus Todo-Poderoso 274. *Cf. também* Deus
El'azar, ben Schim'on, Rabi 273, 529, 610
elefante, presa de 365, 626
elementos 439, 440
Eliade, Mircea 44
Elias 68, 80, 406, 407, 416, 463, 636
Elias Artista 68, 636
Elifaz de Temã 60, 706
Elim, estação no deserto 644
Elischa 523, 524, 527, 543
Eliseu 523, 524, 527, 543
elixir; *elissire* (it.); *elosir* 29, 222, 230, 231, 256, 305, 477, 582, 591, 602, 612, 622, 664-669, 733, 755, 766, 809, 814; da vida 94, 733; *vitae* 667
Elohim, Deus 383. *Cf. também* Deus
Elohim ḥaim, Deus vivo 540
Em haMelekh (Abufalaḥ) 179, 180
emanação 485
Emancipação Judaica 716, 735
Emangaudius, inquisidor de Barcelona 324
Emden, Rabi Jacó 46, 757-762
eméticos 343, 351
Empédocles 261
empréstimo de dinheiro 288
encantamentos 536, 555, 556, 571, 576, 815
encarnação 383
encharcamento 782, 783, 785, 790, 792
Encyclopaedia Judaica, E. 33n, 35-37, 242, 475, 553, 608
Encyclopaedia of Islam 769
Encyclopaedia of Religion and Ethics 44
Encyclopedia of Religion 28, 44, 769
endemoninhado 335, 343
'*Ēne ha' Ēdá* (Alemanno) 483
Enoque 76; Livro de 21
envenenamento de poços 416
enxofre 63, 71, 72, 93, 94, 125, 130n, 137, 138, 149, 154-156, 161, 162, 165, 190-192, 230, 231, 329, 364, 365, 384, 498, 499, 526, 527, 533, 534, 543, 557, 560-562, 568, 576, 582, 583, 594, 595, 617-621, 628, 656, 672, 673, 690, 691, 698, 754, 782, 784; branco 575; codinome para verde 660; incombustível 135; permanente 792; pó 573; vermelho 63; vivo 793
Epifânio, bispo de Salamina 141, 142, 144
epilepsia 331, 332, 353, 354, 357, 647, 723
Epimeteu 108
epítimo 333
Eretz Israel 87, 152
Erfurt 428, 429
Ermano da Normandia 675
ervas 594, 668
erva branca da montanha 140, 144-151, 230
Esaú 421
esch (heb.), fogo 405, 408
Esch M'tzaref 263, 523-544
Escrituras 86, 183, 185, 698, 702-706, 758
escorpião 572, 620
Esdras 69, 81, 596
esmeralda; *marqadi*; *smaraq* 439, 624, 625
Espírito Sagrado 269, 484, 610
Espírito Santo 311, 312, 336, 337
espíritos familiares 468
Ester 281
esferas 439
Espanha 225, 229, 247-249, 252, 288, 306, 308, 318, 319, 341, 343, 346, 374, 375, 389, 504, 613, 693, 774, 777, 799
espanhol 45, 46, 385, 391, 504, 554, 557, 559, 613, 656, 734, 799, 816
espasmos 332, 355
Espelho de Salomão 383
espíritos: alquímicos 451, 663, 782, 783; demoníacos 669; ensinam a alquimia 464;

na substância 260; realizam a obra alquimista 464
estanho 191, 210, 211, 214, 215, 233, 234, 444, 446, 500, 527, 534, 535, 560, 566-570, 572, 575, 579, 583, 584, 586, 784, 786, 823; purificação do 583; sulfureto de potássio 85; transmutação do 579
esterco, estrume, excremento 73, 124, 203, 232-234, 346, 498, 515, 591, 597, 658, 659, 765, 785, 787, 789-791, 794, 797
Estocolmo 67
estoicos 140, 147
Estrasburgo 735, 755
estrela de Davi (*Magen David*), escudo de Davi 67, 384, 423
estrelas 345, 440
etésia, pedra 163-165
ethrog (heb.), cidra 197, 281, 496, 506, 510, 586
Etiópia 484
eufórbia, *Euphorbia* 794
Eufrates 412
Europa: alquimistas na 673; cortes reais da 717; cristãos na 80, 114, 633; economia do século XIV na 287, 288; folclore na 441; judeus na 716, 717
Eusébia 111, 117
Eva 49
Evangelho 142
evaporação 792
even t'quma (heb.), pedra de águia 441
exílio 775
Êxodo 76, 487
Experimenta Raymundi Lullii 289
Eybeschuetz, Rabi Jonatan 758
Eymeric, Nicolas, inquisidor 309-312, 315, 317-325, 336
Ezequiel 49, 278
Ezequias 182

Fabricius, Johann Albert 57, 84, 314, 315
Falck, Ḥaim Sch'muel, (ou Falck, Chaim Schmul) 719-730
falij (ár.), hemiplegia 358, 359
faraó 76
farazjat (persa *farzaja*), supositório, clister 365
farfiyun turbid (ár.), um purgativo 349
farmakos, recipiente 590
faṣl (ár.) 237
febres 331, 332, 353, 354, 358
Fegfeuer der Chymisten 243
feijão 500, 662
Feistel, Hartmut-Ortwin 651n
feitiços 555, 572, 815. *Cf. também* talismãs
Feldman, Louis H. 142n, 145n, 244n, 420n, 700n
Felipelino, filósofo 685
fenícios, caracteres 57
Ferguson, John 401
fermentação 31
Fernando de Madri 435
ferro 124, 190, 202, 215, 274, 276, 283, 438, 439, 446, 526, 527, 532, 533, 543, 566, 576, 627, 628, 647, 663; douração do 614; endurecimento do 578; espeto de 627; lascas de 199; limalhas de 659; molde 567; óxido de 581, 657, 691, 792. *Cf. também* Marte
fertilidade 465
Fez, Marrocos 579, 606, 804, 805
figo, folhas de 676
Filareto 157
Filha de Sião 415
Filhos de Israel 76, 77, 81, 694, 705, 774
Filipa de Hainault, rainha da Inglaterra 297-298
Fílon de Alexandria 74, 107n, 129n, 247, 269, 538n
filosofal, argila 119, 198-200, 203-206, 232, 233, 363, 559, 581, 614, 619, 656, 663, 764, 786, 790, 794
filosofal, ouro 601
filosofal, pedra 28, 52, 53, 58, 62, 64, 66-68, 102, 123, 124, 144, 147, 186, 220, 226, 229-231, 242, 255, 266, 373, 385, 387, 388, 403, 450, 477, 636, 637, 696, 730, 763, 766, 792, 809, 814
filtro (it.), filtro 589, 763, 794
Fineias 533
Firdaws al-ḥikma 219
firfion (per., *farfiyun*), euphorbia 353, 355
fístula 331
fixação alquímica 31, 622, 628, 780, 787, 798
Flamel, Nicolas 48, 300, 367-390, 400, 403, 404, 418, 419, 424-426, 708
flamosa, erva 617
flamula, erva 355
Flandres 288
flogisto, teoria do 83

Florença 547
fogo 222-227, 253, 254, 274, 275, 344, 345, 405, 406, 419, 420, 439, 440, 488, 514, 515, 517, 518, 535, 543, 658, 659, 663, 667
fole 559
força vital 441
formas hieroglyphicas 403
forno(s) 514, 515, 573, 574, 624, 786, 788, 789
forno (it.), forno 506
Foucauld, Charles de 803, 804
França 255, 272, 288, 295, 298, 301-306, 308, 375, 376, 380, 386, 415, 457, 741, 745, 777, 803
francês 42, 46, 708, 734, 735
Frankenberg, coronel 743, 746
Frankfurt 64, 298, 472, 644
frasas (esp. *fresas*), morangos 348
Frati Elia 675
fraulas (lat., *fragulae*?), uma fruta 348
Frederico (Fridrich, Friederich), conde 467-469
Frederico II 51, 257, 731, 732, 748, 749
frias e úmidas, substâncias 823
frio 227, 356
fuagia, uma planta 350
fuga demonum, uma planta 335
fugacidade 230
fumigação 333, 516
fornalha, forno 102, 222, 537, 683
Fornos e Aparelhos, Sobre 168
Furth, Baviera 720

G'dulá (hebr., grandeza) 527
galandrino (esp., *golondrino*), andorinha 357
galanga, semente de coentro, sésamo 502
Galatinus, Pietro 262
Galeno (Galenus) 326, 572, 594, 823
Galileia 94
galinha 576
galo 198
garganta, dor de 361
gargarejo 361
Garib, um alquimista 227
Garland, John 209
Gaspare di Bologna 675
Gaster, Moses 35, 36, 613, 670; Manuscrito 652, 670-689
Geber 293, 645, 646. *Cf. também* Jābir ibn Ḥayyān
Gedeão 60
Gehazi 527
Geilberg 720, 724
Gênesis 50, 51, 58, 59, 76, 268, 418, 606
gênios, *jinn*, *jnūn* (ár.) 229, 805
Geniza 597
geomanzia 493
geometria 515
Ger Haītī, um manuscrito alquimista 609
Gerondi, Moisés 699
Gerschon ben Schlomo 180
Gerson, autor antissemita 402
Gervasius, Julius 398, 401-406, 426
ghalqa (ár.), um arbusto 557
Gildemeister 244
gindek (sânsc. *gandhaka*), enxofre 364
Ginnat Egoz, tratado cabalista 262
Ginzberg, Louis 230
Ginzburg, Wolf 758
gira pigra (esp. *gerapliega*), um pó catártico 355
Gleichen, barão de 733
Gloria mundi 52, 53, 293
glossários 799, 800, 821-837
Glueck, Nelson 90
gluten 415
Gmelin, Johann Friedrich 244, 400
gnóstica, cultura 263
gnosticismo judaico 112
Goelicke, Andreas Ottomar 68
Goethe 31, 38
Gollancz, Hermann 459
goma arábica, *gumma arabica* 203, 329, 496, 509, 511, 561, 618, 629, 796
górdio, dinar 93
gota, podagra 358, 361-363
gotas para os olhos 362, 666
gotejamento 361
Graetz, Heinrich 33
Granada 363
granada 625, 778
Grant, Edward 431n
Grasshoff, Johann 67, 268
gravidez 348, 358, 572
Grécia 453, 467
grego(a/s) 43, 46, 49, 80, 99, 173, 229, 403, 443, 444, 446, 645, 822; bibliografia médica 572; caracteres 751; filósofos 261; fontes 816; imperador 469, 471; manuscrito alquimista 41; palavras 41; sábio 484.

Gregório XI, papa 310, 313, 314, 321, 323, 324, 340
grifo 410
Grillo, José 641, 642
Grimm, Friedrich Melchior 738
Grosley, Pierre-Jean 736
Guadalcanal 617
guemátria 238, 262-264, 269, 270, 390, 521, 543, 544, 811, 816
Guia dos Perplexos (Maimônides) 493, 495, 505
Guido, cardeal de Perugia 320
guma (goma, resina) 146, 153n, 602, 617
Günzburg, manuscrito de, Moscou 604
Guthmann, Aegidius 50
g'vura (força) 526, 527, 535, 537, 540, 579

Al-Ḥabīb 131, 132, 135
Haia 635, 637, 741
ḥajar al-ḥayy (ár.), pedra-de-serpente 584
Ḥajjī Aḥmed 654
Ḥajjī Muṣṭafa 659
ḥakham, título sefardita para rabi 761
Ḥakham Tzvi (Tzvi Hirsch Aschkenazi) 757, 761
Halakhá 633, 761, 762
hālʿalbīn, *hālʿalkan* (ár.), uma flor do deserto 508
Halleux, Robert 367
Halporn, James W. 431n
Hamã 60
Ḥamawī, Abraham 605-610
Hamburgo 67, 693, 694, 708, 710, 711, 746, 758, 761
Hamuel 598, 599
Hannemann, Johann Ludwig (Joh. Ludov. Hanneman) 697, 701-706
ḥarīṣ (heb., harisch), fôrma 560
Harles, Gottlieb 84
Harpócrates 145, 382
ḥarulim (heb.), urtigas, arbustos do gênero *Rubus* 557
ḥaṣan (ár.), seixos 623
Hascalá (heb.), Iluminismo judeu 33, 806
ḥaschīschat al-dhahab (ár.) 610
haskamot (heb.), aprovações 489
hassidismo 33, 34, 716, 761
haTzarfatī, Rabi Meir 579
Hausset, madame de 741
Hávila, Terra de 88
hebraico(a/s) 44, 45, 78, 106, 209-211, 216, 217, 403, 444, 451, 456-459, 504, 543, 557, 600, 601, 604, 611, 613, 708, 725, 735, 750-756, 763, 779, 797, 798, 821-824; alfabeto, caracteres, letras 40, 263, 264, 488; conhecimento do 40; estilo 461; estudos em universidades 292; filologia 437; gramática 255, 655; língua 44, 104, 113-116, 387, 390, 811; notas, termos e textos alquimístico 389-390, 813, 816-817; palavras hebraicas dotadas de poder 264-265, 473; poesia 437; profetas 516; raça hebraica 699; reis 51.
hebreus 383, 384, 706
Hebron 57
Hebua ibn Hamed 599
heléboro 333
helenista, período: alquimista no 54, 114, 699, 700; alquimia do 32, 38, 91, 99, 101; cultura do 173, 263. *Cf. também* Egito
Hélio 63
Helmstadt 706
Helvetius, Johannes Fridericus (sueco) 82, 83, 634-636
hemorroidas 361, 584
hena 595, 596
Henrique VI (Shakespeare) 229
Heráclio, imperador 103, 375
Herapath, W. 85
Herbípolis (Würzburg) 463
Hermes 43, 56, 57, 70, 77, 78, 84, 85, 106, 133, 137, 139, 140, 145, 157, 227, 293, 408, 493, 494, 599, 602, 644, 645, 654, 674, 685; identificado com Moisés 73-74; pássaro de 105n; obras de 644; seita de 647-648
Hermes Trismegisto 56, 73, 76, 84, 113, 268, 408
hermética, arte 56, 69, 70, 77, 81, 711
hermética, ciência 83
hermética, iniciados na arte 699
Hermético-Mosaica, Arte 70
hermético, mercúrio 105n
hermético, selo 709
Herne, Maître Henri de 428
Herodes 372
heruo, primeiro grau do fogo 410
Ḥescheq Schlomo (Alemanno) 65, 486; comentário por Salomão Vivas 513

Hesíodo 108
Ḥessed (heb.), inércia 526, 537, 539
hidropisia 439
hidroqen, hidropisia 439
hieroglíficas, figuras. *Cf.* Flamel, Nicolas
al-hilālī (ár.), erva 608
ḥiltit (heb.), assa-fétida 595
Ḥims, emirado de 219
hindi. *Cf.* Índia
Hindī, Rabi Iehudá 654, 660
hindustani, língua 735
Hipócrates 113, 119, 326
Hirã de Tiro 64
Ḥisda, Rabi 92
hischtanut (heb.), transmutação 759
Hispalensis, Johannes 114
Hispalensis, Nicolas Antonio 293
hissopo 355, 357
Historia Universitatis Parisiensis 427
Hod (heb.), majestade 526, 527, 535-537
Hofmann, Johann Jacob 314
Ḥokhmá (heb.), sabedoria 525, 527, 536, 537
Holanda, Países Baixos 633, 734, 736, 741
holandesa, língua 478, 758
Hollandus, Isaac e John Isaac 475-481, 598, 708
ḥolī hara'asch (heb.), doença do tremor 502
homúnculo 503, 504
Hope, Thomas e Adrien 741
Hosemann, autor antissemita 402
Ḥovot haLevavot (Bahia ibn Pakuda) 248
ḥub al khadhra (ár.), fruto do terebinto 359
Huggonard-Roche, Henri 429
hukaro (esp.), jucaro, Terminalia hilariana 365
humor(es) 331, 332, 349, 350, 352, 353, 361, 478, 666, 667, 669
humor, vermelho 353, 666
ḥumra (ár.), bolha, carbúnculo 571
húngaras, peças de ouro 470
húngara, língua 734
Hungria 453
Hyamson, M. 248
hydrargyrum, mercúrio 543, 612
Hydrolythus Sophicus 293

Iahweh *tz'va'ot* 106
Ibn al-Bayṭār 229
Ibn al-Nadīm,61, 77
Ibn al-Waḥschīya 215
Ibn Ezra, Abraão 59, 78, 238, 255, 256, 650, 699, 703, 705
Ibn Khaldūn 237, 769
Ibn Mas'ūd, o asbelita 181
Ibn Ruschd (Averróis) 190n, 599, 648
Ibn Rusta, Abū 'Alī 63
Ibn Sīnā 175, 176, 237, 238, 430, 599, 646, 801, 824. *Cf. também* Avicena
Ibn Tibon, Iehudá 248
Ibn Tibon, Samuel 494
Ibn Umail 132-134
Idade Média 38, 39, 53, 76, 116, 180, 221, 287, 326, 390, 487, 556, 592
ídiche 45, 46, 735, 755, 756
idolatria 370
Idris 176
Iehudá, o Hindi, Rabi 660
Iehudá, Rabi 93
Iehudá ben Salomão 238, 257-258
Iehudá haḤassid, Rabi 579
Iehudá Halevi 238, 252-255, 517, 518
iemenita, alume 212, 213, 598, 796
iemenita, manuscrito 601, 602
Iessod (heb.), Fundação 527, 537-540
Igueret haSodot 504
Iluminismo Judaico 33, 716, 761, 806, 810
imagens 515
ímã; magnetita; magnita 71, 329, 439, 507, 668
iman (esp.), ímã 194
impressão 701
incenso 365, 516, 629
incenso de olíbano 203
Índia 29, 228, 363, 385, 389
Inglaterra 288, 294, 295, 298, 300, 303-306, 308, 457, 470, 728, 741
Inocêncio VI, papa 309, 340, 428
inquisição 306-309, 318
insanidade 354
insônia 331
Instituto de Manuscritos Hebraicos Microfilmados da Universidade Hebraica de Jerusalém 47-48, 602
Ioane Aschkenazi 674
Iokhanan, Rabi 107n
Iom Kipur 570
ios 158, 160, 166, 167, 169
iosis, avermelhamento, oxidação 510
Iossef 540. *Cf. também* José
Iossef ben Iehudá, Rabi 93
Iossef ibn Aknin 494

īqsīr (ár.), elixir 582. *Cf. também* elixir
al-ʿĪrāqī, Abu ʿl-Qāṣim 112
Íris 375
Isaac 58, 112, 273, 274, 382, 419
Isaías 68, 69, 404
Ismael 80, 463
Ísis 242
Islã 312
ispirkha, chumbo branco 539, 754
Israel 771; antigo 516, 694; comunidade de 269, 280; Terra de 606; povo de 252, 702
istanzal (ár.), receptor 660, 661
Itália 255, 288, 299, 306, 308, 315, 444, 487, 551, 633, 717, 763, 776, 778
italiano 45, 46, 216, 217, 385, 504, 521, 613, 655, 656, 689, 708, 734, 735, 763, 773, 777, 779, 782, 796, 799, 800, 816, 821-823

Jābir ibn Ḥayyān 77, 173, 212, 213, 215, 230, 430, 602, 652-654, 673, 674
jacinto 230, 231
Jacó 58, 112, 264, 273, 382, 419, 421, 539; escada de 545
Jacó, o Judeu 175-177, 238
Jacob ibn Naim 489
Jacobus Rubeus 392
Jacopo da Venesia 675
Jaʿfar al-Sādiq 173
Jafar, astrólogo 114
Jafé, filho de Noé 51, 80, 463, 484, 485
al-Jāḥiz 61, 77
Jaime, rei de Aragão 307
Japão 645
jaris (ár.), moeda medieval 365
jasmim 496
Jasão 61
jawhar (*aljawhar*) (ár.), pérola 505
Jelles, Jarrigh (Jarrich) 634, 637
Jeová 383, 384, 407, 418, 419, 725. *Cf. também* Deus
Jerba (Djerba), ilha de 771-773, 777, 780, 781, 797-801; Manuscrito 47
Jeremias 49
Jerusalém 110, 403, 510, 805; ruínas de 406; *Talmud* de 548, 549, 610; *Targum* de 702
Jessé, o belemita 186
Jesus 142, 143, 266, 379, 382-384, 733. *Cf. também* Cristo
Jewish Encyclopedia 35, 670
jilek (turco), morango 348
jinjufr, zarcão, cinabre 560
Jó 60, 88-90
João I, rei de Aragão 324, 394
João VI Cantacuzeno 303
João XXIII, papa 467, 469, 471
João Damasceno 326
jogo 639
Jordão, rio 525, 538, 543
José 60, 76, 85, 463
Jonson, Ben 52
Josefo, Flávio 78, 107n, 228, 230, 336, 404
Judá 382; linhagem de 405, 407
judaísmo 252, 311-313. *Cf. também* judeus
Judas 58, 311
judeo-árabe 45-47, 601, 797, 822
judeo-espanhol 45. *Cf. também* ladino
judeus 220, 221, 371, 404 e *passim*; caráter reservado dos 475; como alquimistas da corte 396; como estudiosos 33; como mestres de alquimistas cristãos 40; da Espanha 374-375, 379; da França 374; de Jerba 771; do Egito 42; do Marrocos 803-805; do Norte da África 255, 771; e a filosofia 247, 248, 490, 810; e a medicina 390; e o gnosticismo 112; misticismo dos 551; perseguição dos 386-387; religião dos 385; sefarditas 37, 461, 504, 633, 716, 761, 763; tradições dos 544
Jüdische Merkwürdigkeiten (Schudt) 695, 697
Jüdisches Lexikon 36
Juízo Final 447
Jung, Carl G. 27, 28, 127, 139n, 142, 148, 231, 401
Júpiter 31, 188, 263, 484, 534, 618, 628, 823
juz bawwa (ár.), noz moscada 360, 365

kababa (ár.), pimenta asiática, pimenta cubeba 360
Kabbala denudata (Knorr von Rosenroth) 523
Kaf Q'ṭoret 578
Kalisch, Tzvi Hirsch de 730
Kamhan, o filósofo 202
karkom (heb.), açafrão 509, 604
Kartaneus, o Médico, Livro de 528
Kasdim 493. *Cf. também* caldeus
Kaspi, Nethanel ben Nehemia 513-516
Kastner, químico 476

Kaufmann, Coleção, Budapeste 689
Kaunitz, príncipe 731
kazares 252
Kelemann, Dr. 746, 747
Keren-hapuch 60, 242
kerotakis 121, 127, 166, 168, 169
Ketem Paz (Labī) 606
Keter (heb.), coroa 525, 527, 536, 537
Khālid ibn Yazīd (Iazich, Yazichi) 38, 135, 173, 174, 219-234, 598, 599, 673
kholanjan (ár.), *alpinia galanga* 360
Khunrath, Heinrich 27, 265, 266
Kieser, Franz 268
Kimhi, David 699
Kimḫi, Iossef 801
Kitāb al-Asrār (al-Rāzī) 673
Kitāb al-Fihrist (Ibn al-Nadīm) 77, 413
Kitāb al-Hidāya ilā Farā'id al-Qulūb (Baḫya ibn Paquda) 248
Kitāb al-Sumūm (Ibn al-Waḫschīya) 215
Kitāb Ḫaqā'iq al-Istischdād fi 'l-Kīmiya (Ṭughrā'ī) 237
kiyān, rim, princípio vital 132, 134, 226
k'lil harim (heb.), uma planta 203, 205
Kobenzl, conde de 734, 735
Koening, baronesa de 726
Koeppern, coronel 742, 743
Kopp, Hermann 400, 401, 416
Krauenburg 468
Kriegsman, Christophorus 57
Kunckel, Johann 78
Kuzari (*Sefer ha*), Livro do (Iehudá Halevi), 252, 253, 513, 513, 759

La'az (heb.), língua estrangeira 14n, 20, 45, 495, 554, 604, 759, 760, 760, 765, 822
Labach 444
Labão 264
Labī, Simão (Simeon) 606-607
laca 626
lacre 569
Lacroix, Paul 449
ladino 45-47, 604, 717, 763, 799
lágida, dinastia 42
laiton (latão) 191. *Cf. também laton*; *luton*
Lamec, filho de Abraão ben Simeon 452-454, 455, 468
lantisqole, *lentisk* 501, 604
lápis-lazúli 333, 595, 626, 651
laranjas 499, 501
latão 232, 234, 526, 535, 536, 543; de Ferrara 621; serpente de 409
latim 40, 41, 46, 209-217, 234, 242, 376, 385, 397, 445, 446, 478, 521, 523, 557, 600, 611, 639, 695, 698, 700, 708, 758, 800, 821, 822
laton, latão, cobre 244, 501, 567, 595, 615; mourisco 628. *Cf. também laiton*; *luton*
Laver, Fr. Antonio 316
Lavoisier, Antoine 27
laxativos 332, 346, 351
lāzward, lápis lazúli 395
le Roy Ladurie, Emmanuel 287, 288
leão 207, 230, 231, 532, 537; sangue de 446
lega presta (it.), liga leve 615
Leḥem haBikurim, livro 776, 777
lei 490, 491
leite 570-572
Leiden, Papiro W de 41, 71, 101, 112-113
lentisco, árvore do 501
lentisk. *Cf. lantisqole*
León, Espanha 375, 376, 379
Leopoldo, duque da Saxônia 468, 471
Leopoldo da Baviera-Ingolstadt 471
lepra 302, 331, 348, 349, 360, 478, 486, 527
"leproso", codinome para o estanho 823
Lérida 307, 316
leukosis, branqueamento 195, 196, 510, 617, 779, 792, 800
levaná (heb.), lua, prata 580
levoná (heb.), incenso 586
Lexicon universale (Hofmann) 314
Liber de conservatione vitae humanae et de quinta essentia 296, 306
Liber Lucis (Rupescissa) 672
Liber naturae et lumen nostri lapidis 296
Liber secretorum alchimiae 219
Liber secretorum artis 219
Liber Secretus artis occultae (Artéfio) 244
Líbia 72
liga (it.), liga 615
liga 124, 583, 789
lijunas (esp.), logania (?) 353
lilio (esp.), lírio 355
Lilith 571
lima, lima 690
limão, sumo de 500, 505, 506
limão 495, 496, 505, 506, 570, 586; água 663; suco 498-500, 569, 648

limatura (it.), limalha 211, 212, 480, 590, 677, 691, 790-792
limone (it.). Cf. limão
linhaça, óleo de semente de 560, 595, 657, 794
Lippmann, Edmund O. von 55, 119, 126, 141, 475, 549, 550
litargírio 102n, 155, 164
Livro da Ajuda 653
Livro da Chave de Salomão 62, 548
Livro da Competição (Abufalaḥ) 188
Livro da Estrela Brilhante 672
Livro da Grande Pedra (Jābir [?]) 672
Livro da Luz 672
Livro da Vexação (Abufalaḥ) 182, 188
Livro das Causas e Efeitos (Galeno) 594
Livro das Figuras Hieroglíficas (encontrado por Flamel) 367-380
Livro de Adão 279
Livro de Alumes e Sais (atribuído a Al-Rāzī) 209-210, 654
Livro de Arcturus 672
Livro de Aristóteles 438, 442, 672
Livro de Arqilus 654
Livro de Arquelau 672
Livro de Astutah 671
Livro de Avi Sina 673
Livro de Bosmat Bat Schlomo 648
Livro de Elim 654
Livro de Enoque 54
Livro de Imouth (Zózimo) 55
Livro de Kartaneus, o médico 528
Livro de Maestro Irimans de Constantinopla 673
Livro de Platão 674
Livro de Razes (Al-Rāzī) 673
Livro de Sadidi 623
Livro de Salomão (Raimundo de Tárrega) 62
Livro de Sidrach 51
Livro de Sofé, o Egípcio 166, 167
Livro de Spiros 672
Livro de Tobias 333
Livro de Yeber (Jābir) 672
Livro de Yoḥanan ASPRMANTT 671
Livro do Mistério da Natureza (atribuído a Salomão) 547
Livro do Zohar 33, 262, 271-281, 488, 528, 606, 639, 758
Livro dos Cento e Doze (Jābir) 77
Livro dos Minerais 593
Livro dos Mórmons 418n
Livro dos Remédios (atribuído a Salomão) 547
Livro dos Segredos (Al-Rāzī) 673
Livro dos Venenos (Jābir) 652
Livro dos Trinta Caminhos (Jābir [?]) 673
Livro Secreto de Moisés 75
livros, mágicos 446
Livorno 483, 489, 742
lixivium, lixívia 453
Ló 80, 463
Lockert, Mestre George 429
Londres 296, 297, 302, 304-306, 318, 634, 719, 720, 728-730, 736, 741
Lossau, Dr. 744, 746
loucura 502
loureiro 503
Löw, Immanuel 549
Lua, satélite e codinome para a prata 31, 195, 196, 260, 263, 272, 273, 279, 280, 372, 374, 415, 532, 542, 543, 590, 591, 607, 614, 621, 622, 647, 671, 672, 786, 790, 792, 794, 823
lubān (ár.), benzoína 510
Lucas, Paul 384, 385, 389
Lucidarium totius testamenti 296
Lúcifer 463
Luís XV 736, 737, 741, 756
Lúlio, Raimundo 291-298, 324, 325, 812
Lúlio, teorias de 292
lūlū (ár.), pérola 506
Luna, codinome para a prata 532, 620, 671, 676. *Cf. também* Lua
lunar, água 532
lunária, *Botrychium lunaria* 148
Lundquist, John M. 418-419n
Luria, Isaac 521, 551-554, 579, 585, 639, 761, 774
luta, argila 691
Lutero 28
luton, latão 790. *Cf. também laiton, laton*
luz e escuridão 440

al-mabrī (ár.), talhado, ranhurado 566
maasse mercavá (heb.), "questões do carro" 278
maschaíta Ievânico (iemenita), estilo 664
maçônico, movimento 742
Mãe Sião 269
Magen Avot (Duran) 437
magia, mágicos(as) 450, 752

mágica, cabalística 728-729
mágicos(as) 32, 449-451, 454, 579, 815; nomes 463; papiros 75; receitas 577, 581-582, 594
magisterium (magistério), a grande obra 50, 220-226, 232, 331, 264
magnésia 72, 79, 109, 155n, 161-164, 410
mago 463, 470
maguid (heb.), mensageiro, narrador 207, 545
mahriah (ár. *muhra*), concha 495
Maier, Michael 50, 64, 145-148, 298, 615n
Maimônides 35, 46, 437, 493, 494, 585, 586, 622, 627, 645-647, 771, 812. *Cf. também* Pseudo-Maimônides
Mainz 453
Maiorca
al-Majrīṭī, Abu'l-Qāsim Maslama 74
Mal'akh, rabi David 489
Malhous, madame de 726
maligno, espírito 536
Malkhut (heb.), reino 526, 527, 537
mamelucos 304
mamona, óleo de 73, 125
Manassé ben Israel 644
Manassés, rei 93
mandrágora 228-230, 330, 630
Manget, Johannes Jacobus 81, 220, 598, 715
Manipulus quercuum sive ars comprehendi transcendentia (Raimundo, o Segundo) 297
Mann, Sir Horace 736
manteiga 574
Mântua 611
Manuscrito do Seminário de Teologia Judaica 593-597
manuscrito da Biblioteca da Universidade John Rylands de Manchester 511, 613-630, 715
manuscrito de Munique do Pseudo-Maimônides 510, 511
manuscrito Moussaieff 554, 587
Maomé 173, 311
Maomé II, sultão 472
Maqdisī 77
Mar de Sal 538
Mar Vermelho 537, 538
Maranatha, maldição 369, 370, 382, 405-407, 425
marcassita, *marqaṣita* 45, 194, 595
Marcus (Marcus Gracus) 599
Marcus de Santa Cruz 392
marfim 618, 625
Margarita preciosa (Petrus Bonus) 80
Maria: a Copta 143; irmã de Moisés 146; mãe de Jesus 137
Maria, a Judia 27, 30, 38, 41, 43, 44, 49, 52, 60, 61, 63, 72, 75, 81n, 99, 102-104, 110, 113, 117-170, 210, 221, 224, 226, 230, 245, 293, 524, 599, 653, 654, 687n, 715; doutrinas de 126-134; instrumentos de 118-122; judaicidade de 134-141; lenda de 141-144; procedimentos alquimistas de 124-126
Maria Teresa, imperatriz 734
Mariano, lenda de 219
maribulas, sumo 496
Marqoʿaya, Casa de 548, 549, 609, 610
Marqoʿin, família, alquimistas 548
marqurial, erva 352, 362
marranismo, marranos 303, 304, 307, 311, 312, 693
Marrocos 606, 608, 803-805
Marselha 547, 616
al-martaq (ár.), litargírio 439, 598
Marte, codinome para o ferro 31, 183, 188, 263, 480, 484
Martinho V, papa 467, 469, 471
Maryanus 135. *Cf. também* Morienus Romanus
Masīḥ ibn Ḥakīm 602
Maslama, alquimista 225n
mastaqi (ár.), lentisco 356, 360, 626
matekhet (heb.), metal 284
matemática 255, 490, 643, 644
materia 414
materia prima 531
matéria, universal 67
Mateus 325
Matred 540
Matronit, esposa de Deus o Rei 269, 270
Matusalém 59
Matzref laḤokhma (Delmedigo) 648
Maulius, autor alquimista 268
mau-olhado 572
mayim (heb.), água 67
maza, química, chumbo negro, magnésia 72, 162
Me halam (Mussafia) 693
Medera 147
médicas, prescrições 74, 143, 441, 490, 526, 571, 572, 577, 578, 582, 584, 585, 586, 594, 781

medicamentos, remédios 232, 644, 529, 744
Medici, família 734
medicina, médico(s) 74, 143, 441, 490, 526, 781
medicina: e a alquimia 233, 234, 781, 791, 814; história da 800-801; judeus praticantes da 810, 818
medos 106
Meetabel 59, 256, 539, 540
meimendro 330
Meir, Rabi 488
mel 363, 509, 590, 594, 628
melancolia 331-335, 343, 350, 502
melanosis, enegrecimento 510
Membres, mago 110
Menahem, Magister 391-394, 396
Menasse, alquimista 210, 652
Mênfis, Egito 143
Mennens, Guilelmus 61
menstruação 358, 365
Mercúrio 484, 539, 653
mercúrio 31, 71, 72, 79, 82, 109, 130n, 138, 149, 166, 167, 189-192, 210-213, 231, 263, 294, 328, 364, 373, 374, 377, 438, 446, 479, 507, 508, 539, 540, 543, 546, 567, 575-577, 579, 582-584, 591, 595, 596, 609, 616-618, 619, 622, 628, 645, 647, 656, 657, 659, 667, 668, 682, 684, 685, 687-690, 763, 780, 782, 784-787, 791-795, 797, 823; água de 205, 790; "amortecido" 72; avermelhado 792; coagulação do 192, 201, 568-570, 572, 573, 575, 578, 579, 584, 690, 795 ; cloreto de 567, 575, 577; como remédio 351; filosofal 446; óleo de 668; purificado 787, 788; solidificação do 673 sublimado 199, 796.
Mercurius 56, 84. *Cf. também* Hermes
Merom, Galileia 606
Mesraim (Mitzraim), filho de Cam 56, 76
Messer Leon, David 547, 549
Messer Simone 675
messiânica, era 405
Messias 68, 370, 371, 404, 405, 407, 412, 415, 416, 424, 435, 676; como Anticristo 435; "dos Justos" 657; primeiro 279, 280; rei 280
Mestre Ventura 613, 617, 619, 621, 623, 624, 626-628
metais comuns 232, 238, 247, 251, 255, 257, 258, 450, 477. *Cf. também* transmutação
metal(ais) 440, 484, 485, 493, 498, 514, 515, 517, 542, 543; na *Bíblia* 87-89; impuros 524, 542, 543. *Cf. também* transmutação
metal (esp.), latão 671
metálica, mulher 527
metálica, raiz 525
metálico, reino 533
metálicos, mistérios 538
metalurgia 87, 702
Metatron, principal anjo 383
Metz, Moisés 644-648
Mē-Zahav (Me-Zaabe, Mezahab) 59, 256, 540, 541, 694, 697, 698, 702
Mezleme (Maslama), alquimista 224, 225. *Cf. também* al-Majrīṭī, Abu'l-Qāsim Maslama
mica 214, 645
Michelspacher, Stephen 268
microcosmo 50
Midbar Q'demot (Azulai) 717
Midrasch 78, 11, 336, 747
midraschim 75, 92, 693
Miguel, alquimista 615
Mil e Uma Noites, As 63
Milão 302, 444
mil-folhas 625
minas 245, 577
mineralogia 441, 800
minerais 440, 441, 525
minerais, substâncias 449
mineral, água 538
mineral, enxofre 784
Miqraot G'dolot 255
mirabulanos 364, 511
Miranda, Abraão 606
Mirandola, Pico della 262, 457, 483, 643
Míriam 60, 61, 136, 141
misk (ár.), almíscar 365
mistérios: cabalistas 238; conceito cabalístico dos 260; do ouro e da prata 280-281, 545; da natureza 546, 547; da sabedoria 544
mistura 227, 230
misy (gr.), sulfato de ferro 167
mithqāl (ár.), peso 560, 562, 563, 565
m'lugma, *malgham*, amálgama 581, 584
Módena, família 639
Módena, Leone 639-643
Módena, Mordekhai 641-642
Módena, Schema'ya 640
moedas 568, 569, 584

Moisés 419
Moisés 39, 42, 52, 53, 60, 61, 70-86, 137, 141, 144, 146, 161, 162, 176, 242, 274, 325, 403, 409, 419, 463, 544, 694, 701, 702, 705, 706, 749
Moisés, alquimista alexandrino 544
Moisés de León 238, 260, 271-284, 449, 551
Moisés ben Saul HaKohen 776, 777
molybdochalkon 79, 133, 156, 165
Mônaco 616
Monas 75n
Monod-Herzen, G. 43, 44
Montblanc 394
Monte Polaseno, Guilelmo da 675
Monte Sinai 76, 256
Montjoye 375
Montpellier 296, 297, 305, 318
mora sarsa (esp.), amora silvestre 348
Morávia 761
Mordekhai Abi Serour 803-807
Mordekhai, Rabi 531
mordisenqe (?) 569, 572
Moreno, Raphael Benjamin Ḥaim 489
Morhof, Daniel Georg 57, 297
Morienus Romanus 135, 242, 293, 673, 675, 685, 686
morte dos metais 129
mortos, ressurreição dos 331
Moscato, Judá (Iehudá) 516-518
moscovitas 415
mostarda 356, 790
motaria (gr.), resíduo 163
mozaj (ár.?), mel, amêndoa 351
M'tzudat David, comentário 89
Muʻāwiya 219
muçulmanos 86; alquimia dos 128, 402, 769; folclore dos 582; no Oriente Médio 769; reino dos 824; na Espanha 247-249; mundo dos 450, 633, 818
Mufaz, ouro 279, 280. *Cf. também* ouro
Muḥammad 173
Muḥammad ibn Līth al-Rasā'ilī 602
Muḥammad ibn Yūnis de Bukhara 602
Muḥammadans (maometanos) 301. *Cf. também* muçulmanos
muḥibb al-mulūkh (ár.), um cereal 501
Muller, autor alquimístico 268
Müller, autor antissemita 402
multiplicação 31
"múmia" (*mummia*) 329
múmias 85
Munkácsi, Bernát 385n
Munster, Sebastian 473
Münster, Vestfália 427
murkavim (heb.), compostos 759
murta, folhas de 597
Mūsa, um discípulo de Khālid 221
Musaeum Hermeticum 293
Museu (lenda grega) 74
música 483
Mussaf he'Arukh (Mussafia) 693, 700
Mussafia, Benjamin 693-706
Mutus liber 715

Naamã 524, 525
nabateu(s) 183, 202
Nabī Sulaymān 63. *Cf. também* Salomão
naḥasch (heb.), cobra 577
nafta 192
Nápoles 547, 751, 777
Nathan ben Yeḥiel 693
natro, natrão, soda 161n, 590
natureza, aforismos sobre a 226
Navegação 649
Nazari, Giovanni Battista 214, 216
nazistas 771
necromantes 253, 254
Negra, Peste 417, 424
negro, humor negro do corpo 351, 666
neoplatônicos 262
Nero 372
Netanel, Rabi, astrônomo 582
Netzaḥ (heb.), Persistência Duradoura 526, 527, 534, 537
Neubauer, Adolf 456
Newton, Isaac 31, 38
N'futzot I'huda (Moscato) 517
n'ḥoschet (heb.), cobre 577. *Cf. também* cobre
Niccolo di Ingliterra 674-675
Nicoteu 107
niello (it.), esmalte negro 628
N'ʻīlá (heb.), oração de Iom Kipur 570
Nilo, rio 412, 453
Nimègues 741
nischādir, *nischdera* (ár.), sal amoníaco 210. *Cf. também nuschādir*
Nissan, mês hebraico 384
nitrato de sódio 658

nítrico, ácido 85
nítrico, sal 796
nitro, natro, natrão 590
nituaḥ (heb.), análise 759
Nitzotzē Orot, comentário do Zohar 278
noble Raymound, uma moeda 304
Noé 49, 51, 52, 55-57, 80, 81, 176, 384, 463, 484, 485, 493
Nogá (heb.), esplendor, Vênus, cobre 542, 662
noli me tangere (lat.), nome de doenças de pele 358
nomes de disfarce 814, 817
nomes demoníacos 463
nomes divinos 265
Norte da África 255, 771, 769
Nouvelle biographie générale 737, 738
Novo Testamento 370, 722
noz de galha 597
nozes 597
nozes do Chipre 597
nujmi Tangier (ár.), estrela de Tânger 361
Nūr al-Dīn, Schaykh 654
Nurembergue 219, 471
nuschādir (ár.), sal amoníaco 195, 203, 596, 601, 653. *Cf. também nischādir*

Obryzum (lat.), ouro puro 83n
ocre 162
Ofir, 88, 607; ouro de 60, 279-281
Oldenburg, Heinrich 634
óleo 508, 601, 619, 620, 659, 660, 662-668, 765, 766, 779, 785, 787-789
óleo de rábano silvestre 73
Olimpiodoro 49, 130, 134
oliva, folhas de 597
oliva, óleo 362, 574, 575, 584, 788
Onkelos 702
ônix 277
ópio 330
Opus abbreviatum super solem et lunam 296
Opus Saturni (João Isaac Hollandus) 477
Or Adonai (Crescas) 490
orações 570
Ordem dos Pregadores 312, 313, 315, 321
Orfeu 74, 75
Orientais, Índias 709
orinal(e) (it.), frasco 620, 677, 763, 788, 795
Orkhan I 303
Orleans 376, 380
Orlov, irmãos 742
orpimento 74, 278, 364n, 618, 619, 796
Oseias, rei 69
ossos 362, 625, 626
Ostanes 43, 75, 133, 143, 242, 671, 686
otomanos 303, 304
Oto I 727
Otzar haḤaim (Ṣahalon) 780, 781
ourives, judeu 91
ouro 69, 188-190, 231, 250, 255-258, 274, 276, 342, 435, 438, 439, 480, 485, 510, 518, 526, 527, 583, 586, 594, 657, 672-674, 690, 691, 792, 814; amadurecimento na terra do 259, 261, 273, 607; árvores de 706; atramento de 619; aumentando o peso do 198, 565, 568, 583, 595, 596, 615, 627, 635-637; avaliação do 627; batido 280, 281; bastão de 751; bezerro de 76, 78, 81-85, 256, 612, 635, 705, 706; brando e duro 566; cal de 786; coletor de 641; colorindo o 164, 195, 279, 280, 564, 565, 647, 682; congelando o 548, 610; de Ofir 60; de Sabá 279, 280; dissolvido 446, 792; duplicando o peso do 29; em pó 362, 446; essência do 347, 350, 352, 353, 355; esverdeado 279-281; extração do 615; falsificado 431; falso 486; fazendo 197, 222, 499, 506, 507, 544, 570, 575, 576, 580, 582, 671, 672, 674, 689, 690, 743; “fechado” 279, 280; filosofal 601; folclore do 487; inferior e refinado 565; líquido 535; melhoramento do 559, 575, 577; mistério do 280; multiplicando 805; potável 59, 67, 238, 612, 669, 697, 698, 700; propriedades do 487; purificação do 567-569; refinamento do 65, 256, 514, 567, 568, 576, 577; remédio para o 659; separado da prata 623; sete espécies de 88, 91-93, 528, 698, 699; termos para, na *Bíblia* 87; transmutação do 386, 568; vegetativo 706; velocino de 61, 443; veneziano 662; “vivo” 540.
ouro, liga de 576; água 669, 702; como medicamento 486; e prata 514, 558, 559; flor 627; folhas 583; minério 576; moedas 568, 627; pó 374; poeira 281.
Ovídio 80
Oviedo 376
ovos(s) 79, 124, 203, 206, 571, 574, 575, 578-581, 609, 785; cascas de 198, 199, 788,

789, 797; claras de 584, 626, 629, 659, 764, 765, 789, 791, 797; gemas de 789
Oxford, manuscrito 597-598

palavra-de-poder/poderosas hebraicas 278, 578
Palestina 42, 252, 303, 304, 453
Palma de Mallorca 392, 393, 437
Pamenes 144
Pamplona 316
panaceia 241, 305, 477. *Cf. também* elixir; *quinta essentia*
Pandora 108
Pantheus, Giovanni Agostino 268
papaver (esp.), papoula 359
Pápias 242
Paracelso 51, 68, 81, 139n, 293, 446, 475, 476, 550, 704
Paraíso 108, 326, 346, 419
paralisia 331
parilisia, *perlesia* (esp.), paralisia 357
Paris 295, 297, 304-306, 315, 318, 368, 373, 376, 377, 380, 385-389, 444, 451, 737, 741, 747
Parma 514
Parnety, Dom Antoine 32
parro (esp.?), parreira silvestre (?) 363
partas 106
Parvaim, ouro de 88, 279, 280. *Cf. também* ouro
Páscoa 640
pastella (esp.), massa 791
Patai, Saul 554n
Paṭīsṭa de Bolonha 801, 777
Paṭroqi, Rabi 93
Paʿu 546
"pedra de águia" 441
pedras 220, 438, 439, 441
Pedro, São 311
Pedro III, da Rússia 742
Pedro IV, rei de Aragão e Maiorca 301, 307, 393, 394
Pedro de Luna 675
peitoral 284, 701
peixe 505, 506, 576
pelicano, recipiente alquímico 327
Peña, Francisco 308, 312
peneira 495, 496, 498, 763
peonia (esp.), peônia 350
perforata (esp.), perfoliada, erva-de-são-joão 335, 350
perfumistas 788
Peri Ioudaiōn (Artápano) 74
Périers, Bonaventure des 64
perisil, *pirosil* (esp.), salsa 356, 359, 362
perla (esp.), pérola 495, 505, 572. *Cf. também* pérolas
perlesia (esp.), fraqueza muscular 210. *Cf. também* parilisia
pérolas 29, 328, 505, 506, 623, 655, 780; produção de 495, 497, 623, 626
Perpignan 391, 394, 395
Perrenelle, esposa de Flamel 373, 375, 377, 378, 387
persa, fogo 356
Pérsia 175, 415, 557, 559
peso, unidades de 780
peste de 1348-1350 416
pestilência 354, 355, 478
petróleo 329
Petrus, arcebispo de Tarragona 321
Petrus Bonus 80, 674
pharmuthi, mês egípcio 124
Phython (píton), serpente 409, 410, 413-415, 425
piche 570, 628
piedra de toque (esp.), pedra de toque 559, 563
Piemonte 755
Pilatos 733
pimenta 337, 364, 365
pinpinela (esp.), pimpinela 356, 363
piolhos 350, 557, 571
Pirgopolinice 145n
pirita 71, 72, 164, 621
Pirkei Avot 524
Pitágoras 75, 78, 113, 215, 382
Pitt, William 731
piyuṭim (heb.), poema litúrgico 252
planetas 215, 484, 485, 493, 515
planta da pulga 330
plantas 253, 327-329, 439, 485
Plassard, madame A. 750n
Platão 193, 227, 551, 599, 602, 674
platonismo 194
Plebichius 157, 162
Plínio 75
pó, poeira 273, 275, 282, 283, 488, 666, 667. *Cf. também* terra
podagra, gota 332
Podhajce, Podólia 720
polio (esp.), *teucrium polium* (?) 359

poloneses 415
pólvora 648, 701, 702, 778
Polyhistor (Morhof) 57, 297
pombo 542
pomes 787
Pompadour, madame de 737, 741
popilion (esp.), populeão 354n
porco 519; gordura de 785
Porfírio 602
porosidade 785
Portaleone, Abraão 605, 611-612, 801
Portão do Céu 180
português 557, 728, 729, 734
postema (esp.), abscesso 569
potassa 580
Praga 644
prata 232, 234, 249-251, 274, 438, 439, 444, 445, 477, 480, 485, 487, 498-500, 526, 527, 530, 531, 534, 537, 539, 559, 560, 562-569, 576, 589, 590, 597, 595, 672, 690, 691, 795; "água" de 790; aumentando o peso da 583; batida 691; cal de 671, 786; calcinada 791, 796; moeda de 627; coloração verde da 614; enegrecimento da 622; falsa 431, 491; folha de 793; folhada 787; limalha de 211, 792; melhora da 614; mistério da 282; morte da 129; produção de 507, 570, 582, 584; pulverizada 561; purificação da 567, 577, 793, 794; origem da 606-607; resíduos de, restos de 610; sublimada 791; suprimento de 287-289; tratamento da 382; veneziana 796. *Cf. também* Diana; Luna; Lua
Prato (Frato), sacerdote 792
preces, cabalísticas 608
preciosos, metais 247
preciosas, pedras 42, 54, 68, 101, 283, 743; nomes hebraicos de 115
preparado(s) 779, 782, 783
Preschel, Tuvia 549n
presença de Deus 775. *Cf. também* Schekhiná
prestidigitação 578
primevo, primordial, elementos, caos 274, 284, 414, 536
primum ens, essência primeira 410, 420
Príncipe de Gales 737
Princípios da fé 490
prognóstico 578, 579
projeção 31
Prometeu 107n, 108
Provençali, Jacó 547-550, 609
Prussiano, Estado 748
Pseudo-Demócrito 101-103, 109, 117, 127, 131, 157, 672
Pseudo-Fílon 75
Pseudo-Maimônides 47, 181, 511, 604, 613, 646
Pseudo-Majrīṭī 77
psílio 330
Ptah 63
Ptolomeu 113
Ptolomeu, o Sábio 604
ptolomeus, os 106
pukh, pedras de 60, 62
pulgas 571
pulicária 330
purgação e purgativos 329, 343, 773, 779
purificação 779-782, 800
pústulas 357, 359
putrefação 279, 344, 345, 348-350

qaft (*alqaft*) (ár.), *costus*, uma planta 496
qalaqant, colocíntida 597
qali (barrilheira) 663
qalṣinar, calcinar 568
qalyi, álcali, carbonato de sódio 583
qamar (ár.), lua, prata 580
qameʿot (heb.), amuletos 555, 556, 806. *Cf. também* talismãs
qamia, *kameh*, camafeu 805
qanavos, maconha 360
qandero, açúcar 362
qarʿah, *qaʿran*, tigela 505
qaranfal (ár.), cravos 360
Qārūn (ár.), Corá 61, 77
qaschni (ár.), *galbanum* 357
qastorio (esp.), castóreo 357-359
al-Qazwīnī 441
Q'duschá (heb.), santificação, oração 636
qīrāṭ (ár.), quilate 559
qischr utrunj (ár.), casca de cidra 511
Qol I'huda (Judá Moscato) 517
qoral (ár.), coral 572
qorasonsilio (esp.), erva-de-são-joão 350
qōpūla, copela 690
qroqos feri, óxido de ferro 580, 583, 657, 691, 792
Quadrado, José Maria 392

quadrados mágicos 459, 460, 464, 521, 530; judeu da corte 723-724
quatro: corpos 157; elementos 30, 65, 261, 277, 278, 668, 684-687; espíritos 782, 783, 785 mistério do 281, 283; metais 124, 125, 154, 283; no *Zohar* 276, 277; qualidades 261
queijo 571, 627
querubim 112, 282, 725
química 769, 815, 818
Química de Moisés 69, 70, 162
quinta essentia 306, 325-334, 339-365, 479, 480, 612
Quinta-essência 306, 325-334, 341, 479, 480, 612
qust (ár.), *costus*, uma planta 496

rã, sapo 572, 676
Radziwill, príncipe 643
Rafael, anjo 383
rahj (ár.), pó 574
Raia Mehemna 530
Raimundo, frei Elias 317
Raimundo de Tárrega 291-337, 344, 812
raízes 441
Rákóczi, príncipe 733, 734
Rambam. *Cf.* Maimônides
Rantzow, Alexandre Leopold Antoine, conde de 79
Rantzow, George Louis Albert, conde de 719-721, 723-726, 728, 730
Raquel 229, 269
ras (sânsc.), *rasa*, mercúrio 364
Raschi 92, 225, 264, 702, 705
Rastafariah, Espanha 616
rasukhṭ (ár., persa), antimônio 560-563, 655
rasuras (esp.), tártaro 349
raposa, testículos de 356
raubaibaro, ruibarbo 362, 629
Raynaudus, Theophilus 313
raza, *razaya* (aramaico), mistério, segredo 260, 543
al-Rāzī, Muḥammad Zakariyya 173, 209, 673, 674n
Read, John 148
realgar, sulfeto de arsênico 45, 74, 574, 575, 583
receitas 571, 572
receitas alquímicas 613-614
receptor, recipiente 232, 765
redenção 412
reencarnação 746, 748
Reforma 472
Reformatio Sigismundi 472
Regensburgo 469, 471
Reggio, Isaac Sch'muel 182, 186
rejalgar. *Cf.* realgar
rejuvenescimento 447
Renascimento 27, 28, 44, 238, 516, 556, 592, 633, 812, 816, 817
resentor 357
resíduo 491
responsum 762
ressurreição 232, 384
Ressurreição dos Mortos (Maimônides) 495
ressuscitação dos mortos 527
Reubeni, David 304
Reuchlin, Johann(es) 262, 457
Revelação de Hermes 51
revivificação 691-692
Rhodius, Leonhard 68
Ribes, frei Gabriel 316
Richelieu, *Duc* de 721, 727
Richler, Benjamin 504n, 510n, 554n
r'ina, um peixe 496
Rincius, Sr. 726
ris, *riza*, *ruzz*, *aruzz* (ár.), arroz 496, 511
rins, pedras nos 357
Robert I, o Bruce 304, 305, 326, 328
rocha, alume de 791, 796. *Cf. também* alume
Roma 441, 611, 640, 641
romã 502, 597, 677
romano, vitríolo 590, 591, 614, 621, 691, 792. *Cf. também* vitríolo
romanos 75, 699
romanos, imperador(es) 370-372, 404, 406, 415, 425
Romeu e Julieta 229
romero (esp.), alecrim 363
Romito, alquimista 675
rosa 570
rosa nobilis, uma moeda 303
Rosarium Philosophorum (Vilanova) 476
Rosenroth, Christian Knorr von 523
Rotari, conde Pierre 741
Rousseau 715, 716
Royal Society 634
ruakḥ (heb.), vento ou espírito 275, 278
ruakḥ Elohim, espírito de Deus 266
rubi 625

rubia (esp.), ruibarbo 362, 363
rubificação (*rubifiqa*) 222-224
Rupescissa, Johannes de 340, 341
Ruska, Julius 79-81n, 111n, 112n, 209-217, 442, 672
ruṭubah (ár.), umidade 658
Ruysbroech, alquimista 390

Sa'adia ben Sa'id, Rabi 577
Saadia Gaon 35, 650, 703
Sabá 88; ouro de 279, 280; rei de 144; reino de 182, 183, 186, 187; rainha de 64, 182, 183, 186, 201
sabar (ár.), aloé 356, 358
Sabatai Tzvi 693, 758
Sabedoria 263, 421, 484, 535, 536, 542, 543, 790
sabeus 493
sábios 547-549, 648, 649
Sachsische Landesbibliothek 451
Sacro Império Romano-Germânico 371, 404, 471
ṣadaf al-baḥr (ár.), concha marinha 505
Sa'dun, alquimista 621
sāf (ár.), pedregulho 662
Safed 521, 551, 552, 775; cabalistas de 521, 552, 530n, 813
safira 577, 594, 626
Sagradas Escrituras 266, 333, 334
sagrado, carro 274
sagrados, nomes 555
sahoum, um termo para o ferro 66
Saint-Germain, conde de 717, 731-756
Saint-Jacques 374
Saint-Maurice, *Comte* [conde] de 732
sais ácidos 82
salamandra 330
sal 72, 438, 479, 498, 500, 515, 527, 543, 564, 598, 667, 672, 763; comestível 568; comum 85, 690, 785, 786, 788, 795, 796; da Sabedoria 537; de cozinha 446, 798; derretimento do 653; dissolução do 656; tipos de 779, 800
sal alqali (esp.), sal alcalino, potassa 575, 580, 621
sal amoníaco 196, 198, 200, 205, 208, 481, 507, 508, 581-583, 595, 596, 614, 626, 627, 657, 663, 676, 690, 691, 778, 782, 783, 785-787, 789, 790, 792-798; codinome para o 212, 660, 663, 798; permanente 792; sublimado 791
sal de gema (it.), *salgemma* (it.), sal gema 586, 796, 823
sal indiano 777
sal mastro (it.), sal salitroso 778
sal nitri (it.), salitre, nitrato de sódio 408, 560, 614
Salemi, Joseph 321n, 325n, 392, 395n, 695n
salidonia, *selidonia*, erva-andorinha, erva-das-verrugas 348, 350
salitre 192, 446, 560, 561, 564, 567, 568, 576, 584, 590, 628, 691, 777, 788, 793, 795, 796, 798
Sallwigt, autor alquimístico 268
Salmos 709, 710, 752
salmoura 166n
Salomão 39, 49, 52, 53, 62-68, 80, 81, 82, 90, 93, 110, 113, 136, 179, 182, 185, 186, 201, 242, 257, 272, 273, 335, 336, 383, 384, 463, 483, 484, 509, 537, 547-549, 582, 599, 701-704
Salomão ben Menaḥem (Frat Maimon) 513
Salônica 545, 547, 606, 761
salsa clara (it.), tempero claro 789
salsa 329
Saltykov, Biblioteca Pública de, São Petersburgo 604
salvia (esp.), sálvia 359
salvação 380
Samuel 80, 463
Samuel Baruc 398, 417-420
sanbal (ár. *sunbul*), nardo 360
Sancta Catharina, igreja de 294; Londres 294, 318
sandal (ár.), sândalo 360, 629
sandáraca 72, 74, 163
sandix 72
Sangones, mosteiro de 316
San Mateo, disputa em 490
sangria 666
sangue 197, 206, 352-356, 359, 500, 666
sanguessugas 570
Sanson, Itália 376
Santa Ana 733
Santa Catalina, mosteiro, Barcelona 315, 317
Santo Agostinho 268
São João 463
Santo dos Santos 407
santuário 407, 773

São Marcos, manuscrito 73, 75
São Paulo 326 *sapon* (sabão?) 654
saqlade, limão 495
Sara 57
Saragoça 248, 490
Sarajevo 761
saraṭan (ár.), lagosta 778
sarça ardente 463
sarna 357, 358
saroch, cobre 66
sarracenos 295
Sasportas, Jacó 693
Satã 229, 746, 747
Saturno 188, 263, 484; chumbo 31, 647, 655, 672
Saul 347
Saxônia 468, 471
schāb, *schabb* (ár.), vitríolo, alume 511
Schabtai (heb.), Saturno, chumbo 647, 792
schamaim (heb.), céu 67, 405
schams (ár.), sol, ouro 580
schawqu (ár.), espinho, cardo 349, 353
Schekhiná 542, 774, 775
Sch'elat Ya'vetz (Jacob Emden) 758
Schema' (Schemá), oração 265
schemesch (heb.) 580
scheqel (heb.) 496, 501
schibur (heb.), fragilidade 570, 575
Schilṭē haGiborīm (Portaleone) 611
Schim'on bar Yoḥai 273, 274, 606, 758
schinān (ár. *uschnān*), salicórnia 583
schipuda (heb.), espeto 627
Sch'mot Rabá 699
Schoschan 'Edut (Moisés de León) 283, 284
Schleswig 742, 743
Schmidius, D. Hoh. Andreas 706
Schmieder, Karl Christoph 241-244, 475-478, 707, 711
Schmölders, August 43
Scholem, Gershom 33, 272, 457, 458, 473, 546, 553, 608
Scholia, ciência 139, 140
Schudt, Johann Jakob 695
Schwartz, Berthold 701
Schweitzer, Johannes Fredericus 82, 635
scoria 166
scorpio, codinome para o enxofre 660, 663
scoya 139n
scoyari 140
secura 227
seda 570
sedimento 797
Sefardita(s): autores 259; costumes dos 761-762; ascendência 774; judeus 37, 461, 504, 633, 716, 761-763; pronúncia do 461; "puro" 773, 774, 779; rabi 716
Sefer Elim 643, 644, 647, 648
Sefer ha'Iqarim (Albo) 490
Sefer haLiquṭim (Alemanno) 483
Sefer haLo'azim 613, 629
Sefer haMaor 613, 618, 629
Sefer haMatzpen (atribuído a Salomão) 182, 201
Sefer haMatzpun (atribuído a Salomão) 64, 182, 183, 186
Sefer haR'fu'ot (atribuído a Salomão) 182
Sefer haRimon (Sa'adia) 577
Sefer haTamar (Abufalaḥ) 179
Sefer haḤezyonot (Vital) 553
Sefer Ietzirá 487, 649-650
Sefer Mafteaḥ Schelomoh (org.: Gollancz) 459
Sefer Mafteakh Sch'lomó 463
Sefer Raziel 262
Sefer Scha'ar haḤescheq (Alemanno) 65, 483-487, 489
Sefer Scha'ar haSchamaim (Gershon ben Shlomo) 180
Sefer Scheqel haQodesch (Moisés de León) 280, 281
sefirot 262, 263, 266, 271, 525-528, 532, 534, 536
Séforis 94
Segóvia 616
segredo na alquimia 39
seiscentos e treze mandamentos 264
selidonia. Cf. salidonia
Seman, Sman, sábio lendário 64, 183-186
sêmen 666
Senata, ourives 392
Sendivogius, Michael 615n
Senior Zadith 598, 599
Separação 31
sempre-viva 330
Serapeu 106
serpentes 369, 371, 374, 536, 584
Serusi, Israel 489
Set, filho de Adão 52, 493
Sete Céus, Os 65
sete metais, corpos 261, 545, 558, 782, 783, 785, 786
sete planetas 66
Setenta Livros, Os (Jābir) 652, 673

sforea de qana (esp.) 561
s'gullá, s'gullot (heb.), feitiço, remédio 555, 556, 572, 578, 594
Shakespeare, William 229
Sião 252
Sibila, a esposa de Nimrod 57
Sicília 552, 778
Sidlit, Rabi Sch. 578
Sigismundo, imperador 466, 471, 472
Siggel, Alfred 593
signa, sinais 407
Simão ben Laqisch, Rabi 93
símbolos, alquimistas 67
Simeon ben Cantara 266
simpatia (it.) 773
Sinédrio 281
Sinésio 368
siqra, líquen das pedras, *fucus* 188
siraj (ár.) lamparina 598
Siracusa, Sicília 179
Síria 304, 525
siríaca, língua 397, 403, 418
Sirr al-Kīmīya (ár.), segredo da química 225
sirsām (ár.), febre 353
siwan, um termo para o ouro 66
smegma, pasta 480
Sobola, alquimista 613, 615
Sociedade Teosófica, Paris 747
Sócrates 551
sod (heb.), mistério, segredo 260
Sodoma 463, 778
Sod I'scharim 578
Sofé, o Egípcio, *Livro de* 166, 167
Sofé, o Tebano 44
Sokolow, Moshe 597n
Sol, sol, ouro 31, 188, 226, 260, 263, 272, 273, 280, 372, 374, 484, 510, 532, 542, 595, 607, 616, 663, 671, 672, 752, 795, 823
soldar (esp.), soldar 568
Soldner, Dr. 68
solfatera, fontes de enxofre 751
soliman (ár. ou esp.), cloreto de mercúrio 567
soliman verdete (esp.), sublimado de azinhavre 569
solver 576
sonhos 577, 594
sono, remédio para o 357
Sorbonne 292, 429
speculare (it.), espelho 778
Speyer 467, 469, 470
Spinoza, Baruch 634-637
spiritus 446
spiritus mundi 420
Splendor Lucis (Birkholz) 59
Spondanus, Henricus (Henri de Sponde) 312
Sprengel, Hermann 262
Stahl (al.), aço 647
Stahl, Georg Ernst 83
Steinschneider, Moritz 35, 36, 209, 214, 340, 400, 456
Stellensiano, mosteiro 316
stibium 533
stimmi (sulfeto de antimônio) 72, 125
Stockfisch (al.) 629
Stolcius (Stolcz), Daniel 148
storta (it.), retorta 662
Stow, John 304
Strauss, Gerald 452n, 471n, 472-474
strido (it.), crepitação 628, 785
sublimação 31, 195, 196, 198-200, 591, 656, 687, 688, 779, 783, 787, 789
sublimar (esp.), sublimar 576, 621, 622, 688
substâncias quentes e secas 823
substâncias incorpóreas 164
Suécia, rei da 726
Sufi, O Caminho do 601
Suíça 471, 708, 709
Suidae lexicon 699
Suídas 268, 699, 706
Suler, Bernard 36, 37, 242, 475
Suleyman 183. *Cf. também* Salomão
sulfato ferroso 691
Sulzbach 523
sumo sacerdote 701
suppositorio 672
suqutri, aloe, *aloe socotrina* 355
surdez 361
sūsī, *sūsan* (ár.), lírio 508
suspita (aramaico), ouro deteriorado 276, 278
Syncellus, Georgius 55

Ta'alumot Ḥokhmá (Delmedigo) 643, 648
Ṭabarī 572
ṭabāschīr (ár.), giz 439
Tabernáculo 81, 277, 536, 701, 773
ṭablah (ár.), cadinho 658
Tabula Smaragdina, tratado de alquimia 57, 400
Taitazak, Iossef 545-546
taklīs (ár.), calcinação 659

talco 214, 215, 645, 796
talismãs 65, 723. *Cf. também* feitiço
Talmud 91, 92, 94, 336, 441, 543, 693
talmúdica, literatura 272, 336
Tamanrasset 803
al-Tamīmī, Abū ʿAbdallah Muḥammad 132, 226
tangargayad (sânsc. *ṭankaṇa*), bórax 364
Taphnutia 147
Targum 533, 540, 543
tarmantina (esp.), terebentina 360, 596
Tarragona 320-324
Tárrega, Ramón de. *Cf.* Raimundo de Tárrega
Társis, ouro de 279
tártaro, *tartaro* (esp.) 349, 569, 574, 575, 583, 676, 778; óleo 617, 619, 789, 791, 792
tártaros 415
Tebas, Egito 41, 56
temanita, escrita 597, 601
Templo de Jerusalém 61, 81, 91, 93, 112, 277, 336, 423, 526, 612, 699, 701, 704, 775
Templo de Salomão 701
Tenellus 242n
Teodora, filha de João VI Cantacuzeno 303
Teodoro, rei 599
Teófilo, filho de Teógenes 103
Teofrasto 119
teologia 644
Teosébia 104, 110
teosóficas, ideias 262
termon, grau de fogo 410
terebentina 359, 596
Terra 60, 62, 466, 477, 484, 485
terra 222, 223, 227, 407, 419, 420, 602, 686, 687; vermelha 107n. *Cf. também* poeira, pó
Terra Santa 304
terra sigillata 329, 503
teríaca, antídoto, panaceia 205
Tertia distinctio quintae essentiae quae est cura corporum 306
Testamento de Salomão 336
Testamentum (atribuído a Lúlio) 294
Testamentum novissimum 294, 305
Tetragrama 53, 265, 384, 463, 540, 578
Teutônico 674
tetrassomia, quatro metais 124, 125, 151
Theatrum Chemicum 50, 241, 243, 598-600
Theatrum Chemicum Britannicum (Ashmole) 64, 301
Thebed, alquimista 600
Themo Judaei 427-431, 598
theriak faruq (ár.), teríaca especial 365
Thököly 733
Tomás de Aquino 490, 646
Thorndike, Lynn 297
tomilho 333
Tiamat 27
al-Tīfāschī, Aḥmad ibn Yūsuf 593
Timon, Rabi. *Cf.* Themo Judaei
tinkar, *tinqar* (ár.), crisocola, álcali, bórax, sal calcário 506, 595, 619n, 628
tingimento de metais 71
tinha (micse) 353
tinta 570, 577, 580, 596, 597, 776
tintura 29, 69, 108, 109, 155-158, 169, 234, 241, 245, 477, 478, 480, 481
tinturas, fábrica de 744
tirpola (sânsc. *triphala*), três frutas 364
tirqota (sânsc. *trīkaṭu*), três temperos 364
Tischrei, mês hebraico 641
tisica (esp.) atrofia 349
titimaglia (it.), eufórbia, *euphorbia* 794
Tito 406, 407
Todo, Tudo, o 127, 157, 163, 165
tohu (heb.) vazio 524
Toledo 252, 255, 257
topázio 439
toqe, pedra de toque 559, 563
Torá 177, 420, 487, 490, 547, 760, 799; arca da 61; estudo da 95, 551, 553 ,760, 774; oral 269
toronjil (esp.), erva-cidreira, giesta, melissa 350
Torre de Londres 294, 301, 304
Torres Amat 317, 319, 320, 323
tortera (esp.), assadeira 677
tosse 358, 359
Tortosa, Disputa em 490
Tot, ou Atotis 56
Toth 107
Touro, constelação 658
toxicum, veneno 223
toyson d'or, *La* 444
Trachtenberg, Joschua 37
Tractatus aureus de lapide philosophico 293-294
Tractatus de vita proroganda 241
transmigração das almas 260
transmutação 72, 155n, 325, 326, 377, 396, 397, 430, 445, 446, 450, 477, 485, 507, 514, 517, 518, 524, 559, 568, 635-637, 647, 671, 685, 696, 794, 783, 789, 790, 795, 809, 814,

815; de cobre em ouro 797; de cobre em prata 583; de chumbo em ouro 614; de latão em ouro 704; de mercúrio em prata 789; de metais em ouro 27, 78, 204, 259, 647, 804, 813, 814; de prata em ouro 704, 763, 766
Transilvânia 68, 733
Tratado do Cobre 653
trementina (esp.), terebentina 596
Trento 731
Trevisano 390
tribikos 105, 121, 122, 150, 151, 168
Trieste 455
Trindade, doutrina da 330
Trinosophie (Saint-Germain) 753-755
Trípoli 606
Tripus aureus 298
Trismosin, Salomão 443-447
Tritêmio, abade 263
Trakai, Lituânia 644
Tratado das Pedras (Aristóteles) 63, 442
"trigo", termo para alma 685
Troyes, Biblioteca Municipal de 750
tuaregues das montanhas de Hoggar 803
Tubal-Caim 39, 54, 398, 403, 404, 418, 419, 702
tuberculosos 331
Ṭudela, Espanha 252
al-Ṭughrā'ī, Ḥusayn ʿAlī 237, 244
Turba philosophorum 78, 127, 600, 675, 684, 685, 686
turcos 298, 299, 302-304, 348, 388, 415, 445, 613, 628, 812
turqiza, turquesa 572, 626
Turquia 643, 745
ṭuṭia, *tutiah*, tútia, vitríolo, óxido de zinco 195-198, 496, 500, 501, 573, 595, 621, 659, 672, 676
tutia hindia (ár.), óxido de zinco indiano 568
Tycho Brahe 490
Tzahalon, Jacó ben Isaac 780, 781, 801
Tzedeq (heb.), Júpiter 534
tzeruf (heb.), refinamento 270
Tzīakḫ, Rabi Iossef 579

Ufaz 88, 93
Ulrich von Richental 490
umidade 227, 351, 480, 782, 785
unguentos (esp.), unguentos 569
unicórnio 231
Unida, Sinagoga, Londres 730
unificação entre Deus e a Schekhiná 774
Universidade de Paris 427, 428
universo eterno 493
ʿ*uqāb* (ár.), águia, codinome para o sal amoníaco 660, 663, 798
Uraltes Chymisches Werck (Abraão Eleazar) 397-400, 411-413, 422, 426
Urgel, mosteiro de 316
urina 357, 363, 479-481, 498, 515, 561, 562, 564, 576, 778, 783, 788; de cabras 365; de meninos 211-212, 591, 659, 672, 677
urso 533
urtigas (esp.), urtigas 557
uva, sumo de 570
uzbequistaneses 385

Valentim 390
Valona, Albânia 547
Vámbéry, Arminius 385n
vapores, nocivos 446
Vaticano, Biblioteca do 295
Vaticano, manuscrito 592
vegetação 441
vegetativas, substâncias 449, 485
vela 788, 793
velhice 667
veneno(s) 140, 230, 231, 346, 421, 423, 439, 445, 567, 572, 609, 666, 667; antídotos para 355, 666; cura para 331, 342, 343, 348, 351, 503; experimentos com
Veneza 180, 445, 446, 455, 613, 623, 639, 641, 643, 781
vento (ar) 274, 275, 488
Vênus: cobre 31, 188, 263, 617, 619, 657, 676, 823; planeta 484, 536, 542
verbasco 330
verbena 796, 822
verde (esp.) 570
verde, leão 231, 538
verde ramo (esp.). *Cf.* azinhavre
verdete (esp.). *Cf.* azinhavre
verdolāga (esp.), beldroega 595
verga, um recipiente 662
vermelhão 628
vermes 205, 358, 570, 571, 609, 662
Vespasiano 406, 407
vaso de Hermes 146, 147
Vesúvio 751
Vic, diocese de 307

vida após a morte 813
vidro 570, 616, 623, 645, 663, 783, 793; abrandado 72, 625, 647; frascos de 559; moído 655; recipiente 658; tingimento do 625
Viena 721
Vilna 643
Vilanova, Arnaldo (Arnaldus) de 144, 149, 302, 654, 670, 674
vinacia, frasco de vinho 327
vinagre 72, 80, 195, 196, 200, 211, 213, 216, 354, 357, 479, 480, 506, 543, 573, 575, 591, 592, 595, 596, 616, 625, 628, 657, 676, 677, 692, 765, 783-785, 787, 788, 790, 791, 793
vinho 363, 478, 486, 501, 502, 570, 572, 576, 625, 668, 676, 795
viola (it. ou esp.), violeta 353, 496, 511
víbora 507
Virgílio 80, 242
virgem 572; leite de 796
Vital, Ḥaim 521, 522, 551-587, 610, 650, 717, 806, 813, 815
Vital, Samuel 555, 579, 585, 586
Viterbo, cardeal Egidio da 262
viṭriato, vitrificado 591
vitríolo 195, 197, 199, 202, 210, 212, 213, 568, 580, 582, 590, 591, 621, 671, 672, 784, 791. *Cf. também* romano, vitríolo; *zag*
Vivas, Salomão 513-516
Voarchadumia (Giovanni Agostino Pantheus) 268
voláteis, materiais 224
Voltaire 731, 733
vômito 376
Vossius, Isaac 634, 635, 637

Wadding, Lucas 294, 295, 297
Wagenseil 402
Waite, Arthur Edward 300
Walpole, Horace, conde de Oxford 736
Wandsbeck 758, 761
Warens, Madame de 715
wars (ár.), açafrão 805
Wedel, Georg Wolfgang 82
Weigel, Valentin 69
Weil, Gustav 400
Westerloh, *Comte* de 721, 722, 727
Westermarck, Edward 804, 805
Westminster 298
Wienner, autor alquimista 268
Windsor 637
Wolf, Johann Christoph 243, 313, 429, 456, 468
Worms 452, 453, 467, 474

xanthosis, amarelamento 510
Xerion 72
Xerxes 143

Yahweh 265, 266, 774,
Yanai, Rabi 93-95
yāqūt (ár.), rubi, safira 438, 659
yarḥī (heb.), erva 608
Yathra, o ismaelita 182
yavruḥa dimʿara (aramaico), mandrágora da caverna 230
Yazīd I, califa 38, 219
Yeber ben Ḥayyān 654. *Cf. também* Jābir ibn Ḥayyān
YHWH 265, 266
yiḥud (heb.), unificação 775
Yisr'eli, Ḥaim 801
ypericon, hipéricon, planta do gênero *Ajuga* 335
y'sodin, *y'sodot* (heb.), elementos 274, 759
Yudan, Rabi 93

Zacarias 390
Zadiṭh, filho de Hamuel 598-599
Zadoque 599
zaʿfrān (ár.), açafrão 365, 501, 595, 597, 616
zaʿfrān ḥadid (ár.), açafrão de ferro 580, 583
zag, *zāj* (ár.), vitríolo 212, 580, 671, 798. *Cf. também* vitríolo
zangabil, *zanjabil* (ár.), gengibre, zimbro 365
zanzafur, *zunjufr* (ár.), zarcão, cinabre 438, 560, 597
zanzar (ár.), azinhavre 438, 560, 597
zarāwand, aristolóquia 508
zarcão 557, 683
zarnikh (ár.), arsênico 194, 197, 278, 364, 439, 496, 507, 653, 659, 663
zarqon, cinabre 438
Zeraḥ ben Nathan 643-647
zībak, *zībaq* (ár.), mercúrio 187, 659
Zim, terra de 484
zimbro (junípero) 778
zinco 124, 780; indiano 581; óxido de 504
zingar, *zinjār* (ár.), azinhavre 194, 438, 560, 597

z'ir anpin (aramaico), O Impaciente 526
zmurda, *zumrud*, *zumurrud* (ár.), esmeralda 439
zodíaco 31, 188
Zohar, *Livro do* 33, 262, 271-281, 488, 528, 606, 659, 758
Zoroastro 113
Zózimo 38, 41, 48, 49, 54, 55, 62, 65, 70, 72, 77, 99, 101-113, 117-120, 122, 125n, 126, 127, 130n, 134, 135n, 141, 153-170, 242, 524, 599
Zuhal (ár.), Saturno, chumbo 655
Zuharah (ár.), Vênus, cobre 662
zunjār (ár.), azinhavre
zunjufr (ár.), zarcão, cinabre 438, 560, 597
zuz (heb.), uma moeda 576

COLEÇÃO PERSPECTIVAS

Eleonora Duse: Vida e Arte
Giovanni Pontiero.

Linguagem e Vida
Antonin Artaud.

Aventuras de uma Língua Errante
J. Guinsburg.

Afrografias da Memória
Leda Maria Martins.

Mikhail Bakhtin
Katerina Clark e Michael Holquist.

Ninguém se Livra de Seus Fantasmas
Nydia Lícia.

O Cotidiano de uma Lenda
Cristiane Layher Takeda.

A Filosofia do Judaísmo
Julius Guttman.

O Islã Clássico: Itinerários de uma Cultura
Rosalie Helena de Souza Pereira.

Todos os Corpos de Pasolini
Luiz Nazario.

Fios Soltos: A Arte de Hélio Oiticia
Paula Braga (org.).

História dos Judeus em Portugal
Meyer Kayserling

Os Alquimistas Judeus,
Raphael Patai

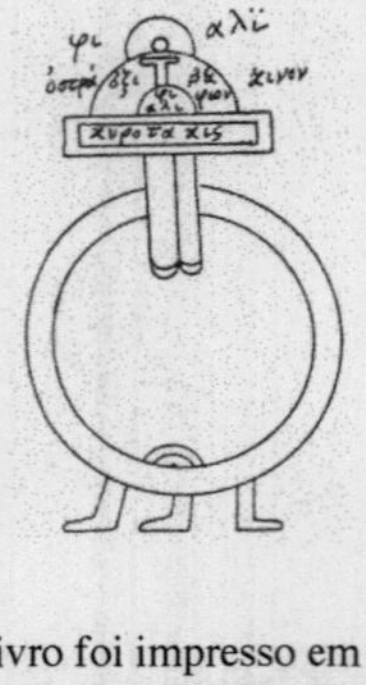

Este livro foi impresso em Cotia
nas oficinas da Meta Brasil,
para a Editora Perspectiva